铁血靖难

明成祖

刘乐土◎著

上册

中国铁道出版社有限公司
CHINA RAILWAY PUBLISHING HOUSE CO., LTD.

图书在版编目（CIP）数据

铁血靖难：明成祖：全二册 / 刘乐土著. — 北京：中国铁道出版社，2017.3（2021. 9重印）
（中国历代风云人物）
ISBN 978-7-113-22654-1

Ⅰ. ①铁… Ⅱ. ①刘… Ⅲ. ①明成祖(1360–1424) – 传记
Ⅳ. ①K827 = 47

中国版本图书馆CIP数据核字(2016)第321216号

书　　名：铁血靖难：明成祖
作　　者：刘乐土

责任编辑：殷　睿　付巧丽　　**电　　话：**（010）51873038
封面设计：MXK DESIGN STUDIO　　**电子邮箱：**tiedaolt@163.com
责任印制：赵星辰

出版发行：中国铁道出版社有限公司（北京市西城区右安门西街 8 号，100054）
印　　刷：三河市燕春印务有限公司
版　　次：2017年3月第1版　2021 年 9 月第 2 次印刷
开　　本：787mm × 1092mm　1/16　**印张：**35.75　**字数：**686千字
书　　号：ISBN 978-7-113-22654-1
定　　价：90. 00元（全二册）

目录

【第一回】

宴群臣诸王分封地，祭皇陵朱棣读诔文

一条古老的长江，从世界的屋脊向我们走来。她开始是一条涓涓细流，在崇山峻岭中缓慢地流淌。在悬崖旁，在陡壁间，高高低低、曲曲弯弯地流淌。她又容纳了几条从别处而来的流水，简直像一匹出世不久的小马，在茫茫的群山林海中奔驰、跳跃。随着脚步的前行，她已成为波涛汹涌的大河，像一条巨龙，来到了巴陵峡谷。

在广阔的平原上，江面开阔，水势平缓，碧水如镜，一望无边。百川来归，她兼收并容，像一位温柔的少女，又像一位慈善的老人。她用自己的玉液滋润着无数的生命，可也使不少的生命消失在自己的琼浆之中。然而，天地间的繁琐却不能止住她的脚步，她最终融入了浩瀚的大海。

在古老的长江南岸，有一座古老的城市，它的名字叫南京。南京城依山傍水。城外，群山连绵，宛如蛟龙，悬崖绝壁，险峰峻岭，此起彼伏的峰岭数不胜数。山上绿树成荫，叠绿流翠，寺庙亭阁掩映其间。山中百鸟争鸣，百花斗艳，虎狼相戏，兔鹿偕行，寺庙的钟声空谷传响，僧侣俗子南来北往，都是步履匆匆。

南京城气势雄伟，城墙高耸，城内房舍林立，亭台阁榭星罗棋布。守城将士五步一哨、十步一岗，戒备森严，飞鸟难进，蚊蝇难出。南京城固若金汤，有"钟山龙盘、石城虎踞"之称，不愧是帝都之乡。

就是这座帝都之乡，在元朝末年却不安宁，狼烟四起，烽火不断，红巾军大起义把元朝江山闹得四分五裂、风雨飘摇，各处军阀连年征战，相互厮杀。

元至正十六年（1356年），朱元璋攻占集庆（路名，元天历二年，即1329年，改称建康路，治所在上元江宁，即今南京市。其辖境相当于今江苏省南京市加句容、溧水、溧阳、高淳等地。朱元璋攻克集庆后，改名为应天府，自称吴国公。1364年自称吴王，1368年称帝。朱元璋称帝后将应天府改称为南京）。虽然如此，但是陈友谅、张士诚却像插在朱元璋心上的两根钉子，搅得他心神不宁。

元至正二十年（1360年），朱元璋是多喜临门。二月，袁天禄来降，三月，刘基、宋濂、章溢、叶琛又来应天（集庆）投奔他。有此四人相助，朱元璋正如猛虎添翼，自然是心花怒放。

四月十七日这一天，天气晴朗，艳阳高照，朱元璋正为眼下的战事发愁。夫人马氏见他闷闷不乐的样子，便说："大王何不出去走走，也好散散闷气，难道说非要闷出病来不成？"

朱元璋听夫人如此一说，便笑道："你说得甚是！"

朱元璋不觉来到礼贤馆门前，心中想道：自从四位贤士来到应天（集庆）后，我还未及与他们细谈大事，今既来此，何不进去叙谈叙谈？于是便走进了礼贤馆。

刘基四人见朱元璋进来，急忙迎接。

"臣等不知吴王驾临，有失远迎，还请恕罪！"

"请先生免礼！本王略有闲暇，特来看望诸位先生！"

"多谢吴王垂爱！"

他们五人坐定之后，朱元璋便说道："今日稍闲，特来叙谈，不必拘礼！"

刘基说道："多谢吴王！"

"四位先生自来应天，本王忙于琐事，招待不周，委屈你们了，还望见谅！"

"吴王日理万机，还垂爱臣等，臣等感恩不尽！"刘基揖礼作谢。

"自本王攻占应天以来，陈友谅、张士诚偏偏与本王作对，如何处置，还望先生赐教！"

刘基拱手施礼，说道："不知吴王是心有大志还是心有小志？"

朱元璋听罢，说道："大志怎讲，小志怎讲，还请细说其详！"

"大志者，一统天下面南称孤，小志者，得一席之地俯首称臣！"

"那就请先生从大志谋之！"

"以微臣看来，吴王虽有立足之地，但根基尚且不稳，不能图大谋，欲图大谋，必先稳住立足之地！"

"立足之地如何可得稳固？"

"而今与吴王为敌者，只有陈友谅、张士诚二人，陈友谅在我上，张士诚在我下。张士诚无甚大志，只求自保田园而已，因此不足为虑。那陈友谅兵强马壮、有勇有谋，不可小视。且他又占我上游，威胁最大，所以必须先除陈友谅，陈友谅被除，张士诚势必孤单，孤立无援，消灭他是易如反掌。南方平定之后，再挥师北伐，战则必胜，胜则大业可成！"

"听先生一言，本王心胸大开，可谓'听君一席话，胜读十年书'啊！"

"吴王过奖了！"

"有先生指点迷津，大业可成，本王还有何虑哉？哈哈哈……"朱元璋高兴得开怀大笑。

“咔嚓”一声巨响，一个炸雷，只震得地动山摇、天旋地转。

朱元璋五人急忙走到庭院之内，仍是艳阳高照，晴空万里。

叶琛道：“怪事，怎么大晴天打起雷来！”

这时，宋濂忽然惊叫起来：“后宫！后宫失火了！”

大家转脸看去，只见后宫烟气腾腾，火光乍亮，把半边天空映得通红。

刘伯温望了望，道：“此乃大吉大祥之兆，定有贵人出世！”

四月十七日，一大早，朱元璋侧室硕妃就觉得腹中有点不适，便对宫女彩凤说道：“我觉得身子不适，昨日王妃约我到池边观鱼，你去对她说我今日不去了！”

彩凤奉硕妃之命，便来到朱元璋正室王妃马秀英的住室，还未进门，正迎着马秀英出门。彩凤一见，急忙给马秀英请安：“奴婢给王妃请安！”

“哟，是彩凤，免礼！你怎么跑来了？”

“硕妃娘娘说她身子不适，不能陪您观鱼去了，让我特来告知！”

马娘娘想了想，说道：“硕妃是不是该生了？”

“这个，奴婢不知道！”

“走，看看去！”

马秀英来到硕妃住室，看了一下，说道：“这是要临盆了！”于是便吩咐人快做准备。

过了两个时辰，只觉得硕妃住室香气阵阵，不多时，硕妃只觉得一阵巨疼，那婴儿便落下地来。

“哇！哇……”

一声声婴儿的啼哭给室内带来了欢乐。

接生婆很快把婴儿包好，放到硕妃身边，祝贺道：“恭喜吴王喜得麟儿！恭喜娘娘喜得麟儿！”

马秀英此时也异常高兴，贺喜道：“恭喜妹妹喜得麟儿！”

硕妃也谢道：“多谢王妃垂爱！”

马秀英又说道：“硕妃娘娘喜得麟儿，大好事！大好事！快去禀报吴王，叫他也高兴高兴！”

“是！”彩凤遵命而去。

朱元璋五人正在礼贤馆庭院内议论，只见彩凤急急忙忙地走来，刚进礼贤馆大门，就连声高喊：“恭喜吴王！恭喜吴王！”

朱元璋见彩凤走得满脸大汗，也不顾主仆大礼了，急忙问道：“恭喜什么？”

“恭喜吴王，硕妃娘娘喜得麟儿！”

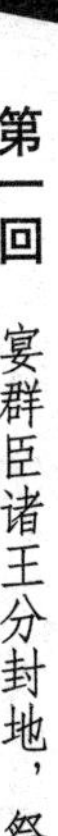

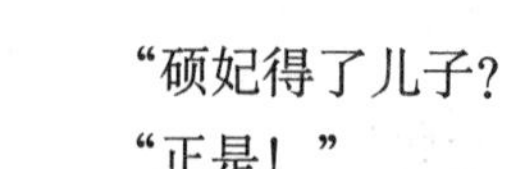

“硕妃得了儿子？”

“正是！”

“臣说有贵人出世，不错吧？”

“先生真神人也！待本王去看看去！”

朱元璋说罢，急忙向后宫而去。

朱元璋来到硕妃住室，众人急忙施礼：“拜见吴王！恭喜吴王喜得麟儿！”

“免礼！”

朱元璋也顾不得多说，走到床前，对硕妃说：“爱妃有劳了！”便把婴儿抱在怀里。

朱元璋仔细地看着这婴儿，只见这婴儿生得大鼻子大眼，眉宇间有一种豪气，不觉心中欢喜。再加上刘基又给他制定了定国大计，不由得朗声大笑：“本王三十三岁又得贵子，可谓大喜，他日大业成就，我就让我的儿子辅佐王室，江山万世！”

马秀英说道：“我自无事，甚是轻闲，硕妃体弱多病，这孩子就由我来抚养吧！不知吴王意下如何？”

“如此甚好！爱妃也可好好地保养身子！”

“硕妃意下如何？”

“如此，就有劳王妃了！”

此时，一侍从来报：“报吴王！陈友谅进兵龙湾，大有来犯之意！”

“知道了！再探！”

“遵命！”

“军务紧急，这儿一切，有劳诸位了！”

朱元璋说罢，把婴儿交给马秀英，急步出门而去。

就是这个出生在烽火狼烟之中的婴儿，几十年后，成为了中国历史上一位大有作为的皇帝。

听说陈友谅出兵龙湾，大有进犯之意，朱元璋急忙离了后宫，又奔礼贤馆而来。

朱元璋按照刘基制定的策略，闰五月初一，在龙湾击败陈友谅。元至正二十三年（1363年）又在鄱阳湖与陈友谅大战，一鼓作气将陈友谅消灭。元至正二十七年（1367年）攻灭张士诚，而后又挥师北上，攻进元大都，于元至正二十八年（1368年）正月登基，定国号为“大明”，建元“洪武”，定都应天（以应天为南京）。

朱元璋自登基以来，脑子里一直在想着一个问题，那就是大明江山是打下来了，怎样才能永保大明江山千秋万代。

朱元璋遍阅史书，秦朝二世而灭，隋朝数十年而亡，元朝开国之时是何等强大，最后却也家破国亡。朱元璋从元朝的灭亡中得到启发，朝臣权势过重，必将祸国，要永保江山，就要把自己的儿子分封出去，各镇一方，拱卫王室。俗话说“谋事还是亲兄弟，打仗全靠父子兵”，此时，一个安邦治国的决策在朱元璋的心中形成了。

这一日，朱元璋来到后宫，马皇后接驾。

“臣妾叩见万岁！”

“免礼！”

“谢万岁！”

朱元璋坐下，宫女献上茶来。马皇后看到朱元璋疲倦的样子，十分心疼。

“万岁操劳国事，比以前瘦削多了，万岁要保重龙体才是呀！”

“唉，皇后呀！保江山大事不解决，朕是吃肉也不香呀！”

“万岁过虑了，我大明臣忠将勇，四方臣服，国泰民安，有何可忧？”

“皇后，你说错了！秦始皇二世而灭，大隋数十年而亡，均败在‘保国’之上。元朝灭亡，朝臣权势过重，各镇一方，尾大不掉，皇室鞭长莫及，他们都是成在打江山上，败在保江山上，我等当在保江山上多动脑筋！”

“万岁的意思是……”

“朕要把咱们的皇子都分封出去，让他们各守一方，共辅王室，打仗全凭亲兄弟，上阵全靠父子兵嘛！你说是不是？”

“此事好是好，但办起来得要让群臣心服才好！”

“那是当然，朕自有办法，你就放心好了！”

“时辰已不早了！万岁就宽衣歇息吧！”

此时，朱元璋才真觉得困了，他站起来，又呷了一口茶，便向床边走去。

洪武二年（1369年）四月，这一日正是朝见之日，卯时未到，文武大臣都会集在午门之外，景阳钟响过，文武大臣来到奉天殿，朱元璋端坐在宝座之上。群臣跪拜道：“叩见吾皇，万岁万岁万万岁！”

“众爱卿平身！”

“谢万岁！”

“有本早奏，无本退朝！”宣旨官朗声宣道。

“臣有本奏，臣遵圣命，立皇陵碑已毕，特向万岁复命！”

朱元璋听罢礼部尚书钱用壬所奏，龙颜大喜，说道：“钱爱卿辛苦，朕赏你玉扇一把！”

钱用壬连忙谢恩道：“谢主隆恩！”

朱元璋又说道：“朕立皇陵碑，是为表彰祖德。朕有今日，一是神明保佑，

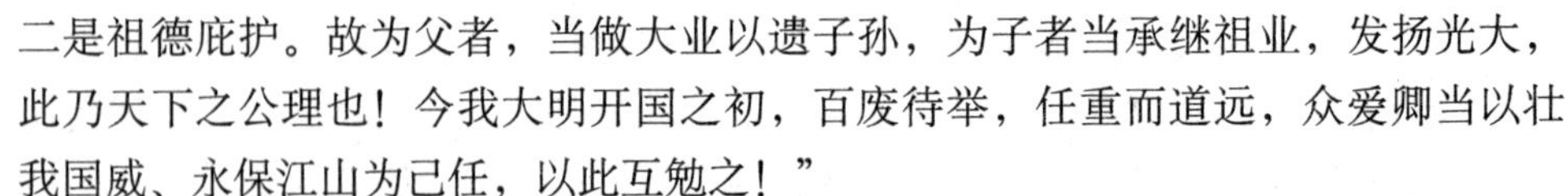

二是祖德庇护。故为父者，当做大业以遗子孙，为子者当承继祖业，发扬光大，此乃天下之公理也！今我大明开国之初，百废待举，任重而道远，众爱卿当以壮我国威、永保江山为己任，以此互勉之！”

“吾皇圣明，臣等深受圣教！”

钱用壬又道：“万岁所言至圣至善，从古到今，国家兴亡、江山易主，前车之鉴，不可不戒之为训！”

“爱卿所言，甚合朕意。朕就命你编一本《祖训录》，将上古封疆治国之事尽数收之，以启示后人！”

“臣遵旨！”

“退朝！”朱元璋说。

宣旨官长声吆喝：“退——朝！”

“恭送万岁！”

下得朝来，礼部尚书钱用壬领旨而去，果然将《祖训录》编好，并将分封诸王的理论、礼仪写得清清楚楚，朱元璋看罢，龙颜大悦，有了《祖训录》，他就可以开始实施分封诸子的计划了。

明朝初年，在南京城东南，有一个深宅大院，那建筑围墙高耸，殿堂雄伟，屋舍俨然，华丽壮观，肃穆森严，气度非凡，这座建筑就是太庙。

洪武三年（1370年）四月初三，整个太庙装饰一新，只见那太庙古树繁茂，百花盛开，地平如镜，摆设齐整有序。大殿前御道红毡铺地，香炉内，香烟渺渺，铜鹤捧烛，烛光闪烁。大殿中灵牌高放，灵牌前祭桌之上，蜡烛烛火熊熊，所需祭品均按礼仪安放。

朱元璋身着衮服在前，太子朱标在后，后面依次是皇子朱樉、朱棡、朱棣、朱橚、朱桢、朱榑、朱梓、朱杞、朱檀、从孙朱守谦，再后是左丞相李善长、右丞相徐达、太史令刘基，再后是文武百官，缓步进入太庙，然后进入大殿。

司仪官朗声长呼：“祭奠开始！”

此时所有祭奠之人，都屏息肃立，只有那蜡烛的烛焰发出轻微的噗噗声。

司仪官又喊道：“奏圣乐！”

顷刻之间钟鼓齐鸣，管弦高奏，那乐声，或高或低、或舒或缓、或顿或挫，在太庙上空回荡。乐止，司仪官又喊道：“跪拜！”

“再跪拜！”

“三跪拜！”

“四拜！”

“请上香！”

“请祭酒！”

"请上祭文！"

朱元璋开始宣读祭文：

列祖列宗，英灵在上。朕靠神灵保佑、祖德庇护，得登大宝、君临天下。然朕深知创业难，守业尤为难。为保我大明江山千秋万代，朕将上效周文、下开新政，恪遵祖训、为国效命。

夫天下之大，必建藩屏，上卫国家，下安生民。今诸子既长，宜各有爵封，分镇诸国，此故遵古先王之制，非自出心裁也。且祖、父有天下传之于子孙，子孙有天下者追尊于祖、考，亦古今之通义也。前已立长子朱标为太子，故拟封第二子樉为秦王、第三子棡为晋王、第四子棣为燕王、第五子为橚吴王、第六子桢为楚王、第七子榑为齐王、第八子梓为潭王、第九子杞为赵王、第十子檀为鲁王、从孙守谦为靖江王。愿列祖列宗为庇护之。尚飨！

朱元璋读罢祭文，司仪官高呼："跪拜！"

"再跪拜！"

"三拜！"

"四拜！"

"祭礼毕！"

此时，朱元璋从大殿走出，太子、诸皇子及文武百官依次从太庙中走出，直奔文华殿而来。

文华殿特别热闹，朱元璋宴请群臣的大宴就摆在这里。

文华殿里，正北面，摆了两排桌子。最顶端坐着洪武皇帝朱元璋，左边是太子朱标，接下来依次是皇子朱樉、朱棡、朱棣、朱橚、朱桢、朱榑、朱梓、朱杞、朱檀及从孙朱守谦，右边依次坐的是左丞相李善长、右丞相徐达、太史令刘基、吏部尚书滕毅、户部尚书杨思义、礼部尚书钱用壬、兵部尚书陈亮、刑部尚书周桢、工部尚书单安仁。南面是南北放四排桌子，分东西两部分，文武大臣分左右两边而坐。

酒宴开始，朱元璋主位坐定，群臣跪拜。

"吾皇万岁万岁万万岁！"

"众爱卿免礼，今日是宴席之间，可不拘君臣大礼。我大明江山能有今日，全赖众爱卿南征北战、操心劳神。众爱卿功不可没！"

"万岁劳苦至极功昭日月！"

"朕敬众爱卿一杯！愿众爱卿万事如意！"

"谢主隆恩，祝吾皇万寿无疆！"

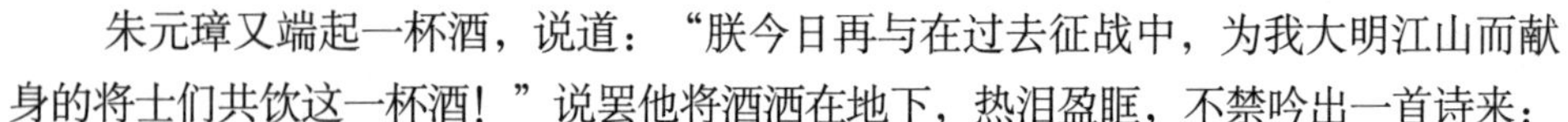

朱元璋又端起一杯酒，说道：“朕今日再与在过去征战中，为我大明江山而献身的将士们共饮这一杯酒！”说罢他将酒洒在地下，热泪盈眶，不禁吟出一首诗来：

朕来世间兮于凤阳，徒四壁而流浪。
起兵发迹兮于濠州，刀丛剑林中而翱翔。
身率猛士兮而千万，冲敌阵而不彷徨。
枪林箭雨兮而百千，好儿男为国而死伤。
妻盼夫兮娘望儿，眼望穿而空把热泪淌。
身首异兮抛白骨，且在梦中回故乡。
万千英灵兮不得见，薄酒一杯兮见衷肠。

朱元璋将这首诗吟罢，全场鸦雀无声，不少大臣也不禁热泪盈眶。忽然，爆发出一阵雷鸣般的声音。

“吾皇如天浩恩，英灵在天欣慰！”

“吾皇如天浩恩，英灵在天欣慰！”

朱元璋待大家情绪平静之后，又说：“朕亲率军旅，讨罪伐逆，出生入死，身先士卒，幸得神明保佑，祖德庇护，才得以平定海内。然天下之大，必树藩屏，上卫国家，下安生民。而今诸子渐长，当封以爵，分镇一方，非为一己之私，乃遵先王之制，为求国家之长治久安，不知众卿意下如何？”

此时众大臣被朱元璋的言行所感动，对他的决策当然不存疑议。

左丞相李善长说：“万岁分封诸王，为的是保卫江山社稷，实为天下万世之公意！”

右丞相徐达也说：“万岁深思熟虑，分封诸王，实为治国之大举！”

朱元璋又说：“先王分封诸子，是为了保国安民，周天子这样做，故而行之久远，秦始皇废而不用，旦夕而亡。汉晋以来，远不如此。其间之治乱，盖由人为而已！”

众大臣又纷纷表示：“万岁实为开明之举。”就这样，分封诸王的事就被群臣通过了。

“既是众家爱卿均无别议，分封诸王之事就这样定下。那就请众卿给朕代拟一个封建诸王诏书吧！”

刘基说道：“此事非文章圣手汪广洋莫属！”

当时，汪广洋也是激情所动，并不推辞，便说道：“既是太史令所荐，在下也就当仁不让了！”

说罢，便取来文房四宝，即刻动笔。那汪广洋也不愧文章高手，才思敏捷，文笔流畅，不多时间，便将诏书拟好。其文如下：

奉天承运，皇帝诏曰：朕荷天地百神之灵，祖宗之福，起自布衣，艰难创业。唯时将帅用命，遂致十有六年，混一四海。功成治定，以应正统。考诸古昔帝王，既有天下，子居嫡长者，必正位储二。若其众子，则皆分茅胙土，封以王爵，盖明长幼之分，固内外之势者。朕今有子十人，前岁已立长子为皇太子。爰以今岁四月初七日，封第二子为秦王、第三子为晋王、第四子为燕王、第五子为吴王、第六子为楚王、第七子为齐王、第八子为潭王、第九子为赵王、第十子为鲁王、从孙为靖江王，皆授以册宝，设置相傅官属。凡诸典礼，已有定制。呜呼！众建藩辅，所以广磐石之安；大封疆土，所以眷亲友之厚。古今通谊，朕何敢私？尚赖中外臣邻，相与维持，弼成政化。故兹诏示，咸使闻知。钦此。

汪广洋当即将诏书呈上，说道："请万岁亲过龙目！"朱元璋将诏书看了一遍，说道："甚合朕意！颁行天下！"

朱元璋宴请群臣，发布了分封诸王诏书，紧接着便安排分封仪式。

七日，朱元璋神采奕奕，在奉天殿宝座上落座，群臣山呼舞拜。

"叩见吾皇万岁万岁万万岁！"

"众家爱卿平身！"

"谢万岁！"

此时，在引礼官引导之下，太子和所受封的诸王子依次来到奉天门外跪下，宣制官宣读了封藩诏书。在乐声之中，诸王子从奉天殿东门入，沿东台阶而上，皇太子朱标在宝座旁侍立，诸王子由内赞官导引至御座前之拜位而立，皇乐停止，礼仪官朗声致赞。

"天官赐福，神明保佑，皇恩浩荡，恩荫子孙，册王封国，加官晋爵，感激不尽！跪——！拜！"诸皇子跪拜。再次高奏皇乐，在乐声中，诸皇子又拜，拜毕起身而立，乐止。

承制官承制如意，诸皇子此时一律下跪。宣制官宣读制词："封樉为秦王、封棡为晋王、封棣为燕王、封橚为吴王、封桢为楚王、封榑为齐王、封梓为潭王、封杞为赵王、封檀为鲁王、封从孙守谦为靖江王。"宣制官宣读完毕，诸王起立。礼仪官朗声致赞。

"皇恩浩荡，诸子加封，荣耀无限，四方来贺！"

"跪！"

"拜！"

"奏乐！"

"跪！"

"拜！"

奏乐停止，引礼官引皇子朱樉由奉天殿东门进入奉天殿去接受册封，后又依次引朱等皇子进奉天殿……

引礼官引朱棣由奉天殿东门进入奉天殿。此时钟鼓齐鸣、管弦高奏。在乐声中，内赞官在前头导引，朱棣跟在后面，脚步沉稳，缓缓而进，来到御座旁的拜位旁。这时朱棣看到皇太子朱标坐在朱元璋的身旁。此时，朱棣似乎觉得他们兄弟几人与太子之间已经有着一点不同。他好像明白了一点儿，原来，大哥当了太子，就是未来的皇帝啊！大哥和他们兄弟之间，仿佛已经分成了两个世界。

音乐停止了。朱棣庄重肃穆地跪在地上。内赞官高声长呼："授册！"

捧册官将册授给读册官，读册官跪下，打开金册，朗声宣读金册上的文字：

昔君天下者，必建藩辅。然居位受福，国于一方，简在帝心。第四子棣，今命尔为燕王，永镇北平，岂易事哉？朕起农民，与群雄并驱，艰难百端，志在奉天地享神祇。张皇师旅，伐罪吊民，时刻弗怠，以成大业。今尔有国，当恪敬守礼，祀其宗社山川，谨兵卫，恤下民，必尽其道。体朕训言，尚其慎之。

读册官读毕，将册交给丞相李善长，丞相李善长把金册交给朱棣，朱棣把圭插入腰间，双手接册，然后，又将金册交给内侍。授册仪式完毕，朱棣又从腰间取出圭，然后曲身低头起立。

引礼官又引朱棣出殿走到丹陛上的拜位。

而后内使又将金册放在彩亭。司仪官又朗声高喊："奏乐！"

"跪拜！"

诸皇子四拜后，曲身起立，奏乐停止。诸皇子从东台阶下，奏乐，出奉天殿东门，奏乐停止。礼部官请诏书加盖皇帝御印，然后到午门宣读。

李善长来到午门，宣读圣谕。

"圣旨到！"

"吾皇万岁万岁万万岁！"

奉天承运，皇帝诏曰：朕为帝王天子，居嫡长者则必为储位；其诸子当封以王爵，分茅胙土，以藩屏国家。朕今有子十人，即位之初，已立长子标为皇太子。诸王之封，本待封赏功臣之后，然尊卑之分，所宜早定。乃以四月七日，封子樉为秦王、为棡晋王、棣为燕王、为橚吴王、桢为楚王、为榑齐王、梓为潭王、杞为赵王、檀为鲁王、从孙守谦为靖江王。皆授以册宝，置相傅官属及诸仪已有定制，吁戏！奉天平乱，实为生民，法古建邦，用臻至治。故此诏示，咸使闻知。钦此。

“吾皇万岁万岁万万岁！”

丞相李善长把金册、金宝一一捧到诸皇子手中。朱棣把属于他的金册、金宝交给内侍。看着那有两片金页，用红绦连缀在一起，有些像书样子的金册和一方刻有“燕王之宝”四个篆字的金宝，朱棣幼小的心灵中不知在想什么……

册封诸王之后的第二天，朱元璋就亲自选定一些相辅、录事、赞善等官属作为诸王的启蒙老师，让他们学习儒家经典，借鉴历史上帝王治国的成败教训。朱元璋不但让诸王习文，而且还让诸王习武。朱棣生性聪颖，才智过人，朱元璋对朱棣尤为喜爱，还把《祖训录》《昭鉴录》交给燕王朱棣。

洪武七年（1374年）二月十一日，阳光明媚，春风和煦，山川秀丽，风光宜人，奉朱元璋之命，太子朱标率诸皇子来到阅武场祭祀旗神。

阅武场就设在京郊之地，远处高山巍巍，叠翠流碧，奇峰陡峻，悬崖险要，山体陡直如墙、高耸入云。山间有一片空阔之地，方圆十里。阅武台十五丈长，十丈宽，高三丈，台上有阅武亭，重檐歇山，红墙黄瓦，角檐高挑，气势恢弘。七座神坛从北到南，依次而建，那无数战旗随风招展。场内不时传来阵阵号角。阅武场上，演武之兵人强马壮、如狼似虎，人来人往，阵式变化不断，战鼓声震山河，杀声直冲云天。诸王们自小在皇宫里生长，哪里见过这等场面，他们站在阅武台上，面有惧色。独有燕王朱棣眉飞色舞、情绪激昂，连连说道：“雄哉！壮哉！雄哉！壮哉！”

只见朱棣飞身下台，正好有一小将骑马过来，朱棣将马拦住，抓住缰绳，翻身上马，向西飞驰而去。

朱棣从未骑过马，可那匹枣红马在燕王手下却十分驯服。阅武台上诸王见此情形，吓得不知所措，急忙走下阅武台，让那小将追赶那匹马，那小将又如何追赶得上，不一时，那枣红马已驮着燕王朱棣围着阅武台跑了三圈，燕王朱棣跳下马来，连连说道：“好马！果真是一匹好马！”那小将便说：“既是燕王喜欢，这匹马就送给您吧！”朱棣说道：“本王岂可以己之私而夺人所爱！”那小将说：“这匹马正配王爷使用！”

“既如此，这马本王留下，本王给你一千两银子，你再另寻好马也罢！”

太子朱标说道：“四弟做事太莽撞了，若有闪失，如何是好！”

“闪失？哈哈哈！不吃一堑，何长一智？不登高山，不知群峰之小，不临大海，不知天地之大！我刚才骑在马上，绕阅武台跑了三圈，就好像飞越高山、穿过峡谷、迈过雄关，身后就好像有千军万马一样！我觉得，我已经是个男子汉大丈夫了！哈哈哈……我是个男子汉大丈夫了！”

“是男子汉大丈夫，又该当如何？”

燕王朱棣回头一看，朱元璋不知什么时候已经来到身后，诸王一见是朱元璋，一同下拜。

“孩儿参见父皇！父皇万岁万岁万万岁！”

“免礼！”

“谢父皇！”

燕王朱棣骑马奔驰的时候，朱元璋已来到阅武场，一切他都看得清清楚楚，看到燕王朱棣如此勇武，龙心甚喜，听朱棣的一番议论，便就势开导。

“尔等渐长，身为皇子藩王，必具德才，若无德才，何能担安民卫国之大任？男子汉大丈夫，当豁达大度，兼容百川，志存高远，德才兼备，文武双全，尔等要尽力为之！”

“多谢父皇教诲！”

于是，朱元璋又让他们去祭旗神。

自从燕王朱棣到阅武场祭旗神之后，朱元璋觉得他的诸多儿子中，唯有燕王朱棣智勇双全，相貌奇伟，为人深沉，很像自己，于是为燕王选妃之事，也就常记于心。眼见朱棣已十六岁，已届婚配之期，到底该选谁呢？这一天，朱元璋忽然想起了徐达。

徐达是明朝开国元勋，朱元璋武将中第一大功臣，朱元璋登基后，封徐达为魏国公。二十多年来，这两人关系情同手足。魏国公徐达有两个女儿，长女叫徐妙彩，二女叫徐妙锦，又有两个儿子。长女徐妙彩生得相貌俊秀，性情贤淑，文能作诗打对，武能立马挪枪，文武双全，可称得是一位才女，时有“女诸生”之美称。

那徐妙彩五六岁时，有一日闲暇，徐达同夫人谢氏同去春游，到了野外，只见桃红柳绿，东风拂面，徐达不禁吟出一句“寒霜送去雁南归”，小妙彩竟接了一句“春风迎得燕子回”。徐达感到很惊奇。

“妙彩，你这是从哪得到的？”

“是我自己想的，冬天，大雁南归，春天，小燕子不就又回来了么？”

当时，徐达高兴得抱着小妙彩直亲。

正巧，有一匹小马驹儿跑了过来，徐达高兴，就说：“你给这小马驹吟一首诗吧！”

小妙彩把手指伸进嘴里，过了一会儿，指着向远处跑去的小马驹儿，倒真的吟出一首诗来：

小马跑去一溜风，四蹄腾空不消停。
他日身强力壮时，敢现雄姿对空鸣。

徐达不禁说道："真是奇了！真是奇了！"

"老爷，我看这孩子怪聪明的，就教她念点书吧！"夫人谢氏对徐达说。

"好好！看我徐家可能出个女秀才！"徐达高兴地说。

从此，小妙彩还就真的念起书来。

俗话说，门里出身，不精也通。那徐达本是一名武将，自然少不了舞枪弄棒之事。只说小妙彩念书识字也就算了，她竟然也要起了刀枪，有时徐达与一些人在家中讲些征战之事，她竟也能插上三言两语的，讲的虽说不是宏论高见，却也十分在理。于是大家都说徐达命好福气大，养了一个文武全才的好闺女。这事不知怎么传到了朱元璋的耳朵里去了，所以现在朱元璋想起了徐达。

晚上在后宫，朱元璋与马皇后说起了悄悄话。

"朕看朱棣已十六岁，已届婚配之时，是该为朱棣选妃了！"

"万岁，你看是选谁呢？"

"这个事朕想了好长时间了，朕想就找徐达。"

"找徐达？"

"对！就是找徐达！朕就是要封那个对'春风迎得燕子回'的姑娘为燕王妃！"

"万岁说的是徐妙彩姑娘呀！"

"对对对，就是她！"

"万岁好眼力呀！那姑娘淑德贤惠、文武双全，与棣儿可真是天生的一对！"

"皇后也同意啦！"

"万岁选的人，臣妾还有不同意的么？"

马皇后高兴得笑了起来。

"那就托个人去说合去吧！"

"还托谁？朕明日就去找徐达说去，他还能不给朕这个面子么？"

"给！"说罢马皇后朝朱元璋的肩上轻轻地拍了一下。

就这样，朱元璋和马皇后的悄悄话，决定了徐妙彩的命运。

魏国公徐达与夫人谢氏正在厅堂内闲坐，丫环瑞儿端上茶来，徐达端起茶来正要喝，就听后院里传来喝彩声。

"好好！小姐这一招出得好！"

"哎——嘿！"

"好！小姐这一剑刺出，神鬼皆惊！"

"好！本小姐就再让你看一招！"

只听得后院又传来舞剑声及鼓掌声。

"好哇！"又是一阵雷鸣般的掌声。

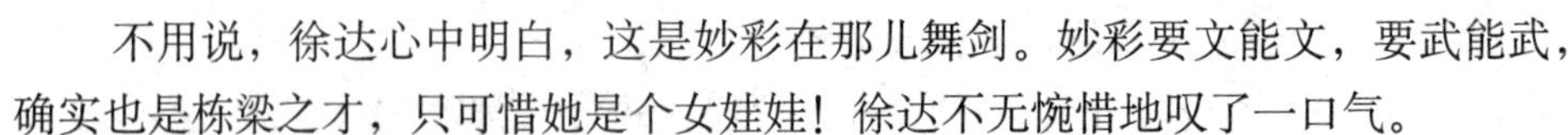

不用说，徐达心中明白，这是妙彩在那儿舞剑。妙彩要文能文，要武能武，确实也是栋梁之才，只可惜她是个女娃娃！徐达不无惋惜地叹了一口气。

“老爷为何叹起气来！”

“唉！我是说妙彩要能是个男儿该多好！”

“老爷又说笑了，妙彩是女孩怎么能又是男孩呢？”

“只可惜她枉有一身才华！”

“老爷说哪里去了，女孩儿也照样建功立业嘛，花木兰、穆桂英不都是女孩子么？”

“夫人说得倒也是，如今她已十五六岁，也该……”

徐达与夫人谢氏正在说话，忽听得外面高喊：“万岁驾到！”

听说万岁驾到，他夫妻二人不敢怠慢，急忙到门外迎驾。

“叩见吾皇万岁万岁万万岁！臣迎驾来迟，还望恕罪！”

“平身！”

“谢万岁！”

进了客厅，徐达夫妻二人又要下跪，朱元璋止住，说道：“你我同起布衣，二十余年，患难与共，情同手足，就不必行君臣大礼了，都坐下说话吧！”

“谢万岁！”说罢，徐达与谢氏方才坐下。

“万岁屈驾敝府，臣感恩不尽！”

“爱卿不必如此，朕今日来府上是有求于爱卿了！”

“万岁此言，臣实在是不敢当！”

“哎！当得起！当得起！”朱元璋笑着说。

“不知万岁所言何事？”

“朕听说卿之令爱容貌姣好、文武全才，是么？”

“小女乃平庸之辈，万岁所说实是众口讹传。”

“爱卿不必过谦了。自古以来，君臣契合，往往结为婚姻。朕之四子朱棣，龙行虎步、气质不凡，令爱聪明贤淑、文武双全，二人年龄相当，望爱卿能将令爱许给四子，佳儿佳女喜结连理，也可使你我做父亲的聊以自慰！”

徐达与谢氏听朱元璋如此一说，不禁惊喜万分，急忙跪下谢恩：“陛下乃九五之尊，尚肯俯就，微臣哪有不从的道理！只是小女不才，不堪重任！”

“爱卿不必过谦，此事多谢爱卿成全！”

朱元璋回宫后，即准备封徐妙彩为燕王妃。

洪武九年（1376年）正月二十七日，虽说是初春，冬寒未尽，可是在奉天殿里，却是另一番景象。奉天殿披红挂绿，色彩一新，侍仪司在殿内陈列卤簿、甲士及鼓乐等。

三鼓，承制官由奉天殿中门出，沿中陛而下，来到宣制官处，长声高呼："有制！"正副使下跪，承制官高卢宣读制词。

"徐氏特封燕王妃，命卿等持节行礼！"

承制官宣读完毕，由奉天殿西门入殿。正副使曲身低头而起立。执事官举册案由奉天殿中门出，沿着中陛而下。奉节官率掌节者在前引导，到正副使褥位，将册案放在褥位之北。掌节者脱下节衣，将节交给奉节官，奉节官再将节交给正副使，正副使再将节交给掌节者，掌节者跪地来接受后，起立站在正使的左边，这时奉节官便退回。引礼官引正使到受册位，奉册官将金册交给正使，正使跪地接受，起立后将册放在册案，退回原位。在鼓乐声中，正副使行四拜礼。礼毕，奏乐停止。这时，正使随着金册，掌节者在前头引导，举案者随在后，在乐声中走出奉天门，音乐停止。

掌节者加节衣，奉册官将笏板插入腰间，取金册放置在龙亭之内。此时，仪仗大乐前行，来到中宫门外，鞭炮齐鸣，鼓乐高奏，徐妙彩身着妃子华装，来到殿上，面向南站着。乐声停止，正使将金册暂放在设在门外的案上。引礼官导引正副使和内使监令到规定的位置之后，正使走到内使监令前说道："册礼使臣刘保忠，副使臣王子章，奉制授王妃金册！"内使监令入告徐妃，出来之后又站到原位。引礼官引内外命妇进去，各就各位。正使奉册交给内使监令，内使监令跪在地上接受之后，再转交给内官，然后回到原位。内使监令率奉册内官进去之后，将金册放在册案上，尚仪官引徐妙彩走了陛阶，到庭中位站着。内官奉金册在徐妙彩东边站立。内使监令高呼："有制！"尚仪官奏拜，徐妙彩拜，在乐声中，徐妙彩行四拜礼，四拜礼毕，音乐停止，奉册内官将册交给读册内官宣读，读册内官高呼："徐氏特封燕王妃！"读册内官宣读制词后，将金册交给内使监令，内使监令跪地将册交给徐妙彩，徐妙彩跪地接册，然后又交给司册，尚仪官奏拜，徐妙彩随乐声行四拜礼。这时，内使监令出宫到正副使前说："徐妃受册礼毕。"使者退出，来到奉天殿前横街前，面对西北而立，给事中面西站在正副使的北面。正副使再拜复命说："奉制册命徐妃礼毕！"再拜，给事中闻奏后退出。

给事中的退出，标志着一个重大礼仪的完成，徐妙彩步入了她新的人生。

朱元璋册封了徐妙彩为燕王妃之后，便派遣使者持节、执雁到魏国公府，按照古制，行纳彩问名之礼。魏国公府大摆宴席，热情招待使者。使者来到魏国公府，便行大礼，把雁送给徐达，然后问徐达："请问女子之名？"

"小女徐妙彩！"

行完问名之礼之后，即大摆筵宴。宴席之后，使者回宫，庙堂占卜之后，又

到魏国公府相告，并定下迎亲日期。

迎亲那一日，整个南京城张灯结彩，热闹非凡，大街两边绿色绸带依树枝之势缠绕，大小红花点缀其间，离远看，却也“绿枝任风拂，红花满树香”。大街两边开店的，家家都红灯高挂，彩旗招展。紫禁城皇宫内，更是喜气洋洋，燕王朱棣住处，双喜大红宫灯悬挂门前，大红喜字贴在正门两旁，门上是金字喜联。上联是龙子天作并蒂莲，下联是凤女地合连理枝，横批是：龙凤呈祥。

到处是人流如潮，到处是一派吉祥喜庆，当时有人写了一首诗，单道南京城之景象：

风吹帝都御柳斜，京城无处不飞花。
莫道正月无燕语，敕令一声遍春华。

魏国公府此时也是一派喜庆之景，红毡铺地，鼓乐高奏，燕王朱棣身着礼服，率领王府官属吹吹打打，一行人喜气洋洋、浩浩荡荡来到魏国公府，依照古制，傧相站在府门东侧，依照仪式规定问道：“敢请事？”

“我来奉制迎亲！”燕王朱棣也按照规矩回答。引进再将朱棣的话转告傧相。

魏国公徐达出迎到大门之外，说：“下官有迎燕王！”

“多谢丞相！”燕王朱棣随之答道。

燕王朱棣在引进带领之下进入魏国公府的大门，他身后跟着一名执雁的随从。而后随从将所奉的雁交给了魏国公徐达，又向魏国公夫人谢氏再拜。这时王妃徐氏妙彩才由宫人傅姆扶出，站在魏国公夫人左边。此时，只见王妃徐氏妙彩头戴凤冠，身着霞帔，上顶红盖头，虽面容不现，亦可见矫健优美的体态。

徐达夫妇二人向女儿细心叮咛着。

依照古礼规定，徐达说：“戒之戒之，夙夜恪勤，毋或违命。”

魏国公夫人也说：“勉之勉之，尔父有训，往承唯钦。”

叮嘱之后，只听得“嘭！叭！”鞭炮齐鸣，惊天动地，鼓乐齐奏，震耳欲聋。魏国公府内外，人头攒动，出出进进、来来往往，王妃徐氏妙彩被抱上花轿之后，又是一阵鞭炮，一声吆喝：“起轿！”那彩轿便离了地。

吹鼓手高奏喜庆之乐，前头引路，接着是王妃的花轿，接着便是燕王府的官属，再接着便是送驾的人们，最后是观看热闹的人，这一行人马浩浩荡荡，直奔燕王府而来。

到了燕王府，第一阵鞭炮，王妃的花轿方才落地，紧接着是第二阵鞭炮，侍女将轿门打开，徐妃下轿由人搀扶着，缓缓地向香案走来，燕王朱棣也由人搀扶到香案之前，司仪官高声吆喝：“吉时已到，鸣炮奏乐！”

顷刻间礼炮轰响，钟鼓齐奏，乐声如潮，人们如痴如狂，喜庆气氛一浪高过一浪，一潮涌过一潮。

“新郎新娘拜天地咯！”

“一拜天！”

“二拜地！”

“三拜高堂！”

“夫妻对拜！”

“送入洞房！”

日落夜至，宫灯明亮，喧闹的燕王府也渐渐静了下来。燕王朱棣进得室内，悄悄地揭开了徐妃头上的红盖头，徐妃那娇美的容貌呈现在朱棣的眼前，朱棣心中万分高兴，不禁佩服父皇的好眼力，情不自禁地叫道：“爱妃！”

“燕王！”

燕王朱棣想伸手抚摸一下徐妃，徐妃正色说道：“燕王，我们还未行合卺之礼，岂可有失君子之态！”

“对对！爱妃说得对！上酒来！”

侍女上了酒菜之后，便退了出去。

燕王朱棣斟好酒，说道：“今日是你我大喜之日，咱就好好喝他几杯，爱妃意下如何？”

“但随燕王之意！”

说罢，二人端起了酒杯，朱棣忽然想道：人都说徐妃文武双全，今日何不吟诗助兴？想到这里，便放下了酒杯。

“燕王为何又将酒杯放下了？”

“久闻爱妃文武双全，今日何不吟上一首来助兴？”

“燕王见笑了！”

“爱妃过谦了！”

“那还是燕王先请，臣妾奉陪就是了！”

燕王朱棣指着宫灯说道：“那好，就以宫灯为题！”

徐妃微微一笑，说道：“燕王请吧！”

燕王朱棣略加思考，便吟道：

宫灯闪烁放光华，可惜只照帝王家。
安得光比天上月，普照九州胜夕霞。

徐妃待燕王吟罢，立即也吟了一首：

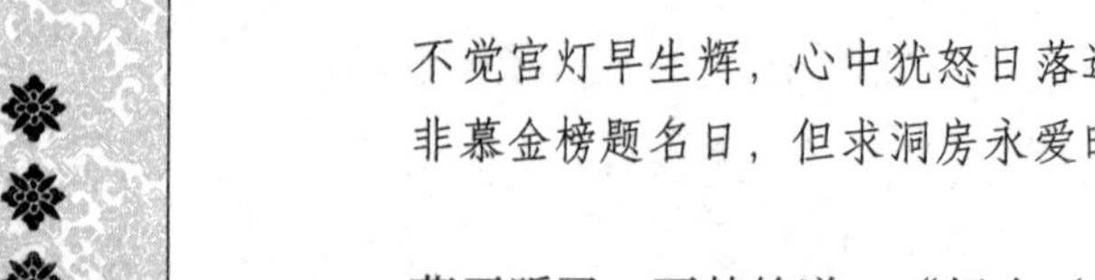

不觉官灯早生辉，心中犹怒日落迟。
非慕金榜题名日，但求洞房永爱时。

燕王听了，不禁笑道："好个'非慕金榜题名日，但求洞房永爱时'，爱妃这诗吟得好！来，我敬爱妃一杯！"

徐妃道："还是臣妾敬燕王一杯！"接着徐妃就将杯举到燕王面前。

燕王朱棣借接酒的机会，顺势握住了徐妃的手，往下一按，往怀里一拉，本想就势把徐妃拉到怀中。谁知徐妃只觉得燕王手指带劲，也只是在那转瞬之间，徐妃已将酒杯送到燕王手中，用手握住了燕王的手。燕王拉了一下，未拉动，就用力拉了第二下，仍未拉动，就要再用力拉第三下，恰在这时徐妃觉得燕王两次未拉动，便松了手，燕王用力一拉，倒拉了个空，不由得一闪，这一闪却使燕王脚跟不稳，便仰身向后摔去。也就是眨眼之间的事，徐妃一手端着酒杯，一手扶着燕王后背，微笑道："燕王未喝酒，怎么就先醉了？"

燕王文不对题地答道："爱妃不愧是将门之女！"

"臣妾给燕王干点小事情还行吧？"

"内助内助，岂止是贤内助？是我的坚实后盾啊！"燕王朱棣满含深情地说道。

朱元璋当年在鄱阳湖大败陈友谅，两军在康郎山决战，朱元璋有三十五员将领战死。朱元璋登基后，便在康郎山建功臣庙一座，将康郎山大战中阵亡的三十五员将领均立肖像于庙中，令有司以时致祭，永享人间香火。

对于这三十五员将领的壮烈事迹，诸王子当然不止一次听朱元璋讲述过，但他们只是在听故事，还远远没有把这故事变为自己成长的教训，这也许就是朱元璋让他们亲祭功臣庙的原因。

康郎山在鄱阳湖之畔，山势陡峻、地势险要，可称得是兵家必争之地，这功臣庙就建在半山坡上，这半山坡也就是当年的厮杀之处。这功臣庙依山而建，大殿九间，重檐歇山，红墙黄瓦，角檐高挑，气势雄伟。前后厢房偏殿，互相配合。庙中古树参天，枝荣叶茂。大殿中陈放的三十五员将领肖像，惟妙惟肖、栩栩如生，肖像之前各设灵位，祭案之上，香烛祭礼，陈列整齐。肖像两边，陈挂对联一副：

疆场武烈功昭日月，功庙序身万世流芳。

大殿门外也有一副金字对联，只见那金字笔力苍劲，气势非凡：

鏖战厮杀今犹在，烈士豪气传千秋。

功臣庙之前，有一片平阔之地，摆有一千个石雕，全如真人一样高大，兵车战马，刀剑旗号，无所不有。战马有驰有立，有仰有卧，战车有整有散，有侧有翻。将官兵卒有射箭的，有砍杀的，有执旗的，有擂鼓的，有仰卧的，有前仆的，有缺臂断腿的，有掉头无手的。当年拼杀的壮烈景象活灵活现，使人身临其境，眼前再现刀光剑影，耳边不绝厮杀之声。

太子朱标带领秦王、晋王、燕王、吴王、楚王及王府官属来到了康郎山，首先迎接他们的就是这一千个石雕，诸王们都被这拼杀的场面震撼了！燕王朱棣站在一个高坡之上，俯瞰着这一千个石雕组成的阵势，看了许久，口中只说了一句："壮哉！壮哉！"

太子朱标喊道："四弟，快进庙去！"

燕王朱棣这才大步赶来，登着石阶，一步步地走进功臣庙来。

功臣庙院内，正道上有一大香炉，炉内香烟袅袅。正殿内，木鱼声声，钟鼓阵阵，经声不绝，庙中住持会元大师将太子及诸王迎进大殿。目睹殿内情景，燕王朱棣不禁肃然起敬。燕王朱棣的目光从上到下，把三十五员将领的肖像扫过一遍。当他的目光对着枢密同知丁普郎的时候，父皇给他讲过的故事又在他的脑海中浮现出来。

当时，朱元璋坐在船上率领兵将前进，不料水浅，战船时常搁浅，陈友谅军又时时来犯，情况十分危急。朱元璋的战船好不容易才走了二三里路，却又搁浅了。

朱元璋正要命士兵下水推船，就听得一声炮响，陈军铺天盖地而来，当时又是夜间，火把把水面照得如同白昼一般，那箭如同下雨一样，直向船上射过来。转眼间，朱元璋的船上就留下了几十具士兵的尸体，朱元璋只得让将士暂时到船内躲箭。

"朱元璋！你跑不了啦！"

"朱元璋投降吧！"

"抓活的！"

"快上，抓住朱元璋有赏！"

陈军对着朱元璋的船大喊大叫。

"吴王，我们不能坐以待毙呀！"

朱元璋回头一看，见是丁普郎。

"你有何办法？"

"吴王，我们可利用船体躲箭，让水性好的从背箭处入水下推船，末将熟悉这段水道情况，我来指挥，让战船脱险！"

"那好！你就去行事吧！"

"遵令！"

丁普郎持枪站在船头上，高声喊道："将士们，情况危急，现在是我等为吴王献身效命的时候了！不杀出一条血路，我等谁也活不成！不怕死的就从左边跳

下去，躲着箭，将船向右前方推！”

这时一支箭射中了丁普郎的左胸，丁普郎用手将箭拔出，向陈军投去，大声喊道：“陈友谅必死鄱阳湖！”

又是一阵箭雨向丁普郎射来，丁普郎身上的箭就像刺猬毛一样。朱元璋的船此时还未来得及动，陈军兵将已经登上了船，手起刀落，丁普郎的头被砍落在船板之上。丁普郎的尸身手握长枪，把守在船上，挺身而立，陈军兵士推而不倒，陈军将士都惊呆了。

此时，朱元璋趁着陈军将士愣神的功夫，手持大刀跳出来，接连砍翻三个，将士们见朱元璋跳出去，也都纷纷助战，一时间将登船的陈兵全部杀光。

陈军又是一阵箭射来，又有十几个人伤亡，朱元璋又被逼进船中。

这时亲兵韩成来到近前对朱元璋说：“古人有杀身以成仁者，不敢受其死！而今形势危急，在下请求吴王一事！”

“什么事？”

“请吴王将盔帽战袍脱下！”

“那是为何？”

“吴王难道不知杨八郎替主就死的故事么？”

“你这是……”

“吴王，让在下替吴王去死……”

“不成，我朱元璋岂是贪生之人？让手下替自己去死，岂不是不义！”

“不！吴王！你是一个大有作为的人，天下百姓不能没有你！如若连一个丢弃兵卒的气度都没有，还算是什么吴王？”

“这……”

“吴王，在下能用自己的命换下吴王的一条命，值得。在下也就知足了！吴王！别犹豫了！”

韩成不由分说，就摘下了朱元璋的帽子，脱下朱元璋的战袍，然后穿在身上。

“吴王，多保重！”

“韩成！我的好兄弟……”

朱元璋已是眼含热泪，口中说不出话来。

韩成微微一笑，转身走出船舱。

韩成来到船头，陈军将士立刻惊乱了起来。

“朱元璋！朱元璋！”

“朱元璋，投降吧！我们陈王不会杀你！”

“陈军的将士听着！”韩成学着朱元璋的声调说道，“我朱元璋兵败鄱阳湖，不是陈友谅败我，是上天要败我朱元璋！”

“你别啰嗦了，快过来投降吧！”

“士可杀不可辱！”

韩成大声喊道：“三十年后，我朱元璋又是一条好汉！”

韩成纵身向水中跳下去。

“韩成！我的好兄弟！”朱元璋在船舱中悲声喊道。

想到此时，燕王朱棣不觉热泪盈眶。太子朱标及诸王已经上好香，见燕王朱棣还愣在那里，便连连呼道：“四弟！四弟！下跪祭拜！你怎么还待在那里？”

燕王朱棣这时才醒过神来，急忙跪拜。

太子朱标读了祭文，燕王朱棣激情奔流，便道：“大哥，小弟再上一篇祭文如何？”

太子道：“我们一道而来，一次拜祭，何需两篇祭文？四弟要再上祭文，少顷四弟单独再祭也便是了！”

“如此甚好！”

诸王拜祭已毕，便到偏殿歇息去了，燕王朱棣便再次拜祭功臣。燕王府官属不用说，自然跟随燕王拜祭，功臣庙僧众一时间又准备齐备，燕王退到功臣庙大门之外，再次进入功臣庙。

燕王进入功臣庙大门之后，便三步一拜，九步一叩首，庄重严肃，一直拜到大殿。进了大殿，司仪僧在佛乐中喊道：“请上香！”

燕王朱棣亲自点上香火。

燕王朱棣四拜之后，洒酒祭奠，而后口诵祭文：

登临康郎之山，有幸亲睹诸将之尊容，并致祭礼奉于诸将灵前，诸将在天之英灵，其或而知乎？

父皇起于布衣，兵发于濠梁，讨恶伐罪，诛杀叛逆，挥师乎东西，纵兵乎南北。奔走于硝烟烽火之中，往来于枪林箭雨之中，尔来二十有五年矣，父皇未敢一日而忘先烈昭月之功，故建庙于康郎之山，使军民之永祭！

想诸先烈之当初，随父皇南征北战，其日何其艰也！危难之时丁君一马当先冲锋陷阵，不避刀剑，置个人生死于不顾，何其壮也。身中百箭，多如猬毛，头落而尸不倒，又何其烈也！岂不谓神乎？

更有韩君者，虽身为兵卒，却深明大义，危急之时，乃言于父皇曰：“古人有杀身以成仁，不敢爱其身。”乃行杨八郎替主就死之高义，穿着父皇之衣帽战袍，替父皇而就死地。面对陈友谅之军士高呼曰：吾其怕死乎，我朱元璋三十年后又是一条好汉！大义凛然，视死如归，奋不顾身，跳入水中，其举不义乎！其行不烈乎！于戏！垂范千古，足令后人仰慕，大义可与日月争辉也！呜呼哀哉！尚飨！

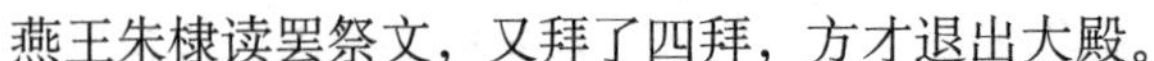

燕王朱棣读罢祭文，又拜了四拜，方才退出大殿。

此时，燕王朱棣只觉得心里装着一个大火球，周身暖呼呼的，好像浑身有着使不完的劲，他奔跑，他飞跃，他呐喊……

二月的南京城外，春日洋洋，东风拂面，远处的群山叠绿流翠，近处的河溪水清如镜。平坦的原野之上绿波荡漾，田边杨柳婀娜多姿，桃花红艳，梨花如雪，春燕剪柳，鸟雀争鸣，到处是一片勃勃生机。农夫们正在田间紧张地忙碌着。他们在祖上留下来的几亩薄田里，依照祖上流传下来的方法，或耕或种，年年如此，岁岁如此。多年的争战，使得农夫们的生活并不像自然的春光那样充满着诗情画意。

就在这时，从南京城里走出一队人马，浩浩荡荡向北而来。走在最前面的，是身着戎装、举着龙旗的军士，一面黄旗居中，四周由青旗、赤旗、黑旗、白旗环卫着。每面旗下，都有六名身着与旗子相同色彩的服装的兵士，他们身背弩弓，腰挎箭囊，个个英武强健，人人精神饱满。紧接着是举着引幡、戟氅、戈氅、仪锽氅、羽葆幢、青方伞、青小方扇、青杂花团扇的校尉，个个都是衣装整齐、人强马壮。真可谓是数不清的旗帜，数不清的仪仗。太子朱标骑着一匹白龙马在前，后面是骑着黑马的秦王朱樉，其后是骑着白花马的晋王朱棡、第三是骑着枣红大马的燕王朱棣，再后是骑着黑花马的吴王朱橚。此后便是太子赞善宗濂、秦府长史林温、晋府长史朱右、楚府长史朱濂、靖江王长史赵埙等，再其后就是内眷们的小轿，最后是各王府的官属及各王府所辖的军队。少说亦不少于万人，那踏踏的马蹄声，那滚滚而进的车轮，那高高扬起的尘土，打破了春日的宁静。

太子和诸王，他们这些在皇宫中长大的贵人，富里生富里长，哪里见过农村的景象，更不了解苦难是什么滋味。他们渐渐地远离了都城，随着富丽豪华景象的消逝，代之而来的则是农村的贫苦与荒凉。不知怎的，他们的心里似乎有点儿酸酸的。他们从没有体验过这种滋味，而乡下的农民也从未见过这种宏大的场面，似乎只觉得是大官来了，怎么也不会知道这些人都是金枝玉叶、龙子龙孙，当然更不会想到不久就要君临天下的真龙天子也已来到他们的面前，几千年留下的老规矩使他们只知道远远回避，让这支浩浩荡荡的队伍从他们身旁走过去。一般的人都这样做了，但也有人要与这浩浩荡荡的队伍打打交道。

在道旁回避的人群里，有一个骑着一匹乌兔马的青年人，此时，他也同别的人一样，手握着马缰绳在路旁跪着，队伍不断地从他身边走过去。燕王朱棣骑着枣红马正往前走着。突然燕王朱棣的枣红马嘶叫一声，竟向路边斜插了过来，用嘴拉咬着那青年的衣襟，那乌兔马见枣红马来拉咬主人的衣襟，不禁发怒，两匹马就打起架来。

燕王急忙跳下马来，拉住了缰绳。

那青年也顾不得回避了，忙拉紧了缰绳。

两匹马各自站住，那青年急忙跪下谢罪："小民冲撞燕王，罪该万死，还请恕罪！"

燕王觉得眼熟，便道："不妨！不妨，壮士请起！"

"燕王不认识末将了？"

"认识，壮士不就是……"

"我就是在阅武台下送给您枣红马的……"

"不错！不错！正是正是，上次未及问壮士大名，今日倒要问个清楚！"

"小民姓张名玉，滁州人氏，久欲投奔燕王，只是无缘，今日有幸，燕王如若不弃，末将愿效犬马之劳！"

"你我相见，也是天生有缘，壮士愿与棣共谋大事，亦是三生有幸！"

张玉便随燕王一同上路。

大队人马来到一个大镇，看看天色不早，太子朱标下令就地休息，于是各自安营设帐。

太阳落山，夜幕降临，燕王朱棣走出营帐，只见四周黑洞洞的。远远近近的村庄，可见点点灯光，偶有几声狗叫传来。这一切都与南京城里的灯火辉煌、人群熙攘形成鲜明的对比。朱棣觉得他就像是又来到了另一个世界。

"咚咚锵！咚咚锵！"

镇子里的不远处传来了鼓乐声，这种鼓乐是燕王从来未曾听过的，这鼓乐立刻引起了燕王的兴趣。这时一阵歌声渐渐传来：

说凤阳，道凤阳。凤阳本是个穷地方。
穷山恶水土地薄，十年就有九年荒。
大户人家卖田地，小户人家卖儿郎。
独有我家无可卖，肩背锣鼓走四乡。
但愿君子能相助，恩待外乡叫花郎。

那歌词写得惨淡悲凉，那歌声唱得哀婉凄怆，那歌中明明唱道"说凤阳，道凤阳"，无疑这歌唱之人就是凤阳人了，难道中都凤阳龙兴之地，百姓们还要逃荒要饭么？想到这里，燕王决定看个究竟。于是，他就与张玉及几个侍卫寻声找去。

他们来到镇子中间，只见男女老幼四个人在边跳边唱，大人小孩有二十多个在围着看。众人见来了官兵，十分害怕，急忙要走。

"你们都不要怕，我等是来听唱的！你等就再唱一遍给我们听听！"

"军爷，小的们还没有吃晚饭呢！"一位老头十分小心地说。

“你等且唱一遍，晚饭有你吃的！”

“那小的们就听命了！”

那老头又对那几个人说：“孩子们，再打打精神唱吧！或许能挣一碗饭吃！”

于是，这四个人又演唱了一遍。

“你等果真是凤阳的么？”

“我们是凤阳人，就是当今万岁龙兴之地的那个凤阳！”

“这么说，我们还是同乡呢！”

“怎么？军爷也是凤阳人？”

“是呀！我就是凤阳人，我们还是老乡哩！”

“那感情好！”

“老乡，你们不是还没吃饭么？现在我请你们去吃饭，你们敢去么？”

“既是老乡之请，有什么不敢去的！”

“既如此，就跟我走吧！”

这四人便跟着燕王朱棣来到营帐，朱棣命人送上一些酒菜来。

老者见这等酒菜，倒有点害怕，其间一个后生说：“爷爷，怕什么？有饭就吃，有酒就喝，不吃不喝不就负了这老乡的一片情义了么？”

燕王朱棣笑道：“老人家，你就带着他们吃吧！吃好了咱们再说话。”

“那就多有打搅了！”

这四人也不再客气，再加上经常是食饭不足，于是就狼吞虎咽地吃了起来。

待他们酒足饭饱后，燕王朱棣便与这老人闲谈了起来。

“老人家，你这是一家人么？”

“正是，这后生是我的孙子，叫耿直，那两个是我的侄女！”

“那你等怎么不在家过日子？”

“唉，说来话长，我儿子当年跟着郭子兴打仗，不幸阵亡，如今就剩下耿直这一条根。我兄弟因一场病借了老财五十两银子，因还不起债，二亩薄田又被抵了债，后来也就穷死了。弟媳一个女人家带着三个孩子，日子也难过，上年一淹一旱，颗粒不收，野菜草根都快要吃光了，为了逃命，我就带他们出来讨饭，这花鼓歌儿，也就是讨饭的本儿。”

“你说的都是实话儿？”

“军爷，不，老乡！我这一大把年纪难道说不知道在家里过安生日子？不到难处，谁愿意背井离乡呀！”

“老人家，你知道我是谁么？”

“你不是说你也是凤阳人么？”

“不错，我就是凤阳人！我就是当今万岁的第四个儿子朱棣！”

“啊，你就是燕王？”

“正是本王！”

“哎呀！死罪死罪，小民对王爷多有冒犯！死罪死罪！”老人把头在地上磕的砰砰直响。

“不要如此！不要如此！”燕王朱棣忙把老人扶起坐下。

“老人家，不必害怕！你对我说了实话，对本王的帮助太大了！你使我知道了什么叫难，什么叫爱民如子，什么才叫安邦治国，这些，都是我在书本上无法学到的！我们弟兄，就是奉了父皇之命，回凤阳祭奠皇陵的，也来看看家乡父老！”

“有你这一句话，凤阳父老对万岁就感恩不尽了！”

“老人家，我们明天就要回到凤阳了，我给你们一百两银子。你们回家好好过日子吧！再给你五十两银子留你防老。内侍！取一百五十两银子来！”

内侍把银子拿了来，燕王亲手把银子递到各人手中。这些人一齐叩头称谢。

“多谢燕王垂怜之恩！”

“不必致谢了，小心将银子收好，明日就随着大队人马回家去吧！今夜就让内侍给你们找个住处歇息。”

“多谢燕王隆恩洪德！”

从南京到凤阳，也就是三百多里的路程，所以，大队人马在中途歇了一夜，第二天便到了凤阳城。

凤阳，明朝之前叫钟离，又叫濠州。濠州东南，有一座山叫雁子山，朱元璋小时候就在这山上放牛，传说经常有一只凤凰，展开美丽的翅膀来给小朱元璋遮挡太阳。人们看到了这美丽的景象，都说凤凰不落无宝之地，后来朱元璋果然当了皇帝。大家都说，雁子山是卧龙落凤的宝地。为了向朱元璋表示心意，当地的画师画了两幅画送给朱元璋，一幅是《百鸟朝凤》，一幅是《龙凤呈祥》，朱元璋很满意，后来濠州画龙画凤的就多了。朱元璋回濠州，见到一幅《丹凤朝阳》的画，一时兴起，便将府名改为凤阳，取“丹凤朝阳”中的凤阳二字，意思是说希望家乡像一只美丽的凤凰，朝着太阳，永远都是吉祥如意。当然，这美丽的传说和真实的历史事件，作为当时人的燕王朱棣自然是知道的。

燕王朱棣是第一次来到凤阳。第二天，在别的王爷都歇息的时候，他就带着燕王府的属官观览了凤阳城。

只见凤阳城城墙巍峨，周围五十余里，环设九座城门。中有皇城，这皇城为城中之城，周围九里，环设四座城门。其中有宫殿、太庙、社稷、圜丘、城隍庙、日月山川坛、帝王庙、功臣庙、中书省、御史台、国子监、皇陵等建筑，无不华丽宏伟。整个凤阳城布局严谨，排列有序，鬼斧神工，巧妙绝伦。燕王朱棣

不禁在心中暗想：这其中渗透着父皇的多少心血！皇城，江山社稷的象征，这江山的得来，是多么的不容易，可这保江山，又是多么的艰难！燕王朱棣似乎觉得自己长大了，似乎觉得有人把这无形的担子放在了他的肩上，也似乎觉得他身上有着一种使命感和责任感。他好像从父皇的眼里看到了一种期待的目光，似乎又觉得他的兄弟们，也向他投来了一种异乎寻常的目光。

燕王朱棣到凤阳的第二天，便在太子朱标的带领下，来到了皇陵。看管皇陵的老人向他们讲述了那段悲酸的往事。

元至正四年，对于凤阳人来说，真可以说是多灾多难的一年。

从春二月里，老天就开始下大雨，三天一场小雨，五天一场大雨。到了五六月间，遍地是黄水，庄稼没收成，野草倒长得有膝盖深，被大水一泡，到处是臭气，到处是苍蝇蚊子。这日子本来就够老百姓苦的了，七月初三，又来了一场地震，人们只觉得天旋地转，地动山摇，狂风夹着暴雨，无数的房子倒塌了，无数的人死去了。剩下的人面对苍天，哭喊道："苍天，这日子还怎么过下去！"

可是，老天并不因为百姓的可怜，就不再把灾难降到他们头上。

有一日，正是中午，太阳明亮亮、热辣辣地暴晒着大地。不一会儿，人们就看见西北的天空起了乌云，不一时竟蒙住了太阳，到处都是灰蒙蒙的。一阵乌云过后，人们才知道，上天把灾难再次降到他们头上。人们惊奇地发现，房上、墙上、地上、树上、就连人们的锅盖子上、案板上，都是大大小小的蝗虫。走在路上，一脚踩下去，至少要踩死十个八个的蝗虫。蝗虫所到之处，不要说农作物，就是树皮、树叶，全部是一扫而光。然而，最可怕的还是瘟疫，这可怕的瘟疫使不少的农舍中空无一人。

就是这一年，朱元璋十七岁。他的老父亲朱五四染上了瘟疫，不久死去。他父亲还未来得及掩埋，他母亲陈氏又命归黄泉。朱元璋的眼泪还未能干，他的大哥、二嫂、三嫂和两个侄子也都接连死去。此时的朱元璋家徒四壁，连埋葬亲人的东西也没有。

朱元璋和他二哥，头上顶着白布孝，来到乡邻刘继祖跟前，磕头求助。这刘继祖四十来岁，心地善良，见朱元璋一家如此凄惨，竟先掉下泪来，急忙把朱元璋兄弟二人扶起，说道："都是乡里乡亲的，有什么事就说吧！"

朱元璋说道："我家一无所有，父母去世，连安身之地都没有……"

刘继祖未等朱元璋把话说完，便说道："你兄弟俩不要发愁，我东南湖有五分荒地，就借给你做坟地吧！"

"如此，我兄弟俩给您磕头了！我朱家永世不忘您的大恩大德！"朱元璋兄弟二人跪在地上给刘继祖磕了四个响头。

"不必这样！不必这样！你俩快把双亲安葬了吧！"兄弟俩千恩万谢，然后才回家。

那朱五四夫妻俩，劳苦一生，只可怜到死连个棺材也没有。家中唯一的一条破席只裹了朱五四的半个身体。朱元璋见门前的荒草长得膝盖那么深，便拔了一些野草，将母亲陈氏铺盖好，然后用草绳子将野草捆好。

“爹！娘！儿子不孝……连个遮脸的东西都弄不起呀……儿子对不起你们呀……”

朱元璋痛哭了一场，其实，朱元璋的眼泪早就已经哭干了！

朱元璋和他二哥在几个人的帮助下，将父母的尸体抬出了家门。

朱五四赤着脚，破烂的裤管从腿下垂落下来，一只干枯的手就像冬天的一截树枝，向旁边搭落着。陈氏身上裹着野草，破烂的衣裳多处露在外面，那灰白的头发散乱地从头上垂下来，没有纸幡、没有哀乐、没有送葬的人群，只有大嫂一个人跟在后面，半天才能听到一声有气无力的哼哼：“可……怜的……爹……娘呀……”

朱元璋他们把父母二人的尸体抬到刘继祖的地里，刚把尸体放下，就听得“咔嚓”一个响雷，一阵狂风从天边刮来，眨眼间天空布满了乌云。

一个炸雷，一个亮闪！又是一个炸雷，天空中弥漫着火红色的烟雾！狂风怒吼，飞沙走石，豆大的雨点砸在地上“叭叭”作响，转眼间便大雨倾盆了。天黑得像个锅底，直落下来的雨泛起一阵阵白色的雾气，十步开外什么也看不见。

“哗！哗！”

“轰隆隆……”

“朱五四！”

“朱五四！”

仿佛天空中传来了低沉的呼唤！

风停了，雨住了，太阳出来了。

朱元璋他们从树底走出来，他们惊呆了，原来地面上却是干干的，没有一滴水。来到刚才放尸的地方，他们惊呆了，尸体没有了，眼前出现了一座又高又大的新坟。

朱元璋和他二哥、大嫂他们，一齐跪下，向新坟连磕四个响头，说道：“爹娘啊！天神为你们筑坟，你二老就好好安歇吧！”

诸皇子听罢护陵老人的讲述，不禁泪流满面，燕王朱棣早已泣不成声。此时，也顾不得藩王的体面了，急忙来到朱五四夫妇的坟前，痛哭了一阵。尔后才将祭品摆上，对着坟墓拜了四拜，太子朱标让燕王朱棣上前致祭文。燕王朱棣便宣读祭文。其文如下：

先祖长眠，父皇有旨，令吾四王，陵前祭望，而今姗姗迟来，可谓不孝之

孙。想先祖勤苦一生，忍饥受寒，历尽灾难，而大去之时，赤身露体、衣不遮肤，野草裹身，无棺而入窀穸，何其惨淡！何其伤情！而今身锦衣裘，吾祖且破衣尚不可得！吾等之心又何其痛也！

幸而神葬风水宝地，使吾祖可得地下长眠，死后有安，汝心岂不小慰而足乎！此亦吾祖隆德感天而至也！先祖风范，永垂千古，先祖功德，万世不朽！

而今汝诸孙已长，各得封爵拜王，愿先祖永世庇护之，万世平安！诸孙有成，先祖闻之当亦深慰也！尚飨！

朱棣读完祭文，诸王在坟前又拜了四拜，而后方才回驻地。

凤阳孤庄村西南角山坡上，有一座寺庙，叫皇觉寺。这皇觉寺依山坡而建，有三进大院，大雄宝殿就建在最后面的最高处，前两进院前有藏经殿，后有文华殿，两边有僧房。皇觉寺规模宏大、建筑精巧，整日里香烟缭绕，钟鼓不断，诵经声此起彼伏，善男信女们天天来焚香祈祷，求神拜佛。

燕王朱棣带着燕王府的官属，沿着当年朱元璋留下的足迹，来到了皇觉寺。

寺中方丈闻听燕王来到皇觉寺，急忙到门口迎接。

"老衲不知燕王驾到，有失远迎，还望恕罪！"

"方丈免礼！"

"燕王请！"

"方丈请！"

燕王进了大雄宝殿，只见佛祖塑像供在殿堂正中，色彩鲜艳、栩栩如生，两边是一副对联，上联是：佛法无边改恶从善回头是岸，下联是：普度众生极乐世界广结佛缘。上偏首供的是观音菩萨塑像，两边也有一副对联，上联是：莲花池上杨柳枝惠泽万物，下联是：净水瓶内甘露水善施黎民。下偏首供的是弥勒大佛塑像，两边对联中，上联是：大肚能容容天下难容之事，下联是：满脸带笑笑天下可笑之人。燕王在佛祖面前，焚香上贡，拜道："愿佛祖保佑弟子一世平安，愿佛祖保佑我方之民风调雨顺、丰衣足食！阿弥陀佛！"

方丈道："请燕王到后堂用茶！"

燕王道："多谢方丈！"

"燕王请！"

"方丈请！"

燕王随方丈来到后堂，僧童献上茶来。

"本寺乃吾皇当年所幸之地，本寺多蒙吾皇恩泽，才得有今日！"

"本王奉父皇之命来中都，一是祭拜祖陵，二是体察家乡风情，本王年轻，还请方丈赐教！”

“赐教二字，老衲实不敢当！不过，中都凤阳乃当今万岁龙兴之地，当年吾皇足迹遍幸各地，使我地百姓早承天子恩泽，乃吾民之福。当年吾皇事物，珍贵异常，不知燕王愿闻乎？”

“幸闻父皇当年圣迹，本王求之不得，但请赐教！”

“老衲遵命！”

于是，皇觉寺方丈就讲述了朱元璋当年的两个传闻趣事。

话说当年朱元璋埋葬了亲人之后，无处安身，好心的邻居汪大娘对朱元璋说：“孩子，如今你二哥逃荒去了，大嫂子又带着孩子回了娘家。当年你爹娘曾到庙里许过愿，我看你还不如到庙里出家，留个活命吧！”

“眼前也就只有这样了。”朱元璋想了想说。

于是汪大娘就凑了点钱买了香烛，带着朱元璋来到了皇觉寺，好心的方丈收留了他。从此，朱元璋就在庙里当了一个小行童，整日里扫地、上香、点烛、击鼓、打钟，一时也不得空闲。有时，大小僧众还要给朱元璋一些气受。

有一天，伽蓝殿的一根蜡烛被老鼠咬烂了，老和尚把朱元璋骂了一通。老和尚走了之后，朱元璋拿着扫帚到佛堂扫地，他头也不抬就进了大殿，不想被石座上的伽蓝菩萨的腿绊了一跤。朱元璋爬起来一看，只见弥勒佛腆着高鼓鼓的肚子，咧个大嘴，满脸笑容，好像在笑朱元璋的无能，又好像在笑朱元璋的可怜。此时朱元璋一肚子怨气正无处发泄，便道：“你这大佛，自是无用，连个老鼠都看不住，倒让我挨骂受气，你还笑！你倒自在得很！”于是拿起大板，一口气将大佛打了五十多下，才算出了一口恶气。这时，大师兄拿着笔墨走过来，朱元璋一把抓过笔，在大佛背后写道：“发配三千里！”

“你这是干什么？”

“他不好好看管庙宇，连个老鼠都看管不住！我要他到三千里外充军去！”

“师弟胆子倒不小，你连大佛也敢罚！”

“这叫神仙犯法，与凡人同罪！”

从此，大小僧众对朱元璋都另眼相看。

有一次，方丈想看看朱元璋对自己是否忠诚，便对朱元璋说：“我有收藏多年的黑壳咸鸭蛋，你拿到河边把它洗白了，留着招待施主！”朱元璋顺从地在河边一连洗了三天，不发一句怨言，方丈很满意。

过了几天，方丈又对朱元璋说：“你把这两副生铁犁铧，打成小块在水里面煮熟了我吃，如果水干了就再加水！”

朱元璋不声不响地去煮了，一下子就煮了三天三夜。方丈知道后，认为朱元璋很忠诚，便说：“不要煮了，在水里温着吧！”

从此之后，僧众们都叫朱元璋是“老实哥儿”。

不久，方丈要到五台山去，走时把钥匙交给了朱元璋。方丈走后，朱元璋打开庙门，将方丈收存的珠宝全部拿走，逃出庙门，并在纸上留诗一首：

河水清清洗鸭蛋，锅煎犁铧煮不烂。
方丈修炼整一世，不够老实哥一担。

方丈从五台山回来，见此情景，便提笔写道：

洗蛋煮铧察德行，岂知老实不正经。
方丈反被行童骗，可知心面不一同。

其实朱元璋怎会做那不义之事？只是要与方丈开个玩笑，一切完璧归赵之后，朱元璋又写诗一首：

盗宝归宝同一僧，爽然一笑露德性。
师兄师弟同庙居，岂可分辨重与轻？

方丈闻言，不觉畅怀大笑，手握紫毫，又写诗一首：

聪明伶俐一行童，岂是寻常寺庙僧？
他日若能遂青云，但求不忘贝叶经。

朱元璋看了，朗声说道：“行童草木之人，岂言富贵？多承方丈庇护耳！”

后来，寺庙中因经济困乏，无力养活众僧，朱元璋不得不离开皇觉寺，带上方丈所给的木鱼瓦钵，云游于淮颍陈亳之间，翻山越岭，风餐露宿，四处乞讨，苦不堪言。

在晚秋的一天，霜露渐凉，百花凋落，枯草遍野，富家之人早已加衣护体了，而朱元璋此时还穿着破烂单衣，蓬头垢面，手敲木鱼，求人施舍。在那饿尸遍野的灾荒之年，谁又有能力施舍？这不是，朱元璋已是两天粒米未进，又冷又饿，四肢无力，眼前昏黑。朱元璋不禁叹道：“苍天啊！难道你还真要我饿死在荒山野岭之上么？”

朱元璋饿得实在走不动了，只觉得两腿一软，便倒了下来。他心中暗想：我不能死，我要活下去，我不能让我朱家绝了后啊！

忽然，一只野老鼠从朱元璋手边经过，朱元璋用手按住了它。原来是一只出世不久的小野老鼠，朱元璋对着小野老鼠说："小野鼠呀小野鼠！多谢你救我一命！"说罢便将小老鼠咬烂，咽到肚里。过了一会，觉得有一点劲儿，便又向前走去。

朱元璋来到一个村子，叫剩柴村。他抬头一看，空无一人，只剩下一片断墙荒草，实在没有什么可吃的。朱元璋又往前挪了几步，发现不远处有一个园子，园内有一棵柿子树，树上残留着几个被霜打过的柿子。朱元璋眼前一亮，他看到了活下去的希望！还是老天不灭我朱元璋！于是他急忙摘下这几个柿子。

几个柿子下肚之后，力气恢复了。朱元璋望着这棵救命的柿子树，无限感激，不禁施礼致谢。

后来，朱元璋率兵攻打采石、太平，又路过剩柴村。朱元璋又找到了那个园子，来到柿子树前，将战袍脱下披在柿子树上，说道："封尔为傲霜侯。"

"请问方丈，如今这柿子树还在否？"燕王不禁问道。

"这柿子树如今还在，有专人保护，老衲也曾亲自去看那柿子树！"

"本王也想亲自去看看那棵柿子树，不知方丈可否同本王前去？"

"燕王之命，老衲岂有不遵之理！"

"如此甚好，我们明日就起程如何？"

"老衲遵命！"

燕王朱棣当日在皇觉寺安歇，第二日，由方丈陪同，来到了剩柴村，找到了那棵柿子树。

燕王朱棣望着柿子树，眼前不觉又浮现出当年朱元璋饥饿至极的惨状，心中感慨万分，对方丈道，"见柿树，犹见当年父皇之惨景也！听方丈之教，而后知父皇初时之苦辛也！"

方丈说道："孟子曰：'天将降大任于斯人也，必先苦其心志，劳其筋骨，饿其体肤，空乏其身。'吾皇历尽磨难，亦上天所为也！不历往日之艰难，何有今日之显贵也？俗语说无有苦中苦，哪得甜中甜，亦此之谓也！"

"方丈所言极是，昔日百事不明，百理不晓，今日皆晓，亦方丈教诲之功也！"

"燕王聪慧，物理自明，老衲自无尺寸也。"

后来，燕王又探访了当年朱元璋放牛的地方，亲察山川之形，亲体当年之情，亲寻当年遗迹。

在中都凤阳，燕王朱棣遍访民情，探求民意，受益匪浅，可谓行千里路，吟千里诗，从此，才干大增。"本王凤阳一行，所学胜读十年书也！"这也是燕王的肺腑之言。

九月，燕王朱棣与太子及诸王一道，奉旨返回南京。

洪武九年（1376年），正当朱元璋全力实施治国方略的时候，却出现了几次异常的天象，这几次异象给大明王朝的政局带来了一次不大不小的风波。

二月，岁星逆行入太微。

三月，荧惑犯井。

四月，荧惑犯鬼。

五月，太皇犯毕、井，又有客星大如弹丸，白色，止于天仓，几天之内越来越亮，后进入紫微垣，一直闹了四十多天。

这“五星紊度，日月相刑”的怪异天象使得举国上下不得安宁。朱元璋为此也深为不安。

朱元璋在后宫茶饭不思，满面愁容。

马皇后见状，便对朱元璋说道：“万岁近日老是愁眉不展，有什么事如此忧虑？”

“梓童不知，半年来，天象怪异，上天垂戒，朕不知错办何事，百思不得其解，甚是思虑！”

“人非圣贤，孰能无过？既是上天垂戒，自当闭门思过，但也不可忧思太过，以伤龙体！”

“话是如此，谁又能指出朕的过错？”

“万岁岂不知古人有句话叫作‘以民为鉴’？万岁何不广开言路，让天下畅怀直言？若能天下直言，万岁过失何愁不知？”

“梓童所言极是！朕即日就下诏，让群臣直言，以求更正过失！”

“果能如此，亦是天下万民之福！”

第二日，朱元璋果然诏告天下，广开言路，向天下求谏。诏书全文如下：

奉天承运，皇帝诏曰：近岁星象异常，上天垂戒，普天之下，人皆关注，朕岂能熟视无睹！故静居日省，闭门思过。古今乾道变化，殃咎在乎人君。思之至此，惶惶无措，唯冀臣民，许言朕过。昔齐桓唐宗，广开言路，纳谏从流，故而国兴。周厉拒谏止谤，耳目闭塞，故而国亡。朕欲改过从善，于斯王道唯忠且仁者能鉴之。钦此。

朱元璋的求谏诏书就像一声春雷，很快传遍了天下。平遥县儒学训导叶伯巨读罢求谏诏书，心中异常激动。他认为，万岁向天下求谏，正是自己为国尽忠的机会，于是就打算上书直陈。他对他的夫人吴氏说道：“当今万岁圣明，广开言路，向天下求谏，命群臣直言其过，以匡过失，此乃圣明之举，亦天下百姓之福！”

吴氏道：“老爷莫不是又要上书么？”

“正是，吾皇万岁施政治国有三错，其一，分封太多；其二，用刑太繁；其三，求治太速。”

“老爷，以妾看来，还是不上书为好！你想，那万岁治国难道还不如老爷么？且别说万岁治国没有过错，就是有过错，一定非要由你指出不行？你一个小小的县儒学训导，又算个什么官，就是你不去上书，这天难道还会塌下不成！自古是伴君如伴虎，弄不好，还要杀头治罪，又何苦去自招是非！”

“哈哈哈！夫人真是妇人之见！当今万岁自然圣明，然人非圣贤，又岂能无过？良言规陈，忠心进谏，亦臣子之职也，尔不闻陆放翁之‘位卑未敢忘忧国’乎？即是冒犯天颜，能利国利民，于私有损又何足虑哉！”

于是，当夜便点起蜡烛，上书明皇，直陈其事。其奏疏如下：

先王之制，大都不过三国之一，上下差等，各有定分，所以强干弱枝，遏乱源而崇治根本耳。今裂土分封，使诸王各有分地，盖惩宗元孤立，宗室不兢之弊。而秦、晋、燕、吴、楚、齐、潭、赵诸国，无不连邑数十，城郭宫室亚于天子之都，优之以甲兵卫士之盛。臣恐数世之后，尾大不掉，然后削其地而夺之权，则必生觖望，甚者缘间而起，防之无及矣。

议者曰：诸王皆天子骨肉，分地虽广，立法虽侈，岂有抗衡之理？臣窃以为不然，何不观于汉晋之事乎？孝景，高帝之孙也，七国诸王，皆景帝之同祖父兄弟子孙也，一削其地则遽构兵西向。晋之诸王，皆武帝亲子孙也，易世之后，迭相攻伐，遂成刘、石之患。由此言之，分封逾制，祸患立生，援古证今，昭昭然矣。空置之以待诸王子孙。向使文帝听从谊言，则必无七国之祸。愿及诸王未之国之先，节其都邑之制，减其卫兵，限其疆土，亦以待诸王之子孙，此制一定，然后诸王有贤且才者入为辅相。其余世为藩屏，与国同戚。割一时之恩，制万世之利……

叶伯巨一口气把表章写好，不觉洋洋千言。他伸伸腰，在房内来回走了几步，天已微明。叶伯巨又前后将表章看了一遍，此时已是旭日东升、红霞满天。叶伯巨长吁了一口气，仿佛身上轻了很多，觉得他的心此时就像天上的朝霞那样火红。他好像看到了朱元璋读罢他的上书后脸上泛起的笑容，又好像听到了群臣对他的高见的赞誉之声。叶伯巨满意地笑了。

三六九日，正是上朝之日，朱元璋端坐在宝殿之上，接受大臣的朝贺。

“吾皇万岁万岁万万岁！”

“平身！”

“谢万岁！”

“皇太子、秦王、晋王、燕王进殿！”

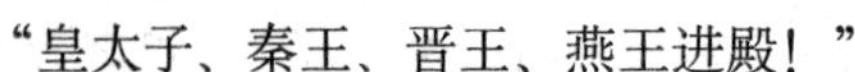

“皇太子、秦王、晋王、燕王进殿！”

“儿臣遵旨！”

太子朱标领着秦王朱樉、晋王朱㭎、燕王朱棣进了金殿。

“儿臣叩见父皇万岁万岁万万岁！”

“平身！”

“谢父皇！”

“尔等在中都凤阳半年有余，在中都尔等有何作为？”

“儿臣拜祭了祖陵！”太子朱标答道。

“这半年你等就只拜了祖陵？”朱元璋有些不满意。

“儿臣不只是拜祭祖陵，”燕王朱棣回答说，“儿臣还考察了民风民情，走访了父皇当年所到过的地方！”

“你拜见傲霜侯了么？”朱元璋显得很感兴趣，便想起了救了自己命的那棵柿子树。

“儿臣拜见了！”

“你还干了些什么事？”

“回父皇，儿臣还演习武事！”

“你回中都凤阳，有何教益？”

“儿臣深知父皇当年所受疾苦，深知创业之难！”

“创业难，守业比创业更难，看来只有你不虚凤阳一行！”

“多谢父皇夸奖！”

“哪家爱卿还有本奏？”

“臣有本奏！”李善长出班奏道。

“李爱卿有何本奏？”

“平遥县儒学训导叶伯巨写来奏疏，只因事关重大，请万岁亲过龙目！”

“呈将上来！”

“遵命！”

左丞相李善长将叶伯巨的奏章呈上，朱元璋看罢奏疏，勃然大怒：“可恶！可恶！小子间我骨肉，其罪不小！快快把叶伯巨捉拿进京！我要亲手用箭射死他！用箭射死他！”

众臣见朱元璋龙颜大怒，都面面相觑，不敢言语。

李善长道：“叶伯巨固不敢诋毁分封之策，万岁息怒，不可有伤龙体！”

“再有诽谤分封之策者，杀无赦！退朝！”

朱元璋回到后宫，仍是余怒未消。马皇后见朱元璋心中有气，便微笑道：“看呀！又是哪位该死的大臣，把万岁气成这样？”

“一个小小的平遥县儒学训导叶伯巨，竟敢上书诋毁分封大政，分明是在离间我与皇子之间的骨肉亲情，我非要亲手用箭射死他不行！”

“看来万岁还要与一个县吏打架呀！值得么？一个小小县吏能值得上万岁的体面么？”

“朕哪是要打架？只是出不了这口恶气！”

“万岁，不是臣妾多言，这治国大计难道只是在乎出口恶气？一个小小的县吏敢于直言上书，就是说错了，你不理他便是了，还要置他于死地，你想那叶伯巨上书获罪又图个啥？万岁告天下诏书中不是说‘唯冀臣民，许言朕过’的么？万岁心阔似海能容百川，怎么今天倒耍起小心眼儿来了！”

“照梓童所说，朕倒成了头顶手巾的妇人了？”

“哪里哪里，万岁是大丈夫，真龙天子嘛！”马皇后晃着朱元璋的肩膀，顺势又在朱元璋的脸上吻了一口，朱元璋的脸这才“阴转多云”。

“好啦好啦！我的万岁爷，天色不早了，快歇息着吧！养足精神，明天再去对着那个叶伯巨拉弓射箭去吧！”马皇后说着摆了一个射箭的姿势。

朱元璋笑了，用手指头指着马皇后的额头说道：“你呀，就是一个百灵鸟！”

叶伯巨上书之后，心想自己对皇上是一片忠心，万岁自然要予以褒奖。这一日，正坐在学宫里，忽听得外面乱糟糟的，霎时间，官兵将学馆围个里三层外三层。

“哪一个是叶伯巨？”一位将军问道。

“在下就是！”叶伯巨答道。

“你好大的胆子，竟敢上书诋毁分封大政！现奉万岁口谕，押你进京，京城定罪！”

“想不到一片忠诚，竟招大罪！”

“把他押上囚车！即刻进京！”

“将军，可否让我与夫人见上一见？”叶伯巨说道。

“万岁严限，谁敢拖延！”

囚车就要上路，训导夫人吴氏闻讯赶来，拉着囚车哭道：“老爷呀……老爷……你一片忠心，反得此罪，老爷此去……留下我母子，日后如何度日……”

“夫人休得啼哭，万岁盛怒，是一时未察我心，我忠心对天可表，即是因不察而获罪，我亦可忠臣而居也……”

可皇命严限，岂容得他夫妻倾诉？囚车就在他们夫妻二人的对话声中启程了。

叶伯巨被押进京城之后，便打入天牢。

一日早朝，徐达见朱元璋气色温和，使出班奏事。

“臣有本奏！”

朱元璋见是徐达，又是儿女亲家，自然又与一般不同，连忙问道：“爱卿有何本奏？”

徐达说道：“启奏万岁，那直言上书的叶伯巨已押解到京，现打入天牢，请万岁圣断！”

“依爱卿之见，该如何处之？”

“封藩之事乃治国大政，臣不敢妄言，只是县衙小吏尚知关心国事，所言汉晋史实，尚可供吾皇引以为鉴，忠心尚且可怜，还请万岁圣裁！”

自从马皇后从中解劝之后，朱元璋对叶伯巨的怒气也消了不少。

“那就先让他在狱中度日吧！所言日后若有应验，朕自当善待于他！”

“万岁圣明！”

“宣秦王、晋王、燕王进殿！”

“万岁有旨，宣秦王、晋王、燕王进殿！”

几位皇子奉旨来到金殿。

“叩见父皇万岁万岁万万岁！”

“平身！”

“谢父皇！”

“秦王、晋王，年长可立，朕命尔等前往封地，全力治理藩邦，拱卫皇室！尔等到藩国之后，定要勤政爱民，恪遵法令，勿违朕意！”

秦王、晋王跪拜道：“谨遵父皇教诲！”

少时，朱元璋又对燕王朱棣说道：“燕王可带吴王、齐王、楚王诸弟再到中都凤阳，继续在那里习文练武，操练兵马，燕王年龄最长，当善待弟兄，好自为之！夫为政者，勤政爱民，第一之要务也！勿负朕意！”

燕王伏地答道：“谨遵父皇教诲！”

南京城郊外，旌旗招展，车马相接，由燕王朱棣带领的大队人马就要出发了。此时，朱元璋也来到了京郊。是的，朱元璋的儿子，赴藩国的赴藩国，去中都的去中都，这些皇子们一个个都离开了他，作为父亲，他又怎么能不牵挂他的皇子呢？他爱他的皇子，他不相信他的皇子们会互相残杀！这也许就是他听不进叶伯巨意见的原因。所以朱元璋还要亲自来到京郊再看一看他的皇子们。

“万岁驾到！”

听说父皇来了，燕王朱棣带领齐王、楚王、吴王急忙来到朱元璋面前跪下。

“儿臣叩见父皇万岁万岁万万岁！”

“免礼！”

“谢父皇！”

“昔有道之君，皆身勤政事，心存生民，所以能保守天下。至其子孙，废业厥德，色荒于内，禽荒于外，政教不修，礼乐崩弛，则天弃于上，民离于下，遂失其天下国家。为吾子孙者，当取法于古之圣帝哲王，兢兢业业，日慎一日，鉴彼荒淫，勿蹈其辙，则可以长享富贵矣。”

“儿臣谨记父皇教诲！”

“汝等就启程吧！”

“儿臣遵命！”

于是燕王带领诸王翻身上马，引兵而去。直到人马烟尘消失，朱元璋才起驾回宫。

事实证明，叶伯巨的上书未能改变朱元璋的意志，同样，事实也证明了叶伯巨的预言是正确的。

叶伯巨身在天牢，虽未受刑讯之苦，但天牢的生活却也不是常人所能想象的。别的且不说，单是一日三餐的牢饭就使叶伯巨无法忍受，更重要的是，与外界隔绝，行动不得自由。忠心不察，进忠言而获罪，身陷囹圄，徒有报国之志，颇有屈原游吟泽畔之感，天长日久，竟患起病来。

好在有一个牢卒叫阿三，这阿三虽不是什么名流显贵，却也颇晓义理。阿三心中倒也很佩服叶伯巨的为人。所以生活上，对叶伯巨悉心照料，但叶伯巨的病却越来越重。

“阿三小哥，叶某多承照顾，实是感恩不尽！”

“老爷休要如此！老爷的大忠大义，实在是让小的佩服！能为老爷做点事，也是小人的福分！”

“叶某若能重见天日，必将厚报！”

“小的不求厚报，但愿老爷贵体早康，等待时机，或许可得升迁。”

“而今命且不保，何求升迁！”

“小的听刑部大人说，若不是马皇后及徐丞相等人向万岁婉言劝解，老爷恐怕早就亡命在万岁的乱箭之下了。老爷福大命大，而今虽有牢狱之灾，日后或有重见天日之时！”

“不杀不放，看来叶某只有寿终天牢了。”

“老爷还要气度豁达一些，不可过分悲伤。”

约是一个月之后，叶伯巨忽觉得神志恍惚，手脚发软，四肢无力，自知大限之期不远了，便对阿三道：“请小哥拿笔墨来！”

不一时，阿三将文房四宝取来，叶伯巨颤颤巍巍拿起笔，由阿三搀扶着来到墙边。叶伯巨此时精神焕发，红光满面，挥笔疾书，作诗一首：

吾皇分封意千秋，裂土为藩使人愁。
古周汉晋动刀兵，皇子王孙战未休。
观史上书陈利弊，赤诚换得做楚囚。
伯巨虽死心无憾，一世忠臣垂千秋。

叶伯巨抛笔于地，对阿三说：“我死之后，拜托将此诗转交我家夫人。”

“小的一定不负老爷所托。”

“哈哈哈！有小哥这句话，叶某就放心了，哈哈哈……”叶伯巨连笑数声，倒地而亡。

叶伯巨死了，他没有合上眼睛，他好像要看见他所预言的诸王兵战的发生；他好像要看到朱元璋在诸王征战面前的后悔；他好像要看到他的夫人吴氏在他的坟前树起一块写有“忠心炳千秋”的墓碑；他好像还要看到在诸王的拼杀之中江山易主……

凤阳的西边，有一座巍峨的高山。这山有峰有岭，有谷有涧，悬崖鬼见鬼愁，陡壁神见神怕，树木遮天蔽日，山道峰回路转，飞鸟跨越心发愁，猿猴攀援胆也寒。燕王一见此山，就知是用武练兵的好地方，于是，暗自派人将一块得胜石碑藏在山的顶峰。说是石碑，其实就是一块长三尺宽二尺厚一尺的小石块，上刻“得胜碑”三字。藏碑人将碑藏好之后，燕王就将藏碑人关于密室，为的是不透露风声。

燕王将吴王、楚王、齐王找来，作出约定，说道：“父皇要我们在中都学会带兵打仗，这里写了‘东、西、南、北’四个号，我们兄弟四个每人抽一个号，然后我再说具体的事儿！”

于是吴王、楚王、齐王分别抽了一个号，剩下的一个号是燕王的，兄弟四人打开一看，燕王是个“东”字，吴王是个“南”字，楚王是“北”字，齐王是个“西”字。

燕王朱棣说道：“西山的顶峰上藏有一块‘得胜碑’，我们兄弟四人，明天鸡叫时分各带兵将，按各自方位登山，晚上日落之时返回到这里，看谁能将‘得胜碑’运回此处，至于如何带兵，如何运作，咱们兄弟四人各尽其能、各展其才。”

“我等听兄长吩咐便是！”

于是兄弟四人各自传令，安顿兵马。

第二天，鸡还未叫，诸王都各自分头行事。鸡叫第二声，各路兵马都吹响了号角，燕、吴、齐、楚四面大旗前头开路，大旗之下，燕王、吴王、齐王、楚王立马横枪，威风凛凛。太阳出来之时，四路大军均已来到西山脚下。之后，他们各自擂鼓呐喊，争相向山顶攀登。

齐王朱榑，年轻气盛，一心要想与诸兄弟见个高低。西边的山势平缓，易于攀登，可是树木丛生、野草飞长，兵士一登山，便处处受阻，于是齐王便命兵士伐木除草，开出一条路来，但由于费力耗时，两个时辰过去了，山坡还未爬上一半。齐王无奈，只得加大人力开道，让兵士努力攀登。

楚王朱桢登的北山坡，山势也不错，并无遮拦，朱桢满心高兴，让兵士快速登山，却不料登上一个小山头，楚王傻了眼，一道陡壁挡住去路，楚王只说是爬山，哪想到会遇到陡壁悬崖的事？无法，只得令军士寻找攀登陡壁的工具，等攀崖工具备齐，时间已耗去不少。

南面的吴王，刚爬上一个山冈，便被一条深山涧拦住了去路，他们费了好大的劲，才在一处找到了可以通行的地方，这地方乃是一座小桥，并排最多只能容三人通过。吴王的人马要全部过桥，就要一天半的时间，兵马未过三分之一，天已到中午，吴王无奈，只得收兵。

燕王朱棣带兵来到东山脚下，怪石挡道，无路可走，别说大队兵马无法行走，就是山羊要想上去，也得费九牛二虎之力。张玉和众将士急得抓耳挠腮。燕王道："诸将士不要急躁，可暂时按兵不动，速到山脚下村中找一位打猎的人来，让他给我们带路！"

不一时，打猎人带到，燕王问道："老乡，从东坡上山顶，有何好路可走，还请指教！"

打猎人说道："道路有一条，只是山路险些，只能单人通行！"

燕王拿出一两银子道："这银子权且留给你买茶喝，烦你带路如何？"

"小人遵命就是！"

燕王让兵士留下十分之一看守马匹，旌旗如数带上，一律单队而行，另选三名机灵健壮的士兵，轮流扛"燕"字大旗，紧跟打猎人而行。

打猎人带着士兵时左时右，时高时低，时而从石缝中穿过，时而从巨石脚下而行，整个队伍，就像一条弯弯曲曲、依山爬行的长蛇，不到两个时辰，便爬上了山顶，"燕"字大旗在山顶上迎风飘扬。

此时，吴王、楚王、齐王在半山腰见"燕"字大旗在空中飘扬，士气已减去一半，等到他们登上山顶时，燕王的兵士已开始下山。

黄昏时分，三路兵马先后回到凤阳城。太阳落山之时，燕王、吴王、楚王、齐王来到一处，燕王朱棣命人将向山顶安放"得胜碑"的百姓从密室中放出来，设宴款待送碑之人。

第二日，燕王朱棣又把吴王、楚王、齐王召至一处，总结登山演练之事。

燕王首先说道："前日抽号，是你等三人抽过之后，剩下的号本王才去拿的，可见登山方位本王是公正无私的。本王昨日胜于诸小弟，诸小弟有疑惑否？"

“兄长无私，我等心服，兄取胜之法，还请赐教！”齐王、楚王一同说道。

“我观西山四面，最险最难者莫过于东坡，西坡平缓，有树丛荒草相扰，北坡平缓，有陡壁挡道，南坡可攀，却又有深涧阻拦，东坡则怪石林立无路可攀。吴王、楚王准备不周，遇险而不能克，因此劳而无功。齐王年轻气盛，只知用力，不知用智，以火开道，必速于以人开道。诸王意下如何？”

“兄长所言极是！”

“我之所胜有三，其一，于山脚下找打猎之人引路，节省时日。其二，马匹留于山下，兵士单队而行，变化阵容以求顺应于崎岖山道。其三，精兵三人，率先将‘燕’字大旗插于山顶，夺尔等之士气也！”

“兄长这三条，皆我等所无也！”吴王说道。

“用兵之道，要审时度势，知己知彼，了知实情，切不可主观臆想、闭门造车，排兵布阵要因地制宜，因时制宜，切不可纸上谈兵！望诸弟切记！”

“兄长所教，我等谨记于心！”

燕王朱棣在中都凤阳除了与诸王演练兵马之外，有时也带着下属，在城里或乡村中闲游，为的是考察民情、风俗，增加自己的见闻阅历。

这一日，燕王来到凤阳乡下，在一个村头见一名妇女披头散发，坐在草房门口大哭，哭得十分伤心，燕王听了心中十分不忍，便停了下来。

“这位大嫂，为什么哭得这样伤心？”

那妇女一见燕王衣着打扮，知道燕王不是一般人，便渐渐止住了哭泣。

“唉！我家丈夫给打的，我怨气无处出哎！”

“你丈夫为何要打你呀？”

“老爷要问，这说来也就话长了。”

“那你就说给我听听。”

“说起来可怜，我家有一个一岁的儿子。整日里缺吃少喝的，我哪有奶水喂儿子呀！就全指着两只老母鸡下蛋换点儿吃的给儿子，谁知道俺那丈夫竟把两只老母鸡给卖了，我说：‘咱就指望那母鸡下蛋养儿子！你怎么把它卖了？’我说他他也不言语，我又说：‘既是把鸡卖了，那卖的钱呢？’他倒说：‘我拿去赌场花了！’我和他闹，他就打我。”

燕王听罢，不觉有气，便说道：“你丈夫如何这等不晓事理！他在哪里？让我来开导于他！”

“他在屋里睡觉哩。”

“你去把他唤来见我。”

那妇女进了家，将丈夫唤了出来。她的丈夫一见燕王，不禁下跪道：“小民给老爷请安。”

"我来问你，你叫什么？如何这样不晓事理，把你妻子打成这样？"

"老爷息怒，容小民详述。小民姓陈名文，只因这县大老爷过五十大寿，要摆金鸡大宴，遂命县役下乡捐派，我家那鸡明明值十文钱，他却只给一文钱，我怕她生气，便说了个谎话，谁知她竟和我闹了起来，一时怨气无从去出，便打了她。"

"原来如此，陈文呀陈文，有怨气也不该拿自家妻子出气。那县官着实可恶，你能否将那县吏找来，我问个明白。"

"这个小事好办。小民这就去把他叫来。"

陈文说罢转身便走，燕王朱棣一眼就看出陈文是习武之人，绝非平庸之辈，心中不免有些喜欢，便又与陈文妻子说一些农活、盐米之类的闲话。

不一时，陈文将那县吏带来，那县吏见燕王便跪下道："小吏刘七给老爷请安！"

"刘七，身为县吏为何要强买强卖、骚扰百姓，你知罪么？"

"小吏知罪，不过小吏也是奉县老爷之命行事，还请老爷明察！"

"老爷？你知我是谁么？"

"小吏不知！"

"燕王在此，还不过来见礼！"张玉喝道。

刘七听说是燕王，急忙又跪下。

"小吏有眼无珠，还请燕王恕罪！"

陈文听说，也急忙过来行礼。

"小民陈文叩见燕王，冒犯之处，还请恕罪！"

燕王忙将陈文扶起，说道："壮士请起！"

燕王又问刘七道："你强买强卖人家的鸡是何道理？"

"燕王不知。我家县老爷就爱吃鸡，天天要吃，顿顿要吃，今年是他五十大寿，老爷要摆金鸡大宴，所以我们只得奉命抓鸡。"

燕王又对陈文说道："陈文，你敢到县衙去状告县老爷么？"

"这等扰民之官，怎么不敢告！"

"那好！你现在就去县衙告状！"

"遵命！"

说罢，陈文便向凤阳县衙而去。

凤阳县县令，姓黄名书郎，因喜好吃鸡，百姓们给他送个外号叫"黄鼠狼"。

这一日，黄县令正在后堂安排金鸡大宴之事，就听得县衙前堂鼓被击得"咚咚"直响。黄县令知道有人告状，便击鼓升堂。

"将击鼓人带上堂来！"

黄县令一声断喝，衙役将陈文带上大堂。

“小民见过青天大老爷！”

“你是哪里人氏？”

“凤阳县人氏。”

“你姓甚名谁？”

“小民姓陈名文。”

“你状告何事？”

“有人强买我家生蛋母鸡。”

“可有状纸？”

“没有状纸。”

“你状告何人？”

“不知道。”

“大胆刁民，你连告谁都不知道，还来告状！”

“小民只知道所告的人就在这大堂之上，我认得人，但叫不出名，因此说不知道。”

“你所告之人就在这大堂之上，该不是老爷我吧！”

“就是老爷你！我告你强买我的鸡，生事扰民！”

“大胆！你这刁民，竟来状告老爷我来，自古民不告官，你难道不知！”

“小民只知民不告好官，扰民之官就该告！”

“好一个刁民！竟敢在大堂上胡搅蛮缠，不让你皮肉吃苦，你不知道王法的厉害，给我重打八十大板！”

“是！”

两边衙役如狼似虎，将陈文按在地上，就要动手。

“燕王驾到！”

黄县令听说燕王驾到，急忙率众前来迎接。

“下官黄书郎叩见燕王，迎驾来迟，还请恕罪！”

“黄大人免礼。”

“燕王请！”

“黄大人请！”

燕王坐在大堂之上，黄书郎一旁侍坐。燕王见陈文跪在大堂之上，便问道：“黄大人，这是为何？”

“这刁民无端闹事，竟来状告下官。”

“他告大人什么呀？”

“这个……这个……他告下官强买强卖，生事扰民。”

“黄大人是否扰民？”

"这个……"

燕王将惊堂木一拍，厉声喝道："黄书郎！"

"下官在。"

"你借庆寿之机，强买强卖，无故扰民，不思造福于百姓，而使百姓受骚扰之苦，该当何罪！"

"下官该死！下官该死！还请燕王恕罪！"

"本当罢你官职，念你尚能守法，重责二十大板以示警戒！本王暂替你理行县事，罚你到乡间陈文之村务农两月，也让你尝尝百姓之苦是何味道，尔该夜思己过，戴罪立功！"

"多谢燕王不责之恩。下官感激不尽！"

"既如此，你就到陈文家歇身，体察民情！"

"下官遵命！"

于是燕王就替黄书郎暂理县事，并向朱元璋上奏疏一道：

儿臣中都体察风俗、了解民生。来至凤阳县，见凤阳县令借庆寿之名，摆金鸡大宴，令差役四处寻鸡，名曰买，实则给钱不及五分之一，强买强卖，百姓甚苦，怨声载道。儿臣事已查明，对凤阳县令杖责二十以示警戒，责令其下乡务农，亲历稼穑之苦，夜思其过，戴罪立功。儿臣暂且为其代理县事两月，而后归其权印。儿臣此举，上奏父皇，以求教训。

燕王将奏疏写好，即派人送往南京。

燕王朱棣在代理凤阳县事之余，又来到陈文家中，陈文和黄书郎均来迎接。相见之后，燕王问黄书郎道："黄大人下乡月余，感受如何？"

"下官深知百姓生活艰难，对自己过去的罪行深感内疚。"

"为官者，民之父母也，理当爱民如子，不然，岂不愧对朝廷？"

"燕王所言极是，下官当铭记于心，恪守为官之道，造福于民。"

"愿黄大人不食己言！"

燕王又对陈文说道："我见壮士行动颇有武功，绝非等闲之人！"

"燕王过奖，小民只是早年跟家父略识棍棒，哪有什么武功？"

"令尊是……"

"家父原是红巾军一名将军，后不幸阵亡。"

"壮士原来是将门之后。果真非等闲之人！"

"小民乃草民而已，难成大器。"

"本王意欲求壮士共成事业，不知壮士意下如何？"

“承蒙燕王不弃，小民愿效犬马之劳！”

燕王闻言大喜，一手拉着陈文的手，说道：“本王能与陈壮士共成大业，三生有幸也！”

当日，燕王朱棣就在陈文家设便宴款待陈文与黄县令，其间，三人畅所欲言，各自欢喜。直坐到酉时，方才各自散去。

朱元璋接到了燕王朱棣的奏章，将奏章仔细地看了一遍。他对朱棣的举动颇为满意。他觉得，燕王已经长大了，已经成熟了，他的才华已经展露出来。他觉得自己的众多儿子之中，燕王朱棣是那么像自己！朱元璋此时已经意识到，现在是要让燕王干事业的时候了。他考虑到北疆的防御急需加强，于是就想要朱棣奔赴封地北平，支撑起大明江山的北方门户。于是，就下了一道圣旨，让燕王朱棣率领诸王一道回南京。

这一日，燕王与诸王正在谈论用兵之道。听说圣旨到，急忙摆好香案，而后跪下接旨。钦差朗声宣旨。

“燕王等诸王接旨！”

“父皇万岁万岁万万岁！”

奉天承运，皇帝诏曰：燕王及诸王在中都凤阳，体察民情、演练兵马，不觉数载。其间举动，朕甚为满意，特燕王处置凤阳县令一事，甚合朕意，对凤阳县令或奖或惩，燕王视其后效酌情处之。交割完毕，即率诸王返回京都。钦此。

燕王接了圣旨，设宴款待了钦差。即日收点军马，准备回京。

燕王朱棣带着张玉和陈文，又来到凤阳县衙，黄县令设便宴热情款待，临别之时，黄县令说道：“燕王此来，使下官受益匪浅，教诲之恩无以图报，唯有悉心爱民耳！”

燕王也说道：“本王也相信，凤阳县在黄大人治理之下，会越来越好！”后来，四人拱手而别。

燕王立马横枪，立于高山之上，俯瞰凤阳全城，不禁心潮起伏，凤阳的山山水水，使他依恋，使他自豪，使他英姿焕发，他仿佛觉得，一个无比辉煌的未来在向他招手！

此间，太祖朱元璋在南京处置胡惟庸案，夷其三族，诛杀涂节，余党连坐。共计杀了胡惟庸及僚属、余党共一万五千人。此案株连甚众，如韩国公李善长、唐胜宗、费聚、赵庸、吉安侯陆仲亨等人，都被牵涉进去，数年之间，均被处死。胡惟庸一案，前后共杀了三万余人！

【第二回】

察盗案燕王拜士兵，绝药石皇后升仙境

在高耸巍峨的燕山脚下有一座古老的城市，叫北平，在元朝的时候，叫大都。自从蒙古铁骑无敌于天下、驰骋于长城内外之后，忽必烈和他的子孙们就一直生活在这里，这里是大元帝国的心脏——四方臣服的帝国的首都。

元大都，皇城宏大，宫殿雄伟华丽，在晨晖霞光的映衬下，更显得身姿昂扬而挺拔。太液池内，春水如蓝，平明如镜，池水湖畔，绿柳婀娜多姿，草绿花红，蜂蝶嬉戏其间，犹如仙境。

昔日的北平城内，房舍俨然，店铺林立，酒旗高挑，百货炫目。大街之上，人来人往，车水马龙，不同服装、不同肤色、不同语言的人摩肩接踵，人声鼎沸，熙熙攘攘，一派繁华气象。

然而，这一切随着大元帝国的灭亡都消失了。昔日那气宇轩昂的蒙古人哪里去了？那黄发碧眼的色目人哪里去了？那勾栏瓦舍中杂剧的鼓乐声哪里去了？

时光荏苒，一切都成了过去，只有那高耸的皇城宫殿如故，只有那太液池边的春柳依旧。十三年过去了，就在江山易主之后的洪武十三年，这蜿蜒的红墙终于迎来了它的新主人。

燕王朱棣在属官的陪同下，健步登上北平城的城楼。他身材魁梧，仪表堂堂，神态沉稳，望着远远近近的山川村落，望着平原河流，俯视着整个北平城。不远处，一只鹰在北平城上空盘旋。

朱棣心情振奋，他知道，他已经是这里的主人，他知道这主人双肩上重担的分量，他知道历史赋予他的责任是什么。

朱棣暗下决心，他要用自己的刚毅和果断，改变这眼前的一切。

一日，燕王朱棣坐在燕王府厅堂内，召集了下属官员，燕王府左相费愚、右相陈昧，燕王府左傅丘广、右傅王务本，还有将领陈文、张玉等共议大事。

看着属下们都已经各自坐定，燕王便说道：“本王奉父皇之命，带领诸位来

到北平，镇守藩国，以卫皇室，此乃安邦治国之大事。小王年轻学浅，还请诸位能出谋划策，尽智尽力，共谋大事！”

诸位都同声说道：“一切敬听燕王吩咐，谁敢不遵命？”

燕王又说道：“北平乃元之旧都，加之多年兵乱，满目疮痍，百废待举，千头万绪，诸位可将当务之急说出，共图大业！”

“燕王所言极是，在下认为，多年征战，百姓苦不堪言，为国者，当以子民为重，故当先安抚百姓，使其衣食无忧，则国安也。”左相费愚说道。

右相陈昧说道：“欲安民必先了解民情，只有先了解民情，而后才可行安抚之法。”

大将陈文说：“北平，地处北疆，北胡南侵之心不死，末将以为，当务之急是察看山川关隘，增强防务，确保朝廷平安！”

“陈将军言之有理，末将也认为，北平虽然西有居庸关，东有山海关，其间群山绵延，关隘无数，可为藩国屏障，但也应严格操练兵马，加强防务。”张玉说道。

陈昧又说道：“治理藩国，还需考察官吏，清廉者奖，浊贪者惩！”

“吾王可发个安民告示，使藩国军民律己守法，各就其业、各司其职，使上下同心！”费愚说道。

“诸位所言，甚合吾意！愿诸位各尽其力！”

“燕王所言，敢不从命！”

说罢，诸属官各自回府。

几日之后，北平城每个要道口，都张贴着燕王府的安民告示：

布告

本王恭奉皇命，之藩北平，兹告谕藩国军民知悉：朝廷分封，盖为拱卫皇室，治藩即治国也。北平乃故元京城，地临北疆边塞，历为兵争之地，故治镇藩邦，于国功莫大焉。凡我藩国之军民，大小官吏，均须安分守法，勤恳敬业，各司其职，各尽其力，不得违规犯禁、专事奸邪。本王当查走四方、巡视藩国，有功必奖，有罪必罚。勿谓言之不预也。

此布

洪武十三年五月十五日

当时，北平民众人等，皆知布告内容，都自觉律已，不敢乖张，北平城内秩序井然，民风大纯。

八达岭群山绵延，奇峰高耸，荒草茂盛，万里长城像一条蜿蜒舞动的巨龙。

居庸关在崇山峻岭之间，更显得高大雄伟，守关将士身着盔甲，手执钢枪，昂然而立，威武雄壮。长城之外，战旗迎风飘扬，守卫之士，五步一哨十步一岗；长城上，骑兵来回巡逻，战马昂天嘶鸣，英勇雄壮、威风凛凛。所有守城将士都以最饱满的精神来迎接燕王的巡视。

天到辰时，燕王朱棣带着燕王府官员，登上了八达岭。

他们首先来到了守关将士的营房，燕王朱棣察看了将士们的住房，他亲手摸了摸兵士们盖的被子，说道："这被子薄不薄呀？北方地势寒冷，切不可让兵士受冻！他们是保国的功臣呀！"

在伙房里，燕王朱棣看到了兵士们的饭菜，对随行的官属们说："守城的将士很辛苦呀！"燕王问一位伙夫道："将士们能不能吃饱呀？"

"回燕王，将士们能吃饱饭。"

"你给将士做饭多少年了？"

"已有十五年了。"

"那你可是个老功臣了！"燕王笑着说。

"多谢燕王夸奖。"

燕王来到了居庸关前，对守关的将士说道："将士们辛苦！"

"燕王辛苦！"

燕王问一个守关兵士道："你守关几年了？"

"三年了。"

"家里还有什么人？"

"老娘、妻子、两个儿子。"

"想不想家里人？"

"想！特别是想白发的老娘。"

"看来你还是一个大孝子呢！"

燕王把十两银子递给守关兵士道："把这银子捎回家去！就说是做儿子的一点孝心！"

"多谢燕王！"

"别谢了，大孝子，你替本王把守边关，本王还要多谢你呢！"

燕王又登上了长城。

听说燕王来到了长城，长城上的守将一齐欢呼："燕王千岁千千岁！"

燕王望着长城内外的千山万岭，对将士们说："这都是我们的大好河山，能守卫好它，是将士们的大功劳呀！"

这时，长城外不远处，有一只狼在走动，燕王从一兵士手中要过弓箭，搭上箭，拉开弓，只听"嗖"的一声，那只狼应声倒地。

“燕王好箭法！”将士们一片喝彩。

燕王朗声说道：“边关将士的职责就是守土保民！你等要苦练杀敌本领，如有外敌胆敢入侵，就要叫他们像那只狼一样——有来无回！有决心否？”

“有决心！有决心！”

“守土保民，万死不辞！”

这雄壮的喊声响彻长城内外。

燕王从回来后第二天，又马不停蹄地去到桃花寨大兵营。

桃花寨大兵营的驻军承担着古北口及附近长城的防务。

古北口，素有“天下第一口”的美誉。古北口地势险要，是内地通往塞外的咽喉要道，也是历来兵家必争之地。所以，燕王朱棣下了居庸关，第二站便来到了古北口。

古北口领兵阎文武也是大明朝开国名将，向来以治军严明而著称。他的部队历来是军纪严明，所到之处，秋毫无犯，百姓称他的军队为阎家军。

就在燕王来古北口巡察的时候，桃花寨兵营中却出现了一件事情，正使阎领兵大为恼火。

原来，在桃花寨兵营中有一个看管军库的小卒叫李良，李良生性耿直，人品也不错，阎领兵让他看管军库，他颇为尽职尽责。谁知，近来这李良竟偷军中器物去卖，结果让人发现，一时间闹得沸沸扬扬，直把阎领兵气得怒火万丈，他一定要在燕王来到之前做出一个交代，于是下令要处死李良。

阎领兵把所有将士都集中起来，在队伍前面临时设了一个简单的刑场。李良被五花大绑，背上插了一个亡命牌，跪在大家面前。

阎文武两眼冒火，喊声如雷，他一声震喝，全场顿时鸦雀无声。

“所有的将士们！今天，咱桃花寨兵营，出了一件天大的丑事！在燕王发出了安民告示之后，有人竟胆大包天，偷盗军中器物去卖钱！这个人就是李良！”

“会不会弄错，李良会干这事么？”

“他还是阎领兵亲手提拔的呢。”

“那还能有错？你看领兵的气势！”

“大家都不要议论，我让他自己说。李良！你说那军中器物是不是你偷的？”

“是小人偷的！”

“你为何要偷？”

“为了卖钱！”

“卖了多少钱？”

“三两银子！”

“各位将士听见了没有？”

“……”

“大家说该如何处置？”

“……”

“李良！你说该如何处置？”

“任凭领兵处置！”

阎文武对众将士说：“我阎文武向来严于治军，对李良，不杀不足以警众人！”又对李良说：“你也是自作自受，休得怪我执法如山！你死之后，我会给你厚葬。动手行刑吧！”

“咚！咚！咚！”

三声炮响之后，刀斧手抡起了大刀，在空中划了一个银色的弧线。

只听得“哎哟”一声，一支箭射中了刀斧手的手腕，那大刀落在了地上。

射这一箭的不是别人，正是燕王朱棣。

燕王朱棣带着下属官员来到桃花寨营房，老远就看见所有将士全部集合，前头跪着一人，一个人手拎大刀站在一旁。

一看那架势，燕王就知道要杀人，可领兵并无杀人之权呀！张玉走在燕王身旁，说道：“看样是要杀人！”话音未落，就听得“咚咚咚”三声炮响，也就在那千钧一发之际，燕王从张玉身上取下弓箭，骑在马上，“嗖”的一箭，随之出现了前面的那一幕。

阎领兵还未回过神来，燕王已驰马来到跟前：“怎么这样大的威风，随便杀人？”

阎领兵见燕王来到，急忙下跪：“阎文武叩见燕王！”

“免礼！”

“谢燕王！”

“阎领兵，为何要杀人？”燕王问道。

“他偷盗军中器物！”

“他为何偷军中器物。”

“这个……”

“你没有问清楚情由吗？没有问清究竟就要杀人？”

“这个……臣有罪。”

“快给他松绑！”

“是！”

“阎领兵，你无生杀之权，怎可随便杀人呢？”

“末将是一时让他给气糊涂了。”

“那又是为何？”

“这李良我看他耿直老实，就提拔他看管军库，没有想到这小子竟监守自盗，我气我用人不明！”

“李良过来！”

“小人在，谢燕王救命之恩！”

“现在本王问你话，你要从实招来。”

“是，小人不敢胡说。”

“那我问你，你是哪里人氏？为何要监守自盗？”

“小人就是当地人氏，小人偷盗军库，情愿就死，小人只有一个请求，我死之后，就对家中老母说李良是死在战场上的，万不可说是偷军库被斩而死。”

“那又是为何？”

“李良不能为老母送终已是不孝，不忍我死后再因违背母训而让老母气恼。”

“既知如此，为何还要做偷盗之事？”

“只因姐姐捎信，说母亲病重，急需十两银子抓药救命，只是小的手中无钱，借钱不着，情急无奈，就将库中些许杂物拿去卖钱。本想等老母病好之后，再用钱补上，谁知事情败露，有口难说。”

“你每月应得军饷呢？”

“小的，小的……没有领到军饷。”

“什么？为什么没有军饷？”

“这个……”

“阎领兵，怎么回事？”

“回王爷，只因上面军饷不足，已有三月未发军饷。”阎文武说。

燕王沉默不语。

猛地，燕王拿起了马鞭，朝着李良猛抽十鞭，只打得李良身上流血，而后燕王扔下马鞭，猛地跪在李良面前，泪如雨下……

大家都愣住了，李良跪下了，阎文武跪下了，所有的将士都跪下了，随行的官员也跪下了。

鸦雀无声，哪怕是一根针掉在地上都能听出声音来……

左相费愚、右相陈昧把燕王搀扶了起来。

“诸将士请起！”

“谢燕王千岁千千岁！”

“诸位将士们！李良偷盗军库该罚、该打，不该死罪！我抽了他十鞭子，就是打他在情急之中乱了方寸，不该有不义之举。这也是对诸将士的警戒！可是该打该罚的是我朱棣！我们的将士在不发军饷的情况之下，抛妻别子，丢下父母双亲，来此守边打仗，你们是多好的子民啊！我愧对我的子民！李良不该罚，更不该杀！你们的缺饷，我会补偿你们的！”

燕王又把李良搀起，问道：“我的好兄弟，疼么？”

李良说道：“疼！可心里热乎！”

燕王命随行官员拿出一百两银子，交给李良说：“你拿着这一百两银子快回家看望你母亲！以后回来再好好干！”

李良“叭”地跪在燕王朱棣面前，泪如雨下。

看着这激动的场面，无数的人流下了热泪……

燕王为什么如此对待李良？是因为燕王敬重李良的忠孝之心。燕王的这种思想，还得从朱元璋的一小段经历说起。

朱元璋喜欢微服私访，因为微服私访可以真正地了解民情，能够看到平时所看不到的东西。有一日，朱元璋微服来到朝天宫外的大街之上。只见大街之上店铺林立，往来的行人接连不断，买卖人的吆喝之声此起彼伏。有小两口逛大街观景致的，有儿女搀着老娘上街买东西的，也有老爷子领着小孙子闲遛的，挑担的、拉车的、骑马的、坐轿的，你来我往，拥挤不堪。朱元璋一身生意人打扮，几个内侍一身伙计打扮，在人群中拥拥挤挤地往前走，也不知走了多少时候，他们来到小隅子口，只见许多人围着一个女人看。

朱元璋不觉挤到跟前，只见那女人五十来岁，身着孝服，在那里又说又笑。朱元璋心想道：“看这女子身穿重孝，不是父母便是丈夫，既是至亲，就应悲痛才是，为何在此大说大笑？对自己死去的亲人不孝敬，不致哀？天下竟有这等不忠不孝之人！”心中不禁带气，但又因为是微服私访，所以不便发作，只得和颜悦色地走上前去问道：“这位大嫂，见你穿如此重的孝，不是父母，便是丈夫。既是如此，就应当悲痛才是，你为何在此大说大笑？”

那妇女说道：“你要问我身着重孝而大说大笑，这还要从头说起。半年前，我丈夫在边关守边，有一天……”

原来，从前有一个边疆上的关口，有四个兵士在守关，为首的一人叫韦力，这人生性耿直，以勇武著称，但也有缺点，那就是谋略不足。这一日，他们四人守关，忽见远处有一人鬼鬼祟祟地向关内探望，韦力便说道：“我看那人不像好人，一定是敌国奸细，你们守好关，看我去把那人捉来！”

其中一人说道：“我等本是守关之人，岂能擅自离关？可报知上司，让上司派人捉拿！”

韦力说道：“待上司派出人来，那奸细岂不跑了么？你等守好关，我去去就来！”

于是韦力便上前追去，那人见韦力追来，转身便跑。韦力哪肯放过，便尽力

追赶。韦力追到一个山坡之后，忽从两边又钻出十个人来，韦力哪是十余个人的对手，不一时，便被捆个结结实实。

原来，那人是来抓“舌头”打探军情的。他们玩的是调虎离山的把戏，韦力拼命追赶，正中了敌人的圈套。

“把关内军情如实讲来！”

“你们想让我叛国投敌？没门儿！你们看错了人！”

“说出军情来，就给你银子！”

“我只要国家，不要银子！”

“你不说，我们就杀死你！”

“你们杀死我，我也不说！”

于是，这些敌人就把韦力杀死了，并将韦力的尸体放在山坡上。

那三名守关人见韦力久去不回，便回报上司。上司急忙派人前去寻找韦力。

当时，韦力的儿子韦风也在军中，听说父亲久去不回，自然心中着急，于是第一个冲锋上前。

老远，韦风就看见了韦力的尸体，“爹！”韦风哭叫了一声，便向韦力的尸体奔去，就在他一边奔跑一边呼喊的时候，一只冷箭射中了韦风的胸膛……

“我的丈夫是为国而死的，他是忠臣。我的儿子是为他的父亲而死的，他是孝子，所以天底下所有的妇人的丈夫和儿子，都没有一个能像我的丈夫和儿子那样好，那样有名气，所以我心中欢喜，自豪地发笑。”

朱元璋听了，点了点头，说道：“原来如此啊！”

朱元璋又问道：“你丈夫埋了么？”

那女人用手指道：“离此三十步远，便是我丈夫的葬身之所！”

朱元璋说道：“老嫂子，多谢了！”

朱元璋回到宫中，便派出官员到那里视察，果然见到了一座新坟，只见此处花草茂盛，树木葱翠。于是挖地数尺，只见韦力面色红润，如同活人一般。众人都称稀奇，惊异万分。

当时，朱元璋有令，不准在城中建庙筑坟。但这一次，朱元璋则破例准其修墓，并且立了功德牌坊。

朱元璋办好了这件事，心中很高兴，因为这件事很符合自己的心意，但不久又有件使他不高兴的事。

有一天，朱元璋听几个太监说道：“江浦门有一家姓郑的大户，家门上挂着一块匾，上写‘天下第一家’几个大字，在当地十分气派。”朱元璋听了，很不高兴，心中想道：“朕贵为天子，拥有一统江山，朕尚未称天下第一家，他郑家便敢称天下第一，何其狂也！”朱元璋越想越觉得有气，便想，朕倒要看看他郑家又是什么样的人家，于是便派人将家主捉进京来。

原来，在江浦（县名，在今江苏南京市西部）有一个大村子，全村都是由一个家庭发展而成，是一个大家族，族长姓郑，名叫孝义，这个家族从祖上传至今已有九代，人口达一千多人，这样一个一千多人的大家庭一直同吃同住。家族中上上下下、男男女女、各门各房统一居住，吃饭时多人同时进食，全家族中上下尊卑和睦相处，一切事由全由族长分派。

江浦知府认为，这样一个大家族，以这种方式存在，实在是激励风俗的榜样，于是江浦知府便请来了族长郑孝义，说道："你郑家一门，九代同堂，存忠孝礼义之风，垂和睦相处之范，堪称人世楷模，理当嘉奖！"

郑孝义说道："小民持家，唯忠孝而已矣，岂有他哉！岂敢有嘉奖之望！"

江浦知府说道："为激励风俗，本府就给你郑家盖个牌坊，题个字吧！"

郑孝义忙谢道："多谢江大人恩典！"

这江浦知府也是一个乐于办事的人，说干就干，即刻设计图样，备工备料，命工匠依图样建造，不到两月，便一切完工。

只见那牌坊为门楼式，重檐歇山顶，雕刻彩绘，黄色琉璃瓦在阳光下闪闪发光。大匾额悬挂其上。

江浦知府紧握巨笔，饱蘸浓墨，运足笔力，一挥而就，"天下第一家"五个大字遒劲有力。

江浦知府把笔一放，万事皆成。一时间，鼓乐齐奏，鞭炮震天。

江浦知府说道："郑氏家族，一门忠义，九代同堂，千人共食，邻里为范，天下第一，尔当同心同德，再震家声！"

郑孝义也说道："知府大人亲临寒舍，我族蓬荜生辉，多谢大人恩典！"

消息传到京都之后，朱元璋并不知其中原委，心中不悦，派人把郑孝义送往京城。

郑孝义见了朱元璋，拜道："小民郑孝义叩见吾皇万岁万岁万万岁！"

朱元璋说道："朕听说你在家门上挂了一块'天下第一家'的大匾是吗？"

"是的！"

"你好大的口气呀！朕贵为天子，拥一统江山，牧万姓之民，都没有在朱家挂'天下第一家'的匾，朕问你为什么是'天下第一家'呢？"

"回万岁，我家合族九代人在一起生活，江浦知府大人说是激励风俗的榜样，于是为我建牌坊，题书匾，小民绝不敢如此！"

"你们家有多少人在一起生活？"

"一千多人！"

"真的有一千多人？跟朕说假话可是要杀头的。"

“小民不敢，小民家中确实是一千多人同吃同住。”

“啊，那真的是世间少有，真是天下第一家啊！看来，江浦知府是干了一件好事！你平身吧！起来说话。”

“谢万岁！”

此时，朱元璋心中明白了，也不再生气了，又说道：“你在宫中歇息一日，就回家吧！”

郑孝义急忙磕头谢恩，说道：“谢主隆恩！”

郑孝义刚回到家中，圣旨又到，召郑孝义再次进京面君。郑孝义心中纳闷：“皇上召我进京，不知又是为何？”

原来是朱元璋与郑孝义谈话时，全被躲在后面的马皇后听见了。

一日朱元璋退朝回宫，马皇后说道：“皇上与郑孝义问话之后，不知有何想法？”

朱元璋说道：“朕只是问问他为何自称‘天下第一家’，并未想什么。”

马皇后说道：“皇上为一国之君，怎么能不从中有所受益呢？皇上当初一人举事，而致有得天下，现在郑氏千余人，如若使他们举事，不比我们更容易么？”

朱元璋说道：“皇后此言有理！朕将其召来，再问问他。”

正是马皇后的一席话，使得郑孝义又一次来到京城。

“小民郑孝义叩见吾皇万岁万岁万万岁！”

“平身！”

“谢万岁！”

显然，这一次朱元璋对郑孝义比上一次要客气得多。

“朕问你，你家九代合族，千人同居，你治家有什么奥秘么？”

“回万岁，小民持家，一则靠忠孝，二则不听老婆的话，别无他法！”

朱元璋听了，哈哈大笑。

此时，有河南进贡的香水梨，朱元璋便拿了两个梨，说道：“朕赐你香水梨两个，你也尝尝朝贡之物！”

郑孝义双手接梨高举过头，跪地谢恩，道：“谢主隆恩，吾皇万岁万岁万万岁！”于是便快步出宫，朱元璋派一名校尉，暗中观察郑孝义的行动。

郑孝义手捧香水梨，到一绸店，买了一块红绸将梨包好，系在胸前，骑了一匹快马飞驰而去。

郑孝义回到家中，把梨放在香案之上，将族人召来，郑孝义对着香案拜了拜，而后说道：“皇恩浩荡，我合族浴恩，此是御赐我族香水梨两枚，这也是我族的荣光！现在全族人品尝，沐浴皇恩！”

郑孝义命人将梨捣碎放在缸里和水搅拌，然后，全族人同饮梨水，饮毕，一起叩头谢恩。

校尉将实情向朱元璋报告，朱元璋十分高兴，他把皇子们叫到一起，将郑家的事讲给他们听。朱元璋说道：“一人孝而众人皆趋于孝，此风化之本也。使一家之间长幼内外各尽其分，事事循理，则一家治矣。一家既治，达一国以至天下，亦举而措之耳。故治国，当以忠孝为本。使忠，则臣尽为臣之道。使孝，则子尽人子之责。能忠孝仁义，其家必荣，其国必昌，诸皇子当牢记。”

之后，朱元璋又亲降圣旨，御制碑文以褒奖郑氏家族。

燕王朱棣正是因为继承了朱元璋的以孝治国的思想，所以才如此对待李良。

此事之后，军中对燕王朱棣人人感恩戴德，个个心悦诚服。秋天，树黄草枯，粮食归仓，柴草归垛，不论是山冈里还是荒野中，野生动物失去了能够保护它们的遮挡物，正是游猎的好时机。燕王朱棣自入秋以来，已打了三次猎，他游猎的目的不只是为了娱乐，也不只是为了捕获，更主要的是可以通过游猎来操练军马。

对于游猎，燕王朱棣对将领要求很严，首要一条，就是不准骚扰百姓，凡违令者轻者杖击一百，重者斩首；二是不准毁坏百姓庄稼；三是队列队形随地势而变，箭不许虚发，虚发十箭者罚练骑射十天。有了这三条规定，使得军士纪律严明，武艺精进。

这一日游猎回来，途经一个村子，燕王让队伍在村头路边休息。

燕王朱棣见村头不远处有一农户，一个妇女带个小孩子在门口休息，便走了过去，那妇女倒也不拘束，让燕王坐下。

“多谢大嫂！”燕王说。

“我们小户人家，拿不出什么来待客。”那妇女道。

“大嫂不必客气，有碗水喝就行了！”

那妇女听了，就回屋中用大碗盛了一碗水，端出来给燕王喝。燕王一边喝水，一边跟那妇女聊天。

“大嫂，请问你家有几口人？”

“七口人，上有公婆，下有三个小孩。”

“三个孩子多大年纪？都在读书吗？”

“老大十五岁了，老二十一岁，老三今年十岁。怎么能读得起书？有口饭吃就不错了。”

“你家以什么来生活？”

“种地。”

“你家的粮食够吃的么？”

“不够，一年要缺七个月的。”

“那怎么办呢？”

“好年头吃点瓜果野菜，坏年头草根树皮，灾荒年头就去逃荒。”

“今年年成怎样呢？”

“今年还好一点，有瓜果野菜凑合着，不用吃草根树皮。”

“这日子还是太苦了！”燕王看着小孩手中的菜馍说。

“天生的苦命，苦就苦了，只要能有个平安日子过，也就满足了。如今是穷富不均，小户人家能不受富人的欺负就好了！”

“怎么受欺负？”

“有钱大三辈儿，怎么都能欺负你！你没听说么，仁寿坊的财主娶亲不成就把人家放火烧死了……”

“什么？有这等事？”燕王惊奇了。

“怎么没有？这是我娘家哥听他小孩姨婆家妹子说的，可惨了，一家四口都烧死了。”

“这事是什么时候？”

“那我说不清，大概是燕王来的第二年吧！反正时间不长。”

“你见过燕王么？”

“没见过，不认识。”

“大嫂，对你说吧，我就是燕王，你看那旗子上写着呢。”燕王指着旗上的“燕”字说。

“你就是燕王？”大嫂有点儿惊喜，她知道自从燕王来了之后，她家的日子好过了许多。

“我就是燕王！”

“燕王啊！你可要给那烧死的人报仇呀！”

“你就放心吧！”

燕王招招手，李良就过来了。

原来，在桃花寨兵营，燕王让李良洗去血斑，换了衣服，骑马带路，亲自去李良家看望了李良母亲。其实，李良母亲小半是病，多半是饥饿身虚所致，所以让郎中开了一剂药，又补补身体，不两日病就大愈。全家人对燕王感恩不尽，所以李良就恳求阎领兵放他跟随燕王，燕王见李良如此忠孝，举止非是一般，便同意了李良的恳求，将其收留于左右。李良后来在靖难之役中成为一员战将，这自然是后话。

李良来到燕王跟前，燕王说道：“你把猎来的野兔拿十只来，再给她带十两银子过来！”

不一时，李良把野兔和银子交给了妇女，那妇女千恩万谢。

燕王道："下次，等你家富裕了，再来相扰！"

别了妇女，燕王便带着部队回燕王府。燕王自从巡视关塞、深入农家之后，心中一直不安。他觉得藩国的军民生活太苦了，他有责任改善他们的生活。然而多年征战，损伤严重，百废待举，他觉得自己肩上的担子太重了。眼见得马上就要鼓打三更，燕王却仍是毫无睡意，他对徐妃说道："这里的百姓太苦了！一年要吃七八个月的瓜果野菜、草根树皮，我们的将士甚至连饭都吃不饱，想起这些，我就茶饭不香，计无所出！"

徐妃劝道："燕王有这颗爱民之心就够了，事要一件一件地办，急于求成是不行的，俗话说欲速则不达，急坏了自己的身子，那不是什么事都办不成了么？"

"话虽如此，有好多事都是迫在眉睫呀！"

"是呀，你何不多听听属官们的意见，让他们也来出谋献策，分担忧愁呢？"

"大事都需我决策，他们又如何分忧？"

"愚者千虑，必有一得，智者千虑，必有一失，燕王岂能不知？尽管大事由你决策，集思广益，多取众智，办事必佳。"

"爱妃所言极是！"

燕王与徐妃正在说话，就听得"嗖"的一声，从窗外跳进一个人来！

燕王刚要喊人，只见那人忽地跪在燕王面前："民女有血海冤仇，请燕王为民女做主！"

"你是何人？"

"民女柳若烟！"

"为何夜闯燕王府？"

"民女一家四口被恶霸放火烧死，民女告到官府无人敢问，故夜闯燕王府，求燕王为民女报仇申冤！"

听柳若烟一说，燕王想起了那农妇所说的话，便道："是仁寿坊那儿的么？"

"正是！燕王原来知道。"

"本王此前微服出行，曾经听一位大嫂说起过。"

"燕王圣明，民女一家的冤屈都指望燕王了。"

"恩。本王再问你，我这燕王府，守卫森严，你是如何进来的？"

"翻墙越脊这点功夫还是有的。"

"你也是习武之人？"

"略要棍棒而已，岂敢言武？"

"恩，巾帼不让须眉。"

"民女不敢当，燕王谬赞了。"

“起来说话吧！”

“谢燕王！”

燕王此时在烛光下才看清，这柳若烟只不过二十岁左右，只生得身段苗条、眉目清秀，温柔之中分明带有几分豪侠之气，遂说道：“柳小姐请坐！”

柳若烟对燕王略施一礼，道：“多谢燕王！”便坐了下来。

“你有何冤仇，就请讲来！”

柳若烟听燕王如此一说，未曾张口，眼泪便落了下来，抽泣了一会儿，便断断续续地说出了事情的前后经过。

仁寿坊是一个大村子，有四千多口人。这仁寿坊住着两大姓，一是石姓，是家大户，人口众多又有钱财，首户当推石从礼。一姓是林姓，小户人家，但人口也不少。

这石家首户石从礼有田地百顷，家产万贯。石从礼有一个儿子，叫石宸。这小子不入人道，整日里提笼架鸟，牵狗放鹰，东遛西逛，游手好闲，他与石从礼这爷儿俩，比着坏，可以说是仁寿坊的两只虎。

这林姓中有一个林安顺，此人胆小怕事，一辈子受穷，不幸早死。他只有一儿一女。儿子叫林欣，女儿叫林屏，这兄妹俩由母亲抚养成人。如今林欣已成家立业，在外当兵。这柳若烟就是林欣的妻子。这林屏也已长大成人。

这一日，林欣母亲身感不适，便让林屏出门向郎中抓药。这林屏便带上几文钱，径直向郎中家走去。

林屏只顾走路，突然间却被一个人拦住去路。

“哟，这是谁家的小妞，长得还怪水灵的，跟大爷玩玩去吧！”

这来人不是别人，正是石宸这恶小子。林屏见是石宸，脸儿一红，正色说道：“光天化日之下，休得无礼！”

“无礼？大爷今儿就无礼，你又怎么着？大爷我看中了你，今儿个就是给你个无礼。来！从我腿裆下钻过去！大爷这就放你走。”

林屏要走，又被这一帮恶奴围着，哪里走得掉。

“怎么？不钻？不钻大爷这就扒你的裤子！”

林屏无奈，只得红着脸，闭着眼，从石宸裆下钻过去。

“这是谁家的小妞？”石宸问。

“这是林寡妇的妞儿林屏。”一个恶奴说道。

“林寡妇的小妞！好好！回家！”

石宸回到家，便说林屏长得如何如花似玉，闹着一定要娶林屏不可。石从礼本来就不是好东西，经石宸那么一闹，也就答应了。于是就差媒婆前去提亲。

这媒婆姓李，也是一个欺软怕硬的人。这李媒婆来到林家提亲，自然被一口拒绝，并被轰出林家大门。李媒婆恼羞成怒，回到石家，便添枝加叶地说了一番，只说得石从礼父子怒火万丈，赌咒发誓不把林屏弄进家门，从此永不姓石！

这林屏一家，只说拒绝了李媒婆，也就没再多想，一连几日也平安无事，所以觉得这事儿也就过去了。

这一日，柳若烟回一趟娘家还没回来，天未过午，林屏与母亲正在家准备生火做饭。就听见“嗵”的一声，大门开了，闯进四个人来，进到屋内，不由分说，架起林屏就往外走。那林寡妇一个女人家，只能眼睁睁看着林屏被架走，林欣的两个儿子尚不到十岁，早被吓得不知所措，只是哇哇直哭。

林寡妇追出门外连喊救命，可这些势单力薄的林姓小户，哪个又敢上前？

林屏被连拉带推地抢到石家，只气得眼睛冒火。

“林屏！我儿看上了你，你们拜了堂，咱两家就是好亲家。”石从礼说。

“呸！光天化日之下，强抢民女！你就不怕王法？”

“王法，我们石家就是王法！你今天拜了堂，就是顺了王法，不拜堂，就犯了王法！”

“大爷我叫你拜堂，你就得拜堂！”

“叫你娘、你姐、你妹子给你拜堂去！”

石从礼又说：“林屏，不要逞强！这堂你说是拜还是不拜？”

“不拜不拜就是不拜！”

“我要是非要你拜堂呢？”

“死也不拜！”

“我今儿不让你拜堂就不姓石！”

“那就拉你闺女拉你娘跟他拜堂去！”

石从礼被林屏骂起火来，就要来抓林屏，被林屏一巴掌打在脸上，石从礼恼羞成怒：“拉入洞房，先破了她的节！”

几个人把林屏推进洞房，石宸进了洞房，石从礼在外锁住了房门。

在洞房内，石宸像一头精力过剩的公羊，一下子便扑了过去，一只手把林屏搂在怀里，一只手抱着林屏的头，拼命地亲嘴。

林屏面对非礼，只能拼命地挣扎，一巴掌打在石宸的脸上。这一掌直打得石宸发了狂，一把撕下了林屏的上衣，把林屏的胸紧搂在自己的胸上，林屏就势扒在石宸的右肩上咬下了一口肉，石宸一护疼，手一抖，林屏闪倒在床上，石宸抓住林屏的腰带，一用劲，把林屏的裤子从上到下撕成了三片，石宸一跃，便把林屏压在了身底下，紧接着便是一阵施暴……

风雨过去了，门开了，在石宸出去的同时，石从礼进来了，于是，在林屏的身上，又重复着同样的动作……

林屏如呆如痴，穿着破上衣，穿着烂成三片的不是裤子的裤子跑回了家。也许是石家父子已经达到了目的，没人阻拦，没人追赶，使林屏平安地跑回了家。

柳若烟从娘家回来，还未进家门，就知道家中的祸事，一家人见面后，都没有说话，只是让伤心的眼泪尽情地流。

“娘！”随着一声凄怆的呼叫，林屏扑进了家门，抱着柳若烟哭得死去活来，在眼泪哭干了的时候，林屏向柳若烟讲述了在石家的一切……

第二天中午，石从礼父子正在家饮酒，柳若烟手执钢刀进了门。

“你是……”

“昨天的现在，你父子在干什么……禽兽！”

“大爷在我家里，随便干什么，你少管！”石宸说。

“那我要是要管呢？”柳若烟冷笑着说。

“那我爷俩就像昨天一样先招待招待你！”

“狗杂种，不管管你，你是不知道姑奶奶的厉害！”柳若烟骂道。

“还愣什么？人家打到咱屋门儿了！咱不能当这个孬种！”石从礼道。

几个恶奴刚想上前，被柳若烟两脚踢翻两个，一掌打倒一个，余下的见状也都不敢动手。

柳若烟将石家父子两个打翻在地，用刀尖在他们的后背上分别刻了两个“兽”字。

半夜里，林家的房子着起了大火，情急之中，这老弱妇孺如何摸得着门？

柳若烟用力开门，门已被从外面锁住。大火之中，柳若烟一个人自然难顾，万般无奈，她一拳打烂窗棂，从窗户中窜了出去，才免于葬身火海。

可怜，林家四口人就这样火中丧了命。

听完柳若烟的悲诉，燕王朱棣只气得一拳砸在桌子上：“这还了得！这还了得！无法无天！”徐妃早已泣不成声：“燕王，快传令杀了这贼子，给林家报仇！”

燕王道：“不杀此贼，天理难容！”

第二天一早，燕王就令张玉带领人马，直奔仁寿坊。

张玉带领人马来到仁寿坊，即刻把石从礼家围了起来。石从礼、石宸父子听说官军来到，并不害怕，石从礼来到张玉面前，说道：“你小子想在石家门前动土，还嫩了点！”

“就是朱棣来了，大爷看他又能怎着？”

张玉气极了，一掌打过去，石从礼的门牙就被打落了三颗。

“给我拿下！”张玉一声令下，众兵将立时将石从礼、石宸父子拿下，直奔燕王府而来。

在燕王府大堂上，燕王威风凛凛，一声喝令，将石从礼、石宸父子带到堂下。

燕王问柳若烟道："可是这两个贼子？"

柳若烟说道："正是！"

"把这两个贼子上衣扒了！"

"是！"

燕王朱棣走到他二人背后，果见一块牙咬的伤痕和"兽"字，足见柳若烟所说不假。

燕王将惊堂木一拍，令道："每人先打八十大板！"

"是！"

八十大板打下去，石家父子被打得皮开肉绽。

"尔父子二人，为富不仁，强抢民女，轮番奸淫，放火杀人，还不从实招来！"

"小人罪该万死！小人罪该万死！"

"尔父子罪恶滔天，不杀不足以平民愤，不杀不足以昭天理！先打入死牢，明日处决！"

在仁寿坊，人山人海，男女老少，无不奔走相告："石家父子被处斩了！"

这消息，好似春天的惊雷，很快传遍了北平城。

刑场就设在仁寿坊，四周是军士把守，三步一哨，五步一岗，戒备森严，石家父子身插亡命牌，五花大绑，跪在那里。

燕王朱棣高声宣读判决结果："查仁寿坊石从礼、石宸父子，一贯横行乡里，鱼肉百姓，为富不仁，竟于光天化日之下，强抢民女，父子同奸，行同禽兽，又纵火行凶，致使林家四口丧命。手段狠毒，无可复加。此等不义之人，无视王法，罪大恶极，不杀不足以平民愤，不杀不足以正国法，不杀不足以昭天理。兹判石家父子死罪，立即开刀问斩！"

燕王言罢，只听得大炮连响三声，刽子手手持大刀，只见两道弧光一闪，石家父子的人头落地！

"燕王千岁千千岁！"

此时，柳若烟身着重孝，在林家的四座坟前，哭道，"娘，妹，孩子，咱林家的大仇得报了！你们在天之灵，安息吧！"

柳若烟又跪在燕王面前："若烟自知女流，然心存木兰之志，若燕王不弃，柳若烟愿效犬马之劳！"

燕王忙道："柳小姐请起！"

金秋的八月，高粱红似火，稻谷黄澄澄，处处给人以欢愉的感觉。可这一天，整个南京城的空气都显得特别沉重，就好像一个看不见的重物压在人们的

心头之上。

在后宫，马皇后躺在病床上，她自己作出了一个决定，从此不再吃药。

同往常一样，太医照例望闻问切，开上一剂药，煎好之后，由宫女递给马皇后，马皇后轻轻说道："先放在那儿，你们下去吧！"不过两日，那小桌儿上便摆了一片未喝的药碗。太医和宫女们都跪在皇后床前。

"皇后，请服药吧！"

"不必了！"

"皇后不用药，万岁又要责罚我们了。"

"让他罚去吧！总比要你们的命好啊！"

"万岁驾到！"

听说万岁驾到，除了马皇后之外，其余的人都去迎接。

"叩见吾皇万岁万岁万万岁！"

"平身！"

"谢万岁！"

朱元璋见马皇后不吃药了，便大怒："若是贻误了治病，你们谁也别想活！"

"万岁息怒！这与他等无关，臣妾已无吃药的必要了。"

"皇后，那是为何？"

"万岁，臣妾是病入膏肓，生死归于天命，非药力所能及，就随它去吧！万岁就不要再为难他们了，就放他们一条生路吧！"

"你等都起来吧！只要精心照顾就是了，朕不怪罪你们。"

"谢万岁！"

"都回去吧！"

"是！"

夜已经深了，朱元璋守在马皇后的床前，马皇后已经睡着了，四周静悄悄的，只有宫灯中的红烛发出微微声响。

朱元璋此时只觉得这夜是那么静，静得那么甜美，静得那么珍贵。几十年来，戎马征战，何时安生过？批阅堆积如山的奏章，几时睡过通宵觉？这样宁静的夜，他们两人过了多少个？朱元璋算起来觉得少得比珍珠还宝贵。

看着马皇后那瘦小的身子，朱元璋忽然感到奇怪，当年陈友谅突然来犯，情况异常危急，马皇后是怎样背着他跑出几里路的？

想到这里，朱元璋眼中涌出了泪，他伸出了手，想去掀马皇后的衣襟，想去看看她胸前的那块伤疤，可看到马皇后睡得那样香甜，他的手停住了。过去的往事又浮现在眼前。

朱元璋被郭子兴关在一间破房里，不许任何人探望。郭子兴为什么要关朱元璋呢？

只因朱元璋才华出众，打仗勇敢，治军有方，深得郭子兴器重。可郭子兴的儿子郭天叙、郭天爵在个别人挑拨之下，在郭子兴面前说了朱元璋的坏话。

这郭子兴本来就生性多疑，而且嫉贤妒能，无容人之量，便对朱元璋怀疑猜忌，后来借一点小事而发作，关了朱元璋的禁闭。

当时军粮吃紧，郭子兴就断了朱元璋的食粮。朱元璋被饿得饥肠难耐。

“咚咚咚！”传来了敲门声，朱元璋一看，见是夫人马氏，头一句话就是：“快饿死我了！”

“嘘！”

夫人马氏示意朱元璋不要说话，看着左右无人，她从怀中掏出几个烙饼，递了过来，说道：“不要急，慢慢吃！我每天都给你送来！”

这一天，早过了吃饭的时候，朱元璋看了三次，都不见夫人马氏送烙饼来。

其实，马氏并未忘记送烙饼。马氏刚把烙饼烙好，还未容收拾，外边忽然来了人，马氏此时也顾不得烙饼烫人了，急忙把烙饼揣在怀里。等到来人走开之后，马氏才急急地赶来送烙饼。

朱元璋接过烙饼，一边吃，一边说：“多谢夫人照顾！”

朱元璋见马氏老是身子哆嗦，用手摸着胸口，便问：“你胸口怎么了？”

马氏说：“我刚烙好烙饼，外面就来了人，我就急忙把饼揣在了怀里，只是烙饼太热了，把胸口烫烂了一块！”

朱元璋吐出了口中的饼，眼含热泪，说道：“夫人，真是为难你了！”

马氏微微一笑：“这才叫夫妻！”

朱元璋的泪水止不住地流淌，他用手抹抹眼泪。

马皇后的身子动了动，睁开了眼睛。

“万岁！你去睡吧！别为臣妾太操心了。”

“别说了，你这一辈子为朕操的心还少么？”

“臣妾这一辈子不算是一个好妻子。”

“不！你是朕最好的妻子！你是天下最好的妻子！”朱元璋握着马皇后的手说道。

“万岁，看来臣妾往后是不能侍奉你了，以后，要自个儿照顾好自个儿。”

“你放心，朕会请最好的御医，治好你的病。”

“万岁，别犯傻了！医药只能治病，不能救命啊！人活百岁，总得一死！我死之后，你不要为难太医、宫女了。愿万岁今后，求贤纳谏，慎终如始，不可轻易杀人，要宽厚待人，仁政爱民，令臣民各得其所！”

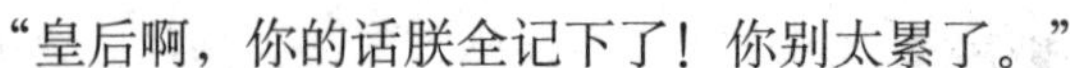

“皇后啊，你的话朕全记下了！你别太累了。”

“万岁！你也睡吧！”

“朕，再等一会儿，你快睡吧！”

马皇后是该再睡一会儿，她这一辈子太累了。为国为民，她的心没有少操，朱元璋清楚地记得，自己攻下元大都，拿了一些宝石给马皇后。

一见面他就高兴地说道：“皇后你看！宝石！这都是你的！”

马皇后面容庄重，说道：“我与陛下从贫贱中走过来，深知骄纵生于奢侈，危亡起于细微的道理，愿得贤人同治国事！”

“皇后果然高见！”

“法令屡变，必有弊端，法弊则奸生，奸生则扰民，民困则国乱。”

“皇后所言极是，朕将永久牢记！”

过去的一桩桩，一件件，统统向朱元璋的眼前飘来。

朱元璋又想起了他一生中最幸福的时刻，他好像又回到了三十年前，他耳边仿佛又响起了喜庆的锣鼓声，他好像又被人扶着走进了已经过去了的世界……

在欢庆的锣鼓声中，朱元璋披红挂彩，马小姐也身着礼服，他们二人被领到香案之前，一阵阵的鞭炮炸得震天响，那一浪高过一浪的唢呐声，让人心潮澎湃，司仪在香案旁高呼：“吉日吉时，新郎新娘拜堂！”

“一拜天地！”

“二拜高堂！”

“夫妻对拜！”

“送入洞房！”

他二人在乐声中，在人们的簇拥中，走向自己的洞房。好大好大的洞房，马小姐看着朱元璋笑，朱元璋看着马小姐笑，他二人正要亲热地拥抱，忽然一阵风吹来，马小姐竟随风飘了起来。

“马小姐！马小姐！”朱元璋不知何时进入了梦乡……

朱元璋醒了，原来是南柯一梦！

朱元璋向床上看了一眼，他发现马皇后不知什么时候已经离他而去了！

也许就在他们拜天地的时候……

也许就在他们进入洞房的时候……

也许就在他们将要拥抱的时候……

也许……

朱元璋此时只觉得天旋地转，肝肠寸断……

“我的好皇后呀——！”

一声苍老而悲凉的哭声从后宫里传出来，传出了南京城，传到了大江南北、长城内外……

中秋节刚过，眼看秋忙之时即将到来，燕王朱棣在燕王府厅堂之内，招集属官共议生产之事。

燕王说道："中秋已过，秋收秋种即将来临，这也是农业生产中的一件大事，你等不可等闲视之！"

费愚说道："近来年成不好，农家百姓多是种子不够，肥料不足！"

陈昧言道："种肥两端，种子为当务之急。"

丘广思考很久，而后说道："缺少种粮，可由官家贷一点，百姓们之间互相周济一点，可望解决！"

"如此甚好，诸位可下去查看查看，了解实情，帮助百姓解决问题！"

"遵命！"

"圣旨到——"

听说圣旨到，燕王率领属下急忙接旨。

"燕王接旨！"

"父皇万岁万岁万万岁！"

奉天承运，皇帝诏曰：时节变海啸山崩，八月初十日，皇后玉体有疾，不幸升仙，汝将藩国诸事安顿，速来京奔丧，亲行祭奠。钦此。

"吾皇万岁……万岁……万万岁……"

燕王听说皇后仙逝，悲痛万分，泣不成声，一口气未及提起，身子往后一仰，便什么都不知道了。

众人见燕王人事不知，都慌做一团。钦差说道："燕王是一时悲痛气塞，缓过气来便没事！"钦差命人掐燕王的虎口和人中，不一时缓过气来，不由得大放悲声。

这燕王本是硕妃所生，但自出生就由马皇后抚养。而马皇后视燕王如同己出，所以这母子不是亲生胜过亲生，燕王也理所当然地以嫡出而自居，听说马皇后归仙，自然思之愈痛，悲之愈哀。大家哭了一阵，纷纷劝燕王节哀。

徐妃劝燕王道："母后归仙，自然伤痛，燕王也应当节哀，不可过悲，况且诸多国家大事尚需料理，岂可老是儿女之态！"

众人也都如此劝说，燕王也就不再哭泣。

燕王便令人布置灵堂，依礼祭奠，燕王府上下皆白衣乌纱，灵前哭祭。

三日之后，燕王安置好留守事宜，便带领家室及燕王府下属官员，马不停蹄，日夜兼程，径向京都南京赶来。

八月二十六日，南京城笼罩在一片悲哀的气氛之中。

大街之上，到处悬挂写有“奠”字的白绸灯笼，没有歌声，没有嬉笑，文武官员及普通百姓都按礼制穿戴孝服，慈宁宫里阵阵哀乐及和尚的祈祷之声，更增加了悲哀的气氛。燕王和秦王、晋王、吴王、楚王都已赶回南京。

燕王朱棣进了南京城，便直奔慈宁宫而来。

今日的慈宁宫，哀乐不绝，哭声不断，那一杆杆白幡，那一副副挽联，那一个个白色的大宫灯笼，都在渲染着悲哀的气氛。慈宁宫宫门外，悬挂着四个写有“奠”字的白色灯笼，一副巨幅对联分挂两边，从高处向下悬落，斗大的黑字庄重肃穆，十分醒目：

高风母仪天下恩及黎民百姓，
亮节慈惠宇内泽流万世千秋。

慈宁宫内，马皇后棺椁安放正厅中央，棺椁之后，高悬巨幅“奠”字。棺椁两边，各有十名武士持枪守护，棺椁之前设有灵位，上写“大明朱门马氏皇后之灵位”十一个大字。灵牌之前，设有祭案，所需祭品应有尽有。大厅之内悬挂挽联无数。

此时，燕王朱棣与秦王朱樉、晋王朱棡、吴王朱橚、楚王朱桢一齐来到慈宁宫。进了慈宁宫，燕王与诸王一起拜了四拜，尔后焚香、烧纸祭奠，诸王在棺椁之前大哭一场，然后又拜了四拜，又各自送上挽联。

诸王各自把挽联献罢，朱元璋也来到慈宁宫。燕王朱棣及诸王见到父亲，再也顾不得君臣大礼，各自泪流满面、大放悲声。

朱元璋也不禁老泪横流，哀痛不止。燕王朱棣劝朱元璋道：“父皇如此哀痛，难以自持，儿臣等如何放得下心来？父皇节哀，保重龙体才是！”

朱元璋哭道：“人去不可复归，吾何不知？只是你们母后一生贤惠，助我治国安邦，其恩其德，其淑其贤，我岂能忘乎！”

“儿臣有一请求，不知父皇意下如何？”

“汝有何请求，且说来朕听！”

“母后淑德，垂范千古，母后归仙，父皇不堪其哀，儿臣意欲选求高僧，在京都及诸王藩邦广设斋坛，为母后超度，一来可减父皇之哀伤，二来可尽我等人子之孝道，不知父皇意下如何？”

朱元璋看了看燕王朱棣，又望了望秦、晋诸王，叹道：“如此也好！此事就让僧录司左善世宗泐去办吧！”

“谢父皇！”

洪武十五（1382年）年九月二十四日，是马皇后归仙出国殡的日子。这一天，整个南京城被笼罩在一片哀痛的气氛中。午时刚过，在慈宁宫里，马皇后的棺椁就启动了。武士们将棺椁抬上了灵车。

“嗵！嗵！嗵……”十六声大炮响过，送殡的队伍开始行进了。最前面，是一杆引魂幡，紧接着，是四十八对大幡，大幡过后，是一顶纸轿，纸轿之后，是二十四对仙鹤，其后是十八个童男、十八个童女。

童男、童女之后是猪、马、牛、羊，各二十四对，其后便是亭、阁之类，三亭、三阁、三殿，如此等等，不一而足，虽说都是扎纸所为，形象却极为逼真。

纸人、纸马等之后，便是九九八十一人的吹鼓手，二十四面大锣、二十四面大钗、六个大阵鼓，十只唢呐、十盘笙、两只竹笛、两个小锣、三只洞箫。另有九九八十一人的乐队等候轮番吹奏，合上两个九九阳数。太子朱标前行，另外的皇子列六队前行，一式的手执哀仗，通身着白袍。

吹鼓手与皇子之间，有五百名军士前卫，这五百名军士列六队而行。第一方阵一百名持戟，第二方阵一百名持枪，第三方阵一百名持刀，第四方阵一百名持斧，第五方阵一百名持弓箭。中有灵车，皇后棺椁放于灵车之中，棺椁两边各有十名军士护卫，灵车全用白绫牵引，由五百名士卒拉车。灵车之后，又有五百军士守卫，前第一方阵一百名持弓箭，第二方阵一百名持斧，第三方阵一百人持刀，第四方阵一百名持枪，第五方阵一百人持戟，再随后是皇宫妃嫔、文武百官三百余人。

这个庞大的送殡队伍浩浩荡荡地向钟山脚下的孝陵进发。前边已走一个多时辰，后边队伍还未出城。在道路两边，观看的人们你推我搡，拥挤不堪，四下里是人山人海，整个南京城沉浸在一片哀痛之中……

朱元璋与诸皇子把马皇后安葬在孝陵之后，仍然沉浸在悲痛的气氛之中。回到宫中，朱元璋睹物思人，更是悲痛万分。忽然，一阵凄凉哀婉的歌声从别的宫中传来：

我后圣慈，化行家邦。
抚我育我，怀德难忘。
怀德难忘，于万斯年。
德彼下泉，悠悠苍天。
……

这歌声传遍了后宫，使本来已经肃穆悲哀的气氛更显得苍凉，朱元璋听着这哀婉凄怆的歌声，悲情不能自禁。

燕王朱棣说：“父皇，切莫过悲，还应节哀才是，依儿臣看来，为母后请高僧之事就快办吧！”

朱元璋道：“那就快宣僧录司左善世宗泐来见驾！”

燕王朱棣说道：“儿臣遵命！”

不一时，宗泐来到后宫。

“臣叩见吾皇万岁万岁万万岁！”

“免礼！”

“谢万岁！”

“如今皇后归仙，朕欲在京都及各藩国广设道场，为皇后超度，请爱卿举十位高僧来！”

宗泐奏道：“启奏万岁，此事并不难，眼下京城就有一名高僧，法名叫道衍，万岁即可传旨，让其先来见驾，其他诸高僧臣不日之间即可办好！”

“此事越快越好！”

“臣遵命！”

于是朱元璋就下旨，让道衍和尚速来见驾。

宗泐所荐的高僧俗姓姚，乳名叫天禧，苏州人氏。姚天禧祖上世代行医，但姚天禧却不喜医术。后来他在妙智庵出家当和尚，取法名为道衍，后又拜灵应宫的道士应真为师。这应真大师学识广博，精通阴阳术数之学，善演兵法。这道衍出家不忘红尘，学道不拘道，满腹经纶、通达人世，可谓一怪人。

这道衍不仅处世为人怪，就是容貌也与众不同。这道衍和尚长着一双三角眼，面皮发黄，体态如病虎一般。

有一次，道衍游嵩山，见到了袁珙，道衍让袁珙给他相面。袁珙一看，便说道：“你是哪里来的怪僧，长着一对三角眼，身形好似病虎，生性必定喜好杀戮，就像元初的刘秉忠一样！”道衍面带微笑，毫无怨气，说：“多谢大师赐教。”

这道衍为何不怒而反喜？只因道衍胸怀大志，自以元初刘秉忠为榜样，所以只喜不怒，因为袁珙已道出了他的志向。那刘秉忠为元初名僧，后辅佐大元，终成大业。这一次听说是朱元璋诏令见驾，不多时便来到后宫。

“贫僧叩见吾皇万岁万岁万万岁！”

“大师免礼！”

“阿弥陀佛，谢万岁！”

“大师请坐！”

“谢万岁！”

道衍和尚坐下，用眼一观，他见燕王气度不凡，具有一种天子之气。此时，燕王朱棣也被眼前的这位怪僧吸引住了。燕王心中暗想：这僧人长得好怪，黄面皮，三角眼，形如病虎。他心中陡生好奇、仰慕之心。

“不知万岁召见贫僧，是为何事？”

“大师，皇后归仙，朕欲在京城及各藩国广设斋坛，为皇后超度，特邀全国高僧主持此事，大师尊意如何？”

“阿弥陀佛！万岁钦命，贫僧岂有不遵之理！”

“如此甚好，今稍事休息，明日即可设坛超度！”

“阿弥陀佛！善哉善哉！”

“你等且各自安歇去吧！”

“谢父皇！”

人们各自散开了，道衍紧走几步，来到燕王朱棣身边，轻声说道：“大王骨相非凡，英武冠世，如今国家初定，吾观太子，生性仁柔，大王当多自珍重，若能让贫僧随大王赴燕，贫僧一定奉送一顶白帽子与你戴，如何？”

燕王朱棣并未说话，只是微笑了一下，用手拉住了道衍的手。此时，这两颗心似乎连在了一起。

十月一日，道衍辞别了南京，登上北上的舟船，从此，道衍在他的人生征途上，又踏上了新的起跑线，在中国的历史长河中，又将掀起一阵排空巨浪。

道衍和尚到达北平之后，就住在燕王府西边不远的庆寿寺中。这庆寿寺，当年元初名僧刘秉忠就曾在这庙中做住持，道衍又早就以刘秉忠为楷模，可谓是一大巧合。此时的道衍，可谓是壮志凌云，决心为辅佐燕王成就帝业而大干一番。

燕王朱棣从南京一回到北平燕王府，道衍便进燕王府求见。燕王便在厅堂之内会见道衍。

燕王道：“大师求见，定有赐教！”

道衍道：“阿弥陀佛！赐教贫僧不敢，特来荐贤耳！”

“特来荐贤？”燕王似有不解。

道衍看了看燕王，又说了下去：“俗云‘龙腾于雾，虎恃于山’，大王闻之乎？”

“本王虽闻之，还请言其详。”

“龙腾于空，赖以雾，虎逞雄威，有恃于山，此言龙腾虎啸，皆需托于物，无物相助，岂可得为？哑物如此，人亦是如此，所以刘备复汉，托于诸葛，李世民创业贞观，魏征相助，今上开国，刘基佐之，大王有成，岂可无助？”

"本王有大师，不亦如玄德有孔明一样？"

"大王岂不知徐庶荐诸葛之故事么？"

"不知大师所荐者谁？"

"浙人袁珙，此人精通相人术，对于生死祸福无不看透，其才在我之上也。"

"如此，即请大师代招之。"

"阿弥陀佛！善哉！善哉！"

袁珙，字廷玉，浙江鄞县人，他从异僧别古崖那里学得了相人术，便以此为业，游走四方。其实，这袁珙也是饱学之士，身处乱世，也是窥伺时机，欲择明主而事。因此，一般人只知是相面先生，哪里又能识其真面目呢？

这袁珙游走四方，常常是道边街旁，下坐一个小矮凳儿，面前铺一小块布，上放几本小书，布上写有一副对联。上联是预卜未来断生死，下联是善观阴阳判吉凶。身后插着一面白布招旗，上面也有一副四字联，上联是指点迷津，下联是预测祸福。中间是料事如神四个大字。因此，人都称他是"袁大仙人"。

这南京城虽说是皇都之地，可也是有穷有富，有恶有善。这一日袁珙正在大街之上张罗生意、给人相面，就听东边大街路口闹闹嚷嚷。不一时，就从东边急急忙忙跑过一个人来。这人也不过三十来岁，穿得虽是破烂，倒也还干净，口中一边喊着"救命"，一边还向后看着。

只见后面的五个人追了上来，为首的那人也不过三十岁左右，留着小短胡子，对那四个人说："给我打！本少爷看上他媳妇，是他的福气！这穷酸相还跟着闹，真不爽快！给他点辣的喝！"不容分说，将那人打了一顿，便扬长而去。这袁珙便弯着手指头，口中念叨了几句，便起身走了。

这被打的人家住在清河街，姓白，叫白银山。这白银山本也是书香门第，不幸父母早逝，家道中落，与刘氏桂英自小结发为夫妻。这白银山虽说将近而立之年，只是仕途不畅，家道不兴，两口子过着清贫的日子。今年大考之后，这白银山闲着无事，便与刘桂英一起到岳父家看望，不料中途便碰上了韩霜。这韩霜虽说是父母也已双亡，但却给他留下了万贯家产，不料这韩霜不务正业，整日与几个恶奴为非作歹，尽干些伤天害理之事。幸好他有个妹子很贤惠，叫韩容容，整个家事都由她管着。

这白银山回到家中，思前想后，恼恨万分，心想爱妻到了韩家，必死无疑，自己在世一场，大不能安邦，小不能护妻，枉为男儿，还有何颜面残留于世？遂动了轻生之念，鸡叫一遍四下无人，白银山便来到了父母坟前，在父母坟前哭了一场，眼见得天已大亮，便解下带子，在树上挂个套儿，头就要伸进套儿之中。

"男子汉大丈夫，为何要轻生？"

话落手到，言语之间腰带已被割断。

白银山见是袁珙，不禁哭道："老人家为何要救我，你就让我去了吧，免得在世上无颜见人！"

"老汉在此等候多时，就是来救你不死，你若去了，这世上岂不少了个状元郎么？"

"我如今已落到如此地步，老人家为何还这样说话！"

"老汉所说，都是实言。公子当今之难，也是天数如此，此难过后，公子定是大富大贵，妻妾成行。"

"老汉不必再劝，我妻刘氏被那恶人抢去，必死无疑，何谈妻妾二字！"

"不妨！不妨！公子休得烦恼，老汉所言，公子休疑，十日之内，可见分晓。十五日之后，老汉还要到府上贺喜，到时公子的喜酒可要让老汉喝个大醉哟！"

"多谢老人家吉言。"

说话之间，红日东升，朝霞似火。

"公子就回府等着喜讯吧。"

"多谢老人家相救。"

那韩霜把刘桂英拉拉扯扯抢回家，正要对她动手动脚强行非礼。突然，一个恶奴手捂着肚子，一声接一声地喊肚子疼，一时间面色发黄，嘴唇发紫，豆粒大的汗珠子直往下掉，看来也是病得不轻。韩霜只得把刘桂英丢开，去张罗请郎中给那恶奴看病。

那恶奴名叫韩三，也该是刘氏桂英不该受辱，若不是韩三得了急症，那刘桂英刚烈女子如何肯受辱，必拼个鱼死网破！

韩霜走出家门之后，便把刘桂英交给了韩容容看着。

韩容容对哥哥做的坏事心知肚明，她也曾劝说过韩霜，但是韩霜哪里肯听？而且她一介女流，想要做些事情也实在不容易。

这次韩霜让她看管刘桂英，她自然是百般不愿。远远打量那刘桂英，是个出色的良家女子。被韩霜折磨之下，刘桂英形容毫无精神，一双泪眼红肿，想必是已经十分绝望。

韩容容是不是刘桂英的救命稻草？韩容容不知道，刘桂英也不能确定……

【第三回】

老袁珙铁口断福祸，智道衍沙场判死生

刘桂英身陷韩霜家中，眼看就要被侮辱，谁知道柳暗花明，那被韩霜派来看守她的韩容容心肠却是不坏。

韩容容说："大姐，你坐，先消消气。"

"消消气，来到你们这少廉无耻的地方，能消气？你跟着他睡觉，不就不要抢我来了么？"刘桂英边气边骂，那韩容容只被骂得脸儿一阵红一阵白。

"大姐，你骂吧！你该骂！我不生气，谁叫我是他妹妹呢？谁叫他干那缺德的事呢？我跟着挨骂，我活该，这也是老天给俺韩家的报应！"韩容容说着便掉下泪来。

刘桂英见状，就说："你要真是好人，你就放我走！"

"大姐，我只能想法儿护着你点，我要是放了你，我挨打且不说，你非但走不掉，恐怕还要闯下祸。"

"那我就要死在你家里了。"

"大姐，你先在我房里，先挨过一天再说，挨一天是一天，说不定你家里人会想法来救你！"

原来那韩三是拉肚子，所以不几天也就好了。那韩霜有闲空了，就要来找刘桂英，那韩容容便把刘桂英锁在自己房里，不管韩霜怎么闹，韩容容就是不让开门，那韩霜野性一起，便动起武来。韩容容哪里是韩霜的对手，她被韩霜按倒在地上，韩霜便坐在韩容容的肚子上，一只手按着韩容容前胸，一只手去韩容容的腰间掏钥匙，韩容容被压在地上，又气又羞。韩容容也是一时气急，从地上抓一把土，朝韩霜眼上撒去，韩霜的两只眼一时睁不开，什么也看不见，韩容容才翻身从地上爬起来，韩霜只得去找郎中治眼睛。

刘桂英在房内听得门外打闹，见韩容容为了自己受了那样大的委屈，心里也很感动。

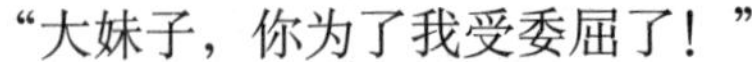

“大妹子，你为了我受委屈了！”

“大姐，我怎么该有这样的哥呀！”韩容容扑在刘桂英的怀中哭着说。

“就是女人的命！别哭了，大妹子，我看你也是好人，大姐那天不该骂你。”

“大姐，别说了。这都是我哥造的孽！”

“大妹子，你救了大姐，大姐一辈子也忘不了你的大恩大德！”

“大姐，以后你走了，我们就当个亲戚走吧！行不行？”

“那当然行了。”

“那我们就是义姐妹了。”

“那当然了。”

说罢，她们二人都笑了。

恶奴韩三领着韩霜从郎中处回家。韩霜说：“大哥这几天运气不好，做事老是不顺当，也不知是怎么的！”

“听说这里来了个看相的，看得很准，人都叫他是袁半仙！看！他就在那里，咱哥俩也叫他看看。”

“行！去看看！”

韩霜、韩三来到了袁珙面前。

“两位是看相？”

“对，人家都说你看得好，就给我看看！”韩霜说。

“老汉不敢说是神，反正生死祸福能说个八九不离十。”袁珙看了看韩霜，说道。

“那你就给我俩看看。”韩三说。

“你二位是要我老汉说真话呢，还是说假话呢？”

“这真话怎讲，假话又怎讲？”

“讲真话，言福不能喜，言祸不能恼；讲假话呢，就哄你开颜一笑！”

“说真话，看我们俩有多少福？”

“说出了，两位不要恼怒老汉，我看二位应着了结义时的一句话。”

“什么话？”

“不求同年同月生，但求同年同月死！”

“我俩能死在同一个月里？”

“不只是同一个月，还是同一日！”

“你看我俩有多少福？”

“你二人的福，从大的说今日你二人能一同回到家里，从小的说只能走到村头。”

“照你这样说，我俩今天就要死了？”

"不错，不过午时。"

"哈哈哈……"

"哈哈哈……"

"两位笑什么？"

"我笑你净是扯淡！过了午时我要不死，我要来剥你的皮！"韩霜骂道。

"你叫老汉说实话，老汉就实话实说，信不信由你。"

"走走走！不听你这个老杂毛扯淡！"韩三也骂道。

袁珙笑道："我说得不会错，说对说错午时后你就知道了。"

在袁珙那里算过命，那恶霸韩霜和韩三眼见来到村头，韩三说道："那老杂毛说咱不能活到村头，你看这不就到村头了么？"

村头有个土地庙，庙前有一个八角亭，供拜庙的人乘凉用。他二人来到土地庙前，韩三说："大哥，咱去求求土地神，让他保佑你的眼睛快好！"

"求求也好！"韩霜说道。

他二人进了土地庙，祈祷一阵，便来到八角亭下坐了一会儿。

"天快中午了，咱们走吧！"

听韩三这么一说，韩霜也抬头看看太阳，这一看不要紧，太阳光一刺，韩霜的眼里就滴水了，泪眼蒙眬，看物又如何看清？那韩霜也急了一些，便一头撞在柱子上，谁知这柱子天长日久，风吹雨打，竟让韩霜给撞断了，这一根断不要紧，其他也都跟着断，那亭盖上的泥瓦棍棒便砸落下来，一根横梁砸得韩霜脑浆迸裂，一根椽子斜刺进韩三的肚子，这两个作恶多端的贼子，就这样在袁珙的预言中死亡了。

韩霜、韩三这两个作恶多端的贼子死了，周围的人都敲锣打鼓，鸣放鞭炮，感谢苍天有眼。那韩容容出于同母所生的情意上，将他草草葬了。

事情过去没有五天，刘桂英帮助韩容容把家中料理好之后，正要收拾回家，就听到一个让她心花怒放的消息：白银山中了进士！

韩容容也高兴得眼含热泪："恭贺姐姐大喜！恭贺姐姐大喜！"过了一会儿，韩容容忽然说道："姐姐如今已是进士夫人了，小妹却是孤身一人无依无靠，甚是可怜，今后怎敢再高攀姐姐！"

"你这是说哪里话来？我们今后还是好姐妹！"

"小妹不敢高攀姐姐，姐姐若还有意，就收小妹作个使唤丫头吧！"

"小妹别说傻话了，咱们是好姐妹！"

"姐姐侍奉姐夫，大富大贵，妹妹哪有侍奉姐夫的福分，能当个丫头去侍奉姐姐和姐夫俺也就满足了！"说话时韩容容不禁脸红了起来。

那刘桂英听这一句话，自然心中明白，便笑着说："什么丫头不丫头的，你

要是愿意，咱姐妹俩就共同侍奉白公子吧！”

韩容容听刘桂英这么一说，便一下子把脸贴到刘桂英的胸前……

三天后，是个大喜日子，进士白银山家张灯结彩，吹吹打打把韩容容迎进了家门，乡邻们都来庆贺，白进士设宴款待乡邻。酒宴正在热闹之时，外边来报说有一个相面的老者指名来要喜酒喝，白进士出门一看，不由得惊喜万分。

“进士郎大喜，怎么也不让老汉来喝喜酒呀？”

“在下多日寻找救命恩人，只是无缘相见，今日相见，在下可得报大恩了！”

“老汉不图报恩！只求早日预言灵验，不负百姓之心足也！”

“恩人既来了，岂能门前经过？”

“今日老汉是特来喝喜酒的，进士还记得吧？今天是多少个日子了？”

“十五天整！”

“十五天前你不会想到有今日吧？老汉就看到了今天。”

“恩人果神人也！”

燕王朱棣听说道衍已经把袁珙请到了北平，心想：“道衍说他相人‘无所不中’，我何不试他一试？”于是，便挑选了几名和自己长得相像的卫士，他也换上卫士服装，一起来到酒店喝酒。袁珙进了酒店，一眼就认出了燕王，便一直走到燕王跟前跪下。

“叩见燕王千岁千岁千千岁！不知燕王为何轻易来这等地方？”

“燕王不在这里，你认错人了。”众人哈哈大笑。

燕王也笑道：“燕王不在这里。”

“燕王，他们九个人如此说可以，你怎么也如此说？大丈夫尚行不改名坐不改姓，况殿下一国之君乎！”说罢，便走出了酒店。

燕王回到燕王府，召见了袁珙。

“燕王为何在酒店乔装为卫士见我？”

“聊以为戏耳！”

“君天下者岂可为儿戏？”

“多谢先生教诲！”

“为君者全凭德威二字！他日天子，一国之君，出语儿戏何来德威，无德威又何以治国？”

“那你看我何时能够登皇位？”

“年过四十岁之后！”

燕王突然把脸一沉，喝道：“你这疯老头，竟是一派胡言！我当藩王尚且不能胜任，还当什么皇帝！还是回去抱娃子吧！休得再胡言乱语，若再胡言乱语，定治你罪！”

“大王且息怒！大王且息怒！”袁珙说罢连忙退出。

袁珙出了燕王府，头也不回，出了北平城，便一路南下。

这一日，袁珙来到通州，刚要进通州城，就见前面路中停了一顶小轿，袁珙刚要绕过小轿，张玉、陈文便拦住去路。

“末将张玉、陈文奉燕王之命，在此恭候先生多时也，请先生上轿！”

袁珙看看那封闭严密的小轿，也不言语，便上了小轿。张玉、陈文护在轿两边，直奔北平而来。

袁珙被张玉、陈文请上了轿子并不言语，他就知道燕王一定会派人把他接回去，燕王假怒，把他轰走，为的是怕别人产生怀疑，走漏风声，所以他出了燕王府头也不回。

燕王也知道袁珙不会不理解他的意图，这叫肚子里点蜡烛——心里明，他们这出双簧戏是专门演给别人看的。

燕王得了道衍和袁珙，正好似如鱼得水、如虎添翼，再加上徐达也是奉朱元璋之命驻守北平，这翁婿二人同心协力，互相照应，自然把北平治理得井井有条，两家的小日子也都过得欢欢喜喜，红红火火。

朱元璋与马皇后历来是情深意厚，恩恩爱爱，之所以如此，不只是因为马皇后作为一个女人对朱元璋体贴温存，更重要的是在治理国家方面，为朱元璋提出了许多有益的建议，不愧是一个贤内助。

马皇后去世，朱元璋不仅失去了一个生活上的伴侣，而且也失去了自己事业上的一个知音，所以他悲痛异常，终日痛哭，茶饭不思，也不上朝理事，满朝文武十分着急。

看到父亲整日愁闷，太子朱标也十分着急，终日在朱元璋身边殷勤侍奉，百般安慰。

除了太子，那后宫的宁妃、元妃、丽妃也都不离朱元璋左右。就这样，过了近十天，朱元璋才勉强上朝理事。

虽说上朝理事，但朱元璋仍是忧郁寡欢，太子朱标左思右想，终于想出一个主意——再立一个皇后，或许可以解除父亲的痛苦。

有一日，太子朱标对朱元璋说道：“父皇自母后弃世之后，终日哀伤不已，儿臣心中甚是不安，父皇当以国事为重，保重龙体、节哀顺变才是。”

朱元璋说道：“朕也知道这个道理，只是与你母后情意深厚，一时割舍不下……”

朱标小声说道：“父皇，儿还有一句话，不知该说不该说？”

朱元璋说道："你我父子之间，有什么话不可说？"

太子说道："父皇而今孤独哀痛不能自拔，与其这样长期使自己生活在痛苦之中，为什么不想法解脱，开开心心地过晚年呢？"

朱元璋叹了一口气，说道："想什么办法，人死又不能复活。"

朱标说道："儿还有一法，可使母后如同复活一样，就不知父皇愿意不愿意？"

朱元璋心中一喜，忙问道："什么办法？"

朱标说道："父皇再册封一个皇后，不就使母后如同再生了么？"

朱元璋说道："我说是什么好办法，再册封一个，也毕竟不是你母后呀！"

朱标说道："父皇封谁，谁就是儿臣的母后，那是一样的，还请父皇思之。"

朱元璋说道："此事休要再提！"

太子朱标见朱元璋对封后的事未置可否，既没说不封，也没有说封。朱标认为这事有可能行得通，于是就想办法极力去促成这件事。

朱元璋的妃子有硕妃李氏、宁妃郭氏、元妃洪吉喇氏、丽妃瓮氏等，其中除硕妃李氏早死之外，其他妃子尚在。

马皇后去世之后，在妃子们的头脑中马上就出现了这样一个问题：正宫皇后的位子虚空了，谁来填补这个虚空的位子？皇上是不是乐意去填补这个空位？似乎每个人都做了一个相同的梦，那个空缺的位子又填补了，去填补空位的人正是自己。

朱元璋自从听了朱标的话之后，原来就像一潭死水的心又动了起来。他不想再册封皇后，他认为，他再册封皇后就是对马皇后的一种背叛，他认为自己不能而且也不应当背叛她。但那种难熬的孤独又使他不得不想到，妃嫔再多，毕竟不是朝夕相处的皇后啊！人们不是常说么，满堂的儿女，赶不上半路的夫妻。

这些妃子之中，到底谁可以来补充皇后的空位子呢？此时，朱元璋的眼前浮现出两张十分熟悉的脸：一张是宁妃郭氏的脸，一张是元妃洪吉喇氏的脸，这两张脸在朱元璋的眼前交替地浮现着。

元妃，洪吉喇氏，蒙古人，她原本是元顺帝太师的女儿。元至正年间，朱元璋跟郭子兴起兵反元，郭子兴病死之后，朱元璋始以龙凤年号号令军中，招良纳贤，攻城略地，声威大震，势力也日见壮大。

朱元璋攻下集庆之后便挥师北上，袭取元大都。元顺帝自料难以招架，于是便弃城而逃。朱元璋入城之时，只见城内一片混乱。朱元璋带兵来到元顺帝的后宫之中，宫中的人纷纷跪地求饶。

"求吴王饶命！"

"求吴王饶命！谢吴王不杀之恩！"

朱元璋站在高处，望着跪在下面的人们。他的眼光忽然停在了人群中一个不显眼的角落，一位姿容姣美、楚楚动人的女子吸引住了他。他想不到此处竟然会有如此娇美的女子。

只见那女子年纪不过二十来岁，一件粉红色的长衣穿在她那体态苗条的身上，下身着一件绿色的裤子，细长的眉毛，明亮的大眼睛，乌黑的头发，小巧的嘴儿，细嫩的腮儿，就像一株刚出水的婷婷芙蓉。

“把那个女子给我叫来！”朱元璋对身边的兵士说道。

一会儿，那女子便被带到。

那女子来到朱元璋面前，跪下，说道：“小女子拜见吴王！”

“你叫什么名字？哪里人？”

“小女子叫洪吉喇·格勒德哈屯，蒙古人，我父为元宫太师。”

“今年多大了？”

“二十一岁。”

“你愿意侍奉本王么？”

“大王不杀之恩，已是感激不尽，岂敢再有分外之想！若大王不嫌弃小女子为残花败柳，小女子情愿终生侍候大王！”

“既是如此，你就跟随我左右吧！”

“多谢大王！”

从此，洪吉喇氏便留在了朱元璋身边。后来，被封为元妃。

元妃洪吉喇氏因原来就是元顺帝的妃子，对于宫廷礼节自然是轻车熟路，对于如何侍奉皇上，也自然处置得恰到好处。所以，一直很得到朱元璋的欢心。

马皇后死后，洪吉喇氏心里想着自己很得宠爱，便希望朱元璋能将皇后的凤冠戴在自己的头上。

宁妃郭氏，汉人，也出自于名门望族，年轻漂亮，此人最大的优点，就是目光远大，胸有谋略，处处不让须眉。

有一次，她的哥哥郭德城陪着朱元璋在街上微服而行。他们来到一个驿站里，只见一个小孩子在那里。

朱元璋问道：“小孩子，你站在这里做什么？”

“替我父亲服役。”小孩子回答道。

朱元璋很感兴趣地问道：“你为什么要替你父亲服役？”

小孩子说道：“我父亲是一个驿夫，一年到头一时也不闲着，最近父亲病了，我想让父亲好好地养养病。”

朱元璋说道：“你小小年纪怎么能替父从役？”

那小孩子说道：“那花木兰一个女流都能替父从军，我一个堂堂男儿，为何就不能替父从役？”

朱元璋心中欢喜，说道：“你几岁了？”

“七岁了！”

“你能行对么？”

“能！”

“你与我对个对子行么？”

“请出上联！”

朱元璋说道：“七岁孩儿当马驿！”

“万年天子坐龙廷！”小孩子张口对出。

朱元璋说道：“七岁孩子儿当马驿，万年天子坐龙廷，好一个‘万年天子坐龙廷’，孺子可教矣！念你这一份孝心，就免了你的差役，回家去孝敬你父亲吧！”

出了驿站，朱元璋见驿站旁边有许多人，便问道：“那些人是在干什么的？”

郭德城一看，是几个和尚在那里与人说话，便不假思索地说道：“是几个和尚在那里说话。”

朱元璋没有说什么，只是“嗯”了一声。

郭德城见朱元璋只“嗯”了一下，一想起自己说的话，不禁大吃一惊：哎呀！这还了得，犯了皇上的讳呀！怎么办？那可是要杀头的呀！想到这里，郭德城吓得再也不敢说话。幸亏随同朱元璋微服而行的还有几个人，他们之间谈笑依然，朱元璋也就没太在意，所以郭德城也就跟着混了过去。

一回到宫内，郭德城急急来找宁妃。

“妹妹，哥哥今天闯了大祸了！”一进门郭德城便急忙说道。

宁妃听了，心中一惊，忙问道：“闯了什么大祸？”

郭德城说道：“我犯了万岁的忌讳了！”

宁妃说道：“犯了什么忌讳？”

郭德城说道：“在街上，我陪着万岁到了一处驿站，出了驿站，万岁见驿站边围了很多人，其中有几个和尚在那里说话。我便随口答了，说是几个和尚在那里说话！当时，皇上只是‘嗯’了一声，我便吓得再也不敢多说话。你想，这万岁要是细究起来岂不要杀我的头？”

宁妃听了说道：“你打算怎么办呢？”

“怎么办？只有逃跑呗！”郭德城说道。

宁妃想了一下，说道：“不行！普天之下，莫非王土，万岁真要治你的罪，你走到哪里也逃不脱。”

“难道就在此等死么？”郭德城说道。

宁妃说道：“不用怕，我想，万岁要是认为你犯了忌讳想治你的罪，恐怕当时就治过了。你当时口中说的，音同字不同，意也不同，万岁也可能不在意，就是今后万岁要治你的罪，你也可以利用音同字异这一点来辩解，你可以说成是有人和几个上京的人在说话，将‘尚’字说成‘上’字，不就没事了么？万岁若不找你，你还要找万岁去。”

“我找万岁去？你让我去找死呀！”郭德城说道。

宁妃说道：“你就说上次事未说清楚，有误皇上视听，特来请罪，到时，我再给你遮挡一下，万岁还好意思追究么？”

郭德城笑道：“就是你鬼点子多！”

又过了几日，朱元璋来到宁妃的宫中。

宁妃见驾之后，说道：“万岁多日未来臣妾宫中，实在让臣妾想念。今日，臣妾就略表心意，为万岁奏一支曲子怎么样？”

朱元璋笑道：“知我心者莫如爱妃也！”

于是，宁妃拿过琵琶，用手一拨，那琵琶发出一阵清脆的声音，接着就弹起了名曲《十面埋伏》，那琵琶声时大时小，时轻时重，时缓时急，大时如电闪雷鸣，小时如稚儿细语，轻时如白云飘空，重时如泰山压顶，缓时如山间溪水，急时如万马奔腾，最后只听得豁然一声，戛然而止。

朱元璋完全沉浸在那激烈的战争氛围之中，半晌才缓过神来，夸道：“爱妃妙手，好！好！”

宁妃说道：“万岁，你不知道吧，我哥哥的洞箫也还可以，正好哥哥也在此，就让我哥哥吹一曲为万岁助助兴如何？”

“好！请他上来！”

宁妃对下人说道：“请他来见驾，为万岁吹箫。”

郭德城来到朱元璋面前，说道：“臣叩见吾皇万岁万岁万万岁！”

“平身！”

“谢万岁！”

朱元璋说道：“朕听说爱卿吹得一口好箫。何不奏上一曲让朕听听！”

郭德城说道：“万岁过奖了，臣让万岁见笑了！”

郭德城拿过一支箫来，吹奏了一支曲子，名叫《梅花三弄》。那郭德城虽说不是梨园弟子，却也技艺纯熟，将那曲子吹得婉转悠扬，感人肺腑，朱元璋听了，说道：“爱卿技艺纯熟，不亚于梨园之功！”

郭德城说道：“臣献丑了，万岁过奖了！”

朱元璋说道：“爱卿请坐，饮茶。”

这时，宁妃对郭德城递个眼神，郭德城跪下说道：“臣奏事不明，有误圣上视听，故今重奏，请万岁治臣之罪！”

郭德城这突如其来的举动，把朱元璋弄得不知所以然，便说道："爱卿何时奏事不明？朕倒记不起来了。"

郭德城说道："臣奏事不明，有误圣上视听，心中诚惶诚恐，不敢有忘。臣前几日与万岁微服到一处驿站，万岁褒奖了那个替父从役的小孩子之后，出了驿站，万岁见驿站旁围了一些人，便问道：'那些人都在干什么？'臣当时见是几个人和上京来办事的人在说话，便随口奏明万岁，但当时并未说得明白，而使万岁将说话的人和进京办事的人混为一处，致使有误万岁视听，臣有罪，请万岁治罪！"

太祖听了，想了一想，笑道："朕当是什么大事，朕见那么多人围在一起，只是随便问问，谁和谁在说话何必分得那么清楚。卿无罪，快起来吧！"

"谢万岁！"

正是由于宁妃的安排，使郭德城避免了一场可能发生的灾祸。

宁妃有这样的优点，又加上年轻貌美，所以也深得朱元璋的喜欢。

人对于消息的接受都是十分迅速、敏感的，朱标与朱元璋关于封后的谈话，就像无线电波一样，很快地传开了。

特别是那些妃子们，对这些谈话更为关心。

元妃与宁妃两人相比，元妃以情胜，宁妃则以谋略取胜。在朱元璋的心里，是倾向于情感的。

朱元璋连续两次来到元妃的住处。这天，朱元璋又来到元妃的住处，已是接连第三次了。

"臣妾叩见吾皇万岁万岁万万岁！"

"免礼！"

"谢万岁！"

元妃待朱元璋坐下之后，将茶亲手递上来，说道："万岁，自皇后驾崩之后，万岁日夜无欢。万岁须节哀顺变，保重龙体才是！"

朱元璋叹道："人生失侣，失侣必哀，无可奈何也！"

元妃劝道："万岁切莫过哀，后宫妃嫔哪一个不敬万岁？哪一个不愿意侍奉万岁？就是臣妾，也甘愿像皇后那样侍候万岁，只是……只是臣妾没有那个福分。"

朱元璋说道："何须再说，朕到这里来，不就给了你那个福分了么？"

元妃自然听出话音，忙笑道："臣妾谢万岁！"

朱元璋说道："你还有什么要说的？"

元妃说道："臣妾要的不是福分，而是名分，古人不是说名不正则言不顺么？名正才能言顺啊！"

朱元璋说道："名分和福分，朕都会给你的！"

元妃立即谢恩道："谢万岁！"

朱元璋笑了，元妃也笑了。

对于元妃和宁妃，在太子朱标的天平上，则倾向于谋略与才干兼具的宁妃。人们至今也不知道，太子朱标是出于什么原因，一定要涉足于元妃和宁妃之间的争斗之中。

一日，宁妃正在宫中闲着无事，下人来报："宁妃娘娘，太子求见娘娘！"

宁妃听说太子求见，便说道："快请！"

朱标见了宁妃说道："儿臣叩见郭娘娘！"

宁妃说道："殿下平身！"

朱标说道："谢郭娘娘！"

宁妃说道："殿下此来，不知为了何事？"

朱标说道："自母后驾崩之后，父皇日夜哀痛，儿臣心中甚是放心不下！"

宁妃说道："皇后驾崩，万岁哀伤，情理如此，万岁只有自己节哀顺变，别人又能有什么办法呢？"

朱标说道："儿臣也劝说过父皇，请其封后，或许可以除其哀痛，但父皇不置可否。不知郭娘娘可否劝劝父皇，娘娘自己也可多想想这封后之事。"

宁妃说道："此事我也有所耳闻，皇后之位，对于妃嫔，谁人不思之？但我虽有所思，却不想图。"

朱标说道："既思之，则必欲图之，你思而不图，又是为何？"

宁妃说道："殿下日后当自明。皇后，母仪天下，统领后宫，显位也；身为妃嫔，不思不想，虚言也。但皇后的责任是帮助万岁治理内务，内务不宁，朝廷不安，关系重大，劳心费神且不说，国事为重，若己不贤，必误国，误国，则千古罪人也。所以说我是思而不图！"

太子朱标说道："儿臣明矣，但儿臣所托，还请娘娘着意办之。儿臣告退！"

太子朱标走后，宁妃的心中激动了一阵子，但很快又平静了下来，思前想后，觉得自己情愿过着一种平静的妃嫔生活，不想卷进争斗的漩涡。但事实往往又是不以人们的意志为转移的，宁妃最后还是被卷了进去。

一日，朱元璋退朝，回到后宫。内侍刚递上茶来，外面来报："启奏万岁！宁妃娘娘求见！"

朱元璋听了，心中想道："宁妃来干什么？"朱元璋对宁妃本来就不坏，他觉得自己到元妃那里去得多了些，好久没有去宁妃那里了，似乎冷落了她，于是说道："宣她进来！"

宁妃进来后，跪地说道："臣妾叩见吾皇万岁万岁万万岁！"

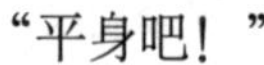

“平身吧！”

“谢万岁！”

朱元璋说道：“爱妃要见朕，为了何事？”

宁妃说道：“臣妾多日未见皇上，心中很是挂念，特来拜见！”

朱元璋说道：“朕自有内侍照看，多劳爱妃挂念，但也不必前来拜见朕！”

宁妃说道：“臣妾受太子殿下所托，故特来拜见皇上！”

朱元璋说道：“太子托你所办何事？”

宁妃说道：“万岁，太子殿下言，自皇后驾崩之后，万岁日夜哀痛，他心中甚是放心不下，希望万岁能以国事为重，节哀顺变，保重龙体。太子殿下还说道，为解除万岁的哀伤，劝您册封新后，不知万岁对此如何决断？”

朱元璋问宁妃道：“以爱妃之见，新后是册封呢，还是不封？”

宁妃说道：“封后，乃社稷大事，自当由万岁圣裁，臣妾怎敢妄言！臣妾只是受太子殿下之托，转达太子殿下的心意，来劝谏万岁，其他臣妾概不敢妄言。臣妾告退！”

宁妃走后，朱元璋的心又动了一下，他似乎觉得，宁妃身上有着别的女人所没有的东西，她不只是使自己心中愉悦，更使自己心中产生一种奋发之气。

朱元璋看着宁妃走去的方向，心中若有所思——或许，这皇后的位置可以考虑让宁妃来填补，只是不知道大臣们怎么想呢？

太子朱标多日未见朱元璋，心中十分挂念，于是又来拜见。

“儿臣叩见父皇。”

“平身！”

“谢父皇！”

朱元璋问道：“皇儿今来又为何事？”

朱标说道：“儿臣多日未见父皇，心中甚是挂念，特来看望！”

“难得皇儿一片孝心！”

“多谢父皇夸奖，对于封后之事，父皇考虑得如何？”

“朕仍是举棋未定，宫中利害，处之不慎，必生风波！”朱元璋没有对儿子说出自己关于宁妃的看法，因为他还是觉得要多想一想再决定。

“儿臣以为，宫中虽历有争宠，只要父皇处置得当，使贤者在位，不贤者不在位，定然平安无事！宫中妃嫔也有不想争宠的。”

“宫中妃嫔哪个不想争宠？”

“儿臣以为宁妃娘娘就是！”

“宁妃？你怎知她不想争宠？”

“儿臣曾求宁妃娘娘劝慰父皇，说到封后之事，宁妃娘娘说她是思而不图。”

“怎么是思而不图？”

“宁妃娘娘说，‘皇后，母仪天下，统领后宫，显位也；身为妃嫔，不思不想，虚言也。但皇后的责任，则是帮助万岁治理内务，内务不宁，朝廷不安，关系重大，操心费神且不说，国事为重，若己不贤，必然误国；误国，则千古罪人也，所以说是思而不图’。”

朱元璋听了，说道：“好一个‘思而不图’，宁妃之言，至理也。皇后，国母也，母仪天下，理当如此，理当如此呀！”

太子朱标说道：“父皇既如此说，就封她为后，怎么样？”

朱元璋说道：“待朕寻个时机，再办此事！”

太子朱标说道：“如此，儿臣先恭贺父皇！”

朱元璋的脸上露出了笑容，这也是自马皇后驾崩之后第一次露出了笑容，朱标心里也感到暖融融的。

元妃的心近些天来一直都是处在激动之中，她在等待着自己期盼的那一天的到来。这一天终于盼来了，然而却是她不愿意听到的消息：宁妃要被封为皇后。她不相信这是真的，她也不愿意相信这是真的，她要打听清楚。

“兀德哈尔！快过来！”元妃叫道。

“娘娘！唤奴才为何事？”兀德哈尔问道。

“你听说了么？万岁要封宁妃为后了！你去给我打听清楚，到底是哪一个坏种在那里嚼舌头，在跟老娘作对！”元妃十分生气地说道。

“娘娘放心，奴才一定给娘娘打听清楚！”

兀德哈尔说罢，便走了出去。

兀德哈尔，蒙古人，在元朝时，他就是元妃的贴身奴才。当初，朱元璋收纳了元妃，兀德哈尔也跟了来，一直留在元妃的身边。

这兀德哈尔为人刁猾，老谋深算，办事机灵，人称“钻天鼠”。用不了几天，他便将事情打听得清清楚楚，便来向元妃回报。

“你都打听清楚啦？”元妃问道。

兀德哈尔说道：“回娘娘，打听清楚了！”

“是谁在跟老娘作对？”

“是太子！”

“是太子？”

“对！正是太子！”

元妃听了，愣了好长一段时间，没有说话。

与她作对的是太子，未来的皇上，她感到不好对付，于是叹道：“怎么会是

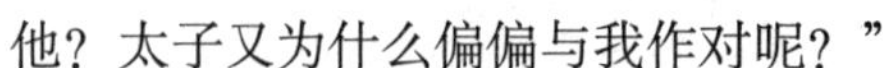

他？太子又为什么偏偏与我作对呢？”

“娘娘不要着急，容奴才细想想。”兀德哈尔说道。

元妃没有说话，只是气得在那里喘粗气。

又过了一会，兀德哈尔的眼睛转了几转，说道：“万岁、太子，都是得罪不得的！能够得罪的，只有一个人！”

“谁？”

“宁妃！”兀德哈尔低低地说道。

“那又能怎么样呢？”元妃说道。

兀德哈尔一字一顿地说道：“娘娘若没有胆量，就什么也别说，什么也别想，老老实实当您的妃子！娘娘若是有胆量，就去争一争，斗一斗，拼他个你死我活！”

“我一个弱女子，能与谁拼去？”元妃说道。

兀德哈尔说道：“量小非君子，无毒不丈夫，只要您娘娘说一句话，这事就包在奴才身上了！”

此时，元妃的耳中，好像听到了册封宁妃的乐声。眼前，好似出现了宁妃被册封时的场面。她好像看见了宁妃坐在高高的座儿上，接受人们的朝拜。

“好大的胆子，你见了本后为何不拜？来人，把元妃拉出去斩了！”

元妃耳边仿佛听到了宁妃的呵斥声。元妃不禁打了一个寒战。而后，从牙缝里蹦出一个阴冷的字：“杀！”

“奴才遵命！不过，娘娘日后当了皇后，可不要忘了奴才啊！”兀德哈尔笑着说道。

元妃说道：“休得给我耍贫嘴，我吃个蚂蚱哪时候又少给你一个大腿儿了？”

为了使朱元璋高兴一些，太子朱标对朱元璋说道：“今日天气晴朗，风和日丽，景色宜人，父皇何不带着宫人出外游玩一番，也好散散心中闷气！”

朱元璋也觉得自己好久没有外出了，于是说道：“好吧，令各宫院，随朕外出观景！”

太子朱标说道：“儿臣遵旨！”

随驾游玩观景，这消息立时传遍了各宫。

兀德哈尔对元妃说道：“恭喜娘娘！”

元妃说道：“尽是胡说，我有什么喜？”

兀德哈尔说道：“机会来了，娘娘的事儿自然能成，那一个只要一倒下，这皇后的位子不就是您的么？”

元妃说道：“什么机会？你尽是骗我！”

兀德哈尔说道："各宫院随驾出游观景，您不知道么？"

"知道！"

"娘娘们怎么走呀？"

"当然是坐车。"

"好呀！娘娘只需……"兀德哈尔小声说了一阵，然后说道："别的事全在奴才了，保准是神不知鬼不觉。"

外出的车队都排好了，前头的是朱元璋的，再后是太子朱标的，再后便是元妃、宁妃、丽妃等。兀德哈尔今日显得格外忙碌，对人也特别客气，前前后后跑来跑去，一边与赶车的伙计们说着话，一边收拾着车辆，就在人们的说笑之中，他完成了他要完成的一切。

朱元璋上了龙辇，其他人也都坐进了自己的车。一声吆喝，前面的车走动了，后面的车也开始走动了。

车队还未走二十步，在宁妃的车上忽然响起了鞭炮声，雷子炮一个接一个，一时间，火光冲天、烟雾弥漫。

赶车人还未弄清是怎么一回事，那马便惊了起来，赶车人把缰绳一拉，想把车停住，哪里能停得下？马拉着车从车队旁边向前闯，不一时，便来到了朱元璋的车旁，只听"咔嚓"一声，车子栽倒在地，一个车轮不知去向，一个车轮向前飞出老远，车中的宁妃也被甩在地上，躺在那里动弹不得，赶车人也被摔在地上，坐在那里不能动弹。

朱元璋坐在龙辇之中，听得一阵鞭炮响，还没弄清怎么一回事，便见宁妃马惊车颠，急令停车，让侍从将所有的人都围住，不准放走一人。

朱元璋来到宁妃跟前，只见宁妃腿上流血，动弹不得，急让人将宁妃扶上另一辆车，急招御医来诊治。

朱元璋命人将赶车人带到跟前，问道："你这车是怎么回事？"

赶车人说道："出车前，车都是好好的，不知为何车轮忽然掉了！"

朱元璋又问道："车上哪来的鞭炮？"

那赶车人说道："小人也不知道。"

朱元璋说道："你什么都不知道，无用的东西！来呀，拉过去砍了！"

太子朱标忙说道："父皇息怒，事情还没弄清楚，不要杀他，待事情弄清楚之后，再杀也不迟。"

朱元璋说道："先打入大牢，交刑部审问！"

说来也巧，那兀德哈尔见目的达到，自然心中高兴，但也有几分害怕，浑身有些不自在，身子在那里摇来摇去，谁知，衣带一松，竟从身上掉下几个鞭炮来，偏又让太子朱标看见了。兀德哈尔见鞭炮掉在地上，再想拾起来，已经晚

了，朱标手一指，叫个侍卫将兀德哈尔拿住。

“启奏父皇，从兀德哈尔身上掉下鞭炮。”

那赶车人说道：“对！就是他！小人想起来了，就是他曾到宁妃娘娘的车旁。”

朱元璋问道：“你为何要谋害宁妃？”

兀德哈尔说道：“这……小人一时糊涂，罪该万死！”

朱元璋大喝一声：“从实招来！”

兀德哈尔说道：“只因万岁曾许说要册封元妃娘娘为皇后，后来又要封宁妃娘娘为后，小人为元妃娘娘鸣不平，便想除去宁妃娘娘。得知万岁要带各宫院出游赏景，便设计，先暗中除去了宁妃的车轮，又将鞭炮引线引着，使得马惊车翻。事既败露，小人也不再隐瞒，以上所说是实，小人罪该万死！”

“朕什么时候许要封元妃为后？朕也未说要立宁妃为后啊！你又是从何而知的？”

“封后的事小人一开始是听元妃说的。封宁妃为后，小人是听李节内侍说的。”

元妃洪吉喇氏见兀德哈尔将自己供了出来，急忙来谢罪，说道：“臣妾只是一时糊涂，说了封后之事，可臣妾并未让他去谋害宁妃。”

兀德哈尔见元妃把罪过都推于自己，便说道：“万岁，小人干这些事是奉元妃之命啊！”

朱元璋对元妃说道：“你心术不正，争宠争爱，设计害人，你该当何罪！”

元妃求道：“臣妾已知罪，但求万岁念多年恩爱的分上，从轻发落！”

朱元璋说道：“你就回宫闭门思过去吧，两月内不要见朕！回宫！”

刑部奉旨审案，很快便审个明白。只因朱元璋已许元妃闭门思过，格外开恩了，所以罪责便落在了下人身上。

刑部奏明朱元璋后，除宁妃的赶车人打了三十大板之外，其他所涉连的五人，朱元璋下令将他们全部处死。

宁妃因翻车腿被摔断，虽经御医治疗，走路还是东倒西歪、身型不正，虽仍保持着妃子的身份，朱元璋却也就不再亲近于她。

朱元璋较心爱的两个妃子经过这一番折腾，贬的贬，伤的伤，所剩仅瓮氏一人。从此，也就再没有人提封后的事了。

一日，一内侍说道：“听说徐达奏旨进京治病，已达京城多日了。”

朱元璋说道：“是么？朕倒把此事忘了。”

经内侍这么一说，朱元璋才又想起徐达的事来。

那徐达是明朝开国的一员大将，威震疆场，叱咤风云。谁料想就是这样一位英雄，到晚年竟闹出病来。

一日起来，徐达觉得后背上有点儿疼，便让夫人谢氏看看。

谢氏一看，不觉心中一凉。但是，她口中却故作轻松地道："肩胛骨下有一点发红，没有什么。"徐达也就不再放在心上。

又过了几天，徐达又对谢氏说："我觉得背上比早几日疼得更厉害了。"

谢氏一看，不由得大吃一惊：只见那红肿之处，不偏不斜，正是要害之处，这可就不太妙了，这是要命的症状了。

原来徐达背上长了一个疖子，俗称"搭背"，又叫"手勾"，你别看它不起眼儿，可往往是不治之症，常常要取人的性命。

于是谢氏说道："老爷，你这疖子长的可不是个地方，急需诊治，万万不可小看它！"

"夫人不必说了，我已明白了。"

于是徐达就命人请郎中来诊治。

不知怎的，这消息传到了朱元璋的耳朵里，于是他就下了一道圣旨，令徐达火速回京都来治病。

朱元璋此举，有两个原因：一是徐达是开国功臣，又是自己的儿女亲家，听说病了让其回京诊病，体现了君主对臣子的爱怜之情。二是令徐达回京诊病，也有一定的政治目的。

朱元璋登基之初就认为保天下还是要靠父子兵，功臣是靠不住的，所以他就把皇家亲族分封各地。又用不同的手段，斩杀功臣，目的就是要给皇家子孙清除障碍，搬走绊脚石，胡蓝党案就是搬除绊脚石的一个重要举措。

一日上午，徐达办完公事刚回到住处。就听得外面高喊："圣旨到——"

听说圣旨到，徐达与夫人谢氏急忙跪地接旨。

"徐达接旨！"

"臣徐达接旨！"

"奉天承运，皇帝诏曰：惊闻魏国公贵体有恙，屡治不愈，朕心不安，特请魏国公回京诊治，为求贵体早康。至于军务之事，可悉交燕王处置。钦此。"

"谢吾皇万岁万岁万万岁！"

徐达接旨后，要款待钦差，钦差谢道："只因皇命在身，不敢久留，恕不打搅了！"

徐达奉朱元璋之命，将军务之事交于燕王之后，便要启程回京，燕王便设宴送行。酒宴之上，各自也只不过都说一些家常闲话，直到黄昏时分，这翁婿二人才分手。

第二日，一切收拾完毕，徐达便带着家人启程，此时燕王和徐妃都来送行。

燕王道："泰山大人归京后好生地诊治，望贵体早康！"

徐妃亦说道："二老多多保重！"

徐达与谢氏也说道："你二人也多保重！"说罢，徐达便令车马起程。

徐达的车马早已走远了，燕王与徐妃仍站在那里向远看。但他们俩谁也没有想到这竟是他们的诀别。

徐达一行不觉来到安徽萧县。徐达见萧县仍是面貌依归，想起当年北伐中原在萧县大战的情形，他的眼前，不由得又浮现了当年激战的情形，他耳边仿佛又听到了拼杀声和兵器撞击的声音。

"停车！让我看看！"

徐达下了车，站在东城门下，看了看城墙，又看了看远处的山峦，徐达想到了战死在这里的将士，眼中不觉掉下泪来。

"老爷为何伤起心来了？"夫人谢氏问道。

"想起了战死在此的将士，不由落泪。"徐达说。

"时事已过，老爷不必如此。"

"是啊！不觉之间，二十年矣！"

徐达突然想到，此番回京城，途经故乡，该回家乡凤阳看看。

"夫人，我们此番回京都，何不去家乡凤阳看看？"

"那当然好喽！是该到故乡去看看！"

"那好，我等就加点儿紧，快到凤阳看看去！"徐达说罢，便转身上车，让车马立即赶路。

三四天后，徐达回到了家乡凤阳，拜祭了祖坟，看望了家中故旧亲友。

这一日，徐达特意来到了东乡。因为这里是朱元璋的生身之地，也是他徐达和朱元璋相识的地方。

看到了当年他们相识的地方，故地重游，睹物思情，徐达眼前不由得又浮现了当年的往事……

那是一个上午，刚吃过早饭，徐达就听外边有人在喊："朱元璋回家乡招兵来了！"

"朱元璋回家乡招兵来了？"徐达心里不觉一亮。

因为徐达早就知道，凤阳有个朱元璋，投奔郭子兴，当了红巾军，而且还是一个小官儿哪！再说家中接连灾荒，生活无着，总不能在家里等着饿死！跟着当兵去，或许还能有一条活路！想到这里，徐达便大步跨出了家门。

徐达来到了朱元璋招兵的地方，只见那里已经来了许多的人。老远，徐达就看见一个人在忙乎着。只见那人身穿战袍，头戴铁盔，腰挂宝剑，身材魁梧，肩宇间有一股英豪之气，言语举止非常人可比，不用说，他就是朱元璋了。

徐达来到朱元璋面前，朱元璋见徐达身体健壮，双目炯炯有神，生得虎背熊腰，力大劲足，亦非等闲之辈。

朱元璋便说道："兄弟来此是……"

"投奔红巾军！"徐达一语既出，声若洪钟。

"投奔红巾军！欢迎！欢迎！"

"人心所向，自愿自为之事，难道还要欢迎？"

朱元璋见徐达出语不凡，便说道："参加义军是很苦的呀！"

"苦？难道比在元人统治下挨饿、当牛马乃至掉脑袋还要苦么？"

"你叫什么名字呀？"

"姓徐名达，双人余之徐，冀天下男女人人食之有余也，通达之达，心存志而达乎青云也！"

"好你个徐达！可谓天下一雄也！"

"英雄不敢，大丈夫可也！"

说罢徐达大笑起来。

朱元璋也大笑起来。

四只大手，紧紧地握在了一起……

徐达从往事的回忆中退回过来，对众人说："凤阳，乃龙兴之地，大明开国之基，而今，神州一统，日后当守江山，一统万年也！"

徐达回到京城魏国公府，朱元璋即刻派人去给徐达治病。那徐达是开国第一员大将，又是朱元璋的儿女亲家，那被派去治病的人哪个敢不尽心尽力？

徐达深受万岁恩泽，自然内心欢愉，精神爽逸，所以他背上的那个疖子也一天轻似一天，疼痛也渐渐减轻。徐达病痛减轻，自然心中高兴，他觉得不久就可以重新再赴关塞，镇守边关了。

然而，想终归是想，病没有好，还只能是躺在床上。闲得无聊，便随手拿一本兵书看看，大将爱看兵书，大概也是一种生活的积习。

朱元璋自从马皇后死了之后，悲痛万分，整日里郁郁寡欢，但还要强打精神，管理国事，虽说诸皇子大都分封出去，只是有作为的却并没有几个，江山是被打下来了，但他的子孙如何才能把江山保下去，是他日夜思考的问题。

朱元璋想，他的儿孙能否驾驭那些功臣？他自己心中也没有把握。这一日晚上，朱元璋躺在龙床之上，心中仍在想着这些事，就在他似睡非睡之时，门被推开了，走进一个人来，这人来到跟前便跪。

"叩见吾皇万岁万岁万万岁！"

"平身！"

“谢万岁！”

朱元璋睁眼一看，见是徐达，又惊又喜，急忙下了龙床，将徐达扶起。

“怎么？是徐爱卿？”

“正是微臣！”

“爱卿不是背上长了疖子么？”

“臣一直很好，并未长什么疖子呀！”

“那就好！那就好！朕就不必挂心了！”

“万岁还要挂心呀！”

“你还让朕挂什么心呢？”

“臣在边关，军饷不济，饿着肚子守关哪！”

“朕马上就派人把军饷给你送去！”

“不行呀！臣饿得受不了了，现在就要吃饭！”

“朕马上就让人给你送吃的来！”

“臣马上就要饿死了！”说话之间徐达便站立不稳，朱元璋急忙上前去扶，谁料脚未站稳，被徐达那么一扑，朱元璋站立不住，二人一块倒在地上，只听得“叭”的一声，把大花瓶也砸倒了，在地上摔了个粉碎！

“哎呀！”

朱元璋一声惊叫，一翻身醒来，原来却是南柯一梦。

虽说是梦，可梦中情景朱元璋都记得清清楚楚。

“徐达从北平回到南京治病，眼见得已将近一月，还未及去看看他，不知如今疖子给治得怎样了。看来，朕是该到魏国公府去看看他了！”朱元璋想到这里，便决定第二天到魏国公府去看望徐达。

徐达戎马一生，现如今老是躺在床上，如何闲得住？这日徐达正在看书，忽听得门外高喊：“万岁驾到！”

听说朱元璋来了，徐达将书放在被下，朱元璋已经进得门来。

“臣叩见皇上！臣不能行君臣大礼，皇上恕罪！”

“爱卿免礼吧！”

“谢万岁！”

“早闻爱卿贵体有疾，朕早就想来看看，只因朝务太忙，迟迟未得如愿。”

“承蒙皇恩浩荡，有圣上垂念，臣已感激不尽！”

徐达起身迎朱元璋时，那兵书便露了出来，朱元璋见徐达还看兵书，心中“咚咚”两下：这时徐达还看兵书干什么？

“爱卿现在还在看兵书？”朱元璋虽然心中不悦，但是表面上却装得不动声色，满脸的笑容，看上去一副和蔼可亲的样子。

“启奏圣上，臣在病床上闲得无聊，这些书多时不看，都尘埃厚厚了，臣便拿来看看，权当消遣。”

“爱卿身为大将，领兵多年，常看看兵书也有好处，常言道开卷有益嘛。”朱元璋心口不一地说。

“多谢万岁！”

“爱卿还有什么需要的，就讲与朕听。”

“启奏万岁，臣蒙受皇恩，一切都好。”

“既是一切都好，朕也就放心了，朕且告辞。”

“恭送皇上！”

朱元璋说是“放心了”，其实这心，非但放不下，反而被提到了嗓子眼。

回宫之后，徐达看的那本兵书，就好似蝴蝶那样在朱元璋眼前飞舞，时而大，时而小，时而远，时而近，时而白，时而红，时而黄，时而蓝，时而绿，直弄得朱元璋眼花缭乱，头昏脑涨。

如今是天下太平，国泰民安，他徐达为什么还要看兵书呢？莫非……莫非心怀异志，图谋造反么？不！不可能！徐达可是我的开国第一功臣呀！我们不还是儿女亲家么？

不可能？什么不可能……那也不一定！自古子杀父，弟杀兄，取而代之的不是也有么？我真怀疑他背上的那个疖子是假的！

徐达若要是起来造反怎么办？他手中握有兵权，我朱元璋只能败在他手下。这样的人就不能留！对！为了大明江山，我朱元璋要大义灭亲！

朱元璋是越想越怕，而且越想越觉得那徐达可疑。

朱元璋耳边似乎又响起了马皇后的忠告。对！不能轻易杀人！徐达也未必就要造我的反，夺我的江山呀！

虽然心中疑惑，但是他也不是很确定，想他朱元璋是不是多疑了？

还是先看看再说吧！

如果徐达真有异志的话，对徐达的仁慈，就是对我大明朱氏江山的残忍！

朱元璋好像看到身披战袍的徐达，带着叛军杀进宫来，那无数的闪着寒光的大刀向自己砍来！

“啊！”

朱元璋只觉得自己的脑袋要炸开了一样……

朱元璋病了，可难坏了太医：全身无肿无胀，不疼不痒，五脏六腑功能正常无异，分明是没病。没有病么？又不像是没有病，厌吃厌喝，精神不振，这就是病的证据。其实，要说朱元璋有病，也真是有病，那就是心病，徐达病中看兵书的这块心病。对于这种心病，太医们又怎么能看得出来呢？

不管是有病还是没病，先在后宫休息两天再说。

也是朱元璋平时过于操劳，所以往床上一倒，还就真的入睡了。

朱元璋睡倒不多时，就有文武百官要求面见万岁，有要事相奏。朱元璋一听百官一齐要奏本，便起身直奔金殿而来。

朱元璋坐在宝座之上，群臣舞拜。

“叩见吾皇万岁万岁万万岁！”

“平身！”

“谢万岁！”

大臣们都依位分文武站两边，朱元璋向下一看，心中奇怪了，这些文武百官有一半都是没有头的，那一半虽然有头，身上也都插着刀带着箭的，浑身是血。朱元璋大吃一惊，忙问：“众爱卿为何这模样？”

“启奏万岁，只因那徐达领兵造反，攻城略地，杀害官兵，扰乱百姓，我等俱是他的刀下之鬼！”

“那你们的头呢？”朱元璋指着无头的大臣问道。

“启奏万岁，我等俱是在战场上被叛将徐达所斩杀的无头之鬼！”无头的官员齐声回奏。

“气杀朕也！气杀朕也！徐达徐达，朕不杀你，难消朕心头之恨！”朱元璋气得从宝座上跳下来。

“众爱卿！快随朕去征讨徐达！”朱元璋大声说。

“启奏万岁，我等皆是徐达的刀下之鬼，不能再跟随万岁出征了！”说罢，都横七竖八地躺在了金殿之上。

见此情景，朱元璋气得暴跳如雷：“徐达，徐达，今日朕与你拼了！”

“俺徐达来也！”

朱元璋话还未完，徐达已经提着剑进得殿来。

“徐达！你这反贼！朕一向待你不薄，你为何要举兵造反？”

“待我不薄？既是待我不薄，为何不让我也当皇帝坐在金銮殿上？”

“自古是天无二日，国无二君，怎可让你也当皇帝？”

“既是天无二日，国无二君，你就下来让我坐上去！”

“好生无理，这大明江山是我打下来的，怎么能让给你？”

“你打下来的？没有我徐达南北转战，你如何当得上皇帝？休要多说，快快让位！”

“好贼子，你且问问这宝剑可答应！”说着朱元璋抽出了天子剑。

“那你就来吧！”

徐达说罢，举剑就砍，朱元璋忙用天子剑架住，他二人就在金殿上一来一往地拼杀起来。直斗到四十回合，朱元璋渐渐剑法慌乱，大气直喘，只有招架之功，没有还手之力。而徐达却越战越勇，一来是徐达比朱元璋年轻四岁，二来整日带兵，武功不减，那朱元璋哪是徐达的对手？只听得“咔嚓”一声，朱元璋的手中宝剑断为两截。

“救命啊！救命啊……”

朱元璋连呼救命，哪有一个人来？

“能救你的人早就死光了，就让我送你上西天吧！”

说罢，徐达就拿着宝剑，对着朱元璋的胸口猛刺过去，朱元璋吃了一惊，一个急转身，躲过了这一剑。

接着，朱元璋一个翻身，从龙床上滚到地下。

“来人啊！来人啊！”

内侍听到叫喊，急忙赶来，只见朱元璋躺在龙床之下，浑身是汗，急忙把朱元璋扶到龙床上。

“万岁，这是为何？”贴身内侍问。

“朕做了一个噩梦！朕做了一个噩梦！”朱元璋连连说道。

“梦乃日间所思而至，万岁请静心歇息。”

梦醒之后，朱元璋再也没有睡着觉，他把梦中的事又回想了一遍，不由得又想起了徐达这一块心病，看来徐达这人是留他不得了，但又如何处置呢？

徐达可是开国第一员大将，第一大忠臣、大功臣啊！朱元璋不愿意让自己背上一个枉杀忠臣的黑锅。

没有过不去的河，没有翻不过去的山，朱元璋毕竟是开国皇帝、九五之尊，凭着他的才智和权术，终于解开了这一道难解的题。

徐达在病床上又躺了一个月，他觉得背只是略微还有一点疼痛，身体运转也都很自如了，便高兴地对夫人谢氏说：“我的病就要好了！我的身体就要康复了！我们马上就要再回边关了！”

谢氏说道：“你看你高兴得就像是一个孩子。”

“人逢喜事精神爽嘛！”

就在这时，宫中的两个太监来到了魏国公府，一个太监传达了朱元璋的口谕。

“皇上说魏国公身体有疾，需补补身体，特叫御厨给魏国公做了一盘蒸鹅，味道甚美，就请魏国公将这蒸鹅吃下！”说话时，另一太监已将蒸鹅呈上。

看见蒸鹅，徐达愣了一下，但他很快明白了，万岁这是在要他的命哪！

徐达心中清楚地知道：他这背上的疖子，本是不治之症，吃鹅肉之后，必然重犯，必死无疑！但是徐达不明白的是万岁为什么要他吃鹅呢？君叫臣死，臣不能不死，不死谓之不忠。徐达是一个大忠臣！他说了一句“谢主隆恩”，便眼中

含泪，一口一口地把鹅肉吞下去，直到吞完为止……

徐达吞完了鹅肉，两个太监说道："魏国公，奴才告辞！"

徐达说道："请两位公公转告万岁，就说臣已把鹅肉全部吃完，恕不远送！"

两位太监走后，谢氏抱着徐达，哭道："老爷，这是为何呀？"

"夫人休要啼哭，人生在世，早晚都有一死，我徐达能作为一个忠臣而死，吾知足也！"徐达说道。

"你人都不在了，还要这'忠臣'有啥用哟！这'忠臣'还不如一刀草纸！"

"夫人休要再说气话，忠臣就要忠君，不忠君，何以为忠臣？我们今世不能白头偕老，来世我们再做夫妻，我不再当官，就当老百姓，到那时我夫妻再白头偕老，不也很好么？"徐达说罢，也不由得掉下泪来。

此时的徐达，已经失去了往日的雄威。

他躺在病床上，四肢已经有些僵直，依照祖祖辈辈留下来的规矩，他穿上了寿衣，这是他在人世间最后一次穿新衣，他的嘴已经不能说话，他的眼珠儿还能以最缓慢的速度来回移动，他的心脏还在跳动，他的思维似乎也还继续进行着……

他好像又回到了古濠州，在那里，有着他童年的足迹，有着他祖祖辈辈留下来的一座座坟墓……

他又回到了朱元璋曾经招兵的村头。

"兄弟此来是……"

"投奔红巾军！"

……

"你叫什么名字呀？"

"姓徐名达，双人余之徐，冀天下男女之人食之有余也，通达之达，心存志而达乎青云也！"

"好你个徐达，可谓天下一雄也！"

"英雄不敢，大丈夫可也！"

……

这是什么地方？

这是龙湾么？

噢，记起来了，当年陈友谅不是在此大败的么？

徐达的灵魂此时就在康郎山上，眼见陈友谅全军覆没，徐达振臂一呼，策马抡刀，飞奔着、呐喊着冲向溃逃的敌人……

不用说，这个地方我记得，这是当年北伐中原的一个战场，就是在这里，当年徐达这个耍枪弄棒的勇士，却又舞文弄墨起来，在萧县的城墙上，留下了他用刀剑书写的诗：

大风起兮尘埃扬，千军万马兮战萧乡。
摧枯拉朽兮扫胡尘，江山一统兮明月光。

徐达的嘴似乎在动，大概是在吟这首诗吧！

此时的徐达，似乎心里在喊："我是狗么……"

"不，我是忠臣！"

"我是忠臣！"

"忠臣都是要死的！你明白么？岳飞是忠臣，岳飞就是要死的……"

"岳飞是忠臣！"

"岳飞是要死的，我徐达也是忠臣，我徐达也是要死的！"

这人生的哲理，徐达似乎懂了。

于是，他的心脏，终于停止了跳动。

洪武二十三年（1390年）三月初二这一天，天气晴朗，从北平城内，走出一支浩浩荡荡的大军，只见戈矛如林，旌旗蔽日，一杆"燕"字大旗前头开路。大旗之下，燕王朱棣端坐在枣红马上，威风凛凛，英姿飒爽，左边是张玉，右边是陈文，再后边是征虏前将军颍国公傅友德、左副将军南雄侯赵庸、右副将军怀远侯曹兴。再后是两位僧装打扮的人，一个是道衍，一个是袁珙，各自骑在马上。

这支大军在干燥的黄土路上扬起了滚滚尘埃。

自从蒙古势力退出北平之后，他们的残余势力对明王朝北方边境仍然是一个严重的威胁，明王朝虽然曾六次组织兵马征讨漠北，给其以很大的打击，但并没有从根本上消灭蒙古势力。由于徐达于洪武十八年故去，军务大事均由冯胜主持，冯胜曾于洪武二十年征讨北元纳哈出。为了彻底解决北方边防问题，朱元璋又命燕王北伐，征讨乃尔不花。

接到朱元璋让燕王征讨乃尔不花的命令后，道衍对燕王朱棣说道："这次征讨，正是殿下显露锋芒的时候，如果与晋王合兵，则优劣不分，泾渭不明。我们当与晋王分兵而进，也好分出个上下高低。"

燕王点点头，说道："如此甚好！"于是便和晋王朱商议，分左右两路进军迤都山。

燕王朱棣率军从北平出发，大军经顺义、密云出古北口，直指塞外。

那古北口在北平东北，是通往塞外的重要关口，历来是兵家必争之地。它地

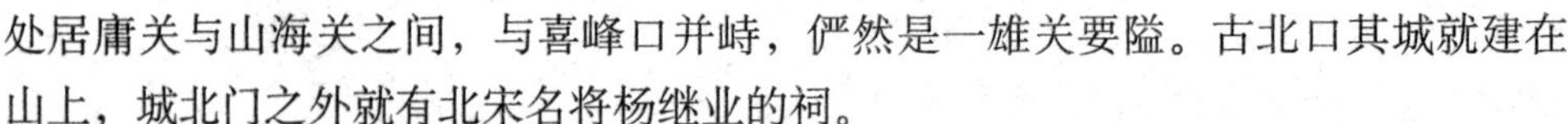

处居庸关与山海关之间，与喜峰口并峙，俨然是一雄关要隘。古北口其城就建在山上，城北门之外就有北宋名将杨继业的祠。

燕王朱棣率大军行进在古北口的万山丛中，朔风煦日，古道雄关，多少忠臣英烈在这里浴血奋战，多少英雄豪杰在这里留下了刀光剑影！这一切，又怎么不使年轻气壮的燕王朱棣激情满怀？

燕王站在古北口的城楼之上，放眼一望，千山尽收眼底，天际处云海茫茫、风烟渺渺，眼底是雄关漫道、战马嘶鸣。燕王朱棣豪情满怀，不禁吟道：

云海茫茫胡天阔，雄关漫道战马鸣。
千军万马讨元去，不奏凯歌不返营。

燕王吟诗之后，对众将说："我等奉旨出兵沙漠，清扫胡虏，可他们居无城堡，行无定址，为我们讨伐带来困难，所以千里行军，必有耳目，没有耳目打探敌人住处，想打胜讨胡这一仗，是不可能的！"

"大王所言有理。"道衍说道。

"如此，我便找几个人去打探情报去！"讨虏前将军颍国公傅友德说道。

"既如此，大军就待探明情况后再继续行军！"

发兵之初。燕王与晋王约好，兵分两路，左右两路征讨，使敌人彼此不得相顾，利于征伐，朱元璋也觉得有理，而且也可以测试一下这两个皇子的才能，于是也就同意了兵分两路的方法，并且约定，左右两路在迤都山相会。

在燕王从北平发兵的同时，晋王朱棡也从太原发兵，也是浩浩荡荡直奔迤都山而来。

乃尔不花乃是故元丞相咬住的一名太尉，有智有勇。当年他见元朝大势已去，便北逃迤都山，招兵买马，独占一方。而他与丞相咬住却是关系不睦，只是例行公事地往来。

晋王朱棡率齐王朱榑为左路，一路马不停蹄，不觉来到牙儿寨。这牙儿寨也是一个小军事重地。守将是也都、也雷二人。这也都、也雷本是亲兄弟，勇敢善射，有勇有谋，因此深受乃尔不花器重。

也都、也雷见晋王和齐王率兵讨伐，二人便商议破敌之法。

也都道："而今明军远师伐我，我二人何不趁明军人马困乏，乘其安营未稳之机，杀他个落花流水？"

也雷道："好主意，哥哥所言不差，我们今日就以铁骑踏平敌营！"

也都、也雷议定之后，当日便吹起号角，集合五千骑兵，向明军营寨袭来。

晋王与齐王以王师伐逆的姿态来到牙儿寨后，便安营扎寨，并未将牙儿寨的元兵看在眼里，再加上一路的疲乏，并未考虑战事，只在帐中与带来的美女饮酒作乐。

“这次征战，本是父皇亲命，我等不可小视！”

“吾弟放心，此次出征，我二人一定要立个大功劳给父皇看看！”

“好好！这一切都全看皇兄的了！”

“这个，你就放心吧！来来喝酒！”

“美姬，来来斟酒！给皇兄满上，皇兄，请！”

“请！”

晋王与齐王正在帐中饮酒，全然不知元军已逼近营寨。

也都、也雷领五千骑兵来到明军营寨，见明军毫无准备，也都、也雷一声令下，那箭便如雨点一般射向明军营寨。

一阵猛射之后，骑兵便冲进营寨，任意冲杀。

明军因毫无准备，所以有不少人还未拿起兵器，人头已被元军飞刀砍下。有的人虽刀枪在手，却被元军这阵势吓坏了，呆若木鸡，也有不少人仓促应战，只是那元军人马皆穿甲衣，并不怕明军刀箭，个个如入无人之境，来回冲杀，只杀得横尸遍野，然后离去。

晋王、齐王急忙查点人数，可叹晋、齐两王之八万大军此时已是死伤万人。

晋王怪众将杀敌不力，下令杀了几个将领，他自己也有惧怕之心，不敢再战，便安营扎寨，休整军队。

过了五日，晋王又与齐王商量道：“我等在父皇面前与燕王相约会师迤都山，如今初战即失利，如何是好？”

“胜败乃兵家之常事，不足为虑，后来之事，就全仗皇兄运筹了！”

“皇弟年轻有为，正当建功立业之时，何不领兵再战，争立大功？”

“小弟才疏志庸，此生无所作为，还是皇兄再立新功吧！”

晋王无奈，只得拔寨起兵，去攻也都、也雷的大本营。

到了元兵营前，晋王不敢亲冒矢石阵前冲杀，只是在阵后督战，让将士前冲。主帅不前，将士哪个又肯冲前卖命？

尽管是擂鼓震天，杀声如潮，冲了几次，均无成效。

那也都、也雷见明军气势如此，便发骑兵来冲杀，这一阵冲杀，明军又死伤数千兵马。

眼见得两次交战，折兵近两万，晋王再也不敢出击，只得在军中以歌舞伴酒，消磨时日，不敢有任何举动。

燕王在古北口驻兵七日，派出去的探马纷纷回报，说乃尔不花领兵在迤都山驻扎。燕王便率领大军，直奔迤都山而来。

大军来到迤都山，扎下营寨。道衍即刻四下派出探马。很快，探马纷纷归来回报消息，道衍与袁珙二人在一起合计，安排军中事宜。

也都、也雷把晋王、齐王营寨打个落花流水，便急忙到乃尔不花那里去报功。乃尔不花心中想道："明军远途而来，也不过如此，看来还须先发制人。"于是派朵颜铁木尔率骑兵八千去攻燕军营寨。

这朵颜铁木尔乃是乃尔不花的一个都统。也是蒙古有名的战将，能征善战，他统领的骑兵也是身强力壮，打起仗来一往无前、从无敌手。

朵颜铁木尔率兵来到燕军营寨，从四面冲入大营，进得营寨，却是一个空营。朵颜铁木尔知道中计，便马上改变战略，下令将部队合为一处，然后向外撤退。

朵颜铁木尔领兵撤到一个山谷，见前面有许多砍倒的树木拦住去路。朵颜铁木尔便下令道："速速将树木拖走，快速冲出这山谷！"此时，朵颜铁木尔心中不免有些惧怕，因为袭营扑空，已知道了燕军的不凡，现在见两边高山，前有倒树拦道，便知此处不妙，必定是凶多吉少，于是下令让部队快速撤离山谷。

忽听得一声炮响，一时间两边山上滚木、礌石铺天盖地滚落下来，一时间元军死伤无数。

接着就听得两边山上燕军齐声高喊："快投降吧！不投降，这里就是你们的葬身之地！"

滚木、礌石一个劲地往下落，朵颜铁木尔只得留下遍地尸体，大败而逃。

燕军获胜，煮马肉，喝烧酒，庆祝出征第一功。

这一切还当归功于道衍。原来道衍听探马回报，说乃尔不花偷袭晋王营寨大胜，就料想乃尔不花必然还会来偷袭燕军营寨，于是就和袁珙定下了这空营之计。又派人察看好了元军退兵的必经之路，于是又设下了连环之计，在两边山上设置滚木、礌石，埋兵设伏，使朵颜铁木尔两次中计。

朵颜铁木尔逃回本营，向乃尔不花说道："燕军帐中必有高人，使我两番中计，非晋、齐明军可比！"

乃尔不花叹了一口气，说道："这燕军才真正是一块难啃的骨头呀！"

丞相咬住也道："对燕军不可小看！"

燕王与众将喝罢了庆功酒，休整一天，便计议要攻打敌营。

道衍说道："殿下不可操之过急，兵法上不是说'知己知彼，百战不殆'么？仓促出兵，如若不胜，岂不前功尽弃？"

袁珙也说道："我等还须察看地形，了解敌情之后，方可行动！"

"两位先生所言有理，必须如此！"傅友德也说。

燕王见众人都这样说，便道："如此，就依先生之意，这仗只能取胜，不能战败！”

于是，燕王朱棣便带领众人去察看地形。

只见敌寨扎在一个小山之前，右面是一片沙漠，营寨周围树木疏少，只有左边的河边树木茂盛。他们又绕敌军营寨环行一周，然后回营。

回到营寨中，探马来回报说：“营寨之中三个铁骑队共一万五千多人，守将是达里麻，此人是咬住的内弟，十分狡诈！”

听完了探马的回报，又察看了地形，大家都心中有数了，于是就坐下来商讨破敌计划。

道衍道：“我看那敌寨地处沙漠，又是在山丘之上，必然缺水，根据地形来看，营寨四周树木疏少，只有左边河道两边树木茂盛，可见营寨之内不会有水井，人马饮水必定依赖那条小河，只要我们切断水源，元军不战自败！”

“此计甚好，那我们就派兵堵塞河道！”张玉说道。

“那达里麻恐怕也会想到我们会断绝他们水源的。”

燕王道：“他们也无非是派兵把守，我们将把守上游的蒙古兵消灭，定可填平河道。”

“殿下不知，这山上的河道不比平原上的河道，中间拦坝，上游之上仍会奔流而下，拦坝是不行的。”

“我倒有一个主意，我们把上游的水弄脏，使其不能饮用，不就行了么？”

“好主意，那我就领兵去破坏上游水源！”陈文说道。

“不行！我们还要对付蒙古骑兵的巡逻，如果我们能把他们的骑兵封闭在兵营之内，他们就无法保护水源了。”

道衍道：“这个好办，常言道马腾不怕万里，就怕蒺藜一寸。所谓‘蒺藜’是四面都呈三角形的铁块，不论你如何放置，总有一个铁刺直向上竖着。马踏上去，就会刺进马蹄之内，寸步难行，只要我们把这蒺藜撒在河道两边，他们就无法去保护水源！”

燕王朱棣下令，让道衍画出样来，让军士按图打造。

两天之后，燕军把铁蒺藜撒满河道，元军骑兵果然无法巡逻、守护水源。

陈文带领一千军士，在上游把粪便、草灰及一些死猪死牛之类放进河里，不日之间，河中臭气熏天，无法饮用。

达里麻在帐中正在研究对付燕军之战策，司务官前来禀报：“报告都统，明军已破坏了水源，人马无法饮用！”

“急什么？我料到明军会断我水源，饮用道中的水！”

“报告都统，暗道的水也臭不可闻，无法饮用！”

听司务官这么一说，达里麻才认识到问题的严重性，急忙去河边察看，发现

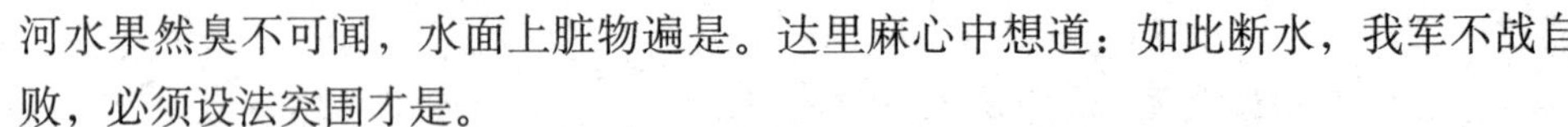

河水果然臭不可闻，水面上脏物遍是。达里麻心中想道：如此断水，我军不战自败，必须设法突围才是。

达里麻命精壮军士在前开路，老弱之兵随后而行。

达里麻军一出营寨，便有明军堵截，他们又不敢恋战，只好再从别处突围。达里麻带兵来到营寨正面，见无人阻截，便急令将士突围。他们脚踏沙漠，一口气跑出十里之外，见无明军追赶，便慢速而行。

正行走之间，忽见道旁有一泓清水。这战马几天没喝水，如今见了清水，哪里还驱赶得动？将士们也都跳下马来，尽情地喝个够！就是达里麻，也是干渴难忍，也不禁跳下马来，与将士一起喝了个痛快。达里麻仰天而言道：“天不灭我也！”

达里麻话音刚落，就听得小丘之后一声炮响，明军从四面拥了上来。

达里麻急忙下令：“还不上马迎敌！等待何时！”

众将闻令，立刻翻身上马，还未容驱马迎敌，便一个个摇摇晃晃地落下马来，就是达里麻本人，也是头重脚轻，动弹不得。

道衍道：“达里麻将军，你们全都中毒了！快命令将士们投降，才有一条生路，数千名将士的生命就在将军你的一念之间，你快作决断吧！”

一则是达里麻事处无奈，二则是眼见明军谋略处处高出一着，心中由衷佩服，便说道：“你们真不杀我的铁骑队么？”

“我们若要杀你们，早就动手了，我大明军乃正义之师，从不滥杀无辜，只要你们愿意归降，绝不杀害你们！”

“如果真如此，我等情愿归降！”

“我们对达里麻将军还另有别用，怎么会杀你！”

“既如此，我愿归降，请赐解药。”

燕王命燕军将士遍赐解药。众军士服过解药之后，纷纷下跪，感谢不杀之恩。

燕王道：“本王奉命北征，目的是安定边疆，不在杀伐，只要尔等投降，不与我大明为敌就可，我愿与尔等相安共处，如今尔等去留自便！”

蒙古将士听了燕王之言，便放下兵器，各自四散而去。

达里麻见将士各自走散，便道：“不知你们如何处置我？”

燕王道：“闻知元丞相咬住是大将军姐夫，请将军劝你姐夫归降，他若愿意归降，本王绝不加罪于他，不知将军意下如何？”

“诚蒙燕王信赖，末将愿意从命，只怕姐夫他……”

“你姐夫乃蒙古之大智者，本王想，他会审时度势，前来归降的！”

“既如此，末将愿前往姐姐家劝降！”

“那明日便派一人与你同往。”

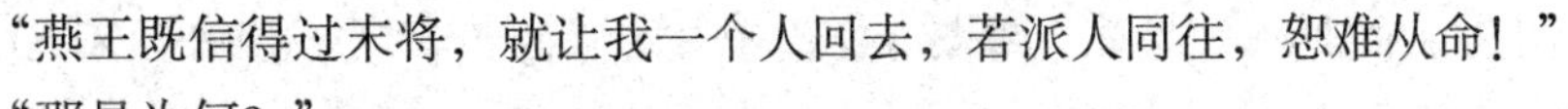

“燕王既信得过末将，就让我一个人回去，若派人同往，恕难从命！”

“那是为何？”

“王爷若让我独自回去，我可进其私宅，若派人同往，必然是显山显水，那乃尔不花若知我降明，必然加害于我不说，对姐夫咬住也不利。”

“将军所言有理，就依将军！”

“好，如此一言为定，末将七日后自然返回！”达里麻说罢而去。

达里麻走后，有人怀疑达里麻会不会内中含诈。

燕王道：“用人不疑，疑人不用，乃王者之道也。本王既放他走，就相信他不会负本王。”

众人道：“大王言之有理！”

到了第七日，达里麻果然回来了，并带来了咬住的一封亲笔信。

燕王接过书信，只见上面写道：

燕王殿下：

近闻殿下亲率天兵，北伐荒漠，威震于天下，如春雷之贯耳，怎奈我塞外番邦，不闻义礼，犯于天威，其罪非浅。更为甚者，内弟达里麻，不谙世事，斗胆与天师相抗衡，自当是以卵击石，自取其羞，幸蒙燕王大德，不伤其命，而得生还，此犹再生之父母也。

达里麻为吾传递尊意，广播仁义，使咬某茅塞顿开，深得大义，迷雾之中得见青天，可谓迷途知返，回头是岸。殿下拳拳之意，咬某岂敢不从命乎！只是拙荆犬子，具在也都、也雷之军寨中，是为乃尔不花之所辖，故若今而投明，必累及妻子，贵军若能击破也都、也雷部，占有牙儿寨，救出拙荆犬子，咬某当即弃暗投明，还请明察咬某之心。此事守密而不可泄，切切！切切！

咬住顿首

燕王朱棣读罢咬住的书信，心中甚喜，但又转而一想，我若攻打牙儿寨，不是替晋王立功了么？

道衍已看出燕王之意，便道：“大丈夫为事，当着眼于大局，岂可以小事而乱大局乎？且晋王怯懦，就是帮他打下牙儿寨，他也不会走在我们前面！”

燕王听了道衍的话，便不再犹豫，于是派征虏前将军傅友德带三万精兵，前去协助晋王攻打牙儿寨。自己则去攻打察尔台。

这察尔台，有三个铁骑队防守，守将是阿尔良。这阿尔良也是声震蒙古的一员猛将，副将是乃克脱。这正副两员将合在一起，可以说是有勇有谋，可谓攻无不克，战无不胜。而这两个人之间却有些不和。只因那阿尔良勇武有余，谋略

不足，而乃克脱则要勇有勇，要谋有谋，不甘于在阿尔良之下。就是这一点小矛盾，却帮了燕王的大忙。

达里麻对燕王说道："那副将乃克脱是我的朋友，我去信劝降，他必定服从，我约他里应外合，察尔台必定攻克！"

燕王闻言大喜，于是说道："如此，就请将军快写书信！"

燕王与达里麻又商量好了作战方略，各自布置好之后，达里麻即取出纸笔，给乃克脱写信。不一时，书信写成，递给燕王过目，燕王取出书信看时，只见达里麻在纸上写道：

乃克脱将军台鉴：

将军别来无恙，挚友达里麻致以问候。吾与汝交友以来，十数年情同手足，无异于一母亲生，可谓肝胆相照也，故而有一肺腑之言不得不相告也！

此次燕王率军远征塞北，非为杀伐，实为安边也。夫蒙汉两族，唇齿相连，自古犹兄弟也。而今明皇入主中原，亦奉天而行其道也。北征之师，可谓义师也。趋时而动，顺潮而兴，择明主而事之，审时度势，亦大丈夫所为也，今吾与丞相皆归降于大明矣。吾视汝如心腹，亦知吾所言之，汝必从之，故而直言不讳，时间紧迫，不得详言，惟冀汝能弃暗投明作大义举耳！汝当与吾里应外合，方足成大事。请切记，三炮响后，吾正面攻，与阿尔良交战，汝可由内而出攻击后矣，如此，事足成矣！尔亦大功建矣！切切勿误！

达里麻揖拜

达里麻写好书信，派人密交乃克脱。乃克脱果然愿降，当即带回书信一封，达里麻并未拆读，而是交给了燕王，燕王展开书信，只见上面写道：

达里麻将军台鉴：

将军别来无恙！惠书拆阅，所言皆金玉之言也。末将受益匪浅，细阅将军之言，当胜读十年书矣。吾与汝生死之交也，所赐之教吾岂有不从之理？一切当依计而行之也，贵军攻城之时，当鸣炮三声，吾自内应，切切勿误！

乃克脱揖拜

燕王读罢书信，心中甚喜，遂与道衍、袁珙等人议定，命达里麻为先锋，张玉、丘福为左右翼，燕王朱棣自统中军，各自依计而行。

第二日，明军抵达察尔台，三声炮响，达里麻一马当先，冲将上去，寨门大开，守将阿尔良披挂整齐，来到阵前，达里麻并不答话，拍马上前。阿尔良使一把大刀，达里麻舞一杆长枪，他二人一来一往，刀砍枪迎，枪刺刀架，只打得难解难分。就在此时，乃克脱手持一杆长枪，也杀上阵来，对着阿尔良后心便刺。

阿尔良正与达里麻交战，忽觉得耳后生风，将身一偏就躲过了乃克脱的这一枪，回头看时，见是乃克脱向他刺来，知道大事不好。

这阿尔良尽管勇武异常，常言道"双拳难敌四手"，乃克脱与达里麻这两杆枪前后夹攻，阿尔良前后不能相顾，只得虚砍一刀，抽身跳出阵外，单枪匹马逃命去了。

燕军又是一阵掩杀，一举攻下察尔台。

就在此时，又传来喜讯，傅友德配合晋王、齐王，一举攻下牙儿寨，救出了咬住的家小。

傅友德带着咬住的家小来见燕王，燕王大喜，奖励了傅友德，并让达里麻带着姐姐去见咬住。咬住全家人团聚，对燕王感激万分，第二天，咬住便来投奔燕王。

第二天卯时，咬住来到了燕军大营，燕王让将士列队相迎，鼓乐喧天，燕王朱棣亲自相迎。那咬住跪地道："罪人咬住叩见燕王殿下！"

燕王急忙将咬住扶起，道："将军请起！"

燕王携咬住共同进了大营，分宾主坐下。

咬住又再次跪拜道："我等身居番邦，不谙礼义，多有冒犯燕王殿下之处，还请恕罪！"

"将军不必过于自责！过去蒙汉争斗，那是过去之事，过往之事就不必追究，而今将军归顺，我们就是一家人了，一家人就无需再分彼此！"

"多谢燕王殿下不责之恩！"

"本王此次奉旨北征，不在杀伐，而在安宁边关。我大明入主中原，乃奉天行事，不事攻伐，愿与各番邦安宁共处。我汉蒙两族，世代皆如兄弟，兄弟当争斗时少，共处时久也！"

"燕王殿下所言甚是，我等蒙汉两族当永世安居共处！"

当下燕王与咬住倾心长谈，至晚方散。

自从咬住归降之后，燕王正待要计划对乃尔不花用兵，不料老天竟下起一场大雪来。只见那飘飘扬扬的大雪借着强劲的西北风，铺天盖地而来，天昏昏，地沉沉，那雪下得已经不是雪花片儿，而是大团大团的雪团儿，那雪团儿小的如梨花，大的就像盛开的小棉花桃儿，一团团、一蛋蛋地往下落。

那雪团儿在西北风的带动下，直扑向地面，砸在地上，砸在树枝上，砸在屋顶上，打在人的脸上，天上的飞鸟没有了，地上的野兽绝迹了。

头天上午，偶尔见几个人在营寨前晃动，但这没有瞒过燕王朱棣和道衍的

眼睛，燕王和道衍耳语了几句，就下达了一个命令：“把破旧的军衣脱下来，都装上草，派一百个士兵，把装满草的衣服抬到营帐外面，并让军营的兵士轮番地装哭，哭声越大越好，越哀越好！”一时间，整个营寨哭声震天，兵营前的“死人”也越来越多，不少将领都不知燕王要干什么，只有道衍心中清楚，燕王这是在演戏给乃尔不花的探马看。

那乃尔不花虽然知道燕军不好对付，并未和燕军直接交战，但他知道，交战的这一天说不定什么时候就要到来，所以他每天都要派探马去侦察敌情。

这大雪才刚下了半天，探马就回来报告道：“燕军营内哭声震天，营寨前抬出了不少冻死的士兵！”

乃尔不花心中高兴，他自语道：“燕军乃南方之人，如何受得了这等严寒，这也是天助我也！”于是心中盘算着，如何利用这大雪天去偷袭燕军大营。

其实，乃尔不花的判断失误了，因为探马窥探燕军大营，只能远看，不能近看，再加上飞雪弥漫，探马们又如何分辨出“死人”的真假？乃尔不花只想到燕军不会有军事行动，因此也就认定偷袭燕军大营必然会成功。

不料这雪下得越来越大，地上的积雪越来越厚，这雪紧一阵慢一阵、大一阵小一阵地下着，就这样，又下了一天半。直到第二天的下午，燕王突然下令：“准备好火把，夜里偷袭乃尔不花大营！”不少将士都认为燕王是在开玩笑，但他们又分明知道，燕王此时绝不会开玩笑！军令如山，将士们只知道他们现在就要执行燕王的命令。但他们不知道，他们此时是在执行燕王的第二号命令，燕王的第一号命令早在两个时辰之前就被执行了，而且执行燕王第一号命令的只有一个人，这个人就是观童。

观童，原为蒙古将领，与乃尔不花是老朋友，而且关系颇好。于是燕王就利用这一关系，让观童先行，入寨劝降，并约好，一旦观童进入乃尔不花营寨，明军就包围乃尔不花营寨，以三声炮响为号，若元军不出来与明军交战，便是劝降成功。

观童来到乃尔不花营前，对门军说道：“我与乃尔不花是生死之交，快带我去见他！”

“先容我等通报！”

“这么冷的天，等你通报好，我就冻死了，不用通报，有我在，他乃尔不花不会怪罪于你！”

那门军见观童这般说话，也就把他带进乃尔不花的大帐。

“乃尔不花！”

乃尔不花见有人直呼他的名字，不禁抬头去看，一来天色昏暗，二来观童身披大雪，一时也不易认出，三是他二人已是多年未见，所以乃尔不花一时认不出来。

“乃尔不花！”

“你是……”

“我是观童啊！”

“观童！好兄弟呀！”

乃尔不花抱住观童便哭，观童也大放悲声。乃尔不花与观童哭了一阵，方才停下来。

“观童兄弟，不是说你阵亡了么？你还活着？”

“我还活着！”

“这是真的么？”

“这是真的！”

“我的观童兄弟还活着呀！”乃尔不花说罢又把观童抱住。

“快备酒席，我要与观童兄弟痛饮几杯！”

不一时，酒菜端上来，二人边饮边谈。

“观童兄弟，你这些年都到哪里去了？”

“唉！”观童叹了一口气，又说道：“提起来，可也一言难尽。大哥你该记得，十年前，咱们在山东济南打了一仗，那一仗，咱元军可是全军覆没，我当时也身受重伤，趴在地上行动不得，几个轻伤的兵卒便把我丢在地里走了。我想，东征西战，想不到这里竟是我的葬身之地。时辰不大，明军来打扫战场，见我还活着，就把我抬了回去。”

“他们没杀你？”

“他们要杀了我，我还能来见你么？后来我养好伤，他们就对我说，如今大明朝已开国，元朝已灭亡了，你现在归顺明朝，我们欢迎，不归顺，你自回蒙古也行，你自己看着办。我当时想，江山易主，国破家亡，已是没有国没有家，人家又救我不死，当感恩图报，我就留在了军中。”

乃尔不花沉默了一会儿，说：“看来你我是敌对之人了。”

“不不！我们永远是好兄弟，你不也是与我一样无国无家么！”

“唉！国兮家兮，何处是国，何处是家？”乃尔不花感慨万端地说道。

“国亦有，家亦有，只不过是江山易主罢了！”观童说道。

“这是何意？”

“过去我们是大元的子民，现在是大明的子民，你我虽身在异军，实为一国之民，永为好兄弟也！”

“兄弟，大明对你有救命之恩，你归降，为兄也不拦挡。我乃尔不花还是生为大元人，死为大元鬼！”

“大哥，大元早已不在了，你还何处为人何处为鬼？”

“这个……唉！”乃尔不花痛苦地摇了摇头。

“嗵！嗵！嗵！”三声炮响，只震得帐篷上的雪纷纷落下。

乃尔不花叫道：“大事不好！”

“报都尉！明军已经包围了大营！”门军报道。

乃尔不花听过回报便急急外走，被观童一把拉住。

观童道：“大哥哪里去？现在就是让你身生双翅，也飞不出去！你且坐下，听兄弟一句话！”

“有什么话快说！”

“大哥，我实话给你说了吧！丞相咬住、大将军达里麻，他们现在都在燕军大营之中，他们都归降了，燕王也知道大哥是一条血性男儿，他相信你会审时度势，顺应天意民心，做出明智之举。也是燕王仁慈，不忍再让这里的将士再受刀兵之苦，特让我来劝你、救你。燕王还说，双方相持之时，各为其主，拼杀也还值得，今大局已定，你无回天之力，再相拼还有何益？望大哥再三思之！”

“明军若果真不杀我将士，乃尔不花情愿归降！”

“大哥怎么聪明一世，糊涂一时？燕军已包围营寨两个时辰，你尚且全然不知，在你毫无防范的情况下，岂有不败之理？燕军如若要杀你等将士，何须派我来见你？真要动手，一个时辰之前也就杀个差不多了，何须等到现在？”

“既是如此，我乃尔不花诚心归降！”说罢，乃尔不花拿起一支箭，一折两断，起誓道：“我乃尔不花如有异心，将如此箭！”

“既如此，就请大哥下令，令将士勿动，燕军自然收兵回营！”观童道。

“来人！”

“有！”

“传下令去，所有将士任何人不得出战，一律就地待命，违令者斩！”

第二日，雪过天晴，艳阳高照，乃尔不花将所有将士集合。乃尔不花朗声说道：“大元已灭，江山易主，此乃上天之意，草民无可违天。明军有仁慈之心，昨日围而不杀，使吾将士免受刀兵之苦。吾乃尔不花奉承天意，归降明主，愿随者随，不随者放下兵器，各自回家，各随其便！”

众将士见都尉归降，纷纷言道：“愿随都尉归降！”

于是乃尔不花与观童在前头携手并进，一支归降的队伍浩浩荡荡地向燕军大营走来。

【第四回】

仁孝太子惊梦殒命，勇猛燕王平寇建功

燕王朱棣在道衍、袁珙诸人的辅佐之下，兵不血刃，使咬住和乃尔不花归降，在军营，燕王设宴款待咬住和乃尔不花，好言宽慰，以礼相待。

燕王说道："二位将军，本王奉命北征，盖为安定边陲，使边民安生也。幸得两位将军深明大义，率众归降，使本王兵不血刃，边民免受刀兵之苦。二位将军功劳大焉，本王将回禀父皇，必然嘉奖。本王回兵之后，二位将军还望各守其土，共安生民，切切勿负我意也！"

咬住与乃尔不花一齐说道："我等蒙燕王宽大为怀，不责冒犯之罪，如再生之父母，自当感恩不尽也，燕王之命岂有不遵之理哉！敬请燕王放心，我等定然谨遵教谕、忠心不二！"

言罢，双方又举杯共饮，情同手足一般。第二日，燕王整治兵马，与咬住、乃尔不花相揖而别。三声号炮响过，这千军万马的队伍旌旗招展，鼓乐喧天，浩浩荡荡往北平而来。

燕王凯旋的消息传到京都，整个南京城沸腾了，到处是喜庆的锣鼓，到处是欢笑的人群，到处是嘹亮的歌声……

明军北征凯旋，朱元璋自然心中高兴。这一日，朱元璋坐在宝座之上，面带笑容，精神饱满，接受朝贺。

"叩见吾皇万岁万岁万万岁！"

"众爱卿平身！"

"谢万岁！"

"我大明出师北征，胜利而归，朕心大悦，众爱卿可敞开心扉，各奏其事！"

"谢万岁！"

"臣有本奏！"李善长出班奏道。

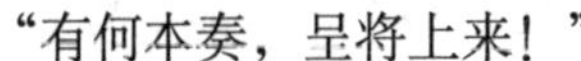

“有何本奏，呈将上来！”

李善长道：“我朝此次北征，安定边关，胡夷臣服。燕王兵不血刃，大树国威，功莫大焉，吾皇理当嘉奖！”

朱元璋道：“爱卿所言甚是，此次北征，燕王功高，朕自有处置。”

“启奏万岁，现有各省地方官员，进献贺表。”

“启奏万岁，现有朝鲜国王派使臣来进献贺表。”

“先由礼部于驿馆接待，朕择日另行接见。”

“启奏万岁，现有燕王、晋王、齐王殿外候旨！”

“好！宣燕王、晋王、齐王进殿！”

“宣燕王、晋王、齐王进殿——”

燕王、晋王、齐王闻宣，急忙进得奉天殿来。

“儿臣叩见父皇万岁万岁万万岁！”

“平身！”

“谢父皇！”

“尔等北征凯旋，可喜可贺！”

“儿臣此番取胜，全赖神明保佑，祖德庇护，父皇教诲！”燕王朱棣说道。

晋王、齐王此时急忙下跪：“儿臣北征，未达迤都山，无功而回，无地自容！”

朱元璋道：“尔等虽无大功，自有劳苦，尔等亦不必自责，没什么大不了的，为国立功，来日方长！”

“多谢父皇不责之恩！”

“启奏万岁，降将咬住、乃尔不花奉旨见驾，现在殿外候旨！”

“宣咬住、乃尔不花进殿！”

咬住、乃尔不花闻宣，急忙进殿。咬住、乃尔不花进殿，便跪拜、山呼万岁。

“降将咬住、乃尔不花叩见吾皇万岁万岁万万岁！”

“平身！”

“谢万岁！降将咬住、乃尔不花身居夷邦，不谙礼义，不识天威，过去屡有冒犯，还请吾皇恕罪！”

“尔等既已归降，就是我大明子民，朕定会善待尔等，望尔等听命于燕王，统领军马，安定北疆！勿负朕意！”

“臣定将不负皇恩，忠心不二，为国效力！臣等将献上故元所颁的银印四枚、金牌三面、银牌八百、铁牌五面和故元所给的宣命二十八道，以表臣等忠心！”

朱元璋让人收下之后，心中甚喜，便对此二人嘉奖。

传旨官朗声说道：“万岁口谕：咬住、乃尔不花等将士深明大义，诚心归降，使边疆安宁，自有功劳，理当奖赏，现命乃尔不花为留守中卫指挥同知，咬住为副都御使，赐咬住、乃尔不花部属将校白金一万七千六百两、银一万二千六百锭、锦帛一千零八十尺、罗衣五百五十件！快快谢恩啊——”

咬住、乃尔不花连忙磕头谢恩：“谢主隆恩，吾皇万岁万岁万万岁！”

朱元璋又道：“燕王到朕身边来！”

“儿臣遵旨！”

燕王来到朱元璋面前，朱元璋赐座。燕王坐下之后，朱元璋双眼注视着燕王，只见如今的燕王，身材雄伟，举止大度沉稳，两眼炯炯有神，眉宇间洋溢着英雄之气。此时朱元璋惊奇地发现，燕王是多么酷似自己啊！简直就是自己的一个化身。

“尔此次北征有功，看来安定北疆，就靠于汝！切不可有骄傲之意。”

“谢父皇教诲！”

“回去吧，赏赐之物朕将派人送往北平去。”

“谢父皇！”

“退朝！”

近日来，燕王的影子一直在朱元璋的心头绕来绕去，过去一直在他心头缠绕的皇储问题现在又从灵魂深处蹦了出来。

朱元璋觉得，只有燕王才配当未来的皇帝，可祖宗的礼法又规定只有朱标才是未来的皇帝，可朱标却又使朱元璋不能十分满意，过去的往事又不禁涌上他的心头——

那是一个晚上，新月如钩，斜挂天幕，朱标、朱棣还有皇孙朱允都陪伴着朱元璋，在一块儿谈闲话，所谈也不外是天南地北的轶闻趣事，说到热闹处便开怀大笑。此时马皇后递上茶来，说道：“看你们兴致多高，也难得今儿月亮这么好，你们就多玩一会。”

众人听说，不禁看了看天，只见弯月如钩，斜挂苍穹。

朱元璋道：“尔等何不以新月为题，咏诗为乐呢？”

“那就请父皇先吟吧！”燕王道。

“朕今日是先听尔等的，而后再吟！”

太子朱标略加思索，便道：“我先来！”说罢，便轻声吟道：

昨夜严陵失钓钩，何人推入碧云头？
虽然未得团圆相，也有清光照九州。

太子朱标的诗刚吟了，朱允炆便叫道：“祖皇听我的，我也吟一首！”

太子道：“休得张狂！”

朱元璋道："且让他吟吟看！"

朱允炆道："祖皇且听！"朱允炆吟道：

谁将玉指甲，指作天上痕？
影落江湖里，蛇龙不敢吞。

朱元璋听罢，觉得朱允炆的诗没有气度。便有些不乐。

燕王朱棣便道："我也来吟一首！"只见朱棣面对新月，双目有神，一字一句地吟道：

新月初出细如钩，光华不足无自愁。
到得十五团圆日，万里银光照九州。

朱元璋听罢，心中暗想：好一个"到得十五团圆日，万里银光照九州"，口气倒还不小。但朱元璋什么也没说。

"下面该皇祖吟诗了！"朱允炆道。

"天时不早了，朕明日再吟吧！"

从那时到现在，朱元璋的心里始终都不能平静，但既然已立朱标为太子，也没有好法子想。特别是这次北征，朱元璋更觉得，当初立朱标为太子是一个错误，但这错误还一定要犯不可，祖宗之法就是如此，位尊九五的皇帝办事也不能全由着自己心意去办。朱元璋苦笑了一下，不由自主地摇了摇头。

为了定都之事，朱元璋命太子朱标巡抚陕西，命他将洛阳、西安一带山川地形图绘制出来。不觉已经半年，朱元璋在后宫，忽然又想起这档子事来，心想，朱标这孩子生性柔弱，不知能否受得奔波之苦？

心虽想着这件事，怎奈朱元璋已是六十四岁的人了，精力已大不够用，不知不觉，便进入了梦乡……

朱元璋又回到了他童年的故乡，又回到了当年他给人放牛的财主家，又见到了当年的财主朱三。

"你不是朱元璋么？听说你不是当了皇帝了么？怎么又回来了？"

"凤阳是我生身之地，当皇帝也要落叶归根呀！"

"看来你还是没忘我这个朱三呀！"

"我就是来给你放牛的！"

"如今你已是大明朝的皇帝了，我朱三可是担当不起哟！"朱三连连磕头。

"当了皇帝，我也还是你的小放牛娃！"说着，朱元璋把朱三扶了起来。

"朱三，朕今日还想再放放牛，还有牛么？"

朱三又叩头道："万岁，小民过去让你放牛，多有冒犯，死罪！死罪！"

"算啦，那都是过去的事啦！朕今日一来是玩玩散散闷儿，二来也是想看看父老乡亲，就让朕赶着什么去山上玩玩吧！"

朱三道："既然万岁不怪罪小民，牛没有，万岁真要赶，就把这一窝猪赶到山上去吧！"

朱元璋说道："如此也好！"

于是朱元璋就赶着一窝猪娃上了山。

朱三说道："万岁，我们如今都老了，腿脚还行么？"

"有什么不行？常言道'人老骨头硬，越老越中用'嘛！"朱元璋笑道。

朱元璋和朱三二人把猪赶到山坡上，只见夕阳西下，晚霞满天，朱元璋看着这景色，不禁说道："美哉！美哉！凤阳山水美如画也！"

"万岁！你看！"朱三突然惊叫了起来。

朱元璋一看，不觉地奇怪了起来，只见一个最大的猪娃肚子两边长了一对翅膀，从远处来到朱元璋面前，那猪娃在朱元璋面前跪下，把头点了一点，然后便飞了起来，在天上飞了一圈之后，便向天边飞去，接着，又有几个也飞了起来。

"猪娃！我的猪娃！"朱三叫道。

朱元璋也大声喊："猪娃——猪娃——"

听见喊声，内侍走过来，轻声喊道："万岁，万岁醒醒！"

朱元璋醒了，说道："朕做梦了！朕做了一个奇怪的梦！"想着梦里的情景，朱元璋总觉得心中不快，一直到天明，再也没有睡着觉。

第二日早朝，朱元璋便传旨宣圆梦官上朝，圆梦官胡岩不一会儿来到金殿。

"朕昨夜做得一个怪梦！爱卿给朕圆圆梦，看是吉凶如何？"

"不知万岁所梦何事？"

"朕梦见朕又回到家乡凤阳，与故乡之人同到山坡上放猪，忽见一个猪娃身生双翅，在朕面前跪下，将头点了点便飞上天边，一去不回，不知是何兆？"

这圆梦官胡岩一听，心中犯了难，这梦分明主凶，朱氏子孙必有死亡，若如实说，触犯了龙颜可不是闹着玩的，自马皇后去世之后，这万岁的性子越来越烈，动不动就杀人，仅胡惟庸一案，牵连被杀的就有三万人，我还是留下个小命留着吃饭吧！想到这里，胡岩就说了一套好听的话。

"启奏万岁，万岁这梦主大吉，猪者，国姓也，此梦乃万岁多思诸皇子所至也，梦与实反，梦东而实西，梦离而实合，臣想，皇太子巡抚陕西，半载未回，正与梦合，太子当归京与万岁团聚也！"

胡岩即是胡言，可谓胡言乱语，不想，这胡岩的瞎扯，竟把朱元璋给说乐

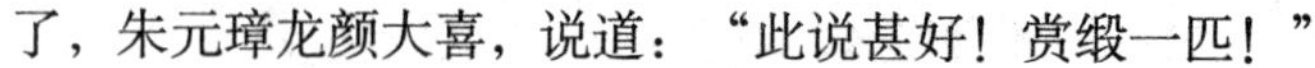

了，朱元璋龙颜大喜，说道：“此说甚好！赏缎一匹！”

胡岩忙磕头谢恩：“谢主隆恩，吾皇万岁万万岁！”

世间有些事常常是多有巧合，想不到这事还真让胡岩给扯准了，当时，太子朱标还真的回到京城，朱元璋更是心中欢喜，夸奖胡岩是神人，一高兴，又赏胡岩缎子一匹。

这日，朱元璋正在金殿上听大臣奏事，忽然传事官来报：“启奏万岁，皇太子巡抚陕西回京，现在殿外候旨。”

朱元璋听说太子朱标回来了，很是高兴，便说：“宣他进殿！”

太子朱标闻宣，便急忙进得殿来。

只见太子举止仁柔，性情宽厚，言谈拘谨，颇具儒士风度，对此，朱元璋深感不满。他想改变太子性格，结果却是不如心愿。

之前宋濂不慎获罪，太子朱标曾哭着向朱元璋求情说：“儿臣愚昧，没有别的老师了，请父皇宽大，免其一死！”朱元璋大怒，说道：“等你做皇帝时再赦他吧！”

太子朱标惶惶无措，竟要投水自尽，幸被左右救起。朱元璋怪他道：“这个痴心儿子，我杀人关你什么事？”

太子朱标一直觉得朱元璋杀人过多，不符合仁政要求，便劝谏道：“父皇杀人过多，恐伤了和气！”

第二日朱元璋故意把一根荆条放在地上，让太子拿起，太子朱标见上面都是刺，脸上显出为难之色，不敢拿。

朱元璋看着他，语重心长地说：“你怕刺不敢拿，如今我把这些刺都去掉，再交给你，有什么不好呢？我所杀的都是天下的奸险之徒，把他们清除干净，你才能当好这个家！”

朱标却说道：“上有尧舜之君，下有尧舜之民！”

“你这逆子，气煞朕也！”

朱元璋拿椅子便砸太子，太子惶恐而逃。朱元璋的种种努力，并无功效，太子还是温顺地跪在他的面前。

“儿臣叩见父皇万岁万岁万万岁！”

“免礼！”

“谢父皇！”

“巡抚陕西情况如何？”

“儿臣均遵父皇之命一一照办，山川图本均绘好，即呈父皇过目！”

说罢便将山川图本呈上。

朱元璋看了看图本，便道：“这次是辛苦你了！回宫后好好补补身子！”

“谢父皇！”

太子朱标奉命巡抚陕西，经过几个月的长途跋涉，使朱标本来就虚弱的身体垮了下来，回到京城，便生起病来。

太子朱标其实也无大病，只是因为自幼身体瘦弱，加之他奉朱元璋之命，为了选好都址，四处奔波，长期劳累，因而积劳成疾，以致脾胃虚弱，气血不调。饭不能吃，觉不能睡，头昏目眩，四肢无力。治过来，医过去，病情非但不能好转，反而越来越重。

这一日起来，朱标只觉得天旋地转，站立不稳。吕氏见了，急忙将朱标扶着躺下，说道：“太子！既是不能站，你就躺着歇息一下吧！”

朱标说道：“我这身子太不争气，有失父皇所望！”

吕氏说道：“社稷大事你且别问了，等你养好病再问也不迟。”

朱允炆在旁也劝道：“父亲是保重身体要紧，待到身体康复，再去报效社稷！”

朱标说道：“看来我是康复无望了，只有让允炆来代我尽忠了！”

吕氏和朱允炆听了，不禁心中悲伤。

吕氏强忍悲痛说道：“太子何必说这等泄气的话儿，我们母子还指望着你带着我们好好过日子呢。”

朱允炆也说道：“人是吃五谷杂粮长大的，谁能没有个小病小灾的，父亲切莫忧虑，心情应当开朗，再加上药物调养，很快就会好的。”

朱标说道：“你们都不要说了，病在我身上，我岂能不知轻重！”

他们这一家三口正在说话，就听外面有人喊道：“万岁驾到！”话音刚落，朱元璋便来到房内。

吕氏和朱允炆急忙叩头迎驾，朱标躺在床上，说道：“儿臣未能恭迎父皇，还请恕罪！”

朱元璋见太子朱标骨瘦如柴，面黄如纸，不禁心中难受，只觉得好像有人要从心中挖去一块肉。

“吃饭了么？”

“没有。”

“想吃什么？”

“什么也不想吃，什么也吃不下。”

此时，侍人送上半碗参汤来，递给朱标。

朱标说道：“我不想喝。”

朱元璋说道：“皇儿还是忍耐着喝一些，吃点饭，身子硬朗一些，病自会好的。”

朱标说道：“儿臣遵旨！”

朱标慢慢地将那半碗参汤喝了下去，还没容喝两口茶的工夫，便腹中难受，身子翻来覆去一阵子，只见朱标把口一张，那一点参汤又全都吐了出来。

朱元璋见了，知道朱标的病是不轻。此时，也顾不了皇帝的尊颜，不禁眼中掉下泪来，口中说道："儿呀儿，你病得这样，叫朕如何受得了！"

朱标说道："父皇不必为儿臣担心，还是保重龙体要紧！"

朱元璋说道："快传太医！"

不一时，太医来到，向朱元璋行礼。

"臣叩见吾皇万岁万岁万万岁！"

"平身！"

"谢万岁！"

"太子这病为何不见好转？"

"启奏万岁，太子这病是劳累所致，沉重已久，实是难以诊治。"

"那你就再给他看看！"

"臣遵命！"

太医便走到朱标床前，吕氏将朱标的手臂理好伸过来，太医便细细地给朱标把脉，过了一时，又说道："看看舌苔。"

太医对着朱标的舌苔看了一会儿，又将朱标的脸仔细地端详了一会儿，便叹了一口气，不再说话。

朱元璋问道："太子的病势如何？"

太医并不回话，只是跪下来磕头。

朱元璋又问道："太子的病势如何？"

太医说道："臣不敢说！要说除非万岁赦臣无罪。"

"朕赦你无罪！"

"启奏万岁，太子的病已入膏肓，非药剂之力所能为，臣无能，实无回天之力！"

朱元璋听了，又悲又气，说道："来人，推出去斩了！"

随驾武士便要动手，太医连连叫道："冤枉！臣冤枉！臣是按照病情如实回奏，万岁既赦臣无罪，为何又要杀臣！"

朱元璋说道："朕敕你无罪，但太子之病你治了几个月，都治不好，朕还留你何用？"

太子朱标说道："父皇息怒，万不可杀太医。"

朱元璋说道："你本无大病，他却医治不好，真庸医也！"

太子朱标说道："儿臣积病已久，太医也是尽心医治，常言道'医者只能治了病，不能救了命'，儿臣是命尽当归，岂可因儿臣之故而杀人？太医若因儿臣之故而死，儿臣九泉之下心也难安！"

朱允炆也说道："皇祖若以我父之私而杀太医，有损于仁义，还请皇祖息怒！"

过了一会儿朱元璋才说道："朕也是一时悲伤，情之所至！算了，太医当尽力救治！"

太医跪地谢恩，说道："谢万岁不杀之恩，吾皇万岁万岁万万岁！"

朱元璋又说道："皇儿好生养病，朕停几日再来看望。"

太子朱标说道："谢父皇，儿臣恭送父皇！"

元妃洪吉喇氏为了与宁妃争夺皇后之位，与兀德哈尔密谋，企图借各宫院随驾游玩观景的机会除掉宁妃。不巧，事情败露，兀德哈尔等多人因牵连被杀，幸好朱元璋只罚元妃闭门思过，并未杀她。所以元妃在此事件中，只是受了一点惊吓，并无多大损伤。

依理，元妃当悔过自新，重新做人。可这元妃却狠毒本性难移，并不思悔过，反而对宁妃与太子怀恨在心。

兀德哈尔本有兄弟二人，兀德哈尔的弟弟便是兀德哈尼。兀德哈尼与兀德哈尔一样，他兄弟俩是一个小鬼分两半儿的。

虽说兀德哈尔在事发后把元妃给供了出来，但元妃却认为兀德哈尔事情败露之后，人赃俱在，在万岁面前，他也是没有办法的事。所以她也就原谅了兀德哈尔，更重要的是，她还要利用一下这个人。所以，在兀德哈尔被杀之后，她便想办法把兀德哈尼找了过来，并把兀德哈尼留在自己身边，当做贴身侍卫。

一日，兀德哈尼来报："回禀娘娘，奴才得知太子朱标得了重病，太医说无法医治，差一点儿被皇上给杀掉。"

元妃听了，冷冷说道："太子呀太子，你坏了老娘的好事，想不到你也会有今日！看老娘想办法，让你早日回老家！"

兀德哈尼问道："不知娘娘有何办法？"

元妃说道："你只要到那里给我打听清楚，他每日都是什么时候服药，而后再弄一些蒙汗药来！老娘自有安排！"

兀德哈尼说道："行！只要能为哥哥报仇，让我干什么都行！"

这一天，元妃得到兀德哈尼的报告之后，一切准备停当，便带着一个下人来到了太子府内。

吕氏听说元妃来到，只得出来相迎，二人见面之后，便共同进到太子朱标的住处。

"早就听说太子身体不适，今日特来看望，不想，太子竟如此瘦弱！"元妃说道。

那朱标本也是厚道之人，把元妃与宁妃争夺后位的事早已不挂在心上，见元

妃来了，很是感激，说道："多谢洪娘娘挂念！"

"我等都是至亲骨肉，还客气什么？"元妃接着说道。

就在此时，近侍将煎好的药汤端了上来，元妃见了，忙将药碗接了过来，说道："让我来给他服药！"

吕氏听了，忙说道："使不得，怎么能劳累洪娘娘！"

元妃说道："你哪里说话，太子病了，我服侍他服药，还不是应该的么？"

她二人推让了一会，吕氏也就不再争了。元妃亲口将药尝了一下，说道："药汤还有点儿热，冷一冷再喝吧！"于是，把碗端起，走到靠近窗户的地方，用药匙儿在那里搅拌着。就在搅拌的当儿，元妃手疾眼快，衣袖在碗上一抖，便把事先准备好的蒙汗药加入了碗中，又搅了两下，说道："现在不热了，快快服下吧！我来喂你。"

太子朱标说道："不用洪娘娘劳累了，我自己来吧！"说着，便接过药碗把药汤喝了下去。

那蒙汗药就是有什么不正的味儿，在浓浓的中药味儿的掩盖之下，谁又能知道？所以朱标喝下不久，便觉得有些发困，便说道："我有些发困。"

吕氏说道："你觉得困，就睡一会儿吧！"

元妃说道："既是太子要睡觉，那就让他睡一会儿，我也就回去了。"

吕氏说道："恭送洪娘娘！"

元妃说道："不用送，你照看太子吧！"

说罢，元妃心中想道："朱标呀朱标，你活不过今日！"于是便急忙回去了。

那太子朱标，本来就病了几个月，身体虚弱到了极点，待他服用了蒙汗药之后，大脑神经被麻醉，其器官功能自然要受影响，加之本来就病到力不能支的地步，形成了一个恶性循环，其结果，只能导致他的死亡。

那吕氏只说太子朱标在睡觉，所以，也就坐在床边守着，不知不觉自己竟也进入了梦乡。

在一个桃花盛开的季节，太子朱标和太子妃吕氏在花园中散步，他们走到花园里，只见是百花盛开，争奇斗艳。

太子摘了一朵红花递给吕氏，说道："你闻闻，香不香？"

吕氏接过花在鼻子下闻了闻，说道："香！真香！"

"那就插在头上吧！"太子朱标说罢，便将花插在吕氏的头上。

吕氏笑着问道："你看我漂亮么？"

太子朱标说道："漂亮，就像仙女下凡！"

吕氏笑道："你看你美的！"

此时，有两只大蝴蝶飞了过来，朱标说道："你看，梁山伯与祝英台！"

吕氏说道："胡说，那是两只蝴蝶，哪是什么梁山伯与祝英台？"

朱标说道："那戏文上不是说，梁山伯、祝英台死后不是变成一对蝴蝶了么？"

吕氏说道："那是一对恩爱夫妻！"

朱标说道："我们也是一对恩爱夫妻，以后，我要是死了，你也与我一齐变成一对蝴蝶！"

吕氏嗔怪道："你坏！你坏！"

吕氏顺手在地上拾起一块小石头要打太子朱标，太子朱标转身就跑，吕氏便跟在后面跑。

朱标跑到一个塘边停住了，吕氏追了上来，说道："累死我了，我又没打着你，你竟跑这样快！"

太子朱标说道："你看这水中的鱼儿，游得多么悠闲自在！"

吕氏说道："是呀！咱们要能像是这鱼一样悠闲自在，那就好了！"

太子朱标说道："我现在口渴得很厉害！"

吕氏说道："你渴，这在花园里又怎么办呢？"

"我到水塘里去喝水去！"太子朱标说道。

吕氏说道："尽是胡说，到水塘里不就淹死了么？"

"我不怕！"说罢，只听"嗵"的一声，太子朱标就跳了下去！

吕氏吓得大叫起来："太子！太子！太——子——"

吕氏一觉醒来，只吓得一身冷汗，原来竟是一场梦。

吕氏向床上一看，太子朱标还睡在那里，一动也不动。

吕氏用手一推，太子朱标仍然不动弹。吕氏揉了揉眼睛，又一看，便惊叫了一声，向后一倒，便什么也不知道了。

也不知过了多少时候，吕氏只听得耳边是一片声音，这是什么声音？哪来的？都在哭什么？

吕氏睁开了眼！看清了，许多人都在哭，朱允炆趴在太子的床边哭！看清了，一块白绫盖在太子朱标的身上。

吕氏完全明白了，她站起来，一把扯下盖在朱标身上的白绫，她看见朱标那张熟悉的脸，眼睛闭着，嘴巴闭着，就像平时睡着的时候一样。她只觉得，太子朱标的表情好像是在笑，又像是哭。

吕氏再也忍不住了："天啊！我的夫呀——"

"天哪！我的夫呀——"

听到太子朱标病死的消息，朱元璋犹如五雷轰顶，只觉得天旋地转，这位六十五岁的老人仿佛一下子又跨过了十年，一种巨大的失落感，压得他直不起

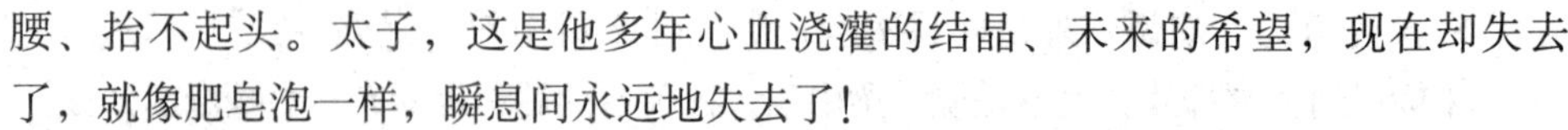

腰、抬不起头。太子，这是他多年心血浇灌的结晶、未来的希望，现在却失去了，就像肥皂泡一样，瞬息间永远地失去了！

朱元璋急急来到太子府，太子府内一片哭声。朱元璋来到病床前，只见朱标双目紧闭，直挺挺地躺在床上。朱元璋哭道：“儿啊！想不到你初过而立之年就去了，天哪！怎么叫我这白发人送黑发人？”

此时，皇孙朱允炆长期侍奉父亲，也瘦得东摇西晃，弱不禁风。朱元璋拍着朱允炆的背说道：“你的孝心是真诚的，可是你就不为我想想么？”

在太子去世的沉重打击下，朱元璋悲痛欲绝，但还是坚持着，操劳国家大事。朱元璋以礼安葬了太子朱标。

太子朱标死后，朱允炆整日悲痛，父亲的事情老是在心中翻动。对于父亲的死，朱允炆心中总觉得事情有些莫明其妙。

一日，他向母亲吕氏说道：“父亲逝世前几日，日日并无睡意，为什么那一日服药之后便要睡觉，而且就一睡不醒了呢？我总觉得这里面有些疑问。”

吕氏说道：“有什么疑问呢？那药是元妃亲自给他服用的。”

朱允炆说道：“什么？是元妃洪娘娘给服下的？”

吕氏说道：“是呀！难道这还有什么可怀疑的么？”

朱允炆说道：“元妃洪娘娘都干了些什么？”

吕氏说道：“她只是把药碗端到窗前用汤匙儿搅拌几下，等药汤冷凉就让你父亲喝了，别的她什么也没干。”

朱允炆说道：“此事甚是可疑！”

一日，朱允炆对朱元璋说道：“皇祖，我认为我父亲死得可疑！”

朱元璋问道：“怎么可疑？”

朱允炆说道：“我父去世前几天，白日并不睡觉，为什么那日元妃娘娘给父亲服药之后，父亲便要睡觉，而且就再也没有醒过来？”

朱元璋说道：“你意思是说你父亲的死另有原因？”

朱允炆说道：“我怀疑我父亲是被人害死的！”

朱元璋道：“你有证据么？”

朱允炆说道：“还未找到证据。”

朱元璋说道：“没有证据，那就什么事也不能办呀。”

朱允炆此时，心中也只是怀疑，手中并无证据，所以也只能是不了了之。

自元妃与宁妃争夺皇后位的事之后，朱元璋对元妃与宁妃都疏远了。加之太子朱标又病故，更是日夜悲伤，所以与后宫妃嫔几乎断绝了一切关系，只是偶尔到丽妃那里走一走。

丽妃，也是蒙古人，此人为人正直，从不争宠夺爱，只图有一个安稳舒适的日子过，所以多年来，她在朱元璋心目中的地位既不高，也不低，就是这样，不荣不辱地过日子。而今朱元璋偶尔来走走，来了她就接驾；走了，她就送驾。对于朱元璋的来去，她都是宠辱不惊的。

而对此，元妃心中却不能容忍，心中恨道："好啊！你个小蹄子，我二人争得死去活来，都没得到手。你却不扒锅灰就拾个香豆儿，坐享其成，没有门儿！"

一日，元妃一切准备停当之后，便对兀德哈尼说道："你想办法找一个人，让他把这封书信带在身上。让他往丽妃那儿送，你再想办法让兵捉到他，得到那封信，就行了。"

"那是一封什么信？"兀德哈尼问道。

元妃冷冷地说道："一封可以让丽妃杀头的信！"

兀德哈尼说道："这封信有那么厉害么？"

元妃说道："造反、杀驾，哪一条罪都可让她丽妃身首异处！"

"那这封信怎么送呢？"兀德哈尼问道。

"找一个自愿送死的人去送！"

"谁送信就是谁送死，那谁愿意送死呢？"

"重赏之下必有勇夫，那些爱银子的愿意送！"

"杀人害命的事，可不是闹着玩的，若露出机密怎么办？"

"你放心，那是一封反间的信，谁送谁是奸细，是奸细还能活得成么？"

"那送信人要是供出我来怎么办？"

"说你聪明，倒像猪一样笨，你为什么要让他认出你来？"元妃笑着说道。

兀德哈尼说道："我明白了！"

元妃说道："你明白了就好，我给你五十两银子，四十两留给你，那十两就送给那送信的奸细。"

几天之后，大街上出现一位从外地来的蒙古老人，一身下等人的打扮，睡在地上直打滚儿，口中叫个不停，不一时，便围了一圈看热闹的人。

"各位乡邻，行行好吧！请帮帮忙吧！"

"你要我们帮什么忙？"

"各位好乡邻，哎哟哟，我给你们说，我本是当朝丽妃娘家的下人，只因我家主人家有急事，特派小人前来进京送信，哎哟哟，不想我这肚子忽然疼痛难忍，无法行走，有劳哪一位好心人替我将书信送进宫去。"

"我们都各有各的事儿，谁肯为你送信！"

那位蒙古老人掏出信和一个小布袋儿，说道："这里有十两银子，谁给我送信，这十两银子就送给谁。"

围观的人一听说有银子，便都围了上来。

这其中有一人，四十来岁，姓尤，此人好赌，因他长得身材瘦小，长着一双小眼睛，又黑又亮，为人精明油滑，所以人称他为尤老鼠。

这几日，尤老鼠手气臭了，一连输了七两多银子，正愁得无法去还赌债，忽然一听兀德哈尼这么一说，心里乐开了花，他想："送一封信，给十两银子，除去还赌债，还能剩几两银子，说不定这丽妃要是高了兴，赏给我百八十两银子，或者给我个小官儿当当也是可能的！这是个好差使！"

想到这里，尤老鼠上前说道："我愿意给你送去，你就不要再犯难了。"

兀德哈尼一看有上钩的了，连忙将书信和银子递了过去，抱拳施礼道："有劳这位老弟了！在下感激不尽！"

尤老鼠走了，兀德哈尼说道："多亏这位老弟相助，哎哟！我须寻个郎中去。"说着，弯着腰，捂着肚子走了。

兀德哈尼一转过墙角，避开众人，把伪装一揭，把衣服往一个旮旯一丢，便在后面尾随着尤老鼠。

说来也巧，正碰着巡街的官兵。兀德哈尼说道："你们看，那个往前走的小瘦子，是个小偷，才偷了我十两银子，我一直追着没追上！"

那带兵的说道："去，把那个小偷给抓回来！"

两个兵士追上前去，一下子把尤老鼠逮到了，一把锁锁了，不由分说，拉到带兵的面前。

"军爷！你们为什么要抓我？"尤老鼠说道。

那带兵的说："为什么？你偷人家银子，你还不知道？"

尤老鼠大叫道："谁说我偷人家银子？"

那带兵的说道："给我搜！"

两名军士一搜，果然搜出十两银子！

带兵的说道："你还有什么话说？"

尤老鼠也不知怎么说了，只说道："我没偷，这十两银子是一个人给我的！"

带兵的说道："胡说八道！谁给你的，你说！"

尤老鼠说道："我不知道啊！"

一军士说道："这里还有一封信！"

带兵的人一看，只见信封上写着"丽妃娘娘亲阅"几个字，觉得这事非同一般，不敢乱来，于是说道："把他给我带走！"

趁着带兵的与尤老鼠说话的时候，兀德哈尼趁便跑走了，那带兵的也顾不了那么许多，押着尤老鼠去见上司。那尤老鼠就是满身是嘴，也说不清楚。

因事涉丽妃，所以谁也不敢做主，也不敢拆信。最后，事情层层上报，终于

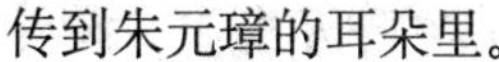

传到朱元璋的耳朵里。

三、六、九日上朝，九门提督出班奏道："启奏万岁，巡城士兵捕得一人，身上有十两银子和一封给丽妃娘娘的信，因事关重大，臣未敢妄动，特奏明圣上！"

"把信呈上来！"

"遵命！"

朱元璋将信展开，只见信中写道：

丽妃娘娘台鉴：

蒙与大明，两国相邻，然大明欺我蒙古久矣，本王知你人在宫院，心不忘蒙，此心可嘉。近闻明皇独宠于你，此乃你尽忠于蒙古之良机也，你可见机而行，明皇年迈，耳目不聪，利于行事，皇明一死，大明亡，蒙古兴，你功德无限，将尊封为太皇太后，见信后，设法行事，敬候佳音。

朱元璋看了，不禁大怒，说道："反了！反了！竟然叛逆害朕，是可忍孰不可忍！先把丽妃拿了，与送信人送交刑部审问！退朝！"

群臣见了，都不敢言语，只得默默地退出金殿。

丽妃与尤老鼠被带进刑部大堂，丽妃久居深宫，也可以说是富生贵长，也不知因为什么事而被捉，哪里见过这等场面，庄严威武的公堂，如狼似虎的衙役，她从未见过的各种刑具，还未曾被审，就吓得晕了头。

那尤老鼠本是个无能之徒，平时连官都很少见过，一进大堂，也就迷了向，不知东西南北了。大堂上一过问，他更说不出个所以然来。

一动大刑，尤老鼠受刑不住，便乱说一气，那丽妃明知自己是冤枉的，那尤老鼠又胡乱承认，将她咬得死死的，有口也辩不清。

丽妃心中想着："这也是我命中要受此大劫，如今被这个贼子咬得死死的，如何能说个清白？人活百岁，早晚都有一死，索性都招了吧，免得皮肉受苦！"

想到这里，丽妃便说道："既是那贼子招供，也就不必动刑了，我且招了就是！"说罢便画了押。

刑部审理完毕，呈奏于朱元璋，朱元璋说道："送信人问斩，丽妃赐给她三尺白绫，保个全尸吧！"

刑部依照旨意，将尤老鼠在西门外斩首。

丽妃押回宫中，接了朱元璋的旨意，谢恩之后，便走入内室。又重新更衣，穿戴打扮完毕，又向北方磕了三个响头，眼中含泪，说道："苍天啊，家中为何要给我带这谋反杀君的信？苍天你回答我，这是我家的信么？爹呀！娘呀！你们能给我申冤么？"

丽妃又对着朱元璋在的方向，磕了三个头，说道："万岁呀万岁你一世英明，怎么这一次，就对我不英明了呢？万岁呀万岁，我不想得宠，可我也不想冤死呀！我死之后，央求万岁能还我一个清白！到时，我九泉之下也就感激不尽了！"

丽妃又哭泣了一时，最后才将白绫悬好，打好结儿，将头伸进套内，说道："害我的贼子，我到阴曹地府也要找你算账！"

丽妃说罢，一狠心，蹬翻了脚下的凳子……

兀德哈尼见尤老鼠将信拿走，趁着巡城的军官盘问尤老鼠的当儿，便偷偷地溜了回来。

元妃说道："事情办成了么？"

兀德哈尼说道："办成了！我得了你这四十两银子，可就捐赠了阴德了，两条人命！以后要是犯了，你我可都脱不了干系呀！"

元妃说道："什么干系不干系的，你就放心吧！将来我吃个蚂蚱也不会少给你一条腿。"

兀德哈尼说道："不忘了奴才就好！奴才告辞！"

兀德哈尼出门走了。看着兀德哈尼远去的背影，元妃在心中打起了小算盘，回想着兀德哈尼刚才说的话，心中很不自在，就好像被针给扎了一样，这小子看来还不如他哥哥兀德哈尔实诚，他知道得太多！他是一个靠不住的主儿。看来，他应该从世上消失了。

喜凤是元妃最亲近的一个贴身侍儿，从谋害宁妃开始，元妃所有的罪恶阴谋都没有隐瞒喜凤。有一天，这主仆二人又谈起了兀德哈尼。

"兀德哈尼办事就是精明利索，娘娘只是一封假信，就使那丽妃彻底玩儿完了！"喜凤说道。

"可兀德哈尼不像他哥，有点太坏，他也应该死了！"元妃说道。

喜凤听了，心中一惊，不禁问道："那是为什么？"

元妃说道："听他说话，有些靠不住，再者，这几件事，都是他去干的，他对我们知道得太多，这个活口可留不得呀！"

"那可怎么办呀？"喜凤故意问道。

元妃说道："我可以请他吃酒为名，把他灌得烂醉。你送他过门前小桥之时，把他推入水中，对外说是醉酒失足落水。"

喜凤说道："这样行，不显山，不露水，神不知，鬼不觉。"

元妃说道："好！就这么办！"

这元妃只知道喜凤是自己的贴身近侍，她就不知道喜凤和兀德哈尼之间还有一层关系。

此话说来也长。喜凤与兀德哈尼，都是元妃的近侍，年龄也都相差不多，只因宫中对男女人员管束甚严，平时不能超越雷池半步，再说他们都是年轻气盛之躯，七情六欲自然兴旺。所以，他二人虽有碍于礼法宫规，但只要有时机却也是眉来眼去、秋波暗送，只是防备着元妃的眼睛罢了。

天长日久，他们终于找准了机会，二人凑到了一起，终于免不了一场山摇地动、海誓山盟，这一对野鸳鸯的生活充满着野性的泼辣与火热，任何外力都无法将它毁灭，他们中的任何一个都不许别人来伤害对方。

喜凤听完了元妃的话之后，心中想道："元妃，你这是推好磨就杀驴吃呀！好歹毒呀你，你杀别人我不管，你要杀兀德哈尼，我可万不答应！"于是就说道："娘娘，我这就去准备，且通知兀德哈尼前来赴宴。"

元妃说道："你去吧！越快越好！"

喜凤借着元妃的这句话，急忙来找兀德哈尼。

"宝贝心肝儿，哪阵风把你给吹来了！"兀德哈尼抱住喜凤，亲了个遍儿，说道。

"娘娘说你办事有功，办了一桌宴席要慰劳你呢。"喜凤说道。

兀德哈尼一听，高兴了，笑道："还是元妃娘娘想得周到，什么时候让我赴宴？"

"现在！"

"现在？好！那我现在就去！"

喜凤把脸一沉，说道："看把你喜的，不知死的鬼！元妃要害你！"

"什么？她要害我？为什么要害我？"兀德哈尼问道。

喜凤说道："为什么？元妃认为你靠不住，你知道她的事太多，所以要杀人灭口！"

兀德哈尼一听，骂道："好狠毒的女人，我为她出了那么多的力，她却要来杀我？我先杀了她！"

喜凤说道："别忙，你真是个莽夫！要先想个办法，借着万岁的手来杀了她！"

"怎么借着万岁的手来杀了她？"兀德哈尼问道。

喜凤说道："我们先去投奔一个人！"

"什么人？"

"朱允炆！"

"他？"

"对！"

"那是为什么？"兀德哈尼问道。

喜凤说道："我听说朱允炆忠孝仁厚，当初元妃曾在太子朱标的药汤里下了蒙汗药，害死了太子朱标，朱允炆虽有怀疑却找不着证据。朱允炆和万岁如果知道是元妃害的太子，万岁一定不会饶过她的！"

兀德哈尼说事："不行！那蒙汗药是我给元妃买的，万岁知道了，不杀我的头？"

喜凤说道："你只是奉命行事，你又没亲手害死太子，怕什么？反正不会是死罪，咱再让朱允炆保护，保证万无一失！"

兀德哈尼说道："行！就按你说的办，只要能除掉这个歹毒的女人，我就是挨上一百大板，我也干！走！咱们现在就去太子府！"

喜凤说道："慢，咱俩一块儿去，到那里怎么说？你还是要赴宴去，咱们来个将计就计，你假装喝醉，待我把你送走之后，你见了朱允炆，就说我是你表妹，让他们保护我就行了！千万记住，不可乱了方寸！"

兀德哈尼亲了喜凤一口，说道："宝贝心肝，真有你的！"

喜凤回到元妃身边，说道："回娘娘，我已准备好了，人，我也给娘娘带来了。"

元妃说道："好吧！现在开宴！"

兀德哈尼来到，一时间，宴席摆好。

兀德哈尼说道："有劳娘娘赐宴，奴才感激不尽！"

元妃说道："诸事办妥，你多有劳累，吃一顿便饭，略表心意。"

兀德哈尼说道："奴才就谢谢娘娘了！"

元妃说道："来！喜凤满酒，你就多喝点。"

兀德哈尼说道："如此，奴才就遵娘娘懿旨，开怀畅饮了！"

元妃心中想道："你这不知死的鬼，我就是要你喝醉！"于是说道："对！就是要开怀畅饮，一醉方休！来！干！"

兀德哈尼端起酒盅儿，说道："对，一醉方休，干！"说罢一饮而尽。

兀德哈尼故意喝得很猛，酒盅儿到了嘴边他将嘴抿着，那酒一少半入嘴，一多半洒在了外面。二两酒下肚，兀德哈尼便装起醉来，他把眼半眯缝着，有意把话说得模糊不清，说道："娘娘……是……是好人，好——人必定有——有……大——大福，谁对娘娘——过不去，我就叩他……空蛋！"

说罢，便把头往桌子上一歪，便不动了。

喜凤说道："娘娘，他醉了！"

兀德哈尼头抬了抬，说道："我没醉！来——喝——喝酒！"

元妃微微一笑，将他朝外推了一推。

喜凤说道："你醉了，我送你回去。"

兀德哈尼说道："我没醉！我——不走！……喝酒！"便东倒西歪、高抬一脚低抬一脚地跟喜凤走了。

出得门，到了无人处，兀德哈尼在喜凤脸上亲了一口，说道："宝贝，保重！"随即阔步而去。

喜凤回来之后，元妃问道："怎么样？"

喜凤笑着把嘴儿一捂，说道：“放心吧！他现在正在桥底下和母鱼谈对象儿呢。”

元妃笑道：“小贱坯子，就会耍贫嘴儿！”

皇孙朱允炆闲暇无事，每日只是在太子府中看书，有时与朱元璋谈谈国事。这一日朱允炆正在府中看书，便有守门人来报：“回禀皇孙，门外有一人前来求见，说有机密要事相报。”

朱允炆听了，便说道：“让他进来！”

兀德哈尼进来后，跪地说道；“奴才给皇孙请安！”

朱允炆说：“起来吧！你有何机密要事相报，就起来说吧！”

兀德哈尼说道：“奴才是有罪之人，今日是特来自首请罪的，不敢起来回话！”

朱允炆说道：“我赦你无罪，起来说吧！”

兀德哈尼站了起来，说道：“奴才本是元妃的贴身侍卫，奴才曾奉元妃之命，干了许多坏事，对不起皇孙，故特来自首请罪！”

朱允炆说道：“你我素无瓜葛，你有何事对不起我？”

兀德哈尼说道：“回禀皇孙，皇太子本是元妃害死的！”

“什么？你说什么？”朱允炆惊问道。

兀德哈尼说道：“皇太子是元妃害死的！”

朱允炆说道：“你怎么知道我父亲是元妃害死的？细细说来！”

兀德哈尼说道：“说来话长，当初元妃与宁妃争皇后位之时，皇太子曾与万岁说了不利于元妃的话，元妃便对皇太子和宁妃怀恨在心。所以在她与我哥哥兀德哈尔合谋伤了宁妃之后，便利用我哥被杀、我要与我哥报仇的心，将我收来做她的贴身侍从。当皇太子病重之时，她便与奴才合谋要害皇太子，她让奴才查明皇太子服药的时间，并让奴才给买了蒙汗药。然后元妃借看病之机将蒙汗药投入药汤之中，致使皇太子死去！元妃还与奴才合谋写假信用反间计害了丽妃，奴才罪该万死，故来自首谢罪，还求皇孙宽容！”

朱允炆听了不禁哭道：“父亲你死得冤屈呀！”

兀德哈尼劝告道：“皇孙不必过悲，现既明真相，便可为皇太子报仇了，您应高兴才是！”

朱允炆说道：“你为何又来找我自首呢？”

兀德哈尼说道：“丽妃死后，元妃的一切目的都达到了，只因奴才说话不周引起了元妃的怀疑，认为我知道她的恶行太多，怕我靠不住，便与贴身内侍喜凤定计，将我用酒灌醉，将我推入河下来杀害我。幸亏喜凤是我表妹，将机密告了奴才，奴才才没有被害，所以奴才觉得只有皇孙才能救小人，故特来自首谢罪！”

朱允炆说道：“原来如此！”

兀德哈尼说道：“只因元妃不知喜凤是我表妹，所以才能得此机密，不致被

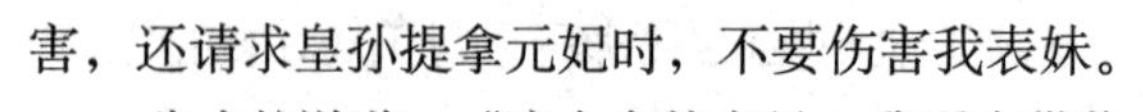

害，还请求皇孙提拿元妃时，不要伤害我表妹。”

朱允炆说道：“这个自然容易，我现在带你去见皇祖，到时你要如实说话。”

兀德哈尼说道：“奴才一定如实说话！”

皇孙朱允炆带着兀德哈尼来到了朱元璋面前。

“孙儿叩见皇祖，万岁万岁万万岁！”

“免礼”

“谢皇祖！”

“你二人来见朕，为了何事？”

“启奏皇祖，为我父报仇而来！”

“此话怎讲？”

“启奏皇祖，我父是被元妃用蒙汗药害死，请皇祖为我父报仇！”朱允炆说罢不禁放声大哭。

太祖惊问道：“难道真有这事？”

朱允炆说道：“这兀德哈尼便是元妃贴身侍从，您可以问他。”

兀德哈尼说道：“太子实是元妃用蒙汗药所害，丽妃也是元妃用反间计所害。”

兀德哈尼便从头至尾又详细地说了一遍，朱元璋骂道：“这贱人好生的可恶，气煞朕了！”

朱允炆问道：“皇祖如何处置？”

朱元璋说道：“传朕的旨意，元妃弃市三日。这奴才能自首谢罪，揭发阴谋，功过相当，不予追究，就回乡去好好过日子去吧！”

兀德哈尼说道：“谢主隆恩，吾皇万岁万岁万万岁！”

朱允炆说道：“孙儿遵旨！”

元妃与喜凤在宫里，过了一日，元妃问道：“怎么未有人见到兀德哈尼的尸体？”

喜凤说道：“那个蠢货在水里灌了一肚子水，一时也漂不起来，要漂浮上来，也须三天之后。”

元妃说：“不对！人在水中不要两天也就该漂上来了，怎么会没有人见呢？”

喜凤说道：“我只是把他从桥上推下去，我便回来了，其他的事儿我就不知道了。”

元妃说道：“我心中老是发跳，这里面是不是有诈？”

喜凤说：“有什么诈呀？”

元妃说道：“兀德哈尼没有淹死，或者你把她放了？”

喜凤说道：“娘娘休要猜疑，绝无此事，奴婢万万不敢！”

就在她二人正在争论的时候，眼看着喜凤就要露馅儿，只听外面一声高叫：“圣旨到！”

听说圣旨到，元妃才放下喜凤，急忙出去接旨。

钦差高声宣旨：

奉天承运，皇帝诏曰：元妃久居宫中，备受朕之亲爱，却不思皇恩，心术不正，阴谋害人，前后致使宁妃、太子朱标、丽妃含冤蒙屈，死伤惨痛，令人发指，故将元妃贬为庶人，斩首正法，暴尸三日，以戒后人！钦此。

元妃此时面如死灰，全身就像筛糠似的，半天也说不出话来，好不容易才说了三个字："谢皇上！"

钦差说道："元妃娘娘，请吧！"

两边武士不容分说，摘下桂冠，解下霞帔，将元妃捆了个结结实实。

朱允炆让兀德哈尼从中找出喜凤，说道："元妃事已结，就按皇上旨意办事，你们且回家去好好过日子吧！这有纹银一百两，留给你们路上作盘缠！"

兀德哈尼与喜凤急忙谢恩，说道："多谢皇孙大恩，小人终生不忘！"

兀德哈尼与喜凤走了之后，朱允炆便将元妃押到了西门外。

朱允炆说道："你害人多多，如今还有何话可说？"

元妃说道："害人即害已，我今死，是罪有应得，天地不容，望后人以我为鉴。"

三声炮响，刽子手手起刀落，元妃便人头落了地。三日之后，由人将其尸体草草埋于乱山冈之中。至此，将近十年的争后风波才算全部平息。

太子朱标死后，朱元璋异常悲痛，一天，他在皇宫的东角门，面对群臣，忍不住失声痛哭，翰林学士刘三吾劝道："万岁，不必多虑，皇孙不是已经长大了么？他可以继位，天下也是不会乱的。"

劝慰总归是劝慰，但立储之事，毕竟是一件大事，朱元璋当然要慎之又慎了。

有一天，朱元璋又和几个亲近大臣密议立储之事。

"几位爱卿，立储之事搅得朕心神不宁，卿等有何议论？"

"立储之大政，臣岂敢乱议？还由万岁圣裁！"

"太子死了，皇长孙弱不更事，治理国家必须得力之人才行，朕欲立燕王为皇太子，卿等以为如何？"

翰林学士刘三吾说道："燕王实乃治国之才，但若立燕王，万岁又将秦晋二王置于何处？且皇孙年长，可继承矣！"

"翰林学士所言有理，若不立秦晋立燕王，与宗法伦理有悖，若立太孙，则名正而言顺也！"

"唉！"朱元璋无奈地叹了口气道，"那就让太孙继之吧！"

皇孙朱允炆，生于洪武十年十一月己卯，自小聪明好学，性格酷似于太子朱

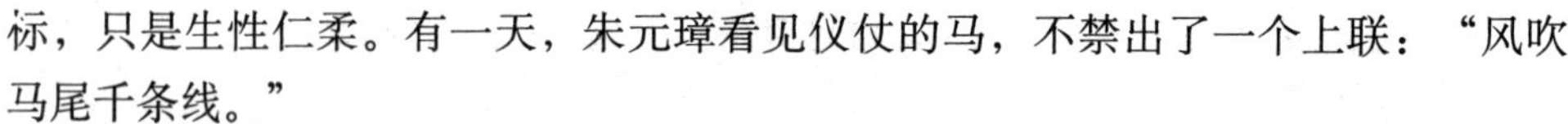

标，只是生性仁柔。有一天，朱元璋看见仪仗的马，不禁出了一个上联：“风吹马尾千条线。”

朱允炆对道：“雨打羊毛一片毡。”

朱棣则脱口而出：“日照龙鳞万点金。”

朱元璋感到，“雨打羊毛一片毡”属对工整，但气势委靡，而“日照龙鳞万点金”不只属对工整，而且气势高昂。

尽管朱元璋对朱允炆的仁柔性格不很喜欢，但对朱允炆的聪明灵智，也还是很欣赏的。

常州有一个子杀父的案件，大家都认为这个儿子大逆不道，而朱允炆则说：“这个儿子并不是杀害他父亲的凶犯，定是为其继母所诬害！”朱元璋起初并不相信朱允炆的推断。后来拘来犯人的邻居审问，果然是朱允炆推断正确。

原来案中父亲患病多年，庸医用错了药，而致人死亡，继母向来恨这个先头的儿子，所以便力证是儿子杀人。

案情弄明之后，朱元璋说：“事实竟然如此，可见刑法不可不慎。太孙仁德而明断，吾可无忧也！”

还有一次，巡逻兵士抓住七个盗贼，朱允炆觉得其中有一个人不似盗贼，经审问，果然不假，此人是一个田主之子，为六个盗贼劫持同行，这田主之子本想报官自首，却又无奈被擒。朱元璋觉得很奇怪，问朱允炆道：“汝为何知其人不是盗贼？”

朱允炆答道：“《周礼》中有‘色听’，《尚书》中有‘唯貌有稽’之语，此人双目炯炯，视听端详，知其非盗也！”

大概朱元璋也是出于对太子朱标的感情，终于下定了立朱允炆为皇太孙的决心。

朱元璋拜祭了祖庙之后，就以礼册立朱允炆为皇太孙，并向天下颁发了册立诏书。诏书全文如下：

奉天承运，皇帝诏曰：我大明自开国以来，风调雨顺，国泰民安，立太子，封藩王，安邦治国，上承天意，下顺民心，举国之内，气象一新。然天有不测风云，人有旦夕祸福。皇太子朱标，不幸染疾，久治不愈，初过而立，不幸归于黄泉，国人皆痛，实为可哀。然国之为国，君皇不可一日无储。皇孙朱允炆，遵从其父之道，天资聪颖，德性仁柔，博读群书，深谙为政之道，故谨遵祖训，奉承天意，揣度民心，册立朱允炆为皇太孙，举国军民，各地王侯，当悉心而拱护之，勿违朕意。钦此。

从此之后，皇太孙朱允炆就成了法定的皇位继承人。为了为皇太孙朱允炆扫清前进路上的障碍，朱元璋采取了两个措施，一是再次分封诸皇子，强化各藩国的军政权力；二是加快了削减功臣权力的步伐，采用不同手段，运用各种名义诛杀开国功臣。继胡惟庸案件之后，朱元璋又策动了一起震惊全国的蓝玉案。

蓝玉，定远县人，常遇春内弟，起初在常遇春手下领兵。蓝玉勇猛善战，屡立战功，官至大都督府佥事。他于洪武二十年（1387年）随冯胜出征纳哈出，洪武二十一年（1388年）击退漠北脱古思帖木儿。徐达死后，继为大将，总军征战，多立战功，颇得盛誉。但他在胜利名誉面前却骄傲起来，居功自恃，胆大妄为，甚至连朱元璋的命令也不听。北征归来，夜至喜峰关，守关军士没有及时打开关门迎接，便纵兵毁关而入。更有甚者，他曾将已投降的脱古思帖木儿之妾奸污，使她含羞自缢身亡。为此，朱元璋曾予以警诫，但蓝玉却不思悔改，仍是我行我素。

蓝玉还被朱元璋册封为凉国公，又与太子朱标结为亲家，因而来往甚密。有一天，蓝玉对朱标说道："人皆言燕王有天子之气，愿太子多予防备，不要让他夺了你的太子位。"

朱标说道："燕王对我很尊重，恐怕不会如此吧！"

蓝玉道："臣感太子知遇之恩，故而提起此事，但愿臣言不验，不愿臣言幸中……"

不料有人将此事告之于燕王，燕王又告之于道衍。

道衍便对燕王说："此人居功自傲，权倾朝野，将来必为殿下之后患，应设计除之！"

太子朱标死后，燕王私自对朱元璋说道："在朝公侯，纵恣不法，儿臣恐日后尾大不掉，愿父皇善为处之！"

"何人纵恣不法？"

"那蓝玉大将军纵兵毁关，奸淫元主妃，难道其罪还不大么？"

朱元璋听罢燕王之言，便让锦衣卫去查访蓝玉罪行。

洪武二十五年（1392年）八月，蓝玉的亲家靖宁侯叶升因胡惟庸案所涉及而被杀，蓝玉担心叶升供出他是同党，于是就招集几个心腹之人议事。

蓝玉道："近来亲家因涉嫌胡案而被杀，诸位知此事否？"

众人答道："我等知道。"

"你们知道叶升给你们带来的危险么？"

众人答道："还请将军明谕吧！"

蓝玉说道："那叶升如若供出我来，那我就是胡党，我是胡党，尔等都要跟着杀头！你们愿意被杀头么？"

众人一齐说道："我等不愿意杀头，请大将军救救我等身家性命！"

"你们且不要怕，我蓝玉的头也不是那么好砍的，我手中有兵！我手中有了兵，我什么都不怕！我怕的就是人心不齐。现在万岁杀人的刀已经举起，就看现在怎么办了！”

众人之中有一个人叫蓝狗，此人有勇无谋、有口无心，见蓝玉说了这一番话，便叫道：“将军手握兵权为何要叫人杀头呢？你要是当了皇帝，不是也能杀他朱元璋的头么？”

其中又有一个人叫道：“大将军为何不去当个皇帝，你当皇帝，我们弟兄都是开国大将！”

蓝狗又叫道：“大将军，反了吧！”

蓝玉见火候已到，便道：“造反，可不是闹着玩的，那是要杀头的！”

“反正都要杀头，若是反成了，还不会杀头呢！”

“诸位，我们现在是同一条船上的人了，要起大事，就须听从号令！”蓝玉说道。

“我们都听将军的号令！”

于是，蓝玉便与众人约定在明年的二月十五日，乘朱元璋外出时起事。

转眼间已到了洪武二十六年（1393年）的二月初，蓝玉的谋反活动正在紧张地进行着。这一日，也该着蓝玉事败。

一日，那蓝狗与邻居斗气，自觉吃了点亏，心中不大舒坦，便到酒店里喝酒。眼见得小店就要收生意关门，店主便对蓝狗说道：“客官，天已不早，客官就请回了吧！明日再恭候客官来小店。”

“你是在撵我走！他……他们欺负我……你也欺负我！等到了二月十五日万岁爷外出的时候，我再叫你看看我是……是谁……我叫你看看——我是谁——”蓝狗口吐醉语，摇摇晃晃走出酒店。

“这位大哥醉了！来来，小弟送你回家。”

“这位兄弟好！”

“这位大哥，你说二月十五日要干什么？”

“干什么！——干什么？大哥不瞒你说——造反去！”

“造什么反？”

“造什么反？那皇帝老儿杀了叶升，还——还要杀……蓝蓝大将……将军，不不说了！”

这跟蓝狗说话的，不是别人，正是一名锦衣卫。这锦衣卫一听说蓝玉大将军要在二月十五日谋反，这还了得！于是这消息就像长了腿一样，快速传到了朱元璋的耳朵内。

二月十三日，正是朝拜之日，朱元璋宣蓝玉进殿。

蓝玉闻宣，便上得金殿，拜道：“臣叩见吾皇万岁万岁万万岁！”

“蓝爱卿！”

“臣在！”

“爱卿近来都在忙些什么事？”

“启奏万岁！臣在操练军士。”

“常备不懈，亦是治军之道。”

“谢万岁过奖！”

“朕过几日要外出藉田，你愿陪朕同往么？”

“臣愿奉陪万岁前往。”

“今日是何日？”

“今日是二月十三日。”

“你看朕二月十五日还能去成否？”

“万岁……这是何意？”

“你当然清楚！蓝玉，你竟敢谋反！”

“万岁！臣是一片忠心……臣………冤枉！”

“将蓝狗押上殿来！”朱元璋一声令下，蓝狗被押上金殿。

朱元璋指着蓝狗说道：“蓝玉！你去问问他！”

“蓝狗，竟是你——坏了大事！”蓝玉无可奈何地说道。

“将蓝玉拿下！”

十日之后，蓝玉全家被抄斩。

蓝玉居功自傲，谋反获罪，杀身自取，本无非议，可是朱元璋借着这一谋反案，又再次大开杀戒，致使无数无辜之人又无端被杀。

朱元璋所杀的人当中，有四种人，一种是违纪犯法、作恶多端的官员，如胡惟庸、蓝玉等。一种是因为案件而被牵连的人，如李善长等。一种是为了保卫统治地位而有意杀的，如徐达等。一种是无辜的人，如浙江学府教授森元达、北平学府训导越伯宁等。

因为朱元璋杀人太多，使所有朝臣都处在一种恐怖的气氛中。

据说朱元璋上朝时，如把玉带高高地贴在胸前，这一天杀人就会少一些，如果将玉带低低地按在肚皮下面，这一天杀的人就会很多，大臣们个个都吓得面色如土，胆战心惊。所以，大臣们每日早晨上朝，都要与妻子儿女们作别，生怕不能再活着回来。

为了避开灾祸，有的大臣便想出了不是办法的办法——装疯卖傻，保全自身。御使袁凯就是如此。

一日朱元璋上朝，刑部送来一批罪犯名单，向朱元璋请旨，朱元璋大体上看了一下，用御笔批道：“全部处斩！”随后，又向御使袁凯说道：“袁爱卿，你将此名单送交太子复审！”

袁凯说道："臣遵旨！"

袁凯来到了太子府，见了太子朱标，说道："臣奉万岁之旨，将此刑部上报的罪犯名单呈送于太子，万岁让太子复审。"

太子朱标接过名单，说道："那么多的罪犯，一下子就全都处死呀！是不是杀的太多了？让我细看一下！"

太子朱标将名单全都细审了一遍之后，说道："此中人犯，有的是可杀可不杀的，就是那些非杀不行的人，有的人也是事出有因。我认为应当减刑，从宽处之，方显我朝仁慈宽厚。"

袁凯说道："太子所言甚是，臣一定将太子之言如实向皇上回奏！臣告辞！"

太子朱标说道："大人走好，恕不恭送！"

袁凯回到后宫，见了朱元璋说道："启奏万岁，刑部请旨的人犯名单太子已经复审过了，太子说道：'其中有些是可杀可不杀的，就是那些非杀不可的人之中，有的也是事出有因，应当减刑，从宽处之，以显我朝仁慈宽厚之意。'"

朱元璋听了，反而问袁凯道："朕与太子的主张，哪一个正确呢？"

"这个……"

袁凯并未料想皇上会向他问这个问题，一时犯了难，一个是皇上，一个是太子，都惹不起呀！我敢说谁对谁错么？

袁凯转念一想，便想出了一个两全其美的法子。

"万岁！"袁凯接着说道，"以微臣愚见，陛下你主张全杀，这是在执法！太子主张减刑宽大，这是仁慈，都有道理呀！"

不料，朱元璋却发怒了，说道："臣之于君，当实言相告，你为什么持两端而不置可否？分明是耍滑头，戏弄于朕！来呀！将这个持两端者打进大牢！"

袁凯，字景文，松江华亭县人，原来是一个府吏，洪武三年，被人推荐而授御史之职。此人博学多识，又有才辩，能够洞察时事，说话一针见血，莫说满朝文武，就是朱元璋对他也很佩服。

袁凯被投到大牢之中，自知杀头之期不远，于是想道："皇上杀人如麻，弄得人人自感朝不保夕，我不能这样就死了，我还有家人，我死了他们怎么办？我要离开这个官场，我要想法活下去！"于是，他很快便想出了一个好主意。

"吃饭了！"随着牢头的一声喊，牢头把饭碗送了进来。

袁凯眼直瞪瞪的，看也不看，把饭端起来向牢头脸上砸去，口中说道："你好大的胆子，小鬼子，竟敢将泥块送给我，看我是谁？我是阎王爷，看我不用油锅活炸了你！"

那牢头被"叭"的一碗饭打在脸上，发怒道："贼死犯！你是想死呀你！"

袁凯说道："你说什么？我是死犯？不！我是新娘子，是皇上把我娶来的。

哈哈哈！”说着，嘴里学着吹喇叭的声音，又是跳，又是叫：“一拜天地，二拜高堂，夫妻对拜，送入洞房！”

接着，他又咧开大嘴，哭了起来，边哭边说道：“好狠心呀！他是一只狼，娶了我，又不要我，把我放在大牢里。皇上，我的郎，你是一只披着人皮的狼！”

转眼，又笑道：“你们看什么看！再看我就变成老虎吃了你！”

牢卒子对牢头说道：“头儿，这人恐怕是疯了吧！”

牢头说道：“管他呢，咱们走！”

牢头与牢卒走了之后，袁凯便把头发散了开来，衣服也弄得脏乱不整，把饭菜弄得满脸满头都是。一连三日，不吃不喝。

那牢卒到底是年龄大些，阅历广，知道朝廷的钦犯不是闹着玩的，若死在牢中，担当不起，于是便对牢头说道：“头儿，这人怕是疯了，还是赶快报告皇上吧！若死在牢中，皇上若是怪罪下来，咱们可担当不起。”

牢头说道：“你说得也是。”

朱元璋听说袁凯疯了，便说道：“他怎么会疯呢？把他带上殿来，让朕看看！”

不一时，袁凯被带上金殿，朱元璋一看，只见袁凯披头散发，衣服脏乱不整，站在那里，只是东看看西瞧瞧地傻笑。

朱元璋大声喝道：“袁凯，见朕为何不跪？”

袁凯哭问道：“你是谁？噢，我认出来了，你是我的夫君！”转而笑道：“夫君！你是我的夫君！”

朱元璋喝道：“一派胡言，满口胡说八道！”

袁凯又哭道：“夫君啊，你既然用花轿娶了我，为什么又把我投到牢中？负心郎，你是一只狼！”

朱元璋怒道：“袁凯，你不要装疯卖傻，朕能试出你是真疯还是假疯，来呀！弄几个木锥子来！”

不一时，木头锥子呈了上来，朱元璋说道：“用木锥子往他身上狠狠地锥，看他还疯不疯！”

殿前武士将袁凯按定，几个人用木锥向他身上锥，袁凯只疼得钻心，他咬紧牙关，不说一个疼字，口中说道：“我是谁？我是阎王爷，你们这几个小鬼卒，为何不跪，反而乱向我身上撒沙子？”

袁凯身上直被木锥子锥得鲜血直流，朱元璋才下命住手，说道：“且放了他，把他送回老家去吧！”

原来，古时有一个说法，说是疯了的人身子不知道疼。所以朱元璋便用木锥子锥的方法来验证袁凯是真疯还是假疯。这一点，当然瞒不过袁凯，所以袁凯咬牙挺住，朱元璋仍是半信半疑，便将袁凯遣送回乡。

袁凯回到老家之后，仍然装疯卖傻，他用一条铁链子锁在自己的脖子上，不洗脸，不梳头，疯疯癫癫，不论见谁都唱：“月老作，八丈高，骑白马，带洋刀……”

又过了一些日子，朱元璋要兴办儒学，又想起袁凯。想让袁凯担任儒学教授，于是派使臣去召他。

听说使臣就要来了，袁凯来到家中，拉着妻子往屋内便走。

袁凯的妻子刘氏只当袁凯是真的疯子，终日以泪洗面，自己虽已嘱咐下人好好照看老爷，只是袁凯有意糟蹋自己。

整日里，袁凯要么就不吃，要么就猛吃一顿，所以刘氏又是悲伤，又是烦恼，见袁凯拉她，便说道：“死疯子，在下人面前拉拉扯扯的，成什么样子！”

袁凯故意说道：“夫人，我要撒尿！我还要吃奶！”只说得家中下人笑了起来，刘氏只气得脸儿一阵儿红，一阵儿白，袁凯也不管那么多，将刘氏拉进屋内，将门关了。

“夫人！快！皇上派使臣来召我了，快用黑面加上白粮弄熟了，做成黏糊糊，把它一堆一堆地在地上倒个几堆，使臣来了，你就说是狗屎，听懂了么？”

“怎么……你？”刘氏感到惊奇。

袁凯笑了笑，说道：“夫人，我这不是好好的么？”

“你，原来没疯呀！”刘氏不敢相信地指着袁凯说道。

袁凯说道：“夫人，我要是不疯呀，这头岂不是早就让皇上给砍了去了么？”

刘氏一把拉着袁凯说道：“老爷，可苦了你了！”不禁哭了起来。

袁凯说道：“夫人，不要哭了，快去弄，不要让任何人知道，我还要在使臣面前再疯一次给他看看。”

不到两个时辰，使臣果然来到了袁凯家中，说道：“圣旨到！”

刘氏马上带着家人跪下接旨，袁凯也不下跪，只是蓬头垢面地站着，使臣看了看袁凯，只得依章办事。

“袁凯接旨！”

“……”

奉天承运，皇帝诏曰：孔孟之道，自古之国教也，儒学，乃百学之首，为淳化民风，安顿社稷，朕将大兴儒学。袁凯，博学多识，堪称儒师，故召任儒学教授。钦此。

“……”

“袁凯，还不快谢恩啊！”

“哈哈……谢……谢什么恩啊，我要尿尿去！黄布片儿就留着你用吧！”

刘氏说道："钦差大人，老爷他疯成这个样子，胡说八道，还请大人恕他不恭之罪！"

袁凯又故意用手拉着使臣，把使臣的衣服也弄得尽是泥灰，走着走着，见了地上的黑面堆儿，抓着就往嘴里送。

刘氏故意说道："狗屎，老爷，那是狗屎呀！"

袁凯说道："什么狗屎？这是万岁赐给我的御饼儿，不信你尝尝。"说着就往使臣嘴上送，使臣一斜身，袁凯就势按在使臣的肩上。

袁凯又跑到篱笆边，一抬腿骑在篱笆上，唱道："月姥儿，八丈高，骑白马，带洋刀……"

使臣回到京城，见了朱元璋，太祖朱元璋问道："袁凯怎么样了？"

使臣说道："启奏万岁，那袁凯疯得实在厉害，臣宣读圣旨，他也不知道谢恩，反说要去尿尿。他见地上有狗屎，抓着就吃，还把狗屎抹在了臣的肩上。他还骑在篱笆儿上唱……"

"他唱的什么？"朱元璋问道。

使臣说道："他唱'月姥儿，八丈高，骑白马，带洋刀……'"

朱元璋沉默了一会儿，叹了一口气说道："唉！由他疯去吧！"

从此之后，朱元璋再也不管袁凯的事了，袁凯终于躲过了一场杀身之祸，过了一个平安的晚年。

装疯卖傻，逃避祸端，不要说大臣，就是皇亲国戚，也常常要用这种办法。外戚郭德城就是其中一例。

郭德城，本是宁妃郭氏的哥哥，朱元璋对他自然不坏，但矛盾总归是会有的，天长日久，自然会影响他们之间的关系。

当郭德城看到朱元璋杀人太多，便想到早晚自己也要遭受祸端，于是就采取了明哲保身的态度，终日身不离酒，醉得东倒西歪，无所事事。遇事绕道走，事不关己，高高挂起，明哲保身，但求无过。

朱元璋很喜爱宁妃的时候，便想授以郭德城官职，而郭德城却坚辞不受。

朱元璋心中不快，责备道："朕念你跟随我多年，既是亲戚又是部下，授你个官职，想让你享享太平盛世之福，你为什么还要推辞呢？"

郭德城说道："谢万岁，非臣不愿意当官，只是臣生性狂愚懒散，又特别喜爱喝酒，有时都喝得醉卧不醒，又不知道事情的缓急高低，臣要是公事办不好，万岁敢不把臣杀了？人生在世，最大的快乐，不过于多得钱，饮美酒，随便自如，舒适痛快，臣一生也就满足了！"

太祖听了，大笑道："这又有何难哉！朕就多赐你些美酒就是了！"于是，赐酒百瓶，赐金帛百匹，郭德城叩头谢恩。尽管如此，郭德城最终还是犯在了朱

元璋的手上。

一日，郭德城在后苑陪朱元璋喝酒，当时，宁妃自然在场，他们三人交杯换盏，不用说，山珍海味，琼浆玉液，自然是应有尽有。

喝到酒酣之时，朱元璋说道："你既是好酒量，朕今日之小饮酒足否？"

此时郭德城也是十二分的酒量，不觉也是醉意朦胧，便退席谢恩，郭德城说道："臣今日是山珍海味俱食，琼浆玉液尽尝，谢万岁浩荡皇恩！"

不料郭德城此时已是酒至大酣，磕头谢恩时，不想帽子竟掉了下来，光秃秃的头上露出几根毛发来，朱元璋于是笑道："醉酒的疯汉，头发秃成这样，想必是酒喝得太多了吧！"

郭德城听了，便说道："回万岁，这几根毛发臣还嫌长得太多了呢！恨不得都剃光了才痛快呢！"

朱元璋听了，心中很是不快，把脸沉了下来，端起一盅酒，一饮而尽，说道："好你个疯汉！"

宁妃在旁边见了，便说道："他就是一个疯汉，几盅酒下肚，就是说不完的疯话，来，我再陪陛下喝几盅！"

朱元璋端起酒盅，喝了两盅，宁妃对郭德城说道："我的疯哥哥，快起来吧！万岁还正等你喝酒哩！"

说罢，便将郭德城拉到酒桌旁坐下说道："我的疯哥哥哎，少说疯话，快与万岁再喝两盅酒吧！"

朱元璋说道："去去！朕才不与那个疯汉喝酒，把他弄下去歇息吧！"

郭德城被送走之后，宁妃又说道："万岁，来来来！疯汉走了，我们喝酒清醒些，省得我哥又胡言乱语地说疯话。"

宁妃端起酒盅说道："来！万岁，臣妾先敬万岁三盅，这第一盅，是臣妾祝万岁龙体康健、万寿无疆！"

朱元璋接过酒喝了，宁妃又端上第二盅说道："这第二盅是祝我大明江山万年永泰！"

朱元璋笑道："你话儿说得好，朕爱听！"

宁妃又说道："这第三盅酒嘛！就是臣妾替代那疯哥哥向万岁陪情。"

朱元璋笑道："谁让你陪情，等那疯汉醒酒之后，朕罚他四盅酒！"

宁妃说道："好好！到时候臣妾再罚他两盅酒向万岁陪情。"

宁妃又陪朱元璋喝了几盅后才罢宴。

待到郭德城酒醒之后，宁妃说道："哥哥，你昨日差一点儿闯下杀身大祸了！"

郭德城说道："我也知道，我说了要全部剃光了头才痛快的话。事已至此，如何是好呢？"

宁妃想了一下，说道：“我曾听说过去袁凯装疯避祸，你不妨也就装疯卖傻吧！我就说你自知罪责难逃，惊吓而疯。”

郭德城说道：“如此也好！”

于是，郭德城索性把头剃个精光，穿了一身和尚衣裳，手敲木鱼，四处乱跑，疯疯癫癫见了人便称“阿弥陀佛”，再不然就是口念佛经，整日喝得似醉非醉，到处乱跪。

朱元璋听说郭德城疯了，便来到宁妃处，询问此事。

宁妃说道：“我哥哥上次喝酒，醉后失言，自知罪责难逃，竟惊吓而疯，已无颜再见万岁，还请万岁赦其不敬之罪！”

朱元璋说道：“竟真有此事，他现在何处？”

宁妃说道：“他整日疯疯癫癫的，也不能干什么正事儿，所以臣妾便把他收留在我处。”

朱元璋说道：“朕想再见见他。”

宁妃将郭德城召来，只见郭德城留着光头，手持木鱼，身着僧衣，疯疯癫癫，口称“阿弥陀佛”。

朱元璋说道：“朕只说是你哥哥说了句笑话，如今竟是如此地步，真乃一个疯汉，只可惜了朕的一个大臣！”

从此之后，朱元璋再也不注意他了，郭德城躲过了杀身之祸，寿终正寝。

朱元璋肆意株连，杀害无辜，朝野怨声载道。

有一次，朱元璋微服私访，来到一个破庙之中，内中并无一人，只见墙上画着一个和尚，和尚的背上背着一个大布袋。旁边配了一首诗，那诗写道：

大千世界浩茫茫，收拾都将一袋藏。
毕竟有收迟有故，放宽些子又何妨。

朱元璋看了，见墨迹未干，便令人搜作画写诗之人，但是却是人去庙空，无处查寻。

这件事，也说明了当时的人对朱元璋大开杀戒、滥杀无辜的不满。

明朝开国功臣，经过胡、蓝这两个大案之后，几乎全被杀完，所剩已是寥寥无几。

经过一番大的动作，朱元璋似乎可以放下心了。国家的军政大权已经完成了从功臣到藩王的移交。册立朱允炆为皇太孙之后，皇子们差不多都被分封为王，遍布于全国各要害之地。皇亲各镇一方，拱卫王室的理想已经变成了现实。

此时，眼看一切都安置妥当了，可朱元璋似乎意识到自己又犯了一个错误，

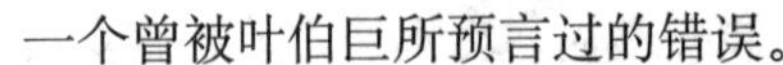

一个曾被叶伯巨所预言过的错误。

有一日，朱元璋和朱允炆在一起聊天。

“备边抵御外侮，我交给你的皇叔们管，只要边境上没有战争，你就可以放心地做太平天子了。”朱元璋很高兴地说道。

“如果皇叔们有异心，谁来对付呢？”朱允炆问道。

“这个……”

朱元璋一时竟无话可答。

这个问题，朱元璋似乎从未考虑过。

他沉默了好大一会儿，最后才问：“你的意思如何呢？”

“以德争取他们的心，以礼约束他们的行，如不起作用，就削他们的地，再不行，就更换他们的封地，这些如都不管用，就兴兵讨伐！”朱允炆回答说。

朱元璋听罢后，无言地点了点头。

洪武二十九年（1396年）二月二十三日，在边境巡逻的士兵发现了一个脱落的车轮，宁王朱权马上将这一情况上报给朱元璋。朱元璋认为，这是蒙古骑兵仍在边境上活动的证明，不可掉以轻心，于是就命令燕王朱棣率领精兵奔赴大宁、全宁，沿河两岸巡视，伺机打击敌人。

事实证明朱元璋的分析判断是正确的，元朝旧将孛林帖木儿在撤撤儿山一带，纠集了十万兵马，不断骚扰明朝北部边疆。

朱元璋在功臣基本诛杀完了之后，守边事项便让诸皇子专任。燕王负责镇守北方边境，因此燕王也就招兵买马，频频巡视边疆。

这一日，燕王来到大宁，宁王朱权出城迎燕王入宁王府。

宁王府内，兵士列队夹道欢迎，鼓乐高奏，燕王在宁王陪同之下，缓步进入宁王府。燕王在宁王府坐下，宁王又重新见礼。

“小弟叩见王兄，给王兄问安！”

“都是自家兄弟，不必如此多礼！”燕王朱棣把宁王扶起，说道。

“谢王兄！”

“吾奉父皇之命，前来巡边，不知此处边事如何？”

“敬回王兄，此处边防还算安宁，平时也没有什么战事，边民也都平安无事。”

“如此甚好，此乃小弟防守有功。”

“不敢当，多蒙王兄夸奖！”

“守边大事，还须弟弟费心。”

“王兄说哪里话来，守边乃小弟之职责，岂敢不尽力而孝于父皇乎！”

“弟弟所言极是，如此，我也就放心了！”

“多谢王兄指教！”

宁王宴请燕王，宴罢之后，燕王又将太孙事问宁王。

“如今太子弃世，父皇立允炆为太孙，弟观允炆可当国乎？”

“弟久在远藩之地，朝中之事不得闻，亦不知允炆其人如何。”宁王朱权知燕王之意，有意回避道。

燕王笑道：“弟弟不必多疑，兄只是忧虑允炆日后不能当国，征询一下诸亲王看法罢了，此乃自家之事，方能听得真话，他人之言不足信呀！”

“王兄如此忧国，着实让小弟自愧不如，小弟全力守边，无能过问朝政了！”

“弟弟不必过谦，守边安民，其功不小！”

“王皇兄过奖了！”

燕王与宁王又说了些闲话，便相揖而别。

朱元璋正为孛林帖木儿的事发愁，传事官来报，说燕王朱棣求见，朱元璋便道：“宣他进殿！”

“宣燕王进殿——”

燕王朱棣闻宣，急忙进殿。

“儿臣叩见父皇万岁万岁万万岁！”

“平身！”

“谢父皇！”

“尔不在藩国，回京为何事？”

“启奏父皇，臣奉旨巡边，北疆颇为安定，特此回禀父皇，不必过忧，此其一也。儿臣知孛林帖木儿在撤撤儿山纠集兵马，扰我边境，儿臣愿率大军征讨孛林帖木儿，将其捕获献于父皇，此其二也！”

“汝愿率兵征讨，正可除朕心之忧也！如此甚好！朕即封你为靖北大元帅，节制北方各路兵马，征讨孛林帖木儿！”

“儿臣遵旨！”

朱元璋又对群臣说：“有燕王靖边，朕可无忧矣！”

于是燕王点十万兵马，命朱能、丘福为先锋，自己亲统中军，张玉、陈文断后，浩浩荡荡向北进发。

燕王统领大军，来到长城，只见高山绵延起伏，一望无边，远处风烟弥漫，近处草枯树黄，朔风猛烈，寒气逼人。万里长城像一条巨龙，顺着山势，或起或伏，或弯或曲，一眼望不到边际。

出了长城，便是荒原，放眼望去，不见村舍，不见人烟，那荒草浅者没膝，深者过腰，随风起伏，偶尔可见野羊、野马、野驴在荒原上奔驰。

大军又行了月余，刚过大青山，便有探马来报，说是前面有一个蒙古军营。

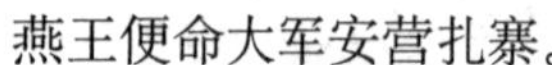

燕王便命大军安营扎寨。

“蒙古多骑兵，我等需防其偷袭营寨！”张玉说道。

燕王说道：“你且于军营四门备下精射手长刀军，营外遍布铁蒺藜，就像我们上次对付乃尔不花那样。”

“末将遵命！”

张玉领命而去。燕王牢记道衍进谏之语，亲自带人去偷察蒙古军营。三日之后，燕王画出了敌营布防图和敌营地形图。又有密探来报：说敌营守将额必花打仗勇敢、素有谋略，率军两万，半为骑兵，半为步兵。

道衍说道：“此敌只宜智取，不可强攻！”

燕王道：“军师不妨说说破敌之法。”

道衍又将布防图和地形图细看了一遍，沉思了一会，分析情况之后，言道：“那额必花素有谋略，不趁我扎营不稳时来偷袭我营，知其用兵谨慎，他更知毁我粮草之重要，一旦我粮草被毁，必然无功而回。因此，我们必须用计，诱敌出战，伺机而破之。”

道衍又怕将士们不懂，又说道：“我们可将粮草屯在离军营稍远一点的显眼之处，只用少量军士护守，造成无防范的假象，额必花对此必定知晓，久之必然动心。他若派兵来袭我粮草，一定要将此军全歼。然后我便派一支精兵，化装成蒙古的袭粮草之军，去骗一下额必花，他若放我军进营，便可里外夹攻，破其大营！”

众将听了，都笑道：“军师此计太妙了！”

于是，大家便各自依计行事，将粮草屯于一个远离营寨的高坡之上，仅派一百名老弱兵士守护。另派张玉、朱能率兵设伏，又命丘福率五千健卒藏于粮草之中，一切准备齐全，只待额必花派兵偷袭粮草。

果然不出道衍所料，这一切果然被额必花知道。

额必花坐在军帐中，虽知明军来到，但却未敢轻率用兵，一来是他用兵谨慎，二来是他对明军情况还未摸清。

这一日，忽有探马来报额必花：“回禀将军，那明军粮草屯于远离营寨的高坡之上，我军可袭其粮草。”

对此额必花并不相信，说道：“再探！”

“遵令！”

过了两日，探马又报：“明军粮草确实屯于远离营寨的高坡之上，只有一百名老弱兵士护守。”

“明军若粮草有失，必然大败而回，此等要害大事明军岂能不知？此必明军诱敌之计，诱我上当，我才不上他这个当呢。”额必花说道。

过了几日，探马又如此禀报，额必花心想：明军难道真的如此大意？便对探马道：“再探明军大营，看他们都在做什么。”

探马回去又报：“回禀将军，明军大营有一半在练兵，一半在休息。”

“屯粮草处有何变化？”

“屯粮草处仍同过去一样，未有变化。”

“回去再探！”

“遵命！”

额必花想道：“此乃天助我也！只要我偷袭了明军的粮草，明军则不战自败！”转而又想：“明军难道真的这样疏忽大意？且慢！还是再看看，然后动手也不迟。”于是又对探马说：“大营及粮草处再探！”

探马再探后又来回报：“回禀将军，明军大营依然是像昨天一样练兵，粮草处仍由百名老弱兵士看守。”

这时，额必花才下定了偷袭明军粮草的决心。当即传下令去，派去两千兵马前去偷袭明军粮草。

蒙古毁粮骑兵以为明军没有防备，便大着胆子来偷袭粮草。蒙古军刚到粮草场，藏在粮草之内的五千健卒在丘福带领下从粮草场中冲出，一阵猛射，一阵猛砍，再加上遍地的铁蒺藜，那马蹄只要一踏上去，便疼得尥蹶子，那骑手从马上摔下来，非死即伤。一时间，蒙古军马死伤过半，剩下的便夺路而逃。朱能、张玉率领伏兵从山坡后两边包抄上来。伏军在山谷中埋伏，在山谷中憋了七八天，这一肚子的火气都向蒙古兵发来，一阵猛打猛冲，那余下的蒙古兵一个没剩，全部消灭干净。

张玉、朱能将他们的将兵全都换上蒙古军的服装，一切收拾停当，便直驱蒙古军营大门。

到了蒙古军营门前，张玉他们人不下马，直往里冲，守门将士喝道：“站住！好大的胆子，不经允许竟敢乱闯大营！”

“真是狗眼！我们即本营将士，怎么反倒不认识了！”张玉怒道。

一个门军说：“就是本营兵士，也不许胡乱闯营！”

张玉与朱能一伸手，便杀了几个门军，说道：“我等毁了明军粮草，立下了大功，饿到现在还没见姓范（饭）的面儿呢，你竟不许进营，不给你点颜色看看，你也不知老子是干什么的！”说着，手起刀落，便杀了两个门军：“谁不让进营，他就是样儿！”剩下的门军见此情景，便身子往后一退，张玉和朱能便带兵闯进营来。

张玉见兵马全部进得营来，便一声令下，在营内便动起手来。

明军将士抖擞精神，驰马挥刀，见人便刺，遇马便砍，蒙古军急忙应战，兵器还未拿到手，人头便被明军砍落下来，一时间，营内大乱。又听得营外三声炮响，明军又从外杀将过来，刀枪撞击声、喊杀声交织在一起，混合成一片。

额必花经过探马多次打探，最后才下决心，派兵毁坏明军粮草。他正在帐内候听得胜消息，忽听得营内杀声四起，又听得营外炮响三声，急忙走出帐外，只见无数铁骑在营内横冲直撞，尽情厮杀，额必花心中直纳闷：我的骑兵怎么杀我的人？仔细一看，不由得心中连连叫苦。这些骑兵原来是明军化装的。额必花此时是叫天天不应，喊地地不灵，指井井无水，指河河底干，在原地直转圈儿，硬是一点儿办法没有。

营帐中又着了火，浓烟滚滚，烈火熊熊，火借着风势，风助着火威，只烧得兵营内鬼哭狼嚎。额必花知大势已去，只得夺路逃命，整个大营让明军围个里三层外三层，别说是人，就是一只老鼠，也休想逃出包围圈，额必花万般无奈，只得下马投降。就这样，额必花的两万人马全被歼灭。

这次，明军来了个开门红，出兵第一战就打了个大胜仗。

燕王杀马置酒，大宴所有将士，鼓励将士再立新功。燕王人马休整一天，第二日，便起营拔寨，去攻蒙古军队的第二座大军营。

这第二座大军营，一面背着山崖，三面是平地，守将叫真塔。真塔手下有两万军士，骑兵、步兵各半。燕王和道衍及众将察看了地形之后，燕王问道衍道："这一仗如何打法？"

"这一仗可武力攻打。"道衍回答道。

"如何用武力攻打？"

道衍说道："咱们可学学孙猴子对付铁扇公主的法儿！"

道衍这么一说，大家都来了兴趣，忙问："怎么个打法？"

道衍笑道："我们可用一支人马正面假装攻营，另派二百名壮士从山上顺崖而下，直到敌营中，以营中放火为号，另在左右两侧置兵，见火起攻入营中，缠住真塔，正面由虚攻变为实攻，如此一来，敌营必定不能相顾，因此是必败无疑，我则胜券在握矣！"

燕王大喜，说道："此计妙不可言！"

道衍道："诸位既同意此计，就可依计行事。"

燕王道："朱能听令：你带五千兵马，多带鞭炮、钲鼓，正面佯攻，营中火起后变佯攻为实攻！"

朱能道："末将遵令！"

燕王道："张玉听令：你带八千军马埋伏敌营左面，见火起，立即猛攻，进入营中，定要找真塔厮杀，将其缠住！"

张玉道："末将遵令！"

燕王又道："丘福听令：你选二百名会武术的兵士于山上坠崖，到营中点火为号，而后从内向外攻！"

丘福道：“末将遵令！”

燕王又道：“我自带兵马在右边埋伏，今夜三星正南时正面开始佯攻！不得有误，现在各自分头行事！”

众人齐道：“遵令！”

朱能率领五千兵马，并备足十盘鞭炮、一百个大鼓，各带刀枪器械。朱能告诫军士们说道：“我等佯攻，是大战的第一步，一定要打好，大家争立个头功！”

众军士道：“将军就放心吧！我们一定把炮放得响响的，把鼓擂得响响的，把杀声喊得大大的，一定把敌营的兵力都引到正面来！”

眼见得三星已到正南，朱能一声令下：“擂鼓鸣炮！”

一时间，一百面大鼓一齐擂动，军士们一边燃放鞭炮，一边直着嗓子高喊：“杀——”鼓声、炮声、喊杀声，混成一片，好像整个营寨都在这雄壮的声音里颤抖。

正面守营兵士从梦中惊醒，急忙报告真塔，真塔也从梦中惊醒，急忙跑出大帐，只见大营正面火光映红了半天，把大地照得如同白昼一样。真塔知大事不好，急忙派兵遣将，支援大营正面。

丘福带领二百名军士，早埋伏在山崖之上，见敌营正面火起炮响，便命军士系好绳索，第一批五十个人顺着绳子坠下崖去，直落入敌兵营内。因前面火起，因此后营无人防守，两名看帐的老兵见有人坠崖落地，未及呼喊，便被结果了性命。

不一时，第二批五十个人又坠落下来，时间不久，二百人全部坠崖落地，丘福便命人在军营中放起火来，转眼间烈火腾空而起，丘福便指挥这二百人在营中杀将起来。

张玉见大营中火起，率军从左边一阵猛攻猛打，闯入敌军大营。燕王率军从右边，也闯入敌营，见人就刺，逢人便砍，一时间，敌军营寨之内乱成了一锅粥。

真塔从大帐中跑出来，便来到正面督战，不料丘福于左后营放起了火，张玉领兵进得营来，寻找真塔厮杀，燕王又率军进得营来，三面厮杀，那真塔哪里顾得周全？众兵失去了指挥，纷纷作鸟兽散。

真塔见大势已去，无心恋战，丢开张玉，落荒而逃，被燕王瞧见，只见燕王拉弓搭箭，“嗖”的一箭射去，真塔应声落马，被乱军杀死。

燕王两战两捷，连破蒙古两座大营，威震天下。第三座大营守将闻风丧胆，竟然弃营而走，燕军一箭未发，便攻占了第三座大营。

燕王一鼓作气，连克三座大营，稍事休整之后，便直指撒撒儿山。

撒撒儿山，本是一座大山，奇峰峻岭无数，深涧峡谷众多，山势险要，易守难攻。一年之内，有半年是冰雪覆盖，山路陡峭，难以攀登，别说是人，就是山

中的猿猴，见了这悬崖绝壁也要犯愁。

孛林帖木儿也不愧是善兵之人，他将根基之地选在撒撒儿山，也可以说是独具慧眼。孛林帖木儿的大营分为前后两个大营。

那前营扎在山下，营寨周围树木全被砍伐殆尽，只有营寨之后仍然依着树林，其粮草等物另屯一处。那后营扎在山顶。孛林帖木儿即驻守此营，两个营寨成掎角之势，可互相支援照应。那孛林帖木儿把两个营寨整治得如同铁桶一般，大有“一夫当关，万夫莫开”之势。

燕王与道衍等人边察看地形，边议破敌之策。

道衍道：“这两座大营可以先破前营，而后再破后营。”

燕王道：“军师言之有理，我看这前营后依树林，可用火攻。”

道衍道：“我们可派兵佯毁其粮草，他们必全力保其粮草，我们即可伺机攻其营寨。”

朱能道：“孛林帖木儿若派兵支援又怎么办？”

张玉道：“我看孛林帖木儿不会支援，如若支援，我们就去毁他的粮草，使其两顾不暇！”

“张将军所言甚是，现就派汝领兵去佯攻孛林帖木儿的军需辎重营，汝可见机行事，若能毁其辎重，便变虚攻为实攻，烧了他的粮草！”道衍说道。

“末将遵令！”张玉欣然领命。

燕王道：“朱能、丘福听令！”

“末将在！”朱能、丘福答道。

“命你二人准备柴草，在前面佯攻时，从后面烧其大营！”

“末将遵命！”

孛林帖木儿在军帐中，正在思索如何破敌之策，忽有探马来报：“回禀元帅，明军派兵攻我粮草辎重营！”

“回去再探！”

“是！”

孛林帖木儿知道粮草在作战中的重要地位和作用，虽有重兵把守，还是放心不下。听探马如此一说，更是放心不下，于是孛林帖木儿便派军支援。

孛林帖木儿派出的援军刚刚出动，早有探马报与张玉。张玉听说孛林帖木儿派了援军，便一面组织人佯攻，一面设下埋伏。那援军听说前面吃紧，只想一心支援，哪还顾得多想别的？一路上只顾急急前行，就是进了张玉设置的埋伏圈内他们也不知道。

张玉见援军全部进了包围圈，一声令下，明军从四面冲向援军。援军突然受敌，情急之中手足无措，又不辨明军多少，一时间乱作一团，兵士四下逃散。那孛林帖木儿听说援军受到明军袭击，更是万分着急，又急忙派一万兵马前去支援。

此时，朱能与丘福正在前营。朱能对丘福说道："我在前面佯攻，你去后面烧营，怎么样？"丘福道："行！我去后面放火攻营！"二人计议一定，便分头行事。

朱能是佯攻作战的高手，他指挥明军兵士摇旗呐喊、擂鼓助威，弄得炮火轰鸣、烟浪冲天，那气势，那声威，正好似百万雄兵从天降，直把那蒙古军唬得晕头转向，把全营兵力都调集在营寨正面，准备与明军决一雌雄。

因兵力都被朱能引到了营寨正面，所以后面就兵力空虚，几乎是无人防守。这正给丘福留下了一个立功的机会。丘福见后营寨空虚，便命士兵在靠近营寨处堆积几大堆干柴，立刻将干柴点燃。

转眼之间，便烈火熊熊，只烧得劈啪作响，火苗蹿上树木，一时间，整个树枝便着起大火来，带着火的枝叶纷纷落下，火星儿四下飘落，近处的军帐便也烧起火来，军帐一个连着一个，大火烧毁了这个，又点燃了那一个，一时间，整个后营成了一片火海。

那些蒙古兵被烧得嗷嗷乱叫，四处乱跑，有的放弃守卫奔走逃命，有的窜入火中抢救东西，整个营寨乱成一团。那些战马见了大火，更是乱咬乱叫，有烧着鬃毛的，有烧着尾巴的，也有烧烂肚皮的，也有烧断缰绳的，也有自己挣断笼套的，马身上带着火苗四下乱窜，有不少人被战马撞倒、踩死。

在前面与朱能交战的蒙古军士一见后面着了火，也都胆战心惊，不再恋战。朱能见后面火起，便变虚攻为实攻，带兵砍断栅栏，推倒营门，杀将进去，丘福带着兵马，从后面往前杀。前后夹击之下，已被吓断了魂的蒙古兵有的投降，有的被杀，死的死、伤的伤、降的降。就这样，孛林帖木儿的山下大营被明军攻破了。

燕王、道衍得到明军大破前营的消息之后，马上传下令去，让朱能、丘福立即将各处大火扑灭，并作出正在作战的声音。

朱能、丘福接到燕王的命令，并不知是为何意，只得依令而行。

朱能、丘福一面命人灭火，一面令军士摇旗呐喊，把个刀枪敲得震天响地。军士们什么也不管，只是遵照着命令，整个前营就像是真的在打仗一般。其实，这是道衍军师的一个连环计，一般将士尚且不解其意，普通兵士如何能了解其中的精妙之处！

原来，在前营攻破之时，道衍便心生一计，他寻思着：既然那前营已经攻破，对于孛林帖木儿我何不再骗他一骗，让其分兵来援前营，使其分散精力，两难相顾，还可伺机歼其援军，何乐而不为？想到这里，便令朱能、丘福一边扑火，一边作出仍在激战的假相，来迷惑孛林帖木儿。

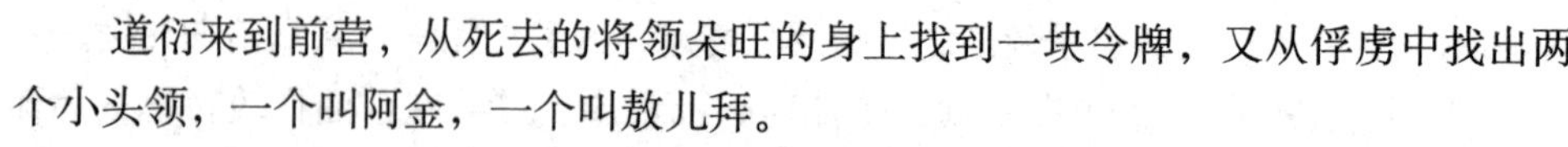

道衍来到前营，从死去的将领朵旺的身上找到一块令牌，又从俘虏中找出两个小头领，一个叫阿金，一个叫敖儿拜。

道衍好言好语地安慰道：“我主奉承天意，入主中原，自大明开国以来，内安生民，外抚四邦，此乃仁政之举，只是孛林帖木儿不晓大义，聚众反明，实为螳臂当车。元大势已灭，汝等不是不知，汝等当诚心归明，方为明智之举，且我明军所到之处，无不披靡，孛林帖木儿破亡即在眼前，汝等再为他卖命，实在是昏昧至极。汝若愿为破山上营寨立功，必当嘉奖，汝等熟思之。”

这阿金、敖儿拜也并非平庸之辈，自也有一定的头脑。他们原以为撒撒儿山与明之京城有万里之遥，明军将是鞭长莫及，无暇顾及，而今明朝大军来讨，又是如此厉害，眼见得孛林帖木儿大营朝夕难保，死命保他也是无益，倒不如真心归降，或许还有进身之路。敖儿拜便对道衍说道：“我等既已降明，就永做明民，绝无二心！军师有何派遣，我等恭敬受命！”

道衍说道：“好！”接着，道衍就仔细地交代了一番，并每人又给了五十两银子，留作养家之资，二人高高兴兴领命而去。

阿金、敖儿拜二人领了道衍之命，便直往撒撒儿山孛林帖木儿的山上后营而来。一进大帐，敖儿拜与阿金便急向孛林帖木儿回报。

“报告元帅，明军正在攻打前营，朵旺将军令我等来报大元帅，前营危急，请大元帅火速派援军去营救，否则前营难保！”

孛林帖木儿认得阿金、敖儿拜，又见他们递上的朵旺的铜令牌，就说：“阿金、敖儿拜，前营是不是早已失守了？”

“回禀大元帅，前营未失，但很危急，请快些出兵支援！”敖儿拜牢记着道衍的话，所以便这样回答。

“既然前营未失，为何会烧起大火？”

“那是朵旺将军有意燃烧，是向大元帅报警的。”

“噢！原来如此！”

“元帅，救兵如救火呀！不要再犹豫了！”

“来人！把这两个奸细给我拿下！”孛林帖木儿突然下令。不容分说，二人已被捆住。

敖儿拜、阿金两人心里一惊，敖儿拜心里转得快，借着挣扎的机会，踢了阿金一脚，阿金回头看时，敖儿拜递了个眼神，阿金会意，这一切几乎都是在片刻内完成的。

“元帅，这是为何？”敖儿拜忙问。

“既然前营已破，为何还来骗我！说，是谁指使你来的？”

“元帅，我没死在战场上，能死在你的刀下，也情愿，你不救前营也就罢了，为何还要给我加上个罪名？”

“你还嘴硬！”孛林帖木儿把刀对着敖儿拜说道：“说！前营到底是丢了没丢？”

“元帅，前营丢还是没丢，我说了，信不信由你，我二人死了事小，要是误了战机元帅可不要后悔！”

“好！我暂且不杀你，等我派人查明后再来与你算账！”

“元帅，反正我二人是跑不掉的，死不足惜，那前营可是千百条人命，是等不得的呀！”

“待我查明后再作决定，如若前营已丢，再派援军还有何用？”

敖儿拜、阿金已知孛林帖木儿仍是心中无数，刚才只是试探，不会杀他们，但不知派出去的人回来如何回报，若说破真相，他二人必死。目前也没有别的办法，只得等着看，能否活命，也只有听天由命了！

不一时，派去查看的人回来了，好在是这去查看的人并未实地查看，只是远远地看个大概，便回来禀报。他那模糊不清的回报倒真的救了阿金、敖儿拜二人的性命。

“快说，前营着火了么？”

“着过火，营后树木已被烧光。”

“现在还着火么？”

“已经不着火了！”

“帐篷烧着了没有？”

“我看还有帐篷！”

“帐篷还在，朵旺还在守营么？”

“敌军围营，我未及近看，只听到战鼓声、厮杀声。”

“如此说来，我的前营还未曾丢！”孛林帖木儿大喜道。

“元帅，我俩说的话不错吧！”敖儿拜说。

“二位休怪，战乱之际，我不得不防！”

“元帅这一防不要紧，我们被捆的滋味可不好受呀！”

“打完仗之后，我大大有赏，快去随支援大军一道前去守营去吧！”

“遵令！”

阿金、敖儿拜借机出了后营。

孛林帖木儿又道：“摩里敦、古朵！”

“末将在！”

“你二人领两支人马，火速支援前营！”

“遵令！”

摩里敦、古朵招集好人马，便火速赶往前营。

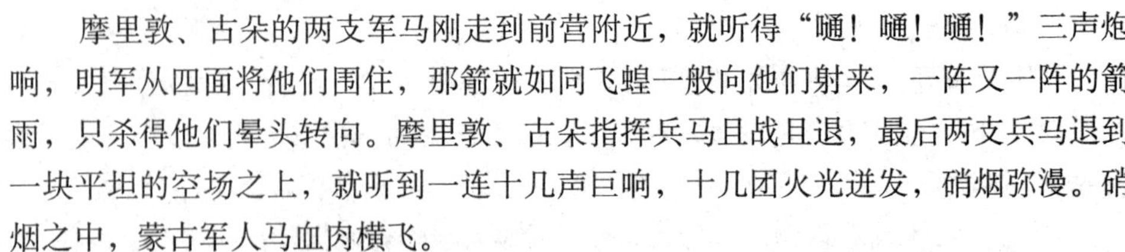

摩里敦、古朵的两支军马刚走到前营附近，就听得“嗵！嗵！嗵！”三声炮响，明军从四面将他们围住，那箭就如同飞蝗一般向他们射来，一阵又一阵的箭雨，只杀得他们晕头转向。摩里敦、古朵指挥兵马且战且退，最后两支兵马退到一块平坦的空场之上，就听到一连十几声巨响，十几团火光迸发，硝烟弥漫。硝烟之中，蒙古军人马血肉横飞。

原来，这一切都是燕王与道衍一起安排好的，燕王见此处两边是山，这中间平坦的地方是蒙古军必经之路，于是便命人在此埋了十几颗地雷。那地雷只要被踩着引线机关，便自动爆炸。

硝烟散去，蒙古军大乱，死尸遍地都是，再加上明军又一次冲杀，这两支大军非死即降，全部被消灭。

孛林帖木儿将摩里敦、古朵派出后，心中想到：后营两次派兵支援，如若明军料我后营空虚，若派兵来攻我后营，岂不要吃大亏么？想到这里，孛林帖木儿觉得心里有点发怵。

“禀报元帅，山左有明军活动！”

孛林帖木儿吃了一惊，忙说：“再探！”

“遵令！”

这一个探马刚走，又有一探马来报。

“禀报元帅，山右发现明军！”

孛林帖木儿心中大惊，叫道：“不好！明军莫不是要攻我大营来了？！”于是便对帐中的两个头领阿木、阿其说道：“快传我令，让支援辎重营的两个铁骑队速回大营！”阿木、阿其手持铜令牌，飞马来到辎重营，将两个铁骑队调回。

这两个铁骑队奉命撤回。铁骑队一撤，张玉便率兵掩杀过来，铁骑队也无心恋战，只是且战且退。张玉追了一程，便回兵攻打辎重营。

张玉一声令下，明军强攻，一阵呐喊，便冲到营寨附近。

张玉道：“准备火箭，对准草垛、衣垛，放箭！”

张玉一声令下，几千只火箭纷纷射在了草垛和衣垛上面。

转眼之间，草垛开始着火，紧接着衣垛、粮垛都着了火，但见烈焰飞天，火声呼呼作响，几十丈远就烤得人皮肉疼，烟呛得人喘不出气来。守营将士见状，乱作一团，无心作战，四面逃散。张玉领着大军如入无人之境，他们攻破营栅，冲进大营，又四处放火，整个辎重营成了一片火海。

孛林帖木儿失去四座大营，损兵折将，连连惨败，自然心中恼怒，但他决心据险守营，准备与明军作一决战。

孛林帖木儿把大营扎在撒撒儿山的山顶上，自然有利有弊，凭高据险，易守难攻，是其利，容易断水，是其弊。对此，道衍心中很清楚，便对燕王说道："我们先断其水源，看他还能支持几日！"一连十天过去，山上不见动静，燕王道："断水十日，山寨中毫无动静，其中自有原因！"

燕王所说，其实不错，孛林帖木儿颇有心计，很早就有打算。原来这山上有一个小天池，长年有水。孛林帖木儿就在山顶上设了一个小军库，有水有粮，过上个一年半载不用发愁，所以道衍在底下断了他的水源，他并不急慌。这一切，道衍哪里会知道。

道衍问了阿金、敖儿拜，才知道山上的奥秘。如要断山上水源，只有毁掉小天池。如何才能毁掉小天池呢？道衍最后终于想了一个好办法，那就是炸掉小天池的帮沿。

道衍主意已定，便对燕王说道："孛林帖木儿所赖与我对抗者，小天池之水也，一旦小天池破，孛林帖木儿必束手待擒耳！"

"小天池如何可破？"

"用炸药炸开小天池的一边帮沿即可！"

"我们炸小天池，那孛林帖木儿必定派兵护守，我们必须派兵将其挡住！"燕王道。

"那是必然！"

道衍与燕王议好之后，便决定第二日炸毁小天池。

第二日，道衍便派丘福带领一支兵马前去炸毁小天池。又命张玉带领兵马，堵截护水的蒙古军队。分派之后，丘福、张玉即刻拨点军马，依计行事。

丘福挑选五百名健壮军士，带上大锤、铁钎、炸药等物，选择了有利地形，便凿石，装上炸药，只听"轰"的一声，才炸下一小块石头。燕王见了，便说道："如此太慢，可多些人打眼，一次打齐百余支石眼后，统一装上炸药引线，然后再统一点燃，一定会加快进度！"

丘福即令军士用燕王之法，果然进度大增。众军士心喜，干劲更足，丘福又组织好人力，轮番休息，歇人不歇工。燕王、道衍见了，皆心中甚喜。

孛林帖木儿在山顶大营坚守十多天，正在思考如何与明军决战，忽听得一声炮响，正要走出军帐去看个究竟。早有探马飞奔来报。

"禀报大元帅，明军在小天池边上凿石放炮！"

"不好！明军一定是破坏小天池绝我水源！"孛林帖木儿大惊。于是急忙派军队去护守小天池，企图阻止明军的炸石行动。

张玉率兵早做好了准备，孛林帖木儿派去的护水队还未到小天池边上，便被张玉领兵堵截了回去。

因为水关系到山寨大营的生死存亡的大问题，这一点孛林帖木儿比谁都清

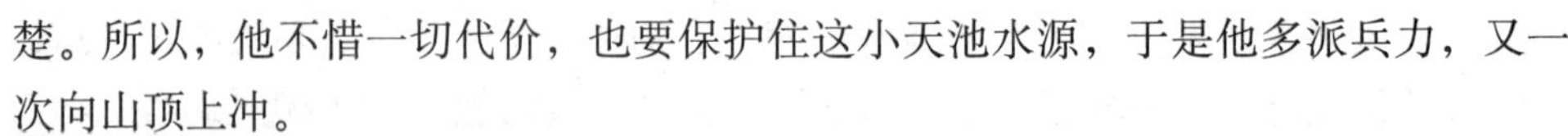

楚。所以，他不惜一切代价，也要保护住这小天池水源，于是他多派兵力，又一次向山顶上冲。

张玉见敌兵又冲上来，自然不敢放松，双方就在小天池旁边展开了激战，上上下下，来来往往，你冲我杀，我进你退，杀声震天。就这样，在张玉的死命防守下，蒙古军的第二次进攻又被张玉给堵了回去。

一天之内，双方拼杀了四次，蒙古军始终未能靠近小天池一步。

丘福带领五百名军士，不停地凿石炸石，听到那边张玉和敌军打起来了，杀声震天，这里的军士也就如同在战场上厮杀一般，劲头更足了。燕王又给丘福拨了五百军士，这一千名军士猛打猛炸，硬是把小天池的帮沿给炸了个大豁口。小天池的水从豁口中出来，顺着山向下淌去，不到一天工夫，淌得一干二净。

小天池的水一干，孛林帖木儿的大营就完全断水了。

营寨中一断水，孛林帖木儿焦急万分，无计可施。

正在忧愁之际，燕王派使者送来了战书，孛林帖木儿接见了来使。来使行过礼之后，一脸诚恳地对孛林帖木儿说道："这是我们燕王给你的战书，上面写得清清楚楚，望将军细细阅读，三思而后行！"

孛林帖木儿接过战书，展开一看，只见信上写得清清楚楚：

孛林帖木儿将军台鉴：

与将军作战，将军三战三败，而今小天池已破，水源一断，将军末路至矣！本王奉命北征，不在杀伐，唯在安民，本此为怀，敦促将军归降，从此休战，可使万千生灵，免遭刀兵之苦。不然，刀兵相见，非死即伤，万千生灵，将暴尸荒野，其惨若此，何去何从，将军当熟思之。

大元故去，覆水难收，江山易主，天道归明，此亦天道所使然，古人云大丈夫当审时度势、顺乎天道，不谙事理，不明天道，何以为大丈夫也！且汝断木难支时日，天无日矣，当降则降，当战则战，将军当快思之！

吾师，义师也，不乘人之危而取之，将军若执意不降，明日留生路一条，下山以决雌雄，如归降，亦请并复。

燕王朱棣呈

孛林帖木儿读罢自思之：明军约我下山，不论胜败与否，尚有一条出路，若再坚守下去，只有全部死在营中了，倒不如下山去吧！

孛林帖木儿对来使说："请转告燕王，为将者当胜则胜，当败则败。胜也者，天胜我也，败也者，天败我也。忠臣者，必忠于君，忠于君者，必为君而终。故我不敢降也，愿于明日下山决战，虽死无憾！"

使者道："将军既如此，就烦将军修书一封，由我转呈燕王，免曲君意！"

孛林帖木儿道："使君所言极是！"

于是孛林帖木儿立时修书一封，递于使者，使者持书而回，呈交于燕王。

燕王展开书信一看，只见信上写道：

燕王殿下台鉴：

使君转达尊意，仆不胜感激钦佩之至。容仆曲陈窃意。此番争战，仆屡败绩。夫战，有胜有败，故为将者，当胜则胜，当败则败。胜也者，天胜我也，败也者，天败我也。忠臣者，必忠于君，忠于君者，必为君而终。故我不敢降也，愿于明日下山决战，虽死无憾也！

孛林帖木儿呈

燕王读罢，说道："不料胡虏亦有知忠义者！"

第二日，明军为孛林帖木儿留了一个口子，让其下了山，两军列队对阵。

"孛林帖木儿，降与不降，还请将军三思！"

"仆之心意昨日已转呈燕王殿下，请殿下不要再苦苦相逼！"

"你既忠于大元，可也该为将士的妻儿着想！"

"为大元而死，死而无憾！决战吧！不必再费口舌！"

"慢！我见你也是一条汉子，又知忠义，屈志归降，实不可能，刀兵相见，汝生存亦不可能，汝死之后，我将善待你家小，将你厚葬，现在你就放马过来吧！"

"如此，多谢燕王殿下！"孛林帖木儿催马上前，要来决一死战。此时，张玉早已策马相迎。

两人来来往往战了十个回合，孛林帖木儿体力渐渐不支。而张玉却是越战越勇，又战了三个回合，张玉便一枪，把孛林帖木儿刺下马来，众军士上前，将孛林帖木儿活捉过来。

蒙古军将士见主帅被擒，便再无斗志，纷纷跪地投降。

燕王道："尔等现已归降，尔主帅亦被擒，本王也不会杀他，尔等愿随军者随军，不愿随军者各自归家，去留两便。"

众军士见燕王如此仁义，纷纷言道："承大王不杀之恩，吾等情愿随大王前后！"

燕王大喜，便安抚归降兵将，择日班师返京。

燕王带领大队人马胜利归来。兵马刚过了长城，燕王正在领略长城风光，就听前面高喊："圣旨到——"

燕王便命军马停下，率众前来接旨……

【第五回】

乾清宫驾崩朱太祖，奉天殿登基明皇孙

燕王兵出撤撤儿山，大获全胜，活捉了孛林帖木儿，即令快马飞报京都南京。燕王在撤撤儿山安抚好边民之后，即班师凯旋。兵到长城，忽闻圣旨到，燕王便下马率众接旨。

钦差道："燕王接旨！"

"儿臣接旨，父皇万岁万岁万万岁！"

奉天承运，皇帝诏曰：朕闻燕王兵出撤撤儿山，大获全胜，朕心甚喜，尔靖边有功，理当奖封，朕特封汝为北部都招讨，节制晋、代、云、燕、蓟、幽、宁、辽等地各路军马，镇守北疆，保边安民，为国立功，钦此。

"父皇万岁万岁万万岁！"

钦差道："本钦差皇命在身，不便久留，先行告辞！"

燕王道："恕不远送！"

钦差便打马先行而去。

从此，燕王便遵从朱元璋旨意，节制北方各路兵马，处置安边事项。洪武三十年（1397年）四月，燕王又接到朱元璋"修边十事"的敕令，五月又与晋王一道率师出塞，安治边防。实际上，燕王已经成了镇守北疆的支柱，从而替朱元璋解除了北方边防的一块心病，所以朱元璋在洪武三十一年（1398年）四月在给燕王的敕谕中说道："秦晋二王已经去世了，只有你年纪最长，攘外安内之事，除了你还有谁呢？我已命杨文和郭英总领诸军，听你节制。你要统率诸王，相机度势，防边安民，好让我放心。"

北方边疆的防守现在朱元璋大概是可以放心了，但山崩之后，皇位的继承却老使得他放不下心来，随着时间的推移，朱元璋觉得自己越来越孤独，越来越没

有能力去解决这一个问题。

自洪武十五年（1382年）马皇后病逝之后，洪武二十五年（1392年）太子朱标病逝，洪武二十八年（1395年）秦王朱樉病逝，洪武三十一年晋王朱棡病逝，这一连串的打击，使得朱元璋苍老了许多。自洪武三十年五月生病后，朱元璋的身体就从来没有好过，朱元璋自知将不久于人世，于是对于自己的身后之事也就做了周密的安排。洪武三十一年（1398年）五月，朱元璋知道自己即将大去，便早早地写好了遗诏，遗诏如下：

皇帝诏曰：朕受皇天之命，膺大命于世，定祸乱而偃兵，安生民于市野，谨抚驭以膺天命，今三十一年矣。忧危积心，日勤不怠，专治有益于民。奈何起自寒微，无古人博志，好善恶恶，不及多矣。今年七十有一，筋力衰微，朝夕忧惧，唯恐不终，今得万物自然之理，其奚念之有？皇太孙仁明孝友，天下归心，宜登大位，以勤民政，中外文武臣僚同心辅佐，以福吾民。凡丧葬之仪，一如汉仪勿异。布告天下，使明知朕意。孝陵山川因其故，毋有所改。

一、天下臣民令到，出临三日，皆释服，嫁娶饮酒皆无禁。

二、无发民哭临宫殿中，当临者皆以旦晡，各一十五声，举哀，礼毕。非旦晡临，毋得擅哭。

三、当给丧及哭临者，皆毋跣，带毋过三寸，无布车兵器。

四、诸王各于本国哭临，不必赴京，中外官军戍守官员，毋得擅离信地，许遣人至京。

五、王国所在衙门军士，今后一概听朝廷节制，护卫官军王自处分。

六、诸不在令中者，皆以此令比类从事。故兹诏示，冀宜知悉。

一连几日，朱元璋已是茶水难进，于是急召皇太孙、黄子澄、齐泰、梅殷等人见驾。皇太孙朱允炆、黄子澄、齐泰、梅殷等人闻诏，急忙来后宫见驾，他们来到朱元璋病床前，急忙跪下。

“叩见吾皇万岁万岁万万岁！”

“免礼！”

“谢万岁！”

“皇祖，今日龙体如何？”

“皇孙，且莫要问，近前来！”

朱允炆上前，朱元璋拉着朱允炆的手说：“皇孙，爷爷支持不了几天了，这大明的江山，爷爷就交给你了！”说到此，朱元璋心中也不免一阵难过。朱允炆更是热泪横流。

“孙儿遵命！”

“你马上就要当天子了，岂能有儿女之态！汝性仁柔，朕放心不下，日后要恪守为君之道，肃整朝纲，严明执法，多听臣下之言。”

“孙儿谨记了！”

朱元璋又对梅殷说道：“你年长，忠厚仁义，足以信赖，而今我把幼主托付给你了！”说罢，朱元璋把誓诏和遗诏拿了出来，并将遗诏念了一遍，又对梅殷说道：“敢有违天者，汝其为朕伐之！”

梅殷跪在地上，双手接过誓诏和遗诏，言道：“臣遵君之命，为保幼主万死不辞！”

朱元璋又对黄子澄和齐泰说道：“汝二人皆顾命大臣，朕将幼主托孤于汝也！汝等当合力辅佐之，勿负朕之意也！”

他三人跪地发誓说：“臣等谨遵君命，忠心辅佐幼主，赴汤蹈火，在所不惜也！”

皇太孙朱允炆此时跪在地上，给梅殷、黄子澄、齐泰磕了三个响头，梅殷、黄子澄、齐泰也急忙跪下，给朱允炆磕了三个响头。

朱元璋见状，叹了一口气，说道：“朕的担子现在总算是卸掉了，朕也该歇息歇息了！尔等都先下去吧！”

“臣等遵命！”

朱允炆、梅殷、黄子澄、齐泰便退了出来。

梅殷道：“万岁已将幼主托付给我等，责任重大，我看我等暂且别回，可否先计议一下，省得山崩之后手忙脚乱！”

众人道：“驸马都尉言之有理！”

于是他们便在廊下坐了下来，半是纳凉，半是议事。他们虽然离开了朱元璋的病床，但只有一墙之隔，还仍然在陪伴着自己的君主。

朱元璋的身体已经病弱到了极点，向群臣托孤，他说了很多话，他确实感到自己太累了。这位七十一岁的老人，的确是太累了！他的这七十一年的人生风风雨雨，历尽了艰辛。苦难的童年，使得他八九岁就要给财主放牛。灾荒夺去了亲人的生命，使他成为孤儿。在皇觉寺，他开始了青灯黄卷的僧侣生活，可是，皇觉寺还不是他永远存身的地方，他不得不开始过着悲凉的乞讨生活，淮河两岸，留下了他那辛酸的足迹。红巾军起义爆发了，红巾军的势力波及了他的家乡凤阳。于是，他成了郭子兴帐下的一员猛将，郭子兴死后，他又成为“小明王”韩林儿帐下的吴王。就是这个有胆有识的吴王，凭着自己的才智，打败了陈友谅，消灭了张士诚，驱赶了元军，建立了大明朝，成了开国皇帝。开国后的三十一年里，他勤恳为政，日理万机，每天都要批阅堆积如山的奏章。他北伐蒙古，南征安南，西和西戎，东睦日本、朝鲜，可谓是内平叛乱，外抚四邦，为安生民，废

寝忘食。现在，他把皇位传给了自己的孙儿，他觉得身上轻松了许多，同时，也觉得他是太疲倦了，需要好好地歇息一下了，于是，他很快地进入了梦乡。

“父皇！父皇！”

朱元璋忽听得有人在呼喊自己，转头一看，原来是太子朱标，便急忙走过去。

“太子！你为何在这里？”

“儿臣在这里恭候父皇多时了！你看，秦王、晋王也在这里！”

朱元璋一看，果然秦王、晋王也跪在那里。

“儿臣叩见父皇！”

“起来吧！你们都在这里！”

“儿臣奉母后之命前来恭迎父皇！”

“母后？你们母后现在哪里？”朱元璋急忙问道。

“我母后就在那边！你看，母后不是来了么！”

顺着手指的方向，朱元璋果然看见马皇后向他走来，朱元璋不禁跑向前去。

“梓童！”

“万岁！”

“梓童，你让我想得好苦！”

“臣妾也想万岁呀！”

朱元璋拉着马皇后的手，马皇后也深情地看着朱元璋说道：“万岁消瘦多了！”

“现在见着你不就好了吗？”朱元璋高兴地说。

“朕想带着皇子们回凤阳老家去看看，你意下如何？”

“那当然好了，臣妾早就想回老家看看了。”

“如此甚好，现在咱们就回凤阳老家！”

朱元璋高兴地对皇子们说。

朱元璋和马皇后带着皇子们很快就来到了凤阳，在凤阳皇陵前，朱元璋率领全家跪下道：“爹、娘！不孝儿看你们来了！”

这时，朱元璋的父母亦各自欢喜道：“我儿为皇，大富大贵，亦是我朱家的荣耀！”

朱元璋又来到了皇觉寺，不禁想起童年悲酸之事，便道：“朕后世子孙将不忘昔日之苦难也！”

“叩见吴王！”

“叩见万岁！”

朱元璋一看，眼前都是当年跟着他南征北战的阵亡将士啊！

“朕在康郎山为尔等立祠建庙并四时祭祀，尔等知否？”

“谢吾主隆恩！吾等九泉之下可瞑目矣！”

“叩见吾皇万岁万岁万万岁！”

朱元璋一见是刘基，忙道：“是刘爱卿？”

刘基道：“万岁当初不听我言，立胡惟庸为相，不为其所祸国乎！”

朱元璋道：“朕已除之矣！”

刘基道：“胡、蓝当诛，然所连者数万，无乃太过欤！”

“这个……这个……”

朱元璋还未及回言，只听徐达叫道：“万岁，当初臣长疖子吃鹅肉必死，人皆知之，万岁为何要让臣吃鹅肉？”

“朕只顾疼爱卿玉体，不想反误卿耳……”

此时，朱元璋又来到了奉天殿宝座之上，刘基、徐达、李善长、叶伯巨等文武众臣都在殿下。

朱元璋躺在病床上，安静地睡着了，他的嘴唇似乎动了一下，又紧紧地闭上了……

内侍急忙高呼：“快来人呀！万岁仙逝了！”

朱允炆、梅殷、黄子澄、齐泰急忙来到朱元璋的病床前，看了一下，便急忙跪下。

“万岁！”

“爷爷呀！”

洪武三十一年（1398年）闰五月初十，凄厉的哭声从后宫传出……

朱允炆在朱元璋床前哭了一阵，梅殷说道：“而今万岁已经驾崩，皇太孙当以国事为重，节哀顺变才是！”

朱允炆道：“眼下诸事，还须仰仗诸位！”

黄子澄道：“现今诸事之中，有三件事需办：其一，安排万岁后事；其二，安定天下军民；其三，国不可一日无君，皇太孙必先登基！”

齐泰说道：“现在要将万岁遗诏等讣告天下，拟写即位诏书，还要处理好治丧事宜！”

梅殷道：“诏书之事，就请太傅去办吧！”

黄子澄道：“不可，此事非方孝孺莫属！”

朱允炆道：“诸王奔丧之事如何处之？”

齐泰道：“诸王奔丧多有不便，幼主大位未登，诸王归京，恐生事变，故诸王不宜前来奔丧！”

朱允炆道：“诸皇叔依礼而来奔丧，如何可以拒之？”

黄子澄道：“有办法，万岁遗诏中不是写得清清楚楚么？将遗诏颁布天下，

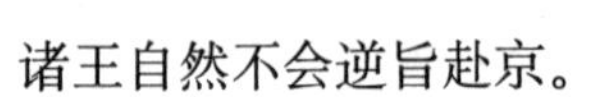

诸王自然不会逆旨赴京。”

梅殷道：“既是如此，就请方孝孺来拟写诏书，我等就收拾后宫，让皇亲国戚前来吊唁！”

于是，大家各自分头行事。

朱允炆守在朱元璋床前，此时方孝孺已奉命来到后宫。方孝孺来到朱元璋床前，对着朱元璋磕了四个响头，而后对着朱允炆跪下。

“臣方孝孺叩见皇太孙！”

“先生请起！”

“谢皇太孙！”

“如今万岁驾崩，即请先生拟写讣告并拟写即位诏书。”

“臣遵命！”

于是，方孝孺就在朱元璋灵前，取过文房四宝，略加沉思，便提笔写道：

吾皇万岁于洪武三十一年闰五月乙酉驾崩，拟于洪武三十一年闰五月辛卯归寝孝陵，谥号高皇帝，庙号称太祖，军臣吏民届期吊祭，特此诏告天下。

皇太孙朱允炆

洪武三十一年闰五月丙戌日

方孝孺写罢，道：“请皇太孙过目。”

朱允炆看罢，道：“甚善！即请写即位诏书。”

“臣遵命！”

方孝孺又挥笔拟写即位诏书：

奉天承运，皇帝诏曰：天降下民，作之人君，我皇太祖高皇帝受天明命，统有万邦，宵衣旰食，弘济民生，凡事有益于天下者，无所不用其心。政教休明，规模宏远。朕以眇躬纂承大统，恭依遗诏，于洪武三十一年闰五月十六日即皇帝位。夙夜祗惧，思所以克相上帝，以无恭皇祖之大命，永唯宽猛之宜，诞布维新之政。其以明年为建文元年，大赦天下。吁戏！德唯善政，政在养民，当遵先圣之言，期致雍熙之盛。百弼卿士，体朕至怀。钦此。

朱允炆观罢即位诏书，便道：“甚善！即可将讣告、先帝遗诏及即位诏书，颁示于天下。”

“臣遵旨！”

第二日，即闰五月十一日，文武大臣及命妇皆来后宫哭临吊祭。

闰五月十四日，朱元璋小殓，将棺木移于谨身殿。

谨身殿外，写有“奠”字的两个大白色灯笼挂于殿门之上。巨幅挽联从殿顶悬挂而下：

德配天地何人堪与相比，
功昭日月斯为举世无双。

谨身殿内，朱元璋棺木安放在正中央，棺木后高悬巨幅“奠”字，棺木前设有祭桌，上设灵牌，上书：皇太祖高皇帝朱讳元璋之灵位。棺木两边，各有持戟兵士十人守卫，皇太孙朱允炆、沈王朱模、安王朱楹、唐王朱桱、郢王朱栋、伊王朱彝分列两边守灵。殿内高悬挽联。

皇太孙朱允炆的挽联是：

开创帝业戎马一生勤谨守业三十一载，
教导子孙修身有年处处作则七十余春。

整个谨身殿哀乐不断，哭声不绝，人来人往，出出进进，终日如此。

十五日，朱允炆带着梅殷、黄子澄、齐泰等人来到太庙。太庙已经打扫一新，太庙内香烛齐燃，庄严肃穆。

进得太庙，朱允炆三拜九叩，进得太庙厅堂，朱允炆又拜了四拜，然后上香祭酒，朱允炆又宣读祭文。祭文如下：

我大明自开国至今，尔来三十有一年矣，太祖高皇帝开国业，兢兢业业、勤勤恳恳、废寝忘食、日理万机，三十年如一日，不幸积劳成疾，于洪武三十一年闰五月初十日驾崩，撒手弃国而去，其情惨凄，甚可哀矣。然国不可无主，故太祖高皇帝留下遗诏，命皇太孙继承大位。自知才疏德寡，难当于国，诚惶诚恐。然天命不可违，只得恭从天命，躬操国柄，拟于洪武三十一年闰五月十六日登临皇位，年号曰建文，明年为建文元年。特此祭奠，但求列祖列宗相庇佑。尚飨！

朱允炆读罢祭文，又行了四拜礼。礼毕，而后回宫。

洪武三十一年（1398年）闰五月十六日，文武大臣齐集奉天殿前，顾命大臣驸马都尉梅殷命击鼓撞钟，传旨官宣群臣进殿。

群臣进得奉天殿，见宝座上空空无人，心中含悲，都肃穆而立。司仪官高声而言：“吾皇太祖高皇帝于洪武三十一年闰五月初十驾崩弃国，新君即登大宝。

现殿前祭奠吾皇！”

“跪！”

“拜！”

“跪！”

“再拜！”

“跪！”

“三拜！”

“跪！”

“四拜！”

“叩见吾皇万岁万岁万万岁！”

“礼毕——宣读先皇遗诏！”

梅殷读毕遗诏后，司仪官又朗声宣道：“鸣炮奏乐，新皇登基！”

一时，礼炮三十六响，鼓乐齐奏。在鼓乐声中，朱允炆身着天子服饰，稳步登上奉天殿，在宝座上坐下。

“群臣朝拜！”司仪官喊道。

“叩见吾皇万岁万岁万万岁！”

“平身！”

“谢万岁！”

司仪官又朗声喊道：“宣读即位诏书！”

建文帝坐在金殿之上，望着向他朝拜的大臣，他似乎已经清楚地知道：他现在已经是大明天下命运的主宰者，他拥有至高无上的权力。就是为着这一个皇位，朱元璋耗费了多少心血，又有多少双眼睛在贪婪地注视着这个皇位？他看了看梅殷这位托孤大臣，又看了看黄子澄、齐泰这两位顾命大臣，又看了看站在金殿之下的五位皇叔，他似乎想说什么，只是嘴唇稍微动了动，却什么也没有说出来。

建文帝登基礼毕，太祖高皇帝朱元璋的葬礼也就在同一天举行。

上午巳时，太祖高皇帝朱元璋的葬礼开始了，谨身殿内，哀乐高奏，哭声震天，建文帝身穿孝服，肩扛招魂大幡，依礼行事。

“嗵！嗵！嗵……”

三十六声大炮响过，送殡的队伍出发了。一杆引魂幡走在最前面，紧接着，九十六对大幡飘飘扬扬，大幡过后，是一顶华丽纸轿，纸轿之后，是四十八对仙鹤……送殡队伍浩浩荡荡，直向孝陵进发。道路两边，送行的人群人山人海，整个南京城，到处是白幡，到处是哭声，到处是一片悲哀……

燕王朱棣兵出撒撒儿山得胜而回，于洪武三十年（1397年）五月又与晋王联手出塞，回来之后，便在北平打理边防事务，治理藩国吏民。闲暇之时，便与道衍、袁珙等人谈论治国方略，不觉之间，又过了一年。这一天，燕王正与徐妃在宫中闲话，忽有探马来报消息。

“报燕王，京中出了大事！”

“什么事快讲！”

“小的不敢讲！怕燕王怪罪！”

“本王不怪罪！快讲！”

“京中传来消息，说吾皇万岁闰五月初十日驾崩了！”

“此事当真？再探！”

“遵命！”

此探马刚刚走出，又有属官来报。

“报燕王，京中传来消息，吾皇万岁闰五月初十日晏驾，皇太孙遵吾皇遗诏，于闰五月十六日登基，年号为建文。”

“此报千真万确？”

“千真万确！”

燕王听说朱元璋驾崩，自然心中悲痛，他与徐妃二人大哭之后，便派人招道衍来议事。道衍不时来到与燕王相见。

燕王道：“父皇闰五月十日殡天了！”

道衍道：“既如此，当先于王府设祭三日，之后再作定夺！”

燕王道：“快设置灵堂！”

不多一时，灵堂便设置齐备。此时，官家文告也由驿马送达燕王府。

于是燕王便率所有属官哭临致祭。在灵堂中，燕王想了很多，他想到了父皇艰辛劳累的一生，他想到了父皇对自己的培养与信赖，他想到了为了立储父皇的苦心安排与无奈，但当他想到皇太孙朱允炆及朱允炆身下的宝座时，他的心里产生了一种说不出来的躁动与不安。

三日哭祭已过，燕王便招道衍议事道：“父皇晏驾，允炆即皇帝位，后事当如何处之？”

“此乃朱家之家事，我岂敢多言？”道衍说道。

“家即国，国即家，家事亦国事，为国而谋，岂可不言哉！”燕王道。

“既新皇已立，汝乃皇叔，且又操国柄，何不从周公之故事？”

“我何能比于周公？且我与允炆性情不同，所见亦有不同，他又如何肯听我言？就是他肯听我言，我又不能入京，又如何辅之？”

道衍又说道：“殿下何不就此入京奔丧，静观朝廷状况，也可他日再作别图！”

燕王道：“军师所言有理，明日我即进京奔丧！”

当日，燕王将王府之事一一作了安置，一应事务归世子处置，袁珙辅佐之。

第二日，燕王便点了五千人马，最前面的人举一个大木牌，上书一个大“奠”字，燕王及官属皆穿孝服，所有将士臂戴黑纱，“燕”字大旗随风摇摆。这支五千人的队伍，浩浩荡荡出了北平城，便日夜兼程，直奔南京城而来。

建文帝登基礼毕之后，不到两个时辰，便又开始出国殡，直到把朱元璋归寝孝陵之后，才回后宫。

第二日，乃是朝见之日，三鼓刚过，建文帝便上殿，接受群臣朝拜。

“叩见吾皇万岁万岁万万岁！”

“众爱卿平身！”

“谢万岁！”

建文帝道：“朕初登基，谨承大位，当勤政安民。然朕尚幼，不谙治国之道，尚需群臣拱护，朕将感激不尽！”

“臣等将忠心报国，竭力以事吾皇！”

建文帝又道：“太祖高皇帝临终之时，将朕托孤于驸马都尉梅殷、左侍郎齐泰、翰林院修撰黄子澄，命诸位为顾命大臣。连日来，辛苦劳累，理当奖封。”

“吾皇仁德，皇恩浩荡！”

“驸马都尉梅殷！”

“臣在！”

“朕封你为殿前太尉！”

“谢主隆恩，吾皇万岁万岁万万岁！”

“翰林院修撰黄子澄！”

“臣在！”

“朕封你为太常寺卿！”

“谢主隆恩，吾皇万岁万岁万万岁！”

“左侍郎齐泰！”

“臣在！”

“朕封你为兵部尚书！”

“谢主隆恩，吾皇万岁万岁万万岁！”

“正学先生方孝孺！”

“臣在！”

“朕封你为翰林侍讲！”

“谢主隆恩，吾皇万岁万岁万万岁！”

建文帝为什么要加封这几位大臣？这里面还有一定的缘由。

殿前太尉梅殷，是朱元璋在皇太孙朱允炆提出“外敌有皇叔们御之，若皇叔们有异心，谁来御之”的问题之后，为了减少封藩王对皇太孙造成的威胁，而成为朱元璋手中的唯一的一张王牌，除他之外，没有人再能担当此任。他是作为朱允炆的一座大靠山而进入建文王朝的。

太常寺卿黄子澄，洪武十九年（1387年）进士，才高八斗，任翰林院修撰，兼春坊官，在东宫伴读，可以说是朱允炆的老师，自与朱允炆关系非同一般。

兵部尚书齐泰，洪武十八年（1385年）进士，曾任礼部和兵部主事，洪武二十八年（1395年）由兵部郎中升为左侍郎，其才能深为朱元璋所看重，朱允炆为皇太孙时，就对齐泰极为敬重。

翰林侍讲方孝孺，少年从学于宋濂，以明王道致太平为己任，才学广博，其学识与品行均为朱允炆所尊重。

建文帝封罢几位顾命大臣之后，便下了一道推荐人才的诏书：

奉天承运，皇帝诏曰：朕谨奉遗诏，继承大位，当竭心于民，尽力于国，昌我大明。然朕智术所限，必得才人相佐，故文臣五品以上者及各州县官员，当尽力选贤荐贤，使天下之圣才大贤，皆立我朝，诚若如此，我大明岂可不兴哉？故文臣及州县官员当尽力为朝廷荐贤，切勿懈怠。钦此。

“有本早奏，无本退朝！”

“恭送万岁！”

这一日，建文帝正在后宫，忽然内侍来报：“启奏万岁，驸马、殿前太尉求见万岁！”

建文帝听说驸马、殿前太尉梅殷求见，便道：“宣他见驾！”

“宣驸马、殿前太尉见驾！”

梅殷闻宣，便到后宫见驾。

“叩见吾皇万岁万岁万万岁！”

“此是后宫，不必行君臣大礼！”

“谢万岁！”

“太尉进宫，不知有何事奏来？”

“启奏万岁，自太祖高皇帝晏驾之后，各地藩王都依诏在藩国祭奠，独有燕王带五千兵马赴京奔丧，此事还由万岁圣裁！”

建文帝听了梅殷的奏报，心中不禁一惊。建文帝知道，在诸皇叔之中，只有燕王本领大、势力强，他的一举一动，都是举足轻重啊！如若其他皇叔都学着他，都带兵进京奔丧，京中岂不是又要乱作一团？于是便对梅殷说：“燕王带兵进京奔丧，是一件大事，须得宣黄子澄、齐泰来共议才好！”

梅殷道：“臣现在就召他二人来见驾！”

不多一时，梅殷与黄子澄、齐泰来到后宫。

行罢君臣大礼，建文帝道："朕登基以来，各藩王都安守藩国，近闻燕王带五千兵马赴京奔丧，此事如何处之，还与卿等共议。"

齐泰说道："诸王中，唯燕王谋略深远，且手握重兵，又有道衍、袁珙等为之出谋划策，而今他带兵马前来，甚不相宜，万不可让他入京！"

黄子澄也说道："齐大人所言甚是，诸王若都起而效之，京师必乱！"

梅殷道："子奔父丧，天下之大道也，欲阻其进京，当以良方使其敬服之，方可。"

"众爱卿说得对，朕即派钦差持先帝之遗诏阻他，朕想燕王不敢不遵。"

"万岁圣明！如此最好！"梅殷说道。

建文帝与顾命大臣议好之后，即命翰林张弼为钦差，前往北平宣旨。

翰林张弼奉建文帝之命，不敢怠慢，急忙持先帝遗诏出发。

燕王带领五千兵马，日夜兼程，走了十多日，到达淮安，天已黄昏，便安营扎寨。

第二日吃过早饭，燕王正要下令出发，忽见翰林张弼骑着马手捧圣旨而来。张弼来到近前，喊道："圣旨到——"

听说圣旨到，燕王急忙出帐，跪下接旨。

"燕王接旨——"

"吾皇万岁万岁万万岁！"

钦差宣读了圣旨，燕王听了，原来是朱元璋的遗诏。只得口中称道："父皇万岁万岁万万岁！"

燕王接旨后，对张弼道："张翰林且请回京复旨，本王即回本藩。"

张弼亦道："某这就回京交旨，请王爷千岁即回藩国，勿负先帝遗诏。"

张弼回南京之后，燕王即与众人相议。

"子奔父丧，天下大理，京城有何去不得？"

"先皇遗诏，不许诸王进京奔丧，若强进京城，不就是抗旨不遵了么？"

"王爷是皇叔，就是进了京，当今万岁又能怎样？"

"天下之臣莫非王臣，天下之土莫非王土，王爷虽是皇叔，但毕竟是臣，臣岂能违王命而行事？"

大家七嘴八舌议个不停。最后道衍说道："目下情势，新皇既已用先皇之遗诏来阻止我等进京，这京城自然是不能进，若进，就是抗旨不遵，抗旨不遵，天下即刻诛讨之矣！新皇既用遗诏阻止，京都必然有备，既是有备，强行进京也是无有其益也！拙意以为，王爷当回藩国，等待时机，再作别图。"

燕王点点头，说道："如此也好。遵旨回北平！"

燕王一声令下，五千兵马转头北进，按原路径回北平而去。

建文帝用朱元璋的遗诏把燕王挡了回去，虽说一时得以风平浪静，但建文帝的心里还是不能平静。

一日早朝，建文帝对黄子澄说道："爱卿还记得东角门之言乎？"

"臣不敢忘也！"黄子澄答道。

建文帝的一句话，使黄子澄想起了几年前的往事。

那是朱允炆被册封为皇太孙之后，黄子澄与朱允炆的一段对话。有一天，朱允炆正坐在东角门读书，读到周末诸侯征战之事，不禁想到自己将来称帝之后的事，全国封了那么多藩王，朝廷的力量万一抗不过他们，又怎么办呢？于是便对在身边伴读的黄子澄说道："诸位皇叔都是皇亲，手握重兵，又多有违法之事，将来如何处置呢？"

黄子澄道："诸藩王的兵都是用来护卫王府的，只能用来保护自己。如果一旦有变，便调朝廷的大军前往征伐，到时候谁也抵抗不了。汉代七国并不是不强大，但最终还是被消灭了，这是由于大小、强弱的形势不同，而且顺逆的道理也不相同的缘故。"

"先生如此之说，我就可以放心了。"朱允炆说道。

朱允炆虽说可以放心了，其实，这潜藏在内心深处的忧虑却从来就没有消除。朱元璋驾崩之后，随着燕王带五千兵马赴京奔丧，这种忧虑就更为强烈。所以建文帝便问黄子澄是否还记得东角门之言，黄子澄回答说未敢忘，他二人可以说是心照不宣了。

黄子澄说道："吾皇奉天意一承大统，四方莫不宾服，可无虑也，其他诸事可从长计议。"

建文帝说道："黄爱卿之言极是！"

"臣有本奏！"

建文皇帝一看，见是户部侍郎卓敬。

"卓爱卿有何本奏？呈将上来！"

建文帝一看是削藩的建议，立即说道："诸藩王皆我皇亲，封藩乃太祖高皇帝所定治国大策，岂容质疑！退下！"

卓敬见建文帝面有怒色，不敢再言语。

建文帝佯怒道："退朝！"便将卓敬之奏疏装入袖中，退朝回宫。

建文帝回到后宫，又取出卓敬的奏疏，仔细读阅。只见卓敬在奏疏中写道：

吾皇万岁，奉天命而继大统，四海之内无不臣服。然臣窃以为，吾皇亦有事

当忧。先帝广封藩王，以卫王室，至理也。然臣观数十之藩王，各镇一方，拥兵而治，其势之强，其地之广，不亚于朝廷，雄关险隘，尽有之，势必使朝廷尾大不掉，一旦有变，为之奈何？当初叶伯巨进言而未能阻封藩，然伯巨所忧非无据也。

燕王智虑绝伦，雄才大略，酷似高皇帝。北平又是形胜之地，士马精强，金、元都在这里兴起。如今最好把燕王改封在南昌，万一有变，也容易控制。若纵之无禁，必为其患也，吾皇当明察焉。

建文帝读罢卓敬奏疏，第二日，便派人宣卓敬于后宫见驾。

户部侍郎卓敬闻宣，诚惶诚恐，来到后宫，急忙跪倒谢罪。

“燕王是朕的至亲骨肉，你怎么能说出这般言语？”

“臣所言，皆天下大计，还望万岁明察！”

“爱卿所言，虽然有些道理，然封藩乃治国之大政，岂可乱议！你对朝廷忠心可见，朕念你一片忠诚，也不怪罪于你。”

“谢万岁！”

卓敬说罢，便离了后宫。

其实，建文帝内心很同意卓敬的建议，因为卓敬说出了建文帝的心事。但建文帝也认为，削藩乃国家机密之事，尚在议论之中，不宜让外人知道，况且燕王在北平早已是羽翼颇丰，改封南昌，又谈何容易！于是只是给了卓敬几句表面言语，并未作过细的研究，当然也就谈不上采纳。

此后不久，高巍也向建文帝提出了处置藩王的建议。

高巍，本是山西辽州人，此人大孝，朱元璋曾表彰他的孝行，并命他为都督府左断事。后因断事不符合朱元璋的心意而被弃用，但特许由其弟高程为他代役。建文帝下荐贤诏之后，辽州知州又应诏推荐了他，他在给建文帝的奏疏中写道：

高皇帝分封诸王，比之古制，既皆过当，诸王又率多骄逸不法，逆犯朝制。不削，朝廷纲纪不立，削之，则伤亲亲之恩。贾谊曰：“欲天下治安，莫如众建诸侯而少其力。”今盍师其意，勿行晁错削夺之谋，而效主父偃推恩之策。在北诸王，子弟分封于南；在南，子弟分封于北。如此，则藩王之权，不削而自削矣。臣又愿益隆亲亲之礼。岁时伏腊使人馈问。贤者下诏褒赏之。骄逸不法者，初犯容之，再犯教之，三犯不改，则告太庙废除之。岂有不顺服者哉。

建文帝读罢，连连说道：“甚善！甚善！”但他仍然犯了一个与对待卓敬相同的错误，因为建文帝过于相信黄子澄、齐泰二人的谋略了。

在后宫，建文帝与黄子澄和齐泰，又在密议削藩的事。

建文帝道："近日之间，大臣中对削藩之事，所议甚多，卓敬、高巍均献了削藩之策，由此观之，削藩之事必行矣！"

齐泰说道："万岁圣明，目今，诸藩平静，一旦有变，其势难挡矣！"

黄子澄也说："削藩，势在必行！"

齐泰说："诸王之中，唯燕王势力最大，智谋最高，削藩当从燕王始！"

黄子澄摇摇头，说道："不可！不可！燕王势大不假，然燕王并无过错，无过错而削之，师出无名，名不正，言不顺，如何可行？无罪而伐之，燕王又岂是一盏省油之灯？势必造成大乱！"

齐泰道："谁言燕王无过？带兵赴京奔丧难道不是过么？"

黄子澄道："燕王子奔父丧，于法、于理、于义，皆无过错，就是带兵入京，纯系自卫，亦可为理，且燕王淮安接诏后，又奉旨回燕，其过能有几何？仅此小过，以之大功，无是谈也，仅以此小过而削之，理不足也！周（初封吴王，洪武十一年改封周王）、齐、湘、代、岷诸王，在先帝活着的时候就有许多不法之事，削之有名，现在要想问罪，应该先从周王开始。周王乃燕王的同母弟（朱橚），削周王就等于剪除燕王手足。"

齐泰又道："自古道打蛇打头，擒贼擒王！燕王不削，后患无穷！"

黄子澄道："不然！树大根深，根枝已除，树大又何依？不攻而自败。"

建文帝道："两位卿家所言各有道理，目前观之，燕王势大功高，无过而削之，朕岂不为天下斥之昏庸也？若以黄卿之言，诸藩势尽，燕王其力必孤矣！"

黄子澄又道："万岁圣明，诸藩尽削，燕王力单，形势当如此，但是燕王岂会任我削藩而无动于衷？困兽犹斗，更何况燕王？"

建文帝道："此事乃治国之大端也，容朕再想想！"

"如此，臣等告退！"

建文帝与齐泰、黄子澄密议削藩，先从谁下手，虽意见不定，但必须削藩则是一致的。建文帝生性柔弱，所以迟迟下不了决断。

一日，建文帝上朝，正想将此事征询一下群臣意见，但又不能明说要削藩，于是便绕着弯儿从侧面入手，想引出群臣对削藩的看法。

"朕自登基以来，人民安泰，国事和顺，一赖群臣相佐，又赖诸皇叔拱护。朕念诸皇叔久镇藩邦，长别京都，骨肉不得相见，甚思之，朕欲巡视藩国，拜慰诸皇叔，以表亲亲之情，如何？"

"万岁仁慈和顺，此举大成治国之道，小全仁孝之德，圣明之举也。"黄子澄道。

户部尚书卓敬亦说道："万岁此举，可测诸藩贤劣，必有益于吾国也。"

齐泰道："万岁此举，大仁大义也，三皇五帝、秦汉唐宋，未有如此之仁君

也。吾皇可速行之！”

建文帝见大臣们只是唱赞歌，并不谈削藩之事，并没有听懂他的意思，所以心中不乐。忽有传事官来报：“启奏万岁，现有周王次子朱有熏求见，在殿外候旨！”

建文帝听说周王次子朱有熏求见，心想，御弟求见，不知又有何事？他既从开封大老远赶来京城，定有要事。先见见再说。便道：“宣他进殿！”

“宣周王次子朱有熏进殿！”

朱有熏进殿后，口称万岁。

“叩见吾皇万岁万岁万万岁！”

“御弟免礼！”

“谢万岁！”

“请问我家皇叔可曾安好？”

“启奏万岁，我父王身患重病。”

“所患何病？”

“心不在中之病！”

“天下病虽多，哪有心不在中这种病症？”

“父王为大明之臣，既为臣，当必有忠君之心，既无忠君之心，岂不为心不在中之病乎？”“御弟此言怎讲？”

“父王身居君封之地，口食君皇之禄，却不思为国尽忠，竟私招兵马，心存异志，图谋不轨，阴谋反叛，此等不忠不义之举，臣虽父子，而不敢从也，臣虽愚昧，尚知君臣之大义也，故而告之！”

建文帝听后，便正色言道：“此叛逆之事，切不可妄言之！”

朱有熏说道：“古有民不告官，子不告父之说，然臣以子告父，实为救父之出于不义之地也！”

“谋反论罪当斩，汝不悔乎？”

“以法当斩，罪由自取，非怪于法，只怪于己。为臣子者，当存大义而灭其私也！”

“好一个存大义而灭其私也，朕当善待于汝！”

“谢主隆恩！”

周王次子朱有熏上告其父谋反，恰好为建文帝解决了一个难题，正中下怀，内心不禁欢喜，但表面上却又不动声色。于是对群臣说道：“周王次子言周王谋反，众爱卿之意当如何处置？”

黄子澄言道：“臣启奏万岁！奖功罚罪，功过分明，历来治国之大道也。万岁昔年曾言，对诸皇叔当敬之以礼，孝之以义，对于作奸犯科者，初犯教之，化之以德，缚之以礼，再不行，则削之，若不行，则废之，再不行，则兴兵讨之。

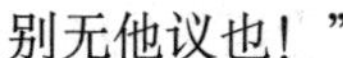

别无他议也！”

“如此，岂不要伤朕之骨肉亲情？”

齐泰道：“吾皇仁君也，若对周王削之，救周王出于不义，岂不是至仁吗？”

建文帝笑道：“齐爱卿之言甚是！御弟举报有功，朕封你为忠国大义护国侯！”

“谢主隆恩，吾皇万岁万岁万万岁！”

周王朱橚受封于开封，受封之后，理应如朱元璋所设想的那样，安宁一方，拱卫皇室。但周王朱橚却完全辜负了朱元璋的希望。尽管朱元璋对诸皇子，特别是对年龄较大的前六位皇子要求很严，也煞费苦心，但朱橚却十分不成器。

朱橚有一个不好的爱好，那就是玩鸟、斗鸡。

朱橚的玩鸟、斗鸡与别人的玩法都不一样。先说玩鸟，别人玩鸟都是装在笼子之中，闲时逗着鸟儿玩，开开心，也是一种乐趣。朱橚玩鸟，他既不听鸟叫，也不看鸟飞。朱橚玩鸟，各种鸟装够一千笼，然后把鸟笼子都悬挂成一个方阵，一个鸟笼有两个人侍候，一个人专门掌管鸟笼门儿，一个人专门掌管挂在鸟笼子上的一大盘鞭炮。当周王喊“一”的时候，一个人便把鸟笼门儿打开，然后就趴在地下不准跑，当周王喊到“三”时，另一个人将鞭炮点着，也趴在地上不准跑，那一千笼鸟儿，门被开了，再经鞭炮爆炸惊吓，便四散逃命，周王朱橚就爱看那鸟儿逃命时惊恐万状的样子，再则就是看那趴在地上的人怕挨鞭炮炸的那种惊恐的样子。

有一次，朱橚命人把一千笼小鸟都列成方阵，每个鸟笼都有两人侍候，周王朱橚一声令下：“预备——一、二、三！”

只见一千个护卫兵都同时把鸟笼门儿打开，那笼中的鸟儿被关在鸟笼之中，短时间又如何飞得出去？朱橚的“一、二、三”喊得又较快，转眼间一千盘鞭炮一齐点燃，霎时间，爆炸声震天动地，火花四射，硝烟弥漫，那笼中的小鸟如何见过这种阵势？能飞出去的极少，大都是被炸得少皮没毛，非死即伤，趴在地下的人更是洋相百出。周王看罢，高兴得哈哈大笑。然后又让人去捕鸟，到了一千笼时再这样玩。

周王朱橚玩鸟还有一种玩法，就是把各种鸟一千只，放在一个用木棍支起的长十丈、宽八丈、高一丈的细网子之中，然后装进五只猎狗和五只狸猫及凶猛的鹰、雕等，它们均已经被饿三天。看它们在网子之内互相追逐、撕咬、争斗，直到飞鸟全被吃净，然后再逮鸟装入网子之中。因此，朱橚要派大批人马为其捉鸟。这捉鸟的人上高爬低、东奔西走，大田中村舍里，无所不到，整日是闹得个鸡犬不宁，老百姓们也常常被迫放下农活，整日里为周王朱捉鸟。

周王朱橚的斗鸡也与别人玩的不一样，他是每次一百只公鸡相斗。第一轮是五十对鸡，互相斗，凡取胜的五十只鸡再组成二十五对鸡互相斗，凡取胜的二十五只鸡再组成十二对鸡互相斗，又把余下的那一只与斗败的二十五只鸡中取一只相斗。再从十二对中取胜的六只鸡，分成三对相斗，组成第四轮。最后，再

从三对鸡中取出胜的三只鸡互相斗，组成第五轮，第五轮的取胜者由周王朱橚自己杀了吃，其余各轮的斗败者，按品位分别赏给属下杀了吃。然后，再收敛公鸡，再次相斗。

周王朱橚只因玩鸟斗鸡成癖，终日不问藩国政事，一任属下胡为，因此经常滋事扰民，弄得藩国混乱、怨声载道。

后来，有一件事使朱橚走上了谋反的道路。

周王朱橚有两个儿子，长子叫朱有炖，次子叫朱有熏，这两个孩子虽说是一母所生，一父所教，人品德性却大不相同。

那长子朱有炖酷似其父。朱有炖自小不读诗书，唯喜玩鸟斗鸡，也许是有其父必有其子吧！有一点与其父不同的是，这小子还独爱风流，也可以说是酷似其父，又胜于其父。而朱有熏则与其相反，自幼好学、知礼晓义、满腹经纶。十几岁时，跟先生学《论语》《孟子》，先生出了一道作文题，叫作《论五常之首》，当时别的人都写不出来，而朱有熏思索片刻，便挥毫而就。其文如下：

论五常之首

三纲五常，孔孟之大道也。三纲，乃修身之本，五常，乃养性之范。夫三纲，君臣为首，五常之首，唯仁义而已矣。

夫仁者，爱民之政也，义者，爱国之德也，是故臣子者，必遵仁义也。存仁，则与民为善，存义，则为君尽忠。与民为善，必贤君也，为国尽忠，必忠臣也。故贤君忠臣，必存仁义也。存仁义则行正心忠，行正心忠，则无私意矣！

古谚修身齐家，身修则家齐，家齐必修身。故善治其家者，必善修其身。修身必谨其言、独其行，谨言独行，仁、义、礼、智、信规范之矣，故臣子者，当有思：事其君，当思吾于君忠；事其父，当思吾于父孝；事其友，当思吾于友信；暮寝自省，当思于己仁义。

故曰：为人臣人子者，著乎仁义，天下共仰之，背乎仁义，天下共诛之。

由此看来，朱有熏久存忠义之心。

有一日，朱有炖游性大发，便与收集公鸡的官员一起出行。

朱有炖来到一处大院，看情形虽说不是达官之府，却也是殷富之家。未进门，就听得有公鸡的叫声，寻声进门，只见一个女子正在喂鸡。朱有炖一见，竟然惊呆了。一是当时的大公鸡难寻，而她这里却有五十来只，只见那鸡个个都是身强体壮，紫红的羽毛油光闪亮，一个个鸡冠子红得要流血，双眼有神，脚粗爪壮，确实是千里难挑其一。更使他惊奇的是这位喂鸡的人。这喂鸡的女子也不过十八九岁，只生得如同天仙一般，朱有炖只觉得天底下再也没有她这样美的人了。一来是这女子长得美，二来是这朱有炖本身也是一个攀花折柳的胚子。

“小姐，这鸡卖不卖？”朱有炖问道。

“这鸡也卖也不卖！”那女子答道。

“为何也卖也不卖呢？”

“我这鸡不是平常的鸡，我这鸡是用来济世的。若是济世急用，便卖，不是济世急用，便不卖！”

“请问小姐高姓芳名？”

“小奴家姓胡，名锦姬！”

“好一个胡锦姬！名字就和人一样美！”

胡锦姬说道：“请公子不要取笑！”

“我想把这公鸡全买了！”

“公子买鸡作何用？”

“不用问，给周王用的。”

“周王，就是那个整天玩鸟斗鸡的朱棣么？”

“你好大的胆子！你知道我是谁么？”

胡锦姬斜着眼看了一下，说道：“你是谁？”

“我就是周王的世子朱有炖！”

“我当是个什么大人物哩！原来是一个小小的藩王世子！”胡锦姬冷笑了起来。

那朱有炖哪曾受过这种侮辱，便又羞又恼，说道：“我就是要买，我连你胡锦姬都要！”

“你这龟孙子！一个小小的藩王世子，算个什么东西！你要是个太子，姑奶奶就嫁给你！可惜你那王八老子不是当皇帝的骨头！”

自从皇太孙朱允炆当了皇帝，这些藩王们的皇帝梦是做不成了，但这却永远是他们心中的一块隐痛！不料胡锦姬的话直刺得朱有炖心痛得受不了。于是便恼羞成怒，气冲冲地回到了周王府。

朱有炖回到周王府，见周王朱棣正在观看斗鸡，他什么也不顾，把那正斗架的鸡三剑两剑砍个死光，又顺手杀了几个侍弄鸡的兵士，一把将周王拉过去，把他手中的公鸡一把夺过来，摔死在地上。

周王朱棣见朱有炖如此不给他留面子，便说道：“放肆，在本王面前休得无礼！”

朱有炖也怒道：“本王？你算个什么王？就知道斗鸡！你怎么不去和别人斗去！连一个喂鸡的女子都看不起我们！我们爷们还算什么？连一个种田汉子都不如！”

朱有炖便把他买鸡时胡锦姬骂他们父子的话又说了一遍，直说得周王朱棣的脸面没有地方放。无疑，周王朱的心也被刺得隐隐作痛。周王朱棣也骂道：“这等贱人竟然目中无人，好，我们现在就招兵买马，打回南京，本王就当皇帝给她

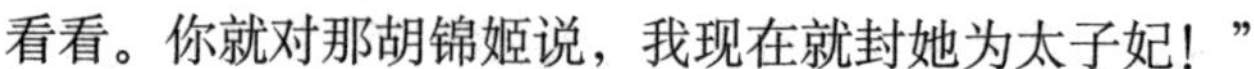

看看。你就对那胡锦姬说，我现在就封她为太子妃！”

其实，朱橚也只不过是一时气话，可那朱有炖却当了真！倒真的扯起了造反的大旗，仅一个月，便招了一万兵马，日夜操练。那个朱有炖也是风流病所使，又去对胡锦姬说：“我现在就是太子，父王现在封你为太子妃！”胡锦姬冷笑道：“太子妃？你这个太子是个冒牌货，太子妃还不如我一只公鸡值钱！”只把朱有炖气得横眉竖眼。

周王朱橚就像是一个被人抱上树干的小儿，欲上，上不去，欲下，下不来，只好支撑着，硬着头皮干起了谋反的事儿。

朱有熏见周王与朱有炖扯起了谋反的大旗，便道：“为臣当忠，为子当孝，而今尔招兵买马，心存异志，于国不忠、于家不孝、于民不仁、于弟不义，可谓不忠不孝，不仁不义。不忠不孝，则失大伦；不仁不义，则失其德。无伦无德，行同鸟兽。鸟兽之行，岂能容于天地之间？天地之不容，必灰飞烟灭！”

朱有熏的话是对的，只不过周王朱橚父子两人是无法听进去了。无奈，朱有熏知道，父王就是被废为庶人，也比因谋反而最后被杀头的下场好得多。后来建文帝虽然削了周王，并未杀周王，这是后来之事。

奉天殿内，建文帝正在与群臣议事。兵部尚书齐泰说：“万岁，臣有本奏！”

“齐爱卿有何本奏，呈上来！”

“启奏万岁，自万岁登基以来，北方边境一直未得巡视，臣以为，北边之事甚为重要，当派员巡视，有备而无患。”

“爱卿之言极是！爱卿之意当派何人出巡？”

“此事由万岁圣裁。”

“曹国公李景隆。”

“臣在！”

“朕命你为钦差，北上备边！”

“臣遵旨！”

建文帝当即下了一道圣旨，又写了两道密诏，其一为：

近闻周王朱橚心存异志，图谋不轨，招兵买马，聚众造反，兹派曹国公李景隆北上巡边，借机将周王等人犯捉拿解京，不得有误。钦此。

写完后，传旨官道：“曹国公李景隆接旨！”

李景隆说道：“吾皇万岁万岁万万岁！”

“奉天承运，皇帝诏曰：朕自登基以来，未及巡视北边，为保北边安宁，兹派曹国公李景隆北上巡边，各藩王当全力佐之。钦此！”

李景隆接旨时，传旨官小声道：“内有密旨，遵密旨行事。”

李景隆道：“臣遵旨！”又大声道：“吾皇万岁万岁万万岁！”

李景隆奉建文帝之命亲率三万兵马，出了南京城。只见“李”字大旗前行开路，后面是旌旗遮天，浩浩荡荡向北而进。李景隆读罢密诏，心中明白，自然不敢懈怠，早起晚歇，急忙赶路，十多日后大军便来到河南地界。李景隆骑在马上，思考着如何捉拿周王父子。副将李虎说道：“大人既是朝廷钦差，何不在其父子接旨之时将其拿下！兵不血刃，大功告成，又何乐而不为？”

李景隆道：“此计甚好，只是其叛军有万，不可小视！”

“我们可先将王府围住，一旦把周王父子擒住，兵无首，自然是不战而败。”李虎道。

“既如此，就这样办！”

李景隆大军抵达开封，李景隆一声令下，三万兵马便将周王府围个水泄不通。而此时，周王父子正在看鸡斗架，外面的情形全然不知。李景隆来到周王府门，对门军道：“快传！让周王父子来府门前接旨！”

周王朱橚父子听说圣旨到，便急忙来到周王府门，见李景隆早下马站在门口，便下跪迎接。

“不知钦差大人到来，迎接来迟，还望恕罪！”

李景隆道：“周王接旨！”

“吾皇万岁万岁万万岁！”

“奉天承运，皇帝诏曰：查周王朱橚心怀异志，图谋不轨，暗招兵马，企图谋反，有违朝纲，故将周王废为庶人，押解京城，不得有误。钦此！”

“吾皇万岁万岁万万岁！”

“拿下！”

李景隆一声令下，周王朱橚父子便被戴上了枷锁。

“李大人，臣等死罪，还请大人不要杀害无辜。”

“这是当然，你就放心吧！”

周王府招募的万人兵马，多是乡勇村民，又如何能与官军相比？如今见周王父子已被擒，哪个还敢反抗？皆束手被擒。

李景隆对军士们说道：“尔等阴谋造反，罪在不赦，然吾皇仁爱，尔等不再与朝廷作对，便不再追究，尔等愿从军者即从军，不愿从者，便各自归家！”

军士们皆说：“谢吾皇仁慈不杀之恩，我等皆愿忠于陛下！”

李景隆便将这一万兵马编入官军之中，然后，又安排了周王府事宜，出了安民告示，然后，便押着周王朱橚全家，一步步向京城而来。

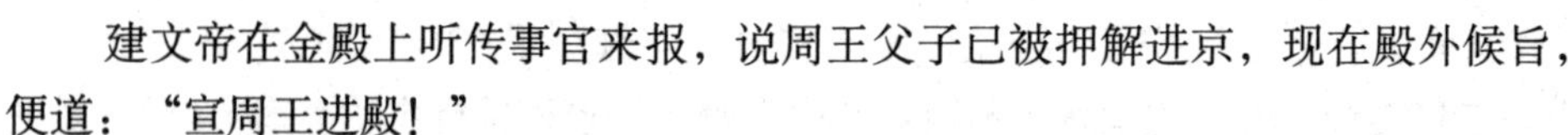

建文帝在金殿上听传事官来报，说周王父子已被押解进京，现在殿外候旨，便道：“宣周王进殿！”

周王朱橚进殿，虽说是皇叔，但毕竟是因谋反被押进京来的，所以也自觉愧疚，便道：“罪臣朱橚叩见吾皇万岁万岁万万岁！”

“汝身为皇叔、一藩之王，太祖封汝藩邦概为拱卫皇室，何为谋反耶！岂不愧对祖宗社稷乎？”

建文帝这几句话，只说得周王朱橚无地自容，只是一个劲地叩头谢罪。

“臣愧对祖宗社稷，死罪死罪，还望吾皇念先祖的分上，多多恕罪！”

“先由刑部单独收容，待朕再做论处！”

“谢吾皇不杀之恩！”

时过一月，建文帝又对群臣说道：“周王，朕亲骨肉也，其虽有谋反之意，现有悔过之意，朕不忍让皇叔久为楚囚，欲让其之藩国，诸爱卿意下如何？”

齐泰道：“启奏万岁，臣以为让周王再之藩国不可！周王谋反，以律当斩，万岁不杀当已大仁矣，仁则仁矣，而于法度则亏矣！若再让周王重返藩国，则国之法度全无矣，他人若再违犯法度，万岁又何以处之？置国之大政而不顾，以全骨肉之亲情，则妇人之仁，非王者之仁也！”

黄子澄也说道：“周王事已至此，理应做决断，不然，国将无以治也，请万岁熟思之。”

建文帝见大家这么说话，似乎也觉得将周王放回亦有不妥，便道：“此事，且容朕熟思之！”

第二日，又把齐泰、黄子澄召到后宫。

“昨日金殿之上，两爱卿似言语未尽，今可畅言之！”

“万岁，非臣斗胆要顶忤万岁。周王若放归藩国，其他藩王势必肆行无忌，他日更难收拾。削藩大计无以施行，众藩不削，则国危矣！”齐泰分析形势道。

“卿以为如何处之？”

黄子澄道：“周王反叛，理应杀之，然万岁仁柔，周王故可不杀，但也不能再为藩王，一则会成后患，二则万岁于心也不忍，莫如养之高墙之内，尽享天年，此乃无偏无倚，中庸之道也！”

建文帝说道：“如此，就依爱卿之言！”

周王被捉到京之后，刑部便独辟一所，让周王全家居之，有军士日夜监视，不得外出。

一日，周王朱橚正在闲坐，忽听圣旨到，便急急接旨，钦差张弼道：“罪臣周王朱橚接旨！”

“吾皇万岁万岁万万岁！”

奉天承运，皇帝诏曰：罪臣周王朱橚，心存异志，阴谋造反，依律当斩，念及皇叔骨肉之情，故将周王废为庶人，高墙之内，尽享天年。钦此。

“谢吾皇万岁万岁万万岁！”

从此，朱橚便开始了漫长的幽禁生活。

一日早朝，齐泰对建文帝说：“启奏万岁，湖北荆州有一小吏，姓吴名吾诰，说湘王在藩国心存二志，胡乱杀人，现在金殿之外，不知万岁可否召见？”

建文帝听说有人来告湘王谋反，便道：“宣他进殿！”

“宣吴吾诰进殿！”

吴吾诰进殿，口称万岁：“小吏吴吾诰叩见吾皇万岁万岁万万岁！”

“站起说话！”

“谢万岁！”

“吴吾诰！”

“小吏在！”

“你说湘王不法，有何凭证？”

“湘王他心怀异志，私造宝钞，无故杀人，因此小吏来京都告御状，这是他所造的宝钞和他杀小吏之兄的血衣，万岁请过龙目！”

建文帝接过宝钞和血衣，不禁大怒，连连说道：“目无王法，这还了得，这还了得！”建文帝当即就命齐泰带五万精兵，前往荆州兴师问罪。

湘王，名朱柏，是朱元璋的第十二子。此人颇有文武之才。湘王爱好读书，研究学问，常常是深夜不眠。又喜谈兵事，弓马娴熟，刀枪弓矢，无所不精。湘王不仅有文武之才，又颇有政治眼光，为人亦很正义。他为何与吴吾诰结下怨恨呢？这还要从发生在荆州的一桩公案说起。

两年前，有一个小乡绅之子姓李名富贵，在荆州城内见一个人贩子在出卖一个小女孩，这小女孩名唤香芝。李富贵一眼就看中了香芝，要买回去做个丫头，便问道：“这小女孩要多少身价？”

“五两银子！”人贩子说道。

“少一点行不行？”

“那就四两五银子吧！”

“我就给你四两，你看行就行，不行也就算了！”李富贵说。

“四两太少了！”人贩子还在犹豫。

“这女子三两银子我要了！”

众人抬头一看，却是吴品才。这吴品才却是荆州的一条“小黑龙”，一般的人都不敢招惹他。这却是为何？一来是他吴品才本身就是一个无赖之徒，二来他兄弟就在荆州衙门里做师爷。

“是吴大爷呀！不知你老想要，这么着，我下次再给你带个标致些的。”人贩子赔笑道。

“放屁！我就要这一个！”

“吴大爷，好说，好说，不过这位已讲好了身价！”人贩子边说，边向李富贵挤眼睛。李富贵说道：“这四两银子是这女孩的身价，你收好。”

“咱人钱两清！”人贩说罢，见势不好，一转眼便溜走了。

李富贵拉着香芝就要走。

吴品才一把拉着香芝道：“慢着！这女子是我三两银子买的，你怎么带走？”

李富贵道：“我已交过四两银子，你又没交银子，怎么就归你？”

“我没交三两银子，我说没说三两银子我买了？”

“你说了！”

“我说了就算数！”

“你没交银子怎么能算数？”

“大爷我少不了他的银子！你把这女子给我留下！”

李富贵知道吴品才不好惹，退了一步道：“好！好！我不与你争，你还我的四两银子，这女子你就领去！”

“我还你四两银子，你交给我四两银子了么？你去找人贩子去吧！”

李富贵落个人财两空，非常气恼，说道：“你这是不讲王法了！”

“王法，我吴大爷就是王法，你去讲去吧！”

吴品才说着，拉着香芝就要走。

香芝死活也不愿意跟吴品才走，哭道：“李公子，快来救我！”

李富贵便上来争夺，厮打之中，香芝用牙狠咬吴品才的手，吴品才另一只手劈掌打来，不料打在要害之处，香芝当场死亡。

吴品才与其弟吴吾诰商量，反把李富贵当作杀人凶手，送往州衙，把李富贵问成死罪。

不料这案子后来被湘王朱柏知道了，湘王重审了此案。

“李富贵，你为何要杀死香芝姑娘？”

“小民冤枉，那香芝是吴品才打死的！”

“吴品才又是如何打死香芝的？”

“当时，我与人贩子讲好了身价是四两银子，并将四两银子交与人贩子，那吴品才说要三两银子买下，却未交银子。那人贩子走后，小民要带香芝走，吴品才却拉着香芝不放，我见吴品才不好惹，便说：‘人你领走，你退还我四两银子’，吴品才说：‘我又没收你的银子，凭什么还你！’而且香芝死活不愿意跟他走，向小民连呼救命，小民便与他争夺，情急之中，香芝咬了他的手，吴品才受疼不过，一掌劈过来，正打在要害之处，香芝当场死亡。小民说的句句是实！”

“又有何证据说明你所言不虚？”

“那吴品才手上有咬过的伤痕，王爷一看便知！”

湘王查对，李富贵所言不虚，遂将吴品才捉拿归案，问清案情，将那吴品才斩首正法，乡绅之子李富贵冤狱才得以昭雪。

吴品才被正法之后，那吴吾诰日思夜想要报这私仇，他自知在荆州是斗不过湘王的。周王被削藩的消息给吴吾诰带来了希望，于是这刀笔老吏便来了个进京告状。

此事本来可弄个一清二楚，但建文帝目的是削藩，并不想弄个水落石出，所以就借故派使兴师问罪。

湘王朱柏并非平庸之人，周王被废为庶人，并囚之于高墙之内，湘王已测知建文帝的意图。

那齐泰带兵五万，虽未包围王府，却也是扎寨四围，出入皆禁。

齐泰对湘王说道：“有人告湘王千岁心怀异志，阴谋造反，私造宝钞，无故杀人。吾奉万岁之命，来此质询，务请湘王千岁说个清楚，我也好回京复旨！”

湘王道：“有劳钦差垂询，既有人告我罪，必有其词，既有其词，何容我辩个清白？清白既不可得，吾不复辩也。吾闻前代大臣下吏，多自引决，身为皇子，南面为王，岂能入仆隶手求生活！”

齐泰拱手道：“湘王千岁何言也，我只是奉旨询问，并无他意！”

湘王道：“有劳钦差大人回禀万岁，臣是会给他一个答复的！”说罢，径回王府。

湘王回到王府，把全家人招到一处，说道：“钦差带兵五万，兴师问罪，其旨要我死，要诸藩王都死，我朱柏死，当死也；苍天死我，我岂有苟活之理。汝等当死，亦不当死，朱氏子孙为朱氏江山当死；不当死，盖汝等皆无辜者也。汝等有错，错在不该生于帝王之家！我朱柏，身为太祖高皇之十二子也，身居湘王府，面南为王，岂可死于仆隶之手乎！”

湘王说罢，全家无一人出声落泪，默默而立。

不久，湘王亲手点燃了湘王府……

火苗窜动，火光闪闪，火声忽忽。火，像一条条蜿蜒游动的蛇，攀在架上，盘在柱上，飞行在房顶上。湘王在火中高呼：“苍天哪，你为何要生出那么多藩王？为什么？为什么……”

这是一场自焚的火，这是一场太祖高皇帝朱元璋亲手留下的火，这是一场为巩固王权而削藩所导致的火。就是这场火，竟燃起了燕王那闻名史册的靖难烈焰。

燕王率五千兵马赴京奔丧，在淮安被建文帝用先皇遗诏挡住，率兵回到北京，一直闷闷不乐，一则是父死子伤，二则是建文帝即位，他心理上很不平衡。他知道，论才智，他当在允炆之上，父皇对自己的器重及自己安边平叛的功劳，登大位也是当之无愧。本该是属于他的却没有属于他，燕王甚至怀疑有人在遗诏上做了手脚。有一日，燕王让道衍给自己占卜。

道衍把三枚钱币交给燕王，道："请燕王千岁将这三枚钱掷于案上！"

燕王并不言语，把钱币在手中摇了几下便投掷在桌案之上。

道衍说道："千岁莫不是要卜得自己能否登皇帝位么？"

"切勿妄言！"燕王制止道。

道衍笑笑，慢慢说道："当今万岁大力削藩，离间皇室骨肉，虽然眼前未有行动，然终不可免也。千岁仁明英武，素有才谋，最为当今万岁所忌。燕国，是北方雄镇，人杰地灵，物产丰富，民风尚武，且精兵良将，多出其地。千岁若能以北平为根基，定山东，取淮南，高屋建瓴，其势如破竹，谁又能抵挡得住？千岁可徐图之！"

燕王听罢，并未言语，只是说："先生不可妄言！"

其实，燕王的心思，道衍是知道的。正是因为道衍自幼有其大志，决心干一番事业。

洪武四年（1371年），朱元璋诏取高僧，道衍却因病而未能应诏。洪武五年（1372年）正月初六，风和日丽，艳阳高照，道衍有病初愈，与众友在檐廊之下闲谈，忽见一只五色小雀于庭院中飞跃鸣叫，很讨人喜爱，一友人高兴地对道衍说道："此雀五色，文明之像，你病好而遇，将来文章一定会有大进！"

道衍对这些文友的话似乎未听见，却自言自语地吟出四句来：

野田饱食纵高飞，他年伫看栖凉树。
莫道眼下居蒿蓬，来日同类皆称殊。

众人知道，道衍这是在咏物寄志。道衍周游四方，目的就是寻找展示才能的时机。他看到燕王"龙行虎步，目角插天"，有"太平天子之相"，所以就极力辅佐他成就帝业。

有一次，燕王与下属官员应诗答对，燕王出一上联：天寒地冻水无一点不成冰。

道衍趁势对道：世乱民贫王不出头谁做主。

听到道衍所对的下联，燕王道：“朱允炆身为皇帝，民心所向，此事如何好办？”

道衍一本正经地说道：“我只知天道，可不管什么民心所向不所向！千岁您是先帝最器重的儿子，既仁勇又有谋略，深得将士信任。我们燕地民众熟习弓马，地方物产丰富，兵精粮足，其他人都无法和你相比，如若用兵，无人能抵挡，俗语说，先下手为强，后下手遭殃，如果朝廷一旦下手，您还能高枕无忧么？”

其实，道衍的意思燕王又如何不明白？自从建文帝开始削藩，把周王废为庶人而后又幽禁起来，燕王就知道，削藩完全是对着自己来的，但燕王更知道：时机不成熟，自己不能有任何的举动。否则，在南京的三个儿子朱高炽、朱高煦、朱高燧就会被当做人质扣押。

建文帝虽未对燕王直接削藩，却也对燕王做了认真的防范，早在洪武三十一年（1398年）十一月，建文帝便命工部侍郎张炳为北平布政使，谢贵、张信掌北平都指挥使司事，秘密观察燕王举动，准备利用朝觐之机，削除燕王。

建文帝把周王削藩之后，历数周王罪状，诏告天下，目的是看一看诸藩王对周王被削的态度，再者也想以此对诸王进行一次威慑，并特发诏令让燕王议定周王之罪。

建文帝给燕王的诏书中写道：

奉天承运，皇帝诏曰：周王橚朱身在藩国，不务政事，有负先帝圣恩，汝南王朱有熏指告周王心存异志，阴谋造反。朕以江山社稷为重，削其王职，勒令回京，以杜后患，如何处之，朕意未决，兹请皇叔议定其罪，以正朝纲。钦此。

燕王读罢诏书，自然知其旨意，如何作答，亦是左右为难。燕王自然知道皇命不可违，便连夜在灯下写了答辩：

臣闻皇诏，知周王之不惠，上违天意，下背民心，于国无功，于家无德，朝廷削藩，圣明之举也。

若周王所为，形迹暧昧，念一室宗亲，无以猜嫌，若加重谴，恐害骨肉之恩，有伤日月之明；如其显著，有迹可寻，则祖训具在。

诸事当以国事为重，圣裁之。

臣朱棣敬呈

建文帝朱允炆读罢燕王的上书，见书中有“恐害骨肉之恩，有伤日月之明”等语，不免心中哀戚，竟落下泪来……

【第六回】

假装沉病韬光养晦，广施侠义抱打不平

削藩之事一日不解决，建文帝心中一日不得安宁。

一日早朝，建文帝心中仍为削藩的事所困扰，便恹恹地说道："有本早奏，无本退朝！"

"启奏万岁，臣有本奏！"

建文帝一看，是礼部左侍郎兼翰林学士董伦。便问道："董爱卿有何本奏？"

"自我皇削藩以来，朝纲肃静，四海臣服。宽猛相济，亦太祖高皇帝治国之道也！臣以为目下吾皇当亲睦宗人，歇止削藩。诸王，皆皇室之骨肉也。太祖封藩，盖为拱卫皇室，藩王有过，削之宜然，若无过而继削之，则有伤亲恩，久而必为孤家寡人矣！"

"爱卿所言，甚合朕意！"

"万岁，董侍郎所言，有误于国！"齐泰说道。

"侍郎所言，何处有误于国？"

"万岁，削藩乃治国大政，既以始之，岂可废之？且削藩事已至此，万不可断，古人云：'当断不断，必受其患！'万岁切不可以儿女之情容之！若以儿女之情容之，则藩王之患必无以镇之矣！"

"万岁！"黄子澄说，"如今所要忧虑的，就是燕王了！现在燕王正在病中，正是出兵削除的好时机！"

"朕即位未久，连削诸王，如果再削燕王，朕又该如何向天下解释？"

"万岁，先下手为强，后下手遭殃，如果现在不先发制人，后来必定要被人所制！"

"燕王虽有病，但智谋过人，又善于用兵，急忙之中，恐怕也难于取胜！"

"万岁！"齐泰又进一步说道，"现在边境常有胡人骚扰，万岁可以防边为名，发大军开往北平，再将他的精锐护卫军外调出塞，把他的羽翼剪除，燕王也就无以为患了。现在如果不趁机出击，夺江山者，必燕王也！”

建文帝听了齐泰的话，沉思片刻，便说道：“爱卿所言极为有理，那就依卿意行事吧！”

“万岁，以臣之意，可派宋忠以防边为名调边关官兵三万屯驻北平，将燕王护卫军外调出塞归宋忠所管，将燕王大将、胡骑指挥观童调进京城，然后再调北平永清的左右卫官军分别驻守彰德、顺德，再令都督徐凯前去练兵，耿炳文赴山海关练兵，钳制北平！请万岁圣裁！”

建文帝大喜，说道：“就依卿意，汝自分调兵马！”

“臣遵旨！”齐泰说道。

建文元年（1399年）正月，依照朝觐规定，燕王必须进京朝拜。

燕王决定进京朝拜，大将张玉说道：“千岁不可进京，如今朝廷征调人马，削我兵力，目的甚明，如进京，岂不是自投罗网！”

陈文道：“千岁身为皇臣，不去朝觐，岂不背违礼逆旨之罪名，为朝廷征讨提供口实。”

燕王道：“我无过，朝觐以礼，允炆若杀我，必得不义之名，且天下不服，我想允炆也不会奈何于我！”

张玉道：“即使如千岁所说，此去也是凶多吉少，还是不去的为好！”

燕王道：“允炆久忌于我，此番进京，一来可看看朝廷情势，二来也可释去朝廷疑虑，故有风险，也要去。不入虎穴，焉得虎子？”

道衍也说道：“此番进京，必有风险，燕王智谋过人，只需诸事小心，见机行事，想来也是无妨，进京与不进京，都是无可奈何也。”

“不必再争了，事既如此，我当进京朝拜！”

听说燕王要进京朝觐，户部侍郎卓敬认为这是剪除燕王的大好机会，于是，便连夜写好奏章，建议趁此良机，除掉燕王。

早朝时，卓敬首先出班上奏。

“启奏万岁，如今燕王进京朝拜，是天赐万岁的一个绝好良机，臣以为当趁此良机，果断行事，以绝后患！”

建文帝只是把奏章往袖里一塞，淡然一笑：“爱卿为国所虑甚周矣！”

卓敬见建文帝不同意，又奏道：“吾皇仁慈，如不同意剪除，可将燕王改封南昌，如此，燕王便不能谋乱，后患可绝矣，既全骨肉之亲情，又防患于未然，吾皇又何乐而不为呢？”

“燕王在北平，已无军权，又有张炳监视，何必再介意！”

卓敬见建文帝是这种态度，也急了，大呼道：“万岁！燕王不除，夺皇位者必为此人也，当断不断，后悔莫及呀！”

建文帝摇了摇头，好久默默无语，最后，长叹一声，道：“叔侄之亲，骨肉之情，如何下得了此毒手？爱卿不必再说了！”

卓敬眼中含泪，仍道：“万岁，不必太仁矣，历史之鉴，万不可忘，那隋文帝和杨广，可是父子亲情么，不是还要逼宫犯驾么？何况万岁与燕王只不过是叔侄，请万岁熟虑之！”

建文帝愣了一下，仍是神情黯然，慢慢地说道：“四叔与我，从小相亲，旧情难忘，我不负四叔，四叔必不负我。况且四叔乃皇祖之爱子，如今皇祖陵土未干，尸骨未寒，朕怎么忍心骨肉相残……”

卓敬见建文帝不听劝谏，便放声大哭，把头在地上磕出血来：“万岁顾私情而忘大义，将来燕王一旦起兵，恐怕国难之来，祸患难平……”

燕王决定进京朝拜，又与道衍、袁珙等人细做安排之后，仅带护卫五十人，便进京而来。

南京，是燕王自幼生活的地方，燕王心想之藩多年，连父丧都未能归，不禁心情凄怆，到了南京，不作停留，第二日便亲到奉天殿朝拜建文帝。

建文帝端坐在宝座之上。传事官回报：“启奏万岁！燕王进京朝拜，现在殿外候旨！”

“快宣！”

“宣燕王进殿……”

燕王稳步进了奉天殿，立而不跪，并不行君臣大礼，只是说道：“臣拜见吾皇万岁万岁万万岁！”

“皇叔免礼！”

“谢万岁！”

叔侄多年不见，此时相见，各自不免心情激荡，各有千言，却又一时无从说起。

“多年不见，皇叔可曾安好？”

“托吾皇洪福，臣均安好！”

监察御使曾凤韵出班奏本：“启奏万岁，臣有本奏！”

“曾爱卿有何本奏？”

“燕王进殿拜君，立而不跪，不行君臣大礼，分明是对万岁违礼不尊，傲视君主，当治轻君之罪！”

燕王心中不悦，借口反唇相讥道：“臣身居草野，不登殿堂，有违君臣大礼，幸得曾大人指教，臣知有罪，就请万岁降罪！”

建文帝见燕王如此说话，心肠早已软下，便道：“皇叔乃至亲骨肉，这点小

事就算了吧！”

燕王道：“谢万岁不责。臣既拜君，大礼已毕，臣身有小疾，在京多有不便，臣欲往孝陵拜祭之后，即返北平，请万岁恩准！”

“既皇叔身体不适，朕明日当陪皇叔去孝陵拜祭，而后皇叔即可返回！”

“谢万岁！”

第二日，燕王便带着朱高炽、朱高煦、朱高燧前往孝陵，建文帝也亲陪前往。路上，叔侄俩也只是说些亲情家常话。进了孝陵，燕王就好像见了朱元璋一样，不禁面容悲戚。燕王三拜九叩，建文帝也与朱高炽三人一道，在燕王身后，也是三拜九叩。燕王焚香祭酒，口诵祭文，声泪俱下：

儿臣不孝，今率子侄奠祭父皇。于戏！父皇父皇，在天之灵安哉否？在天之灵安哉否？今江山长在，大统有人，父皇在天之灵岂不该安而自慰乎？

父皇开国建业，戎马终生，功昭日月，德配天地，万民所共仰，子孙后代，永志不忘！

太孙承继大统，守业亦艰，儿臣不才，无周公之德，愧哉愧哉，自洁其身，不保诸藩之自洁，可叹可叹！诚请父皇在天之灵，庇佑江山永固，诚如是，儿臣身处草野之中，复无憾矣！皇天明鉴，皇天明鉴，父皇孝陵永眠。呜呼哀哉，尚飨。

燕王口诵祭文，声泪俱下，建文帝也早已沉浸在哀痛的亲情之中。燕王又拜了四拜。礼毕。

“万岁，臣此次进京，诸事已毕，加之身体不适，在京亦多有不便，现就此告辞！”

“皇叔不必匆忙，多留几日亦无妨。”

“万岁，臣多时不见朱高炽三兄弟，心中甚是思念，如今他三人在京中也无甚大事，我想让他三人与我同回北藩，一来让他们料理我的身体，二来也可减其母思子之痛，不知万岁意下如何？”

“这个……”建文帝沉吟片刻，“也好！他们也该与婶婶团聚团聚了。”

“如此，多谢万岁！臣即告辞！”

“皇叔保重！”

“万岁保重！”

燕王与建文帝告辞之后，便命朱高炽三人火速收拾行装，不到一个时辰，燕王父子带领随从便出了南京城，急忙向北平赶来。

建文帝与燕王父子分别之后，回到后宫。齐泰、黄子澄求见。

建文帝问道：“两位爱卿见朕，又为何事？”

齐泰说道："启奏万岁，户部侍郎卓敬与臣等计议说，万岁仁慈，不忍对燕王下手，但也不可放虎归山，倒不如就把燕王留在京中，在京中给他一个虚衔，困于宫中，然后再图之，岂不更好！"

建文帝笑道："这卓敬也太执著了！没有什么大事。燕王不必过虑了，朕已让他回北平了！"

黄子澄也笑道："这卓敬是太过虑了，他的三个儿子还在我们手里，别说燕王不起事，就是起事，我们还有一张对付他的王牌！"

"他的三个儿子朕也让他们走了。"

"什么？"齐泰说，"他的三个儿子您也放走了？糟了！万岁，这事办糟了！"

"是呀，燕王父子四人可够我们对付的了！"

"朕也是一时动了感情，这如何是好？"

"万岁！他父子走了多久了？"

"大概是个把时辰！"

"追！或许还能追回来！"齐泰说。

"你二人就率五千兵马去追，就说朕要留他们在京辅佐办事。"

"臣遵命，事不宜迟！臣且告退。"

"臣也与齐大人一同前往！"黄子澄道。

齐泰、黄子澄点了五千兵马，当即就向北驰马追来。

燕王父子四人过了长江，早有张玉、陈文等五员大将等候，已准备好了马匹，每人两匹马，日夜不停。这也是进京之前燕王与道衍计议好的，一天一夜，他们便来到了淮河边。人马刚刚歇息半个时辰，就见后面尘土飞扬。燕王急忙令人急速渡河。当齐泰和黄子澄的兵马登上了淮河大堤时，燕王父子已经到了淮河北岸。黄子澄和齐泰眼望着波涛汹涌的淮河水，久久没有说话。

燕王的三个儿子留在南京，本是建文帝对付燕王的一张王牌，也是燕王迟迟不敢起兵的一个重要原因。燕王顺着建文帝的话，顺势将三个儿子带回北平，因此，燕王起兵也就再无后顾之忧了。再者，建文王朝对燕王所采取的防范措施，已经清清楚楚地告诉燕王：现在已经到了非起兵不可的地步了。所以，燕王终于下定了起兵的决心。

燕王即招道衍相议。道衍说道："如今朝廷调兵遣将，已成刀俎，而我则为鱼肉矣，若仍不兴兵，则只有束手就擒了！"

燕王说道："我乃太祖爱子，有功于国，谋勇兼备，岂自甘于束手就擒？"

道衍说道："常言说没有雷霆手段，则空有菩萨心肠，如今若要成大事，必须招兵买马，厉兵秣马。无此力量，就不能与人抗衡，不能与人抗衡，则必受人

宰割！”

燕王道：“军师所言极是！”

于是，燕王就开始招兵买马，让道衍秘密训练兵马，日夜不息。

燕王府原本是元朝故宫，深宅大院，后花园更是一个僻静之处。于是，燕王便把精选的将校、精壮军卒、奇才异能之人放在后花园中，由道衍带着他们练习行兵布阵、拼杀格斗。为防走漏风声，道衍严格规定：凡私自外出或喧哗外泄者，斩。怠慢军训，故出差错者，责八十军棍。府中闲杂人员未经许可随便进花园者，斩。

开始训练时，一些将士轻视道衍的规定，训练草草了事，收效不大，燕王便请道衍来议论对策。

“目今训练草草了事，功效不大，何时方可用兵？”

“千岁休要急躁，领兵作战，必须讲军令。自古来，军令如山，将领当言必信、行必果。打仗如此，练兵亦如此，孙武子练军斩王妃，千岁岂不闻么？”

“军师亦可效之，如有犯者，即便是世子也依法严惩！”

“千岁有此令，莫愁善战之精旅也！”

一日，道衍指挥变阵。其中有庞奇、唐瑞两个将领随燕王征战有功，向来居功自傲，对道衍的命令从不放在眼里，操练时潦潦草草，一日中多次出错，致使阵容混乱。

道衍怒责道：“你二人如此怠慢，违我军令，你等知罪么？”

庞奇道：“平时训练，又非实战，何来军令！”

唐瑞则高声叫喊：“我等不违令，并不知罪！”

道衍道：“领兵训战，岂有戏言，训前即颁法令，军令如山，岂容违抗！尔等怠慢军训，目无军令，故出差错，当杖责八十！拉下去，重打八十！”

道衍一声令下，早有武士将庞奇、唐瑞绑住。

庞奇、唐瑞叫道：“我等在战场上出生入死，屡立战功，你竟因此等小事责罚我等，可恶！可恶！”

道衍亦怒道：“骄兵必败，古之常理，这等骄兵悍将，终究要误我大事，留之无益，推出去斩了！”

陈文见道衍要斩庞奇、唐瑞，急忙劝解：“军师息怒，庞奇、唐瑞违抗军令，罪当斩首，还请念其征战有功，赦其死罪！”

道衍道：“他们有功，已作奖赏，违犯军令，就当严格责罚，以儆效尤，多赦致乱。军令如山，绝不轻饶！”

道衍一挥手，武士手起刀落，庞奇、唐瑞人头落地。

道衍指着庞奇、唐瑞的首级，说道：“如何训练，各有明令，若再有违犯，严惩不贷！”

从此之后，军训操练，众将均严守岗位，遵从命令，阵容齐整。一支训练有素，纪律严明，能征善战的部队诞生了。

为了防止外人知晓，燕王还在后花园内养了大批的鹅、鸭。整日里，鹅、鸭高叫不止，时时处处都可以听到鹅和鸭的叫声。在这鹅、鸭的叫声中，战士的呐喊、兵器的撞击之声，统统隐没了。

自从齐泰、黄子澄带五千兵马追赶燕王父子无功而返之后，建文帝与燕王之间也就没有信息相通。虽说依照齐泰、黄子澄二人的谋略，对燕王严加防范，但建文帝仍对燕王放心不下，很想了解一下燕王回藩后的行动。听说有燕王府的长史葛诚入京奏事，便急忙将葛诚召后宫见驾。

“朕自与燕王分别之后，不通燕王府的消息，不知燕王情况如何？”

“启奏万岁，请先恕臣无罪，臣才敢说！”

“好！朕就赦你无罪，说吧！”

“万岁，燕王自从京城回到北平后，便招募兵马，打造兵器，在后花园中日夜操练！”

“真有此事？”

“真有此事，臣言若有虚假，甘愿受万岁治罪！”

建文帝自语道：“莫非燕王真要谋反不成？”

葛诚道：“臣只言亲眼所见，至于燕王是不是谋反，臣不敢妄言！”

“如此甚好，朕命你再回燕王府，再行察看，若有异情，速告于朕！”

“臣遵旨！”

葛诚领了建文帝之命，又返回燕王府，充做内应。

那葛诚为何要告发燕王谋反呢？这里面还有一段往事。

那葛诚有一表妹，名唤白玉燕。白玉燕自小与葛诚长在一起，两小无猜。后来年龄渐长，两人之间也各有情意，也可谓是青梅竹马、天生一对，不料玉燕随父迁居北方，二人便从此分离。葛诚则埋头读书，中进士后便在南方做官。

那白玉燕因家道中落，终身之事又不大称心，便到燕王府应考女官，结果一试中选，便在后宫做了女官。说来也巧，葛诚也被调到燕王府做长史，于是，这一对分别多年的情人又得相见，从此来往也便多了起来。

葛诚虽说妻妾均有，对表妹却依然钟情，于是便向白玉燕隐瞒了实情，大胆地向她发起了爱情攻坚战。

白玉燕一则是未曾婚配，二则是过去与葛诚又是青梅竹马、各有情意，自然一攻就破。于是葛诚、白玉燕情深意厚，一日不见，如隔三秋。

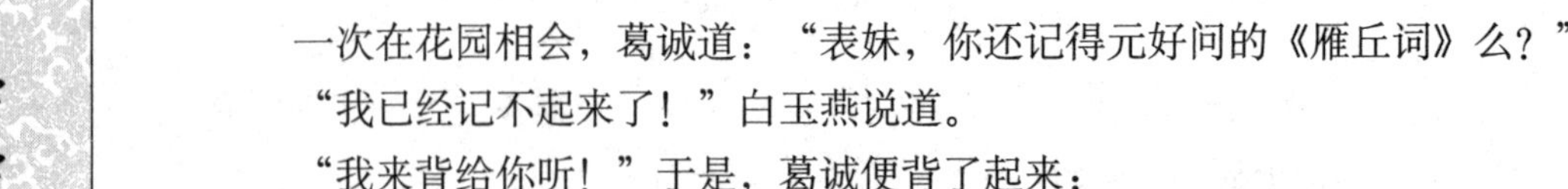

一次在花园相会，葛诚道："表妹，你还记得元好问的《雁丘词》么？"

"我已经记不起来了！"白玉燕说道。

"我来背给你听！"于是，葛诚便背了起来：

问世间，情为何物？直教生死相许！天南地北双飞客，老翅几回寒暑？欢乐趣，离别苦，就中更有痴儿女。君应有语，渺万里层云，千山暮雪，只影向谁去？

横汾路，寂寞当年箫鼓，荒烟依旧平楚。招魂楚些何嗟及，山鬼暗啼风雨。天也妒，未信与，莺儿燕子俱黄土。千秋万古，为留待骚人，狂歌痛饮，来访雁丘处。

常言道，诗能生情，情能出诗。那葛诚本是进士，是文学圣手，也可以说是一位风流才子。一来是对玉燕有情，二来也是有意做作，所以他把那元好问的词只背得情浓如醇，勾魂牵魄。词尚未背完，玉燕已经是双目含泪，不禁说道："表哥，我们过去不就是'天南地北双飞客'么？"

"正是！正是！我们正是'几回寒暑'翅就老啊！"葛诚不觉也是泪流满面。

"妹还未嫁，我们成婚吧！"

"可是我有负妹妹的一片深情，我已有了家室。"

"你！你为什么要成婚……难道，难道你就把我忘了么？"

"没有，我一刻也没有忘你，只是父母逼迫，我……我是万般无奈，我后悔我自己……"

"唉！也是我命该如此，我不嫌你……只要你对我好！"

"妹妹，这还用说么？"葛诚亲切而又温存地说。

玉燕看着葛诚，说道："你没有三妻四妾么？"

葛诚连忙说："没有，没有！我只有一个妻室！"

"你该不会骗我吧！如今当官的哪个没有三妻四妾的呀！"

"我辜负了妹妹的一片深情，已是后悔不及，早晚只是在思念小妹，哪还有心再娶三妻四妾！"

"你能立誓不弃我么？"

"我发誓，我若对不起妹妹，不得好死！"

玉燕连忙捂住葛诚的嘴，说道："我不要你死，我要和你终生相随的呀！"

葛诚就势将玉燕紧紧抱住，玉燕只是轻轻一推，柔声柔气地说道："哥，别这样……"

葛诚、白玉燕二人此时均已是情火炽烈，不得自控，葛诚把玉燕压在身下，正要行云布雨，忽听花丛后传来脚步声。葛诚回头一看，却是燕王府的两个家丁。

一个家丁道："葛长史，王爷千岁找你有事，我们四处寻找，你却在这里干这等勾当！"

玉燕捂着脸跑入后宫。

葛诚也羞愧难当，对家丁施礼道："都是表妹她……勾……勾引……我一时失控，做此非礼之事，还请两位爷为我遮瞒！"

另一家丁道："葛长史难道不知，王爷千岁最忌属下不规矩，尤其与后宫之人，如今你闯下大祸了！"

葛诚跪下道："两位若为葛某瞒下此事，我情愿每人孝敬白银五十两……"

"葛长史说话算话？"

"葛某绝不食言！"

两位家丁果然未在燕王面前提及此事。

葛诚在风声平息后，觉得无事，便也放下心来，把给家丁银子的事也抛在了脑后。

两家丁找到葛诚，葛诚只是打官腔，绝口不提银两之事。

两家丁心中有气，便在他们再次约会时将他们二人捉住，回报了燕王。

道衍知道后，对燕王说："此事不知千岁可否听我一言？"

燕王道："军师之言我何时未听过？"

道衍说："此等男女之事，声扬出去，有损风化，与大事也无益，不如化干戈为玉帛，成全了他们！"

燕王道："就依军师之言！"

燕王把白玉燕叫到面前，问她与葛诚之间的事。

白玉燕道："妾与葛诚，自幼青梅竹马，暗许终身，还请王爷开恩，能够成全……"

燕王道："本王亦愿成全于你，可是他已有三妻四妾，满堂儿女了，你考虑了么？"

"什么？"玉燕吃了一惊，"王爷千岁此话当真？"

"葛诚是我的下属，我岂能不知！他欺骗了你，你还不知道？"

"我……我好生命苦啊！"白玉燕哭着跑了。

燕王又将葛诚找来，说道："汝身为长史，不该做此非礼之事，汝既有情于玉燕，就不该去骗她！"

葛诚只是唯唯诺诺，连称有罪。

此后，葛诚与玉燕间也再无瓜葛。

不料，后来燕王见白玉燕才貌双全，却倒也思慕，便到后宫找玉燕闲聊。白玉燕见燕王有求爱之意，便将袁凯的一首诗抄了，挂在寝室，婉言拒绝。袁凯本

来就是一名才子，因这首《白燕诗》闻名，所以大家称为“袁白燕”，这袁白燕的《白燕诗》是下面八句：

故国飘零事已非，归时王谢见应稀。
月明汉水初无影，雪满梁园尚未归。
柳絮池塘香入梦，梨花庭院冷侵衣。
赵家姊妹多相忌，莫向朝阳殿里飞。

白玉燕抄挂这《白燕诗》，本想让燕王望而却步，谁知燕王误认为是白玉燕自咏之作，渴慕之心更强，便不顾玉燕反对，将白玉燕收为后宫妃子。葛诚因此深恨燕王，便存心要报复，于是就借燕王让他进京回奏之际向建文帝告了密。

建文帝待葛诚离京返燕之后，便找齐泰、黄子澄议事，共商伐燕之事。

转眼间，已到六月。建文帝又收到了燕王府护卫百户倪谅的奏疏，建文帝打开一看，只见倪谅的奏疏写着：

迩来燕王心存异志，对朝廷不忠，日夜操练兵马，阴谋造反。燕王府官校于谅、周铎等为燕王谋反四处奔走。臣以为，为臣当忠，对此不忠反叛之行，当诛灭之。

建文帝见疏，大怒，当即命人将于谅、周铎二人捉拿。这两人被押解进京后，很快被处死。建文帝又下了一道诏书，将燕王训斥一番，其诏书如下：

奉天承运，皇帝诏曰：朕闻燕王府属官奏疏，言皇叔在燕地操练兵马，打造兵器，日夜不息，心怀异志，图谋不轨。朕虽不信，实事犹然，朕心寒矣！皇叔乃太祖之爱子，于国功高，国人皆颂也！皇叔何为自毁其德而做叛臣也？而今，数藩王被削，皇叔自安然无恙，何耶？盖朕仰敬皇叔也，非不敢伐，敬而不伐也！而今皇叔兴兵背朕，岂不以怨报德乎？妇人孺子尚知报恩，况一世英杰之皇叔乎？朕敬汝，汝却叛我，不亦中山狼乎？悬崖勒马，回头是岸，皇叔当熟思之。不然，天师一到，玉石俱焚，悔之晚矣！钦此！

北平布政使张炳也接到建文帝的旨令，立即调兵遣将，全城戒严，把个北平城围了个里三层外三层，准备攻打燕王府。

此时，燕王也觉得形势对自己不利。再者，准备尚且不足，不能轻举妄动。

但如何躲过这一关，道衍已经暗自授计，燕王亦做好了准备。

一日，钦差来到燕王府宣旨。在钦差宣旨之时，燕王故作惊恐之状，抖作一团。当钦差念到“天师一到，玉石俱焚”的时候，燕王故意一声高叫，接着往前一跌，双目紧闭，口中竟吐出白沫来，众人一见，都慌了手脚。钦差也顾不得让燕王磕头谢恩了，大家七手八脚地忙乎了一阵。燕王睁开眼来，先是一阵又一阵地狂笑，接着就直着嗓子大哭。一边哭，一边把他的王冠也扔在地上，身上的衣服也撕了个乱七八糟，披头散发，在大街上乱跑，跑了一会，就站在街头狂呼乱叫。

六月天，北平的人们都穿着单衣，燕王穿着破旧棉衣边走边唱，谁也听不清他唱的是什么。他在地上打着滚儿，看热闹的人越来越多。他笑着，对着一个小女孩叫大爷，对着一条小狗磕头。他一会儿盘腿打坐，把鞋放在头顶上。鞋子掉了，他就拿鞋子猛打自己的头和脸，一边打一边喊“我是皇帝派来的钦差”“我要杀燕王”“燕王造反了！快跑啊”之类的话。

燕王突然起来，向人群里面冲，有意将几名大汉撞倒在地，直向前跑去，两个校尉默默地跟在后边，也不言语。

燕王又来到一个酒铺里，先在一张桌子上睡着，桌上的饭菜他也不管，他起来，捧起了一个酒坛，就如喝水一般，边喝边洒，一下子喝了两酒坛，燕王只觉得有些头重脚轻，但他心里时刻警告自己：“你是个疯子！你是个疯子！千万不能露出破绽！”

燕王来到一家马棚里，睡在马粪上，马尿马粪的骚臭味儿，熏得燕王直想呕吐，更不用说马粪上的苍蝇、蚊虫，在脸上又叮又咬。燕王用手拿着马粪蛋子在脸上、嘴上擦，忽然又用衣襟包着一兜儿马粪蛋子，来到酒铺：“我是王母娘娘，我给你们送仙桃来了！”说着，就把马粪蛋儿胡乱地扔在桌子上、酒坛里，甚至饭锅里，大家都知道，他是燕王，又有校尉跟着，就任凭着他闹去。

看热闹的人议论纷纷：

“这个人怎疯得这么厉害，也没人管？”

“你知他是谁么？”

“他是谁？他不就是个疯子么？”

“太祖是他的老爷子，他就是燕王。”

“听说当今万岁要治他的罪，吓疯了。”

“这下好了，万岁爷也不用治他的罪了。”

这时，道衍带着人来了，见来了官兵，看热闹的人都走了，将尉们七手八脚，把燕王硬按在车子上，把他拉了回去，燕王在车上还大着嗓子哭着……

“燕王疯了！”这消息就像电波一般，很快传到了南京。

“皇叔难道真的疯了？”听了钦差的回奏，建文帝半信半疑。

“燕王智谋过人，是真是假，尚难定论。”黄子澄说道。

齐泰说：“不论是真疯还是假疯，对他的防范都不能松懈！”

“既然如此，朕就令张炳、谢贵前往燕王府看个明白，再作应对！”

齐泰道：“如此也好！”

张炳、谢贵得到建文帝的密旨之后，便奉命来到燕王府。

听说张炳、谢贵来到燕王府，因为他二人是北平地方的军政要员，燕王无法回避，只得急忙改装相见。

张炳、谢贵进了燕王府，只见燕王身裹着棉衣，正围在火炉旁烤火。

张炳、谢贵向前施礼道：“叩见王爷千岁！”

燕王声音颤抖地说道：“有失远、远、远迎，请两……位先……生来……烤烤火……烤火！”

“听说王爷千岁贵体有恙，特来看望。”

“请二位位先生……烤火！”

六月天气，本来就热，张炳、谢贵身着单衣，坐在火炉边，不觉已浑身是汗。

燕王却大叫身冷，又令校尉抬来一个炉子，口中还一直喊冷。

张炳道：“王爷千岁贵体现在如何？”

燕王慢慢说道：“身体好好，巨石是肩臂，江河是血脉！”

他们还在问话，燕王突然不语，往地上一倒，又是双目紧闭，口吐白沫。府中仆人又急忙赶来，扎针的扎针，抹胸的抹胸，又过了一会，燕王才又慢慢睁开眼。张炳、谢贵见状，急忙告辞。

“下官告辞！汝等对王爷千岁要细心调养。”

道衍说道：“多谢二位大人关照，恕不远送。”

张炳、谢贵二人回到府中，急忙宽衣喝水。

谢贵道：“我都热得全身是汗，可燕王还叫冷。”

“可不是，燕王看来是真疯了。”

“谋反不成，倒弄出个疯病来，燕王可也是得不偿失呀！”

停了停，张炳对谢贵说：“谢大人，看来燕王是真的疯了，我们就把亲眼所见，如实上奏朝廷吧！”

“那是当然！”

于是二人连夜写好奏章，令人飞报朝廷。

建文帝和黄子澄接到张炳和谢贵的密报之后，也消除了对燕王的怀疑，也认为是因惊吓而成疯病。

燕王朱棣装疯的表演是成功的。张炳、谢贵都被他的胡言乱语瞒骗过去了，就是建文帝和黄子澄也给瞒过去了。但有一个人没有被瞒过，这个人就是葛诚。尽管燕王疯病装得如同真的一样，还是被葛诚看出了破绽。葛诚分析道：燕王为何早不疯，晚不疯，偏偏疯在圣旨严责，张炳、谢贵、宋忠三人齐集北平、兵临城下之时？为什么只是白天疯，夜里不疯？既是疯了，为何不见医家医治？由此看来，内里必定有诈，于是又写了奏疏，令人速送朝廷。

这葛诚虽意识到燕王装疯，但拿不出燕王疯病有诈的证据，所以建文帝与黄子澄读了葛诚的奏疏之后，只是加深了对燕王疯病的怀疑，也未确定内中有诈。另外齐泰也坚信有诈，但也拿不出证据，只是怀疑罢了。

燕王的粗心大意，又加剧了事态的发展。因逢燕王进京面君之期，燕王本可借疯病之机不进京都，但他却派了百户邓庸代为入京。齐泰就抓住这个机会，奏请建文帝之后，将邓庸拿住，严刑拷问，邓庸受刑不住，将燕王谋反实情一一供出。

建文帝大怒，急令齐泰传旨，逮捕燕王府所有官员，又特旨责令燕王旧部、北平都指挥佥事张信拘捕燕王全家。

七月初的一日，张炳、谢贵二人正在府内闲话，忽听说圣旨到，便急忙到门外接旨。那钦差到了府门，还未及下马，便高喊："张炳，谢贵接旨！"

张炳、谢贵急忙跪下，那钦差翻身下马，便宣读圣旨：

奉天承运，皇帝诏曰：朕闻燕王图谋不轨，阴谋造反，兹令北平左布政使张炳、北平都指挥使谢贵，立即包围燕王府，逮捕燕王府所有官员，拘捕燕王全家，但不得杀害，全部遣送京都，不得有误，有违旨者，格杀勿论！钦此。

"吾皇万岁万岁万万岁！"

钦差对张炳、谢贵道："本钦差王命在身，不得久留，圣旨严命，两位大人好自为之，不可大意失误，本钦差告辞！"

"钦差大人，恕不远送！"

钦差走后，张炳道："圣旨严命，不得懈怠！"

谢贵道："大人所言极是，立即行动！"

张炳、谢贵一声令下，只见千军万马蜂拥而来，军士们披甲戴胄，执刀荷枪，各持弓箭，旌旗招展，人喊马嘶，一时间，把个燕王府团团围住。他们又命军将在端礼门及各出入要道架起了木栅，禁止行人出入。张炳又命令弓箭手将朝廷逮捕燕王府属官的命令用箭射入燕王府内。朝廷的官军布置完毕，只待一声令下，燕王府顷刻间就要夷为平地。

北平都指挥佥事张信，临淮人，原本燕王旧部，因作战有功晋升为都指挥佥事，驻守永宁卫，建文帝即位后调任为北平都指挥使司，并令他与张炳、谢贵一起来监视燕王的行动。

张信接到朝廷的密旨后，迟迟未动，一是不愿意自己动手去拘捕燕王，二是自己又不敢不执行朝廷的密令，因而左右为难，愁眉不展。

张信的母亲杨氏见张信坐卧不安、心绪不宁，觉得很奇怪，便问道："你有何心事，竟这样愁眉不展？"

张信道："母亲有所不知，朝廷降下密旨，要我去拘捕燕王全家，儿不忍亲自动手拘捕，可朝廷圣旨又难违，故此为难！"

"朝廷明知你是燕王旧部，为何偏让你去？"杨氏夫人也不禁惊奇。

"或许朝廷对儿有所怀疑吧！"

杨氏夫人说道："儿啊！这事可做不得！燕王是太祖爱子，听说他早晚都要做天子，命中注定的要做天子，你能捉得来么？再说燕王向来有恩于咱张家，你岂能做此不义之事！"

"母亲言之有理，孩儿谨记便是！"

于是，何去何从，张信更是拿不定主意。

建文帝见北平方面迟迟不见动静，便再次派使臣催促，使臣对张信斥责道："如果再无故拖延，心怀叵测，贻误了国家大事，定将严惩不贷！"

张信听了，更是火上浇油，反而坚定了投靠燕王的决心了。

于是张信偷偷来燕王府求见燕王，可是守门卫兵不让见，说："燕王有病，不能见客！"

情急之中，张信急中生智，混进燕王家眷的轿子队中，才得以进入燕王府。

燕王听说张信入府求见，便急忙换装，仍旧围着火炉而坐，令张信入见。

张信道："叩见王爷千岁！"

燕王道："你是谁？我不认识你……来来烤烤火……我是玉皇大帝……你是……玉皇大帝的老爷子……"

张信道："殿下不必如此了，事已至此，殿下有什么话，就直给我说了吧！"

燕王停了一时，才慢声说道："我这病久治不愈，只有坐着等死了！"

张信轻轻地对燕王说道："殿下信不过我张信，我张信倒信得过殿下，我张信实言相告，朝廷已降下密旨，让我张信来拘捕燕王全家，逮捕燕王府全部属官。殿下若没有别的什么打算，就请随我进京。若不愿坐以待毙，就不要对我相瞒，我张信誓死跟着您干！"说罢，亮出密旨，道："朝廷密旨在此，殿下看着办吧！"

一切都明白了！燕王甩掉身上的棉衣，猛地跪下，道："多谢将军救我全家性命！"

张信也急忙跪下，道："殿下请起，切莫如此！"

燕王拉起张信，说道："当今万岁妄用邪佞小人，陷害至亲骨肉，误国害民，实在令人心寒，我欲起兵清除君侧邪佞，今能得将军相助，必然成功！"

于是，将张信引入密室，商议起兵之事。

此时，建文帝又下诏书，宣布将燕王贬为庶人，再次强调，要将燕王及燕王世子朱高炽等人速解进京，任何人不得伤害。张炳、谢贵又写奏疏，上奏朝廷，不料这奏疏的草稿却被北平布政使司李友直窃得。那李友直决定投奔燕王，所以得到密疏之后，便偷偷去燕王府拜见。

七月六日，燕王正在密议出兵诸事，忽报北平布政使司李友直紧急求见。燕王只得出来接见。

李友直道："叩见王爷千岁！"

燕王道："本王一直是病疾在身，不理政事，不知李大人有何事见教？"

李友直道："王爷千岁不必再躲躲闪闪的了！如今是火烧眉毛、千钧一发了，王爷请看！"说着把密奏南京的奏疏草稿拿了出来，说道："这是张炳、谢贵写给皇帝的奏疏草稿，朝廷已将你贬为庶人，马上要将您押解进京，张炳、谢贵攻打王府就在不日之间，王爷速图之。王爷如不信友直之言，我李友直则宁死不出王府！"

此时燕王才知道，已经到了刻不容缓的时候了。急命燕山左护卫指挥佥事张玉、燕山护卫朱能带着仅有的护卫八百壮士入卫燕王府，并任李友直为北平布政司右参议。

燕王决定起兵，但又觉得敌我兵力悬殊太大，寡不敌众，如何出师取胜，不免心中忧虑。

燕王说道："如今敌众我寡，如何取胜？还要动动脑筋才行！"

朱能说道："末将有一计，不知可行否？"

燕王道："不妨说来听听！"

朱能道："如今敌众我寡，不能强拼，只能智胜，万岁三令五申任何人不得伤害燕王，因此，官兵必不敢伤害燕王。我们不妨就利用这一点，宣布投降，让张炳、谢贵两人来收捕燕王府官员，借机杀掉张、谢二人，敌兵不战自败。"

大家一致赞道："好计！好计！"

道衍说道："既然朝廷遣内使来逮捕王府官属，我们正可将计就计，把王府官属名单开列出来，交给内使，请张、谢二人入府逮人。只要他们进得王府之中，我们便可关起门来打狗。杀了张、谢二人，敌兵败退，我大功告成矣！"

燕王大喜，说道："就依军师之计行之！"

众人于是依计而行。

第二日，一切准备齐全，将伏兵埋伏好之后，便派人请张炳、谢贵来燕王府

按名捉人。使者手持燕王给张炳、谢贵的信，来到张、谢军中。使者将信交给张炳，张炳打开书信一看，只见信上写道：

张、谢二将军：

臣一时昏昧，不幸获罪。今天兵来伐，别无他路，唯有一降，罪臣现将府内官员名单呈上，请二位将军来府以名单捉捕！切切为盼。

便致

大安！

罪臣朱棣亲笔

建文元年七月七日

张炳又把信给谢贵看了，说道："你看怎么样？"

谢贵道："好是好，就不知是否有诈！"

张炳道："我意也是！我们就不上他这个当！"

内使说道："不然！不入虎穴，焉得虎子！"

他们二人正犹豫不决，燕王又派人二次来请，张、谢二人还是不肯去。

内使说道："他们二次来请，汝等还不愿去，又是何道理？此乃国家大事，岂可一拖再拖！"

张炳、谢贵听内使如此一说，才愿到燕王府去。

张炳、谢贵来到燕王府门口。守门兵士说："燕王府官员已被捆绑，请两位大人进去清点。"张、谢二人半信半疑，互相看着，仍犹疑。守门兵士说道："二位大人如不愿意清点，就请回到内府，我们就说二位官长不愿意清点！"

守门兵士如此一激，张炳又看到门内已绑着一百多人，看了谢贵一眼，二人便进了大门。走到二门，守门护卫拦住亲兵，说道："燕王在上，闲人不得进入！"

张炳看看谢贵，进，怕上当；不进，又怕失去立功的良机。他又想道自己有数万兵马围着燕王府，他又能奈我何！想到这里，便进了二门。

燕王站起迎接，对张炳、谢贵说道："本王为谗言所毁，无端招祸，二位大人奉旨而来，有失远迎，还请恕罪！"

"哪里！哪里！本官只是奉旨行事，前来迎接千岁归京！"

"如今天气炎热，二位大人先饮两杯水酒祛祛暑。"

张、谢二人忙说："千岁不必破费，我二人皇命在身，断不敢饮。"

"二位大人既不肯饮酒，就吃点西瓜吧！"说罢，即有侍女献上了西瓜。

燕王说着，自己便吃起瓜来。

张炳和谢贵看出苗头不对，连忙起身道："下官皇命在身，不便久留，请燕王即刻出宫，其他所属官员交给下官一并带走！”

“哈哈哈……”

燕王一阵大笑，把西瓜向地上一摔，对张炳、谢贵骂道：“平民百姓尚知父子兄弟当要互相体恤，我身为皇室骨肉，尚性命朝夕不保！非我无情，实是皇帝孤意相逼！来人，先把这两个狗头给砍了！”埋伏在西厢的武士，一拥而上，将张炳、谢贵绑了。

燕王道：“本王迫于奸臣陷害，不得不如此！”

燕王手一挥，张炳、谢贵的人头便给砍了下来。

张玉、陈文用竹竿挑着两颗人头，站在墙头上向外大喊：“张炳、谢贵假传圣旨，谋害燕王，现已被斩首示众，随从官员将士，皆受蒙蔽，宜各自散去，如不散去，即属有意同谋，与之同罪，诛灭九族！”

府外将士失去了主帅，大都一哄而散，少数抵抗者，皆成了八百勇士的刀下之鬼。

围攻燕王府的官军溃散之后，燕王便令张玉、朱能率领王府所有的勇士乘着夜色攻打北平九门。

此时，北平都指挥彭二听到燕王造反的报告，顾不得整理部队，便单刀匹马跑在大街上高呼：“燕王造反了！燕王造反了！跟我去杀贼者有重赏！”

彭二仓猝之间集有千余人，便向王府门端礼门冲击。燕王道：“谁愿去杀了此贼？”燕王话未说完，就听有人叫道：

“末将愿往！”

“末将愿往！”

待燕王看时，两匹马已经冲上前去！这两员将正是庞来兴和丁二。

那彭二虽说有些功夫，却也不是庞来兴和丁二的对手。那庞来兴和丁二冲上前去，也不答话，截住彭二举刀就砍，那彭二也急忙举刀迎战。三匹马绕在一处，三把刀拧在一处，只听得叮叮当当地乱响，未战五个回合，那彭二便被庞来兴一刀砍于马下，丁二上去又是一刀，那彭二即身为两段！

燕军将士在张玉、朱能带领下，一夜之间，攻下了八座城门，唯有西直门还未攻下，此时天已渐明，燕王便决定智取，他命燕山中护卫指挥唐云单骑去西直门。

这燕山中护卫指挥唐云，武艺高强，为人仗义，爱护士卒，声望很高，将士们对他都很敬服。

唐云来到西直门，对守门将士说道：“你们还不知道吧？现在朝廷已经降旨让燕王自制一方了，你们还何必自讨苦吃，快快下来吧！不然，将会死无葬身之地！”守门将士听唐云这么一说，纷纷散去。西直门不战而下。

燕军攻占了北平城，燕王便下令安抚军民，稍事休息，便在燕王府门前集合

部队。开始誓师前，燕王让金忠给卜了一卦，正是大吉时刻，燕王非常高兴。

燕王府门前，一杆“燕”字大旗随风招展，将士们身披甲衣、持枪拿刀，站得整整齐齐，一个个精神饱满，如同下山猛虎一般。

燕王在高台之上，在大旗前供上香烛，又洒下了三杯酒，先祭了天地，二祭了祖宗，三祭“燕”字大旗。

祭毕之后，燕王大声说道：“我是太祖高皇帝、孝慈高皇后的嫡子，是国家至亲，自从受封以来，只知循法守分。现在幼主继位，信任奸佞之人，横起大祸，屠戮我家。我父皇、母后创业艰难，封建诸子，藩屏天下，为的是使国家传之久远，现在遭此残灭之祸，皇天后土均可作为见证。《祖训》里说：‘朝无正臣，内有奸恶，则亲王训兵待命，为天子讨平之。’现在，灾祸降到我头上，我为了生存，不得不起兵了。我一定要与奸佞之人不共戴天，我一定要奉行天讨，以安社稷！天地神明，照鉴我心。”

“讨伐奸佞！安我社稷！”

“讨伐奸佞！安我社稷！”

“讨伐奸佞！安我社稷！”

燕王的慷慨陈词，声泪俱下，将士们都掉下了眼泪。口号声此起彼伏，声震九天。

忽然，天气阴晦，乌云翻卷，天昏地暗，狂风怒吼，燕王府宫殿上的檐瓦也被掀掉许多，紧接着是一阵暴雨。

燕王脸色发黄，内心恐慌，将士们也有些骚动不安，这是不祥之兆啊！

道衍先是一惊，瞬间便镇定下来，哈哈大笑，大声说道：“这真是个大喜大吉之兆啊！你们没听说过么？飞龙在天，从以风雨，现在绿瓦掀掉了，这是上天就要给换上黄瓦了！”道衍的一番话，就好似一阵清风，把燕王及将士们心头的乌云全吹散了！

誓师会继续进行。

燕王宣布：“我们兴兵的目的就是‘诛杀齐泰、黄子澄，保社稷安宁’。我们的军队为‘靖难之师’，废除建文年号，建文元年改称为洪武三十二年！”

“万岁！万岁！万万岁！”

“万岁！万岁！万万岁！”

誓师大会结束了，风雨不知什么时候也停了，乌云消散，一轮火红的太阳升起来了，满天的红霞，把整个大地照得红亮亮的。整个天空，整个大地，都像在燃烧，都像是一团火，一团熊熊燃烧的火，这熊熊的火光，照亮了一个崭新的世界……

燕王朱棣靖难发兵，一夜之间占领了北平城。朝廷都指挥余瑱从北平退出占据了居庸关，蓟州都指挥马宣镇守蓟州，开平都督宋忠镇守着怀来，对北平形成包围之势，仍对燕王构成很大的威胁。

北平誓师之后，燕王等人在北平一方面稍事休整，一方面设置官署、布置防务、收揽民心。

忽有军士来报，说北平左布政使郭资、左参政孙瑜、按察司副使墨麟、佥事吕震等人前来归降，燕王听了，心中大喜，便在燕王府召见他们。

郭资等进了燕王府，燕王在大殿相见。

"臣等叩见殿下千岁！"

"请免礼！"

"谢殿下！"

郭资、孙瑜等说道："近闻殿下举义旗兴义师以伐奸佞，臣等归附来迟，还请殿下恕罪！"

燕王道："本王为奸佞所迫，大难临头，故而发兵走险，实为不得已而为之，有幸承蒙各位大人相助，本王将来大功必成矣！"

郭资、孙瑜等人又道："臣等决心尾随殿下成就大业，虽赴汤蹈火，在所不辞！"

燕王道："郭资、孙瑜、墨麟、吕震听命！"

"臣在！"

"本王命你等各任原职，各归本位，安抚百姓，悉心勤政，切勿懈怠！"

"臣等遵命！"

"张玉、朱能、丘福、陈文！"

"臣在！"

"命你四人为都指挥佥事！"

"谢殿下千岁！"

"李友直！"

"臣在！"

"命你为布政司右参议！"

"谢殿下千岁！"

"金忠、袁珙！"

"臣在！"

"命你二人为王府纪善！"

"谢殿下千岁！"

燕王将有功人等任命官职之后，又传令，将余逢辰、杜平处斩，将葛诚、卢振全族诛杀。燕王为何要处罚这四人？其中尚有原因。

余逢辰，本是燕王府伴读，深受燕王信任，对燕王也是忠心耿耿，可是他却反对燕王起兵，燕王起兵后又泣谏燕王“君父两不可负”，燕王大怒，将其囚禁。

杜平本是北平一个才子，是燕王府的幕僚，他也反对燕王起兵，力谏燕王“当守臣节”。因此，燕王觉得此二人反对起兵，政见不合，为不留后患，于是才下令杀了他们。

那葛诚和卢振，本燕王下属，却充当了朝廷的内应，背叛了燕王，所以燕王对他俩恨之入骨，故对他俩诛族灭门。

燕王此举，铲除了后患，扫除了前进道路上的障碍，极大地巩固了后方根据地，为日后的南征奠定了坚实的基础。

燕王命袁珙和郭资等辅佐世子朱高炽守卫北平，他自己亲率大军踏上了南下争夺皇位的征程。

通州，在北平之南，是北平南下的必经门户，所以燕王把进攻的第一个目标定在通州。燕王率领大军，浩浩荡荡，直奔通州而来。

燕军到达通州城下，正要攻城，忽见城门大开，只见通州卫指挥房胜率领属下出城归降。

房胜来到燕王面前施礼道：“臣知殿下千岁举义师南下讨伐奸佞，故在此等候多日，归降来迟，还望千岁恕罪！”

燕王道：“将军能审时度势、弃暗投明，通州百姓免受刀兵之苦，将军功劳大矣！”

“殿下过奖了！请殿下入城！”

“房将军！请！”

燕王一箭未发，占了通州。燕王仍让房胜官居原职，镇守通州。

通州卫指挥为何开城归降燕王呢？因为在洪武年间，燕王久镇北平，多次率兵北征，屡立战功，兵不血刃，全师而还，在边关将士中享有很高的声誉。燕王又一贯深入下层，广交中下级军官，与他们建立了深厚感情。那房胜当年曾随燕王出征，又是燕王旧部，深信燕王大业可成，于是便出城归降。

燕王占领通州之后，采纳了张玉的意见，便率军直取蓟州。到达蓟州之后，朱能于七月八日开始攻城。蓟州守将马宣、曾浚二人出城迎敌。

马宣道：“大胆反贼，竟敢犯我州界，马宣在此，还不快来送死！”

朱能并不搭言，拍马上前，二人战了不到五个回合，马宣被朱能一刀砍断马腿，便从马上跌将下来，兵士一拥而前，将马宣拿住，捆了。

“叛贼休走！”曾浚见马宣被俘，大吼一声，拍马追来。

朱能见曾浚从背后打马追来，并不回头，只是一直往回跑。曾浚见朱能一个劲地往回跑，以为朱能怕他，于是便大着胆子追了上来。两匹马一前一后地跑着，那曾浚手使两把大锤，眼看就要追上，舞起双锤，就要取朱能性命，朱能瞅准机会，把马缰往外一拉，那匹马向外一闪，朱能将马缰一勒，那马一停，站将起来。曾浚收马不及，便与朱能擦肩而过，朱能一手紧勒马缰，双腿夹紧马肚，一手舞刀，转眼之间，听得“咔”的一刀，那曾浚的一只胳臂便被砍落在地，曾浚“哎呀”一声便栽落马下，众兵士上来将曾浚拿住。那些兵士见主将被擒，便蜂拥而散。

朱能道：“汝今已被吾擒，还不下跪投降！”

马宣道：“呸！反贼，我生为朝廷人，死为朝廷鬼！要我投降，休想！”

曾浚也不屈服：“大将终将为国而死！吾今被擒，只有为国一死！休费口舌！”

二人说道：“吾等是宁死不降！请将军全我臣节，速请赐死！”

朱能见不能改其节，道：“我便成全汝等臣节！”于是刀斩其首。

此时，城中守将毛遂献城投降。

燕王又连夜率军攻打遵化。遵化指挥蒋玉投降，密云卫指挥郑亨也率众归降了燕王。

两天之内，燕王攻占了通州、蓟州、遵化，北平东面广大地区渐为平安。

居庸关，是北平通往塞北的咽喉之地，号称北门钥匙。北平都指挥使余瑱退出北平后，便占据了居庸关，并纠集军马，准备反攻北平。这一利害关系燕王自然深知，于是便要攻打居庸关。

燕王对将领们说：“居庸关地势险要，是北平的咽喉。可谓“一夫当关，万夫莫开”，假如用一百人镇守，你就是一万人也别想能看到它一眼。余瑱现在占有了它，他就会直捣我们的后背，如我们现在攻取了它，就解除了我们的北顾之忧。我们一定要在最短的时间内攻取它，如果动作迟缓，以后再取，那就难了。这就好像住家户一样，谁愿意在自家屋后留有盗贼呢？如今我们趁着他们刚到，立足未稳，他们兵又多是强行招集的，人心不齐，很容易攻取，如果等到他的援兵到了，再去攻取，就不容易了！”

陈文说道：“眼下敌众我寡，难以与之争锋，不如固守一些时日，一来是以逸待劳，二来也可休整备战，待我力量强壮，再与之抗争！”

燕王道：“不然，自古道兵贵神速，目前敌方立足未稳，正是一个有利时机。再者，宋忠驻兵怀来，对我们威胁甚大。因此，应趁他未来之机，速速出击！”

道衍道：“千岁言之有理！我当快速出兵！”

燕王道：“朱能、丘福！”

“末将在！”

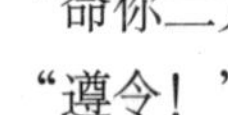

“命你二人领两万大军，攻打居庸关！”

“遵令！”

道衍又说道：“你二人攻下居庸关之后，即可转攻怀来，配合大军，消灭宋忠！”

“遵令！”

朱能、丘福二人率领两万兵马从北平出发，一路上人喊马嘶，旌旗蔽日，风尘仆仆，浩浩荡荡，向西北进发，过了南口，直奔居庸关。

余瑱退到居庸关，立足未稳，还未来得及休整，忽听探马来报：“燕军两万人马向居庸关杀来！”军士们听说后个个惊慌。

余瑱道：“燕军多为近日招募的游勇散兵，此乃乌合之众，不足为惧，再者，他们也不会近期来打居庸关！”并对探马斥道：“不要捕风捉影！再探！”

“是！”

余瑱心想：“这等新兵来与官军相抗，岂不是以卵击石、自取灭亡！”

“报——燕军已到居庸关前！”

余瑱听说燕军已到居庸关前，并不十分害怕，自语道：“他们的腿跑得倒快！”便对副将吕虔说道：“你带三千人马守关，我带大军在关门外作战，免得惊吓了关内家眷！”

余瑱自带大军，在关门外列好阵式，恰与燕军前锋相遇。

丘福对朱能说道：“我看官兵当有万余，关内定然空虚，你在此正面与他交锋，我带三千人去攻居庸关，然后去烧他的营寨。”

朱能道：“如此甚好。”

丘福自带三千兵马，绕道去攻居庸关。

余瑱将大军全带到关外与朱能对敌，只留下三千老弱残兵。守关之卒还未来得及关门，丘福就率领人马杀了进去。燕军如入无人之境，很快，占了中军大帐，便在关内放起火来。关内残兵早被杀得个七零八落，再加上大火烧起，兵士个个无心恋战。副将吕虔见大势已去，便向丘福投降了。关内兵士见吕虔降了，便降的降，跑的跑。丘福将关内安置了之后，便向关前杀将过来。

余瑱在关前与朱能对阵，朱能来到阵前，并不发话，率领军士直往前冲，一下子冲到官军阵内，相互厮杀。

燕军虽说是新组建的，但其中也有不少作战经验丰富的老兵，他们四个人组成一个小阵，官兵只要一进入阵中，只有挨打。余瑱一见，才知道燕军的厉害。战了不多时，官兵已现出战败的迹象，余瑱此时才知道自己犯了轻敌的错误，正在着急，只见关内起火，又见一支军队拥着一杆“丘”字大旗向自己扑杀过来，正与朱能形成前后夹击之势。余瑱头尾不得相顾，自知大势已去，便带领残兵败将，向怀来方向逃去。

七月十五日，天气晴朗，天高云淡，气候凉爽，已有几分秋意。从建德门走出一支浩浩荡荡的队伍，一杆“燕”字大旗前行开路，只见燕王头戴金盔，身披银甲，端坐在一匹紫红马上，与他并排的是道衍和尚。只见道衍头戴僧帽，身披袈裟，童颜鹤骨，也端坐马上。其后又是两员大将，居左者是张玉，居右者是陈文，也都披甲戴盔，手执兵器，虎虎生威。“张”字旗、“陈”字旗迎风飘荡，随后旌旗飘飘，人喊马嘶，号角齐鸣，不愧是一支劲旅雄师。

大队人马出了建德门，向清河、沙河古道疾驰而进。时值初秋，骄阳虽是余威犹在，却不似盛夏那样炎热，古道两边，树木青翠，禾苗碧绿，阴凉的空气中夹杂着草木的气息。

燕王朱棣骑在马上，望着眼前这熟悉的景象，不禁心潮难平。过去，他是带着父命，为大明的江山去出师征战，而今，则是为着自己的未来而征战。过去北征，能否遇敌获胜，了无成算，而今出征却势在必胜，他想到了并吞六国建立统一中国的天下第一帝秦始皇，他想到了开创大汉宏伟业绩的汉武帝，他想到了开创大唐帝国的李世民，他想到了在陈桥做出了一番惊天动地伟业的大宋天子赵匡胤，他想到了驰骋蒙古、威震中原的成吉思汗……在他的眼前，浮动着千年的风云，翻卷着遮天蔽日的战旗，奔驰着奔腾汹涌的千军万马……一只苍鹰在不远的天空盘旋，远处一匹健壮的野马带着一群野马在无边的荒野上奔驰，掀起的黄尘冲天而起。

此时的燕王，只觉得周身都在冒火，他要奔驰，他要大笑，他要怒吼。然而，他没有。他只是在马背上轻轻地长吟：

东临碣石，以观沧海。
水何澹澹，山岛竦峙。
树木丛生，百草丰茂。
秋风萧瑟，洪波涌起。
日月之行，若出其中。
星汉灿烂，若出其里。
幸甚至哉，歌以咏志。

道衍不禁也接着吟道：

神龟虽寿，犹有竟时。

腾蛇乘雾，终为土灰。

燕王又与道衍合吟道：

老骥伏枥，志在千里。
烈士暮年，壮心不已。
盈缩之期，不但在天。
养怡之福，可得永年。
幸甚至哉，歌以咏志。

“哈哈哈……”燕王和道衍同时大笑起来。

燕王跃马扬鞭，奔驰而前。道衍、张玉、陈文急忙策马赶上，后面的军士也不由得加快了脚步。

人马过了昌平，便渐渐进入山中，只见群山绵延不断，崇山峻岭，深谷险滩，悬崖绝壁，气势艰险。道路崎岖蜿蜒，高低难行。先锋部队已经随着峰回路转进入了深山，后面的殿后部队还没有转过山来。

大队人马翻过高山，地势逐渐平缓。只见遍地是沙石，到处是荒草，空旷的原野上，偶尔有一两棵树孤零零地站在那里，没有村舍，没有炊烟，没有鸡鸣，没有犬吠，只有那远处的天空，是湛蓝湛蓝的。

第二天，大队人马便来到怀来城下。

余瑱带领残兵败将，来到怀来城下。宋忠见是余瑱，急忙开城门来迎接。

宋忠施礼道：“余大人别来无恙，末将迎接来迟，还望恕罪！”

余瑱也还礼道：“末将岂敢劳驾大人相迎！承蒙收容，已是感激不尽！”

“自家人何必客气，余大人请！”

“宋大人请！”

进了怀来城，宋忠便设宴为余瑱洗尘压惊。

饮酒之间，余瑱提起燕军，仍是心有余悸，余瑱道：“那燕军着实厉害，他们智谋高超，勇武过人，打起仗来，以一当十，勇猛善战，锐不可当，所向攻无不克！”

“大人不必长他人志气，灭自己威风，居庸关微挫，不足为虑！”

“我一仗受挫，终难获胜！你不知道，那燕军着实厉害！”

宋忠心中想道，我自被打个落花流水，岂能不知燕军的厉害？口中说道：“余大人不必多虑，那燕军若来犯我，我自有计，管叫他死无葬身之地！”

余瑱对宋忠说道："宋大人若能打败燕军，真正是奇功一件！"

"好好好！今日不谈用兵之事，咱们尽情喝酒，来个一醉方休！"

"好！就来他个一醉方休！"说着，一仰脖儿，余瑱的一杯酒一饮而尽。

"来！余大人，咱们干！"

就这样，他们二人推杯换盏，直喝得尽兴方才罢席。

宋忠统领的兵马有两部分，一部分是他的原部兵马，一部分是从燕王手中抽调的燕王兵马，这部分人从内心来讲是不想同燕王作战的。

一个偶然的机会，促使宋忠设下了一条毒计。

一日宋忠得到一张《邸抄》，是说燕王杀了某人某人，此某人是将士家属。利用这一点，他大肆宣传，激起将士对燕王的仇恨，让他们来与燕军拼杀。

第二日，宋忠集合队伍，对将士们说道："现在燕军攻下了居庸关，又要犯我怀来。你们都是北平人，你们大概还都不知道吧？燕王自反叛以来，到处杀人放火，你们的家属全都被燕军杀害了！好惨啊，堆积的尸体堵塞了道路，鲜血把大街都染红了，有愿意给亲人报仇的，当与我同心合力，奋勇杀敌，给亲人报仇！诸位要是不信，这里有《邸抄》！"说罢，把那份《邸抄》交与军士传看。

当时兵士不明就里，只当是燕军杀了他们的家属，于是哭爹喊娘，哀声震天，个个怒火万丈，杀气腾腾，都要与燕军拼命。

众军士中，有一个小军官，名叫林欣，《邸抄》上所说的就是他家。

林欣听说家人遇害之后，大哭了一场，面对家乡磕了三个头，跪地发誓道："不杀尽燕兵，誓不姓林！"发过誓后，又抱着剑，哭了一时，不由得又想起了过去的往事。

林欣自幼丧父，是母亲一手将他抚养成人，林欣从小就喜欢舞枪弄棒，于是母亲便让他拜师学艺。

当时有一位拳师，姓柳名方，这柳方一来武艺高强，二来人品又好，武德高尚，所以德高望重。林欣便拜柳方为师，那柳方见林欣也是一表人才，便也乐意收林欣为徒。林欣行罢拜师礼之后，柳方便开始教林欣练武。

柳方有一女儿，名叫柳若烟。那柳若烟生得聪明伶俐，才貌俱全，柳方视之为掌上明珠。柳若烟年龄也与林欣不相上下，自然成了林欣学艺的帮手。

林欣与柳若烟这一对师兄妹，聪明好学，加之柳方悉心指教，所以武艺长进很快，几年已过，刀枪剑戟十八般兵器样样精通，且扑斗、擒拿、软硬轻功也是无所不精，很快，林欣也就小有名气了。

这几年之间，林欣与柳若烟朝夕相处，共同习武，互亲互敬。他们虽然各自爱慕，但是从不越礼。

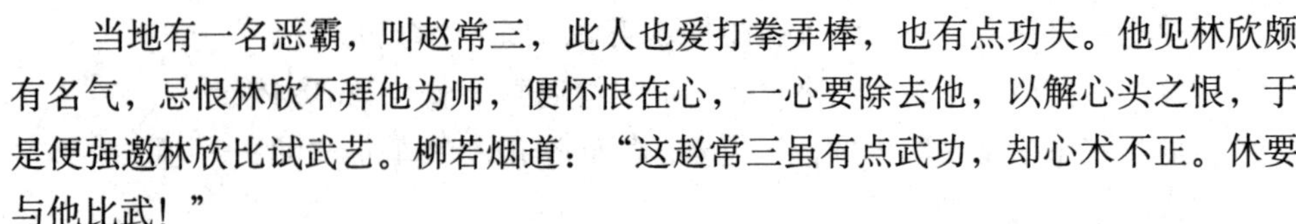

当地有一名恶霸，叫赵常三，此人也爱打拳弄棒，也有点功夫。他见林欣颇有名气，忌恨林欣不拜他为师，便怀恨在心，一心要除去他，以解心头之恨，于是便强邀林欣比试武艺。柳若烟道：“这赵常三虽有点武功，却心术不正。休要与他比武！”

林欣道：“他三番五次纠缠于我，我就和他比试一下，让他两招，给他个面子，也就省得再费心劳神了！”

柳方道：“比武时小心便是！”

林欣道：“徒儿记住了！”

比武那天，赵常三在比武台上装腔作势，并让中人与双方签了文书，“比武打死，各不偿命”！林欣以章办事，签了生死文书，赵常三也装模作样，签了文书。

主持人念道：“为光武德，切磋武艺，赵常三、林欣比武，比武打死，听天由命，各不偿命，空口无凭，立此为据，立书人赵常三、林欣，中人赵三。现在比武开始！”

赵常三对林欣道：“久闻林壮士大名，在下仰慕之至，还请不吝赐教！”

林欣也说道：“有冒犯前辈之处，还请见谅！”

于是二人便在比武台上你来我往，翻跳扑斗。二人战了十个回合，那赵常三已是渐渐败下阵来，于是林欣准备跳出圈外，就在此时，就听得柳方大喝一声：“当心暗器！”

说时迟，那时快，只听得“嗖”的一声，一把飞镖正向林欣打去，柳方飞身上去，只听得“哎呀”一声，那飞镖正射在柳方左胸之上，顿时鲜血冒出。

“你竟敢暗器伤人！”

林欣大吼一声，跳将起来，飞起一脚，正踢在赵常三的心窝之上，赵常三立时口吐鲜血，倒地身亡。因有生死文书在前，且赵常三暗器伤人，世人有目共睹，所以也没有人来问罪。事后，林欣与柳若烟忙将柳方抬回医治。

赵常三的飞镖是一把毒镖，柳方一来中毒，二来流血过多，终于一命而亡。

柳方在临死之前，指着柳若烟对林欣说道：“我就把若烟托给你了！”

“师父放心，我一定善待师妹！”

“如此，我也就放心了！你二人就跪下给我磕个头吧！”

林欣看了一眼柳若烟，柳若烟脸儿红红的，也看了林欣一眼，没有动。林欣轻轻地扯了一下柳若烟的衣襟，二人这才双双跪下，磕了三个头。待起来时，柳方已经含着微笑离开了他们。

“爹爹呀……”

“爹爹呀……”

“林欣，你怎么还愣在这儿，你不愿意为你的家人报仇么？”宋忠的话，把林欣从往事中拉了回来。

“我不杀尽燕兵，誓不姓林！”

“好，有志气！”宋忠说，“我提升你为都卫副将，带领三千敢死队，杀燕军报仇！”

林欣文武兼备，爱惜军士，威望又高，又被升为都卫副将，他一发誓，很多人都跟着发誓，三千人的敢死队很快组成了。宋忠见了，心中自然欢喜。不用吩咐，林欣自带三千人的敢死队，摩拳擦掌，准备与燕军决一死战。

宋忠对余瑱说：“怎么样，到时候先让他们厮杀去吧！”

余瑱道：“还是宋大人高明！”

怀来城，坐落在平旷的高埠上，西北是接连不断的山，西南是广阔平坦的河滩。来到怀来城下，燕王便令扎下营寨。

第二日，燕王便让张玉前往出战，正好与林欣的三千敢死队相遇。

林欣带着三千敢死队，一见燕军旗号，个个眼前都浮现出他们亲人被杀的情景，眼睛都红了。在林欣的眼前，好像浮现出如下的情景：他的母亲倒在血泊中，他心爱的柳若烟全身是血，人头落在了一边，他又好像看见两个燕军的士兵用剑正刺向他的两个儿子，两个儿子在拼命叫喊，可是一把亮晃晃的剑刺进了儿子的胸膛……

“啊——”林欣叫了起来，打马就向前冲。

“杀呀——”

“为死难的亲人报仇呀——”

“杀——”

杀声震天，三千个敢死队员，犹如三千猛虎，怒吼着，咆哮着，杀将上来，锐不可当，而燕军与怀来军又多是老乡，虽说两军对阵，仍是不忍心厮杀，这种作战心态，哪里能抵挡得住林欣的敢死队？双方一交锋，便被打得落花流水。道衍见状不妙，急忙鸣金收兵。

燕王集众将分析首战失败原因。

张玉道：“敌军勇猛异常，勇不可当，他们高喊给亲人报仇，其中大有文章！”

丘福道：“怀来军与居庸关军大不相同。攻居庸关如摧枯拉朽，毫不费力，而怀来军则坚不可摧！”

道衍也说道：“这其中必有原因，诸位都可想想，看原因在什么地方。”

众人想了许久，也说不出个原因来。

燕王道：“诸位暂且回去，都去想想，一定可想出一个破敌之策。”

道衍一个人在灯下踱来踱去，仍然想不出一个结果来。他口中自言自语道："这其中是什么原因呢？"

这时一个亲兵前来送水，听道衍在自语，认为是在同自己说话，便道："我又不是怀来军，我怎么会知道？"

"你说什么？"

"我说我又不是怀来军，我怎么会知道。"

"你不是怀来军，你不知道，那么怀来军，就该会知道了？"道衍心中猛地一亮。

"对！只有怀来军知道原因！只有怀来军知道原因！"道衍拍着亲兵说道，"今天，你立了一个大功！"道衍开心地笑了。

第二日，道衍把张玉、朱能叫来，对张玉道："明日你带人马再去出战，只许败，不许胜，一定要把怀来军引到河边。"

张玉道："遵命！"

道衍又对朱能说道："你先在河边挖好陷阱，然后埋伏在河岸内，等到张玉把怀来军引来之后，向后包抄，截断退路，一定要生擒一个怀来兵过来，捉不到怀来兵，不要回来见我！"

朱能道："遵命！"

张玉、朱能二人领命后，各自准备。

第三日，张玉领兵出战，刚摆好阵式，林欣便带领三千敢死队前来迎战。

林欣道，"谁去迎敌？"

"我去！"

林欣回头看时，见是石光，便道："冲上去！多杀他几个，为你家人报仇！"

石光道："遵命！"

他大吼一声"燕军拿命来"，便冲了上去。

张玉忙上前迎住，说道："你快回去，我刀下不杀无名之鬼，让你家大帅宋忠来与我决战！"

那石光一腔的怒火，哪里容得这话，不容分说，便举刀直奔张玉。张玉上前，与石光打了五个回合，假装败阵，虚砍一刀，拨马便跑。那石光一是报仇心切，二是见张玉败阵，一心要捉拿张玉争立头功，便拍马赶来。

张玉一边跑，一边说："我不是打不过你，我是领着你走走，让你遛遛腿，长点见识！"

那石光只被张玉这话气得怒火直往脑门上冲，什么也不顾，只是死命追赶。只听得"扑通"一声，他连人带马跌进了陷阱。朱能人马早已包抄过去，截断了石光退路，把前来营救的人挡了回去。张玉返回来，派人将石光从陷阱里拉了上来，捆个结实，送到大帐之中，其余人马立即收兵。

石光被带到大帐，昂首而立，面无惧色，对着道衍骂道："该杀的贼叛军，今日既被你所俘，要杀就杀，不要让我看见燕军就恨！"

道衍道："我不但不杀你，我还要给你松绑！"

"你要给我松绑，我就杀你！"

道衍道："松绑！"

那石光手脚一松开，便向道衍扑来，将士们上前用刀把他架住。道衍喝道："放开他！"又对石光说道："好一个莽汉，我与你无冤无仇，为何要杀我？你就是要杀我，也得说出点理由来吧！"

石光怒气冲冲地说道："理由？什么理由？我们的家属与你们无冤无仇，你们为什么要杀他们！现在我与你们就有冤有仇，我要为亲人报仇，杀死燕王！"

"谁要杀我燕王呀？"燕王进来说道。

"我要杀你！"

"你为什么要杀我？"

"你为什么要杀我家属？"

"壮士，话要说明白，是谁杀了你的家属啊？我们燕军弟兄与你们都是老乡，向来与你们无冤无仇，你们的家属都平安无事，谁也没被杀呀！"道衍说道。

燕王道："你说燕军杀了你的家属，可有凭据？"

"有！"

"什么凭据？"

"那《邸抄》上写得明明白白，我们的家属全都被杀，说是'积尸盈途，血染街红，惨不忍睹'，你们若是英雄，就该敢作敢当，为何矢口抵赖？"

燕王道："你说'积尸盈途，血染街红'，你可亲眼所见？"

"我未亲眼所见！"

"你可知眼见为实，耳听为虚？"

"反正你们是不敢承认。"

"如若你家属健在，你又如何？"

"如若错怪，我甘愿赔罪！"

"你损我名誉，乱我军心，到时候我要砍你的头！"燕王大声说道。

"你要是杀了我亲人，我也要砍你燕王的头！"石光也大声喊道。

道衍见石光与燕王如此争执，知道说空话无用，想了一想，便道："你叫什么名字？家住哪里？你敢说么？"

"有什么不敢说的？我死都不怕，难道还怕说么？男子汉大丈夫，坐不改名，行不改姓，我叫石光，家住北平东郊朝阳门里仁寿坊。"

燕王对丘福道："去查一查，军中如有仁寿坊的兄弟，带来见我！"

丘福道："遵命！"

丘福走出军帐，不一时带来两个青年燕军兵士。

"见过王爷千岁！"

"见过军师！"

丘福说道："这两个是我部下弟兄，一个叫刘正文，一个叫单信，都在仁寿坊住。"

燕王指着石光问刘正文、单信道："这位壮士家也在仁寿坊，你们可认识？"

"我们不认识。"刘正文、单信答道。

"刘正文，你不认识我么？我是石光呀！"石光叫道。

"你是石光？"刘正文又仔细看看，"石光兄弟，哎呀！长大了，也长高了！你不通姓名，我怎么也不敢认你！"

石光道："刘正文，咱们是老乡，你快说，我家里的人都怎么样了？是不是都被燕军杀了？"

刘正文看了看石光，又看了一眼燕王，半天才吞吞吐吐地说："你家里……人，人……都好！"

见刘正文吞吞吐吐，石光哪里相信？大叫道："刘正文，咱们是老乡，你要给我说实话呀！"

燕王也说："你就实话实说，何必吞吞吐吐！"

刘正文被逼无奈，才轻声说道："你的父兄是被燕王杀了，可是……"

刘正文的话还未说完，石光就大叫起来："燕王！燕王！我要杀你，我要给我父兄报仇！"说罢，直扑燕王，但早有将士将他死死按住。

朱能也把剑拔了出来，对着刘正文，说道："刘正文！你讲的可是实话？你要讲假话，我这剑可不认识你！"

丘福道："刘正文，你这小子竟然吃里爬外，害我燕军！留你何用！"说着就要杀刘正文。

石光也大声叫道："你们杀了人不承认，还要杀人灭口！你们算个什么英雄！朱棣，你拿命来！"

"住口！"燕王喝道，"刘正文，你说我何时杀了他父兄？"

道衍走到刘正文身边说道："刘正文，你要说真话，对将帅说假话，可是要砍头的呀！"

刘正文跪在地上连连磕头："军师饶命，刚才王爷千岁叫我说实话，所以小的才敢说……"

"石光的父兄真是让燕王千岁给杀了吗？"

刘正文看了看道衍，没有开口。

道衍道："只要你说的是真话，我保你不死！"

燕王也说道："刘正文，你说我何时杀了石光的父兄？"

刘正文道："王爷千岁可记得仁寿坊抢婚杀人案么？"

"记得！记得！"

"你杀的那个恶霸父子，就是石光的父兄！"刘正文说道。

"什么？刘正文，你胡说！"石光叫道。

"石光，他没有胡说，不是我给你石光脸上抹黑，你父兄在仁寿坊作恶多端，是仁寿坊里的恶霸，那罪证写在告示上，我是亲眼看见的！"

"刘正文！你说，是这样的吗？"

"石光兄弟，是这样的，咱仁寿坊里有一个林欣，他也在怀来军中，你哥哥看中了林欣的妹子林屏，便派人提亲，林家不同意，你哥就派人把林屏抢到了家中。你哥和你父亲奸淫了林姑娘，林屏的嫂子柳若烟会武术，跑到你家教训了你父亲和你哥哥，你哥和你父亲恼羞成怒，便放火烧死了林家全家，只有柳若烟火中拣了一条命。柳若烟告状告到燕王府，燕王依法在仁寿坊斩了你父兄……"

刘正文说完，燕王说道："石光，你还有什么说的么？"

石光慢慢地低下了头，许久，才抬起头来说道："你们能让我见一见柳若烟么？"

道衍说道："当然可以，我们也正要找柳若烟姑娘！"

石光道："你们请不请柳若烟姑娘，我管不着，我只要自己一人去，行么？"

道衍略微一想，说道："当然可以！"

"难道你们不怕我跑么？"

"壮士也是一条汉子，我们相信你！"

石光不再说什么，出了大帐便走了。

石光走在路上，心里很不是滋味，就像打翻了的酱菜缸。他想的事很多，他想的不是他的父兄，而是林欣。

那还是他驻守开平的时候，有一日，石光在街上闲走，听到远处有一片喝彩声，便不由自主地走了过去，走近一看，原来是兄妹两个在街上卖艺。

兄妹二人正在扑斗对打，他二人的功夫不错，因此喝彩声不断。不一会儿，停了下来，只见那个汉子说道："各位乡亲父老，兄妹二人初来贵方宝地，还望各位高看一眼，如有冒犯之处，还请见谅。我兄妹二人只因家父治病，债台高垒，为了养家糊口，不得不在诸位面前献丑了！还请各位有钱帮个钱场，没钱帮个人场……"

“还是个孝子啊……”

石光想到这里，便随手摸了两个铜钱投了过去，其他人也都把钱投了过去。

“谢谢！”

“谢谢各位！”

那女子便在地上拾钱，突然一只脚踩在了她的手上。

“哎哟！”

“哎哟什么呀！小妹的手怎么往我的脚底下掏呀！”

大家一看，认得：原来是当地护卫的儿子，叫胡微，当地人都叫他胡为，是当地一个有名的恶少。

“这位大爷，小的有不周之处还望包涵！”

“大爷？你要知道叫大爷早就该来拜拜大爷！你是哪来的杂种，竟敢到我这里来撒野！”

“你也不该无故骂人！”

“骂人，我的小美人儿，大爷还要抱着你啊！”

那胡为说着就把那女子抱在怀里，那女子一个巴掌打在胡为的脸上。

“大爷休怒，小妹多有冒犯！”那汉子仍是赔着罪。

“咚！”胡为猛地一拳把那汉子打倒在地，胡为手下的那几个恶奴便一哄而上，乱打乱砸，对那女子动手动脚。

“住手！青天白日，竟敢调戏良家妇女！”石光跨步上前，怒喝道。

“你是什么东西，竟敢管起大爷的闲事来了！给我打！”胡为说道。

众恶奴便围了上来。他们哪里又是石光的对手，石光也不过就是三拳两脚，就把他们打倒在地。

“一群废物！”胡为骂着冲了上来。石光将身子向下一蹲，待胡为冲到跟前，石光用足力气飞脚一踢，一个兔子蹬鹰，只把那胡为踢出一丈多远。

“打得好！该狠狠地打！”一个军士在旁边喝彩。

石光举目看去，知是自家人，自然亲热。

“这混蛋光天化日之下，调戏民女，为非作歹，着实可恶！”

“这等人，就该狠打！”

石光又对胡为说道：“下次再让我碰见你，小心我砍了你的狗头！”

“军爷饶命，小的再也不敢了！”

“滚！”

胡为一伙人走后，石光又对那卖艺的汉子说道：“你二人赶快走吧！省得招麻烦！”

“多谢军爷相助！”

“慢！这一两银子你拿回去孝敬你父亲，别再在外面闯荡了！”

“多谢二位军爷相助，小的永世不忘二位军爷大恩！”

“快快走吧！”石光说道。

卖艺人走后，那人对石光道：“壮士行侠仗义，在下佩服！”

石光道：“壮士解囊相助，不也是侠肝义胆么？”

“我叫林欣，请问壮士大名？”林欣道。

“在下姓石名光！”石光也答道。

林欣道：“石光兄弟，咱们到酒店里喝两盅如何？”

“甚好！”石光欣然应允。

二人来到酒店，要了四个小菜，一壶酒，便边喝边聊起来。他二人越说越投机，越聊越亲近，大有相见恨晚之感。

林欣道：“我看咱俩这样情投意合，咱们结为桃园之义如何？”

石光道：“我意也是如此，咱们想到一块去了！”

于是叙了年庚，林欣为兄，石光为弟，二人洒酒祭天，结为兄弟。

一声狗叫，打断了石光的回忆。

石光抬头一看，不觉到了自己的家门口。石光跨进院里，只见院内干干净净、整整齐齐，房梁屋舍，依然如故。小猪在圈里摇着尾巴，母鸡正在鸡窝里下蛋，几个小孩子在院子内做游戏，见石光来了，便往屋里跑。石光进到屋里，只见他母亲正坐在床边上捻线。

“娘！孩儿不孝！孩儿回来了！”

“我儿，你怎么现在回来了？”

“孩儿听说家中出了事，回来看看。”

“唉！还看什么呀！”

“娘，听说我爹和我哥被燕王给杀了？”

“是叫燕王给杀了！唉，那也是他爷儿俩自己造孽，怪不得人家！”

“娘！你明白了就好！不要伤心！娘！孩儿与那林欣是结拜兄弟，如今咱做了对不起人家的事。唉！我要去找柳若烟去！”

“去吧！去吧！好好给人家赔个不是！”

“孩儿遵命！”

石光来到林欣家，正巧柳若烟也在家。

“你找谁？”

“请问你是柳若烟么？”

“我是柳若烟，你是……”

石光急忙跪下，说道：“我是石光，我向你赔罪来了！”

柳若烟道："我不认识你，你赔什么罪呀？"

石光磕了三个响头，说道："嫂子在上，多年之前发生在仁寿坊的一桩杀人案，燕王杀了一对作恶的父子，大嫂知道么？"

一提这事，柳若烟不禁悲愤，说道："你是……"

"我就是那石从礼的小儿子石光！"

"那你来找我做甚？"柳若烟冷冷地说道。

"我要问我父兄的死是否与你有关！"

"你父兄的死是因我告状而致。燕王有王法，他父子是因作恶而死于王法，非死于我。你如果要为他们报仇，我也只有招架！"

"他们是罪有应得，我与你无冤无仇，为何要杀你？"石光说道。

"既然你不想杀我报仇，那么你走吧！咱们再无瓜葛！"

石光又道："嫂子，不是咱俩没有关系，而是大有关系，我还要请大嫂帮帮我……"

"我又能帮你什么事？"

"我与林欣乃是结拜兄弟，情如同胞手足，如今我父兄如此对不起林家，我要向林大哥谢罪，又怕大哥嫌弃我，说什么我不能再失去林大哥！所以还请大嫂为我说情！"

柳若烟听石光如此说，忙说道："难得石兄弟这么深明大义，快快请起，我写封信带给林欣，向他说明你的磊落义气便是了！"

石光道："大嫂不知，大哥现在被宋忠骗了，我们都被骗了，他们还都认为是燕军杀了他们的家属，现在还正在为宋忠卖命杀燕军呢。"

"林欣这个糊涂劣货，办事也不分黑白，燕王一向爱民如子，怎么会无故杀你们的家属呢？你回来看看，现在北平路不拾遗、夜不闭户，你们还来与燕军拼杀，能对得起谁呢？"

"所以我想请大嫂到怀来军中走一趟，帮着燕军解说此事！"

柳若烟说道："好！那我就到怀来燕军大营走一趟！"

"多谢大嫂！"

"自家兄弟，谢什么？何时动身？"

"军务紧急，现在就请大嫂上路！"

"好！咱们这就走！"柳若烟说道。

石光带着柳若烟来到燕军大营，柳若烟向燕王和道衍讲明了情况。

道衍道："石将军如此深明大义，令人钦佩！"又对柳若烟说道："多谢柳若烟姑娘出面为燕军辩解！"

道衍又对石光交代了一番。趁着夜色，石光连夜回到官兵营中，石光只对人说自己是从燕军营中偷跑回来的，所以也无人怀疑。

石光见到林欣，说道："哥哥随我来，我有话对你说！"

林欣道："有何话说？"

"你且随我来便是！"

石光领林欣来到无人之处，林欣道："有什么话你就说吧！"

石光并不言语，只是双膝跪下，把柳若烟的信举过头顶。

林欣道："你这是为何？"

石光道："大哥且看完嫂子的信再说！"

林欣听说是柳若烟的信，也顾不得跪在地上的石光，急忙展信来看，林欣认得柳若烟的笔迹，自然也不生疑。只见信上写道：

林欣吾夫台鉴：

吾夫从军，忠于国事，十数年不归，家中变故，隐而不露，为免动摇军心也。今石光兄弟归，言汝信谣言而与燕军拼斗，故今将实情相告，望君勿悲也。

当年石家父子为恶一方，强抢林屏并奸淫之，吾至石家斥责石家父子，石家纵火烧我全家，妾以武功免死于火海之中。妾告状至燕王府，燕王依法将石家父子斩首于仁寿坊。

石光兄弟，深明大义，深耻其父兄之所为，深感愧对于林家，再三谢罪，又恐汝所不容，力请妾从中说情。

林家深仇，以石家父子之伏法而终，大冤得申，汝为丈夫，当有湖海胸襟，况石光兄弟情义难得，岂可轻弃乎？

燕王仁君，不可再为宋忠所骗，择贤主而事之，当至其时也，夫君当三思之。

即颂

大安！

妾柳若烟亲笔

洪武三十二年七月二十日

林欣看罢后，不禁泪如雨下，扼腕长叹。

石光跪在地上也泣道："林大哥，我石家对不起林大哥一家，我们石家罪该万死，就请林大哥杀我，以为谢罪吧！"

林欣长叹了一声，将石光拉了起来，说道："他们父子作恶造孽，当由他们承担，自然与你无关，你深明大义，我也不是小肚鸡肠之人，我们还是好兄弟！"

说罢，二人紧紧抱在了一起。

石光道："大嫂现在就在燕军大营之中！"

林欣道："好，明日就在两军阵前让她道出实情，揭开宋忠的骗局！"

过了两天，双方约战，林欣带着三千敢死队来到阵前，见燕王阵式如昨，旌旗招展，再仔细看，阵前不是燕军，却是怀来军的父老兄弟。柳若烟也在旗下，见了林欣，她大喊道："林郎！燕军没杀我们！你们不要受骗！"

一时间，呼兄唤弟，喊爹叫娘，呼声震天，不用下令，兵士们纷纷奔向燕军会见亲人。整个怀来军阵营大乱。宋忠见骗局被识破，便令兵士向怀来军家属射箭。怀来军将士受骗，本身就有怒气，宋忠这一射箭，更是火上浇油，于是便同燕军一道攻打宋忠。

宋忠见大势已去，急忙逃奔入城，还未及关上城门，燕军便如潮水一般涌入城中。

宋忠见燕军追赶甚急，便一头钻进厕所之中。五名燕军兵士将宋忠从厕所中拖出来，押到燕王面前。此时余也被擒住，他二人对燕王破口大骂，燕王一声怒喝："拉出去斩了！"张玉、朱能说声"遵令"，拉出去手起刀落，宋忠、余两颗人头便应声落地。

燕王和道衍进了怀来城，休整数日，对地方军政作了安置之后，便率军返回北平。

怀来一战，大获全胜，燕军声威大震，整个北方都被震撼了。

卢龙、榆关、开平、龙门、上谷、云中诸守将，均来归降。镇守宣化的朱橞，惧于燕军兵威，根本就没有抵抗的意志，带了家眷、钱财逃奔南京而去。其后，又有永平守将指挥陈旭、指挥佥事赵彝、千户郭亮献城归降。

燕王大喜，可是现在距离成功还很远，并不能因得意而忘形。看着上下将士，大多面上多有得意之色。燕王思虑一番，觉得有必要阐明形势，于是他告诫诸将说："宋忠本是一个蠢材，才刚掌握一点兵力，就骄傲自大，这等庸俗小人，我看待他就如同狐狸野兔一般。我们战胜他这个小小的人物，有什么高兴的呢？如果我们战胜了大敌，又该高兴到什么样子呢？高兴了就容易骄傲，骄傲了就会放松警戒，放松了警戒，失败也就暗自萌生了。因此，我等必须谦逊，而不能骄傲！"

诸将听了，都佩服地点了点头。

此时，遵化降将蒋玉派人来报，说大宁都督孙亨、刘杰，都指挥卜万亲率大宁兵马出桧亭关，驻扎在沙河，将要进攻遵化，求燕王派兵马支援。

燕王对道衍道："孙亨这厮好生无礼，我不犯他，他反来犯我，真是不自量力，待我明日去攻破他！"

道衍道："事不宜迟，应当快速出击！"

七月二十四日，燕王亲率一支大军，浩浩荡荡向遵化进发……

【第七回】

耿炳文真定首战败，李景隆德州再聚兵

燕王亲率大军，出了北平，直奔遵化。大宁军见燕王亲自率军支援遵化，便又退守桧亭关，燕军攻关，大宁军闭门不战。

燕王对诸将道："刘真年事已高，不会有什么大的动作，陈亨向来都是忠于我的，也曾表白了心迹，只是常常受卜万的挟制，我们只要使用反间计，除了卜万，那陈亨必来归降！"于是燕王就使用了反间计，那刘真果然中计，把卜万逮捕下狱，卜万下狱之后，大宁军力就大大削弱了。遵化便转危为安。

至此，北平的周边地区都归附了燕王。一个以北平为中心的根据地已经形成了。燕王的后顾之忧已解除了，从此便可以放下心大踏步地向着下一个目标进军了。

一日，燕王集合兵将，发表了一次长篇演说，他对将士们训诫道："我的父皇太祖高皇帝平定四方，统一天下，并且分封诸子，共同拱卫国家，为的是互相扶助，使皇朝悠悠无事。可是父皇太祖高皇帝不知道得了什么病，也不让诸皇子知道，到去世时，又不让诸皇子奔丧。闰五月初十日亥时去世，第三天寅时就殡殓起来，七天以后就埋葬了，过了一个月才让诸王知道。又在宫中拆毁宫殿，挖地三尺，把祖宗法度都更改了，这些是奸恶之人所做的，就是要屠灭亲王，进而危害国家。诸王其实并没有罪，都横遭灾难，不到一年，就削除了五个亲王。我派人入京奏事，被奸臣抓起来，动用大刑，严加拷问，目的就是要兴起狱案。现在又任用毒恶之人，征调天下官军，聚集北平，想要谋害于我。我因为惧怕被害，想要救国图存，就不得不起兵抵御灾难。我一定要抓住奸恶之臣，为我父皇报仇雪恨。现在这个幼主肆行变乱，淫虐无度，怠慢、亵渎神灵。违背礼法，一意孤行，不知收敛，惹得上天愤怒，要惩罚他，因而灾难频发，他却一点不知警惧。只有你们三军将士，能实现我的愿望，消除大难，安定朝廷，保卫国家。我父皇的在天之灵正在注视着我们，他一定会保佑我们大家的，但是你们如果不齐心，不努力实现我父皇的愿望，那就等于自寻灭亡，自找杀身之祸。仁者不因安危而改变节操，义者不因祸

福而改变雄心，勇者不因死亡而改变志向。你们如果听懂了我的话，以后就不会遭受祸难，如若朝廷有悔改之心，想要消除祸患，我就可以罢兵，你们也同样可以得到升赏。我向你们说这些话，是希望你们了解我的心！”

“效忠燕王！讨伐奸臣！”

“讨伐奸臣！为太祖报仇！”

将士们听了燕王的话后，纷纷发誓，口号声此起彼伏。

建文帝虽说已经知道燕王有谋反行为，但由于燕王的装疯迷惑，所以建文帝并不把燕王的事放在心上，只是把精力放在实现一班儒臣给他绘制的治国蓝图上。燕王在北平发靖难之师，占据北平，并攻下通州、蓟州、遵化诸地之后，建文帝才把燕王的事放在心上。现在燕王又大破宋忠，谷王朱橞也赴京告变，建文帝才招集群臣商议对策。

一日早朝，建文帝对群臣说道：“近闻燕王在北平兴师造反，已攻下北平周边的各州县，声势日益壮大，诸爱卿看当如何处置？”

齐泰道：“启奏万岁，臣以为当务之急是向天下宣布燕王造反的罪状，让天下共诛之！”

高巍道：“启奏万岁，臣以为宣布罪状之法不可取，燕王乃圣上之皇叔，这样做有些过分。”

建文帝道：“高爱卿所言有理，朕若以伐罪之名攻皇叔，朕亦无光彩。”

齐泰又争辩道：“万岁，古云“名不正则言不顺”，名正方能言顺，只有将燕王指斥为反贼，才能师出有名，才能争得天下的支持而打败他。”

“此事，容朕再想一想。”建文帝道。

黄子澄也支援齐泰，说道：“万岁，北方兵马素来强悍，如不及早防御，整个河北就都要失掉了！万不可再当断不断了，当断不断，必为其所害！万岁详察！”

“万岁！现在是发兵伐燕的时候了！”

“万岁！不能再仁柔了，当以国家社稷为重！”

在众大臣的催促之下，建文帝才下定了伐燕的决心。

建文帝道：“朕就依众卿之言！耿炳文！”

“臣在！”

“朕命你为大将军率兵伐燕！”

“臣遵旨！”

“驸马都尉李坚、都督宁忠！”

“臣在！”

“朕命你二人分别为左、右副将军，随军北伐！”

"臣遵旨！"

建文皇帝又命安陆侯吴杰、江阴侯吴高、都督佥事耿瓛、都指挥盛庸、潘忠、杨松、顾城、徐凯、陈文、陈晖等分路率领各部兵马，一起进击北平。

建文帝又命人在奉天殿之前设坛，祭告天地、宗庙、社稷。

第二日，建文帝带领群臣来到祭坛。只见祭坛长三丈，宽两丈，高一丈，四边设旌旗，两杆黄龙大旗立于中央，上设祭案，摆上猪、羊、果品等祭品，香烛点燃，香烟弥漫。建文帝上了祭坛，对着香案拜了四拜，而后又上了香，又洒了三杯酒，第一杯是祭天，第二杯是祭地，第三杯是祭祖宗。三杯酒祭毕，建文帝跪于祭案之前，便宣读祭文：

皇天在上，后土在下，列祖列宗，英灵久长，江山社稷，万代荣昌。允炆有日，祖宗庇佑，神明庇佑。顿首再三，感激非常。

而今家邦不幸，灾祸丛生，人心不古，诸王有乱，岂不堪忧哉？盗贼作乱，当严惩而不赦，骨肉内伤，何其难处？燕王首乱，又当皇尊，朕岂敢刀兵以伤之。然朕即为皇，承继大统，当以江山社稷为重，岂可久为儿女之态，妇人之仁？故发兵讨伐之，以安天下也。

虽有骨肉伤残，无奈何也，皇天后土，列祖列宗，当察朕之心也。天地神灵，庇佑允炆，万民得福，天地神灵之寄功也。特此祭拜以告之。呜呼哀哉！此祷。

建文帝读罢祭文，又磕了三个响头，方才站起，又宣读了征伐燕王的诏书，明令削除燕王的宗室属籍。那诏书本出自方孝孺的手笔。方孝孺乃当时的文学泰斗，一代文宗，那诏书自然写得洋洋洒洒，大义凛然：

邦家天造，骨肉同宗屡谋僭逆。去年，榑庶人等僭力不轨，辞连燕、齐、湘三王。朕以亲亲故，止正其罪。今年齐王榑谋逆，又与棣、柏同谋，柏伏罪自焚死，榑已废为庶人。朕以棣于亲最近，未忍穷治其事。今棣称兵构乱，国危宗社，获罪天地祖宗，义不容赦。是以朕发大兵，往至厥罚。咨尔中外臣民军士，各怀忠守义，与国同心，扫兹逆氛，永安至治。

建文帝念完伐燕诏书，耿炳文便率领大军出发，临行之时，建文帝又谆谆告诫耿炳文道："昔日萧绎举兵入京，曾号令军中说：'一门之内，自逞兵威，实属不祥。'尔等此次讨燕，也要善体朕意，勿使朕落个杀叔之名！"

耿炳文道："臣谨遵圣命！"

"如此，朕心亦可放矣！"建文帝说话时，眼中似含热泪。

建文元年（1399年）八月，朱允炆以太祖旧将耿炳文为大将军，率三十万大军伐燕，他们逢山开路，遇水架桥，人不下马，马不离鞍，日夜兼程，直奔真定，与各路军马会齐。不几日，各路军马均到真定。耿炳文便令徐凯领本部兵马驻守河间，潘忠领本部兵马驻守鄚州，杨松为先锋，率本部人马九千人驻守雄县，与潘忠为犄角之势，互为呼应。

接到耿炳文率军北伐的消息，燕王便与道衍商议对策。

道衍说道："这是我们同南军作战的第一仗，直接关系到燕军的生死存亡，大业的成败兴衰，因此，这一仗一定要打好，只许打胜不许打败！"

"正因如此，所以才来向你问计。"燕王说道。

道衍说道："如今建文帝令耿炳文来讨伐我们，并调吴杰等八路大军共同来袭，敌情复杂，我们必须多做调查，全面了解敌情之后，才能想出破敌之策，这也就是兵法所云'知己知彼，百战不殆'，此其一。目今敌众我寡，不能硬拼强攻，要多动脑子，要用智取，岳武穆所谓'战而陈之，兵家之常，运用之妙，存乎一心'，何为存乎一心，要多加体会。此次用兵，不比往时，从前用兵胜败，关乎荣辱功过，此次用兵，关乎生死存亡，此其二。宁王地与燕地毗邻，若并宁王之地，足可与南方对峙。此事虽与征战有关，久远看来，必有好处，我们可相机行事，此其三。此三者，可供殿下决策之参考。"

燕王道："军师所言极是，本王谨记于心！"

于是，燕王依道衍之大计，将兵屯在涿州严阵以待。

燕王令张玉带几名精兵去察看敌情。张玉回来，燕王问道："可曾探得虚实？"

张玉道："据末将所见，那行军安营，全无纪律，松松垮垮。再者，据末将所知，潘忠、杨松，皆有勇无谋者，看来不值一虑！"

燕王正在考虑如何用兵，又一探马来报，说杨松正与南军喝酒赏月。

燕王略加思索，便对张玉说道："张玉，命你带一万精兵，人衔枚、马勒嚼，悄悄地逼进雄县，然后以雷霆闪电之势，快速攻城！"

"末将遵令！"

张玉出了大帐，点齐一万兵马，悄无声息地出发了。

杨松领兵来到雄县，正赶上中秋节，天高月明。杨松带领众将饮酒赏月，说是赏月，其实正是大战前夕，加上连日奔走，人困马乏，哪有心思赏月？只不过是借赏月为名饮酒吃肉罢了。他们大碗饮酒，大块吃肉，不多一时，便喝得迷迷糊糊，酣然大睡。只有守城的哨兵，不敢饮酒，更不敢睡觉，只得振作着精神，站岗放哨。

半夜之时，一轮明月高高地挂在天空，把大地照得如同白昼一般，山川大地，都安睡在一片宁静之中。

张玉带领一万精兵来到雄县城下，便开始攀登城墙。

“什么人？”城墙上的哨兵喝道。

“燕军来啦！”

“燕军登城啦！”

“那些狗日的都睡死啦！”

一时间，城墙上乱糟糟的一片。

张玉道：“赶快登城！”

张玉一声令下，兵士们一拥而上，城内的部队还未及集合起来，燕军已经攻入了雄县城，南军将士有的还未及醒酒，就迷迷糊糊地成了燕军的刀下之鬼。那些少数抵抗的兵将，又岂能是燕军的对手，杨松的九千人马无一生还。

天亮时，张玉迎燕王进入雄县城。见九千人全部战死，没有一个活着的俘虏。

燕王道：“你们杀人太多了！只要他们缴械投降，就要留下他们，多杀人不是更坚定了敌人与我们死拼的决心么？今后不可滥杀俘虏，你们明白么？”

众将道：“我等遵命！请王爷宽恕！”

燕王道：“鄚州尚不知雄县已破，那潘忠还会按他们的原计划来支援雄县，如得知雄县危急，鄚州兵马会来得更快，我们正好来一个围点打援，活捉潘忠！”

众将道：“王爷计谋绝妙！”

燕王道：“燕山右护卫副千户谭渊！”

“末将在！”

“命你带精兵一千，埋伏在月漾桥畔池水中，听到炮响，立即占领月漾桥头，截断潘忠退路，活捉潘忠！”

“末将遵令！”

雄县城前有一个大湖，叫月漾池，月漾桥便在这月漾池中间，这月漾桥便是出入雄县的必经之路。月漾池中满是荷藕，每当夏日，荷叶如碧，荷花粉红，绿水满池，一望无垠，景色宜人。此时虽说已是中秋，也仍然是满眼碧绿。那谭渊领兵来到月漾池，让军士在月漾桥两边埋伏，人在水下，以水草荷叶为掩护，莫说远看，就是站在月漾桥上，也很难发现水中有人。

那潘忠在鄚州，听得探马来报，说雄县被燕军所围，情况危急。潘忠闻报，不敢怠慢，便带领人马直往雄县赶来。

潘忠在前，带领人马过了月漾桥，直奔雄县，张玉早已安排好，以逸待劳，正等着潘忠的到来。

“嗵！”

一声炮响，城门大开，张玉带着人马冲杀出来。潘忠带着人马正走得人困马乏，哪里能抵挡得住燕军的猛冲猛杀，立时便败下阵来，于是便掉头往回跑。

当潘忠带着人马逃到月漾桥时，埋伏在水下的兵士都跳水而出，谭渊当桥而

立，大声喝道："谭渊在此，还不下马受绑！"

潘忠闻听吆喝，不禁一惊，还未醒过神来，早被谭渊手起刀落，砍倒在马下。朱能带人把潘忠拿住，绑了。此时，潘军前后受敌，纷纷投降。

潘忠被带到燕王面前，燕王问道："现在鄚州还有多少兵马？"

潘忠道："鄚州还有一万多军士，九千余匹战马，如果他们知道我战败了，便一定会退走，殿下急速进军，便可得此城！"

燕王即亲带精兵一百人，带着潘忠向鄚州进发，大军随后紧行，不多时，便来到鄚州城下。

潘忠对守城军士说道："我潘忠战败已降，汝等不必再战了，快把城门打开吧！"

守军见主帅已降，自然无心再战，于是打开城门，纷纷投降，鄚州城不战而得。

燕王驻军鄚州，休整三日，犒赏三军，又与道衍商议进兵之事。

燕王对道衍道："我军虽说连连取胜，但南军只是小挫，主力尚在真定，日后决战，胜败还是难定呀！"

道衍道："何不速取真定？而今南军各路兵马指挥失调，我们可乘胜进攻！不过，还是要先摸清敌情，不可轻举妄动！"

燕王道："军师言之有理！"

第二天，燕军退守白沟河，稍事休整，主将张玉带领几个亲兵装成小工匠，潜入真定侦察敌情，回来后向燕王回报："耿炳文大军新集，部署未定，纪律极其混乱，本是败军之兆，我们可趁此良机发起进攻！"

燕王微笑着，满意地点点头。于是命张玉率两万大军为先锋，命朱能率一万大军断后，命丘福、陈文各领一万精兵为左、右翼，调拨齐备，便发炮起兵。

三声炮响，张玉带领两万人马，身披霞光，大踏步地走着，那一面面战旗在霞光的映衬下，就像一团团跳动的火焰。燕军气势雄壮，精神饱满，一个个生龙活虎，勇猛异常。正行走间，张玉忽见一个人急匆匆从大队人马右边跑过，看行走架势不像是寻常百姓，张玉觉得可疑，便对两个亲兵道："快去把那个前行的人抓过来！"

两亲兵走向前去，不费吹灰之力便将那人抓了过来。

张玉道："你是什么人？干什么的？"

那人道："军爷，小的是过路商人，多有冒犯，望军爷恕罪！"

张玉道："拉到路边砍了！"

那人见状，忙说："不要杀我！不要杀我！我说实话便是。"

张玉道："说！"

那人道："小的姓张名保，本是耿炳文手下的一名将校。"

张玉道："说你是将校还差不多，我看你走路和眼神，就不是商人，说！你是干什么来的？"

张保道："我是奉耿炳文之命来打探鄚州、雄县情况的。"

张玉便把张保带到燕王面前："这是耿炳文手下的将校。"张玉又对张保说："在燕王面前还不下跪！"

燕王见是耿炳文手下将校，计上心来，便亲自给张保松绑，对张保道："张将军请恕部下不敬之罪！本王南征，只是为了清除朝中奸佞，保护幼主，将军等朝廷良将，放下兵器，即非我敌，愿将军审时度势，助本王除奸，以靖朝廷。"

张保道："既然殿下为靖朝廷，小人愿降！"

燕王大喜，笑道："将军既明大义，能助我锄奸，社稷之大幸也！"

张保道："末将既已归降，自当追随殿下，以效犬马之劳！"

燕王又问道："真定军务如何？"

张保答道："耿炳文调大军三十万，现已到了十三万，一半扎营在滹沱河南岸，一半在北岸。"

燕王道："你既已归降于我，我就放你回耿炳文帐下去吧！"

张保道："我既已诚心归降，殿下还让我回到耿炳文帐下，不是置我于死地么？"

燕王道："张将军误会了，我给你一匹马，你就装作被俘，然后偷得马匹又逃回的样子，然后就把我攻鄚州、雄县及现在要攻打真定的实际情况全部向耿炳文汇报。你讲说得越真实越清楚，你立的功劳越大，其他的事你就不要管了，本王自有安排。本王现在给你一个立功的机会，你就好好地去立这个功吧！"

张保道："我就按殿下的意思去说，这个功我一定能够立好！"

燕王道："张将军就先行吧！本王随后便到！"

"日后见！"张保说罢，翻身上马而去。

朱能说道："我们去攻打真定，保密还来不及，王爷为何要让张保说实情？"

丘福也说道："常言说兵不厌诈，王爷怎么反其道而行之了？"

燕王笑道："我让张保回去述说实情，大有好处。耿炳文河南、河北两个大营，我们偷袭北营，南营必来支援，耿炳文知我攻打真定，必将南营调往北营，我们便可一举全歼。再者，耿炳文知我占了英州、雄县，当知我军威，这样可先从心理上挫他的锐气，这就叫作先声夺人！"

诸将听了燕王的解释，才都恍然大悟，一齐说道："还是王爷计谋高超！"

燕王笑了笑，说道："带兵打仗，兵法、计策都是死的，只有灵活运用才有奇效，这也就是人们常说的，运用之妙，存乎一心。"

燕王带领大军来到距真定城二十里的地方，忽见不远处有几个挑柴的兵士，燕王对朱能道："快把那几个挑柴的兵士捉来！"

朱能说道："遵命！"

不一时，朱能便把那几个砍柴的兵士带到燕王面前。

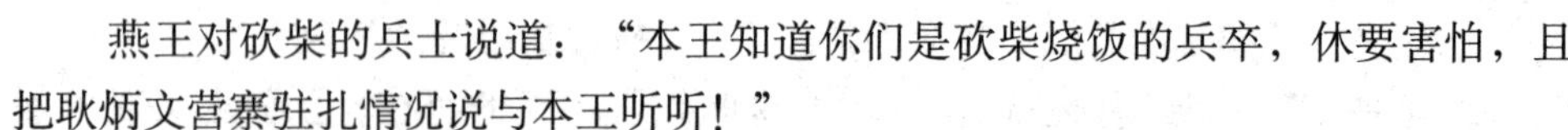

燕王对砍柴的兵士说道："本王知道你们是砍柴烧饭的兵卒，休要害怕，且把耿炳文营寨驻扎情况说与本王听听！"

那士卒说道："耿炳文只在真定城西北安扎两座军营，东南方向没有设防。"

朱能道："你要欺骗我们，我这刀可是不讲面子的！"

那士卒道："我等所言俱是实情。如若不信，我等不离开你们军队，若有虚假，甘愿就死！"

燕王道："那倒不必，你等愿留则留，不愿留就各自回家去吧！不要再回耿炳文那里去了，不几日，耿炳文的队伍就要灭亡了！"

那士卒道："王爷如此大义，我等情愿尾随王爷马后！"

燕王道："既如此，你们就归在朱将军麾下听命吧！"

那士卒道："遵命！"

到了真定城，果然东南方向没有设防，燕王心中暗想，还须再把城中详情弄个明白才好。于是，燕王带了五名亲兵悄悄来到东门窥探。就在这时，恰巧有一支运粮队来到。燕王对五个亲兵摆个手势，五名亲兵冷不防冲入运粮队中，架起两名士兵就走。这一切都是在一瞬间完成的，等运粮人醒过神来，五名亲兵已把两名士兵架走了一箭之地。

见了燕王，这两名士卒也自愿归降。

燕王从这两名士卒口中得知，官兵果然移营北岸，从西门一直扎营到西山。耿炳文已经中计。于是便令张玉、朱能、谭渊诸将绕过城西南直奔官军两座大营。

耿炳文听了张保的报告，手忙脚乱，急忙将滹沱河南岸的大营搬往北岸，刚刚安排就绪，又要送朝廷使臣归京。

耿炳文将朝廷使臣送出城外，使臣拱手道别。耿炳文目送使臣远去之后，正要回城，只听得一声炮响，一支大军从天而降。只见这支大军不同一般，一个个青面獠牙，披头散发，狰狞恐怖，面皮或黑或黄、或蓝或绿，双眼如炬，长舌当胸，怪声怪气，勇猛异常。官军哪里见过这等怪军，说人不人，说妖不妖，说神不神，他们在官军营中横冲直撞，来回厮杀，如入无人之境。官军兵将只吓得胆战心惊，不敢应战。一时之间，两座营寨荡然无存。

耿炳文见燕军冲来，急忙飞奔入城，吊桥的桥索早被燕军将士砍断，冲上来的将士便要捉拿耿炳文。正在危急之间，几名随行兵将将耿炳文护上了吊桥，进入城中。

这支怪异之军，本是燕军化了妆的，这正是道衍的高超手段。每上阵，将士必戴上面目狰狞的青铜面具，盖以先慑敌胆。道衍用这一奇谋，果然奏效，把官军杀了个落花流水。

耿炳文，原本是太祖高皇帝朱元璋手下的一员战将，戎马终生，身经百战，并非平庸之辈，他进得城之后，立即组织人马，出城来战，燕军大队人马也齐集城外，双方各自擂鼓进军，呐喊助威。

张玉、谭渊、朱能、马云等各率所部，奋力杀向官军。燕王自带一支奇兵，沿着城墙根儿从背后向官军发起攻击，就像秋风扫落叶一样，耿炳文军大败，士卒纷纷奔入城中。

耿炳文指挥人马，正准备再战，朱能跃马持枪，杀将过来，大声吼道："耿炳文还不下来受死！"一枪刺中马肚子，耿炳文从马上跌将下来。朱能正要擒拿耿炳文，不料一杆枪斜刺过来："休伤我主！"朱能也不看人，一枪拨过，便与来人厮杀。耿炳文被几名兵将护着，逃入城去。

只因城门太小，军士争相拥入，无法关闭城门，耿炳文下令杀了后面来的军卒，才把城门关上。

左副将军驸马都尉李坚整军来迎燕军，被燕将骑士薛禄冲入阵中，一枪刺于马下，兵士一拥而上，将李坚捆了。此时，右副将军都督宁忠、左军都督顾城、都指挥刘燧，也都战败被俘。

薛禄绑着李坚来见燕王，燕王对李坚说道："不是本王责怪于你，你是国戚，与我有什么冤仇？竟然也来助逆，今天你的罪责又怎么能逃脱呢？"

李坚因身受重伤，只能强忍伤痛，闭目不语。

燕王道："驸马伤势如此之重，不便留于军中，现在就把他护送到北平去吧！"

李坚被送走之后，将士们绑着顾城来见燕王。

燕王亲自给顾城解开绳子，不禁眼中含泪，说道："你是我父皇的旧人，怎么也参与了这场争斗呢？"

顾城听燕王如此一说，也不觉眼含热泪，说道："我也是没有办法呀！我见到殿下，也就如同见到太祖一样，如果能容我不死，我一定效犬马之劳！"

燕王道："能得将军相助，棣乃三生有幸也！你且到北平将息几日，就辅佐世子朱高炽据守北平吧！"

顾城道："老臣遵命！"

耿炳文退到城里，清点人马，损伤大半，城中尚有万余兵马，于是，耿炳文便决心守城，闭门不战。

守城，本是耿炳文拿手好戏。当年在长兴坚守十年，张士诚的军队始终不能取城。所以不论燕军如何围城叫战、骂阵，耿炳文就是闭门不出。

燕军攻城三日不下，燕王便想同道衍商议，道衍也从北平写来书信，信中说："真定三日不下，军力尽矣，长此下去，徒劳无益，一旦城内援军抵达，反易败归，不如乘我锐气未尽，回北平养军，另作别图。"

燕王采纳了道衍的意见，撤军返回北平。

耿炳文真定战败的消息很快传到了南京。建文帝正在等待耿炳文伐燕的胜利

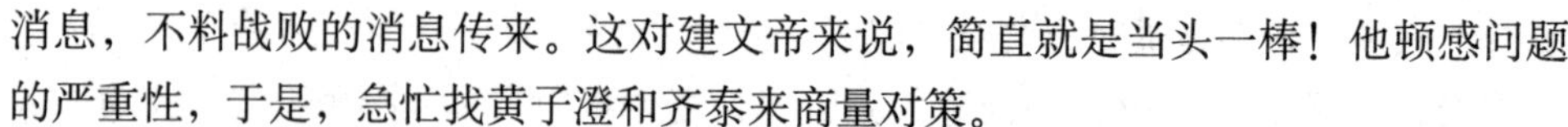

消息，不料战败的消息传来。这对建文帝来说，简直就是当头一棒！他顿感问题的严重性，于是，急忙找黄子澄和齐泰来商量对策。

建文帝满面忧虑：“像耿炳文这样的老将都打了败仗，眼下该如何是好？”

黄子澄道：“常言道胜败乃兵家之常事，这只是一次小挫，万岁不必过忧。”

“现在有何良策？”建文帝问道。

“如今正是国家昌盛之日，粮饷充足，兵强马壮，北平那弹丸之地，怎么能抵挡得住天下的力量呢？我们此次以五十万大军压境，四面齐攻，让他寡不敌众，一定可擒住燕王！”

“那么谁去统之？”

“臣以为曹国公李景隆大材堪用，不如就封他为讨燕大元帅，把耿炳文换下来！”黄子澄道。

齐泰连连摇头，说道：“李景隆本是文官，岂能领兵打仗？断然不可，若用李景隆，必然要误国家大事！万岁当以赵括、马谡为鉴！”

黄子澄说道：“赵括、马谡自当为鉴，我们也不可以偏概全，文人领兵打仗自古不乏其人，诸葛亮、范仲淹，不都是文人为帅么？”

建文帝道：“如今形势紧迫，不容易物色更恰当之人选了！”

于是，就命李景隆为讨燕大元帅，统领大军伐燕。

李景隆，本是朱元璋外甥岐阳王李文忠之长子，小名叫九江，袭爵为曹国公。少时曾入大本堂读书，与燕王及其他诸王都很熟悉。李景隆只生得仪表堂堂，又深知儒家礼仪规范，因而深得朱元璋喜欢，也曾多次受命训练军马，升掌左军都督府事，又晋为太子太傅。建文帝即位后，深受信任，被视为心腹之臣，所以黄子澄举荐李景隆挂帅出征，建文帝自然满心欢喜。

八月三十日，在午朝门外，一个隆重的出师典礼就要开始，整个午朝门外，人山人海，无数的兵马阵列齐整，旌旗蔽日，一辆战车摆在一个显著的位置，文武大臣在战车后不远处列队拱立，战车边置有桌案，上摆香烛之类。一切齐备，只等着建文帝的到来。

“万岁驾到——”

随着内侍的吆喝声，建文帝来到桌案之前，群臣山呼朝拜。

“叩见吾皇万岁万岁万万岁！”

司仪官高喊：“出师典礼开始——放礼炮！”

“嗵！嗵！嗵……”

大炮响了十六响，只震得山摇地动。

“击鼓奏乐！”

二十面阵鼓同时擂动，军中号角仰天长鸣，一时间鼓声如潮，号角呜咽，那气势也可说是惊天地，泣鬼神。

“御驾祭告——”

建文帝在桌案前点燃香烛，洒两杯酒祭告天地，又望天拜了四拜。

“钦赐通天犀带——”

建文帝亲自把通天犀带交给了李景隆。李景隆双膝跪地，双手接过通天犀带，高举过头顶，高呼：“谢主隆恩！”

“主帅祭车——”

李景隆束整衣冠，稳步走到战车之前，上了战车，端坐于战车之中。

“万岁推轮——”

建文帝走到战车之后，亲自用双手推动车轮，车轮转动之后，齐泰、黄子澄与建文帝一起，推动车轮，战车缓缓前移。

“出师推车礼毕——”

齐泰、黄子澄扶着建文帝稍事休息。大队人马缓缓而进。

到了长江码头，那里早已准备齐备，建文帝要在这里举行饯行仪式。

建文帝端起酒杯，面对长江洒下酒去之后，又端起酒杯，道：“曹国公！朕先敬你一杯！祝曹国公马到成功，旗开得胜！”

李景隆双手接过酒杯，跪下道：“谢主隆恩！”

李景隆把酒饮了，又道：“臣定当精忠报国，不负陛下使命！”

李景隆与建文帝同进两杯酒，建文帝道：“朕以此酒来为曹国公壮行！”

李景隆道：“臣就此辞君！”

李景隆给建文帝磕了四个头，而后站起，转身登上战船，大声令道：“向江北进发！”于是，万船齐发，向江北挺进……

李景隆率军出发之后，建文帝下诏召回了耿炳文。同时，又下诏召回辽王朱植、宁王朱权。辽王朱植回京之后，建文帝把他徙封荆州。宁王朱权接诏之后，拒不赴京，建文帝又下诏，削去了宁王的护卫。这一安排，都是齐泰、黄子澄用来防止这两个藩王和燕王串通而采取的措施。

燕王于战事之初，在怀来大败宋忠。回到北平之后，一方面休整，一方面加紧练兵。燕王清楚地知道，宋忠大败而死，南京方面是不会甘拜下风的，等待着他们的将会是一场更大的拼斗。果然，不出燕王所料。八月，迎头而来的是与耿炳文所率三十万大军中先锋九千人的生死鏖战。九月一日，燕王又听到永平守将郭亮的报告：镇守辽东的江阴侯吴高率领辽东兵马，和都督耿瓛、杨文一起包围了永平。

十一日，又有探马来报：李景隆乘船到了德州，收集了耿炳文的旧部，又征调各路兵马，共五十万人，已经进驻了河间府。

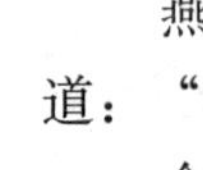

燕王听说李景隆率兵五十万前来征讨，心中大喜，不禁哈哈大笑，连声说道：“天助我也！天助我也！”

众将听说五十万大军来讨，心中不免忧虑，见燕王不但不忧，反而大喜，心中很不理解。

燕王向众将说道：“从前汉高祖用兵如神，尚且不能自如调遣十万大军。这李九江本是个无能之辈，没有谋略却又骄傲自大，表面上是声色俱厉，实际上却是心虚胆怯，从未带领大军打过仗，现今让他指挥五十万大军，岂不是自取灭亡！”

道衍道：“李景隆虽说无能，但手下毕竟有五十万人马，人多势众，我等亦不可轻敌！”

燕王道：“本王不是轻敌，我是说李景隆必败无疑！”

张玉道：“既未交战，从何可见必败无疑？”

燕王分析道：“兵法上说兵败有五条征状，这五条征状李景隆他全都占了。为将者政令不一，军纪不严，上下离心离德，此其一也。北方气候早寒，南军衣物不足，不足以抵御风寒，军士没有余粮，马匹没有足够的草料，此其二也。不顾形势险易，贸然孤军直入，此其三也。贪图贿赂，不讲智、信，士气骄盈而又刚愎自用，无仁无勇，将令不行，此其四也。部下随意说笑打闹，金鼓没有固定规律，喜听阿谀恭奉之言，信用小人，此其五也。李九江这五条败征全有，却没有一条战胜的计谋，岂有不败之理！”众将听罢，疑团顿释，脸上都露出了笑容。

道衍说道：“永平危急，定要前去支援，如若永平有失，我们就失去了与榆关的通路！”

丘福道：“我们前往支援，那李景隆要攻打北平怎么办？”

燕王说道：“我在北平，那李九江是不敢来攻城的，如果他知道我离开北平，他必定前来攻城，到时候，我再杀他个回马枪，我叫他李九江前有坚城，后有大军，想死都找不着墓门！”

张玉道：“可北平城内兵力不足啊！”

燕王道：“北平的兵力是不足，出战不足，守城还是有余的，况且我大军在外围，还可灵活机动，予以照应。我就是要引诱李九江那浑小子亲自攻城。那吴高本是懦弱之人，又不能打仗，他要听说我来永平，必定要逃走，这样，我就既解了永平之围，又破了李九江啊！”

诸将听了，也都觉得燕王说得有理。于是燕王就让道衍和降将顾城辅佐世子朱高炽据守北平。

燕王对朱高炽说道：“李景隆若来，你只要固守，无需出战！”

朱能说道：“卢沟桥乃是咽喉要道，必须派兵守住卢沟桥，截断敌人通道，敌人便不能攻城。”

燕王说道："一个兵都不要派！就让李景隆放心地深入到坚城之下，这就叫作诱敌深入！"燕王议论已定，便带领大军直奔永平而来。

永平，又称卢龙，本是古孤竹国的都城。三面环山一面环水，易守难攻，堪称是兵家必争之地。再加上守将郭亮苦心经营，把个永平整治得如同铁桶一般严密。

那吴高带了兵马来到城下，急忙令将士攻城。守将郭亮在城上看得清楚，待他们来到城下时，郭亮拉弓搭箭，对着吴高一箭射去，正射中盔缨，又是"嗖嗖"两箭，皆擦肩而过，那吴高只吓得"哎呀"一声，跌在马下。

见吴高此状，郭亮对弓箭手说道："放箭！"转眼间南军在城下便留下一片尸体，兵士们纷纷败退，吴高也只得在兵将护卫之下退去。

攻了一天，南军连城墙边也没挨上，只得在城外安营扎寨。

吴高在军帐中胆战心惊地过了一夜，一大早，便有探马来报："燕王带五万兵马直奔永平而来，现在离永平还有二十里！"

"探清楚没有？"

"探得清清楚楚！"

"燕军如此勇猛，大帅需速作出决断才是！"都督耿瓛说道。

"决断？怎么决断？他燕王厉害，我惹不起还躲不起么？"

一声令下，吴高的部队又退回了山海关。

燕王心中想道："那吴高虽说懦弱无能，却也行事周密稳妥，在山海关军中仍起着重要作用，如若除掉了吴高，山海关则可无忧了。如何才能除掉吴高呢？"燕王想到了一个绝好的计谋。

燕王铺纸提笔，不多一时，便分别给吴高和杨文写了一封信。

给吴高的信是这样的：

江阴侯吴大人台鉴：

永平一行，本欲与吴大人游兵嬉戏，不料吴大人行止自有自知之明，不肯屈见于本王。吾与汝虽有牴牾，然皆同朝之臣也，故本王心下于吴大人尤仰之。吴大人心有雄心，思虑周密，行止稳妥，此天下难得之风范也。吴大人为臣也忠，为子也孝，为父也严，为兄也悌，为友也信，为政也仁，忠孝仁严，信悌义勇，身怀天下之隆德也。此乃本王钦敬之由也。

遥寄只言片语，本也无他，唯略陈心迹耳！亦期盼他日能握手言欢，但求其为期有日也。

恭安

燕王棣拜

洪武三十二年九月廿七日

燕王给杨文写的信是这样的：

都指挥杨文台鉴：

永平一行，本欲与汝游兵相戏，岂知堂堂之都指挥，竟胆小如鼠，燕军未到，竟逃之夭夭，胜似草丛之野兔。朝廷竟用汝等无德无才无勇无谋之辈，焉能不败！三岁小儿，尚知前进后退，而汝所将之兵，永平城坚，本不当攻，汝却驱而攻之，此本当退而进之；吾率兵来，汝本当进而与战，却不进而退之，如此进退不知，岂又如三岁小儿乎！汝不配治军，空占其位，何不归家抱孩娃去！吾率兵赴战，竟遇汝等如此之将，无异以刀枪对母猪也，岂不污我刀枪！故而奉劝数言：汝不配治军，汝若以朝廷为重，当不必再恋禄位，自请归农，栖身草丛，乃尔之所归也。

顺颂

大安！

燕王棣拜

洪武三十二年九月廿七日

两封信写罢，燕王故意将信纸装错信封，使吴高和杨文互生怀疑。

杨文收到信，拆开一看，却是写给吴高的信，杨文心中暗想，燕王如此盛赞吴高，又是为何？看来吴高定是与燕王有来往。与燕王有来往，那不就是通敌谋反么？怪不得永平不战自退！原来如此！

那吴高收到信一看，是燕王写给杨文的，看来燕王是没有看得起杨文，燕王之所以写信给杨文，那杨文一定想与燕王通谋，不然，燕王又为何要给他写信？

为了表白自己对朝廷的忠心，他二人都把信交给了朝廷。

建文帝看罢燕王给他们的两封信，对谁都不相信，都有怀疑。建文帝从燕王对吴高的盛赞中，觉得吴高通敌谋反是肯定的了，于是，削去吴高的爵位，将他迁徙到广西，让杨文独守辽东，从而对北平不再构成威胁，完全实现了燕王预定的目的。

讨燕大元帅李景隆军驻河间府，用了一个月的时间，才把各路大军征调齐备，组成了五十万大军，准备与燕军交战。

忽然探马来报：燕王率军离开北平，支援永平。

李景隆闻听大喜，与众将说道："燕王领兵支援永平，北平必然空虚，天助我成功也！"于是下令，立即向北平进发。

李景隆五十万大军，旌旗招展，号角长鸣，铺天盖地，如同潮水一般向北平涌来。

大军从卢沟桥上走过，李景隆用马鞭轻催战马，缓步而前。李景隆面带微笑，轻蔑之情溢于言表，悠悠然说道："卢沟桥乃咽喉要道，防守北平而不守卢沟桥，岂不是大误！燕王技亦如此耳！若重兵防守，我大军岂得入手？”言罢不禁仰天大笑。李景隆五十万大军兵临城下，世子朱高炽不免惊慌。

道衍道：“北平城墙高耸坚固，易守难攻，南军远道而来，军需不继，坚守数日，其围自解。”

朱高炽道：“只是城中兵少。”

道衍道：“自古以来打仗，兵不在多而在精，将不在多而在勇，精勇之兵，可以一当十矣！再者，燕王素来爱民如子，施恩于民，民心无不归向于燕王，我们只要说南军攻城，城内之民惧城破而遭杀戮，必然同心协力助我守城。城中兵士只要精心调配，充分发挥其力，必可胜也。

世子朱高炽、徐妃、顾城、道衍等悉心谋划，加强防务，备齐滚木、石，各守岗位，严阵以待。城内军民，不分男女老幼，个个都是摩拳擦掌、跃跃欲试，决心与南军决一死战。

李景隆率军来到北平城下，朱高炽闭门不战，李景隆便在北平九门筑堡垒围困。又派兵攻打通州，目的是截断燕王回北平的归路。李景隆则在北平与通州之间的郑坝村连接九营，亲自督战。

攻城战斗最激烈的地方是丽正门。南军攻城日夜不息，火炮一个劲地往城上轰，箭一个劲地往城上射，一阵阵的箭雨压得守城将士抬不起头来，一队队的南军沿着竹梯向城墙上爬。守将李让、梁明等人沉着应战，当南军炮火一停，李让便让兵士往下投滚木、礌石。南军败下之后，又用炮火掩护兵士攻城，就这样，反复冲锋。

守城将士本来就不足，加上伤亡，守城更为艰难。南军见守城力量渐弱，进攻更为猛烈。

李让、梁明一方面休整、调配力量，一方面组织城中的百姓帮助守城。这时，南军又发动了更为猛烈的进攻。炮声隆隆，火光映天，那箭就像三伏天的雷阵雨，不分点地往城上射，竹梯上的南军不要命地往上爬。李让、梁明带领兵士奋力砍杀，南军还是一个劲地涌上来，有的甚至已经登上了城墙，形势万分危急，就在这千钧一发之际，城墙上传来了一个清脆的声音：“兄弟姐妹们，现在是我们保家卫国，为燕王尽忠的时候了！别怕死！拿起刀枪杀敌人！”

李让、梁明等兵将一看，原来是徐妃带着一队兵将家属冲了上来。徐妃身披战袍，外披大红风衣，手拿大刀，威风凛凛，与登上城墙的南军拼杀，此时的徐妃就像一团闪动的火焰，灼人眼目。她一展女将雄姿，左砍右杀，南军将士一个个死在她的脚下。其他妇女，会武的就拼力搏斗，不会武的就搬砖运石，送茶送水，接运伤员。守城将士见徐妃亲自上阵杀敌，军心大振，一鼓作气，终于将南军打退，丽正门安然无恙。

李景隆连攻丽正门不下，便改用火攻，他令军士在丽正门外堆上许多柴草。李让一看便知他们要火攻丽正门，便急令兵士准备砖瓦土石。刚把砖瓦土石备好，南军便点燃了柴草，转眼间浓烟滚滚，烈焰腾空。守城将士在李让、梁明指挥下，把砖瓦石块砸下去，待火势稍小，又将湿土投下，终于将大火扑灭，从而保住了丽正门。

道衍对朱高炽说道："南军见我守城兵少，心中只想着攻城，对自己的营寨定无防守，夜间可令小股精兵趁其不备，缒城下去，偷袭其营寨，可以扰乱其军心，使其松懈斗志！"

朱高炽说道："就依军师之言！"

朱高炽于是当即点五百名精兵，对他们说："此命尔等缒城去夜袭南军营寨，目的是扰乱其军心，丧失其斗智，多放火，少拼杀，不恋战，见好就撤！"

"遵命！"

"缒城出发！"

朱高炽一声令下，五百精兵缒城而下，乘着夜色，这个营寨攻一阵，那个营寨放把火，一时间，南军营寨乱成一片，有的甚至自己互打起来。李景隆从睡梦中惊醒，只见火光四起，杀声连天。李景隆也不知燕军有多少人，不敢恋战，急忙逃跑到十里之外，才敢停住。

南军将士见李景隆因燕军袭营吓得后退十里，懦弱如此，均无心再战，只有一个叫瞿能的都督，自率三子带兵两千，去攻打彰义门。瞿家父子猛攻猛打，锐不可当，眼看就要攻破城门，只是后援供不上，瞿家父子只好停攻待援。此时传令兵来到，见了瞿能说道："传元帅令，让都督暂停进攻！"

瞿能叹了一口气，道："遵令！"

李景隆为何让瞿能父子暂停进攻？只因为瞿能父子是自行出兵，李景隆嫌他擅自出兵，心怀猜忌，所以迟迟不去后援，并传令让他暂停进攻。

道衍见南军停止攻城，命士兵连在城头上泼水，这时正是寒冷天气，第二天，城墙上结满冰凌，城墙滑不可攀，瞿能叹口气道："时机去矣！"

大宁，本是明朝的北方重镇，古属会州，位于喜峰口外，东连辽东，西接宣府。朵颜、福余、泰宁三卫骑兵驻守，兵马强悍，素有"带甲八万，革本六千"之称。朱元璋第十七子宁王朱权封藩于此，宁王朱权为著名的"塞王"之一。燕王在洪武末年带兵出塞时，就注意了这支武装力量。燕王善战，宁王善谋，二人关系较好，所以燕王起兵之后，曾对谋将说道："大宁军马剽悍，我如能得到大宁，切断辽东与中原的联系，取边骑前来助战，大计定成！"在大败宋忠之后，道衍也曾提及大宁。

耿炳文兵败之后，建文帝又削去了宁王的护卫，这一切对燕王来说，都是可乘之机，所以燕王也就下定了决心，非夺大宁兵马不可。

吴高在永宁兵败，燕王带兵一直追到山海关，山海关之外，就是宁王的封地。燕王便对诸将说道："移师山海关，潜袭大宁！"

诸将对燕王的命令大为不解：我们发兵是为了讨诛奸臣，宁王本自家兄弟，为什么要袭击大宁？况且李景隆正围攻北平，燕王是不是弄错了？

张玉道："宁王对我们并没有过不去的地方，又不是我们讨伐的仇敌，现在北平围得甚紧，本该支援北平才是！"

燕王对众将说道："本王并不是要消除宁王，只是暂取大宁作为一个根据地，以后还要归还于他，三国时诸葛亮不是也借过荆州么？我与宁王是兄弟，我还能对他如何？至于北平之事，我已有安排！"

诸将听燕王解说之后，也都表示赞成。

张玉道："宁王善谋，取大宁绝非易事！"

燕王道："宁王因抗命拒不归京，被削了护卫，与朝廷有了矛盾，我们趁此机会，正好取大宁。我们从刘家口直奔大宁，也就是几日的事，听说大宁主力都用来戍守松亭关去了，大宁城中皆老弱之兵，取大宁易如反掌。我们占了大宁，好好安抚将士家属，松亭关不战可得。北平有军师等人辅佐守卫，李景隆就是有百万雄兵，也难攻取，我们取了大宁之后，再回兵支援，也不会误事！"

于是燕军在向导带领下，走近路，翻山越岭，直奔大宁。

燕王取大宁的目的是争取同盟，所以在行军途中便给宁王去了一封信，信中只是说自己受奸佞所害，不得不发兵自救，请宁王能上书朝廷说情，请朝廷赦免其罪。

刘家口，虽说是一个不大的关口，地势却十分险要。关口位处群山峻岭之中，山路艰险难走，只能一人跟着一人才能通过，确实是"一夫当关，万夫莫开"。燕王让郑亨带五百精兵轻装简从，爬上山去，从山后发起进攻，结果一百名守关士卒全部被擒，燕军大队人马才得安全通过。

宁王自从被建文帝削夺护卫，心中闷闷不乐。他一方面关注着朝廷的动静，另一方面也在密切地关注着燕王的动向。一日，内侍来报："燕王派使者送来书信！"

宁王道："好生安待送书使者！"

宁王拆开信封，展开信纸，只见信上写道：

宁王十七弟台鉴：

自父皇归天，兄弟不见之日久矣。人事沉浮，沧桑巨变，一言难尽。父皇归天，皇兄骨肉，本当亲亲善善，不料幼主暗昧，为奸佞所惑，变祖法削藩王，同室操戈，骨肉相残，令人寒心。

而今，棣无故受辱，天降大难，濒于死地，然蝼蚁尚知贪生，况吾太祖之皇子乎？故而起兵自救，兴刀兵以自救，皆时事所逼，无奈何也！

起兵相犯，自当获罪于天，故请十七弟念兄弟手足之情，上表乞情，赦免罪责，使棣得有立锥之地，别无请也！

手足之情，当容相见细言！

即颂

大安！

燕王棣再揖

洪武三十二年十月一日

宁王朱权读罢书信，不免心中也是酸酸的，他被削了护卫，自是与燕王同病相怜，因此，对燕王的到来，并不怀敌意。

燕王带大军来到大宁城下，并不贸然进城，而是将大军驻扎在城外。燕王与张玉在一起谋划好之后，才进大宁城去。

宁王知燕王带兵到了城外，便邀燕王单骑入城。燕王便带几个贴身随从进了大宁城。

燕王进了宁王府，兄弟二人相见。

“小弟对四王兄多有冷落，请恕罪！”

“十七弟，本王到来，你怎么还这样神秘呀？”

“四王兄不知，如今我也是明哲保身呀！”宁王叹道。

燕王说道：“想不到父皇归天，你我兄弟竟落到这等地步……”说到伤心处燕王不禁热泪涟涟。

宁王也自落泪，兄弟二人相抱痛哭，哭了一阵子，二人才开始说话。

宁王道：“四王兄此来，不知为何？”

燕王道：“十七弟难道不知？只因奸佞离间，允炆对我怀有杀机，如今他派大军包围北平，性命终恐难保，我知十七弟足智多谋，请念兄弟之情，为我上表请赦，救我一命。”

宁王道：“四王兄不必过忧，小弟上表进京，请允炆赦免王兄就是。”

燕王道：“多谢十七弟，十七弟相救之恩，永世不忘！”

宁王道：“王兄何必言‘谢’字！你我同病相怜，同舟共济，莫说是王兄之事，就是他人之事，也是该帮的就帮。”说罢，宁王便进书房写表。不一时写好，交给燕王道：“四王兄过目，且看如何？”

燕王接过表，细细看来，只见此表写得言辞委婉，哀切感人，连连说道：“写得好！写得好！只是难为十七弟了。”

宁王道：“都是自家兄弟，这还不是应做之事么？”于是便设宴款待燕王。宁王此时全为情感所动，完全忘了避祸。

燕王在宁王府内过了四天，每日与宁王说些闲话，议些国家大事，自然是亲亲热热。城外兵士，大多都装扮成黎民百姓进入城中。张玉、朱能、丘福等进入城后，便各自重金去联络宁王将士。原来燕军与宁军曾多次共同作战，大多数将士彼此都认识，所以燕军入城后，便访友问旧，结交新知，又加上礼物引诱，大部分宁军都归顺于燕军，只不过宁王朱权还蒙在鼓里。

一切准备齐备，是日三更天，张玉便在宁王府外连放二响爆竹，这是燕王事先约好的暗号。燕王听到暗号，心中大喜。第五日早晨，燕王便向宁王告辞。宁王道："四王兄既心挂北平，小弟也不便再留！小弟当为四王兄饯行！"

"如此，就多谢了！"

宁王将燕王送到郊外，在长亭置酒为燕王饯行。

宁王端起酒杯，递给燕王道："四王兄，这第一杯酒祝你一路顺风！"

"多谢十七弟！"燕王说罢，接过酒来饮了。

宁王又端起了第二杯酒，说道："这第二杯酒，祝四王兄大业有成！"

燕王接过酒杯，眼望前方，并未饮。宁王道："这第二杯酒四王兄为何不饮？"

燕王把杯往地上一摔："吾兵何在？"

燕王话音一落，只听得一声锣响，无数燕兵冲到宁王面前。

宁王大惊："四王兄，这是为何？"

燕王道："为兄只是暂借大宁一用，他日定还你一个完完整整的大宁，十七弟不必惊慌。"

宁王道："四王兄，快将我放回，你就是劫了我，我之兵将也不会服你！"

燕王笑道："十七弟不要指靠他们，他们都愿意服我调度，不信你看，你的兵将有一个动的么？"

宁王大喊道："都指挥朱鉴何在？还不快来救我？"

宁王话音刚落，那朱鉴便带一支亲兵冲了过来。张玉、朱能、丘福见他们要来夺宁王，便冲过来将宁兵围住。那宁兵哪是燕军对手，不一时，朱鉴便被张玉砍死。宁兵见主帅一死，便逃的逃，降的降。

宁王大叫道："四王兄负我！四王兄负我！"

燕王并不言语，命燕兵拥宁王进了大宁城。

燕军进了大宁城，首先安置了宁王家属，秋毫无犯，张贴安民告示，厚待宁军家属，并让他们给松亭关的将士们写信，详言燕王恩惠。

燕王带兵到达松亭关，松亭关将士自愿归降，燕王大喜，对他们奖赏安慰一番，而后对部队进行了整顿。燕王宣布建立五军。任命都指挥张玉为主将，密云卫指挥郑亨、会州卫指挥何寿任中军左、右副将。都指挥朱能为左军主将，大宁前卫指挥朱荣、燕山右卫指挥李清任左军左、右副将。都指挥李彬为右军主将，营州卫指挥徐理、永平卫指挥孟善任右军左、右副将。都指挥徐忠为前军主将，黄州卫指挥陈文、济阳卫指挥吴达任前军左、右副将。都指挥房宽为后军主将，都指挥和允中、蓟州指挥毛整任后军左、右副将。大宁归附的十万军士分隶五军统辖。

燕王的部队经过整编和动员之后，士气高昂，决心同心协力，打败朝廷官兵。燕王带着宁王及宁王的家属，带领大军，准备驰援北平。

李景隆屡攻北平不下，又恐燕军进攻，便在郑坝村扎下九座大营，自己在这里督阵，以待燕王。在北平附近，他留下十万大军攻城。又过二十余天，已是十一月天气，北平早已是天寒地冻，漫天冰雪了，南军士卒缺少冬衣，难抵寒冷，但为防止燕军进攻，李景隆下令昼夜戒严，命士卒日夜巡逻，一时冻死者无数，战斗力大减。

燕王在松亭关得知这一消息，又心生一计，他要利用严寒来消耗李景隆的兵力。于是他带大军从松亭关向西进发，直奔广昌，十月二十四日大军到达广昌，守将易胜开城投降，附近诸县也相继归降，燕军得到粮草补充，稍事休整之后，便飞速直奔北平。

燕王带领大军到达孤山，却被滦河阻拦，只得扎下营来，时值初冬，又加上雨雪，河水虽未结冰，却无舟船可用，诸将多有忧愁。

燕王面对着河水，心中也愁，一时却想不出渡河的办法。一阵寒风从脑后吹来，燕王抬头一看，只见西北天色昏黄，天上有卷云，又见旗帜飘向东南，知道将有西北大风。燕王灵机一动，又想起了道衍曾给他说的一段话。

当年起事之初，道衍对燕王说道："要成大事，一定要有人辅佐，要让别人辅佐你，就必须在人心中树立神威，有神威，就会有人诚心辅佐，这也就是陈胜、吴广起义时，为什么要把'大楚兴，陈胜王'的帛书装在鱼肚子中的原因……"

于是燕王对着众将仰天笑道："上天作证，如若燕州当兴，当今夜大河冰封！"

诸将见河水滔滔，都觉得燕王的话可笑，并不相信，有的还暗自发笑，燕王只装作不见。

夜里，果然北风大作，天明人们往河边一看，果然河水结冰，诸将惊喜，纷纷说道："苍天相助！燕王当兴！"大家纷纷向燕王祝贺。

燕王率军踏冰渡过滦河。此时李景隆也派陈晖领兵一万来此巡逻，因走错了路，未与燕军相遇，待燕军过了滦河之后，陈晖又从后面追了上来。燕王仅派高卫骑兵迎战。一场混战，陈晖败下阵来，率众踏冰逃命，不料那河冰因两次大军踏踩，出现裂痕，官军争相过河逃命，冰面破裂，人马淹死无数。燕王便带领大队人马，直扑郑坝村。

李景隆探得燕军进逼郑坝村，早已摆好阵势等待燕军。官军见燕军阵容严整，心中惧怕，阵内骚动不安，这些早被燕王看在了眼里。

燕王对诸将说："敌阵骚乱，出击之时也！"一声令下，燕军向官军猛冲猛打，双方混战一处，杀得难解难分，燕军很快攻破九座大营，然后分两路大军，冲向李景隆大本营，但不能攻破。

张玉马上改变策略，把大军排成一个方阵，从官军营垒中穿过，来到北平城下，城内守军见大军来到，打开城门，冲杀出来，前后夹击，官军渐渐败退，直杀到天黑之时，双方才各自收兵。

第二天，将士们发现，李景隆带军逃走了。攻打九门的官军还不知道李景隆已逃走，仍在固守，燕王指挥大军，一阵猛攻，九门官军败下阵来，四下而逃。

燕王率领大军，浩浩荡荡地开进北平城。

燕王带兵回到北平之后，便杀猪宰羊，大宴三军将士，并对有功将士给以嘉奖。十一月二十三日，对立功将士进行提升。燕山右护卫指挥使谭渊、指挥佥事陈贤、致化指挥佥事高实、富峪卫指挥佥事景福、会州卫指挥使谢芳、指挥佥事端亮、营州左护卫指挥同知陈亨、洛阳卫指挥佥事郭义、燕山前卫指挥同知李清、燕山左卫指挥使徐祥等人，都被升为北平都司都指挥佥事。被朝廷贬逐落职的周战、袁成、张穆也都官复原职。此时的北平，已经是燕王的一个独立王国了。

为了在政治上取得人们的支持，为自己的发兵表白正义性，燕王又上书朝廷，指责建文帝破坏祖法、重用奸臣、残害骨肉，申明自己起兵的合理性和正义性：

礼曰："君父之仇，不共戴天，兄弟之仇不反兵。"今我太祖高皇子女，君亲之仇，可不报乎？恒念父皇存日，因春秋高，故每岁召诸王或一度或两度入朝，父皇谓众王曰："我之所以每岁唤尔诸子或一度或两度来见者，何也？我年老，患病有不测，弗能见尔辈也，岂不知尔等往来匍匐之第矣！"父皇康健之日尚如此，矧既病久，焉得不来召我诸子见也！不知父皇果何病也，亦不知服何药而不瘳以至于大故也。礼曰："君有疾饮药，臣先尝之，亲有疾饮药，子先尝之。"今忝为父皇亲子，分封于燕，去京三千里之远，每岁朝觐，马行不过七日，父皇既病久，如何不令人来报？俾得一见父皇，知何病，用何药，尽人子之礼也。焉有父病而不令子知者？焉有为子而不知父病者？天下岂有无父子之国邪？无父子之礼存则非人之类也！况父皇闰五月初十日未时崩，寅时即殓，不知何为如此之速也？礼曰："三日而殓，候其复生。"今不一日而殓，礼乎？古今天下，自天子至庶人，焉有父死而不报子者？焉有父死而子不得奔丧者也？及至一月，方诏亲王及天下知之，如此则我亲子与庶民同也。又不知父皇梓棺何以七日而葬，不知何为如此之速也？礼曰"天子七月而葬"，今七日而葬，礼乎？今见诏内有"燕庶人父子"，岂葬父皇以庶人之礼邪！可为哀痛！

未几即拆宫，掘地五尺，明有诏令，"太祖高皇帝开基创业，平定天下，用心三十年，纪纲法度，布画大室，犹如起造巨室，与人居处，苟为官者不修政事，不守法度，如拆毁室庐，欲求安处，焉有是理？"旨哉言乎？今奸臣首将官

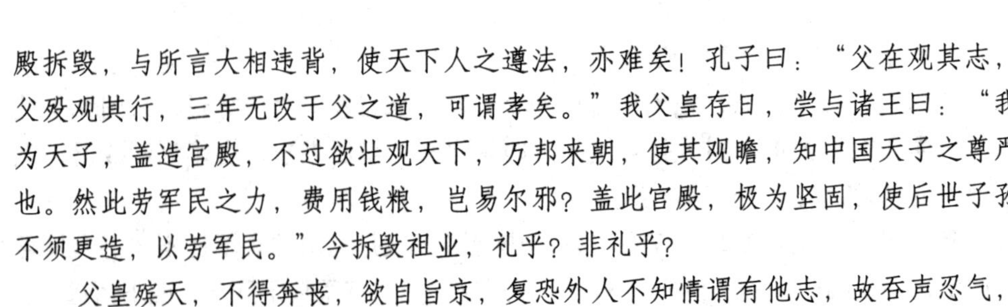

殿拆毁，与所言大相违背，使天下人之遵法，亦难矣！孔子曰：“父在观其志，父殁观其行，三年无改于父之道，可谓孝矣。”我父皇存日，尝与诸王曰：“我为天子，盖造宫殿，不过欲壮观天下，万邦来朝，使其观瞻，知中国天子之尊严也。然此劳军民之力，费用钱粮，岂易尔邪？盖此宫殿，极为坚固，使后世子孙不须更造，以劳军民。”今拆毁祖业，礼乎？非礼乎？

父皇殡天，不得奔丧，欲自旨京，复恐外人不知情谓有他志，故吞声忍气，不敢出言，痛裂肺肝，泪从中坠，不意奸邪小人，交构为恶，巧言欺惑，变乱祖法，岂不知《皇明祖训》御制序云：“凡我子孙，钦承朕命，勿作聪明，乱我一朝之法，一字不可改易，非但不负朕重训之意，而天地祖宗亦将孚佑于无穷矣。呜呼，其敬戒之哉！”

伏自父皇殡天，闻齐泰等奏定礼义，凡朝夕几筵，揖而不拜，及小祥节属，祭不亲与。我差百户林玉、邓庸等奏事，辄被囚系，垂楚锻炼，令诬王造反，云“擅自操练军士，造作军器，必有他图”。齐泰等明知《皇明祖训》兵卫内二条：“凡王教练军士，一月十次，或七八次，五六次，若临事有警，或王有闲暇，则遍数不拘。”又云：“凡王入朝，其随侍文武官员，马步旗军，不拘数目。若王恐供给繁重，斟酌从行者，听之。其军士、仪卫、旗帜、甲杖务要拜明整肃，以壮臣民之观。”想唯太祖高皇帝以诸子出守藩屏，使其常岁操练军马，造作军器，唯欲防边御寇，以保社稷，隆基业于万世，岂有他哉！

其奸臣齐泰等不遵祖法，恣行奸宄，操威福予夺之权，天下之人，但知有彼，不复知有朝廷也。七月以来，诈令恶少宋忠、谢贵等来见屠戮，为保性命，不得已而动兵。宋忠、谢贵俱已就擒，已具本奏闻，恭候裁决，到今不蒙于谕。齐泰等又矫诏令长使耿炳文等领兵驻雄县、真定，夹攻北平。自为保性命之故，不得已而又动兵，败炳文所领军马，生擒驸马李坚、都督潘忠、宁忠、顾城、都指挥刘燧、指挥杨松等。奸臣齐泰揭榜毁骂，并指斥太祖高皇帝。如此大逆不道，其罪当何如哉！十月十六日，又矫诏令曹国公李景隆总领天下军马来攻北平。躬率精锐，尽杀败之。李景隆夜遁而去。若此所为，奸臣齐泰等必欲杀我父皇子孙，坏我父皇基业，意在荡灭无余，将以图天下也。此等逆贼，义不与之共戴天，不报此仇，纵死不已。今昧死上奏，伏望恫父皇太祖高皇帝起布衣、奋万死，不顾一生，艰难创业，分封诸子，未及期年，诛灭殆尽，俯赐仁慈，留我父皇一二亲子，以奉祖宗香火，至幸至幸！不然，必欲见杀，则我数十万之众，皆必死之人。谚云：“一人拼命，千夫莫当。”纵有数百万之众，亦无如之何矣。愿体上帝好仁之心，勿驱无罪之人死于白刃之下，恩莫大也。倘听愚言，速去左右奸邪之人，下宽容之诏，以全亲亲，则社稷永安，生民永赖。若必不去，是不共戴天之仇，终必报也。不报此仇，是不为孝子，是忘大本大恩也，伏请裁决。

建文帝读了燕王的上书，对燕王也是无可奈何，只是将齐泰等人解职。这点表面文章，实际上并未能解决任何问题，紧接而来的仍然是激烈的拼斗。已经发动起来的战争机器，是绝对不能因为燕王与朝廷之间的几封互相指责的书信而停转的，双方的战争机器只不过是经过维修之后，开动得更加猛烈一些罢了。

李景隆从北平连夜逃到德州，查点兵马，损失四分之三，李景隆无奈，只得暂驻德州，等到第二年春天再战。

一日，李景隆在军帐中正为打败仗的事发愁，忽听一声高喊："圣旨到！"

李景隆一听说圣旨到，心中暗想：这一下可就全完了，朝廷若要治我个丧师辱命之罪，就是不杀头也要入狱定罪。只吓得面色如土，战战兢兢地前去接旨。

钦差喊道："李景隆接旨！"

"臣李景隆接旨！"

奉天承运，皇帝诏曰：曹国公李景隆奉旨伐燕，旗开得胜，马到成功，功勋卓著，特对立功将士，予以嘉奖，加封李景隆为太子师。钦此。

李景隆听罢宣旨，不禁惊诧万分，自己兵败如山倒，丧师辱命，本当治罪，万岁不但没有治罪，反而嘉奖，封他为太子师，他感到莫明其妙，呆立在那里。钦差说道："李大人，还不谢恩啊！"

李景隆这才回过神来，急忙磕头谢恩道："谢主隆恩，吾皇万岁万岁万万岁！"

建文帝为何要加封李景隆？这里还有一段缘由。

李景隆北平兵败的战报传到京都，恰好让黄子澄接到了。黄子澄一见李景隆如此惨败，不禁大吃一惊，心中想道："李景隆如此惨败，对皇上来说，无异于当头一棒！若将战败情形如实呈报，李景隆必获大罪且不说，自己也得落一个荐人不当之罪，倒不如暂且压下，等到来春再战，获胜时再报，也就将此事瞒过去了。"

于是，黄子澄反而向建文帝奏报道："李景隆带大军伐燕，交战获胜，只是时值严冬，官军不胜严寒，不便行兵，所以暂还德州，待来春再举兵征讨。"

建文帝信以为真，所以下令嘉奖。

李景隆被加封为太子师之后，心中仍是如坠五里雾中，百思不得其解。这一日，忽然收到黄子澄密信一封，急忙打开来看，只见信中写道：

曹国公李大人台鉴：

大人奉旨伐燕，北平惨败，圣上非但不治丧师辱命之罪，反而加封汝为太子之师，想必大人已知，然大人知其然否？某当以实相告，大人必明之矣。

败报进京，幸为某所收。观汝惨败，内心震惊，汝自获大罪不说，某亦得因举荐不当而得罪，某权之利弊，将败报压下，反奏交战获胜，因严冬不便用兵，退驻德州，待来春举兵再战。上悦之，故而加封。

此事虽瞒一时，必不可长久，故大人当秣马厉兵，早作准备，来春再举，旗开得胜，万事皆休，不然，罪责终究难逃！

大人当好自为之，不可等闲视之，切切！切切！

顺颂

大安！

黄子澄亲笔
建文元年十一月廿一日

李景隆读罢书信，方知事情原因，不禁对黄子澄感激万分，当即跪地，向南面磕了三个头，急忙给黄子澄写信致谢。

时至春日，李景隆便飞檄各处，调集军士，很快各路兵马齐集德州，总计五十多万，跃跃欲试，准备进军北平。

早有探马探得消息，飞报燕王。

燕王闻李景隆再次集兵五十多万，要兵犯北平，于是便招集诸将商议破敌之策。

朱能道："李景隆乃败军之将，纵有五十万兵马，又有什么大不了的，他只要来，还管叫他败着回去！"

张玉也说道："李景隆虽说上次吃了败仗，但也不能轻敌，自古道骄兵必败，任何时候都不能轻敌。"

丘福接着说道："不是我们轻敌，如今我们兵多将广，实力雄厚，况且北平城是深沟高垒，固若金汤，李景隆实不足惧。"

道衍只说了一句话，便把大家说得哑口无言。道衍慢声细语，说道："诸位说得都对，如若李景隆五十万大军围来，必断我交通，久围不去，北平十几万大军、百万老百姓吃什么？军中无粮，岂不是不战而自败？"

道衍这么一说，大家便都默然无语了。

燕王问道："军师之意如何？"

道衍说道："以臣之见，李景隆五十万大军有备而来，我们当避开雄锋，挫其锐气，将南军从德州调出，然后再调回，使南军劳累疲乏之后，再设计歼灭他们！"

燕王道："李景隆会听从我们调遣么？"

道衍道："待我略施小计，李景隆必定听我调遣！"接着，道衍对燕王详说了一阵，燕王大喜道："军师妙计！军师妙计！就依军师之言。"

燕王又对诸将说道："我们现在去攻打太原、大同。那里晋王、代王都与朝廷有怨，如果我们能与晋王、代王联合，我们便可统领晋、代、燕、宁之兵，攻打南京。”

大家都同意了燕王的决定。

十二月十九日，燕王率大军由北平出发，过了紫荆关，二十四日到达广昌，守将杨宗、汤胜等开城投降。建文二年（1400年）正月初一，到达蔚州，守将李诚从水沟中爬出城来见燕王，约定三日后举城投降，不料李诚回城的事情败露，被捕入狱。燕军见城内迟迟不见动静，便决计攻城。

燕王见城外有一高台，在高台之上建有一楼，楼上架有飞桥直通城上，后来楼去桥毁，只有高台尚存，便命军士用袋装土从台上堆起，等到土袋堆得与城一样高时，便下令部队趁机而入。燕军又用霹雳车飞石轰击城墙，城墙震裂，守将王忠、李远等献城投降。燕王安顿好蔚州降将之后，便直奔大同而去。

大同，本是代王朱桂的封地，朱桂听说燕王西征大同，便要起兵响应燕王，只不过他受当地守军都督陈质所控制，行动不得自由。燕军攻大同不下，又听说李景隆已兵到紫荆关，于是，燕王决定，放弃攻城，取道居庸关返回北平。

李景隆在德州聚集了五十多万兵马，正要发兵北平，听得探马来报：“燕王在北平誓师，要攻打大同。燕王已率大军前往大同去了！”

李景隆心中想道：“燕王前番并了大宁兵马，势力日益强大，如今西攻大同，如若再与晋、代两藩勾结，北方半壁江山全归燕矣。如能半途阻杀燕王，使其阴谋不得实现，岂不是大好事？”转而一想，又觉不妥：“朝廷令我伐燕，防守北平一线，我若擅离此线，如若燕军万一得手，奔袭南京，岂不又要获罪！”总觉得追亦不妥，守也不妥，心中犹疑不定。

忽一军士来报：“禀元帅，有一个叫金忠的人来求见元帅。”

李景隆曾与金忠有过一次交往，所以听说金忠来见，便道：“快请！”

金忠进了李景隆大帐，见过礼之后，李景隆便问道：“先生不远千里而来，不知为了何事？”

金忠答道：“特为元帅献谋。”

“先生之意若何？”

“燕王西征，为何不追而歼灭之？”

“燕逆善于谋略，歼灭谈何容易！”

“元帅不知，燕军上次取胜，全赖军师道衍之谋，那燕王上次稍有小胜，就骄傲自满，而今又与道衍有隙，无人为谋，已是不足为惧了。”

“本帅奉旨扼守北平一线，若擅离北平一线，如若燕军得手，犯扰京都，本帅岂不要获罪于天？”

“上次攻打北平，胜败如何，大帅自然明白，此番攻打北平，元帅能保证就一定获胜么？如若再不胜，万岁追究起来，元帅又如何应对呢？”

李景隆虽感为难，但仍说：“燕逆西征，北平兵力必少，易于攻取。”

金忠道：“元帅刚才不是还说燕军多谋么？那燕王虽说西征，他难道就不知道你会乘虚而入么？况且北平城高池深，易守难攻，大有一夫当关，万夫莫开之势，所以守城不在于兵的多少。守兵少用粮少，可久守；围兵多用粮多，不可久围。兵无粮自败，元帅所谓守兵少则易攻，岂不是自误其事乎？”

李景隆又问道：“先生何处高就？”

金忠道：“在下不才，浪迹江湖，无所事事，只是在北平偶遇道衍，略作叙谈。”

“先生难道是做说客来了？”李景隆不禁惊慌。

“金某不是来做说客，只是愿为朝廷出力，愿为元帅好，通个气罢了！”

“先生为本帅通个什么气呀？”

“燕王与道衍之间闹翻了，道衍已离燕王而去了。元帅知道么？”

“他二人如此深交，怎么会反目呢？”

“这个，说来话就长了。”金忠顿了顿之后，才又说道：“他二人是为一个叫碧叶的美女而反目成仇的，那碧叶原本是元宫嫔妃，是宗泐大师的表妹，被宗泐大师从元宫中讨出。道衍的未婚妻也曾被抢入元宫，与碧叶认了干姐妹，因此与道衍感情甚深，不料燕逆却欲娶碧叶为妃，那碧叶因深恋着道衍，死不从命，一气之下削发为尼。因此，道衍心中不满，此次西征太原、大同，二人所见不同，燕逆遂不听道衍之言，竟率兵自去了！”

李景隆沉思不语，金忠见他仍犹豫不决，便有意激了他一下，站起身道：“在下要说的都说了，只不过是个建议，大主意还是元帅拿。在下告辞！”

李景隆道：“先生何不留在本帐，为朝廷效命呢？”

金忠笑道：“还请元帅体谅，在下整日云游江湖，闲散惯了，不愿受人羁绊。若元帅信任，诚心相见，还有后会之时，望元帅早作定夺，以免误了元帅大事！在下告辞！”金忠说罢，缓步走出李景隆的大帐。

其实，这一切，都是道衍精心安排的。

金忠走了之后，李景隆细思金忠之言，也寻不到半点疏漏之处，反而觉得还是金忠的话有道理。讨燕是根本，燕军在半途，我大军可将其围困而死，若燕军未攻下大同，可与大同守军内外夹攻，看来，这个机会不能错过。于是便下定决心，去追击燕王。

李景隆一声令下，五十万大军便从德州出发了。五十万大军，加上辎重粮草，声势浩荡，大军队伍如同巨龙一般，好不威风。李景隆亲率大军，马不停蹄，日夜兼程，一路的狂奔急行，艰难跋涉一千多里。到了大同近郊，燕军却神秘地失踪了，南军连燕军的影子也未见到。

其实，燕军大都在北平未动，燕王只是带了少量部队，大张旗鼓，虚张声势。这全是道衍的计谋。

李景隆正在大同郊外迟疑，忽有探马来，说燕军已到了紫荆关。

李景隆把马鞭一指，说道："速进紫荆关。"于是，李景隆的五十万大军便直扑紫荆关。李景隆大军来到紫荆关，仍不见燕军踪影。李景隆心知上当，于是便打算回德州休整。

李景隆军令未及发出，探马来报，"燕军全集中在居庸关！"

李景隆带兵又奔向了居庸关。

李景隆大军来到居庸关，不料又扑了一个空。

就在李景隆在居庸关左盼右顾地寻找燕军的时候，燕王带兵已经回到了北平。

李景隆听说燕王已带军回到了北平，这个消息确实是准确无误的。此时，李景隆只有望着居庸关兴叹了。李景隆此时唯一的选择，就是回德州。

李景隆的部队经过燕王的这么一折腾，往返近三千里，老弱病残之兵因经受不了寒冷与劳累，大部分都在行军途中死掉了。

李景隆损兵折将，无功而返，生怕朝廷责怪，经过一个月的休整之后，又调武定侯郭英等北上。李景隆此时统兵几十万，列阵几十里，到真定又遇燕军阻击，于是便安营扎寨，准备与燕军决战。

燕王西征回到北平之后，经历了一个极短暂的平静时期。燕王当然知道，这个极短暂的平静的后面是什么，当然更知道在这个极短暂的平静里又该干些什么。

燕王派二子朱高煦、三子朱高燧祭祀阵亡将士，抚恤其家属。燕王对他们说："天下将士，从皇上南征北战宣力效劳，以定天下。迩者奸臣驱其战斗，败死于锋镝之下，不可胜计，深可哀悯。"

燕王命收拾将士的骸骨，给予安葬。指挥耿孝等到郑坝村各战场收骸骨达十万具之多，将他们安葬在北山之原野上。各坟墓都竖立了简单的标志，并规定不准樵牧、挖掘，违者治以死罪，委派官吏管理。

李景隆经过数月积聚，兵力强大，阵容威严，黄子澄奏明建文帝之后，建文帝为壮军威，期在必胜，遣人赐给李景隆斧钺旗旄，军中得以便宜行事。建文帝使者持钦赐斧钺旗旄离京渡江，船至江中，忽然狂风大作，渡船翻倒，那斧钺旗旄全坠入水中，诸人多认为不吉，但建文帝不以为然，再派人将重赐的斧钺旗旄送到军中，因此，军中士气高昂。

李景隆兵发真定，真定守将立即上报燕王，燕王闻报后，对诸将道："李景隆

等人昏庸无能，想来谋我，真是不知天高地厚！大家且严阵待命，准备歼敌！”

道衍道：“白沟河是一个关键所在，我军当先控制白沟河，扼守要害，以逸待劳，御敌于国门之外，还可以减少北平的损毁。”

燕王道：“军师所言极是！”

当即谋划已定，便分头行事。

四月初五日，燕王带领诸将祭祀军中六纛之神，准备出师。第二日，大军从北平南门出，驻于五驹桥，即向武清进发。

十六日，探马来报，说李景隆军已过河间府，前锋到达白沟河，于是燕王命大军南下，驻于固安。

四月二十日这一天，天气虽然晴朗，却没有一丝风，天气显得特别闷热，过早来临的暑气，使一切都显得沉重、憋闷，将士们好像觉得眼皮都比平常沉重了许多，浑身老是软绵绵的，双腿就像是灌进了铅水一样，十分沉重，走起路来似乎觉得特别费劲。大军渡过了拒马河，在苏家桥驻营。

半夜时分，就听远处传来了“呜呜”的声音，那声音越来越大，越来越近，有如万马奔腾，又如怒海咆哮。一时间，飞沙走石，树断草折，有的帐篷被卷上了天空，地上的一些器物也被吹得四处翻滚，人站在地上，稍不留神，就会被吹倒在地。天上乌云翻滚，天黑得伸手不见五指，营帐的灯火几乎全被吹灭了，到处都是一团黑暗。

“咔嚓——轰隆隆——”

一声巨响，只震得人们的心都在颤抖，闪电把大地照得刺眼，发红的火光里夹杂着一道道的白烟。

豆粒般大的雨点狠狠地砸下来，把帐篷打得嘭嘭直响，砸在人们的头上、脸上，让你疼得无法忍受。

数十万大军头顶着大雨，脚踩着泥水，坦荡的平原一时间成了水乡泽国。燕王的行军床也漫上了水，只好把两张床叠架在一起。燕王坐在行军床上，听着初夏隆隆的雷声，看着闪电照耀下兵器发出的森森亮光，又听得风吹弓弦发出的铮铮响声，思想着即将来临的大战，心潮激荡，一夜也没有合眼……

大雨过后，太阳出来了，地上的积水也已经退去，一切又都恢复了过去的平静。被暴雨冲刷过的一切是那么清新，在泥水里挣扎的将士们终于可以舒心地呼吸了，终于可以舒心地穿上干净的衣服了。

燕王朱棣下令整顿军队，并带领诸将祭告天地。当燕王虔诚地焚香施礼时，只见天空有祥云出现，并飞驻于旗杆之上，祭礼大典结束之后，祥云渐渐向西北飘去。燕王向诸将说道：“这是神灵在向我指示方向，我们必定会打一个大胜仗！”

燕王令一百名士兵到白沟河以东的地方去放炮，造成渡河的假象，自己亲率大军沿河向西北方前进。中午时，燕军在西北方向渡过白沟河，刚刚把队伍整好，就见平安带领万名精兵出现在面前。燕王心中气愤，说道：“平安这小子过去跟我出塞，知我如何用兵，所以敢当先锋，看我去亲自破他！”

道衍说道：“士别三日，当刮目相看，今日的平安，恐怕已非昔日可比，万不可粗心大意！”

燕王道：“小菜一碟，不足为惧！”

燕王话音刚落，就听得“嗵”的一声炮响，一员大将一马当先，带领大军冲进燕军阵里。这人正是平安。

这平安是朱元璋的养子，骁勇善战，双臂有举数百斤的力量，他那一杆枪也有九十来斤重。他把枪拿在手里，抡起来就如风车一般乱转，就是神鬼见了，也是胆战心惊。

那平安一马当先，瞿能父子紧跟着也杀将上来。瞿能父子也是两员猛将，两把大刀寒光闪闪，威风凛凛，后面一万多名精兵摇旗呐喊，擂鼓助阵。这三员大将进入燕军阵内，如入无人之境，来回冲杀，燕军猝不及防，如何能抵挡得住？只被杀得辙乱旗靡，大军乱作一团。

就在此千钧一发之际，燕军内杀出三员大将，这三员大将分别是宦军狗儿、千户华聚、百户谷允，这三员将拦住了平安及瞿能父子，那狗儿手使长枪，与平安对阵，华聚、谷允也使两把大刀，与瞿能父子对阵。一时间，六员战将混在了一起。只听得叮叮当当、噼噼啪啪地直响，六匹战马犹如出水的六条蛟龙，旋转腾跃。六人从中午一直战到太阳落山，也不分胜败，直到夜幕降临，双方才鸣金收兵。

初战失利，燕王异常恼怒：“此次惨败，失我军威，我定要踏平他营寨，复我军威不可！”

袁珙道：“临行前，道衍军师再三告诫臣提醒大王，要戒骄戒躁，平安、瞿能父子，皆有智谋，当谨慎为宜。”

燕王道：“不杀平安等贼人，不足以复我军威！”

袁珙又道：“据传李景隆、郭英等已兵到苏家桥，南军众多，李景隆虽无谋，南军中当有能谋者，还当谨慎用兵。”

燕王道：“李景隆，竖子也，不足为虑，汝不必长他人志气，灭自己威风！”

袁珙见燕王意志已决，便不再言语了。

第二日，燕王亲率大军攻南军大营，平安、瞿能父子都在营前，燕王见了，不由发恨，对众将道：“谁杀了他们，本王有重赏！”

燕将听了，便向平安及瞿能父子扑去，南军三将抵挡不住，退回本营。

此时，燕王一心只想到要踏平南军营寨，恢复燕兵军威，道衍平时对他的告诚早忘得无影无踪，便指挥大军掩杀过去。

燕军正在追赶，只听得“轰！轰！轰隆隆——”几声巨响，只震得地动山摇，燕军中顿时硝烟弥漫，乱石纷飞，士卒被炸死、炸伤者无数，断腿的、无头的、少臂的、伤腰的，血肉模糊，一片狼藉。燕军阵营顿时大乱，兵马四处逃散。惊乱之中，又是几声巨响，燕军又留下了大片的尸体。燕王后悔不听袁珙的话，万般无奈，只得亲自断后，护着队伍后退。

原来南军此次带有两种先进的火器，一种叫“一窝蜂”，内里藏弹百枚，一旦点燃，百弹齐发，人马只要被击中，都要被洞穿。另一种叫作“揣马丹”，也是与一窝蜂相类似，专门用来对付燕军的骑兵。这两种火器都有引爆装置，只要人马碰着引线，即可爆炸，因此，这两种火器给燕军造成了极大的伤亡。

燕王带领残军逃了一程，天已黑，回头一看，见只有三骑跟随，不禁叹息，又走了一程，来到白沟河边，只见岸上有无数人马，河中有船，燕王心中惊叹道：“南军在此拦截，吾命休矣！”

燕王正在惊疑，早有一将带着兵马奔来，燕王拨马不及，被围在了中间，燕王遂作困兽之斗，大呼道：“吾事不成，天灭我也！”于是拔剑，欲将拼斗。

那将跳下马来，拜道：“末将奉军师之命前来救驾！救驾来迟，还望恕罪！”

燕王一见是陈文，方才放下心来，问道：“你在北平留守，怎么来救本王？”

“军师闻知大王被平安算计，怕千岁有失，故派末将来此接应！”

燕王叹道：“怪我不听军师之言，故有此惨败！”

张玉道：“胜败乃兵家常事，不必过悲。且回北平休整军队，以利再战！”

燕王道：“我既出师，大败而归，岂不被天下人所耻笑！我不取胜，誓不回师！”

张玉道：“军师有言，南军势盛，当避其锋芒，回北平休整之后，再伺机破敌！”

燕王道：“吾意已决，汝等不必再言！”

平安曾跟随燕王出塞北征，深知燕王的性格为人，更了解燕王的用兵方法，所以一战取胜，燕军大败，平安就料到燕王是不会咽下这口气的，一定要来报复。于是，他便对众人说道：“燕王昨日惨败，他必不甘心，必定还要来报复，我等还要再作计较。”

瞿能道：“燕军明日要来，我们便可利用其复仇之心，诱敌深入，设伏歼之！”

平安说道：“此计甚好！”

当下议定，于是分头行事，各做准备。

第二日，诸将齐集，燕王升帐。

“昨日我军惨败，大损军威，如不重创敌营，空手而回，一来要被世人耻笑，二来难复军威。军威不复，何以成我大事！此番作战，不获全胜，誓不罢休！诸将听令：张玉将军！”

"末将在！"

"命你统领中军作战！"

"遵命！"

"朱能将军！华聚将军！"

"末将在！"

"命你二人统领左、右军作战！"

"遵命！"

"房宽将军、丘福将军！"

"末将在！"

"命你二人分别为先锋、后卫，领兵作战！"

"遵命！"

分派已毕，燕王便率军到南军营前列阵，叫阵讨战，却不见南军应战。又过了一个时辰，仍不见南军应战。燕军士气渐渐低落，燕王心中正疑，忽见后军大乱，只见平安与瞿能父子从后面杀将过来。当时丘福见后方无事，也到前边去骂阵讨战，平安等三将从后面杀来，一时间无人抵挡，燕军大乱。华聚见状，急忙率军过去，挡住南军三将。

平安与瞿能父子将华聚围在中间，华聚力战三将，全无惧色。只见四匹战马如同出海蛟龙，四杆兵器交叉相撞，寒光闪闪，杀声震天，只是寡不敌众，力气不足，华聚方寸渐乱，只听得瞿能大吼一声道："下去吧！"一枪将华聚刺于马下。平安飞马过去，上去就是一刀，可怜这位勇猛战将，身首异处，血洒疆场。众将见了，面现惧色，顿时，燕军一片混乱。

"勇者必胜！杀——"

燕王大吼着，自率数千个健卒，冒死向南军冲去。燕王沉着应战，勇武无比，左砍右杀，一时间，斩杀南军数十人！

诸将见燕王如此英勇，一个个也都抖擞精神，舍命拼杀。张玉、房宽、丘福、次子朱高煦，都在奋力冲杀。这时南军营门大开，五员大将从营内杀出，两军便在白沟河畔展开了一场恶战。数万兵马交混在一起，人山人海，刀枪相对，那撞击声就如同炒爆豆子一样，分不出空点，那地上的死尸，横七竖八，堆积如乱柴。战场的上空，烟尘滚滚，愁云惨淡，日暗天昏。两军正在混战，忽听得南军营中又是一声炮响，又有一支劲旅冲出，锐不可当，燕军抵挡不住，阵势大乱，纷纷后退。

燕王见状，急带身边的七名卫士冲了过去。两万官军见冲上来的是燕王，便一个个都惊住了，反而连连后退。

建文帝有言在先，怕背上杀叔的罪名，所以再三示意，任何人不得杀伤燕王。因此，南军将士都愣了神。燕王见南军将士愣了神，便率领七名卫士来回冲杀。官军只好放箭，但又不能瞄准燕王，只好射马。燕王的马被三次射中，燕王就换了三次马，燕王的箭都射光了，便用剑砍，最后连剑锋也砍折了，便用箭鞘来冲杀。正杀得难解难分，瞿能又飞马赶来，燕王见状，只得拨马就走。

燕王正打马狂奔，忽地坐骑中箭，那马护疼，一个蹶子把燕王掀将下来。

"抓活的！"

"活捉燕王！"

南军见燕王落马在地，纷纷涌上来，争夺头功，要捉拿燕王。

燕王此时，战无兵器，不战，眼见要活活被擒，正焦急万分，忽见一骑兵中箭，死于马下，那马溜缰正要逃跑，燕王几个箭步飞跑到马前，一把拉住，纵身一跳，便上了马，两腿一夹马肚，又用力在马腚上狠砸两拳，那马便如离弦之箭，驮着燕王突围而去。瞿能仍在后边拍马追击。

燕王正在打马前驰，那马忽然不前，燕王低头一看，原来到了白沟河畔。前有河阻，后有追兵，瞿能眼看就要追了上来。燕王急中生智，跳下马来，快步登上堤岸，故意向河内摇手，就像招呼伏兵一样。瞿能率兵追到堤下，见燕王情状，不敢贸然追赶，不知燕王又有什么新计谋，不由得在那勒马观看。此时朱高煦带领一支劲骑恰巧杀到，燕王见救军来到，又下堤上马，率军又杀入官军阵中。

此时，正遇着平安率南军杀来。那平安，勇猛异常，一口刀使得神出鬼没，无人可挡，燕将陈亨被平安一刀砍下马来，幸被士卒救走。

"看我来擒你！"徐忠大喊一声，迎了上去。

"燕贼！不怕死你就来吧！"平安也骂道。

徐忠与平安交战，战有五个回合，两指被平安一刀击中，骨断而肉还连着，徐忠道："骨既已断，还连着为何？累我厮杀，要汝何用？"说罢用刀割断皮肉，撕一块战袍裹在手上，又杀入官军阵中。

从早晨一直杀到中午，燕军劳累不堪，数倍于燕军的南军仍是士气高涨。撤兵，不甘心大败而回；战，必致全军覆没。燕王心中正左右为难，忽见白沟河的船中跳出一人，大声喊道："王爷千岁，快快收兵，退向河边！"未容燕王下令，"咣咣咣！咣咣咣——"船中已传来了收兵的锣声。

平安见燕军败退，大喊道："燕军败啦！活捉燕王——"

南军自恃人多兵广，无人抵挡，潮水般地向河边追去了。眼见追到河边，忽听得船中一声锣响，只见万箭齐发，如同飞蝗一般射向南军。南军猝不及防，数千人立即倒地，南军不敢前进，勒马观看。

南军停止追赶，船中也不再射箭。平安认为船中无箭，便道："上前捉活的！捉着燕王有重赏！"

南军又驱马追赶，刚追到河边，又听一声锣响，又是一阵箭雨射向南军，又有数千人中射倒地，平安也被一箭射中左肩，瞿能对平安说道："不可再追，赶快收兵！"

平安无奈，只得带兵而回。

道衍走上岸来，与燕王相见。

"见过千岁！贫僧在此恭候多时了！"

"本王多次违背军师之言，遭此惨败，皆本王之过也！"

"人非圣贤，孰能无过。当年诸葛孔明不是也还有街亭之失么？王爷偶有此小挫，无关大局，不必过责，我大军只要稍作休整，还可再争胜负！"

燕王道："谨依军师之言！"

道衍于是命士卒在船上铺了木板，架起浮桥，燕军从浮桥而过，在白沟河岸上安营扎寨。

白沟河一仗的惨败，使得燕王朱棣寝食难安。他一方面思考着惨痛的教训，一方面思考着如何破眼前六倍于自己的强敌。他从床上起来，步出军帐之外，只见繁星满天，那一轮下弦的弯月刚刚爬上东边的天幕。环顾四野，遍地都是燕军官兵，闪烁的灯火、在营帐上空萦绕的炊烟，一切都是那样静。除了放哨的士兵偶尔发出一点声响之外，再也没有一点声音，乏倦的将士们都早已进入了甜蜜的梦乡，只有燕王朱棣夜不能眠。

天亮之后，燕王又与道衍议破敌之策。

燕王道："而今南军以六倍于我的兵力在此，我当如何破之？"

道衍说道："眼下是敌强我弱，众寡悬殊。自古以来，以少胜多的战例亦不少，但都是等待时机，出奇制胜。而今敌众我寡，就不能与其拼实力，不是胜券在握，就不能出战。南军失十万尚有五十万，我军失十万，所存也就无多。因此不能轻易出战，只有等待时机，而后出奇兵而获胜。"

"既不能与南军硬拼消耗，那就只有智取了！"燕王沉思道。

道衍说道："我前日已察看了地理地形，已想出了一条妙计。一举将李景隆消灭，我们就可以由守转攻，直指南京！"

"军师又有何妙计？"

"叫做引敌入笼，放火烧兵！"接着，道衍又将计谋详说一遍，燕王大喜道："就依军师之言！"

于是，燕王严守营寨与南军对垒，南军日夜讨战骂阵，燕王就是不出战。南军破燕心切，日夜讨战，燕军将士闷了一肚子火，纷纷向燕王请战，道衍就是按兵不动。如此又过了五日，道衍见南军骂阵讨战的劲头消了许多，便抽调三千兵士在军营后的大平原上挖沟，准备柴草、火药等物，一切齐备之后，才让燕王约战。

李景隆为了早日击败燕军，早已是迫不及待了。李景隆见燕王约战，鼓舞将士道："燕逆前番被我打得大败，残喘了几日，方来约战，诸将当奋力杀敌，平息燕逆，以报朝廷圣恩！"

李景隆话音刚落，只见一阵风吹来，只听得"咔嚓"一声，主帅旗杆被风折断，那"帅"字大旗也随风飘落下来。众将见了，神色黯然，默默不语。

李景隆见了，大声说道："帅旗断落于旗杆之北，上天示我燕逆必败也！哈哈哈……"李景隆一阵开心的长笑，似一股清风，吹散了诸将心头的阴云。

两军在营前摆好阵势，旗门之下，两方主帅对立！

燕王对李景隆道："前番我军虽有小挫，不过是癣疥之失耳，今日与你竖子决一高低，还不快来归降！"

李景隆冷笑道："燕逆！休得张狂，我六十万大军，投鞭江流可断，若识时务，速来归降，圣上仁慈，可免你不死，若迷途不反，你定将死无葬身之地！"

燕王道："九江小子，本王岂是被你威吓长大的？如今朝廷奸臣弄权，乱我祖宗之法，灭我王室骨肉，君侧不清，奸臣不除，祸难不消，本王绝不收兵！"

"今日本帅就要把你压成肉泥！"

"本王今日就要生擒你这无谋竖子！"

燕王归阵，用剑一指道："中军、左军、右军！上！"

张玉、朱能、丘福各率大军，向南军阵前冲去。

李景隆在门旗之下，把令旗一挥，南军中也杀出了三员大将，这三员大将就是平安和瞿能、瞿良材父子。

这六员将也不搭话，张玉在前，首先遇着平安，朱能、丘福也正好挡住瞿能父子。只见得兵器撞击，寒光闪闪，六匹马混搅在一起。两边将士把战鼓擂得山响，阵阵杀声如雷声轰鸣，战了半个时辰，难分胜负。

燕王先鸣金收兵。燕军三将退回，李景隆也收了兵。

再次约战时，燕王对李景隆道："李九江呀李九江，这就是你的六十万呀，这等狐鼠之辈也能算是个兵呀！你赶快让他们回家抱孩子去吧！这等狐鼠猪狗本王不屑领教！"

李景隆也骂道："你这该杀的逆贼，死到临头你还与本帅耍贫嘴！好，今天本帅就让你见识见识，知道我六十万大军的厉害！"

李景隆一举令旗，就听得南军阵中"嗵嗵嗵"三声炮响，杀声四起，几十万大军就像潮水一般，纷纷向燕军掩杀过来。那气势果然是排山倒海、神鬼皆惊，非同一般，燕军人马在阵中简直就是大海中的一片树叶，如何抵挡住这几十万大军？于是各自转身向军营后逃去。

李景隆见燕军向营后逃跑了，抬头向远一看，只见前面几十里的地方，没有村庄，没有树木，没有山冈，有的只是遍地荒草，不禁哈哈大笑，心中想道：前边是一马平川，你燕王难道能飞到天上去不成！这也是苍天灭燕，我大功告成也！

李景隆把令旗往前一指，几十万兵马呼叫着向前追赶，这是兵的世界，马的潮水，旗的海洋，蜂拥着，奔腾着，翻卷着，呼号着……李景隆大军乘胜追击，毫无顾忌，放开胆子向前追。眼见得南军前锋就要追上燕军，忽听得一声炮响，燕军顿时不见。

南军追赶，突然失去目标，正在那里愣着，茫然四顾，只见四周有许多柴草车停在那里。

平安自语道："这是为何？"

瞿良材道："你们看！你们看！"

瞿能一见周围的柴草车，说道："不好！快撤！"

平安急忙大喊："快撤！快撤！"

可是人马的嘈杂声早把平安的喊声给淹没了。后边的追兵非但不退，仍然拼命地往前拥，平均一里的地方就挤满了一万兵马。

"嗵——"

"轰——"

"嗵——嗵——"

猛然间，数声巨响，只震得地动山摇，一时间，火光冲天，硝烟弥漫，南军中血肉横飞，一片惨叫，几十里的地方转眼间成了一片火海，许多南军被炸死炸伤，南军的衣服上，头上，都烧着火，他们在火海中挣扎、逃奔，身上着火的战马驮着身上着火的人到处乱窜，它要去寻找没有火的地方，它所到之处，又立刻成了火的海洋。周围的柴草车也早已着火，组成一道燃烧的火墙，把南军全部封死在火海里。火墙之外，是围得密密匝匝的燕军。

李景隆因是文官，不敢放马追赶，侥幸没有钻进火海，只身逃回大营。

原来，这一切都是道衍的计谋，在与南军对垒的时候，阵前只是少量军队。其后，是每个士兵拿着两个穿着燕军服装的草人，大队人马都伪装埋伏在荒草之中。大火烧起之后，突出火墙的少数南军又被燕军截杀，所以南军兵马几乎全军覆没。

火海里的战斗结束之后，燕王又带兵攻进南营，守营的徐祖辉抵挡不住，只得弃了营寨，与李景隆一道逃向德州。

李景隆苦心经营的春季大反攻就这样破产了，连建文帝钦赐的斧钺旗旄也成了燕军战场上的战利品。

李景隆从白沟河逃到了德州，还未站稳脚跟，数日之间，燕王率军又追到德州，李景隆闻风而逃，燕王兵不血刃，占了德州。

李景隆从德州逃到济南，便在城外安营扎寨，燕军马不停蹄，日夜兼程，也赶到了济南城外。

第二日，燕军便进攻李景隆大营，李景隆率十余万兵马猝然应战。此时，瞿能父子已在白沟河葬身火海，只有平安还算是能征惯战。

白沟河一战，平安虽说火海逃命，一听到“火”字却不禁心有余悸，所以这次又与燕军作战，锐气不觉已减了三分。上得战场，被张玉、朱能、丘福三人围在当中，平安战了几个回合，不觉方寸已乱，被张玉一枪刺在腿上，“哎呀”一声落在马下。张玉、朱能、丘福三将上来，就要活捉平安。

平安倒在地上，就势在地上抓了两把沙土，待三将近前时，一下撒将过去，立时，三人的眼睛被迷得睁不开，平安急忙翻滚过去，几名兵士过来，救起平安便走。张玉三人也不再追赶。

南军大败，李景隆单骑逃命去了。

就在燕王与李景隆在白沟河血战正急的时候，山东参政铁铉正监运着粮草、衣物等向德州而来。正行到临邑，听说李景隆在白沟河被燕王打得落花流水，几乎全军覆没，铁铉便命部队停止前进。不一时，便见不少败兵退了过来，完全证实了探马所报的消息，铁铉不禁忧愤异常，顿足捶胸。

此时，参赞高巍也随同败兵一起来到临邑，正与铁铉相见。

高巍向前施礼，道：“拜见铁大人！”

铁铉也还礼道：“高参赞辛苦！”

高巍道：“败兵之人谈何辛苦！”

一个“败”字，直刺得铁铉心痛，不禁道：“不料六十万大军损失殆尽，曹国公何以惨败至此！有辱于圣命啊！”

高巍道：“燕逆兵勇谋高，官军皆不及也！燕逆不除，忠义难存！吾又何颜以见圣上乎！”不禁泪流满面。

铁铉也哭道：“苍天无眼，苍天无眼，何为助叛逆而残忠义也！”二人不禁抱头大哭。

高巍和铁铉在一起哭了一会儿。

铁铉道：“高参赞不知如何打算？”

高巍道：“惶惶然若丧家之犬，而今心神不定，正无良图，幸遇大人，得听大人高见。”

铁铉道：“而今前线兵败，去德州也是无益，不如暂退济南，待与盛庸合兵后，再作良图。”

高巍道：“大人所见极是！”

于是铁铉与高巍同奔济南而去。

【第八回】

告宗庙建文得玉宝，奠英烈朱棣祭亡魂

燕王率领大军，乘着锐气，来到济南，并未把铁铉、高巍放在眼里，心想济南也会与德州一样，唾手可得。于是第二天，便发兵攻城，不料攻了一天，却未能得城。燕王想对济南劝降，于是就让道衍写了一封劝降书，派人送入城去。

铁铉收到道衍的来信，便拆开来看，只见信上写道：

山东参政铁铉大人台鉴：

某从燕王靖难之师，驻于济南城下，久闻铁大人深明大义，为使济南军民免受刀兵之苦，故去书相喻焉。

昔太祖高皇帝崩，幼主继承大统，诚亦天道人情，不料幼主为奸臣所弊，变更祖法，删削藩王，离间骨肉，同根相煎，燕王为维命自救，而起义师，非自为也，乃不得不为，无奈何也。清除君侧，以正朝纲，发兵之旨，岂有他哉！

今两者刀兵相见，而某则以为，此乃朱姓之私也，古语云清官难断家务事，其叔侄二人，是也？非也？吾辈岂能分处耶？某以为大人参与其间，难处也，事如勿与，不知大人尊意如何？

古云胜者为王败者为寇，识时务者为俊杰，而日下之势，大人当审时度势，以定去从，某敬候音讯。

即颂

大安！

道衍敬呈

洪武三十三年五月十六日

铁铉把信给高巍看了，而后说道："道衍信中的意思很明白，然某则以为，当今皇上乃奉太祖遗诏而嗣皇位，是名正言顺，我等保当今皇上，就是忠臣，如若保燕王，则当为逆党，不知高参军高见如何？”

“在下拙见，亦与大人相同，在下决心保当今皇上，不从燕党！”

“参军高风亮节，让铁某钦佩，济南城在，铁某在，城不在，铁某不在，铁某誓与济南共存亡！参军若有此意，便可发誓为盟！”于是二人歃血为盟。

铁铉饮了血酒发誓道：“皇天明鉴，我山东参政铁铉，生为大明臣，死为大明鬼。誓为朝廷镇守济南，城在铁铉在，城亡铁铉亡，如若违誓，上天是殛！”

高巍也发誓道：“参赞军务高巍立誓：高巍誓做朝廷忠臣，不附燕贼逆党，与铁大人誓死保卫济南，若有违誓，天诛地灭！”

高、铁二人立誓之后，便去招集将士，宣誓保卫济南，决心与济南城共存亡。

第二日，从城上射出一封书信，燕王以为是降书，心中很高兴，急忙拆开来读：

燕王台鉴：

前番有蒙送书垂教，不胜感激。

夫人，为臣当忠，为子当孝，为臣不忠，为子不孝，当非为人也。当今圣上，遵太祖高皇帝遗诏而继天下，乃当今之人主也，汝虽为太祖之骨肉，却举兵反叛，则于国也不忠，于家也不孝，不忠不孝，非为人。非为人，则禽兽也。我山东参政，大明之忠臣也，既为忠臣，岂能叛主而从禽兽哉！

常言道悬崖勒马，回头是岸。我主仁慈，汝若休兵归降，圣上当念骨肉之情，不纠其罪，若执迷不悟，一意孤行，必为天理人情所不容，汝当三思之。

即颂

大安！

山东参政铁铉揖

建文二年五月十七日

燕王看罢书信，勃然大怒，“铁铉竖子！吾当攻破此城，生啖于汝！”燕王于是便要下令攻城。

道衍道：“前番攻城不下，如今又写此书信，可见城内已早有准备，再攻也是无益，还须再作计较。”

燕王见道衍如此一说，不觉又想起日前在白沟河失败的情形，所以，便也不再坚持攻城。

道衍的判断确实没有错。铁铉在城里招集众将，商议守城大计。在军事部署上，首先是训练军队，教授守城之法。二是将城墙加高加固，在城墙上安警报装置，日夜巡逻放哨。三是打造防守兵器，像长刀、长枪、火药、弓箭等。四是设置滚木、礌石。在政治方面，发布伐燕檄文，开守城誓师大会，把人们的劲头鼓得足足的。

燕王与道衍察看了济南地形之后，道衍说道：“济南紧靠济河，我们可以用水攻。”

燕王道：“我也想了，就是如何把这济河的水用起来。”

道衍道：“这事好办，我们只需在济河下游筑起拦河大坝，让河水上涨，而后再将济南一侧的河堤决口，那济河的水就会灌进济南城中！”

在济河下游，燕军的三万兵士在朱能、丘福的带领下，搬石运土。堆积的土石从河两边向中间延伸，燕王与道衍在岸上巡视。

燕王还亲自搬石运土，将士们干劲冲天，两边的大坝很快就要合拢了，但缺口越小，水流越急，燕王见了，便令军士将载满土石的大船沉在缺口处，终于将拦河坝合拢，又令人将大坝加高。河水渐渐上涨，于是燕王便下令决堤。

那济河的水，奔腾着，咆哮着，向济南城冲去。半日之间，整个济南城里里外外一片汪洋，房屋、器械、粮草，尽在大水之中。城内军民，一片恐慌。

济南府衙门前，站满了黑压压的人们，乱嚷嚷的声音吵得铁铉头昏脑涨。

“铁大人，想想法子吧！”

“我们的房子快要倒塌了！”

“铁大人，大水马上就要淹死人了！”

“……”

铁铉终于想出了一个计谋，于是让人四处张贴安民告示，告示上写道：

安民告示

城内军民，不必惊恐，要各司其事，各安其业。本官自有处置之策，须静待三日，强敌自当可破。

建文二年五月二十日

燕王见济河之水把济南城灌成了一片汪洋，心中自然欢喜，正在考虑如何破城擒敌，忽报城内有人送上信来，燕王便令人把送信人带到面前。

“叩见燕王千岁，我奉铁大人之命前来送信！”说罢，将书信呈上。

燕王把信拆开一看，果然是铁铉亲笔，只是言辞与上封信大不相同，信中写道：

燕王千岁台鉴：

下官铁铉，生性驽钝，不谙世事，义理欠明，故对千岁多有冒犯，还请恕罪。

前番书信言语，多有不敬，实非己意，无非借吾口传达他人之意愿也，恭请千岁明察。只因不明事理，有逆于王，故受济水之灾，若明大义，听命于王，何至于城宅为池沼也。

某自反思，始知燕王之高义也。故而欲弃暗投明，归附于千岁之麾下，又恐前多有不敬，不得千岁恩准，故而去信以表心迹。

故犹请千岁念城民的疾苦，救百姓于泽国，恩准归降，隆恩浩荡，感激不尽！

即颂

大安！

山东参政铁铉叩首

建文二年五月二十五日

燕王见铁铉愿降，心中高兴，对送信者说道："本王准降，待本王入城后，便可纳降。"

"多谢燕王千岁，小人告辞。"

送信人回去之后，果见城上撤去了防守器械。

不多时，城门开处，只见城门中走出五十多人，男女老幼、大人小孩径直来到燕军营前，要求见燕王。

燕王听说城中百姓出来要见自己，便出来巡视，果然是一群百姓。

那百姓见燕王出来，都跪在路旁，高呼："千岁救命！"

其中有一人哭诉道："朝中有奸臣当道，致使大王蒙受风尘，千里跋涉，幸临僻地。大王乃太祖高皇帝之子，吾乃高皇帝之臣民，岂敢背王命乎？然因吾民不知兵事，见大兵压境，未知大王忠国爱民的苦心，故而冒犯抗拒，还请大王恕吾民之罪也。大王若诚心爱民，请消城中洪水，退师十里，单骑入城，我民将恭伏于道，以迎王师！"言罢又连连叩头。

燕王见是百姓，言辞如此情真意切，满心欢喜，道："本王察父老之深诚之意，甚为欣慰，诸位即请回城，本王答应你们所请！"

"谢千岁！"

百姓对燕王施礼后，便进城而去。

第二日，燕王便带着几个贴身护卫，同骑良马，出了大营。

到了城门前，果然城门大开，城门内，那几十名百姓跪于路两边，高呼道："恭迎行岁！恭迎千岁！"

那百姓后面的一些南军，也未带兵器，也在向燕王招手，道："恭迎千岁入城！"

"恭迎千岁入城！"

燕王此时对城中无丝毫怀疑，便骑着马，走在最前，缓步入城。眼见就要进入城门，就听见后面传来喊声："千岁慢入城！千岁慢入城！"

燕王回头，见一名军校追来。

燕王问道："又有何事？"

军校答道："军师让千岁快些回去，城中太静了，恐城中有诈！"

见燕王勒马，犹豫不定，城内百姓喊道："济南军民盼见燕王，如旱天盼雨一般，请速速进城，接受朝拜！"

燕王又见城内净街焚香，于是不再怀疑，便缓步进城。

燕王正洋洋自得地进城，就听得城门洞上"唰"的一声，又听得"哐啷"一声，只觉得头上一股凉气压了下来，燕王心中一惊，就势把马往后一撤，只见一块千余斤的大铁板从上面砸落下来，正好砸在马头上，可怜那马头被砸成肉泥，将燕王摔出老远。一个卫兵把燕王扶上马，向门外飞驰而去。

燕王在卫兵的保护下逃到护城河边时，那护城河上的木桥已被南军拆得摇摇晃晃，燕王情急，打马从桥上一冲而过，而后边的卫兵竟有三四个掉入河中。

燕王之所以化险为夷，大难不死，原因有二：一是那铁板下落时，被系绳的结子绊了一下，放慢了下落的速度。二来是燕王反应快，那马也是驯出来的良马，退得快，不然，就是一百个性命，也是难以活成。

燕王逃回大营，恼怒万分，连连说道："可恶之极，竟敢暗算起我来！淹城！淹城！把全济南城都给我淹没！"

燕兵决开大堤，济河的水滔滔不绝地向济南城中灌去。

大水向城里灌了一天一夜。

也许，现在的整个济南城已经陷落在一片汪洋之中，洪水淹没了大截城墙，房舍倒塌，燃草、破衣、锅、碗、瓢等漂浮在水面上，无数的尸体在水面上半沉半浮，铁铉坐在城楼上，望着满城的大水号啕大哭……想到这里，燕王的恶气似乎出净了，心里也平静了许多，他长长地出了一口气。

不久，打探消息的探马的回报，又使燕王大吃一惊：济南城的军民安然无恙，城中并无一滴水。

原来，这一切都是铁铉的计谋，他写信诈降，让城中百姓引诱燕王进城，在城门设铁板谋害燕王。与此同时，命人挖了一条暗河，将城中水全部排净，在燕军第二次决堤时，城中安然无恙。

燕王见水攻不行了，便与道衍说道："看来水攻是不行了，下步如何攻城？"

道衍道："水攻不成，便用火攻！"

"如何火攻，军师细细讲来！"

"用火炮轰塌城墙，大军从缺口攻入！"

"可我们没有炮呀！"

"王爷莫急，我已察看过地形，已招集好了铁木工匠，现在就可照我的图纸打造火炮！”

燕王仔细地看了图纸，连连叫好，说道：“军师真乃神人也！军师要打造多少？”

“一百门！”

“有了这一百门大炮，济南城何愁不破！”

在军营内一个僻静的地方，热闹的场面出现了。数百名铁、木工匠在紧张地忙碌着。运木的军士打着号子，把一根根粗大的树木，从远处运来。大锯沙沙作响，一根根木头被截分段，分为两半，斧锤飞舞，凿木叮咚，木工们个个汗流浃背。铁匠们那里更是热闹，炉火熊熊，火星四溅，叮叮当当，一块块铁在铁匠的锤打下变成各种形状的铁料。道衍指挥着工匠们在安装火炮。

燕王与道衍再次察看地形，然后把一百门大炮对着城北门架好。

燕王道：“铁铉竖子，本王叫你尝尝大炮的滋味！”于是，便下令开炮。

燕军的一百门大炮一齐发射，炮声隆隆，惊天动地，火光闪闪，硝烟弥漫，大大小小的石块一齐射向济南城北门。不一时，只见城墙陷裂，大有倒塌之势。

铁铉、高巍正在议事，忽听得轰隆隆的炮声，铁铉说一声“不好”，便急忙出来观看，只见北门火光冲天，硝烟弥漫，知道燕军是在用火炮攻城。

不一时，守城将士来报：“禀大人，燕军炮火甚是猛烈，城墙已被轰得城砖陷裂！”

铁铉命道：“放箭射杀炮手，不要让燕军大炮靠近城墙！”

高巍也着急，说道：“炮火如此猛烈，如何破敌？”

铁铉默不言语，来回踱着方步，忽然停了下来，说道：“快备几块大木板，上面写着‘太祖高皇帝之灵位’八个大字，悬挂在城门之上，燕军必退！”

当时，燕军在城外架火炮的时候，南军在城上便看得一清二楚，南军便从城上放箭。因为燕军大炮离城墙较远，虽是百炮齐发，却威力甚小，并未把城墙轰塌。南军在城上躲炮的时候，燕军又把炮向前推进了一些。燕军正要点火放炮，忽见城墙上悬挂下木牌来，上面写着“太祖高皇帝之灵位”八个醒目大字，于是燕军将士谁也不敢再点火放炮。

原来《大明律》上有规定：凡亵渎太祖神牌者，轻者杀身，重者灭族。

对神牌不敬都要治罪，何况用炮轰？所以尽管有百门大炮，谁也不敢点火放炮。

燕王朱棣见城上高悬太祖灵牌，也不敢命军士点火放炮。

道衍道：“太祖灵牌当由皇帝恭敬而设，岂能由他人私设？铁铉自制灵牌，只不过是用来作缓兵之计，大王如因此而自缚手足，岂不是功亏一篑么？”

燕王眼含热泪道：“望诸将能体谅我的苦心吧！”

道衍点点头，心中暗想：铁铉这计谋也是够绝的了！

铁铉自在城墙上悬挂太祖灵牌挡住燕王的攻城之后，便立即组织人马修补济南城墙，使之坚固如初。

燕王面对着济南城，再无破城之计，心中自然着急。

铁铉虽说挡住了炮火的进攻，但燕军并未撤退。所以铁铉心中也在忧愁。铁铉忧愁什么呢？那就是吃饭的问题。

铁铉自己知道，几十万军民被围在城里，一旦粮食断绝，将不战而自败。于是与高巍议道："城中几十万军民，一旦粮绝，岂不自败！我们必须让燕军撤回才行，我们不可坐以待毙！"

高巍道："如今盛庸兵在历城，与我们为犄角之势，我们若约得盛庸出兵，对燕军内外夹击，燕军必败！"

于是，铁铉便给盛庸写了一封密信，让张能夜间坠城去与盛庸联系。

此时，燕王又得到谍报，说平安领兵二十万进驻河间单家桥，现已选五千水兵，即将对德州发起进攻。燕王当然知道平安进攻德州的目的是为了截断燕军的粮道。

一日夜间，燕军大营号炮震天，夜幕中杀出两支兵马，一杆"盛"字大旗，一杆"平"字大旗。此时，济南城内，也是炮声震天，城内军队杀出南门，成前后夹攻之势，燕军两座大营被攻破。

燕王采用了道衍的围魏救赵的建议，派丘福率领大军去攻打历城。

盛庸正在进攻燕军，忽听探马来报："燕军现在要去攻打历城！"

因盛庸的粮草都在历城，所以听说燕军攻打历城，心中着急，下令急回军救援历城。

盛庸撤军后，铁铉自知兵少，立即退回城中，燕王听从道衍的话，立即撤军。

铁铉、盛庸见燕军撤兵，便随后追赶，追到德州之后，见燕军有备而退，无机可乘，便不再追赶，让燕军安全撤走。德州的燕军也弃城随燕王而去。

铁铉、盛庸退了燕军，收复了德州，便写表上奏朝廷。

建文二年（1400年）九月十日，铁铉、盛庸退燕师，收复德州的捷报传到了南京，整个京城是一片欢腾。建文帝坐在宝座之上，喜气洋洋地接受群臣的朝贺。

"叩见吾皇万岁万岁万万岁！"

"平身！"

"谢万岁！"

山呼完毕，齐泰出班朝贺，齐泰道："启奏万岁！臣闻官军大败燕师，守住了济南，恢复了德州，特作文以贺。"

齐泰奏完颂表，其他大臣也都争上颂辞。建文帝自是龙颜大喜。

建文帝对群臣说道："济南大捷，乃社稷之幸。一来是神明保佑，祖宗庇护。二来也是我官兵将士征战有功。朕将派员去济南劳军，升铁铉为兵部尚书，盛庸为平燕大元帅，将李景隆调回京都！"

黄子澄奏道："圣上英明，奖罚分明，那李景隆丧师辱命，理应治罪！"

"朕心中有数，退朝！"

燕王从济南撤军，路上屡遭官军袭击。都督佥事陈亨断后，在靴山与平安大战一场，陈亨被平安刺成重伤，抬回了北平。

陈亨正在家中养伤，忽听门外有人喊道："燕王驾到——"

陈亨躺在床上不能动弹，只见燕王走了进来。

"陈将军战场受刺，本王特来看望。"

"末将不能恭迎王爷，还请恕罪！"

"将军为国而伤，劳苦功高，理当嘉奖慰问。"

"多谢王爷看视！"

燕王亲自查看了陈亨的伤势，而后说道："只因奸臣当道，使我不得已而发兵自救，致使将士们赴身于刀剑，流血牺牲。为本王之一命，而使数命泯亡，实是于心不忍！本王实在是对不住诸将呀！"

陈亨深受感动，说道："王爷关爱如此，末将当为王爷赴汤蹈火，在所不辞！"

燕王道："陈将军安心养伤，本王尚需看望其他将士，告辞了！"

陈亨道："恭送王爷！"

为了鼓舞士气，燕王又对在作战中有功人员给予奖励。九月十日升永平指挥佥事郭亮为北平都司指挥同知，十一日升都督佥事陈亨为后军都督府都督同知，都指挥同知张信、房宽为北平都司都指挥佥事，都指挥佥事张玉、丘福、朱能、徐忠、李彬、陈文、谭渊、何寿、郑亨、朱荣、李清、陈旭、孟善、景福、端亮、李远、张安、刘才、徐理、沈旺、张远、徐祥、赵彝、徐谅都升为北平都司都指挥同知，济南卫指挥陆荣、王聪都升为北平都指挥佥事，其余将校都官升一级。十五日，将都督佥事顾城升为后军都督府都督同知。

燕王又派官员祭祀阵亡将士及死于战阵的人。二十日又派北平知府唐靖祭祀雄县山川及白沟河之神。

陈亨在家养伤多日，终因伤势过重，于十月八日死亡。

十日，陈亨的灵棚搭好。

灵棚外是一副巨幅挽联：

立马横刀威慑敌胆勇气昭日月，
舍生忘死报效国家忠心映长虹。

灵棚内，陈亨的棺木安放在灵棚中间，其后高悬巨幅“奠”字，棺木之前放有祭桌，香火点燃，紫烟缭绕。

棺木两边，各有卫士守护，整个灵堂肃穆悲壮。

燕王心情沉重，缓步进入灵棚，亲自上香、洒酒祭奠。燕王对着陈亨的棺木拜了四拜，然后宣读亲自撰写的祭文：

冬日有寒，万物萧条，天地含悲，哀我陈大将军也。将军出身行伍，刀枪娴熟，威猛勇武，随吾征伐，出生入死，身历百战，建功多多。

将军隆德永存！诏我后继而努力也。谨具牺牲，告祭陈将军在天之灵！呜呼哀哉！

燕王宣读祭文，情真意切，声泪俱下，所有将士无不感慨万分，决心杀敌立功，为陈亨报仇。

铁铉、盛庸收复德州之后，仍回兵济南，而后铁铉守卫济南，盛庸仍回军历城，与济南成掎角之势。

这一日，铁铉招盛庸议事。盛庸到济南后，铁铉、盛庸、李景隆三人正议论如何出兵伐燕，忽听圣旨到，三人急忙出来，准备接旨。钦差一看，三人都在，便把三道圣旨都在此读了：“铁铉、盛庸接旨！”

“吾皇万岁万岁万万岁！”

奉天承运，皇帝诏曰：济南一役，大败燕逆，收复德州，伐燕旗开得胜，马到成功，壮我国威，有功于江山社稷，朕自当奖封。山东参政铁铉升为兵部尚书，盛庸封为历城侯、平燕大元帅，望体朕意，成就平燕安国之大业。钦此。

“谢主隆恩，吾皇万岁万岁万万岁！”

铁铉、盛庸接旨谢恩之后，钦差又说道：“李景隆接旨！”

李景隆只吓得胆战心惊，俯身跪下，道：“臣李景隆接旨！”

奉天承运，皇帝诏曰：曹国公李景隆，奉命伐燕，不料指挥无方，致使白沟河一役兵败，几致全军覆没，有辱使命，故不宜领兵打仗，接旨后当返回京

城。钦此。

“吾皇万岁万岁万万岁！”

钦差走后，李景隆在地上跪了许久，才被人拉将起来。

李景隆接了圣旨之后，简单收拾了一下，便急忙起行，日夜兼程，急速向南京赶来。

这天，又是上朝之日，建文帝坐于龙廷之上，传事官来报：“曹国公李景隆从山东返京，现在殿外候旨！”

群臣听说李景隆从山东回京，立刻想起了白沟河兵败之事。大家对李景隆的丧师辱命都表示不满，觉得建文帝非要治他的罪不可，不免议论纷纷。

建文帝说道：“宣李景隆进殿！”

“宣李景隆进殿——”

李景隆听宣，急忙进了金殿。

“臣李景隆叩见吾皇万岁万岁万万岁！”

“平身！”

“谢万岁！”

“汝奉旨伐燕，白沟河全军覆没，却是为何？”

“启奏万岁，白沟河一役，实是大军获胜，燕逆被我打得溃不成军！”

“汝既是全军覆没，为何说大军获胜？”

“启奏万岁，白沟河全军覆没，是天败我也，非我败也！”

“如何说是天败呢？”

“启奏万岁，当时两军列阵，天刮大风，燕逆在上风头，我大军在下风头，故而燕军乘势放火。两军营寨既扎，而天瞬间风起，风助火威，致使我大军倾覆。天不起风，我军何能覆灭？所以说是天败我也，非我自败也！”

“如此说来，汝亦无罪了？”

“启奏万岁，臣丧师辱命，自当有罪，然罪在于天，非在于我，万岁若要治臣丧师之罪，臣虽领罪而死，臣委实死得冤枉！臣即领罪，亦不过是代天领罪，非领己罪也！”

“你且下去吧！”建文帝摆摆手说道。

大臣们都为李景隆的丧师辱命而感到愤慨，听李景隆百般为自己狡辩，因而更加气愤，都等待着建文帝治他的罪。

谁知，建文帝听了李景隆的分辩，却要赦免他的罪过。

大家都感到十分气愤，黄子澄也顾不得朝廷礼仪了，大叫道：“李景隆休走！”他还一把抓住李景隆的袖子，哭着对建文帝喊道：“万岁！不能放李景隆走！李景隆出征，指挥不力，使六十万大军覆没，丧师辱命，意存观望，胸怀二心，不明正典刑，何以谢天下？何以慰几十万将士的在天之灵？何以答谢祖宗，勉励将士？”

“这个……”建文帝也心中犹豫。

此时，李景隆只吓得面色苍白，头上虚汗直冒，全身颤抖着，用一种哀求的眼光看着建文帝。建文帝心中打着旋儿，迟迟下不了手。

御史大夫练子宁见建文帝仍不开口，便也扯着李景隆的另一只袖子道：“万岁！李景隆丧师辱命，必当治罪！如此败军之将，尚不治罪，日后谁还会拼死打仗？不杀李景隆，天道不公！万岁，下旨吧！”

练子宁见建文帝不开口治罪，便跪在丹墀下，一边叩头，一边大喊：“坏陛下大事者，就是李景隆这个贼子，臣身为执法之官，尚不能为朝廷除去此贼子，死有余辜，就是万岁赦免了李景隆，也不要赦免我，请万岁先杀了我吧！”直把头叩得血流满面。

“杀了李景隆！”

“李景隆罪不容赦!”

“杀了李景隆以谢天下！”

金殿上，乱成了一锅粥。

建文帝说道：“退朝！”竟自走了。

“我有罪啊——我有罪啊——”黄子澄把个胸膛拍得啪啪响，“大势去了！大势去了——”

“推荐李景隆而误国，万死不足赎我的罪过呀……”

此时，李景隆就像一只夹着尾巴的狗，悄悄地逃出了金殿。

铁铉被升为兵部尚书之后，一日，宋参军向铁铉说道：“济南位处天下中间，燕兵南来，留守北平的必是老弱之兵，虽说永平等地叛降了燕王，可其他诸郡多数还都坚守着。大人如出奇兵直抵真定，南军溃败兵将很快就能聚集起来，几日之内便可抵达北平，这中间一定会有豪杰之士来响应你，一旦把北平攻破，燕军必定要返回北平，大人如再能调集徐州沛县一带的精兵追赶，大人在北平以逸待劳，前后夹攻，燕逆必灭，天下从此可太平矣！”

铁铉道：“此计甚妙，但尚需朝廷倾力援助方可，然目前势态而言，北征粮饷已在德州丢失，长期拼斗，士卒疲劳，且南将多驽钝之人，不足为靠。不如固守济南，牵制北兵，使江淮之地有所防备，使北兵不能渡过淮河。北兵若返回，必经济南，我在此拦截，以逸待劳，才是安全之计。”

于是，铁铉便在济南设宴款待守城有功将士，激发斗志。

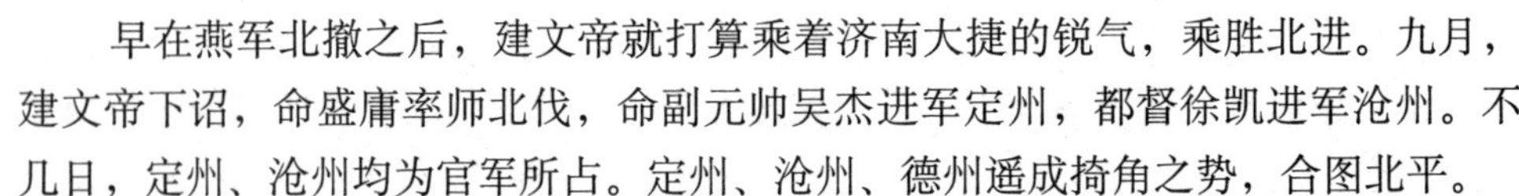

早在燕军北撤之后，建文帝就打算乘着济南大捷的锐气，乘胜北进。九月，建文帝下诏，命盛庸率师北伐，命副元帅吴杰进军定州，都督徐凯进军沧州。不几日，定州、沧州均为官军所占。定州、沧州、德州遥成掎角之势，合图北平。

早有探马报知燕王。燕王经过一段时间的休整，正准备报济南之辱，闻知官军要合图北平，便与道衍议论破敌之策。

“目今之时，南军势众，与南军硬拼兵力，是很难取胜的，我们必须避其锋芒，以智取胜。定州、沧州、德州之敌，当伺机各个击破！”道衍说道。

燕王道：“我们可来个声东击西，出奇制敌，打他个措手不及！”

第二日，燕王召集诸将。燕王对诸将说道：“济南之役，我军受挫，失我军威，而今辽东薄弱，我们要打个胜仗，来振我军威！本王决意，出兵征辽！”

众将一听说要出征辽东，都大为不解，都认为燕王出错了主意，议论纷纷。燕王只装作听不见，大声说道：“近日就选择吉日，出兵征辽。张玉、朱能为先锋，我亲自领中军，丘福为后应。各自准备去吧！”

人们见军令已下，没有办法，有几个将领便找到道衍，说道：“而今官军虎视北平，攻战为时不远，王爷为何要远走辽东，难道就不怕盛庸乘虚而入么？军师何不去劝燕王收回成命？”

道衍无可奈何，说道：“大王主意已定，我也是无法改变啊！无可奈何了！”

大家见军师道衍这般说话，便都摇头叹息着走开了。

燕王选了黄道吉日，点齐人马，便率军出城。

大军出城东行，这一天已是建文二年十月十六日。时值初冬，干爽的寒气弥漫大地。北风吹来，只见枯草起伏，卷起浮在地上的落叶。

那树上残留的一些枯叶，也好像舍不得树枝似的，留恋着、极不情愿地与树枝告别，随风飘卷着，打着旋儿，最后落在田野里。

田野里的庄稼早已收割完毕，地上残留着一排排整齐的庄稼茬头儿，剩下的没有玉米棒儿的玉米秆，去了高粱穗儿的高粱秸，还寂寞地站在那里，在北风中抖动着。

运河里，河水碧透，清澈见底，在日光的照射下泛着白光。河水缓缓地流动，就好像一位无所事事的老人。

运河上当年樯帆如林、百船竞发的热闹场景不见了，南北的战争，交通的堵塞、中断，运河，她已经是早就失去了昔日的风采。东进的燕军也就如同这运河的水一样，死气沉沉，毫无生机。

大军在闷闷不乐地行进着，谁也不知道燕王为什么要征辽东。

大军过了通州，越来越远离了北平，张玉和朱能再也沉不住气了，便跑到燕王帐中。

张玉对燕王说道：“现在盛庸率大军在德州窥视北平，大敌当前，我们不在北平准备抵御大敌，却出师辽东，官军要是乘虚而人，北平不就危在旦夕了么？”

朱能也接着说道：“张将军说得对，大王还是当回军保守北平才是，请大王三思！”

燕王笑了笑，对侍卫说：“尔等退下！”

待侍卫退出后，燕王才说道：“天机不可泄露！贼将吴杰、平安守定州，盛庸守德州，徐凯、陶铭守沧州，形成掎角之势，要合谋北平。定州城修筑已毕，具有防守能力，只有沧州是土城墙，现在天寒地冻，雨雪泥淖，不易修筑，我要乘其不备，出其不意，攻打沧州，敌必定失败。我们声言攻击辽东，就是要怠慢他们的守防之心，然后偃旗息鼓，直捣城下，必破了他们。现在不攻，等到城墙修好后再攻，就不容易了，破了一个，其余皆破，此事机密，要严守勿泄！”

张玉、朱能听罢，立刻眉开眼笑，一齐说道：“大王果真智谋过人，我等所不及也！”

大军过了夏店，燕王密令都指挥陈旭、徐理驾船先到天津，架好浮桥，大军过了浮桥，沿着海河南下，直奔沧州。

大军沿海河南下，诸将又是大为不解，纷纷问道：“大王誓师征辽，为什么向南走，是不是走错了路？”

燕王道：“昨夜见白气两道，由东向南而去，因而改变主意，改征东为伐南，这也是上天警示！”

众将听了燕王的话，都信以为真，也不再议论。

张玉、朱能率军疾步而进，一昼夜急行军三百里，燕军偃旗息鼓，直抵沧州城，守将徐凯还不知晓，直到燕军开始攻城时，才猝然应战。

原来，在燕王大张旗鼓出征辽东的时候，徐凯派出的探马探得此消息，便回来禀报徐凯，徐凯便信以为真。徐凯对众将说道：“燕逆出征辽东，我们正好乘此机会加紧修城！”于是四处派人，伐木取石，日夜修筑城墙。他做梦也不会想到燕军会突然出现在沧州城下。

当徐凯发现燕军时，燕军已达城墙下，徐凯急忙让兵将登城守城，一时之间又如何能招集起来？

此时张玉亲率大军，架起云梯，从东北角攻城，守军用大刀砍烂了燕军将士的头，砍断了他们的手指，但是燕兵毫不退缩，冒死往上冲，终于登上城墙，杀死守军，攻入城内，徐凯见城不能守，于是就与都督程暹、都指挥俞琪等弃城而逃。

徐凯率众逃出不远，早有一队军马列好阵势，挡住去路，燕将谭渊立马横刀，大声喝道："吾奉军师之命在此等候多时了，你们前有雄兵，两侧有伏兵，还往哪里逃？快快下马投降！"

徐凯见两侧及前方都是燕军旗号，自以为进入伏击圈，惶恐异常，令兵士冲了一阵，燕军岿然不动，南军人心大乱，被谭渊一阵冲杀，南军死的死，逃的逃，降的降，徐凯、程暹、胡荣、李英、张杰等将士俱被捕获。

当即，燕王将归降的军士放走了许多，还有三千人留在军中。

那时，谭渊击败徐凯，只是道衍所施的一计，并无多少兵力，只是虚张声势。谭渊想道："燕军只是虚张声势，其实并无多少兵力，这三千战俘留在军中，若知燕军空虚，还不好收管，不如杀了他们，倒还安全无事。"于是，便与副将商议，副将也认为说得有理，于是便决定杀掉这三千俘虏。

谭渊命士卒挖了一个五十丈长、四十丈宽、一丈深的大坑，到夜间，把这三千个降卒全部驱入大坑之中。三千降卒在大土坑中互相积压，痛苦难忍，哭声震天。

"娘啊！儿不能为你养老送终了啊……"

"行行好吧……放我一条生路吧……我家中还有七十岁老娘呀……"

"儿呀！在家好好听你娘的话，长大了给你爹报仇！"

还有的人，边哭边喊："我要活！我要活……"

泥土，一锨锨地投进了大坑；泥土，无情地在人们身上加厚；泥土，残忍地堵住了人们的嘴，堵住了人们的鼻子，堵住了人们的耳朵和眼睛；泥土，覆盖了人们的最后一声微弱的呼救……

第二日，燕王听说谭渊将三千降卒全部杀了，十分恼怒，当即把谭渊叫到帐内。

燕王厉声问道："那三千名降卒呢？"

"昨夜我把他们埋了！"谭渊说道。

"燕军有令，不许屠俘杀降，你擅杀降卒，该当何罪？拉出去斩了！"

众将一听要斩谭渊，都急忙跪下求情。

谭渊的副将说道："谭渊杀降卒，是因为我军兵虚，谭将军怕三千降卒识破我军计谋，不好管束，生出事端，埋杀降卒谭将军是与我商议了的，大王要治罪，我也有罪，我愿意与谭将军共同承担！"

道衍对燕王说道："大王休怒，谭渊私杀降卒，本当治罪，不过此次用兵，处于非常时期，谭将军对大王忠心可见。再则，此时正当用人之时，良将难得，大王何不让他戴罪立功，一来严明了军纪，二来又遂了众将之愿，两全其美的事，大王何乐而不为？"

道衍的话，燕王听了也觉得有道理，众将见燕王还在犹豫，又一齐说道："求王爷宽恕！"燕王想了想，便道："既是诸将所请，谭渊死罪可免，活罪难逃！官降一级，打二十军棍！”

二十军棍打下来，谭渊已是皮开血流。

谭渊道：“谢王爷不杀之恩！”

燕王对众人说：“你们知道为何要定不准屠俘杀降这一命令么？”

“为取人心！”众人齐声答道。

燕王说道：“既知是为取人心，为何还要杀降？我等欲成大事，必须以仁爱待天下，得人心者得天下，失人心者失天下，本王起兵靖难，就是要示仁爱于天下，岂可对降卒相残哉？降卒皆有亲友，杀一卒，必使其亲友与我为敌也。杀三千降，就等于增加了一万个仇敌，这个账汝等都算了么？此后再有杀害降卒的，格杀勿论！”

众将一齐答道：“谨遵大王教诲！”

燕军攻下沧州之后，便派人到德州招降，盛庸坚壁不出，于是燕王就决定想办法逼迫盛庸出战，希望一举歼灭盛庸。

为了截断南军的粮饷，迫使盛庸出兵决战，十一月十二日，燕王领大军进驻临清。十四日，燕军又进驻了馆陶，派骑兵突袭大名，尽取了官军的粮草。此后，燕王又率大军从馆陶占冠县，席卷曹县、东河、东平等地。

十二月四日，燕王又率大军驻守汶上，派游骑哨到济宁。七日，游骑擒得盛庸部下运粮百户二人，得知盛庸已经离开德州，进驻东昌，先锋孙霖五千人驻营滑口。燕王当即派刘江、内官狗儿带三千精兵，夜袭营滑口，生擒都指挥唐礼等四人，孙霖单骑逃回东昌。

谭渊杀害三千南军降卒的事，终于被官军知道了。果然，铁铉、盛庸便将谭渊杀俘的事在军中大加宣扬。盛庸在德州集结了原来的铁铉的部下，又加上顾城、李文、陈晖、徐凯各路南军及吴杰、吴高的两路南军共四十万人，齐集东昌，准备与燕军决战。

一日，盛庸把军队集合起来，在广场上召开誓师大会。

会场中间，是专为盛庸设立的大高台，四周是迎风招展的旌旗。盛庸身着大元帅服，对将士们训话：“本元帅奉天子之命，讨伐燕逆。燕逆朱棣，虽是太祖高皇帝之胄，但他却不守臣规，心怀异志，窥视大宝，兴兵谋反，攻城略地，危害朝廷，祸国殃民，大罪弥天，罪不容赦！燕逆残暴不仁，行同禽兽，在沧州一举坑杀我降卒三千！罪恶累累，手段凶残，令人发指。而今坑中白骨累累，血腥云愁！诸位都想想，这三千名兄弟，谁没有妻子儿女？谁没有父母爹娘？这三千名兄弟惨死了，有多少女人成了寡妇？有多少孩子成了孤儿？有多少人在痛哭？我皇朝将士，谁又没有家？如果让燕逆的阴谋得逞，我家何存！所以，本帅与尔

等誓死同心协力共讨燕逆，保我皇朝，保我家乡，功在社稷，利在自身，愿我将士，共立誓言！”

众将士听说燕王坑杀降卒，自然是兔死狐悲，同病相怜，都对燕王恨之入骨，决心同仇敌忾，共破燕逆。于是全军将士集体宣誓：

皇朝将士，齐心合力！
铲除逆贼，保国安民！
不灭燕逆，誓不罢休！

口号声犹如阵阵雷鸣，在广场上经久不息。

宣誓结束，盛庸又杀牛置酒，犒赏三军，将士们在酒力的冲击下，热血沸腾，情绪激昂，决心与燕军决一死战。

盛庸的手下有一个谋士，此人姓程名济，饱读兵书，智高才多，非庸夫俗子所能比，被盛庸拜为军师。

誓师之后，程济走进元帅大帐，说道：“我军士气高昂，固然可用，然若要确保我军必胜，还须用计。”

盛庸道：“军师有何妙计？请讲！”

程济小声对盛庸说了一会，最后说道：“只有如此，方可确保我军必胜。”

盛庸连连说道：“妙妙妙！有军师如此之妙计，燕逆，你就等着吃败仗吧！”

于是，盛庸便写信，与燕王约战。

燕王自十月十六日出兵，到现在又是两个多月，在这两个多月里，燕军屡屡取胜。所以燕王心中不免也有些飘飘然，轻敌情绪暗自而生。

燕王接到盛庸的约战书，心中暗笑道：“盛庸这小子，在德州时劝你降你不降，叫你战你不战，跑到东昌来了，又要与我约战，我就看看你能有多大的本事？我就不相信你与我对阵，我能战不过你？”

十二月二十五日，天气晴朗，严冬时的太阳显得苍白无力，早晨的霞光就像是一位多病的老人，是那样的苍老而衰微，似乎没有一点活力和生气。不知什么时候，一大片灰蒙蒙的云又遮住了初升的太阳，东边的天空只现出一片暗淡而又灰中带着微红的光，就好像一只困兽的伤口流出的血。

盛庸背依着城墙摆好了阵势，一切都是按照程济的吩咐进行的，就等待着燕军的到来。

燕王也列好了阵势，燕王来到阵前，果见盛庸军容严整精壮。不过，一来是燕王久战疆场，二来是燕王心中早已滋生了轻敌情绪，所以对此并不放在心里。

燕王道：“竖子盛庸，下书约战，本王依约而来，今日敢与我一决雌雄否？”

盛庸道：“本帅奉旨讨逆，岂有不战之理？除非是你认罪归降！”

“少说废话！那就开战吧！”燕王道。

“那就两军同时发号吧！”

“你以何为号？”

“发炮为号！”

“我军也以发炮为号！”

“盛庸！我现在就要发炮了！若不能战，龟缩回城还来得及！”

“我既约战，有何不敢战？你若投降归顺，也还不晚，不然，大军一出，定叫你人仰马翻，片甲不留！”

“竖子，少夸海口！”燕王说道。

燕王一摆手势，燕军立即点燃信炮，就听得“嗵嗵嗵”三声炮响。

“嗵嗵嗵！”盛庸军中也响了三炮。

燕王率军出击，直向官军左翼冲去，但官军岿然不动。燕王退了回来，又组织大军向官军中间冲去。

眼看官军队形一变，阵门大开，燕军便直迎着南军在阵中设置的火器冲去。

原来南军在程济的指挥下，在阵中安置了火炮。火炮中有引火的硫磺球，炮中有火药、石子、碎铁等，弓弩上都蘸了毒药，人受箭中毒，立即死亡，这一切都是燕王所料想不到的。

南军见燕军冲进阵来，立刻火器、弓弩齐发，只听得轰隆隆一声火炮响过，火球、石子、铁块，一齐飞向燕军的队伍。一时间，火药味、硫磺味呛得人喘不过气来，燕军兵士成片地倒在地上，那些火球引着了燕军阵地上的枯草、树木，立时变成一片火海，那些被毒弩射中的燕军，即刻死亡。

燕王像一头发怒了的雄狮，不避刀剑，亲率大军又一次冲进敌阵，想摧毁敌人的火器。道衍阻拦不及，只得让燕军冲了上去。南军的第二批火器又发射了过来，燕王带领的燕军几乎全部阵亡。

“不怕死的，跟着我往上冲哇！”燕王，这一只受了伤的怒狮，一声怒吼，又率领第三批大军冲了进去。这一次，冲得比前两次更勇猛、更迅速。南军第三轮火药还未装好，燕军已经冲到了跟前，火器不能发射了。盛庸见状立即发出信号，大开阵门，让燕军尽量冲入阵中。而后又关上阵门，将燕军密密麻麻地围了三四层。

燕王在阵中情知中计，左冲右突，想杀出重围，怎奈有三四层的南军围着，如何杀得出去？

盛庸冷笑道：“燕逆，兵败至此，你已被包围，是冲不出去的了！本帅告诉你，你所以不被射死，是因万岁念及骨肉之情，下旨不让将士杀你，不然，

你早就死于乱箭之下了！你现在是插翅难逃，快快束手就擒吧！如若再执迷不悟、继续顽抗，那可是刀剑无眼、烈火无情啊！你死于乱军之下，可休怪万岁没有仁爱之心！”

此时燕王才真正意识到：此次征战，自己又是一次惨败。

盛庸的话，不但未能动摇燕王的斗志，反而倒提醒了燕王。两次出入火阵，将士全死，只有自身安然无恙，既然如此，我何不借此脱险？想到这里，燕王大声道：“我是燕王，谁敢杀我，祸灭九族！”燕王这么一说，南军将士果然不敢杀他。

于是，燕王放开胆子，驰马来回冲杀，所到之处，无人敢杀他。燕王如入无人之境，尽情冲杀。尽管如此，但因南军包围重重，怎么也不能冲出重围。

燕王又冲到一个土坡之上，有几个南军上来阻拦。

“我是燕王，快闪开，谁敢杀我，祸灭九族！”燕王喝令道。

“燕王头上又没写字，谁知道你是不是燕王！”一个南军道。

另一个南军的哥哥被谭渊给活埋了，一心要为哥哥报仇，便用刀指着燕王道：“管他是真是假，就是真燕王，我也要杀了他，为我哥哥报仇！”说罢，举刀便砍。

燕王道：“难道我真的要死在你的刀下不成？”

那南军道：“你杀了我哥哥，这叫一命还一命！”说罢又一刀砍来。

正在危难之时，只听得“当”的一声，那刀被架在空中。只见一个道士挺剑而立。

“好大的胆子，连王爷你也敢杀，想违抗圣旨么？”跟在道士后面的和尚大声喝道。

那道士道：“快退下，谁敢动王爷一根毫毛，我将你碎尸万段！”

那南军还想上前，被那道士一剑刺死。

那和尚道：“谁敢再动杀念，他就是样子！”

这和尚和道士，便是道衍和袁珙。原来道衍见燕王只顾杀敌，失去理智，知道燕王必败，便找来袁珙挽救残局。南军兵士不知道衍与袁珙的身份，道衍借着建文帝的圣旨，还真把南军给蒙住了。

道衍对袁珙使个眼神，说道：“道兄，咱先把燕逆押送给盛元帅，表达我等之功德！”

袁珙会意，推了燕王便走，那几个南军被蒙得目瞪口呆，眼看着道衍和袁珙把燕王带走，无人敢追。

道衍和袁珙带着燕王走到无人处，截了一匹马交给燕王，又来到一棵树下，找到自己的马匹。此时朱能与朱高煦也领兵来到，便一起护卫着燕王，逃出阵去。

燕军大将张玉见燕王被困阵中，便率军奋力杀入南军阵中，来营救燕王，到处寻找，只是寻不着燕王，只好左右冲杀。因寻找燕王不着，张玉也不肯出阵，长时间拼杀，已是筋疲力尽。此时，正好平安率军杀来，张玉如何能抵挡得住？

平安道：“张玉，敢与我战否？”

张玉道：“败军之将，何以论战！”

平安道：“我今日正好报济南之辱！”

张玉道：“我今日正好偿我济南不能擒杀汝之憾！”

二人战了五个回合，张玉终因劳累过度，无力应战，乱了阵脚，被平安一枪刺于马下，当即阵亡。盛庸又乘势率军掩杀，燕军大败。

双方从天亮杀到天黑，燕军损失数万军马。

第二日，两军又战，燕军再次大败，只得且战且退，向北撤退。燕王率百余精兵断后，盛庸一方面派大军追赶，一方面飞兵告知真定，让他们对燕军围追堵截。此时朱高煦率兵来救，击退了南军的追赶，才能够得以逃脱。

二十七日退至馆陶，建文三年（1401年）正月初一日，燕军退至威县，正遇上从真定来的两万官兵前来堵截。

此时燕王经过几日的休整，使得燕军从大溃退中稍得舒缓，便决定要甩掉官军的堵截。燕王把精兵伏在路边，派十几个兵士装作走投无路的样子，对官军将领说道：“我过去俘获过你们的士卒，我当即就放了他们，我现在是走投无路了，请你们能容我十几骑兵通过，不要再拦截我们了！”

守军答道：“放了你就是放走了毒蛇猛兽！”他们不知是计，便拍马追赶，燕王且战且退，把他们引入伏击圈，一举全歼追兵，夺路北上。正月初五日，在深州再次击败平安、吴杰的追兵，于正月十六日回到北平。

燕王回到北平，知道张玉阵亡，不禁痛哭流涕，情不能已，大呼道：“如此惨败，皆我之罪也！”

道衍说道：“胜败乃兵家常事，大王不必过责！”

燕王道：“胜败之事，不足以计，只是失了张玉，断我膀臂也！艰难之际，失其良辅，实在痛心！”

诸将也都感慨万端。

道衍对燕王说道：“大王还记得当初兵出北平我所说的话么？我当时说‘师行必克，但费两日耳’！”

众将听道衍如此一说，都看着道衍，心中想道：你军师说“师行必克，但费两日”，如今我们从东昌大败而回，看你军师又如何说。

道衍笑道：“两日者，昌也，但只要费了两日，再战必胜。东昌小挫已过，再战必胜！我等岂可仅念东昌小挫而忘后来之大胜耶！”道衍的一番话，犹如一阵清风，吹去了将士们心头上的乌云。

建文三年（1401年）正月初一，建文帝带领群臣告祭天地宗庙后，驾临奉天殿接受朝贺，庆贺他的“凝命神宝”的告成。

凝命神宝其实就是一块二尺见方的青玉大印。说起这凝命神宝，还有一点小来历。

当初，建文帝还为皇太孙时，曾做了一个梦，梦见神人传达天帝之命，授以重宝。建文帝即位之后，有一位使者从西方而还，献上一块从雪山上得到的青玉。这青玉二尺见方，质地温柔，人世间所罕见。

建文帝后在宿斋宫又梦见神人送宝的事，突然惊醒。于是便命工匠将此玉琢为一块巨型玉玺，费时一年才完成。其印文也是建文帝御定，印文为“天命明德，表正四方，精一执中，宇宙永昌”十六个字。这块巨型玉玺从质地、雕琢、印文等各方面都是举世无双，堪称旷世珍宝。所以大臣们都来朝贺。

奉天门外，旌旗蔽日，仪仗如林，鞭炮、鼓乐齐鸣，山呼万岁之声直冲云霄。

“叩见吾皇万岁万岁万万岁！”

“众爱卿平身！”

“谢万岁！”

建文帝对群臣说道：“众位爱卿，今日乃新春第一日，一年之始，又是‘凝命神宝’刻成之时，可谓社稷之福，今日不拘君臣大礼，尽情为乐！”

群臣齐道：“谢万岁！”

侍中黄观出班道：“启奏万岁，值此大喜之际，臣提议君臣属对为乐，不知如何？”

“好啊！黄侍中提得好！”大臣们活跃了起来。

建文帝道：“朕今日心喜，那朕就出个上联吧！”

方孝孺道：“臣遵命便是！”

建文帝道：“天地有喜天喜地喜君喜。”

方孝孺对道：“日月共祝日祝月祝臣祝。”

建文帝道：“月里嫦娥送来长袖舞。”

方孝孺对道：“宫中吴刚捧出桂花酒。”

建文帝道：“雪山玉青印文十六字。”

方孝孺对道：“玉人手巧雕琢三九天。”

三个下联对过，方孝孺道：“臣让万岁见笑了。”

此时，传事官来报："启奏万岁，平燕大元帅盛庸派人送来捷报！"

建文帝一听是捷报，忙道："快宣进殿！"

"宣送信使者进殿——"

送信使者进殿后，山呼："吾皇万岁万岁万万岁！"

建文帝也顾不得君臣大礼了，急忙说道："快将战报呈于朕看！"

"遵旨！"

建文帝看罢战报，不觉鼓起掌来，高声说道："天大的喜事！天大的喜事！官军在东昌大获全胜！燕逆败退北平！"

君臣一听，欢呼雀跃："万岁！万岁——"

"吾皇万岁万岁万万岁——"

奉天殿内，掌声雷动，呼声震天，好长时间才平息下来。

此时建文帝也很激动，他大声说道："东昌大胜，江山社稷之大事，天下万民之大幸也！"

东昌大捷，犹如一支兴奋剂，使得京城里的所有人，精神振奋，喜气洋洋，似乎从此天下真的就要宇宙永昌了。

建文帝下诏，奖赏三军，将前时为了缓解局势而罢了职的齐泰、黄子澄又官复原职，就连软禁在京师的李景隆，也不再追究其丧师辱命的罪责了。

建文三年（1401年）正月十七日，也就是燕王回到北平的第二天。一大早，诸将都来到了燕王府，免冠顿首道："东昌兵败，皆我等作战不力之罪也，吾等甘愿领罪！"

燕王道："汝等不必如此，都起来吧，快把帽子都戴上。东昌兵败，责任在我，不是你等作战不力，不必自责。况且作战有胜有败，自古以来胜败乃兵家常事，但愿诸位今后努力立功，大事必可成矣！"

众将一齐说道："谨遵大王教诲！"

燕王又道："东昌一战，胜败各半，尔等拼力杀敌，功不可没，理当奖赏。燕山右护卫指挥使王真、指挥同知刘江、燕山左护卫指挥使白义均升为北平都司都指挥佥事！"

王真等齐声说道："多谢大王！"

二月九日，燕王又在北平举办佛会，超度阵亡将士的亡灵。

在燕王府门前的广场上，搭了一个长十丈、宽八丈、高一丈的大高台，台上设有灵棚。灵棚正中供奉着张玉等阵亡将领的灵位，灵位后高悬一个巨大的"奠"字，灵位前设有祭案，祭案上摆满祭品，香烛高燃、香烟缭绕、钟鼓齐鸣、木鱼声声，三十六名僧人口颂佛经，整个会场庄重肃穆。

燕王稳步登台，上香祭酒，高声宣读祭文。

燕王读罢祭文，脱下战袍，亲手将战袍点燃，诸将急忙制止，燕王道："将士们和我情深意厚，我岂能忘记，我焚此袍来表示同生共死之心，死者如能有知，定会明白我之心意！"焚完战袍，燕王痛哭不已，陪祭诸将也都悲愤痛哭，旁观者无不动情落泪。

张玉的弟弟说道："人生百年终有一死，能得如此祭奠，还有什么可遗憾的，我哥这一辈子，活得值得！我们一定要努力奋战，上报国家，下为死者报仇！"

阵亡将士的父兄、子弟纷纷要求从征杀敌，为国效力，祭奠亡灵的悼念会变成了出征动员会，燕军士气异常高涨。

十六日，燕王重整大军，决定南征，出发之前，燕王告诫将士们说："你等忠诚勇敢，同心协力，奋勇杀敌，百战百胜。上次东昌之战，才刚一接战就溃退，使以前累胜之功化为泡影，实在可惜。怕死者必定要死，不怕死者必定不会死。像白沟河一战，南军先胆怯，一接战就溃退逃跑，所以我们能够杀了他们，这就是怕死者必死。刀锯在前而不害怕，鼎镬在后也不怕，上阵时舍生忘死，奋不顾身，所以能够出百死而全一生，这就是不怕死者必不死。举近事为喻，不必再举古代的为借鉴，这些都是你们所知道的。有怕死而后退的，是自寻死地。你等不要依仗着累胜有功，不知警戒，这次有违反纪律的，必杀无赦！"

于是，大军当即出发，二月二十日，进驻保定。建文帝听说燕军攻占了保定，不禁大惊，立即命盛庸率诸路军马迎敌。

燕王招集诸将，分析形势，制订破敌之策，决定出师于德州和真定之间，诱敌出战，各个击破，先打破真定、德州之间的掎角之势，再作别图。

二月的天气，虽说已有了春天的气息，但早晚仍是寒气袭人，空中的水汽往往结露为霜。一大早，燕军从保定出发向东行进，浩浩荡荡的大军在浓重的晨雾中穿行，刀枪盔甲上都结了一层霜花。在一片青蓝之中，燕王穿的素红战袍本来就十分耀眼，此时，战袍上也结了一层霜花，曲折盘旋，就好像刺绣的银龙，众将看了无不惊异，纷纷议论道："龙乃君象，天降此兆，必获大捷！"

众将以为他们保驾的是真龙天子，所以士气更为高涨。

三月一日，燕王率领大军来到滹沱河，燕王令安营扎寨。

燕王对诸将说道："此处是南军往来之要冲。我们要派游骑迷惑南军，并且寻找战机，伺机破敌！"

于是燕王就派出游骑，到真定、定州一带迷惑南军，寻找战机。

十二日，探马来报："盛庸军已到达单家桥。"

燕王听罢探马回报，便令大军由陈家渡渡河迎击，但未与盛庸军相遇，燕王担心盛庸与真定军会合，便命大军来回寻找，准备与盛庸决战。

朱能率军沿着滹沱河行军寻找盛庸，正行走之间，只听前面军士惊叫道："虎！老虎！"

朱能抬头一看，果见滹沱河沿有一只斑斓猛虎。那老虎凶猛异常，四腿如柱，双目如电，血盆大口，獠牙尖利，一声怒吼，惊天动地，一阵腥臊之气扑面而来，几个胆小的军士只吓得连连后退。

朱能道："好畜牲！我看你能有多大的威风！"说罢，挺剑向前，众军士也都持剑而前，刀剑齐下，那猛虎不时间便呜呼哀哉了。

燕王道："剑斩猛虎，乃大胜之兆！"

此时，只见一探马驰马来报："盛庸军已到达夹河！"燕王听了，说道："盛庸竖子！本王终于找到了你！"

于是，燕王率大军，直奔夹河而来。

燕军在离敌营四十里的地方安营扎寨，燕王根据自己的作战经验向诸将面授机宜。燕王道："贼军每次列阵，都是精锐在前，老弱在后。明天与他们接战，以强劲之军抵挡他们的前阵，挫败他们的锐气，其余的自然害怕；中军在离贼兵五六里的地方列阵，严阵以待；我带精兵靠近敌阵，然后从背后袭击，就像关门一样，推着贼兵向前走，待贼兵走五六里路累得气喘力乏的时候，中军等他们过去之后再追上去攻打他们，我再从后面乘势攻打，敌兵必败！"燕王还用箭在地上画图讲解，让军士反复演习。燕王带领诸将列阵前进，二月二十二日中午到达夹河。盛庸也早已列阵以待。

为了摸清敌情，燕王率三名骑兵到盛庸阵前观看动静，只见盛庸结阵甚坚，阵前摆列着火车、火炮、强弩。

南军发现了他们四人，便飞马追将过来，燕王他们四人沉着撤回，待追兵渐近，燕王拉弓搭箭，只听"嗖"的一声，前头的追兵应声而落，燕王又"嗖嗖"两箭，南军又有两人落马，追兵便不敢再追。

见追兵退去，燕王才拨马加鞭，纵马回营。

于是，燕王便命一万骑兵、五千步卒，向敌阵推进，交战时，南军以木盾为掩护，燕军便用木矛进攻。

为了对付南军的木盾，燕王命人打造了木矛，这木矛长六七尺，末端用铁打就，形如铁钉，钉上有钩。那木矛穿进木盾，铁钉上的钩紧紧勾住木盾，一时难以拔出，使木盾失去防护作用。

攻营将士用木矛刺中木盾，钩住木盾，互相牵扯，相争不下，丘福见状，瞅准机会攻入敌阵。南军的火器也不能发射，偶尔发射，不但打不着燕军，还反伤了自己人，南军阵营顿时大乱。

谭渊在阵外见南军阵内烟尘滚滚，一片混乱，便率军杀入阵中。谭渊正杀得

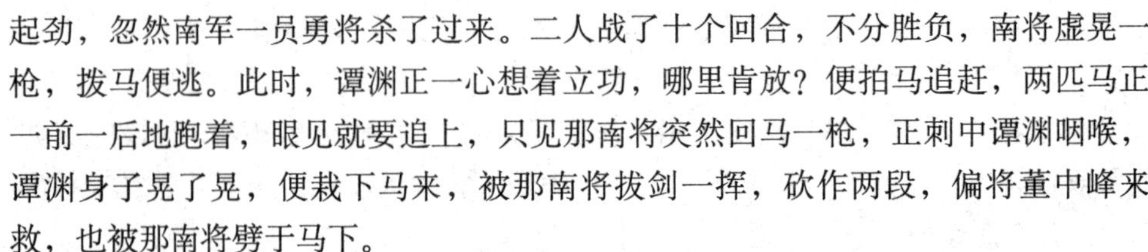

起劲，忽然南军一员勇将杀了过来。二人战了十个回合，不分胜负，南将虚晃一枪，拨马便逃。此时，谭渊正一心想着立功，哪里肯放？便拍马追赶，两匹马正一前一后地跑着，眼见就要追上，只见那南将突然回马一枪，正刺中谭渊咽喉，谭渊身子晃了晃，便栽下马来，被那南将拔剑一挥，砍作两段，偏将董中峰来救，也被那南将劈于马下。

这南将名叫庄得，勇猛无比，是盛庸手下的一员得力大将，南军见庄得如此英勇，齐声叫好，南军士气大振，个个奋勇异常。燕军纷纷败退。

正在这时，朱能、张武又率大军杀将过来，南军庄得、楚智、皂旗张三人又截住厮杀，五匹战马绞在一起，五样兵器叮当作响，只杀得天昏地暗。

渐渐地，朱能、张武败下阵来，庄得、楚智、皂旗张又死死缠住不放，朱能、张武危在旦夕。正在千钧一发之际，南军后面大乱，庄得三人稍一分神，朱能、张武便缓过劲来，缠住三人厮杀。

原来在谭渊被杀之时，燕王已率一支大军绕到南军背后，从后面杀过来，南军正全力与朱能、张武拼杀，不防燕王率兵从后面杀来，一时南军大乱，燕王破了敌营，与朱能、张武会合，齐杀南军，南军大败。

庄得见南军大败，只杀得一时性起，奋不顾身，横冲直闯，左右拼杀，楚智、皂旗张也跟着一同拼杀。

燕王见这三将勇猛异常，便令大军把他们包围了起来，下令放箭。一阵又一阵的箭雨，向他们三人泼将过去，一时间，他们三个人就如同三只大刺猬一样，浑身是箭。

此役南军大败，燕军乘胜又杀了一阵，直杀到天黑得不辨东西南北时才住手。

燕王和几十个骑兵躺在柔软的沙地上，不觉便进入了梦乡。是的，他们从早晨行军到天黑，一时不停拼杀，就是钢铁打就的机械也该疲倦不堪，更何况他们是血肉之躯呢？

东方泛起了鱼肚白，大地静悄悄的，夹河泛起的水汽轻轻地弥漫在原野上。燕王一觉醒来，伸了伸腰身，慢慢地睁开了眼，只见周围全是南军的营垒，不由大吃一惊，但很快就镇静了下来，他轻轻地把兵士们叫醒，说道："大家先不要惊慌，也不要动。听我来告诉你们：我们昨日只顾冲杀，却跑到了南军的营垒中间，但每个人都不要怕，更不要慌，听我的命令，我把你们带出去，违令者斩！"军士们都点头称是。

太阳刚出来的时候，燕王命令道："整装上马，吹响号角，跟着我走！"众人不敢违令。

在燕王的带领下，他们排着整齐的队伍，吹着号角，大摇大摆地从敌营中走出。南军将士睡眼惺忪，眼看着他们走过去，还没弄清是怎么一回事的时候，燕王已带着他们脱离了危险的境地，顺利地回到大营。

又过了两三天，道衍对燕王说道："明日有一个破敌的好机会，盛庸必败！"

道衍道："我今日观天，见东北昏黄，黄云翻卷，明日巳时必刮东北风，我们可利用这个机会。"

燕王道："如何利用？"

道衍慢慢地说道："我军阵营在东，盛庸阵营在西，我们当即与南军约战，列成东北阵式，把西南的空位留给南军，我军每人准备一包生石灰，交战时间选在起大风的时候。等大风一起，我军先扬石灰，石灰迷了南军眼睛，待南军只顾揉眼，无法打仗之时猛攻，定可把盛庸打个大败！"

燕王听罢，连连说妙。

第二日，燕军占了东北方位，列成阵式，把西南的空位留给了南军，盛庸不知就里，便在西南方位列阵相对。

燕王对盛庸说道："盛庸！今日敢与我战否？"

盛庸道："我堂堂大元帅，难道怕你不成？"

燕王见阵上的旗帜开始摆动，正是东北风，心中不禁佩服道衍的神算，又有意与盛庸磨蹭了一点时间，天到巳时，果然东北风大起。

燕王道："盛庸，你既敢应战，本王可就要发炮了！"

盛庸道："你就发炮吧！"

燕王向阵内一挥手，就听得"嗵嗵嗵"三声炮响。

燕军将士听到炮响，便冲向南军阵前，此时，狂风大作，飞沙走石，燕军乘势把石灰包打开，一时间烟雾弥漫，天昏地暗，那石灰迷进了南军将士的眼睛，个个泪流不止，疼痛难忍，将士们只顾揉眼睛，哪里还能看得见打仗？有的人甚至看不见东西，如同瞎子一般，四处乱摸，连自己的兵器都寻找不着。燕军乘势猛杀，盛庸军死伤大半。

燕王见盛庸阵破，便攻打大营，盛庸抵挡不住，弃了大营逃至滹沱河口，兵士溺死者无数。盛庸在一队亲兵护卫下，落荒而逃。

夹河之战燕军大胜，燕王派使者到北平报捷，使者走到单家桥，见一万多官军扎营于滹沱河南岸，当即回来报告燕王。

第二天，燕王便率军攻破大营，驻军在楼子营。

原来在燕军与盛庸在夹河相遇时，吴杰和平安已率军从真定出发前来配合。但因吴杰等嫉妒其功，所以并未能积极与盛庸配合，这也是盛庸大败的一个原因。吴杰从真定出发，行军八十里，便听到了盛庸大败的消息，于是大军又退回真定。

燕王向诸将分析形势，说道："吴杰等人若据城固守，是为上策。如果出了兵后很快就回去，避我不战，是中策。如果出兵来战，则是下策。我料定他们必出下策，肯定能够打败他们！"

有的大将却不这样认为，他们说道："吴杰听到盛庸的败讯，肯定不敢出兵！"

燕王道："吴杰嫉功，故不能积极与盛庸配合，而今盛庸大败，正是吴杰大显身手、大立其功的好机会，他必定是会出兵的。"于是，燕王设下了一个诱敌之计。

真定城内外，一时沸沸扬扬："燕军四处出抢粮食了！燕军四处抢粮食了！"

一批批挑着担子，抱着小孩的男女老少，纷纷涌进真定城里，他们进城就说："不得了了呀！燕军四处抢粮，我等在家无法过活了呀！"

"谁舍得离开家呀？这不是被燕军逼的么？"

"求官军保护保护我们小民吧！我们的粮食都被燕军抢去了，我们可怎么活呀！"

这一切，都被探马报给了吴杰。

吴杰心中想道："燕军抢粮，内中必然空虚，此乃天助我也！"于是决定出兵攻打燕军。

其实，燕军四处取粮，只是虚张声势，短时间即回。他们早已严阵以待，就等着吴杰进入圈套之中。

闰三月七日，派往真定打探情报的都指挥郑亨、李远等回来报告："吴杰扎营于滹沱河北岸，离我军七十里。"燕王即下令渡河。这时，天已黄昏，诸将请求明日再渡河。

都指挥陆荣道："今日乃十恶大败之日，兵家所忌，不可渡河，况且现已黄昏，一夜之后，即是良辰，再渡不晚！"

燕王道："我们千里求战，就是怕敌人不出来，还要百般引诱他，现在他们出营在外，正是敌人出来送死之时，时机不可再得，机会转眼即逝，现在时机这么好，怎么可以迟缓呢？如果我们动作迟慢，敌人退回真定，城坚粮足，攻之不克，我们欲战不能，欲退不能，岂不是坐以待毙？若拘于小忌，必然误了大谋！"

诸将听了燕王的话，也认为言之有理，不再表示异议。

滹沱河的流水在静静地流淌，燕王率先策马渡河，但河水太深，辎重不能渡河。燕王当机立断，令骑兵从上游渡河。千军万马齐渡，使河水受阻，下流河水变浅，使军需辎重得以渡河。过河之后，西进二十里，与吴杰军在藁城相遇。两军大战一场，各有胜负。

十日，两军大规模交战，吴杰组成分阵迎敌。燕王观罢吴杰阵式，不禁对诸将笑道：“分阵四面受敌，岂能取胜？今我用精兵，攻其一隅，一隅败，其余不战而自溃也。”

燕王用五分之一的兵力牵制西北、西南、东南三隅之敌，用大量兵力攻东北隅，双方展开激战，自然是刀枪交加，杀声如雷。双方交战正酣，燕王又带五百名精骑，沿滹沱河绕到官军阵后，突然杀入。

官军见燕军从后面杀入，立即调转兵力，汹涌杀来，官军的强弓劲弩齐向燕军发射，那密集的箭就如同无数的飞蝗，一批又一批地射将过来，箭下如雨，燕军将士一批又一批地倒下。但是，那众多的箭都没有一支落在燕王身上，并不是这些射手射不中燕王，而是建文帝不愿背上杀叔之名，下旨不准伤害燕王，所以弓箭手不得不把箭射在帅旗上，因此，燕王毛发无损。所以，燕王每一冲锋，官军无不败退。

燕王见官军弓箭甚是厉害，专盯着燕军不放，那箭就好像长了眼似的，专奔燕军而来。燕王想：这里面定有文章。

燕王仔细观看，只见军中有一木制高楼，平安正在上面观战，摇动令旗，指挥弓弩射杀燕军。燕王对朱能道：“火速攻下那个木楼！”燕王一声令下，朱能率劲旅猛攻木楼，平安招架不住，从木楼上跳将下来，险些成为燕军俘虏。

南军失去指挥，阵营大乱。此时，东北风大起，掀屋拔树，飞沙走石，响声如雷，天昏地暗。官军处于下风头，不能自持。燕军凭着风势，奋勇杀去，官军无法抵挡，全线崩溃。官军都指挥邓戬、陈鹏被俘。平安、吴杰被逼退入城中。

战斗结束，燕王看到那面千孔百洞的帅旗，也不禁感慨万端，对众人说道：“将它送回北平，以教后世子孙！”

帅旗送至北平，都督顾城看到帅旗，不禁老泪纵横，说道：“老臣自幼从军，身经百战，从未见仗打得如此激烈！”

盛庸兵败夹河，不敢对朝廷隐瞒，只得如实相报。

建文帝面对败报，一筹莫展，只得召齐泰、黄子澄密议。

建文帝说道：“夹河一战，盛庸一败涂地，两位爱卿不知有何高见？”

齐泰说道：“自燕逆起兵以来，我大军先后损失百余万之多，眼下燕逆势力日强，如欲剪除，尚需万岁降旨，再募兵马才行。”

建文帝说道：“朕即下诏便是。”

黄子澄道：“刀兵相加，燕逆一时难除，不如来个釜底抽薪之计以应之。”

建文帝问道：“何为釜底抽薪之计？”

黄子澄道：“燕逆起兵，口口声声说是要为君除奸，臣等请贬外地，这样燕逆也就失去了发兵的口实，万岁便可与之谈判，燕逆若从此罢兵，日后可设法除

之，若不罢兵，与之谈判也可缓兵，我可乘机调集兵马，与之再战，岂不是两全之计！”

建文帝道：“朕怎忍心让爱卿受流放之苦？再者，燕逆起兵是醉翁之意不在酒，朕正依靠着你们两位爱卿，又岂能外放？”

黄子澄道：“万岁圣明，知臣等不奸，臣等已感激涕零，又何惧苦酸哉？万岁还可明放暗留，只要瞒得住燕逆即可。”

建文帝想了想，叹道：“那就委屈两位爱卿了！”

黄子澄与齐泰说道：“只要能除燕逆，臣死且不惜，而况荣辱屈尊乎？”

第二日，建文帝便以离间皇亲罪为由，下诏将齐泰、黄子澄贬至远州，并诏告天下：

奉天承运，皇帝诏曰：自朕承继大统以来，让齐泰、黄子澄辅佐国事，然此二人却不遵臣规，离间皇亲，致使诸王与朕有隙，拥兵自治，乱我江山，此皆齐、黄之过，故免去其职，发配远州。钦此。

建文帝的诏书诏告天下，也如同上一次罢齐、黄一样，燕王仍是不予理睬。建文帝对齐泰、黄子澄明是流放，实则让他们招募兵马。这些当然瞒不了燕王，于是，他借机上书朝廷，为自己鸣冤辩屈，争取舆论支持。燕王在上书中写道：

窃为二帝三王之治天下，无他术也，用建皇极而已。皇极者，大中至正之道也。以大中至正之道治天下，天下岂有不治者乎？大中至正之道非人为之，盖天理之所固有，为人君者持守而行之，则佞人必远，贤人而不近自近，九族不睦而睦，百姓不均而均，无所往而不当矣。《洪范》曰：“无偏无党，王道平平。”岂非大中至正之道也欤？

若其为君者蔽其聪明，不亲政事，近佞臣，远贤人，离九族，扰百姓，彰过失于天下；为臣者逞奸邪，图不轨，以危社稷，孰能举二帝三王治天下之大经大法以陈于前哉！

尝观汉唐以来大有为之君，亦不出于二帝三王之道，故能长久者也。今昧常王大中至正之道，日以诛灭王亲为心，父皇太祖高皇帝殡天，未及一月，听流言而罪周王，破其家，灭其国。不旋踵而罪代王、湘王无罪，令其阖宫自焚。齐王亦无罪，降为庶人，拘囚京师。岷王削爵，流于漳州。至于二十五弟病不与药，死即焚之，弃骸于江。呜呼，彼奸臣者，其毒甚于虎狼。我父皇子孙几何，能消几日而尽害之至此，痛切于心。

岂意祸机日深月盛，我守国奉藩，遵礼长义，本无一毫之犯，又结构恶少，彼来屠我，驱天下之兵，骚四方之众，直欲必灭而后已。

夫兵，不祥之器也，圣人不得已而用之。本为保生民，诛讨奸恶，以报大仇。上荷天地祖宗神明冥加佑护，凡战必胜，实非善用兵也。独念兵甲不息，天下生灵涂炭，何日而已，为民父母，能不惕然而恤之哉！我之将士望宽恩以遂其生，已尝具奏，冀回好生之心，以免无罪而死于白刃之下者，上不能允。岂期奸臣进兵不已，屡战屡败。生灵何幸？遭此荼毒，肝脑涂地！我虽战胜，哀悯之心，宁有已乎？

迩者侧闻诸奸恶已见窜逐，虽未伏铁钺之诛，然亦可少谢天人之怒。于此可见，审之明而断之果，可以复太祖之仇，可以全骨肉之恩，可以保天下于几危，可以措社稷于悠久，故闻之不胜踊跃。诚如是，则非特我之幸，实社稷之幸，天下之幸也。

唯日夜冀休兵之旨，其罪恶盖已了然明白，曲直之情，虽三尺之童，不待言而知之。是兵可解，冤可刷，而恩可推也。何故执持不改，外示窜逐奸恶之名，而中实主屠害宗藩之志？

往者自念无罪，而茅土见削，子孙不保，受屈万世，宁俯首蒙耻，甘受芟夷，不顾宗庙子孙乎？见兵四集，心震胆寒，不知所为，左右彷徨求贯死于旦夕，遂以兵自救。诚知以区区一隅之人，当天下之众，鲜有不摧灭者，徒以须臾喘息，延缓岁月，冀或有回旋之日也。身亲行阵于今三年，赖天地眷佑，父皇母后圣灵保佑予躬，战胜攻克。每见锋镝之下，死亡者众，痛伤于心，故恒戒将士曰："天下军民皆父皇赤子，驱迫战斗，彼何罪焉？其母杀之。吾畏死所以救，彼之畏死，其情盖同，由是降者悉释之，全活者不知几千万人矣。

往者，耿炳文以兵三十万欲加未灭，败之于真定，继而李景隆两动天下之兵，号百万之众，直来见杀。李景隆盖赵括之流也，手握重兵，骄肆无谋，视我如囊中物，可探而有，曾无毫发警惧之意。夫战，孔子所慎，而李景隆易之。白面小儿，岂足以当大事！唯饮酒狎妓，酣呼歌舞而已。故首败之于郑坝村，继败之于白沟河，追奔至于济南，百万之众，两役沦没，可谓极矣。于此之时，冀或有开悟之萌，下责己之诏，引领南望，重增欷歔。

未几，盛庸以三十万之众复来见逼，庸本鄙夫，何足算也。夹河才战，一败冰释。吴杰、平安以十万继进，战略藁城，遂尔奔北。

前后大小之战其知其几，然无一不败之者，何也？盖属众有必死之心，而无救生之望故也。臣每战胜，愈加忧畏，恐鹬蚌相持，渔人得利。

窃唯奸臣已逐，左右必皆忠良之臣，识胜负之机，或虑及此，必开心见诚，怨难悔祸，以解兵衅，休军息民，保全骨肉。因循至今，而德州之兵日集，是必欲加屠害而后已。

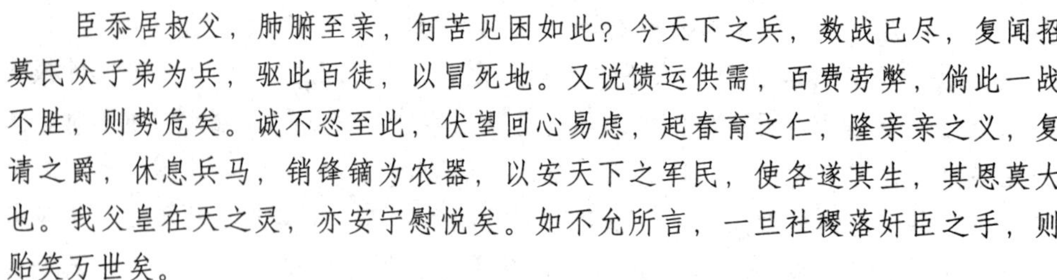

臣忝居叔父，肺腑至亲，何苦见困如此？今天下之兵，数战已尽，复闻招募民众子弟为兵，驱此百徒，以冒死地。又说馈运供需，百费劳弊，倘此一战不胜，则势危矣。诚不忍至此，伏望回心易虑，起春育之仁，隆亲亲之义，复请之爵，休息兵马，销锋镝为农器，以安天下之军民，使各遂其生，其恩莫大也。我父皇在天之灵，亦安宁慰悦矣。如不允所言，一旦社稷落奸臣之手，则贻笑万世矣。

夫大厦之倾，岂一木所能独支？鵾鹏扶摇，非一翼所能独运，自古帝王建万世之基者，莫不以教睦九族，崇重藩屏之所致也。且弃履道旁，尚或收之，而至亲哀穷，宁无怜恻之者乎？故犹不敢自绝，披露腹心，献书阙下，恭望下哀痛之诏，布旷荡之恩，使得老死藩屏，报效朝廷，则基业有万年之安，子孙亦享万年之福矣。二帝三王大中至正之道，岂有加于此哉！冒渎威严，幸唯垂察。

建文帝读罢了燕王的上书，心中犹豫不决，不知如何处置才好，于是召方孝孺和侍中黄观前来商量。

方孝孺将燕王的上书看了一遍之后，对建文帝说道："我们正在招集大军，燕军久驻大名，夏天雨多，连绵成灾，久之，燕军不战自败。现在急令辽东诸将入山海关，攻永平，真定诸将进击北平，燕军为救北平必然撤回支援，我们再率大军从后追赶，这样便一定能够擒获燕逆。现在暂且回书给他，往返须多日，敌人斗志会松懈，人心离散，等我们的计划已定之后，便可出兵致胜，这个机会可千万不要失去！"

建文帝道："爱卿所言有理，即刻照办！"

黄观道："既如此，就请万岁下赦罪诏书！"

建文帝道："此诏书就由方爱卿拟定吧！大意不过是赦免其罪，使归本国，不再涉足兵政，恢复其王爵，永为藩辅。"

方孝孺道："臣遵命！"

建文帝说道："就让大理寺少卿薛岩前去宣诏！"

燕王与吴杰、平安在藁城打了一仗，大获全胜，正与道衍及诸将商量如何进一步破敌。忽听大理寺少卿薛岩带了圣旨来到，便与薛岩相见，前来接旨。

薛岩道："燕王朱棣接旨——！"

"臣接旨，吾皇万岁万岁万万岁！"

奉天承运，皇帝诏曰：朕自承位以来，国泰民安，四海臣服。独有燕王棣不遵臣规，心存二志，拥兵自重，攻城略地，大起狼烟，危害社稷，祸及黎民，其罪沉重。朕念骨肉之以仁爱之本，故赦免燕王父子及诸将之罪，使归本国，解削武卫，不再执掌兵政，恢复其王爵，永为藩辅。钦此。

“吾皇万岁万岁万万岁！”

此诏书本是方孝孺所拟，对诏书言辞及所议诸条件，燕王很不满意。

燕王道：“圣旨上所说如此，你来之时，万岁又是如何说的？”

薛岩道：“万岁说如果殿下早晨脱下盔甲，进谒孝陵，晚上大军即可撤兵！”

燕王冷冷地说道：“现在宗藩险危，祸难不能停止，江山社稷令人深忧。一定要把奸臣恶党绳之以法，献俘于太祖，以谢孝陵，这才是我的心愿。我所带兵将，是由父皇所授，作为自己的护卫，以防事变或不测，这也本是法度所定，当然难以更改。现在让我丢下军队，就是要让我束手待毙，这都是奸臣的奸计，想用来骗人，就是连三尺孩童也骗不住啊！”燕王对护卫用手一指，说道：“我这里有的是大丈夫！”

燕王话音一落，只听得刀剑叮当，诸将一齐叫道：“杀了他！杀了他！”

四五把宝剑寒光闪闪地逼了过来，薛岩却吓得浑身打战，额上豆大的汗珠直往下滴，身子不由自主地向燕王身后靠去，口中连声呼道：“殿下！殿下！”

燕王用手一止，道：“奸臣只不过是几个人，他本是天子使臣，不得无礼！”

诸将退去，薛岩那颗悬到嗓子眼的心才算落了下来。

燕王道：“钦差一路劳苦。就请且在军中歇息几日，以解路途之劳！”

薛岩恨不得立刻离开这个危险境地，舌头在口中翻了几翻，说不出来一个“不”字，只得说道：“有劳殿下劳神了！”

第二日，燕王又带领薛岩参观了军营。只见燕营接接连连，长达百里之遥，戈军旗鼓接踵相望，军士们在营中操练，人强马壮，杀声震天，形如猛虎。

燕王道：“我军威势如何？”

薛岩道：“官军所不及也！”

燕王又道：“我军可抵官军否？”

薛岩道：“足足而有余也！”

燕王执薛岩手，说道：“你回去代老臣谢天子，天子与臣，本是至亲也。臣父是天子祖父，天子的父亲是我之同胞兄长。臣为藩王，富贵已极，还想再要什么？什么也不需要。天子一向很厚爱臣，只是因为奸臣谗言，才走到如此地步。臣也是迫不得已，才兴兵自救。今幸蒙诏罢兵，臣一家不胜感激。但现在奸臣尚在，大军未还，臣之将士心存疑虑，不肯马上解散。望皇上诛除权奸，解散天下兵马，臣父子单骑诣阙下，唯陛下是从。”

薛岩道：“殿下放心，我定将殿下之言转告万岁！”

燕王道：“如此，老臣多谢了！”

于是，燕王便派人护送薛岩出境回京。

道衍说道：“大王之言，只能骗过建文帝，却骗不过方孝孺。建文帝若用方孝孺之计，必仍将派兵攻我，我们还当按既定之策行事！”

“这个方孝孺也该列入奸臣之列！”燕王说道。

道衍笑了笑，说道：“我以为方孝孺与齐泰、黄子澄不同。方孝孺乃我朝之奇才，大王须敬之，他日大王成功，也宜善抚，万不可列为奸臣，妄加刑戮！”

燕王点了点头。

薛岩回到南京，方孝孺便询问燕军情况，薛岩将实际情况说了一遍，并说道：“燕王语直意诚，燕军将士上下同心，威勇异常，但官军却骄惰寡谋，战场上断然不是燕军对手。”

方孝孺说道：“如果真像少卿所说的那样，那是齐、黄二人误我了！”

建文帝道：“少卿该不会是为燕逆做说客吧！”

薛岩道：“臣只是如实述说，岂敢为说客！”

建文帝于是便不再说什么。

薛岩的往返，只是方孝孺实施缓兵之计的一个筹码，根本起不到什么实际作用，双方的作战准备仍在继续进行。

薛岩四月十六日出使燕军。

二十日，平燕元帅盛庸使驿马传书吴杰、平安，领兵会合德州，薛岩离开燕营不到十天，彰德各处及德州兵马便袭击了燕军的运粮兵，并捉了指挥张彬。

五月十五日，官军再次袭击了燕军饷道，对于这些食言行为，燕王自然不能忍受，于是燕王再次上书，指斥朝廷的食言行为。

面对被袭而死去的将士，燕王感慨万端，在灯下奋笔疾书，他在上书中写道：

张设机阱，以相掩陷，令人岂能自安？且欲令释兵，可乎？不可乎？德州、真定之兵散，我夕即敛师回国，今兵士四集，网罗四方，不能无畏，是兵绝不可离，离则为人所祸。此不待明者而后知也。

思父皇创业艰难，子孙不保，如此之际无不寒心。令兵连祸结，天下频年旱蝗，民不聊生。强凌弱，众暴寡，饥民逢聚，号啸山林，相扇为盗，官府不能禁制，其势滋漫，势有可畏。祖宗基业将见危殆，所谓寒心者此也，抑未知虑至此否？

夫天下，神器也，得之甚难，失之甚易。伏望戒慎于所易失，而持守于所难得，体上帝好生之德，全骨肉亲亲之义，我弟周王久羁旅瘴疠之地，恐一旦忧郁成疾，脱有不讳，则上拂父皇母后钟爱之心，下负残杀叔父之名，贻笑于千载矣。昔汉文帝称为贤君，“尽布斗粟”之谣，有损盛德，至今人得议焉。诚愿采择所言，矜其恳切，早得息兵安民，以保宗祧，恩莫大焉？

燕王上书写好之后，派武胜直送南京。

建文帝看了燕王的上书，犹豫不定，已有罢兵之意，将信给方孝孺看，并说道：“燕王乃太祖高皇帝之亲子，朕之亲叔父，若逼他过甚，如何对得住宗庙神灵？”

方孝孺大声说道：“万岁正是为了祖宗社稷才兴师讨伐他，怎么能说是对不起祖宗社稷呢？万岁如果真的罢了兵，再集中兵将就很难了，如果燕王率兵长驱直入，直接进攻都城，万岁又用什么来抵挡？现在我们军威大振，不久就会全胜，望万岁不要被燕王的甜言蜜语所迷惑，不要再三心二意！”

建文帝听了方孝孺之言，便囚禁了武胜。

燕王听说朝廷囚禁了武胜，异常气愤，觉得这种虚意的周旋再也没有什么意思了。于是对诸将说道：“现在武胜被囚禁京师，可见朝廷的志向是不会改变的了。现在南军驻德州，粮饷物资都由徐州、沛县供给，如果烧掉了它，德州必然危急，如果他们来战，我们严阵以待，以逸待劳，必能取胜。”诸将都认为燕王说得很对。于是，派丘福、薛禄领精兵去烧毁敌人粮饷。

济宁、谷亭两地，是南军粮草的屯驻之地，那一垛垛草堆垛，一垛垛高大的粮仓，如同小山一般，遮天蔽日，连绵几十里。守卫粮草的军士日夜守卫在这里。

一日，来了一支六千人的军队，身着南军军服，背插柳枝，雄赳赳气昂昂地走了过来。守粮草的南军看了，都夸道：“这才是雄壮之师啊！南军若都能如此，哪里还会打败仗！”这支六千人的部队便是化妆而来的燕军，由都指挥李远率领，南军以为是自家部队，心中不疑，因此也不加防范。

李远率众找准了机会，便在济宁点起火来，一时间烈火熊熊，立时变成了一片火海。南军守将见粮草着火，惊恐万分，便拼死救火。

李远又悄悄地率军来到谷亭粮草场放火，两处一齐着火，南军扑救不及，几十万担粮草顷刻之间化为灰烬。

就在李远烧粮草的同时，道衍又派丘福、薛禄带兵攻打济州。

丘福、薛禄各率七千兵马，从南北两面同时发起进攻，济州守将毫无准备，一时间，南北不得相顾，只得弃城而走。丘福、薛禄入城之后，合兵一处，又乘势偷袭沛县，一举攻下沛县之后，便去烧南军停泊在运河之中的粮船，南军数千艘粮船一起烧将起来，运河河面上成了一片火海，河水沸腾，连水中的鱼鳖也都被烧死了。

七月，燕王又率兵围攻彰德，都督赵清坚守不战，燕王便率兵袭击了尾尖寨，派人招降赵清，赵清对使者说道："殿下如果到了京城，只要写个二指宽的纸条儿招臣，臣不敢不去，现在却不行！"燕王认为赵清也是一个忠臣，便不再攻击。

南军粮草被焚，败报传到南京，建文帝十分震惊，神情沮丧，高声叹道："难道说上天真要绝我？"

方孝孺说道："万岁不必忧愁，臣有一计，可使燕逆自败。"

建文帝问道："何计可使燕逆自败？"

方孝孺道："万岁难道不知道安禄山、史思明他们父子的故事么？我们何不效而仿之？听说燕世子朱高炽生性仁柔，燕王并不喜欢他。万岁如果派使者送书于朱高炽，封他为燕王，永驻封地，他父子必然生疑，生疑则必生内乱，内乱已生，必自相残杀，燕逆可不攻自破也！"

建文帝当然知道安禄山、史思明被其子所杀的故事，对于方孝孺的这个离间计大为赞赏，便道："爱卿之计甚妙，即烦爱卿草书，朕再派锦衣卫张安持书前往北平。"

燕王长子朱高炽，生性仁柔，以性格而言与燕王大为不同，所以朱高炽虽封为世子，然燕王内心却不很满意。而次子朱高煦、三子朱高燧也很想争得世子的地位，再者燕府总管黄俨一贯谄事于朱高燧，所以与朱高炽不睦。对此，朱高炽心中当然也明白，所以平常处事也就格外小心。

朱高炽还曾向道衍问计，道衍回答道："事事谨慎。"因此，道衍之言，朱高炽是时时不忘，谨记于心。

一日，朱高炽正在书房看书，宫人来报："报大世子，朝廷派密使来求见！"

朱高炽心中想道："朝中有事当找父王，为何要找我呢？再者，前方兵战正紧，我若与密使相见，岂不又要招惹是非？如若朝廷要弄计谋，岂不牵连于我？"想到此，便对宫人说道："你去回他，就说我身体不适，不能见客，让他去找父王。"

宫人说道："是！"

宫人走后，很快又回来了，对朱高炽说道："那人说朝廷有要事，要与大世子相议，并有诏书一封，一定要交于大世子亲启！"

朱高炽寻思道："不知万岁派使前来为了何事？若有阴谋，何不言于父王，以讨父王之悦？"便道："请他到内室！"

张安进了内室，急忙叩见。

"小人叩见大世子！"

"免礼！不知万岁派你来为了何事？"

"回世子，小人奉旨送密诏而来！"

张安说罢将密诏递上，朱高炽将密诏放于桌上，并未拆看，只是问道："万岁下密诏给我为何？"

张安道："小的给王爷千岁贺喜，万岁封大世子为燕王了！"

朱高炽一听，心中明白了，便道："父亲是燕王，万岁又下密诏封我为燕王，分明是离间之计！你这狗头，竟来陷我于不仁！给我拿下！"

张安一见，十分害怕，连声求饶："大世子饶恕，本不干我事，小的只是奉旨行事。"

燕王府总管黄俨闻知张安来意，便飞马报知燕王。

燕王接报，对朱高炽大为怀疑，问朱高煦道："依你之见，朝廷遣密使找你大哥，该是为何？"

朱高煦道："父王还需要问吗？万岁与燕王有事，自当来找父王，现在避开父王，独去见大哥，必有阴谋！"

燕王点点头，道："你说得对！来人，速回北平把朱高炽给抓起来！"

道衍见了，忙说道："不可！不可！大王，此事当慎重，万不可草率行事！朝廷派密使接见大世子，肯定有阴谋，但大世子为人谨慎，定不会与朝廷联系。臣敢保大世子忠于大王！"

燕王道："军师岂不知我家之事？对此我不得不防，还是先囚了大世子，以防内变！"

道衍急忙制止道："万万不可！如此草率只怕要伤了世子，毁了大事！"

燕王道："休要再说，我意已决！"

正争执不下，忽然军校来报："大世子派人押送朝廷钦差和密诏来见大王！"

燕王急令带上。张安见了急忙谢罪。

张安道："此事皆方孝孺与皇上所谋，不干我事，小人只是奉旨行事，大王饶恕！"

燕王道："大世子看了诏书没有？"

张安道："密诏原封未动，大王亲鉴！"

燕王拆开密诏，只见密诏上写道：

奉天承运，皇帝诏曰：燕王棣谋反，大逆不道，罪不容赦，念大世子高炽生性仁柔，不与其为伍，故朕特封高炽为燕王，永守藩国，望莫负朕意，早除叛逆，整肃朝纲，钦此。

燕王惊呼道："险伤吾儿！险伤吾儿！"

道衍道："此时当知大世子之忠也！"

方孝孺的离间计的失败，标志着建文王朝政治斗争的失败。所以，双方的交战又从政治上的较量再次转到军事上的较量，建文帝只得再次降诏让盛庸进军伐燕。

自从燕王在沛县烧了官军粮草之后，官军的粮路已被截断，盛庸北伐严重受阻，于是就想出了一个调回燕军的计策，让大同守将房昭由紫荆关进攻保定，令平安由保定进攻北平。

七月十日，平安遵盛庸之命，率兵马一万人从保定出发，进攻北平。在离北平五十里的平村安营下寨。

燕王得知后，便与诸将商议。

刘江说道："大王不必过虑，臣自请命而往，消灭平安！"

燕王道："你用什么方法去消灭平安呢？"

刘江说道："臣现在正在考虑着。"

朱高煦对燕王说道："父王！就让我与刘将军率兵先回北平，大军随后再到。"

刘江说道："那不行，千里跋涉，疲于奔命，岂不被敌人耻笑！"

朱高煦道："你说那又该如何？"

刘江道："我的计策已想好了！"

刘江在燕王耳边小声说了一阵，燕王大喜道："此计甚妙！"

临行时，刘江与燕王约定："臣至北平，以炮为号。二次炮响，就是打破了包围，第三次打炮，我就已进城了，如果第三次炮不响，臣就是战死了！臣如果进了城，只要听到外边的援兵来到，城内的军士必定勇气百倍，应令军士每人带十炮，殿后的军士放炮声不绝，远近的人都知道大军回来了，平安必定要被吓跑。"

燕王道："就依计而行！"

刘江率一千骑兵，渡过滹沱河，抄近道，日夜赶路。

刘江让一千骑兵，多准备旌旗、火把。白天，多举旌旗，晚上，多举火把。虽是千人，远远看来，却也是旌旗蔽日，火把万点，声势浩大。再加上隆隆不绝的炮声，真正是千军万马、气势汹汹。这一切，已有探马报知平安。一时间，平安军心大乱。

当日下半夜，刘江让大军多备火把、鼓炮，并约定，只要见南军营寨中火起，便呐喊助威，进去冲杀。

刘江亲率精兵三百人，都换上南军服装，大摇大摆地向敌军营寨走去，守寨哨兵见来了一队官兵，心中不禁纳闷，这一支兵是从哪里来的？

刘江带兵来到哨兵跟前，说道："我们是平燕大元帅派来送急信的，快请你们的平都指挥！”

那哨兵道：“既是元帅派来送信，怎么还步行呢？”

刘江道：“你好不懂事，燕军大军就在对面，我们骑着马能过来么？你没看我们走路连声都不敢出！”

言语之间已走到哨兵跟前，刘江一个暗示，守寨哨兵便被杀了。

这三百人进了营寨，便放起火来，并高声呼喊：“燕军攻进大营了！燕军攻进大营了！”

外面的燕军一见火起，立刻炮火连天，军士一齐杀了过来。营内三百兵士边扔掉南军服装，边在里面乱杀一气。

平安军士听说燕军大军到来，本来就军心散乱，更不会想到燕军会这么快就攻打营寨。再加上燕军的乱喊，一时溃不成军。

平安听到喊声，起身一看，只见火光四起，营寨乱作一团，说一声“天败我也”，便翻身上马，在几个亲兵护卫下，在一片混乱中逃了出去。

平安逃走，南军失去了指挥，便像无王的蜂儿一般，只是乱哄哄的一团，任燕军砍杀，直杀到天亮，平安的一万军马只剩下三千多人，三千多人全部投降。

易州西面有一座高山，叫做黑郎山，又唤作齐眉山。这黑郎山雄伟险峻，悬崖绝壁到处是，深谷险涧处处有，易守难攻，也是一个兵家必争之地。这黑郎山上有一个西水寨，这西水寨在易州西南八十里，房昭奉盛庸之命，由紫荆关攻保定，于七月十五日领大军屯兵于此，对北平构成了重大的威胁。

八月初，燕王率兵北渡滹沱河，到达宛县，攻下保定后，准备向西水寨进军。此时探马来报：都指挥韦谅率军一万为房昭转运粮草。

燕王对诸将说道：“房昭在西水寨，正在缺粮，这批粮草如若运进西水寨，房昭就有条件固守，西水寨就不易攻破了！现在事不宜迟，应立即拦截！”

朱能道：“此事就交给我吧！”

燕王道：“事不宜迟，你就即刻出发！”

朱能领了燕王的命令，率三万步军前去拦截，不料晚了一步，韦谅已将粮草运进了西水寨。

燕王对诸将说道：“房昭既有了粮草，我们就当另作别图。我们现在就开始围寨，出师定州，让保定之军来支援西水寨，我们来个围点打援，援军破，西水寨必不能守！”

诸将也都赞成燕王制订的策略。当下吩咐已定，便各自分头行事。

一切都如同燕王设想的那样，当花英、郑琦率三万大军支援西水寨后，燕王于十月二日擂响了战鼓。一番厮杀过后，花英、郑琦被擒，西水寨连同它的旧主人都成了燕军的囊中之物。

铁血靖难

明成祖

刘乐土◎著

下册

中国铁道出版社有限公司
CHINA RAILWAY PUBLISHING HOUSE CO., LTD.

图书在版编目（CIP）数据

铁血靖难：明成祖：全二册 / 刘乐土著. —北京：中国铁道出版社，2017.3（2021.9重印）
（中国历代风云人物）
ISBN 978-7-113-22654-1

Ⅰ.①铁… Ⅱ.①刘… Ⅲ.①明成祖(1360–1424)–传记 Ⅳ.①K827=47

中国版本图书馆CIP数据核字(2016)第321216号

书　　名：铁血靖难：明成祖
作　　者：刘乐土

责任编辑：殷　睿　付巧丽　　　电　　话：（010）51873038
封面设计：MXK DESIGN STUDIO　　电子邮箱：tiedaolt@163.com
责任印制：赵星辰

出版发行：中国铁道出版社有限公司（北京市西城区右安门西街8号，100054）
印　　刷：三河市燕春印务有限公司
版　　次：2017年3月第1版　2021年9月第2次印刷
开　　本：787mm×1092mm　1/16　印张：35.75　字数：686千字
书　　号：ISBN 978-7-113-22654-1
定　　价：90.00元（全二册）

【第九回】

出奇兵袭截运粮道，破危局火烧南京城

燕王在易州西水寨大败房昭，于十月二十四日回到北平。

十一月一日，燕王正在燕王府与道衍议事，内侍来报："启禀大王，现有北平都司都指挥张信、布政司右布政郭资、按察司副使墨麟求见。"

燕王说道："让他们进来便是。"

张信、郭资、墨麟三人进了燕王府，一齐跪下，道："臣等叩见王爷千岁！"

燕王道："你们见我有何事？"

张信说道："臣等以为，大王发靖难之师已三年了。三年之间，大王功德，天下皆知，若成大业，当面南君临天下，号令于天下，岂不为名正言顺，天下归心也？故臣等上表，恳请大王能够承天意而顺民情！"说罢，将表呈上。

燕王看罢了表章，表面不动声色，其实心中很高兴，因为表章说出了他埋藏在心底深处的欲望，但他当然也知道，现在还不是登基面南的时候。

后来丘福、宁王朱权也恳请燕王即位，燕王都拒绝了他们。

为了表示对将士们忠贞的感谢，燕王朱棣对有功将士举行了加封仪式。

十一月十八日这一天，天气晴朗，万里无云，在燕王府门前的广场上，众将士列阵站立，千军万马，人山人海，旌旗林立。中间的高台四周，插满彩旗，二十四响礼炮之后，有功将士都立于高台之上，燕王亲自向他们敬酒。

燕王手端酒杯，对诸将士们说道："此番作战，我军连败平安、房昭，扫平了顽抗之敌，确保了北平的安宁，使我们有了一个安定的大后方，有了一个坚固的根基之地，其间的一次次胜利，吾之将士功不可没！现在我先敬诸将一杯！"

诸将也一齐说道："多谢王爷！"

三杯酒干过之后，燕王又说道："诸将有功，功不可没。对有功者要加爵升官！都指挥丘福、张信、刘才、郑亨、李远、张武、火真升为中军都督府都督佥事；李彬、王忠、陈贤升为右军都督府都督佥事；徐忠、陈文为前军都督府都督

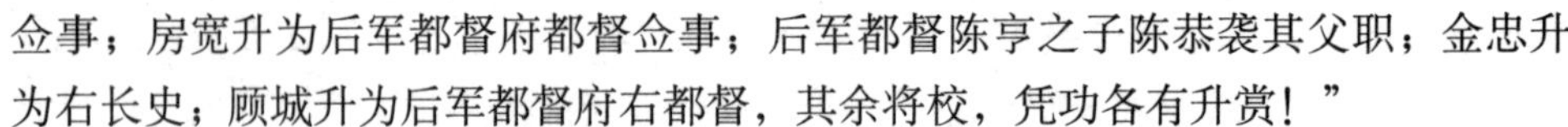

佥事；房宽升为后军都督府都督佥事；后军都督陈亨之子陈恭袭其父职；金忠升为右长史；顾城升为后军都督府右都督，其余将校，凭功各有升赏！”

“多谢大王千岁千岁千千岁！”

燕王又说道：“诸将士除以功奖封之外，明日本王还要大宴将士，犒赏三军。后日，本王还要亲自祭奠阵亡将士！”

台下喊声如雷：“叩谢大王千岁千千岁！”一阵又一阵的喊声，犹似阵阵春雷在燕王府上空回荡。

盛庸指挥的伐燕战争，败讯一个接一个地传到了京城。面对一次次的败讯，建文帝是一筹莫展，无计可施，于是闷闷不乐，一连几日都未上朝。

这一日，建文帝在后宫，躺在床上，正在为眼前的事动脑筋：耿炳文、李景隆、铁铉、盛庸，一个个都是燕军的战败者；齐泰、黄子澄、方孝孺，再也拿不出一个好计策来！建文帝长长地叹了一口气，自言自语道：“唉，当皇帝太难了，看来，我是真不该当这个皇帝！唉！爷爷为什么非要让我来当皇帝呢？”想到爷爷，建文帝不禁流下了眼泪，爷爷临终之前的情景又浮现在他的面前……想着想着，在建文帝的眼前突然浮现出一个人来——梅殷。建文帝的眼前突然一亮，不禁心中一喜，道：“我何不找他来试试！”建文帝好像又看到了一线希望。

梅殷本是汝南侯梅思祖之子，通经史，善于骑射，娶朱元璋之女宁国公主为妻，向来深受朱元璋所喜爱。朱元璋在临终之时，梅殷也是三位托孤大臣之一。朱元璋也曾对梅殷嘱托道：“诸王强盛，太孙稚弱，汝当尽心辅佐，诸王若有作乱者，当为朕出师伐罪！”于是，建文帝便召梅殷后宫见驾。

梅殷回到驸马府，宁国公主让梅殷坐下之后，便问道：“万岁召见驸马为了何事？”

梅殷并未说话，只是轻轻地叹了一口气。

公主问道：“驸马为何叹气？”

“万岁让我带兵镇守淮安！”

“领兵打仗于你有何难哉？”

“兄弟之间刀兵相见，岂不是为难？”

“驸马与谁是兄弟刀兵相见？”

“公主有所不知，如今燕王起兵与官军对抗，官军屡战屡败，万岁要我镇守淮安，就是要与燕王刀兵相见，圣命难违，可燕王也不该兴兵造反！”

“这个燕王也是，为何要背个反叛罪名？待我写书去训训他！”

“事已至此，写什么恐怕都是没有用的了！”

“就是没有用，我也要试试！”宁国公主坚定地说。

梅殷又叹了一口气。

燕王把张信等上表恳求登基的事妥善处理之后，心里也在想，靖难起兵已经三年了，仗打的也不少，将士阵亡的也不少，自己清君侧、除奸佞的目标又实现了多少了呢？这个仗又打到什么时候才可完结？为了解除这几个难题，燕王只得把道衍找来商议。

道衍道："我自兴兵以来，攻城略地，侵州占县，为数不少，然我所占有者甚少，夺了又丢，丢了又夺，反复争夺，损兵折将，与大业无益，而今朝廷兵力空虚，国力困乏，我军不必再去攻城略地，应当放弃对城镇的攻伐，集中力量，直捣南京，京都一下，大业成矣！"

燕王听了道衍的话，茅塞顿开，大声赞道："军师之言绝妙！军师之言绝妙！令本王豁然开朗！"

此时一内侍来报："宁国公主遣使者求见燕王！"

燕王听说是宁国公主派来的信使，便说道："有请！"

信使进了燕王府，见了燕王，便施礼道："奴才叩见燕王殿下！"

"信使求见本王，不知为了何事？"

"奴才奉宁国公主之命前来送书一封，请殿下亲启！"

使者说罢将信双手递了过去。

燕王看罢宁国公主的信，只是淡然一笑，便放于桌上，不为所动。

信使走了之后，内侍来报："朝中有一个叫崔果的太监来求见大王。"

燕王听了道衍的话之后，正想了解京城情况，听说有朝中的太监来求见，正中下怀，于是说道："让他进来！"

太监崔果进了燕王府，见了燕王便施礼道："奴才叩见千岁！"

"原来是崔公公，请坐！"

"谢过千岁！"

"崔公公不在京城，不远数千里来到北平，不知有何见教？"

"见教不敢！古人云：'良禽择木而栖，良臣择主而事。'当朝君主昏昧，故而来投大王麾下，奴才虽是不才，但愿效犬马之劳！还望大王不弃！"

"既如此，就委屈崔公公了！"

"目前京城之军全部调出，用来抗拒大王千岁。京城空虚，正是用兵之良机也，京中军民盼大王如旱苗之盼甘霖，急盼大军解救倒悬之苦！大王如若攻城，我等可以作接应！"

"如此甚好，崔公公一路劳顿，且先歇息，日后还多有讨教！"

"奴才叩谢大王垂爱！"

这朝廷宫中的太监，为何要来投奔燕王？这里还有一个情由。

原来明朝在朱元璋活着的时候，就严禁宦官参与朝政，对犯戒律者惩罚也很严

厉。建文帝继位之后，依然继承着洪武时期的规章法令，对宦官也一直管理很严，后来由于国内的战争，朝纲紊乱，宦官们也跟着作威作福、滋事扰民，闹得民愤极大。建文帝便利用战争的空闲时间，抓一抓吏治，也惩办了一些宦官。因此，一些宦官便对建文帝不满，为了逃避罪责，便逃出京城，投奔燕王去了，崔果就是其中之一。

道衍对燕王说道："崔果的攻城之计，未必可取，但乘京城空虚之际，直攻南京，却是上计。直趋南京，临江一决，现在是时候了！"

燕王长叹道："连年用兵，何时是个了结，正应该临江一决，不复反顾矣！"

道衍说道："战争之事，情况千变万化，攻打京城，胜负尚在预料之外。因此，还要留一条后退之路，臣愿与大世子留守北平。他日一旦占了南京，北平便可作为富民强兵之基地。万一南京城攻不下，还可以北平为立足之地，与朝廷分庭抗礼，划江而治！"

"军师之言甚合吾意，军师年事已高，不堪军旅劳累，本王亦不忍心再让军师受军旅之劳，有军师经营北平，吾无后顾之忧矣！"

道衍又说道："临别之前，臣还有一言相告，仁君者得民心者得天下，失民心者失天下，大王攻占南京之后，一定要爱民，不可滥杀无辜。对建文朝中之人，亦不可滥杀。所谓忠奸之分，不在于以谁为界，也不在于成败，而在于为国为民，为善为恶，为是为非，所以，越以伍子胥为忠臣，元以文天祥为忠臣也！如方孝孺等，虽保建文，实为忠臣，大王当护之！他日于国，必有所用！"

燕王道："谨遵军师之教！"

腊月里的北平，早已是冰天雪地，寒气逼人，沟沟河河里的水早已结成了厚厚的冰，行人车辆都可以放心地在上面行走。苍天似乎要把整个世界都冻成一块冰。

在燕王府门前广场上的人们的心里，却似点燃了一把火，热烘烘的。南征誓师大会正在这里召开。

广场上，将士们列阵而立，无数的旌旗在朔风中飘动。高台之上，香烛高燃，烟雾缭绕。二十四响礼炮，只震得地动山摇。紧接着，鼓乐齐鸣，号角呜咽。燕王在台上焚香祭酒，祭罢天地神灵，燕王向将士们说道："本王自靖难兴兵，已历三载，攻城夺县，南征北战，诸将士纵身刀山剑丛，赴汤蹈火，舍生忘死，方有今日之大局，诸将士劳苦功高、功不可没！为铲除奸恶，清除君侧，当兴师南下，直趋京城，临江一决，天时地势所使然，诸将尚需努力！我们的誓言是：直趋南京，铲除奸恶，肃整朝纲，重整河山！"

将士也跟着起誓："直趋南京！铲除奸恶！肃整朝纲！重整河山！"

广场上响起了一阵阵春雷。

燕王又告诫将士："平定祸乱者，必须能够安定百姓。诛除乱贼者，首先要施行仁义。不能使老百姓得到安宁，不能实行仁义，那我们去平定祸乱干什么？今天我们出师，就是为了要诛除奸恶，保卫江山社稷，安定百姓！我看到贼军每到一处，便肆意杀戮、掠夺百姓，我从心里就非常怜悯他们。想天下的百姓都是我父皇的子民，由于奸恶的驱使逼迫，使得他们男子不能耕田，妇女不能织布，日夜不能停息，这岂不是招怨于天下么？我军将士，听清我的命令，应该想到百姓是无罪的，绝不许骚扰危害，如有不遵从命令者，只要敢侵害良民百姓的一毫之利，杀无赦！你们都要切记！”众将士一齐应道：“谨遵大王之命！”

燕王于是命令道：“我三军将士听令！铲除奸恶，肃整朝纲，直趋南京，出发！”

炮声轰鸣，鼓声雷动，旌旗招展，千军万马浩浩荡荡，出了北平。二十八日驻扎于蠡县，燕王派李远率八百精骑巡哨。不久，燕军又移营于汉河。

燕王寻思，此次出兵的目的是直逼南京，所以应取道直插山东然后进入淮北，因此必须避开保定和德州的守军，但官军也不会没有准备，南下时刻都有与官军交战的可能，于是便让李远带精骑先行，侦察敌情，为大军南下扫清障碍。

建文四年（1402年）正月初一，李远在藁城与盛庸的部将葛进所率领的马步军万人相遇。这里，将是燕军南下、直逼南京的第一仗。

李远见官军人多势众，心中暗想：敌众我寡，硬冲硬拼，我这八百人岂是官军的对手？还须智取才行。李远察看了一下地形，见河边有一片树林，官军正要北渡滹沱河，便心生一计，马上对军士作了安排。

葛进见滹沱河河水结冰，便令军马加紧渡河。

李远见官军渡河未毕，便找准战机，指挥军马向官军发起冲锋。双方都是徒步，官军把马匹都拴在树林间，李远便带百余人出击，葛进见燕军攻来，便令军队悄悄退进树林之中，想让燕军进攻，然后歼灭。葛进见燕军人少，不免轻敌，心想道：“这等的几个毛贼也敢来与我官军交战？看我不生擒了你，就不是我葛进！”

此时双方都是步兵交战，不到五个回合，李远转身就走。葛进不知是计，便紧追不舍，大呼道：“燕军败退，都上前去给我捉活的！”葛进如此一呼，官军纷纷出兵追赶。

李远带人跑了一会儿，便率大军杀了回来，官军见李远率骑兵杀了过来，纷纷回到树林来寻找马匹。

“咱们的马匹不见了！咱们的马匹不见了！”一声惊呼，官军骑兵战马不见，顿时军心大乱。

“燕军将士！杀！”李远振臂一呼，一马当先，杀了上去。

“杀——”

“杀呀——”

燕军将士叫喊着，冲向南军阵中，来回冲杀，南军大败，斩首四千余人，军

士掉进河中淹死者无数，葛进单骑逃脱。

建文帝得知燕王要直趋京师、临江决战的策略之后，一方面让梅殷镇守淮安，一方面又在正月初一下令命徐辉祖率京城之军支援山东，平安也领兵从保定出发准备收复通州。就在李远与葛进交战之时，燕王又派朱能率一千轻骑往衡水探哨，正与平安北进之兵相遇，一战而胜，平安军大败，指挥官贾荣被擒。

燕王率大军浩浩荡荡从馆陶挥军南下。燕军攻下东平，很快又攻占了汶上，大军过了汶水，便到了曲阜地界。

燕王率大军经过曲阜、邹县，秋毫无犯，当地百姓均夸燕军是仁义之师。燕军乘势南下，正月十四日到达江苏沛县，十五日开始攻城。

沛县县令颜环誓与沛城共存亡。沛城被攻破，颜环以身殉国，燕王令人厚葬之。

燕军攻下沛县之后，燕将王聪进攻萧县，知县郑恕率军拒守，城破之后，郑恕以身殉国。

燕王率大军直逼徐州。

一月三十日到达徐州，燕王见徐州城墙坚固，兵精粮足，便寻思：徐州一时难取，若再有官军追杀，岂不腹背受敌，看来，首当解除后顾之忧，方可对付徐州之敌。于是便派胡骑指挥款台回军侦探背后官军动向。

款台带着十二骑至邹县，正遇上三千名官军的运粮队。这三千名运粮卒只说是燕军已经南下了，所以毫无防备，他们押运着粮草，松松垮垮地向前慢慢地走着，有的还哼着小调儿。

那款台对他的伙伴们耳语几句，便纵马杀入敌阵，款台高呼道："燕王大军来了！燕王大军来了！"官军猝不及防，惊慌四散，款台擒千户二人回到徐州。

为了不干扰大军南下的大局，稳住徐州的官军，燕王又想出了一个对敌之策，他把大军埋伏在九里山上，又在演武亭藏百余骑，其余均依计而行。

二月二十一日一大早，徐州城上的守城兵就见城下有几个骑兵在来回走动，他们一会儿直冲向城门，一会儿又向远处跑去，一会儿又折回来，见城上守军无动静，干脆下得马来，让马儿自在地吃草，他们自己，则坐在地上玩耍。守城兵看他们挑衅，强压怒气。

第二天，燕军士兵又照样骂阵，而且比昨日骂得还凶。守城将士再也忍不住了，王虎一声令下，只见城门大开，五千兵士冲出来。燕军士兵见官军冲了出来，便急忙后撤，这五千名官军哪里肯放？只顾追赶。乘官军渡河之际，一声炮响，燕军四面冲出。燕王又带领几百名军士绕到城门，截断了官军退路。前后夹击，官军被打得个落花流水。逃回的士兵争着过桥逃命，不料，桥面突然断裂，数百官军落水身亡。

这一战，官军死亡人数达四千之多。徐州官军吃了大亏之后，再也不敢出城作战，就是燕军只有一骑在城下，官军也不敢出城。因此燕军在徐州积草屯粮，休整二十余日，平安无事。

三月初一清晨，燕王率大军向宿州进发。燕王令都指挥金铭带百余骑到丰山一带探哨，设疑兵阻止官军追赶。

官军见金铭军在后，便派大军前来追赶，金铭遵照燕王所授之法，大模大样，大张旗鼓，时紧时慢，走走停停，进一时退一时，根本不把官军放在眼里，就像后面无人一般。官军见状，以为是燕王所设的诱敌疑兵，不敢上前交战。

金铭估计大军已经走远，便领兵南下。金铭来到河边时，官军也追赶到河边。就在这时，只听河对岸炮声隆隆，官军以为中了埋伏，急忙后退，并列阵准备迎战。就在官军列阵之时，金铭率军迅速过河，等官军布好阵之后，金铭率军早已走远了。官军等了许久，不见伏兵出现，才知中计，对着已过河的金铭的兵士，也只能是"望河兴叹"了。

这隆隆的炮声只是燕王特意安排的都指挥冀英等几名军士放的，造成设伏的假象迷惑敌人。

燕王率大军到了夹沟，便稍作停留。

燕王在夹沟拜祭徐王、闵子骞，停了几日。三月初八，大军到达蒙城。初九，在涡河扎下营寨。

燕军改变过去攻城略地的战略，率军直接南下。这个作战行军的意图，盛庸也发觉了，于是便命平安率军前来阻截。平安率马步军四万飞兵南下，此时，也追到涡河一带。

燕王观看地形，便对诸将分析道："涡河林树茂密，堤岸深隘，敌人一定会怀疑我们会在这里设伏。而淝河土地平坦，树木稀少，敌人不会怀疑我们会在这里设伏，因此，我们就可以在这里设伏迎敌！"

于是，燕王命令朱高煦驻守大营，自己带两万人到淝河埋伏。为了迷惑敌人，从大营到埋伏之地，每一士兵备一个火把，当与敌人交战之时，便燃起火把，造成燕军大军来临的假相，给敌人造成一种心理上的压力。计谋已定，便一切依计而行。

在淮北平原上，淝河就好像一条巨蛇在弯弯曲曲地向前爬行着，在河岸边，燕王的两万军马埋伏着。几天过去了，战士们带的三天的干粮都吃得差不多了，却还不见官军的影儿，将士们沉不住气了，便要求回师，燕王不同意回师，他坚信他的判断不会错。

第二天，还是不见官军的面儿，埋伏了几天的军士再也忍不住了。将士们又渴又饿，燕王对将士们耐心地说道："敌人从远道而来，急于求战，绝对不会不来的，只要一打败他的前锋，敌人自然就会丧气，这就如同尖刀一样，把锋尖给它破掉了，小刀还会有威力么？还是再坚持等待一下！"

燕王虽说坚信敌人必来，但几天不见官军的面儿，心中也是暗自发急。黄昏

的时候，派出的侦探回来了，他报告说："官军前锋在离淝河四十里的地方安下营寨。"燕王心中暗想道："吾计成矣！"将士们一听说官军露影了，心中的热血立即沸腾了！

东方的夜空刚刚泛出鱼肚白，几颗明亮的星星还没有落下，燕王便把诸将招集在一起说道："官军马上就要中我们的计策了，诸将都要依计而行，不能乱来，违令者严惩不贷！诸位听清楚了没有？"

众将齐答道："听清楚了！"

"白义、王真、刘江！"

"末将在！"

"你三人各带百骑出阵迎敌，将敌人引诱出战！"

"得令！"

于是，白义、王真、刘江各自依计行事，他们在行囊中装上草，假充束帛，用来引诱敌人上当。

中午时，白义等果然与官军相遇，这正是平安所率部队的主力。

平安见是燕军的散兵游勇，便下令道："追！抓活的！"

王真等便边战边走。他们把行囊掀下，官军兵士贪恋财货，争相拾取，渐渐把敌人引入伏击圈。突然，所伏燕军从四面冲来，王真率军返回，杀入官军阵中。他左砍右杀，来回冲击，英勇异常，官军无人敢挡，一场激战，官军死伤无数。

王真虽说勇猛，但由于后军不继，被平安指挥官军团团围住，几十个人把王真困在中间，刀枪剑戟一齐向王真冲来，那王真终因寡不敌众，力气渐渐不支，身上多处受伤。鲜血染红了战袍，王真仍是奋力拼杀，又杀了几十个敌人，但终于无力斗敌了，王真大声地对官军说道："我死也不能死在敌人手中！"于是拔出宝剑，只见剑光一闪，人头掉下了，右手还握着宝剑，昂然直立！

燕王见王真战死，悲愤万分，大呼道："杀上去，为王真报仇！"燕军将士见燕王如此冲锋陷阵，也都举刀持枪，冲杀上去。

王真阵亡，燕王为何如此伤心？只因王真是燕王的一名爱将。

王真，咸宁人，洪武年间起于卒伍，因为作战勇敢，屡立战功，官至燕山右护卫百户。燕王靖难起兵，攻九门，战永平、保定，下广昌，破沧州，追南兵至滑口，俘获七千余人，官升为都指挥使。燕王曾对众将盛赞王真道："诸将奋勇如王真，何事不成！"从而可见燕王对王真的器重。

此时，平安正率三千人马驻北岸高坡之上，见燕王率军冲上来，便对部下说道："此为燕王！此为燕王！擒燕王者得重赏！"

平安部将火儿灰者道："看末将自去拿他！"

火儿灰者持枪向燕王冲击。眼见火儿灰者就要冲到燕王面前，相隔也不过十来步远，只见燕王部下胡骑指挥使童信“嗖”的一箭，正射中火儿灰者的马头，那马应声摔倒，火儿灰者也摔在地下，没容燕王发令，早已被燕军擒住。

火儿灰者的卫士中有一个叫哈三帖木儿的，此人勇猛异常、臂力过人，也是平安军中的一员猛将，他见火儿灰者落马被擒，大吼一声，持枪拍马冲上前来抢救火儿灰者。童信又是“嗖”的一箭，这一箭不偏不斜，正射中哈三帖木儿的马屁股，那马护疼，一个蹶子把哈三帖木儿掀在地下。哈三帖木儿一个狗吃屎趴在地上还没起来，又被燕军擒了。

平安军见两员猛将被擒，不战而败，燕王率大军一路掩杀过去，官军丢盔弃甲，溃不成军，在阵地上留下了千余具尸体之后，狼狈逃窜。平安见大势已去，万般无奈，只得带着残兵败将退屯宿州。

淝河一战，燕军大胜，全军上下，一片欢腾。

众将来到燕王面前，一齐跪下。

燕王不觉惊问道：“诸将这是为何？”

白义说道：“淝河大胜，诸将前来为大王贺喜！”

燕王道：“天下哪有跪着贺喜者？”

白义又道：“淝河大胜，全在大王神机妙算，只是我等诸将不明事理，扰乱大王决心，幸大王未听我等之言，否则，失去良机，打了败仗，我等将罪大如天！”

燕王笑道：“卿等计谋不是不善，而是事情时有变迁，你等不必再去自责了，但愿大家能够畅所欲言，今后，我和你们都是一体的呀！”

白义道：“多谢大王的教诲！”

此时，降将火儿灰者和哈三帖木儿也来到燕王面前，施礼道：“多谢大王不杀之恩，如大王不弃，末将愿为大王效犬马之劳！”

燕王道：“汝乃我之旧人，不必过谦，本王能再得将军相助，天下有幸！”

“多谢大王不弃之恩！”

燕王道：“既如此，授火儿灰者为都指挥，做本王的带刀宿卫，授哈三帖木儿为百户之职。”

“多谢大王恩典！”

燕王又道：“诸位可各司其事。”

火儿灰者和哈三帖木儿走后，诸将道：“大王，火儿灰者久在官军，做带刀宿卫，不知其忠如何，安不相疑？”

燕王听罢，又笑道：“他们都是壮士，况且过去又有旧情，我今天不杀他，又施恩于他，他们必定知道要如何报答。不必怀疑！”

众人都道：“大王真是胸怀坦荡，能容百川呀！”

原来，火儿灰者本在燕王手下供职，后因公务调往京城，在平安手下供职。

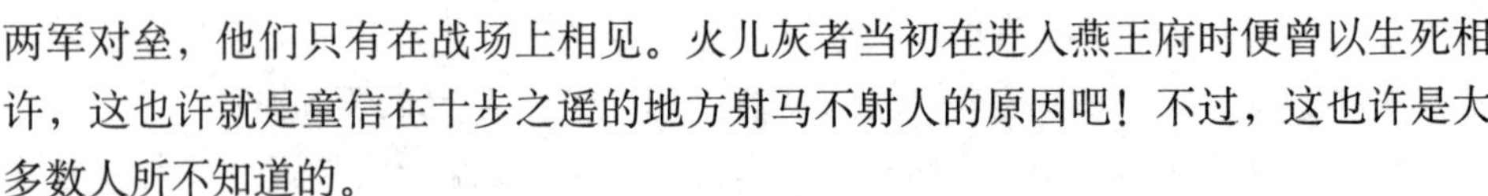

两军对垒，他们只有在战场上相见。火儿灰者当初在进入燕王府时便曾以生死相许，这也许就是童信在十步之遥的地方射马不射人的原因吧！不过，这也许是大多数人所不知道的。

淝河一战，燕军全胜。燕王并不因眼前的胜利而骄傲，他清楚地知道燕军的处境，远离后方，深入敌后，四处都是官军，随时都有被围的可能。为了解除困难，燕王想出了釜底抽薪的办法，那就是切断敌人的饷路，官军一旦失去粮草，必然大乱。

第二日，燕王招集众将，说道："我军深入敌后，只适合于速战速决，只有速战对我军才会有利。现在平安退驻宿州，正在积草存粮作长远的打算，如果我们能截断他们的粮道，敌军饥饿窘困，必将是不战自败。"

众将纷纷说道："大王所言极是！"

燕王道："都指挥刘江！"

"末将在！"

"令你带三千兵马前往徐州截断官军饷道！"

"就末将一人去么？"

"你这是何意？"

"末将是……末将是怕有辱使命……"

"你这是什么话？自古来是勇者胜懦者亡，我燕军将士还没有如此怯懦者！"

"孤军深入徐州，末将……末将怕……"

"怕什么？"燕王大怒，"未曾出师，竟先败士气，乱我军心，留你何用？推出去斩了！"

众将一见要斩刘江，纷纷跪下求情。

白义道："大王息怒，孤军深入徐州，困难定是不小，军力太弱，恐误大王之大计，刘将军所虑，也是出于忠于大王之心。再者，刘将军过去屡立战功，今虽有罪，但当今用人之时，杀之不如留他戴罪立功？大王熟思之！"

燕王想了一想，便道："既是诸将所请，那就饶你不死，戴罪立功！"

刘江道："谢大王不杀之恩！"

大将谭清请命道："末将愿带百骑前往！"

燕王道："本王就命你前往！"

谭清道："末将遵令！"

谭清于是率百名精骑北上徐州。谭清出发之后，燕王也率军北上攻打萧县，筹集粮草。

谭清率兵北上来到徐州，正行走间，忽见北边来了一队车马，不用说，那是官军的运粮车队。谭清一看有上千辆粮车，押粮兵士也有五百人之多，将官一人，在车队中间，两名副将分别在头尾。

谭清心想一计，便对兵士们说道："敌人五倍于我，不可硬拼，只能智取！"

众军士道："如何智取？"

谭清说道："打蛇打头，出其不意！"

众军士道："何为打蛇打头，出其不意？"

谭清说道："我们可用六十人打中间主将，前后各二十人攻副将，使他们各自不能相顾，我们可先伏于路边，以鞭炮为号，一齐进攻！"众军士各自埋伏在路边。

那官军只知燕军已南下宿州，做梦也不会想到今有燕军袭击他们，所以松松垮垮，说说笑笑，有的军士还互相戏骂着玩，刀不出鞘，箭不上弦。

谭清见运粮车队已进伏击圈，对兵士道："放鞭炮！"一声令下，早有军士将鞭炮点燃。鞭炮一响，谭清呐喊着，第一个冲向前去，其他兵士也都一起冲将过去。

押粮官军主将正似睡非睡地骑在马上向前赶路，忽听得一阵鞭炮响，那官军主将把眼一睁开，不禁愣住了，只见谭清已经带着人马冲了过来，那主将只惊得"哎呀"一声就想逃走。还未走十步远，谭清等人已经追了上来，把敌将团团围住。敌将无奈，只得急忙迎战，未战三个回合，便被谭清一刀劈下马来。燕军一齐喊道："你们主将已死，快快投降！"

前后两名官军副将，也各被二十人围在中心，一人抵挡二十人，他们本来就心慌意乱，忽听得主将已死，双腿不由得已经软了下来，不由自主，双膝一跪，便投降了燕军。其余军士也都各自逃散。官军千余车粮食尽为燕军所得。

谭清在徐州烧了官军粮食，便顺着河道南下，一路上焚烧官军粮草无数。谭清率领百名精骑，绕过宿州城，顺着河道，到达五河。

五河，又称五河口，只因淝河、浍河、沱河、潼河都在此与淮河相会，所以叫五河口。五河西北有一个上店巡检司，位于浍河与淮河的交界处，是官军运粮车、船的必经之地。

谭清知道此处所存的粮草必多。

那谭清也不愧是燕王手下的战将，也可以说是智勇双全、文武兼备。在快到五河的时候，他让三十名军士全部换上官军的服装，七十名军士全都扮作车夫，每人推一独轮车粮食。其实，只有表面上是用油脂掺和的粮食，内中都是掺有硫磺的干草，每一人都备有引火之物。他们将马匹藏在隐蔽之处，由专人守护。

在天快要黑的时候，谭清带着三十个人押着七十辆小车，吱吱呀呀地推了进去。上店巡检司内粮草车、船存放无数，官军兵士来来往往，天本来就已经夜幕降临，谁又能分得了真假？谭清指挥着兵士把小车推到了车、船最密集的地方。谭清派三十名军士放着风，那七十个人把七十辆小车分布开，然后点燃了。之后，他们乘着夜色，快速逃离了现场。

这七十辆小车，就好比是七十堆火种，车上的粮草都是拌有油脂和硫磺的，

这些东西哪里还能遇见火？所以，一经点燃，转眼之间就是熊熊大火。一时间，上店存放粮草车、船的地方成了一片火海。

“着火啦！快救火！”

“我的粮哎，这着了火如何是好？”

救火的人是集合了不少，那一片火海，又如何扑救？

那着了火的小车很快燃着了附近的车、船。俗话说：‘火大生风。’大火呼呼作响，火星儿四下飞溅，无数的火团儿顺着河风在粮草船上飞蹿，无数的火舌拧在一起，形成一条条火龙。这一条条火龙无情地冲向一车车、一船船的粮草，冲向那些拼死救火的人们。此时，人类的力量在一条条火龙面前，又是多么的微弱！天上红了，地上红了！淮河里的水也红了！一切都成了一个红红的火的世界！

谭清的任务完成了，望着那燃烧的火海，他们笑了，他们骑上他们的战马，开始向营地返回。

官军的无数粮草被谭清烧毁，十分恼火，铁铉亲自率领大军南下，寻找燕军作战。

谭清率领百名精骑，日夜兼程向北返回。正行间，军士报告：“我等已行至大店了！”

谭清道：“我们正好在大店歇息一时！”

“官军！官军！”一个兵士惊叫了起来。

谭清抬头一看，果然是官军大队人马。

官军也看见了谭清他们，官军见燕军人少，便包围了上来，把谭清他们围了个里三层外三层。

谭清率领兵士且战且退，反复冲锋，仍然冲不出官军的包围圈。正在危急之间，只见前面烟尘滚滚，又一支大军杀将过来，谭清大吃一惊。又仔细一看，只见来军大旗上分明写着一个“燕”字。谭清大喜，高呼道：“燕王大军来了！燕王大军来了！”兵士们一听燕王大军来到，个个精神抖擞，勇猛厮杀。

燕王见谭清被围在中心，便一马当先，冲向敌阵，带刀宿卫火儿灰者也拍马上前相助。铁铉见燕王率军冲来，便丢了谭清，与燕王接战。谭清就势冲出重围，与燕王会合，随后又杀将过去。铁铉军大败，向南逃去，宿州于是又为燕军所得。

在淮北平原上，有一条河，叫作小河。它从河南的永城流过来，经过濉溪、宿县、灵璧、江苏省的睢宁，而后南折进入了古黄河。有的人又叫它做濉河。

四月初，平安在淝河兵败后回到了大本营的所在地小河。何福、铁铉等军也聚合在这里。十五日，燕王率大军也追到了这里。

燕王首先察看了地形，只见眼前是一马平川，小河平缓东流，过了睢宁县城向南一拐，流入了黄河。唯一可利用的就是这一条河，于是燕王对诸将说道："敌势窘迫，必求一战，我们只要据险以待，便进可以扼其喉咙，退能够拊其后背，用不了几天，敌人就可以被打败了！"

众将说："大王所言极是！"

燕王又说道："诸将听令：都督陈文，内官狗儿，你二人在小河上架浮桥一座。朱能、丘福，你二人守护浮桥，阻遏敌军，其余将士在河北岸安营待命！"

众将一齐应道："遵命！"

都督陈文、内官狗儿立即派军士伐木、打桩、搬石运土，半日之间即将浮桥架好。燕军全部渡河，在小河北岸安营扎寨。

官军总兵何福在河南岸列阵十余里，张左右翼，沿河向东延伸。

小河两岸，两军相对，营寨相连，连绵十余里。夜幕之下，灯火通明，只把小河的水面照得耀眼明亮，两边都是旌旗招展，军号呜咽，战马嘶鸣，口令声，吆喝声，接连不断，几十万大军泾渭分明地在各自的地盘上休息。他们都清楚地知道，只要一声令下，这两支大军就会像两只猛虎，窜在一起猛烈地撕咬，又像是两条蛟龙，缠绕在一起喷云吐雾，各逞雄威……

十五日一大早，燕王便率领燕军向官军骑兵发起进攻，何福一见，马上心生一计，让骑兵败退，将燕军骑兵引开，然后派兵去争夺浮桥。何福一声令下，军士各自依计而行。

官军骑兵见燕王率兵来攻，便出阵迎战，战了几个回合，官军骑兵便败退而走，燕王驱兵追赶，官军跑了五里路，转回身来又战，战了不到五个回合，又败退而逃，如此数次，燕军不觉已追出二十余里。

何福见燕军骑兵被引走，便下令让步卒去争夺浮桥。燕将陈文率军迎击，双方就在浮桥上展开激战。一阵激战，浮桥上的官军败退。陈文率军杀过桥去，到了河南岸，何福派大军将陈文团团围住，陈文等率众在包围圈中拼杀。燕军被南军分割成几块，分别斩杀。陈文与二十个士兵被官军围在一起，士兵们一个个都阵亡了，最后只剩下陈文一人。陈文面无惧色，忘死拼杀。最后，十杆长枪把陈文围在中央，陈文大吼一声，又刺死两人，就在陈文要刺第三个人的时候，八杆长枪一齐刺向了陈文，陈文立时死于乱枪之下。

燕王率军追赶官军骑兵，不觉已追出二十里路，追至北坂，只听一声炮响，官军从四面杀来。燕军落入官军的包围圈。

平安率军杀来，顶头撞着燕王，便奋马直取燕王，大叫道："燕逆休走，看我来拿你！"燕王见势不好，拨马便走，平安哪里肯放？只是下死命追赶。如若是别人，十个也跑不掉，只因建文帝不想背上杀叔的罪名，所以下令任何人不得伤害燕王。所以，平安只能追赶活捉，不能伤害。

两匹马一前一后地跑着。

平安说道："燕逆休走，快下马投降！"

燕王说道："本王没有投降的习惯！"

"燕逆！再跑本帅就要杀死你！"

"建文有旨不许杀我，你敢违旨？"

"那……那今天我就生擒你！"

"你想得美！没那么容易！"

眼看已是马头接着马尾了，平安说道："燕逆！看我擒你！"

平安说罢，对着马背就是一鞭，那马护疼，向前一跃，两个马头几乎并齐了，平安就要伸手生擒燕王，说道："燕逆！你给我过来吧！"话音未落，平安忽然马失前蹄，摔下马来，燕王才得脱身。

燕王正在催马奔逃，又见一支兵马杀来，原来是番骑指挥王骐杀进阵来。

王骐道："大王休惊，我来了！"

燕王道："来得好！"

于是，两军合为一军，转头又向官军杀去。燕军士气大振，一举大败官军。

再说官军总兵何福见陈文阵亡，燕军溃败，便下令道："速渡河列阵，击败燕军！"

何福率大军渡河，在北岸列好阵式。

何福道："在河南，我军大胜！我们在北岸，再打他一个大胜仗！"

何福话声刚落，朱高煦率领勇将张武、内官狗儿从树林中冲杀出来。这时燕王打败了官军的骑兵，也返回头杀了过来，两路大军合为一处。只见阵地内，寒光闪耀，刀枪并举，杀声震天，骑兵纵马冲杀，大刀过处，人头落地，鲜血横流，阵地上的尸体越堆越多，燕军都指挥韩贵战死，官军指挥丁良、朱彬被俘。官军大败，何福只得率军逃回南岸。

燕军屯兵在北岸，官军屯兵在南岸，隔河相对。

由于官军的粮道早被谭清截断，在五河上店巡检司处的粮草又被潭清烧尽，所以官军粮饷艰难。

小河一战之后，两军隔河相持。几天之后，官军营中的粮食已经所剩无几。何福没有办法，只得让士兵到野外挖野菜维持。

燕王见此情景，便对众将说道："你们都看到了吧？敌人现在处于饥饿之中，对我们来说，是一个难得的大好时机，我们绝对不能放过。我们现在与敌人隔河相持，敌人在南岸，很容易得到粮饷接济，如果再过一两天，粮食运到，敌人得到接济，我们就很难打败他们！我们现在必须绕到敌人的后边去！这样才有利于打败敌人！”

众将都认为燕王说得有理，纷纷表示赞成。

二更天后，乘着夜色的掩护，燕王率领大军无声无息地出发了。

大军沿着小河北岸向东急行，在距离官军三十里的地方，渡过河去，而后又西行，来到官军的后面安营扎寨，与官军对垒。

天明时，官军总兵接到报告，说燕军一夜之间渡河后在官军南边扎下营寨，与官军对垒。

何福说道：“此乃截断后路，置我于死地也！”于是急忙调整阵势，与燕军对垒。

就在何福忙于调整阵势的时候，丘福乘官军混乱之机，东行渡河南下。

燕王渡河后，扎好营寨，已是黎明时候。蓝蓝的天幕上还闪烁着一两颗星星。东边的天空，已现出一抹淡淡的红色，奔走一夜的燕军将士没有一丝的睡意。

一阵战鼓响过，燕王便率兵向官军杀去。何福正忙于调整阵势，见燕军杀了过来，只得仓猝应战。燕军占了上风，官军死伤无数，但官军很快就调整好了阵势，开始了反攻。燕军占不了上风，只得且战且退。

就在这时，官军又有一支兵马来到，一个“徐”字大旗格外醒目。官军士气更加高涨，燕王见状，急忙撤兵。

这支支援大军主将便是徐辉祖。徐辉祖，乃徐达长子，封为魏国公，与燕王妃是亲兄妹。此人身高八尺，武艺高强，又有才气，是建文王朝中难得的一员大将。徐辉祖的到来，使何福犹如猛虎添翼。两支大军合为一处，对燕王形成一种巨大的压力。为了躲避官军锋芒，燕王决定撤军移营到齐眉山。

在灵璧县城西三十里，有一个小镇，叫娄子镇。镇子不大，街道狭窄，四周是一丈多高的围墙，墙外是一丈多宽的壕沟，水深八尺。东西两头各建一座过街门楼，门宽一丈有余，门楼高二丈，上下两层，门是用青石砌成的拱形门，圆拱门上，立一块青石，石上刻有楷书“娄子镇”三个字。

娄子镇庙宇甚多，东头建有东大寺，西头有佛祖庙，镇内有东岳庙、三官庙、关帝庙、倒坐观音庙和姑子庵，共有庙宇二十四座，庙内有佛祖、观音菩萨、四大天王及黄飞虎、关羽等一百多座神像。庙里终日香火不断，烟雾缭绕，烧香拜佛的人拥挤不堪。

燕军大将李斌率领大军先来到娄子镇，在镇东安下营寨。守镇官军紧闭圩门，坚守不出。

第二日，燕军开始攻镇，守镇官军早有准备，当燕军接近外壕之时，只听一声令下，守镇官军万箭齐发，如同飞蝗一般，直扑燕军，燕军纷纷中箭倒地。

李斌大怒，又组织燕军向前冲，当冲近壕沟时，又是一阵箭雨，又一批士卒倒下。李斌无奈，只得收兵。

过了两日，李斌再次攻镇，此次李斌采用轮番战术，一时进，一进退，只听得战鼓震天，杀声阵阵，双方伤亡很大。战了一天，不见胜负，天黑时，李斌便鸣金收兵。

第二天，燕王亲率大军来到，听说两次攻打没有攻下娄子镇，便说道："我军如果连娄子镇都打不下，还如何打下南京！"

燕王一面让军士攻打，一面让军士运土填壕沟。守镇官军从围墙上向下射箭，燕军也由下面向围墙上射箭，只见那无数的箭像飞蝗一样来回飞蹿，把天空都遮黑了。燕军只仗着人多势众，终于填平壕沟、攻破围墙，杀进镇来，只杀得尸横街巷、血流遍地，许多民房、庙宇化为灰烬。此时，徐辉祖率军来援，守镇残兵得以突围，撤到娄子镇东南的齐眉山。

齐眉山，在灵璧县城西南三十里的地方，分东西两座，山势不高，也不险峻，中间有一谷地南北相通，山势成"八"字形，就好像两道大眉毛一样，所以取名为齐眉山。齐眉山在娄子镇东南八里的地方，北有龙山，南有曹山，西有虎山，东靠红桥湖。

何福、平安、徐辉祖来到齐眉山之后，安营扎寨。

何福说道："我观齐眉山地形，两边是山，中间是一条长长的深谷，正可作伏击之所。"

平安说道："英雄所见略同，这山谷里，正是燕军葬身之地！"

两人计议已定，便把大军埋伏在龙山、虎山、曹山之下，等待燕军的到来。

二十二日，燕王在娄子镇打败官军之后，求胜心切，只顾统领军马向齐眉山追来。

李斌带领人马进了齐眉山只顾向南追去。平安见燕军进了齐眉山，便指挥大军杀过来，截断了燕军的退路。何福在南边也引兵杀回，向北压了过来，燕军被堵在深谷里，埋伏在龙山、虎山、曹山之后的伏兵也一齐冲杀下来。一时间，只见旗帜招展，杀声震天，铺天盖地地向燕军杀来。燕王虽然知道中计，但仍率燕军拼死搏杀，大将李斌不幸阵亡。双方自午时一直杀到酉时，各有伤亡，不分胜负，此时山中又升起雾来，大雾弥漫，战阵中难分敌我，于是各自收兵。

官军作战有一个习惯，每驻一处，一定要挖壕沟、筑高墙，用来警卫。所以每驻一处都要忙到半夜，有时甚至干一个通宵。如若移营，兵士的一夜劳累都是白费。如此一来，耗费了大量人力，兵士苦不堪言，战斗力也大大降低。而燕军则不同，每到一处，则按军阵宿营，列戟为门，官军也不敢进犯。因此，兵士不必劳累，有时有闲暇，燕王还出去游猎，并将猎物分赐给兵士。因此，士卒也愿为燕王效力。

第二日，官军因粮草不济，没有出战。燕军也因近日连失王真、陈文、李斌三员大将，加之闷热潮湿的气候也使得生在北方的燕军兵士有些不适应，因此士气有些低落，所以也没有出战，双方在僵持着。

燕军士气低落，产生了厌战情绪，有的将领甚至提出了休整兵马的要求，燕王对此当然也十分重视。

二十三日这一天，燕王正在军帐中思考着眼前所要办的几件大事，诸将们陆续地都进了大帐。

燕王道："你们又有何事要说？"

朱荣说道："近来几战，我军有胜有负，我觉得，我军深入，与敌人相持不下，天长日久，如何是好？盛夏行师，兵法所忌。况且淮北一带天气炎热，暑雨连绵，我军将士多北方人，不耐酷热，如果再发生疾疫，将对我军大为不利！"

燕王说道："你看如何才好？"

朱荣说道："依我看来，小河之东地势平坦，土地肥沃，多有牛羊，眼见小麦就要成熟，军粮可保充足。不如渡河择地驻营，休息士马，等到有利时机挥兵再战，这不是万全之策么？"

丘福说道："朱荣说得有理，长期作战，我军疲劳不堪，休整一下也有利再战。"

朱能说道："你们说的虽有道理，但是我们身在敌军包围之中，容不得我们休整。"

燕王听了他们的争议之后，开导他们说道："两军相持，贵进忌退。现在敌人屡败，士气低落，心胆俱丧。更何况敌军严重缺粮，军士都面带饥色，日夜盼望粮食，心已离散，灭亡之日已经为期不远，大家还应再坚持下去。"

朱荣说道："大王所说极是，只是天气炎热，我怕万一发生疾疫，后果不堪设想，还请大王三思。"

燕王说道："现在敌军粮食已经运达淮河，离这里并不远了，一旦得到接济，士气复振，我军将很难战胜他们。乘着敌人正处在饥饿疲惫的时候，截断他们的粮道，使他们坐而待困，就可以使敌人不战而败。我军南人，有利的一方在我。你们想南军多是南方人，长久在外，谁不思念家乡？若大败之后，必然各回家乡。因此，我们不能稍有迟缓，而使敌人再复活过来！"

燕王说过这番话之后，诸将仍是议论不止。燕王觉得，如果不把诸将的意志统一起来，今后这个仗是无法再打的，不从思想上解决问题是绝对不行的。燕王想了一下，便对诸将说道："这样吧，我看看愿意渡河的有多少，不愿渡河的有多少，现在愿意渡河的站左边，不愿者站右边！"

结果诸将大多数都站在了左边，只有几个人站在右边。勇将王忠不知站在哪边，只好站在原地不动。

燕王十分生气，说道："想要渡河的人，愿去哪里就到哪里！"说罢转过身

去，再也不看诸将一眼。诸将面面相觑，谁也不敢多说一句话。

这时，朱能从右边跨步向前，说道："诸位，现在是作战的紧要关头，我们应当共同团结，齐心努力才行呀！用兵打仗，有胜有败，谁也不能常战常胜，不能因为一点小挫折就灰心，更何况我们还有胜呢？当年楚霸王项羽百战百胜，可是后来灭亡了，汉高祖刘邦十战九败，最后却得了天下。自殿下起兵以来，打了那么多胜仗，这次一点小挫，怎么能产生后退之心呢？"

郑亨也说道："朱将军说得十分有道理，大家都细心想想吧！不要再三心二意的了，就是一个人，我郑亨也要跟着燕王走到底！"

众将见燕王主意如此坚定，又有朱能、郑亨的坚决支持，于是说道："敬听殿下之命！"

燕王见诸将如此表白，才又说道："如今天气炎热我知道，将士们劳累疲乏我也知道，我更知道我们现在不能渡河撤军。我也很想让你们休息一下，可是眼前的形势不容许我们休息，等以后你们就会知道我的决策是对的，还希望你们能体谅。"

在近几个月的大战中，官军不断取胜的消息一次又一次地传到京城，这喜讯似一阵阵春风，吹去了人们心头上的乌云，而且把人们都吹得飘飘然了起来。

不久，建文帝一道圣旨传到官军营中，令徐辉祖奉旨回京。其实，官军与燕军都是互有胜负，对等相持。徐辉祖一撤军，何福等只能是力减势孤，这正为燕王的取胜开了一道方便之门。

燕王对诸将说道："敌军的粮食快要运到了，敌军怕我军袭扰，必然要分兵保护，另有一半坚壁自守。乘着他们现在兵力分散、力单势弱之际，我大军尽力冲杀，敌军不能支持，必定弃粮溃逃。如果营中出来支援，我们就乘胜攻击他们，敌人就可能要土崩瓦解了。"

众将说道："大王所言极是！"

燕王道："朱荣、刘江两位将军率轻骑去袭扰官军饷道，如遇运粮大军要且战且退，尔后速报大军。"

朱荣、刘江齐说道："末将遵令！"

燕王又令游骑阻挠官军兵士挖野菜，晚上又派兵去袭击官军大营，使官军将士日夜不得休息，饥饿疲劳一天胜过一天。何福无奈，于四月二十五日移营灵璧，与平安合军，准备在灵璧固守。

二十七日，燕王听说朱荣差人来报，便急忙召见。

"叩见大王！"

"有什么情况快说。"

"朝廷派五万人往灵璧运粮，为防我军袭击，平安又自带六万人前往接应！"

“很好，下去吧！”

“是！”

“诸将听令，丘福将军！”

“末将在！”

“你率一万大军堵截灵璧营垒官军，阻止他们对运粮队的支持！”

“遵令！”

“朱高煦！”

“儿臣在！”

“你率马步军三万到树林中埋伏，待营中增援的官军交战疲乏之时突然出击！”

“遵令！”

“即刻出发！”

“是！”

燕王亲率大军，出击官军运粮队。

燕军在离灵璧二十里的地方截住了官军的运粮队。只见运粮队组成一个方阵，五万运粮兵在中间，平安用六万军马在外面保护。

燕王见了官军方阵，便对朱荣说道：“朱将军，可率一万人马去冲击官军方阵的前面！”

朱荣只说了一句“遵命”，便带军向前冲去，官军也急忙派人来迎战。燕王又派火儿灰者率骑兵去夹击他们。两人前后夹击，矢下如雨，战马过处，人头落地，鲜血横流，官军招架不住，纷纷败退。

燕王又令朱能率步兵大队横冲官军方阵，一阵厮杀，将官军方阵一分为二。结果送粮者全部逃命去了，官军阵势大乱，被杀死者达一万多人。

何福在城内听说运粮队被燕军拦截，不敢怠慢，便大开城门，率守城大军杀将出来支援运粮队。正行之间，只见丘福率军杀将出来，将援军截住厮杀。一来是官军把粮食看得如同生命一般贵重，有粮就有命，无粮就无命，为了活命，所以官军是舍命拼杀。二来是出城初战，士气也自然高涨，丘福竟也抵挡不住，败下阵来，燕军有几千人被杀。何福也不恋战，驱军急进，去支援运粮队。何福带着大军正往前走，听得一声呼哨，朱高煦带人马从树林中杀将出来。官军与丘福杀了一阵，早已是劳顿不堪，再遇到朱高煦的冲杀，远远不是燕军的对手，只是一阵冲杀，官军就败下阵来，阵上是一片混乱。此时，燕王又大军掩杀过来，何福无奈，只得领着败军逃回灵璧县城，下令将营门堵死，坚守不出。官军的粮草等物资全被燕军所得。

何福回到营中，见粮食全被燕军所得，知道在灵璧固守是不可能的了，便与平安商议。

何福说道：“如今我们所久盼的粮食已被燕军所得，军中无粮，如何处置？”

平安说道："此事一切当听总兵安排。"

何福说道："数十万大军吃饭是个大问题，近日内不处置好此事，必生大乱，就是不生大乱，也是不战自溃！"

平安道："如此看来，灵璧是固守不得了。那么，我们将投奔何处呢？"

何福想了想，说道："淮河！"

平安道："淮河？"

何福点点头，说道："正是。其一，沿淮之地筹粮方便；其二，靠近京都，淮河作为一险，可攻可守，进退自如！"

平安又问道："我们如何走？"

何福说道："只有突围！"

平安说道："既如此，越快越好，省得夜长梦多！"

何福说道："今日是二十八日，事不宜迟，咱就定在明日，鸡鸣之时突围，以三声炮响为号！"

平安把手一拍，道："就这样，我们快作准备！"

二十八日这一天，燕王严阵以待。等了一天，也不见官军出来应战，他便料到官军粮食已尽，必然要突围。于是招集众将，对诸将说道："今日一天，官军没有出城作战，估计他们粮草已尽，正是我们打败他们的大好时机，千万不能错过！"

朱能说道："既是如此，我们何不攻城？"

燕王道："诸将听令，明日鸡叫之时，以三声炮响为号，进攻官军营寨。此战只许胜，不许败！官军将士凡投降擒获者，不许妄杀，违令者斩！"

诸将一齐说道："遵命！"

灵璧县城，本来是一个小城，城墙并不太高，护城河也不太宽，水也不是太深，这一切对于燕军的攻城来说，都不是什么大障碍。特别重要的一点，那就是城太小，根本无法容纳官军的几十万人马。所以，何福只好在城外安营扎寨。巨大的营寨，面积远远地超过了县城，营寨虽不如县城坚固，却也是高墙深沟，壁垒森严。这一切，在月光的照耀下，也都十分清楚地展现在人们的眼前。

鸡还未叫，燕军就开始行动了，而营寨中的官军壮士，只想着鸡叫时出城逃命，并未想到如何守营。鸡叫时分，燕王亲率精兵，开始攻营。燕王率先登上了营垒，众军士也蜂拥而上。燕王在营垒上一挥手，发出了信号。

燕军三声号炮响过，朱能、朱荣、丘福、谭清、刘江等率领大军呐喊着，从四面开始攻营。大营内的官军将士听得三声炮响，以为是突围的信号，便死命地往外冲。双方军马都挤在了营门，只听得杀声震天，战鼓如雷，兵器撞击，叮叮当当，如同炒豆子一般，尸体堆积得越来越高，兵将们甚至站在死尸堆上厮杀。

无数官兵从营垒之上往下跳，人马不是摔死、淹死，就是被燕军杀死。

官军指挥使宋晟率兵死战，被刘江、朱能、朱荣三将围在中心。刘江一枪刺过去，宋晟左臂受伤，鲜血直流。

朱能道："还不下马来降！"

宋晟道："本指挥只有战死，没有投降！"说罢挥刀又杀了过来。

刘江一闪，躲过了大刀说道："叫你投降，你不投降，休怪我不留情！"刘江说罢，大吼一声，又一枪，正刺中宋晟前胸。刘江把枪拧了两拧，向后用力一拔，宋晟便掉下马去。

何福与丘福战在一起，战了二十个回合，何福力怯，虚晃一枪，单骑逃走，丘福正要追赶，官军左副总兵都督陈晖赶来支援，截住丘福便杀。正好刘江、朱能、朱荣三将赶来，四人将陈晖围在中间。陈晖哪里是这四将的对手，战了不到五个回合，被朱能一枪刺中马肚子。陈晖被摔在地上，燕军士卒一拥而上，将陈晖拿了。

这四员将拿了陈晖，正要掩杀过去，只见平安杀了过来。朱能一见是平安，便道："好小子，今天也是你战败之时，看我来拿你！"说罢便拍马迎了上去。刘江、朱荣、丘福也打马追了上去。

那平安不愧是一员猛将，力战四将，心神不慌，战了二十回合，也不分胜负。就在这时，郑亨、王忠两员将也杀了过来，这六员将把平安围在中间，六种兵器一齐出击，硬是把平安压在了底下，平安就是三头六臂，身生双翅，也无法逃脱。无奈，只得束手就擒。

平安，本是太祖朱元璋的干儿子，有胆有谋，武艺高强，深受朱元璋的喜爱。靖难之役中，平安多次击败燕军，现在平安被俘，亦标志着官军之中再无平燕之将。平安被俘，燕军一片欢腾，纷纷说道："从此我们可以平安了！"

官军将士见何福逃走，宋晟、陈晖、平安被俘，已无心再战，纷纷投降。右参将都督马溥、都督徐真、都指挥孙战等三十七人也都被俘，同时被俘的还有内官四人和监军副都御使陈性善、大理寺丞彭与明、钦天监副刘伯完、指挥王贵等一百五十余人。燕军获战马两万多匹，官军投降者十万余众。

燕王坐在军帐之内，诸将都来向燕王贺喜。

燕王道："前几日若东渡小河，退兵休战，可有今日之胜否？"

诸将都说道："大王英明，深谋远虑，非我等所能及也！"

燕王又笑道："大胜之后，我让你们休息一月，还有意见么？"

诸将也都很高兴，齐道："不要一月，五天足矣！"

于是，燕王在诸将陪同下，去看望被俘的官员及将士。

被俘官员及将士见燕王到来，一齐说道："参见燕王！"

燕王走到平安面前，问道："淝河之战，你的马如果不失蹄摔倒，你将如何

对待我呢？”

平安理直气壮地说道：“殿下伤我如同折技。”

燕王长叹一声：“唉！父皇好养壮士啊！”

平安也问道：“今日殿下将如何待我呢？”

燕王道：“你我兄弟，何忍伤汝！”

平安道：“谢殿下不杀之恩！”

燕王对众人说道：“吾与汝等，本当一朝之臣，只是奸臣乱道，致使刀兵相加，以至于此！除陈晖、宋晟、平安、孙成等恭送北平之外，其他所俘官员、将士悉数释放，各任其便，本王概不过问，汝等即可离开此处！”

众人各自称谢，有自愿留在燕营的，也有就此离开燕营的，全凭自愿，燕营将士无一干涉的。

灵璧决战之后，燕王把所俘官军的官员和将领安置处理之后，对诸将说道：“尔等可尽情休养，一旦有变，即刻出征！”

朱能问道：“何时出征？”

燕王道：“尔等尽管休养，要时刻准备出征，至于何时出征，不必多问！”

一连几日，均无战事，将士们尽情休养，其乐融融，但是，燕王却是忙得不亦乐乎。燕王忙什么呢？忙着考虑南下的计划。

灵璧一战之后，整个北方可说是尽属于燕，建文王朝所能与燕军抗衡的力量只有三支。一支是由都督同知孙岳率领，驻守凤阳，用来防备燕军南下。一支是由盛庸率领的马、步军数万，战舰千余艘，列阵于淮河南岸，与燕军对抗。一支是由驸马都尉梅殷率领，驻守淮安。为了打通南下道路，燕王修书一封，让人火速送往淮安。

驸马都尉梅殷奉建文帝之命，率兵镇守淮安，终日里只是操练军马，防备燕军。这一日，梅殷正在操练军马，忽有侍卫来报。

“禀报驸马爷，燕王派信使求见！”

“燕王找我有何事，让他来见！”

“是！”

侍卫将信使引来，信使对其施礼道：“小的叩见驸马爷，给驸马爷请安！”

“燕王叫你来有何事？”

“燕王有书信一封，送呈驸马爷。”

信使把书信呈上，梅殷接过书信，展信细阅，只见信上写道：

驸马都尉台鉴：

旷日不见，多有怀思，安无恙否？近几年来，苦于兵戎，虽欲问安，不得而行。近驻灵璧，与淮安相距咫尺，故得遣使问安。

自太祖归仙，常以不得拜谒尽孝而自伤，现达淮河之滨，与京师亦不过三日之途。故欲至孝陵进香一束，以尽人子之孝，无奈刀枪锁道，寸步不得而行，唯都尉镇守淮安，尚有一路可通，特借道而往，望大人念及亲生骨肉，体察人子之心，借让一线之路，顿首再拜！

即颂

大安！

燕王棣

洪武三十五年五月一日

梅殷观罢书信，心中自明，于是对信使说道："你回去对燕王讲：进香之事，皇考有禁令。不遵者为不孝。记住了么？"

"小人记住了！"

"你且回去吧！"

"告别驸马爷！"

信使当日回到灵璧，回见燕王，说道："小人将书信呈递驸马都尉，驸马都尉对小人说：'你回去对燕王讲，进香之事，皇考有禁令。不遵者为不孝。'"

燕王听了大怒："他果真如此说话？"

"果真如此！"

"你没记错？"

"我没记错！小人以性命担保！"

燕王只气得把拳头攥得咔咔直响，说道："我再求一次，看你还如何说话！"

燕王说罢，怒冲冲地拿起笔来，又写了一封短信，对信使说道："去！再给我送去，我看他梅殷还如何说话？"

"是！"

信使拿了燕王的信，翻身上马，连夜向淮安奔去。

信使进了梅殷军帐，将信呈了上去。梅殷将信拆开，只见信上写道：

驸马都尉台鉴：

昨日去信，有蒙大人教诲，棣感激不尽。借道进香，大人不准者何也？南北交兵之故也。刀枪封道者，阻我也。我今兴兵诛除君侧之恶，天命有归，非人力所能挡！天下之路，当有千条，淮安不通，非淮安皆开通，大人又岂可不知之乎！吾与汝，终有相见之期。

即颂

大安！

燕王棣

洪武三十五年五月三日

梅殷看罢，不禁大怒，将信抛于地上，骂道："如此竖子！如此竖子！来人！将信使的耳鼻割下！"梅殷一声令下，武士便将信使的耳鼻割了下来。

梅殷对信使说道："留着你的嘴为殿下陈说君臣大义！滚回去吧！"

燕王见信使如此回来，便对梅殷不再抱着什么希望，不得不重新考虑南下的进军路线。

沿着淮河，由灵璧向东二百里左右的地方。有一座小城池，叫泗州。这泗州虽不大，却也很有名，因为它是朱元璋祖父的葬身之地。

在泗州县城之北，有一座土坟，这坟便是朱元璋祖父朱公的坟。朱元璋登基之后，加修封土，设祠祭署，设陵户二百九十三户。洪武四年（1371年），在此建了祖陵庙，庙中奉祀德祖、懿祖、熙祖的神位。洪武十九年（1386年），朱元璋又派太子朱标来修缮祖陵，并郑重地埋葬了三祖的衣冠。正因为如此，所以泗州是一个具有象征意义的地方，因而比起一般的州县来也就更具身价。在此做官的人当然也绝非平庸之辈。

燕王在灵璧大胜官军，作为泗州的长官指挥周璟初又岂能不知。泗州的前景又当如何，这周指挥又岂能不想。

五月七日，指挥周璟初得知燕王兵临泗州，便下令大开城门，所有将士百姓列道两边，专门迎候燕王大兵进城。

燕王率领大军进入泗州。一进凤阳府地界，不禁百感交集。他从就藩离开南京，就一直没有再到凤阳来，他的眼前又不禁浮现出当年他们兄弟在凤阳祭祖的情景，而今竟是在战火之中来到祖先的陵前，不由得感慨万端。在灵璧，那是烽火连天、狼烟滚滚，而这里，却是一番安详、和平的景象。

大军来到泗州城，只见城门大开，军民百姓列道相迎。燕王心中甚喜。

指挥周璟初拜见燕王道："下官泗州指挥周璟初叩见燕王殿下，泗州军民欢迎燕王殿下进城！"

燕王道："汝深明大义，开城相迎，其情可嘉！"

"殿下兴义兵，讨奸佞，顺天行道，谁人不敬！"

"未攻城而先降，何也？"

"回禀殿下，泗州城内有一寺，寺中僧伽神最为灵验，凡民有事不能决者，无不求验。殿下大兵未至，臣等斋法祈祷于神，问降与守哪一个大吉呢？祈祷归来，这一夜果然做了一梦，梦见僧伽神告诉我说：兵临城，速降则吉，不降则凶。所以我等开城以迎殿下，这全是神的指点啊！”

“人心之灵，妙于万物，你先觉悟，所以神亦告之也！本王仍命你镇守泗州，好好安抚百姓，其他军校，各有奖赐！”

“多谢殿下！”

燕王进入泗州城，第二天，便率领众将来拜谒祖陵。只见土坟高大，坟草青青，坟四周广植松柏，坟前石碑耸立，碑文字迹清晰。燕王在坟前亲自点燃香烛，将三杯酒洒下，不觉泪流满面，说道：“我横遭灾祸，几乎丧命，幸亏祖宗神灵保佑，今日才能够来拜祭陵前。长久不得拜祭，来此倍感忧伤，还请求多加保佑，使我能够成就清除奸佞的大业！”燕王跪下又叩了三个响头，而后又站立于坟前，看了很久，才慢慢离去。

此时，祖陵附近的乡亲们也都来了，燕王亲切地接见了乡邻，并赏赐了他们一些银钱，最后又派人将他们送回去。

燕王拜祭了祖陵，这具有象征意义的举动，标志着取得靖难之役最后的胜利将为期不远了，摆在眼前的任务就是突破天险，夺取南京。

淮河，是进入南京的第一道天然屏障，从何处越淮河、跨长江，是燕王必须认真解决的大问题，于是燕王便招集诸将来讨论进军路线的问题。

燕王对诸将说道：“灵璧一战，官军在北方的力量已经被消灭。我们下一战之目标，即是攻取南京了。目今而言，有三条路线，一条是走凤阳，二条是走淮安，三是走扬州，诸位可各抒己见！”

朱能说道：“我们可以走凤阳这条路，一旦占了凤阳，便切断了官军的援军之路，发大兵攻下滁州，夺取和州，便可集结船只，再派一支军队攻打庐州、安庆一带，便可控制了长江天险。长江天险一破，京都可得也！”

周荣说道：“取道凤阳，困难重重，而今朝廷派都督同知孙岳镇守凤阳，并与知府徐安配合，以图阻我南下，并拆毁了淮河上的浮桥。他们甚至拆毁寺庙赶造战船，日夜训练，兵精将广，走此路谈何容易！”

燕王也说道：“周将军所言甚是精辟，不只如此，凤阳乃皇陵所在，我又岂忍以兵火而惊皇陵！”

丘福道：“既如此，我军何不取道淮安，只要占了淮安，便可一路攻下高邮、通州、泰州，直抵扬州、仪征，如此，就无后顾之忧，便可放心地渡江。”

李远说道：“淮安有驸马都尉梅殷镇守，那梅殷治军有方，号令严明，在淮安悉心防守，苦苦经营，取之何易？那驸马都尉与大王乃亲族兄弟，前者借道进香尚且不许，走此路绝无益处！”

燕王分析形势道：“凤阳城垒坚固，防守严密，不去攻打断不能取下，而且，还恐震惊皇陵。淮安城高池深，粮草充足，兵马尚多，如果攻城而不下，便

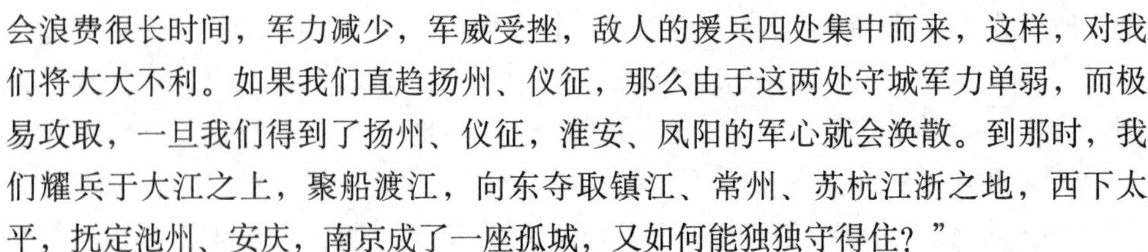

会浪费很长时间，军力减少，军威受挫，敌人的援兵四处集中而来，这样，对我们将大大不利。如果我们直趋扬州、仪征，那么由于这两处守城军力单弱，而极易攻取，一旦我们得到了扬州、仪征，淮安、凤阳的军心就会涣散。到那时，我们耀兵于大江之上，聚船渡江，向东夺取镇江、常州、苏杭江浙之地，西下太平，抚定池州、安庆，南京成了一座孤城，又如何能独独守得住？”

众将听了之后，都心服口服，纷纷表示说道：“大王高瞻远瞩，深谋远虑，非常人所能及！”燕王道：“如今大计已定，一切均依计而行，不得有违！”

众将齐声道：“悉听尊命！”

燕王道：“谭清！”

“末将在！”

“你率一万大军，搜集船只，编造竹筏，扬旗鼓噪，遍燃灯火，虚张声势。造成在此渡河的假相，迷惑南军！”

“遵令！”谭清大声答道。

“丘福、朱能、内官狗儿！”

“末将在！”

“你三人带三百人西行二十里渡河，绕到官军后面袭击官军！”

“遵令！”

“其余将士各统人马，准备渡河！”

“遵令！”

燕王分派已毕，诸将士领命而去。

为了阻止燕军南下，盛庸率大军在淮河南线设防。盛庸组织大军日夜巡视，严密监视着淮河水面，盛庸告诫将士道：“对面燕营一有风吹草动，就要立即禀报。”

五月九日，天还未亮，谭清便令军士把战鼓擂得震天响，四处点燃灯笼火把，把整个淮河北岸闹得个沸沸扬扬。谭清令军士喊着口号，打着劳动号子，每一兵士驾一个竹筏子，每个筏子插上六个草人，穿着燕军的服装，每个竹筏上挂两个或四个灯笼，从河对岸看过来，只见是灯火万点、船只万千。南军兵士见了，急忙到军帐中来报：“禀大元帅，淮河对岸燕军灯火通明，舟船游动！”

盛庸闻报，出来一看，只见对岸灯火辉煌，船来筏往，人影闪动，鼓声震天，盛庸对诸将说道：“不好，燕军怕是要渡河！准备迎敌！”盛庸一声令下，官军将士都全力以赴，准备迎战。

丘福、朱能、内官狗儿带领三百人马，遵燕王之命，四更天便开始动身，天刚蒙蒙亮便渡过了淮河，半个时辰之后，他们便绕到了官军的营寨之后。

谭清等到约定的时间，便率军向南岸渡去，开始是虚张声势，是为了迷惑敌人，现在倒是真真实实地渡河了！官军在盛庸的指挥下，拼命阻拦，双方在水面上展开了激战，无数的箭如同飞蝗一样在水面上乱飞。

丘福、朱能、内官狗儿摸到官军营垒之后，连连打了三炮，三声炮响过后，便攻击官军大营。这些燕军如同天降，官军被这从天而降的燕军吓昏了头，一时间，阵营大乱，燕军趁势攻击，官军仓猝应战，一个个早成了燕军的刀下之鬼，盛庸连战马也未及跨上，便被几个侍卫扶上一条小船，狼狈逃窜。燕王指挥大军渡过了淮河，整顿好队伍，马不停蹄，乘胜挥兵东进，当日到达盱眙。盱眙守军还未弄清是怎么回事，便糊里糊涂地做了燕军的俘虏。

扬州，位于长江之滨，也可以说是一个重要的城镇，但建文王朝的决策者们根本不会考虑到燕王会把过江地点选在扬州，所以并未把扬州列为防御的重点，只派了镇守指挥崇刚和监察御使王彬二人镇守。

扬州卫指挥王礼很有谋略，靖难之战眼见已打了四年，官军节节败退，眼见建文王朝败局已定，又见燕王行事仁义，他日登基临朝已是非他莫属，于是便有归降之意。灵璧之战结束，便积极谋划开城投降。

这一日，王礼将几个心腹之人邀到“春来仙境”酒楼。这六人在楼上找了一个雅座，以喝酒为掩护，商议开城投降之事。他们边喝边谈。谁知其中有一人名叫王六，酒量小些，不知不觉，竟喝得头重脚轻，走起路来，不免有点摇摇晃晃。

这王六眼见就要走到家门口了，迎头碰上一个人，这人也姓王，名叫王二歪子，论辈分还是王六的远门叔叔。这王二歪子跟王六闲话几句，不经意就套出了王礼等商议投降的事儿。

王二歪子正赌输了钱，没钱翻本，便去监察御史王彬那里告密，想着拿些赏银。王彬听到举报，赏了他纹银十两。

王二歪子走后，王彬不敢怠慢，急忙将镇守指挥崇刚找来，将王礼阴谋投降的事说了一遍，崇刚听了大怒，立即拨派人马，前去拿人，不一时，把王六抓了来。

王六被抓到州衙大堂，已吓得醒了酒，自知失言，懊悔不及，大堂之上，只得招供。不一时，参与谋事的六人全被抓住，他们对阴谋投降的事供认不讳，于是，王彬便下令将王礼关入大牢。

五月十七日，燕王派都指挥吴玉前往扬州招降，大军随后进发。王礼被王彬打入大牢，吴玉一概不知。

吴玉来到扬州，来到一家茶馆。刚坐下，就听得几个茶客正在闲聊：“哎！这年头可不太平呀。燕王要是在扬州打起来，这茶可就喝不成了。”一个矮个子说道。

“可不是嘛！你没看啊，镇守指挥哪天不把军队训得梆梆响！”一个长胡子的人说道。

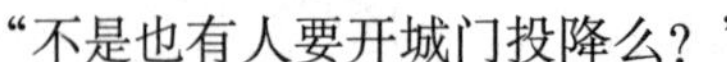

"不是也有人要开城门投降么？"

"你说的是扬州卫指挥王礼呀，他早就进了大牢了！"

"进大牢了？"

"可不是嘛！只是做事不密漏了风，被打进了大牢。"

"可惜呀！王礼指挥那可是个大好人哪，唉！让他坐大牢，上天不公！上天不公！"

"兄弟，少说两句吧！隔墙有耳！"

"我一不当头二不当尾，三等老百姓，我怕个啥！就是能与王指挥一起坐牢，也是我的造化！"矮个子笑道。

"算了！甭说了，咱们走吧，别再招惹是非。"

这二人出了茶馆，各自分手而去。

吴玉也出了门，便跟着矮个子后面走着。走到一个无人之处，吴玉喊道："前边的那位大哥请慢走一步！"

矮个子回过头来说道："你我素不相识，唤我何事？"

吴玉说道："大哥，我听你刚才在茶馆中所言，知道大哥对王礼指挥挺敬重的。"

矮个子只推作不知，说道："我哪里进过什么茶馆呀，你净是跟着胡扯闹！"

吴玉笑道："大哥不必如此，实不相瞒，在下就是燕王派来找王礼共商开城门投降大事的，不信，你看！"说着，亮出了自己的符牌，又说道："这儿不是说话之处，请大哥跟我来！"

吴玉领着矮个子来到一家不显眼的小饭馆，要了一盘牛肉、一盘鸡、一盘羊肚、一盘花生米，另加一盆羊肉汤、一盆鸡蛋汤，还有一壶老烧酒。两人便边喝边聊起来。

吴玉道："大哥，在下专程来找王礼指挥，而今王指挥坐了大牢，这事还请大哥帮忙！"

矮个子道："我不官不吏的，我又能帮你什么忙呢？"

"王指挥有一弟弟名叫王宗，在下只有找他联络，不知大哥能带我找到他么？"

"我只敬重王指挥，可并不曾与王指挥相识，如何找呢？"

"大哥莫急，你想想谁能与王指挥接近？"

"噢，有了有了！我想起来了，我妹妹的婆家兄弟有一个便是在王礼指挥的手下当差，咱要找到他准成！"

"如此，甚好！甚好！多谢大哥了！"

他二人酒也足，饭也饱。吴玉说道："事不宜迟，咱现在就行事。"

吴玉又拿出二两银子道："这二两银子你先拿着，到你妹妹家给小孩子们买点儿点心吃。"

“这可使不得！使不得！”

吴玉道：“大哥不必客气，咱们还是办大事要紧。”

矮个子嬉笑道：“如此，我就恭敬不如从命了！”

不到两个时辰，吴玉在矮个子帮助之下，来到了王宗的家。二人相见礼毕，吴玉便说明了来意，王宗道：“吴指挥既是奉燕王之命，又能救出我家兄长，小弟我当尽犬马之劳！”

监察御使王彬本是文官，为防遭人所害，身边总是跟随一个力士作为保镖，要想除去王彬，对付力士是一个难题。

这力士也姓王，名叫王大熊。只因他生得虎背熊腰，人高马大，力举千钧，三五十个壮汉也不能将他奈何，所以人称王大熊。此人是个孝子，他娘的话句句听。

此时，燕王又派人向城中射进书信，信中说有能捆绑王御使出城投降者，赏官三品。于是王宗定下计策，便联络千户徐政、张胜及吴麟等几十人。

当天晚上，王宗便邀千户徐政、张胜、吴麟三人来家议事。宾主坐定之后，又都来与吴玉相见，然后坐下，边饮酒，边议事。

吴玉先说道：“在下奉燕王之命前来找王礼指挥共商降城大事，不料王礼指挥不幸而入狱，此事只得有劳各位大力相助了！”

王宗道：“吴都指挥不必过谦，此事我等当尽力效命！”

吴玉说道：“既如此，便有劳各位了！”

王宗道：“现在要除王彬，王大熊是一个难题，诸位说当如何办？”

千户徐政说道：“王大熊好办，他有力，咱有智，咱当以智取他！”

千户张胜说道：“王彬有个爱洗澡的习惯，每日晚上，必要洗澡。在他洗澡时，只要把王大熊支走，逮那王彬还不是手到擒来！”

吴麟笑道：“咱就来个调虎离山！”

王宗说道：“如何才能将王大熊调开？”

吴麟说道：“这事你就交给我吧！二位千户就静等着逮人吧！”

王宗又说道：“那崇刚又如何处置？”

吴麟道：“这个事儿也交给我办，但我需要点银子。”

吴玉道：“银子不愁，我给你一千两。”

吴麟道：“你给我五百两就够了。”

王宗说道：“兄弟，这事可不是闹着玩的，若有差错，可是要掉脑袋的！”

吴麟笑道：“这一点我又岂能不知？我若没有这个把握，也不敢说这个大话。这两个事我都运通好了，再招呼诸位。”

都指挥吴玉说道：“这等大事，诸位务必要谨慎从事。事成之后，燕王必有重赏！”

当下决议已定，便各自分头行事。

吴麟揽下这两桩事儿，也不是夸海口放虚炮，他确实能做到。原来这吴麟足智多谋，久串江湖，广交朋友，隔三岔五的事儿他都能插上手帮上忙，在扬州城也可以说是一个有头有脸的人物。先说崇刚，吴麟有一个结拜兄弟就在镇守指挥崇刚手下当护卫亲兵，而且还是个小头儿，那手下的几个都爱听他的。这位护卫亲兵唤作关虎。吴麟把关虎请来，关虎又把几个手下亲兵请来，三杯酒一下肚，便将此事说了开来。众亲兵一见关虎、吴麟心意已定，便也一致同意，当下定好计策。最后吴麟说道："如今大计已定，何时动手，我作统一安排。此等大义之事，诸位务必小心从事，丑话说在头里，谁要有异心，人人诛之，不得好死！"

众人一齐答道："大哥，你就放心吧！"

吴麟与王大熊家本有一层关系，即王大熊母亲是吴麟远门的姨妈，说起来也与王大熊算是个姨表兄弟。虽说走得不太勤，还略有些来往。

这一日吴麟带了重礼来到王大熊家。吴麟专等王大熊不在家时来到王大熊家，一进门，吴麟就姨长姨短地叫了起来。王大熊母亲刘氏见是吴麟来了，自然热情相待。

刘氏道："外甥儿，今日怎么有空来了？"

吴麟答道："前些日子一直穷忙，今日有空特来看看姨妈。"说着便把东西往桌上一放，"这是孝敬姨妈的！"

刘氏一见，尽是珠宝玉器，心中大喜，忙怪道："你这孩子，谁要你弄这些贵重东西？"

吴麟笑道："姨妈，你听我说，我哪有那么多银两，这是我的几位朋友托我孝敬你的。"

"什么事？"

吴麟说道："姨妈，我有一个朋友，因田地边子与一老财发生口角，屡被老财欺负，竟被打死了父亲，我那朋友便立誓要报仇。如何报仇呢？他想，只有当兵，跟着当官的混，有权有势，才能报杀父之仇，所以这事还得请姨妈帮忙！"

刘氏道："哎呀！我一个老太太能帮什么忙呀？"

吴麟说道："这个忙你一定能帮，姨妈你先说这个忙你帮还是不帮，你说帮，我再说帮的方法，你若不帮，帮的方法再好，我也是白说！姨妈，这个忙你说帮不帮？你看我那朋友多可怜，你要不帮，我朋友那仇，一辈子也报不了啦！我先替朋友给你跪下了。"

刘氏老太太被吴麟又是怂又是求的，况且又收了人家的东西，怎好说不帮呢，于是说道："这个忙我帮，你说怎么个帮法？"

吴麟说道："我先谢谢姨妈，然后再说。"

刘氏笑道："你这孩子，就是弯弯肠子多。"

吴麟也笑道："我要不是弯弯肠子多，能请动姨妈么？"

刘氏说道："怎么办，你说吧！"

吴麟说道："现在扬州防务甚紧，监察御史王彬更是忙得很，只有他洗澡的时候才能找着他。明天晚上，在王御使洗澡的时候，你把我那姨表弟找来，让他带着我和我那朋友一起去拜见王御使，就行了。到时候你只要将姨表弟叫到家中来，就算是帮了大忙了！"

刘氏说道："把他叫到家里就是帮忙了，我当是办什么事呢，就是帮这个忙呀！这个忙好帮！"

吴麟说道："这话可说定了啊！到时你要找不回姨表弟，那你这个外甥可就吃了大苦了！"

刘氏笑着道："你就放心吧！"

"既如此，我就告辞了！"吴麟笑着说道。

关虎和吴麟又商定之后，关虎便找了他们小弟兄们，依照吴麟之计，分头行事。

五月十七日晚上，崇刚办完了公事，便往家中走去，其中要经过一个长长的巷子。关虎也还同往常一样，跟在崇刚后面。

长巷子刚走了一半，关虎忽然喊道："有小偷！"

"在哪里？"崇刚问道。

关虎用手一指，说道："就在前边！"

"快追！"

"是！"

崇刚在前，关虎在后，向前追去。

只听得崇刚"哎哟"一声，便被一条拦路绳绊倒，黑暗中窜出四个人来，也不搭话，将崇刚结结实实地绑了，拉着便走。

办完公事，王彬也同往常一样，解下盔甲，脱了衣服，便开始洗澡，王大熊便在外边守护着他。这时，只见刘氏老太太来到。

王大熊说道："天色这么晚了，娘怎么来了？"

刘氏说道："你姨表哥来找你有点事，所以为娘前来叫你回家。"

"王大人正在洗澡哩！"

"他洗澡怕什么，走，快跟我回家见你姨表哥去！"

"王大人在洗澡，我怎么能离开他！"

"王大人洗澡，谁还能把他吃了！娘的话你也不听？"

"孩儿怎敢不听娘的话？"

"听娘的话，你就跟娘走！"

“是！”

徐政、张胜躲在一边，看着大力士王大熊跟着刘氏走远了，二人便闯进门来，一鼓作气，把王彬给绑了。

此时关虎也把崇刚押来了，王彬见崇刚也被绑了来，叹了一口气，也不再言语。

王宗当即带人打开牢门，把王礼放出，并与吴玉相见。

“多谢吴指挥救命之恩！”王礼施礼道。

吴玉也回礼道：“不必谢我，当谢者是令弟及他们这几位壮士！”

王宗又问吴玉说道：“吴都指挥，王、崇二人如何处置？”

吴玉道：“当押送于燕王，由燕王发落！”

众人亦说道：“都指挥所言极是！”

五月十八日，燕王率领大军浩浩荡荡来到扬州城外。王礼等人捆着王彬、崇刚前来迎降。

王礼道：“扬州卫指挥王礼叩见燕王殿下，并缚扬州镇守指挥崇刚、监察御使王彬前来迎降！”

燕王道：“汝等深明大义弃暗投明，使扬州军民免受刀兵之苦，其功不小，必当嘉奖！”王礼说道：“多谢燕王殿下！”

燕王又问崇刚、王彬道：“汝二人肯归降否？”

王彬道：“忠臣不事二主，只求一死！”

崇刚道：“落你手之日，乃我尽忠之时！不要再让我为囚徒苟活半日！”

燕王道：“既如此，我就成全了你二人忠臣之志。汝等死后，本王将厚葬于汝，抚养汝等妻小！”

王彬、崇刚齐声说道：“多谢燕王恩典！”

于是，王彬、崇刚二人谈笑自若，面对南京方向，将头点了三点，道：“万岁！臣在此尽忠了！”然后，引颈受死。

燕王率领大军进了扬州城。只见城门大开，军民百姓列道两旁，欢迎燕王进城。燕王进了扬州城，便升王礼为都指挥同知，其他有功人员也都各有升迁，接着便命王礼和都指挥吴庸带领五百人马前往高邮、通州、泰州去招降。五月十九日，燕军在六合大败官军，同时，又攻克了仪征。

燕军在高资港北岸扎下大营，调集了大量船只，往来于长江之上。只见战船如梭，桅杆如林，旌旗遮天，鼓声如雷，气势威武雄壮，雄师过江的日子已经不远了！

燕王占领扬州、耀兵大江的消息传到南京，京城惶恐，朝廷不安，建文帝大为震惊，不得已，只得向天下发布“罪已诏书”，号召四方起兵勤王。

夜已经深了，建文帝在宫中辗转反侧，不能入眠，他的眼前，老是浮现出燕王率千军万马攻上南京城墙的情景。

不！我不能束手待毙！我要让天下起兵勤王。想到这里，建文帝翻身起床，坐在桌前，亲自磨墨，手执御笔，开始写“罪己诏书”。

建文帝一口气把诏书写了，放下笔，心中也不禁一阵酸楚。想当初心中只是想奉命继承皇位，自己只要励精图治、倾力治国也就罢了，没想到自己操心劳神，经受各种熬煎，最后还要落个身败名裂的下场，好心不得好报，心中也充满着委屈，所以这诏书也写得情意凄切，怪不得南京的百姓读了这个诏书，不少人都在掩面痛哭。

建文帝五月二十日写了“罪己诏书”之后，先是将礼部右侍郎黄观、刑部右侍郎金有声、工部右侍郎张显宗、翰林修撰王叔英等派出。而后又将都御使练子宁，还有齐泰、黄子澄也都派了出去，让他们四处募兵，征调人马来护卫京师。

此时，建文王朝已经失去了正统皇朝的威力。朝中不少重臣看到眼前的形势，也都请求出去守城，借故离开了京城这个是非之地，京城完全成了一座空城。

建文帝派出去四处募兵的大臣根本就招募不着精兵良将，偶有仓猝之间招募的那些壮民乡勇也没有战斗力。建文帝左等右盼，好不容易等到一点好消息，苏州知府姚善、宁波知府王琎、徽州知府陈彦回、松江同知周继瑜、乐平知县张彦方、前永清典史周缙等招募了部分壮民前来勤王。可他们刚到长江边，碰上燕军的几名游骑，刚刚交锋，张彦方被杀死，民壮乡勇便一哄而散，建文帝所期盼的四方勤王，便成了一缕云烟。

建文帝此时只觉得满脑子空荡荡的，每次来上朝的大臣也是稀稀拉拉的。建文帝唯一的支柱就是方孝孺了。

方孝孺建议派庆城郡主出城游说，建文帝同意了。

庆城郡主与燕王见面，两人悲喜交集，再也说不出话来了。

二人进了军营大帐，燕王面对庆城郡主，不禁泪流满面，说道：“我父亲陵土未干，我兄弟们一个个都被残害，那害人者太凶残了！况且一旦落入了奸臣的手，就无法摆脱，我现在引兵而来，实在是不得已的！”

燕王说罢放声大哭，庆城郡主也哭得说不出话来。燕王哭了一阵，又问道：“周王、齐王现在都在哪里？”

庆城郡主回答道：“周王已被诏回，还未恢复爵位，齐王仍然被囚禁着。”

燕王听说后，悲痛不已。过了一会儿，燕王又问道：“皇姐此来，不知何为？”

庆城郡主说道：“四弟，你的苦处姐也知道，你起兵已三四年了，如今兵临长江，允炆此时也是万般无奈。允炆和其他诸姐弟们都希望你们叔侄能划江而治，从此落个天下太平。”

燕王说道：“我受父皇分封燕地都还不能保得住，我要割地又有何用处？我来的目的，就是为抓到奸臣，清除奸恶，保卫朝廷，奠安社稷，保全骨肉，并

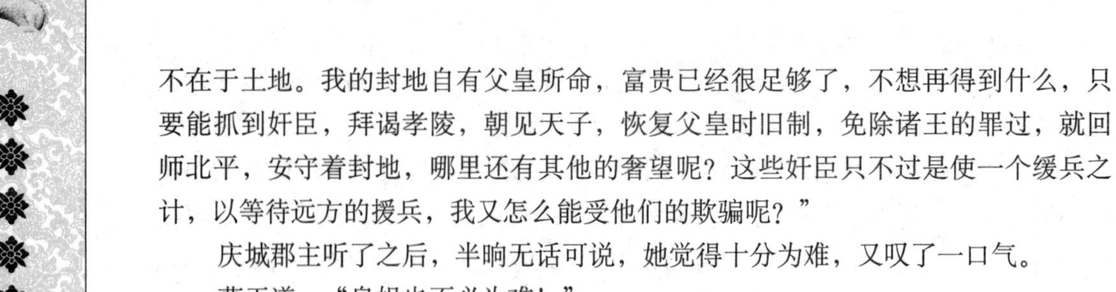

不在于土地。我的封地自有父皇所命，富贵已经很足够了，不想再得到什么，只要能抓到奸臣，拜谒孝陵，朝见天子，恢复父皇时旧制，免除诸王的罪过，就回师北平，安守着封地，哪里还有其他的奢望呢？这些奸臣只不过是使一个缓兵之计，以等待远方的援兵，我又怎么能受他们的欺骗呢？”

庆城郡主听了之后，半晌无话可说，她觉得十分为难，又叹了一口气。

燕王道：“皇姐也不必为难！”

庆城郡主说：“此次前来，是受众弟妹之托，我想，这是一家人的事儿，也要有个退让，你们叔侄的事，就到此为止吧，不过江不行么？”

燕王说道：“不是我不给大家这个面子，多少年来，奸臣矫诏，大发天下军兵来北平杀我。我为保全性命，不得已，才起兵自救，亲率大兵与之交战。仰仗天地神明有灵，怜我忠孝之心，宜加保佑，加之诸将士效力，所以才能够屡战屡胜。现在大兵渡江，众兄弟姐妹欲劝我回北平，孝陵未得祭祀，父皇之仇尚未得报，奸恶尚未得除，以你们兄弟姐妹的心来想想，孝子的心还在哪里？如果朝廷能知道我的忠孝之心，能行成王之故事，我应像周公那样辅佐，来安天下的苍生。如果不能这样，你们众兄弟亲王、姐妹公主及亲戚，当速带家眷移居孝陵，免得城破的时候，受到惊吓！”

庆城郡主见燕王如此说话，便道：“既是四弟决心已定，我也只好如实告知诸兄弟姐妹了！”庆城郡主见求和不成，便要告辞。

燕王把庆城郡主送出营门，说道：“回去好好地对诸兄弟姐妹说，不久我们便可以相见，到时我们大家再共叙天伦，望诸兄弟姐妹能够自爱！”

庆城郡主离开了扬州，乘龙舟回到南京，把燕王的话原原本本地向建文帝述说了一遍。建文帝什么也没说，只是连连叹了几口气。庆城郡主告辞后，建文帝立即招方孝孺来议事。

“叩见吾皇万岁万岁万万岁！”

“免礼！”

“谢皇上！”

方孝孺见建文帝不再言语，便知道庆城郡主的扬州之行作用不大，便小声问道：“万岁！庆城郡主扬州之行如何？”

建文帝摇了摇头，半晌才慢慢说道：“求和不成。”

方孝孺说道：“便是求和不成，万岁也不要忧愁。”

建文帝说道：“眼见是兵临城下，朕能不愁么？”

方孝孺说道：“天无绝人之路，眼下这长江不是还在我们手里么？”

“长江在我们手里又当如何？”建文帝无可奈何地说道。

方孝孺说道：“万岁可不要小视这长江，长江可挡十万兵，现在江北的船只都已派人烧毁，那燕军难道能飞过长江不成？再加上天气炎热，很容易感染疾病，过不了十天，他们就会自己退走。再说，北方之兵又多不习水性，如果要渡江，还不是等于来送死，燕军又怎么能抵挡我们的舟师呢？”

建文帝见方孝孺说的也很有道理，便说道：“但愿一切如卿所言！”

此时的建文帝要兵将没有，向燕王求和又不许，无可奈何，也只有一切听从方孝孺的安排了。

船的问题，确实是燕军渡江的一个大难题，燕王对诸将道：“眼下虽搜集了一些船只，仍是一个难题！”

朱能说：“有什么难的？我们派些水性好的，过江去把官军的船给抢来就是了，我军中会水的兵士有的是！”

燕王大喜道：“有多少？”

朱能说道：“一千人！”

“太少了！”燕王说道。

朱能说道：“我们从全军中选还不行么？”

燕王说道：“说得好！我们就从全军中挑选！”

计议已定，朱能便挑选了善于游水的兵士三千人，半日之间，便准备齐备。

燕王道：“你们泅水偷渡到南岸，去偷夺官军的船只，能夺便夺，不能夺的便烧！立功者受赏！”

“遵命！”

“下水！”

燕王一声令下，这三千人腰背充了气的猪皮囊，向南岸游去。

这三千人到了南岸，见到了官军的船。他们遵照了燕王的指示，能夺就夺，不能夺的便烧。几天内，把官军的水师给搅得人心不安。

六月初一这一天，燕王命都指挥吴庸把从高邮、通州、泰州等地搜集的船都集中到了瓜洲，又命内官狗儿为前哨，进军到浦子口。这浦子口，又叫浦口，与南京隔江相望，是离京城最近的北岸港口，盛庸在这里列阵与燕军作战。

盛庸告诫众将道：“浦子口与京城近在咫尺，京城危在旦夕，现在，是我们为朝廷尽忠的时候了！”

众将士纷纷高呼：“奋死作战，保卫京城！奋死作战，保卫京城！”官军士气高昂。

燕王带大军一到浦子口，官军便组织了激烈的抵抗。前一批倒下去了，后一批又冲了上去。官军拼命厮杀，锐不可当，箭一阵又一阵地射过去，炮一阵又一阵地打过去，兵一阵一阵地杀过去，一个劲地向前冲。燕军抵挡不住官军们的激烈反抗，终于败下阵来。

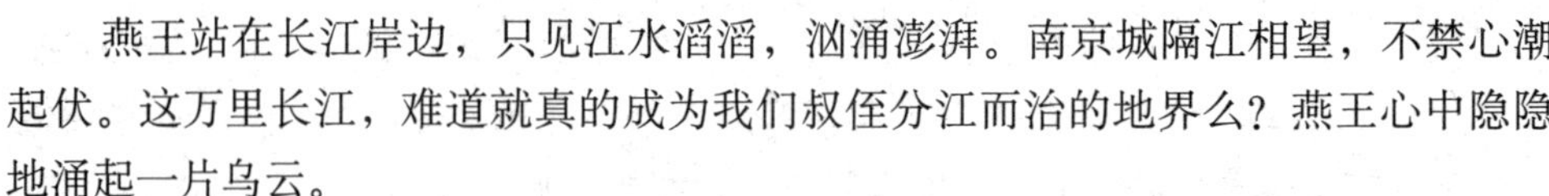

燕王站在长江岸边，只见江水滔滔，汹涌澎湃。南京城隔江相望，不禁心潮起伏。这万里长江，难道就真的成为我们叔侄分江而治的地界么？燕王心中隐隐地涌起一片乌云。

“禀报大王，朱高煦带领蒙古骑兵来到！”一侍卫的报告打断了燕王的思绪。

“什么？”

“朱高煦带领蒙古骑兵来到！”

“好！让他快快来见我！”燕王心头的乌云一下子全散了。

原来，在燕王的三个儿子中，燕王最喜欢的就是二子朱高煦。因为朱高煦长得威武魁伟，性格粗犷，酷似燕王，而且在多年的征战之中最危急的时候，都是朱高煦率兵解围救驾。所以这一次，在浦子口燕军受到盛庸的激烈抵抗，朱高煦的到来，无疑恰似一阵春风，把燕王心头的乌云给吹散了。

“儿臣拜见父王！”

“好！你来得好！”

燕王一手持剑，一手抚着朱高煦的臂，对着对面的官军阵式，说道：“好好地干吧！世子体弱多病！”

“儿臣遵命，一定把官军打败！”

“那就好！那就好！”燕王微笑道。

朱高煦立马横枪，大吼一声，拍马向敌阵冲去，蒙古骑兵如潮水一般，铺天盖地向官军阵地杀去。人马所到之处，官军便是人头落地，尸横遍地。两军绞在一处，官军的炮、箭全都无法使用，只有任凭蒙古骑兵砍杀。蒙古骑兵个个剽悍，如入无人之境，官军无法抵挡得住，阵营大乱。盛庸见状，只得带领残兵败将渡到南岸，在高资港屯兵驻守。

朱高煦一战扭转了战局，在整个靖难之战中，又立了一大功。

原来，朱高炽被立为世子，燕王从内心里是不甚乐意的，但还必须立朱高炽为世子。朱高煦自恃战功，对世子之位早已是朝思暮想，燕王“世子多病”的话无疑是一种暗示。这种激励对于夺取靖难之役最后的胜利，起着重要的作用。却也由此种下了日后诸子之间拼杀的祸根。

燕王兵进浦子口，盛庸兵败浦子口，退兵屯守高资港……这一个又一个使人心灰意冷的消息，把建文帝折磨得就像是一株经了寒霜的月季花，没精打采地坐在宝座之上，接受大臣们的朝见。

“叩见吾皇万岁万岁万万岁！”

“平身！”

“谢万岁！”

“有本早奏，无本退朝！”

“启奏万岁，臣有本奏！”

“方爱卿有何本奏？”

“启奏万岁，盛庸虽说兵败浦子口，然所守之高资港，仍可与燕逆对抗，目下盛庸之军甚单，万岁当再派人支援才是，若高资港失守，后果将不堪设想！”

“爱卿所言极是，依爱卿之见，何人可往？”

“万岁，京城可调之兵不多，唯都督佥事陈瑄、兵部侍郎陈植尚可动用！”

“就依爱卿之意吧！”

“谢万岁！”

建文帝又对陈瑄、陈植说道：“陈瑄、陈植两位爱卿，朕就派你们两位卿家去支援盛庸大元帅！”

“臣遵旨！”

“退朝！”

“退朝……”

都督佥事陈率领舟师，浩浩荡荡地顺着江水向高资港进发。都督佥事陈坐在楼船上，内心也就如同长江的流水一样，不得平静。他座下的楼船，就如同是他的人生，到底该归往何处？时间一时一刻地过去，容不得他过多思考，必须在短时间内作出最后的抉择。他本来对燕王的印象就不坏，这场叔侄之间的争夺战中，他看到了燕王的大度与智谋，也看到了江山易主的必然结局，现在建文帝赖以存在的支柱已经倾折，一个小小的盛庸，一个小小的高资港的弹丸之地，根本无法而且也不可能再与燕王抗争，陈瑄终于下定了决心，调整了楼船的航向。

早有人报知燕王：“南岸官军舟船向北岸驶来！”

燕王听罢报告，急忙来到江边，并让诸将做好迎战准备。

燕王见官军舟师不悬挂朝廷旌旗，船上将士不持刀剑兵器，主将陈瑄在楼船之上拱手而立，便对众将说道：“看样子官军舟师是来归降的，作好作战准备，不听我令，不许放箭！”

离江岸还有半里之地，陈瑄便命舟船停止前进，自己乘楼船直达江岸。陈瑄下了楼船，只带了两名侍卫，上了江岸，直向燕王面前而来。见了燕王，陈瑄施礼道：“臣都督佥事陈瑄叩见殿下！臣久慕殿下高义，故率舟师前来，以效犬马之劳！”

燕王将陈瑄扶起，说道：“陈佥事深明大义审时度势，率众来归，实乃江山社稷之幸！”

陈瑄道：“多谢殿下不弃！”

燕王道：“现就由陈佥事将水师引上岸吧！”

陈瑄遵燕王之命，将水师引上岸来，燕王将所降水师略作整编，仍由陈瑄率

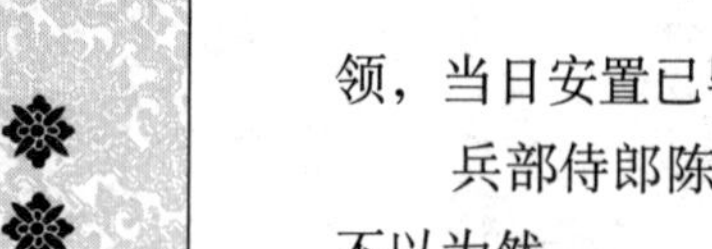

领，当日安置已毕。

兵部侍郎陈植精忠报国，决心誓死保卫京都，其部下有一个叫金甲的都督却不以为然。

金甲说道："陈侍郎之语慷慨激昂，足以唤起人心，然在今日，则不合时宜也！"

陈植道："金都督之言何意？"

金甲道："侍郎之言盖将士卒驱于死地也，若将士死而燕军能败，亦可，若燕军不败，将士之死岂不是白死！"

陈植不悦，说道："此是何言！以金都督之意，这燕逆就不必抵抗了？"

金甲大声说道："不但不抵抗，而且还要归降！如今朝廷已是无兵可派，朝廷尚自不能保，我们不归降还等待何时？"

陈植大怒道："好一个金甲，竟然倡言投降，乱我军心，其乃可恶至极！尔身为朝廷将官，竟不知君臣大义！真令天下人耻之，不知纲常之道，不知君臣大义，堪称其为人乎！与狐鼠无异！"

陈植这一番话，只把金甲说得面红耳赤、无地自容，不禁恼羞成怒，骂道："你这匹夫，又是何等人？竟敢来训教于我！我南征北战之时，你还未从娘肚子里钻出来哪！"

陈植也骂道："反了！反了！你这该杀的反贼！"

金甲也骂道："你说我是反贼我就是反贼！"说着一剑刺过去，正刺中陈植的前心。金甲对众人说道："愿意投燕王的就跟我走，不愿投的陈植就是样子！"

金甲见众人不再说什么，便率众北渡，来投燕王。

金甲见了燕王之后，把事情的前前后后说了一遍，脸上露出轻蔑的微笑，好像是说，若不是我杀了陈植，你燕王能得到这么多的兵将么？

金甲说道："我杀了陈植，对大家说，燕王仁德，我们去投降，燕王一定会犒赏我们大家，就像我，我就是一言不发，燕王也要赏我个一官半职的，我这话没说错吧？"

燕王喝道："把这不仁不义的东西斩了！"

"是！"

"不！不！燕王，我有功的呀！我有功的呀！"金甲哭嚎着。

"不仁不义者戒！将那陈植厚葬！"

"是！"

就这样，建文帝派去支援盛庸的水师全都投降了燕王，成为燕王渡江的一支重要力量。盛庸仍然是孤独地驻守在高资港。

官军的节节败退，官军将领的反叛投降，直把建文帝的心里搅得像一锅沸腾的稀粥，而万里长江与此相反，却是异常的平静。六月二日这一天，风和日丽，漫江碧透，水平如镜。在长江边，早已设好香案祭品，旌旗肃穆，幡带当风，燕王就要在这里来祭拜大江之神。

将士们早已在江边列队而立，燕王带着部属来到江边。燕王面对大江，向江神毕恭毕敬地跪地行礼，燕王亲自上香，把三杯酒洒在江水里。燕王从侍从手中拿过祭文，高声朗诵。

燕王读罢祭文，又对江神拜了三拜。

第二天，燕王又在江边举行了誓师大会。

盛庸屯驻高资港。为了抵御燕军，盛庸把大军列阵于江边，并在江中布置了无数的海船，作好充分准备，严阵以待。

六月三日，在大明王朝的历史上，是值得纪念的一天，因为它是一个标志，是建文王朝即将覆灭的标志。

三声号炮响过，战鼓雷鸣，无数的大小战船，分成无数个船队，就像乌鸦阵一样，黑压压地，覆盖着上下五十里的江面。只见舳舻相继，旌旗蔽空，戈矛曜日，千帆竞发，乘风破浪，向南岸挺进。

海船上的官军士兵早被这强大的气势震慑住了，没有一只海船敢向燕军的船队进攻，只是眼睁睁地看着燕军的船队向前冲，还有的海船干脆就投降了燕军，把官军的旗号、官军的服装换成燕军的旗号、服装，也不用整编了，把船头一掉，也就随着燕军的船队，向南冲了过去。

燕将朱能、朱荣、谭清、内官狗儿在船上做好了冲锋的准备，船还未到岸，便摇旗呐喊、跃跃欲试，岸上的官军士兵见此气势，早已吓得六神无主，未曾交战，便想临阵逃命，只是有当官的在后面押着阵，不敢逃跑。

“放箭！”

盛庸见燕军船队就要靠岸，便令弓箭手射箭，于是万箭齐发，一时间，天空飘来一阵箭雨，可是由于官军士兵心慌手颤，发出的箭十支连二三支射中目标的都没有。燕军在船上也向岸上射箭，一排箭射出去，岸上的官军就要倒下一片。

在燕军的第一艘战船离岸还有百步远的时候，官军的阵里就开始骚动了。在船离岸还有十步远的时候，内官狗儿大吼一声，就跳上岸来，一挥大刀，便砍死了三个士兵，朱能、朱荣、谭清也都带兵冲上岸来。接着，蒙古的骑兵也在火儿灰者和哈三帖木儿的率领下向前冲去，官军大乱，士卒们丢盔弃甲，纷纷逃命，溃不成军，盛庸也无法指挥，只得单骑逃走。

一面“燕”字大旗插上了最高处，将士们围在“燕”字大旗下，尽情欢呼。

燕王站在江岸的高处，看着欢呼的人们，脸上露出了笑容。

镇江，坐落在长江边上，水陆交通方便，城墙坚固险峻，堪称为南京京师的

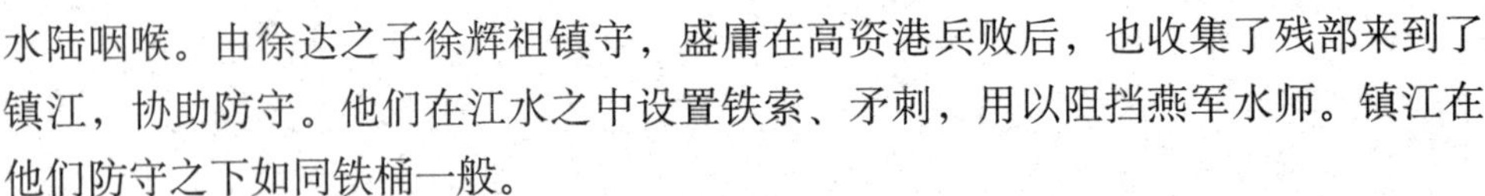

水陆咽喉。由徐达之子徐辉祖镇守，盛庸在高资港兵败后，也收集了残部来到了镇江，协助防守。他们在江水之中设置铁索、矛刺，用以阻挡燕军水师。镇江在他们防守之下如同铁桶一般。

燕王兵渡长江之后，为了解除进攻南京的后顾之忧，便决定攻打镇江。燕王率大军到达镇江，却屡攻不下，只得屯兵江右。燕王一时竟束手无策。

正当燕王左右为难的时候，道衍从北平来到了镇江。

燕王道："我率大军从北平南下，万道雄关都闯过来了，不料这小小的镇江却屡攻不下，真是怪事了！"

道衍微笑道："大王不必过急。若要攻打镇江，先请将军营移到江左，这样，便可卡住京城与镇江的水陆交通，切断京城与镇江的一切联系，镇江一旦成为一座孤城，官军必定不能久守。"

燕王说道："就依军师之言！"

于是，燕王便下令移营江左。

燕军的船只刚行到镇江城边，最前面的两只船一只被江中铁链阻住，一只被水下的矛刺刺破一个大洞，船只进水沉没。燕王令工匠用铁皮将船底裹住，用铁皮船前行开道。

只听得水下"咣咚"一声闷响，船身猛地震动一下，船身又被刺破，第二次撞将过去，又听得"咚"的一声，矛刺被撞进江底泥中，这一只铁皮船才得通过。另一只铁皮船又被铁链拦住，兵士将铁链拖上船来，用钢斧猛砍不断。燕王的龙泉宝剑削铁如泥，用龙泉宝剑连砍几下，才将铁链砍断。前行不远，又被铁链拦住。

道衍见状，对燕王说道："欲破镇江，必先破江中之设防。水师暂且扎营，我先进城看看动静再说。"

道衍扮作行脚僧，进了镇江城，到了南京魏国公府，来到了刘祥玉的家门口。

两个家丁见是化缘的和尚，不用道衍开口，便拿来了饭食。

"阿弥陀佛，善哉善哉！多谢施主！"道衍说罢，接过饭食慢慢地吃着。不一时，饭食便吃完了，道衍便在门前盘腿坐着。

一个家丁说道："你这和尚，吃完了怎么还坐在这里不走了？"

"阿弥陀佛，贫僧一定要见过你家主人，才肯走！"

两个家丁一齐大笑道："哎呀！我说你这和尚，也不知你是如何想的，我家主人一贯深居简出，高官显贵他都不见，怎么能会见你？"

道衍说道："阿弥陀佛，善哉善哉！施主怎么就知道你家主人不见我？烦请通报一声，就说贫僧是刘基的故人。"

两个家丁进去通报，立时转回，说道："我家主人有请大师父。"

道衍便不再说什么，只是跟着家丁进了大门来到客厅，对着刘祥玉作个揖首。

“敢问师父法号？”

“贫僧没有法号，只称道行水外便了！”

“哎呀呀，师父莫非就是道衍大师？”

“阿弥陀佛，贫僧正是！”

“大师曾与外祖父刘基有旧？”

“贫僧有缘，受恩于刘施主！”

“可惜，外祖父他已被奸臣害死了！”

“施主说错了，他不是被奸臣所害，而是被太祖朱元璋所害！”

“什么？大师是不是弄错了？”

“贫僧并未弄错！”

“我外祖父乃开国功臣，国家栋梁，太祖为何要害他？”

“施主难道不知‘狡兔死，走狗烹’么？李善长、蓝玉、傅友德，他们哪一个不是开国功臣？就是徐达不也是死于太祖之手么？”

道衍详细叙述了刘基、徐达被害经过。

刘祥玉愤愤说道：“想不到他竟如此狠毒！看来我不考进士，不做他的官是做对了！”

“可你做魏国公的宾客，也就是间接地做了他的官。”

道衍为何说出这段话？为的是动摇刘祥玉的那颗忠于建文王朝的心。道衍觉得此时还不便提起江防之事，便又转移了话题。

“施主家在哪里？”

“在下家在滁州。”

“滁州有一个叫范常的，施主可知此人？”

“在下深知此人！”

“那是为何？”

“他是我祖母之父亲！”

道衍一听，心下大喜，想不到这刘祥玉竟与自己还有瓜葛。

原来道衍本姓姚，乳名天禧，其父叫姚长林，是一个郎中，姚长林与范常、范云弟兄俩是好朋友。姚天禧与范云之女范若虹约为婚姻，不料范若虹被元顺帝选入宫中，范若虹宁死不从，元顺帝迁怒于姚家。姚长林死后，姚天禧寄养在范常家中。范常也有一女，名叫范若凤，她与姚天禧自然以姐弟相称，虽无婚姻之约，却也情深意厚。既然他说范常是祖母之父，那他的祖母自然就是范若凤了，那刘祥玉不是与自己也有些瓜葛么？

于是，道衍连忙问道：“令祖母是否讳字若凤？”

刘祥玉大惊道：“大师为何知晓？”

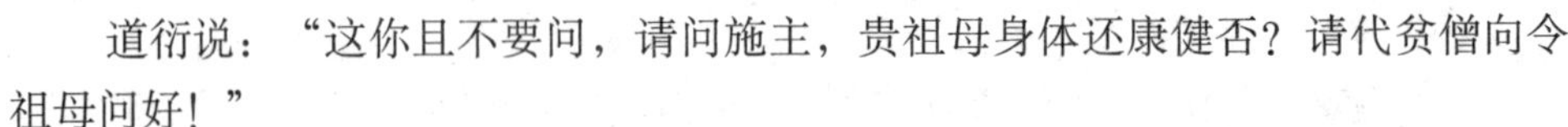

道衍说：“这你且不要问，请问施主，贵祖母身体还康健否？请代贫僧向令祖母问好！”

刘祥玉说道：“多谢大师关心，我祖母依然健在，现在就随我住在京城，大师若见祖母，且请随我来！”

道衍道：“阿弥陀佛，善哉善哉！多谢施主！”

刘祥玉带着道衍来到祖母住处。

道衍一见，他祖母果然是范若凤，只不过已是白发苍苍的老太太了，只有从她的眉眼上还能寻出当年的一点影子。

两人相见，叙了离情，伤心一阵，各自讲述了自己的经历。

当初，朱元璋起兵，驻军滁州，范常拜见了朱元璋，二人言语十分投机，于是范常便做了朱元璋的幕僚。范若凤也与姓刘的乡绅之子定了亲，并生下一子，儿子长大之后，范常做媒，娶了刘基之女为妻。后来在战乱中，范若凤的丈夫和儿子先后死亡，于是便跟着孙子刘祥玉生活。道衍也说了自己的经历，两人不禁都慨叹一番。

叙说之下，劝说刘祥玉就不是难事了。很快，刘祥玉将镇江江防设置草图找出，依样重画了一幅，并教以破解之法。

第二日，道衍将图及破解之法献于燕王。燕王大喜，说道：“待破了江防设置、打下镇江之后，一定重赏刘祥玉！”

于是，燕王下令攻城，用以吸引、迷惑敌人，道衍率一千精兵及工匠，依照图纸，按刘祥玉所授破解之法，顺利地破了江防设置。燕军水师千帆竞发，移师江右，扼住了京城与镇江之间的水路交通。

道衍向燕王讨了一笔重赏，去见了范若凤，并建议范若凤全家到长洲姚家去住。范若凤也同意。道衍拜别了范若凤，便急忙回镇江而来。

徐辉祖在镇江大营，有军士来报燕军破解了江防设置，徐辉祖大惊。接着，他想道：“看来镇江难保，与其坐以待毙，不如突围返回京都，便是朝廷怪罪，还可以保护京都为名而挡之，岂非两全其美之计！”徐辉祖主意已定，便马上率领一支亲兵突围。有人报知燕王，燕王想两个跑了一个，剩下的一个更好收拾。不论如何，徐辉祖毕竟是燕王妃的同胞兄弟，暂且就先放他一马。于是燕王对诸将说道：“徐辉祖要跑，就虚晃一枪，让他跑吧！日后还有相会之时。”诸将遵令，稀稀拉拉地杀了几枪，闪开一道缝儿，徐辉祖便突围而去。

道衍对燕王说道：“如今我们阻断了京城通往镇江的水陆交通，徐辉祖又逃往京城，盛庸已成了瓮中之鳖，灭盛庸攻下镇江，指日可待！”

燕王说道：“京城之兵也可能会从背后攻击我们，若与盛庸内外夹攻，我军岂不失利？”

道衍道：“盛庸不战不降，正是指望京城援军，内外夹攻，我们正可将计就计。”

燕王问道："如何将计就计？"

道衍笑道："我们可用徐辉祖的口气写信给盛庸，骗他内外夹攻，我军扮作官军从背后进攻，待盛庸城门一开，我们再率兵攻城。盛庸进不能胜，退不能守，只有就擒，别无他路！"

燕王与众将都拍手称快，连连说道："好计！好计！"于是，一切依计而行。

盛庸在城楼上，只听见外面一片喊杀声，又见两名官军信使边战边向城边跑来，来到城下，把一封书信射上城来。然后又杀开一条血路而去。

盛庸拆书一看，见是徐辉祖写的，书中写道：

盛将军麾下：

我昨日不辞而别，非是弃城，乃守城之计也。盖京师取兵以护守镇江也。而今大兵已到，将于明日辰时攻打燕军，届时汝从城内引兵击之，前后夹攻，里应外合，燕军必败，大功必成，良机切不可失。切切勿误。

徐辉祖再拜

建文四年六月四日

盛庸看了信，也有些将信将疑。第二日，燕军开始攻城，不多时，只见燕军背后，一阵官军从背后杀来，旌旗招展，杀声震天，声势浩大。盛庸心喜，但还是不敢打开城门。后来，盛庸又见南军越杀越勇，燕军阵营大乱，一南将杀到城边，见盛庸还在犹豫不定，便大喊道："盛将军，燕军已被我打得大乱，你为何还不出城夹击，若误了战机，魏国公要治你误国之罪！"

此时，盛庸才不再犹豫，便集合大军，大开城门，冲入燕阵。

盛庸冲入燕阵之后，从背后攻打燕军的"南军"已冲到城下，与城内出来的南军合在一处。两军刚一接触，那支南军便反戈相击，一时间钲鼓大响，杀声四起，那些"溃败"之燕军，也都抖擞精神，奋勇拼杀，转身冲入城门。

盛庸知道中计了，急忙拨马回军，但为时已晚，城早已被燕军占领。那些南军脱下外装，全都变成了燕军，把南军团团围住。盛庸战不能胜，退无城可守，只得杀开一条血路，狼狈逃走。燕军攻占了镇江，道衍又回北平而去。

六月八日这一天，燕王率领大军进驻龙潭。燕王望着远处山峦起伏的钟山，不禁潸然落泪。他的心，早已飞到了南京，飞到了孝陵，想到了当年入京朝拜父皇的情景。想到了四年来的南北征战，不禁感慨万端，流下了辛酸的泪水，在场的诸将，也都泪流满面。

燕军逼近京城，奉天殿内，一片混乱。建文帝也不是像过去那样端坐在宝座

之上，而是在金殿之上走来走去，坐立不安。看着身边的那些文武大臣，一个个不言不语、噤若寒蝉，他们平日里高谈阔论、说古道今，可如今竟拿不出一个安邦定国的计策！建文帝突然停住脚步，传令方孝孺进殿。

方孝孺此时正在家养病，虽说养病，朝廷内外之事却从未敢忘。听说是万岁召见，便急忙赴朝。

依例文官要从东华门进宫入朝，方孝孺老远在东华门外便下了轿。他缓步走进东华门，进入文华殿。方孝孺一来是体病身虚，二来是天气炎热，三是皇帝急召，自然走得也甚急，不觉已是大汗淋漓。方孝孺本想在文华殿稍作休息，凉凉身上的汗，不料未及喘息，内宫便来召方孝孺进殿。

方孝孺缓步上了奉天殿的台阶，就觉得气氛不同往常，所有上朝的文武大臣，个个神情黯然，呆如木鸡。建文帝在殿内走来走去。似乎并未看到方孝孺的到来。方孝孺看到本来就瘦弱的建文帝更显得疲劳和憔悴，不禁感到阵阵心痛。

建文帝突然将脚步停了下来，也顾不得君臣大礼了，开口便问道："现在事已危急，请问先生还能拿出什么计策来？"

方孝孺稍加思考，便道："现在城中还有强兵二十万，南京是城坚池深、粮食充足，可将城外的民房，全部拆迁入城，城外百姓也全部入城，城外堆积的树木也全部搬入城中，也还足以防守一阵子，一旦外边援兵到来还可另图良谋！退而言之，敌军在城外无所凭守，又怎么能长期驻扎呢？"

建文帝别无良法，只得听从方孝孺的建议，便说道："就依卿言，烦卿代朕拟旨，诏告城外百姓，违者以通敌论处！"

"臣遵旨！"

第二日，整个南京城内外，到处贴满了官府转抄的圣旨，只见圣旨写道：

奉天承运，皇帝诏曰：自朕奉命承继大统而来，国运亨通。不料近来风雨不顺，诸王异志，更有甚者，燕逆竟兴兵作乱，攻城掠县，肆意南犯，竟然兵临京都，准备犯阙，为保江山社稷，故下旨，凡城外百姓，悉数移入城内，房舍器物全数于五日之内拆迁入城，以御燕逆，保我江山社稷，违者以通敌论处。钦此。

南京城外军民百姓读了圣旨，一片混乱，一片哭声，他们谁也不想离开自己祖祖辈辈居住的地方。但是圣命难违，只得忍着心疼，拆房扒屋，日夜不停。

南京城外，到处燃烧着熊熊大火，把夜间的天空映得红彤彤的。

方孝孺此时仍然希望通过和谈来推迟燕军攻城的时间，于是又向建文帝道："京城虽然十分危机，但仍有回旋余地。"

建文帝道："有何回旋余地？爱卿请讲！"

方孝孺道："上次派庆城郡主求和未能办成，现在可让诸王分守城门，再请曹国公李景隆、兵部尚书茹瑺、都督王佐前往龙潭，仍以割地求和为借口，可去探探虚实，并且用以等待援兵。到那时，内外夹攻，决一死战，还可以成功。万一不能取胜，还可以驾幸四川，招兵买马，以图后举。"

建文帝道："就依爱卿之言！"

接着建文帝便下令让李景隆、茹瑺、王佐三人去龙潭求见燕王，下令谷王朱橞、安王朱楹分守都门。

李景隆、茹瑺、王佐三人没有什么收获，建文帝又派李景隆和谷王、安王前去游说燕王。燕王宴请诸王之后，李景隆三人再次空手而回。

建文帝和方孝孺所谋划的缓兵之计随着李景隆、朱橞、朱楹的空手而归，彻底破产了，建文帝现在唯一的一条路，就是死守京城了。

金川门，本是南京城的北门，面对长江，地势最为重要，是南京城的咽喉要冲。经过精心策划，建文帝决定让曹国公李景隆和谷王朱橞镇守金川门。六月十三日，燕王率兵来到金川门下。但燕王并没有立即攻城，因为对城中的情况还未弄清楚，还是先采取了攻心战术。首先，他把大嫂常氏请到军营之中，也无非是讲述建文帝的罪状及自己起兵自救的原因，力图来证明自己起兵是正义的。其次，他又命人向城中射去一封给诸弟妹的信，其目的是要"不战而屈人之兵"。

燕王的此番举动，无疑是心理之战的一发重型炮弹，把建文王朝的心理防线轰得粉碎。在此关键时刻，建文王朝的官员将士们，不是考虑如何保城，而是想着如何与燕军里应外合、攻取南京城了。

徐达之次子徐增寿得知燕王兵临金川门，便谋划要举兵响应，不料被人发现，并上报给建文帝。

建文帝在奉天殿听说徐增寿要举兵响应燕王攻城，不禁大怒，说道："把那该死的叛贼押上殿来！"

不一时，徐增寿五花大绑着被押进奉天殿，建文帝也顾不得天子尊严了，大骂道："你这该死的叛贼，你家世代忠良，你却为何要叛国投敌？"

徐增寿也不怕死了，说道："国运衰败，金殿倾覆，我投明主，何谓叛国？尔已是孤家寡人，众叛亲离，圣贤明哲，谁不弃汝？"

建文帝道："你上次阴谋通敌作乱，朕念你是忠良之后，未曾治罪，今日复又叛国作乱，朕不亲手杀你，也难镇乱臣贼子！"

于是建文帝便令殿前武士将徐增寿带到右顺门庑下，要亲自将徐增寿腰斩。

建文帝自幼生在宫中，何曾杀过人？只是如今已到了走投无路的地步，心慌意乱，怒无可泄，一剑挥去，那徐增寿便一断为二，鲜血迸溅，四肢颤动。建文帝只觉得心中一阵作呕，有些目眩，过了一阵，心情才平息下来。建文帝长出

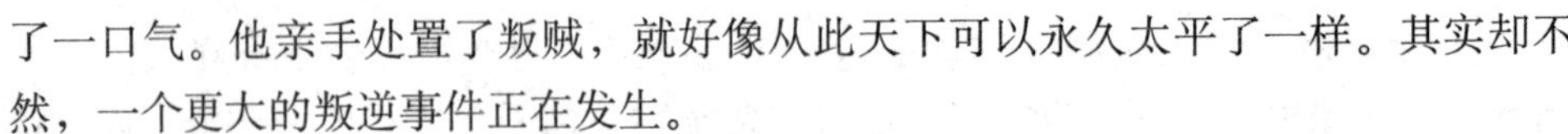

了一口气。他亲手处置了叛贼，就好像从此天下可以永久太平了一样。其实却不然，一个更大的叛逆事件正在发生。

曹国公李景隆、谷王朱橞在金川门上，只见燕军营垒森严，阵势雄壮，将士们一个摩拳擦掌，跃跃欲试，马似出海蛟龙，人如下山猛虎。李景隆和朱橞看着燕军营寨，默默无语。也不知过了多长时间，金川门外又传来了燕军雄壮的号角声。

李景隆长叹了一声，说道："像燕军这样精壮的军马，我们官军里面太少了啊！"

谷王回声应道："可不是嘛！不然，他怎么能从北平打到京城呢？"

李景隆又试探着问道："殿下，你看这京城如何守呢？"

谷王朱橞说道："怎么守？你说呢？"

李景隆叹道："不论怎么守，结果都一样啊！"

谷王朱橞问道："怎么都一样啊？"

李景隆说道："殿下与燕王是亲兄弟，不论怎么守，殿下都是一样的富贵呀！下官对燕王多有冒犯，与殿下就不同了啊！"

谷王朱橞说道："曹国公说哪里话，你我若是同朝称臣，不依然是相同么？"

李景隆一语双关地说道："对对对！托殿下的福，你我永是同朝臣子！"

二人互相看着，共同说道："那……那我们……我们就还是同朝称臣吧！"他二人对着金川门下的燕军营寨，会心地笑了。

李景隆对兵士们说道："而今燕王大军兵临城下，江山易主已成大势，我们决计开门迎降！"

给中事龚泰说道："不可！不可！虽说京城危急，然城未破，为将者当誓死把守，若城破当为国尽忠，城不破而开门降之，不亦叛臣乎！龚某拒不从命！"

李景隆道："开门迎降，皆不欲为之事也，然大势所趋，岂汝不从命而所能挡也！"

龚泰沉吟片刻，说道："大势我不能阴，叛臣我也不能当，我自有所去之处！"说罢面对皇宫高呼："万岁，臣今去矣！"于是来到城墙边，纵身跳了下去。

门卒龚翊知大势无法挽回，便痛哭而去。

金川门大开，燕军潮水般地涌进南京城，各处官兵几乎逃散净尽。就是朝中大臣，也纷纷弃官逃命，只有徐辉祖还率领人马与燕军巷战，南京城里一片混乱。

燕王进了南京城，便令燕军占领了皇宫和其他要害之地，又派了一千多骑兵去保卫周王和齐王。燕王入城登上了金川门城楼，整个南京城尽收眼底，燕王心中，不禁又是一阵激动：为了今天的胜利，历时四年，身经百战，数百万将士马革裹尸、洒血疆场，这是一个多么惨痛的代价啊！此时，一片火光映入燕王的眼帘，待仔细探视，是皇宫里燃起了熊熊大火……

【第十回】

铁匣救命建文匿踪，群臣奏表永乐登基

燕军潮水般地涌进了南京城，与不甘屈服、顽强抵抗的官军进行激烈的巷战，只杀得尸堆成山、血流成河，城中的百姓就如同炸了窝的蜂群一样，四处乱跑，哭爹叫娘，呼儿唤女，一片混乱。

建文帝在宫里脸色铁青，面容土灰，来回不停地踱步，嘴里不停地咕噜着："完了！完了！什么都完了！"

后妃们一个个的都跑到宫中，围在建文帝的周围，哭丧着脸，全身抖动着，连哭带喊："哎呀！万岁，这可怎么办呀！"

"万岁！快想想办法吧！"

"不想办法我们可都要被燕军杀死了呀！"

建文帝气不打一处来，怒喝道："燕军已入京师，你们叫朕还有什么办法想，你们都各自逃命去吧！"

后妃们无奈，只得四散逃去，自谋生路。

这时，翰林院编修程济跑入殿中，大声叫道："燕军已经入城了！万岁速作打算！"

建文帝道："他们怎么来得这么快？"

程济道："京中诸王和李景隆等，开了金川门迎接燕王，所以京城失守！"

建文帝流着眼泪，说道："罢！罢！罢！朕待这些王公不薄，为何他们竟如此负心！朕真是无话可讲了！"

程济劝道："万岁不必伤心，虽说京都失守，现在城中不是还有一些将士在为保万岁与燕军死战么？"

建文帝无可奈何，摇摇头，半天，叹了一口气道："没有办法了，你们各自逃命去吧！常言道：'国君为社稷而死。'赶快举火焚殿，烧他个干干净净，什么也不能留给朱棣，朕也要随殿而焚！"

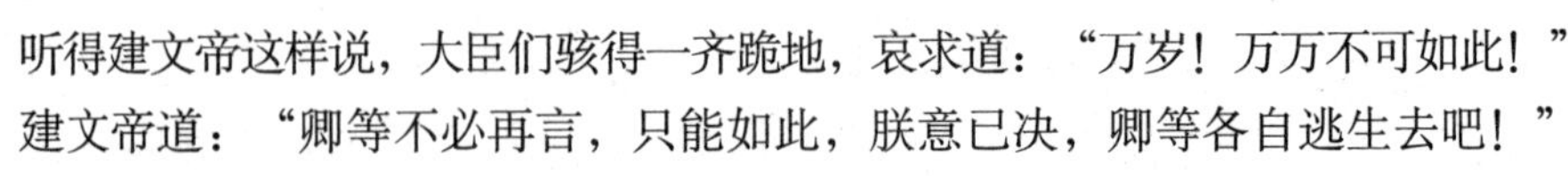

听得建文帝这样说，大臣们骇得一齐跪地，哀求道：“万岁！万万不可如此！”

建文帝道：“卿等不必再言，只能如此，朕意已决，卿等各自逃生去吧！”

程济说道：“万岁，与其自焚，不如逃走。臣以为，此时之计就是趁着混乱之时逃离南京城。臣素习道术，万岁往南方尚可避祸！”

建文帝现已是走投无路，只得听从程济之计，于是说道：“事已至此，但依爱卿之言吧！”

程济道：“谢万岁！”

建文帝为什么如此看重程济之言呢？这里还有一段故事。

这程济本是陕西朝邑人，精习道术，号称“奇术之士”。建文初，程济到四川岳池任教谕之职。

一日早朝，建文帝端坐宝座之上。

齐泰奏道：“启奏万岁，四川岳池教谕程济有书表至京，预言近来北方有战事！”

“呈与朕看！”

“遵旨！”

建文帝接奏书，用眼细观，只见表上写道：

预卜奇术，古已有之，预测未来，事无不验。臣素习造术，能预卜未来，故臣以国事为重，直言上书，直达天庭，冀吾皇有所备也。以臣预卜：建文元年七月六日，北方将有战事，故而忠告，切切勿等闲视之。

建文帝看了并不相信，微笑道：“四川岳池教谕程济竟上书说今年七月六日北方将有战事，诸卿家信否？”

黄子澄启奏道：“启奏万岁，一个小小的岳池教谕竟妄断国事，这国家社稷大政，岂能是一个小小的教谕所能论。况且万岁初登龙庭，国泰民安，他竟以战事相卜，岂不是妖言惑众乎？”

方孝孺也说道：“这个教谕真是不知天高地厚，妖言惑众，理应治罪！”

齐泰道：“程济虽是妄言，然其对朝廷尚有忠心！如果治罪，他日谁还敢进言？”

建文帝说道：“两位爱卿不必说了，先把他逮到京来再说！”

建文帝一道圣旨下去，便把程济从四川岳池拿到了南京。

程济道：“臣程济叩见吾皇万岁万岁万万岁！”

建文帝道：“程济，你知罪么？”

程济面容平静，说道：“臣不知罪！”

建文帝说道：“如今朕刚登基，国泰民安，你却说七月六日北方有战事，妖言惑众，还不知罪！”

程济说道："臣只不过是实话实说，臣实言相告，也是一片忠心啊。如若说句实话也要治罪！岂不使万岁有失圣明？"

建文帝怒道："治你的罪朕就有失圣明了，真是岂有此理！推出去斩了！"

建文帝一声令下，武士们拉住程济就要出金殿。程济连呼冤枉。

建文帝说道："程济，你说有何冤枉？"

程济说道："万岁，实话实说，忠言相告，督促万岁早作准备，此等忠心，万岁非但不赏，反而杀臣，岂不冤枉？臣所预卜，时不足三月，三月后臣言不实，万岁到那时再杀臣也不为迟！"

建文帝说道："那好！朕将你先囚在刑部大牢，如若不现，休怪朕要杀你！"

程济说道："臣就先在大牢中等着那一天！"

建文帝退朝之后，想着程济的话，也是半信半疑，所以在朝中并未决意要杀程济。

七月六日，建文帝便来到大牢。

"程济，今天是七月六日，二月前你在金殿上说的话还记得么？"

"回万岁，臣记得！"

"朕来问你，你说七月六日北方有战事，怎么没有？"

"万岁，不必再来问我，万岁自然也早闻风声，五日后自有消息传到京城！"

果然，第五日有消息来报，七月六日燕王在北平誓师造反。这完全证实了程济的预言。于是，建文帝赦他为翰林院编修，并充任军职，十分信任他。

一次程济与诸将讨伐燕军，在徐州获胜，军中诸将树碑记功，碑上刻有统军诸将姓名。程济却一人夜间独自到碑前祭奠，众人都不能解其意，后燕王再下徐州，看见此碑大怒，下令让左右用铁锤锤碑，锤了两下，又命停下，命人将碑上的姓名抄下，日后再按照名单诛杀其家族，而程济的名字恰巧在被铁锤锤落的地方，因此而得免。程济神算如此，所以建文帝更加赏识他。

现已走投无路的建文帝对程济的建议更是言听计从，但考虑到如何逃离南京城，建文帝又犯了难。

正在这时，一个叫王钺的太监，好像突然想起了什么，便急忙跪在地上，说道："万岁，当年太祖驾崩之前，曾让太师刘基秘密地做了一个铁箱子，托付给奴才，并嘱咐奴才道，当陛下临大难之时方可打开，奴才一直把它藏在奉天殿东侧的夹墙之内，现在陛下遇有危险，奴才想是该打开铁箱子的时候了。"

建文帝听王钺如此说，便急忙说道："还不快快取出！"

"是！"

不一时，王钺将一个红箧抱了过来，众人急忙围过来，只见那箧四周全用铁皮裹着，两把锁内都灌着铁，一时无法打开。

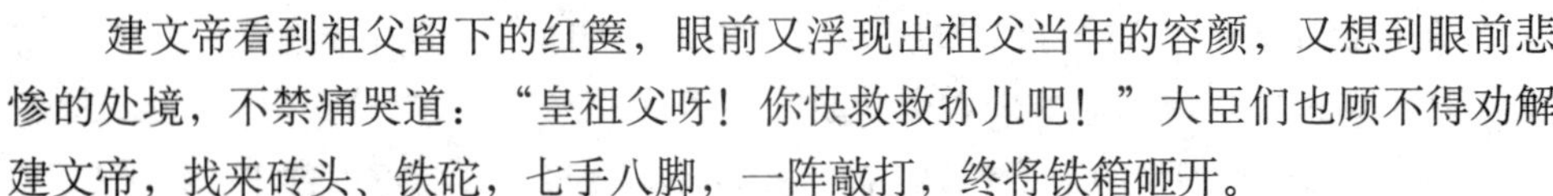

建文帝看到祖父留下的红箧，眼前又浮现出祖父当年的容颜，又想到眼前悲惨的处境，不禁痛哭道："皇祖父呀！你快救救孙儿吧！"大臣们也顾不得劝解建文帝，找来砖头、铁砣，七手八脚，一阵敲打，终将铁箱砸开。

众人齐向箱内看去，只见箱内有袈裟、鞋帽、剃刀及白金十锭，另有三张度牒，上各写"应文""应能""应贤"字样。观看者全都明白了，那"应文"是指朱允炆无疑，在场的还有吴王府教授杨应能、监察御使叶希贤，自然便是"应能""应贤"了。箱内还有用红颜色写的两行小字："应文从鬼门出，余从水关御沟而行，薄暮，会于神乐观之西房。"建文帝看罢，抱起箱子哭道："这真是天数啊！这真是天数啊！"群臣们也都跟着号啕大哭。

君臣们哭了一阵子，但光哭是不行啊！还是逃命要紧。

兵部侍郎廖平说道："万岁，诸位大人，我等不能在此哭着等死，须速速逃出南京城才是！我提议，我来保护太子文奎，诸位大人保驾！"

建文帝说道："就依卿意！"

建文帝又唤过文奎，说道："文奎，快来参拜廖大人！你就跟随廖大人逃命去吧！"

太子文奎说道："叩见廖大人，多谢廖大人护命之恩！"

廖平道："殿下不必多礼，快随我逃命去吧！"

文奎又跪在建文帝面前，哭道："儿臣不孝，不能尽孝父皇！父皇多多保重！"

建文帝摆摆手道："快去吧！快快去吧！"

廖平与文奎又跪在建文帝面前，长跪不起，迟迟不忍离去。

程济急忙拿起剃刀，为建文帝剃了头发。脱下龙袍，换上袈裟，建文帝完全是一副僧人装扮了。吴王府教授杨应能也愿落发为僧，认为"应能"度牒非己莫属。监察御使叶希贤也决然说道："臣名为希贤，当是应贤无疑！"于是也落发为僧。

余臣五六十人都在伏地痛哭，齐声说道："臣等誓与万岁同生共死，绝不背离万岁而偷生！"

建文帝说道："众爱卿听朕一言，卿等忠心朕终身不忘，只是人多行动不便，反生麻烦，你们在朝多年，名簿之上记载历历，以后必将被穷追不舍，难逃大难。再说，你们各有家室妻小，心也不能宁静脱俗，你们还是四散逃命去吧！不必再为朕枉送性命了！"

这时，有一个小太监伏地不起，说道："小臣无能，没有办法保住陛下江山，但是，臣不惜为万岁一死。请万岁赐小臣御衣冠，代万岁一死，陛下逃出后，可得永世！"

建文帝心中如同刀割一般，说道："感卿如此忠心，朕怎忍心让卿代朕一死！"

廖平及群臣一齐劝道："万岁，事已至此，万岁就依了他的心愿吧！"

建文帝含泪亲手将皇冠龙袍给小太监穿戴好，小太监跪在地上，给建文帝磕了两个头，建文帝也给小太监磕了一个头。小太监这才起身，骑上白马，向燃烧着的大火中奔去。

建文帝开始依照太祖留下的脱身之计行动。建文帝独自一个人走出宫来到鬼门，只见鬼门的御沟中有一只小船停在岸边，船上坐着神乐观道士王升。建文帝来到船前，王升连忙叩头，说道："贫道已在此等候多时，高皇帝昨夜托梦于我，让我在此迎候万岁！"建文帝也未言语，跨上船来，说道："快快开船！"王升说道："遵旨！"便急忙摇桨，小船在水中如同飞箭一样，两边的景物纷纷向船后跑去，不一会儿，到了太平门，王升把船靠了岸，带着建文帝进了神乐观。

在夜幕降临的时候，杨应能、叶希贤等人陆续来到了神乐观。建文帝定了定神，只见来到神道观的大臣共有二十余人。他们是：廖平、叶希贤、程济、杨应能、刑部侍郎舍焦、编修赵天泰、检讨程亨、按察使王良、参政蔡运、刑部郎中梁田玉、中书舍人梁良玉、梁中节、宋和、郭节、御史牛景先王资、刘仲、翰林待诏郑洽、钦天监监正王之臣、太监周恕、徐州府宾辅史彬等。

建文帝望着这二十余位大臣，心中想道："这才是真正的忠臣啊！过去我为什么就没能识别重用呢？可惜，这一切都晚了，这一切也都完了！"建文帝长叹一口气，缓慢地说道："如今我已剃度为僧，遁入空门，我佛主张四大皆空，其徒自当谨守。从今而后，我云游四方，不涉政治，以度余生。诸位再见我，只能以师傅、徒弟相称，没有君臣之礼了，如若不然，定会露出马脚，难保性命。阿弥陀佛。"

大臣们见建文帝身着袈裟，双手合十，口出佛语，知建文帝主意已定，便请求跟随建文帝流亡，建文帝不允，但群臣又不依从。最后廖平说道："诸位，大家都要随从护卫万岁，自然是臣子尽忠之道，然随行的人不能太多，况且形势也不允许太多。我想，咱们之中无家室妻小之累并且臂力足以捍卫者，可以留下来，但最多不能超出五人，其余请分散开来，遥相呼应便可！"

建文帝说道："廖平所言极是，诸位就依廖平之意办吧！"

"我留下来！"

"我留下来！"

"我没有家小连累！"

"我有臂力足以卫主！"

众人纷纷要求留下来，最后建文帝经研究、分析各人的实际情况，最后才决定：杨应能、叶希贤、程济三人不离左右。杨应能、叶希贤做比丘，程济为道士。众人觉得力量太单薄，又约定六人在外为接应，供给建文帝衣食。宋和称"云门僧"，时亦号"稽山主人"；赵天泰称"衣葛翁"，时亦号"天肖子"；王之臣称"老补锅"；牛景先号称"东湖樵夫"，又称"东湖主人"。一切安排

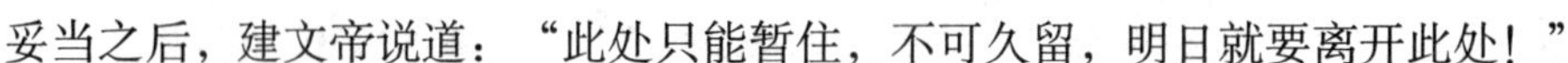

妥当之后，建文帝说道：“此处只能暂住，不可久留，明日就要离开此处！”

天刚蒙蒙亮，神乐观还笼罩在淡淡的晨雾之中，远远看去，神乐观时隐时现，恍惚若仙。

“吱呀”一声，神乐观的大门开了，从观内走出四个人来，三位和尚、两位道人送出门来。

“大师一路多多保重！”

“多谢道长相护，阿弥陀佛！”

和尚一行四人，披着晨雾，顺着大路，缓缓地向前走去。他们没有言谈，没有笑语，只有一步一步地向前走去。

突然，和尚停住了脚步，慢慢地转过了身，对着南京城，对着高大雄伟、溢翠流碧的钟山，伫立着，抹了一把脸上的泪水，抬步向前走去……

燕王和谷王在金川门城楼上，见宫中燃起了大火，便急忙走下城楼，命燕军快到皇宫中救火。

燕军冲入皇宫，除了燃烧的熊熊大火之外，再也看不见一个人影，四处寻找建文帝，当然更是毫无踪影。

燕王一方面命人救火，保护皇宫，一方面派人寻找建文帝。忽然有人来报，说宫中灰烬之中发现一具尸体。燕王急忙前去察看。

燕王来到火灰前，只见从灰烬中找出的一具尸体放在那儿：那尸体早已烧焦，已经是面目全非，也分不清是男是女，但众人都认为是建文帝，那也就算是建文帝吧，但到底是不是建文帝，谁也说不清。

燕王看着那烧焦的尸体叹道：“这人太无知了，怎么能是这么呆呢，我来的目的只不过是想帮助你，你竟然不明白而走到了这一步！可叹可叹！”燕王又看了一时，说道：“先将尸体收殓起来，以天子之礼葬之！”

燕王于是又下令，继续搜宫，捉拿奸臣，安抚百姓。并下达了“燕王令旨”，还开列了奸臣名单。

榜中开列的奸臣名单共二十九人，他们是：太常卿黄子澄、兵部尚书齐泰、礼部尚书陈迪、文学博士方孝孺、御使大夫练子宁、礼部右侍郎黄观，大理少卿胡闰，寺丞邹瑾，户部尚书王纯，户部侍郎郭任、卢迥，刑部尚书侯泰、暴昭等。后来燕王觉得还不够，又增加了徐辉祖、葛成、周是修、铁铉、姚善、甘霖、郑今智、叶仲惠、王琏、黄希范、陈彦回、程通、戴德彝、王艮、卢原质、茅大芳、胡子昭、韩永、叶希贤、林嘉猷、蔡运、卢振、牛景先等人。

燕王又设置了奖赏等次：凡文武官员军民人等，绑缚奸臣，为首者升官三级，为从者升两级；绑缚官吏，为首者升两级，为从者升一级。

自“燕王令旨”张贴之后，有主动自首归降的，也有擒获奸臣求官的。方孝孺在燕军入城的当天，即被拿住，燕王命暂时押禁，从而可见当时人心的混乱。

燕军将士朱能遵照燕王朱棣的命令，在宫中进行大搜捕，一连搜捕了三天，将留在宫中的宫女、内宫、妃嫔等全部搜出来了，共有一百多人，另外还有少数的官员及宫中太监。

其中有一名官员叫景清，是左佥都御使，此人对建文帝忠心耿耿，是满朝文武都十分敬重的大臣，这景清被押到之后，便对燕军将士说道：“在下是左佥都御使景清，请军爷转呈燕王，景某自愿归降！”

景清此话说罢，在场的那些官员及太监，都十分惊奇，想不到这位景御使竟会投降燕王。

“景御使，你……你怎么能投降叛逆？”一个小太监说道。

另一名太监接着说道：“你知道什么呀！景御使这叫作人往高处走，鸟往旺处飞！”

又有一名宫女说道：“人早晚不都是一死么？万岁在位的时候，整天喊着忠于万岁，现在看万岁的江山没有了，就成了叛逆，哼，一点骨气都没有，还算是一个男人么？”

那一个小太监对景清吐了一口沫，骂道：“你连一个宫女都不如！”

那景清任凭别人责骂，只是站在那里，一言不发，最后对燕军的朱能说道：“江山易主，新皇登基，我是顺潮流而动，你们知道什么？”

朱能说道：“你既投降，且把你送给燕王再说！”

朱能带军士将景清带到燕王朱棣面前，说道：“回燕王，后宫搜捕三日，宫中妃嫔、宫女、内宫及太监大臣等，计三百多人，只有他一人愿降！”

燕王朱棣看了一眼景清，景清急忙跪地叩头，说道：“罪臣景清叩见燕王！”

燕王朱棣说道：“你为何愿降于我？”

景清说道：“俗语云，禽择良木而栖，臣选明君而事，殿下威名远播海内，天下臣服，故臣愿立于殿下之朝，为殿下效犬马之劳！”

燕王朱棣听了，心中欢喜，说道：“古云大丈夫退进，当审时度势，你能弃暗投明，自然是大喜之事，你且回家去吧！”

景清说道：“谢燕王殿下，罪臣告退！”

景清走了之后，燕王朱棣问道：“那方孝孺寻到没有？”

朱能回答道：“方孝孺已经找到，现在家中，我等遵大王之命，未曾惊扰于他！”

燕王朱棣说道：“如此也好！”

朱能又问道：“宫中那些妃嫔、宫女等怎么办？”

燕王朱棣说道：“一个不留！全都杀掉！”

朱能听了愣了一下，似乎还想说什么，燕王将手一摆，说道："快去吧！"

"遵命！"朱能说罢，便急忙回到宫中。

朱能回到宫中，见了那些妃嫔宫娥，有些是年纪轻轻，长得如花似玉，心中不禁想到，有的庄稼人穷得连老婆都娶不上，这些人杀了实在有些可惜，但他并没有说出来，因为他也是奉命行事呀！

朱能把心一横，说道："奉燕王之命，将这些人全部处死！"

其中有一军士问道："如何处死？"

朱能心中正不高兴，听这军士一问，不由心中有气，便喊道："问什么？随便！反正杀了就行，你们爱怎么，就怎么着！"

朱能本是随口答了一句，谁知他们便当起真来。朱能气得独自待在一边，也不管不问，任凭军士们随意闹腾。

那些军士随军打仗南征北战，杀人如麻，对这些宫娥、太监，他们只知道奉命杀戮，哪有什么惜红爱玉之心？仍如在战场上一样，挺枪舞刀，冲向这三百多人。

这些手无寸铁、久居深宫的人，哪个见过刀枪？又有哪一个见过鲜血？见那闪着寒光的大刀砍过来，尖锐的长枪刺过来，不由得惊慌害怕，拼命躲闪，又如何躲闪得了？所以也有被刺着胸的，也有被刺进肚子里的，也有被砍掉头的，也有被砍断胳膊的，一时间鲜血迸流，死尸倒地，横七竖八。惊叫声、哭喊声、呻吟声，混在一起，乱成了一锅粥。

不到一个时辰，这三百多个人全部被杀！

朱能见了，又命军士说："把他们都放到这里算个什么事儿？都把他们运到宫外荒郊野外，挖几个大坑，都给埋了！"

那些军士不敢违令，只得把尸体一个一个地抬往荒郊野外。整整折腾了一天，才把宫内清除干净。

燕王清宫三日，杀死宫中妃嫔、宫女等三百多人。消息很快传到了方孝孺那里。同时，景清投降燕王的消息，也传进方孝孺的耳朵里。

方孝孺听了，不禁悲愤异常，口中吟道：

红装素裹兮立朝堂，圣皇恩宠兮情意长。
国破家亡兮身难存，刀光溅血兮遭其殃。
燕逆残京兮恶满盈，手无寸铁兮死保伤。
景清景清兮似转蓬，随波逐流兮将已降。
铮铮坚骨兮竟自折，铿锵之约兮何以志？

方孝孺吟到"铿锵之约兮何以志"时，不觉心中一阵疼痛，五天前的一幕又浮现在他的眼前……

那是南京城破的前一天。建文帝见求和不成，已再无办法可想，尽管方孝孺劝告他说，再坚持几个月，派出去招兵的勤王之师就会很快前来救驾，建文帝还是哭泣着辞别了众臣，独自退朝回宫去了。

方孝孺出了金殿，站在金殿门口，对着金殿无声地看着。

“方大人，老站在这里为何？”

方孝孺一看，见是左御使景清，忙说道：“是景大人，下官只是在此看看！”

景清说道：“唉，是呀！不知老天爷还能让我们在这里再站多久？”

“景大人此言何意？”方孝孺说道。

景清说道：“方大人心中不是一清二楚吗？万岁欲战无将，欲和无门，已是无路可走了！但我们这些做臣子的，倒还是有路可走哇！”

“有路可走？有什么路可走？投降么？这条路下官可不会走！下官活是万岁的臣；死，是万岁的鬼！”方孝孺说道。

景清说道：“方大人真不愧是忠心耿耿！下官佩服，下官决心与方大人一样，与社稷同生死，共存亡！”

“你来是……”方孝孺问道。

“下官就是来找一个向万岁尽忠的伙伴！”景清说道。

方孝孺说道：“这个伙伴你是找着了，下官绝不降逆！”

景清说道：“方大人，可不能食言呀！”

方孝孺说道：“难道你还要与我约盟不成？”

景清说道：“正是此意！”

方孝孺说道：“好，那我们就面对着金殿，结成盟约，击掌盟誓！”

于是他二人共同说道：“我二人对万岁忠心上天可鉴，我二人决心与社稷同生死，共存亡，永不降逆！”说罢，二人连击三掌，而后相揖而别。

“方大人保重！”

“景大人保重！”

听到景清投降燕王的事，方孝孺心中不禁气愤，口中说道：“什么击掌盟约，人心都靠不住！景清呀景清，你与我的盟约都跑到哪里去了！”

……

燕王攻入京城之后，并未居在皇宫，而是驻在龙江。这龙江位处南京内城之外，外城之内。战事已停，而且大势已定，所以有不少人纷纷来到龙江的燕王大营表示投降。

兵部尚书茹瑺，原与太常卿黄子澄不合，刑部尚书暴昭与黄子澄极力排挤茹瑺，致使茹瑺被贬为河南布政使。黄子澄被罢官后，茹瑺才被招回任兵部尚书。

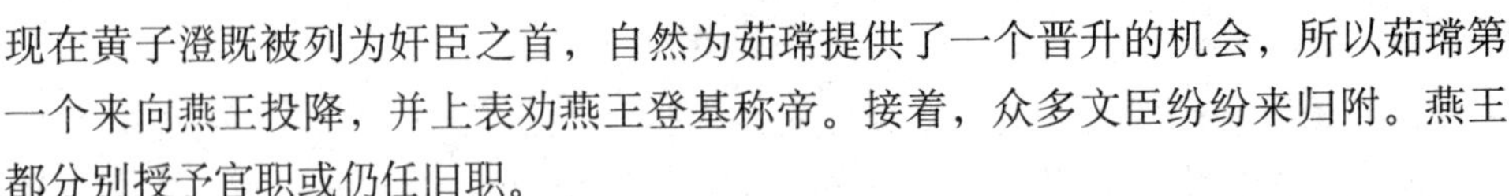
现在黄子澄既被列为奸臣之首，自然为茹瑺提供了一个晋升的机会，所以茹瑺第一个来向燕王投降，并上表劝燕王登基称帝。接着，众多文臣纷纷来归附。燕王都分别授予官职或仍任旧职。

十四日，茹瑺等一批降臣上表请求燕王即位。

燕王说道："我无端而被难，不得已起兵自救，意在效法周公之故事，传名后世，想不到幼主不谅，竟自轻生自焚，我现在已经得罪了天地祖宗，怎么还敢想到再登大宝呢？还是请你们再选德才兼备的亲王来继承王位吧！"

茹瑺与众臣叩头再请，燕王说道："本王只想起兵诛杀奸臣，如果就了大位，天下人不是误认我是在垂涎帝位么？你们不是陷我于不义么？"

大臣们仍然跪着不起，燕王无奈，只得说："待明日再议吧！"

第二日，跟随燕王南征北战的将士们也上表请求燕王即位。

大凡古代帝王登基继位，均讲求谦让之礼，一则是燕王一贯以"清君侧，诛奸臣"效法周公辅政来向天下发出号召，如果自己速速即位称帝，则大家心理上不能接受，自食已言，难服人心；二则是三谦未毕，还不是登基的时候，所以，仍未答应将士的请求。

燕王说道："登基承位，非我所愿，诸位为何相逼！"

到了十六日，诸亲王和文武大臣们又上表请燕王即位。

谷王朱橞说道："天眷圣明，宏开景运，群奸既去，社稷永安。恭唯大兄殿下，龙凤之资，天日之表，祯祥昭应于图书，尧舜之德，汤武之仁，勋业夙彰于海宇。迩者险邪构祸，毒害宗亲，谋动干戈，几危社稷。乃遵承于祖训，聿奉行于天诛，一怒而安斯民，备文王礼义之勇，不四载而复帝业，超世祖中兴之功，武以剪戢，克全皇考之天下；文以经纬，聿明洪武之典章，实天命之所归，岂人力之能强？原俯循于众志，庶永韶于洪基。唯我诸弟谊重天伦，情深手足，荷蒙拯溺，得遂生全，抵迓龙舆，畚正天位，庶皇考之天下永有所托，四海之赤子永有所归。幸鉴微忱，毋频谦让。无任激切之至，谨奉表以闻。"

群臣以为古之三谦之礼已毕，燕王该登基了，谁知燕王决心把这个三谦之礼要行得尽善尽美、恰到好处，这也许正是燕王的高明之处吧！

燕王越是沉得住气，群臣越是急不可耐。就在六月十七日这一天，群臣们又第二次上表劝进，燕王不肯。群臣们跪地不起，仍然固请，茹瑺说道："殿下德为圣人，位居嫡出，当承洪基，以安四海。虽谦德有光，复谁与让？且天命所钟，孰得而辞？殿下宜早践大位，使臣民有所依凭，以归天下之望。"

燕王见群臣固请已达无以复加的地步了，于是说道："汝等如此固请，使我左右为难，汝等所欲，则非我所欲，从汝等所欲，则我勉其难也！"

群臣又一齐跪地道："殿下若不依臣等所请，臣等则永跪不起！"

于是燕王说道："汝等暂且请起！我只有听从汝等之命了，容我再思之！"天子的"三谦"之礼终于接近了尾声。

六月十七日，天气晴朗，南京城的山山水水都呈现出一片祥和的气象。远处，青山葱翠，近处，绿水悠悠。如同以往一样，燕王一大早就起了床，众将士也都整治好了鞍马，做好了进城的准备。

燕王骑在马上，手揽着缰绳，马蹄踏在路上，发出清脆缓慢而又有节奏的声音，他的身体也随着马步有节奏地轻轻地颠动着。长期的军旅生活练就了他那强健的体魄，结实的肌肉紧裹在戎装之内。两绺胡须分列左右，一绺长髯飘在胸前，微紫色的面颊上，一双眼睛显得格外有神，这位四十三岁的壮年豪杰，在阳光的照耀下，更显得威武刚毅。

燕王纵目远望，前方一边是郁郁葱葱的钟山，一边是雄伟的城关。如今这一切都如同他手中的缰绳、座下的战马一样，都是属于他的，他可以主宰它们。前面是在风中飘舞的旌旗，后面是威武雄壮的大队人马，道路两边是匍匐拜倒的人群。他知道，他是正走在通往皇位的路上。是啊，他今年四十有余，眼前的这一切又使他想起了袁珙四年前的预言，看来袁珙的"年过四十髯长过胸便成为九五之尊"的预言今日就要成为现实了。

燕王正在遐想，忽然从路边的人群中冲出一人拦在马前。燕王不禁一怔，两边的武士上前阻拦，那人却神情自如、泰然自若。那人向前施礼道："请大王且留步，翰林编修杨荣有话禀奏！"

燕王在马上，见杨荣举止非同常人，心中想道："此人敢在路上拦马，定是有要事相告。"于是说道："请讲！"

杨荣说道："殿下此时是先入城呢，还是先谒孝陵呢？"

燕王一听，心中不禁大吃一惊："此人厉害，若不是进言提醒，险些误了大事！是呀，自己为什么就未想到这一层呢？"当然燕王也不愧是一代英豪，言语之间，已将此失误之处弥补好了，燕王随口答道："我现在正是要去谒孝陵！"燕王将马头一拨，便转向了通往孝陵的路。

燕王来到孝陵，进了孝陵正门，又来到了祭厅，亲自上香祭酒。

出了孝陵，便径直回军营。

在从孝陵到龙江大营的路上，文武大臣们把法驾、卤簿摆放在路上，并抬来了皇帝的宝座，拦住了燕王的马。

谷王朱跪在前面，拦住燕王，说道："恭请殿下登上宝座！"

燕王说道："我情愿守藩，不想登宝座！"

朱说道："殿下万不可再辞了！"说罢，与众将一道，连推带拉，把燕王拥到了宝座上。

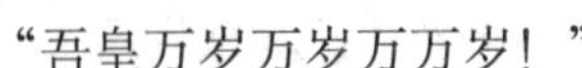

“吾皇万岁万岁万万岁！”

群臣山呼万岁之声雷动。

燕王坐在宝座之上，又说道：“诸位认为奉宗庙只有我最宜，但是宗庙事重，我不足称道，现在为众心所拥戴，我又推辞不掉，只得勉强顺从大家的心愿，诸位应当协力来辅佐我！”但他的话语早被群臣的欢呼声淹没了。

燕王稳步登上了奉天殿，在宝座上端然坐下。

群臣欢呼：“吾皇万岁万岁万万岁！”

六月十七日，众臣将朱棣推上了宝座，并山呼万岁。大明的万里江山又有了自己的新的君主。但这些，也似乎有些草率。朱棣及臣下都不会仅止于此，必须要举行一个隆重的登基大典，向天下发一个即位诏书。当然，这起草即位诏书的人当然非方孝孺莫属。

方孝孺，本是明朝开国功臣，是大文豪宋濂的得意弟子。洪武年间曾多次受到朱元璋的召见，建文帝即位，任方孝孺为翰林侍讲，次年又迁升为侍读学士，随后改为文学博士。靖难北平起兵之时，道衍曾对朱棣说起方孝孺，称他为学识渊博的儒士，并请求朱棣破城后不要杀害他，并说，杀了他，就失去了读书人的信任。这人在朝野影响极大，能得到他的支持和拥戴，自然是大有好处，所以朱棣下令要让方孝孺来起草即位诏书。

朱棣坐在奉天殿的殿堂之上，令镇抚将军伍云将方孝孺带上金殿。伍云领旨而去。朱棣面带微笑，等待着方孝孺的到来。

不一时，镇抚将军伍云跑到金殿，说道：“启奏万岁，方孝孺他……他……”

“他带来了么？”

“臣不敢奏闻……”

“快说！朕赦你无罪！”

“他披麻戴孝而来，进午门便放声大哭，不像个样子！”

“带他进来！”

“遵旨！”

方孝孺进到殿里来，只顾痛哭，也不行礼。朱棣见方孝孺身穿白孝、腰勒麻绳，不禁脸色一沉，说道：“方卿何必如此，如今国家大乱初平，百废待举，正需要上下一心，同舟共济，以图恢复，朕希望你能归心返正，弃暗投明，与朕同心治国，共富共荣！”

方孝孺两眼冒火，怒目相视，反问道：“国家大乱，谁是罪魁祸首？百姓遭难，谁是肇事元凶？”

朱棣冷笑道："事已至此，你还敢再顽固不化么？"

"乱臣贼子！野心冲天，窃国篡权，不顾万世骂名，那才是真正的顽固不化！我身为忠臣，为万岁挂孝致哀，堂堂正正，浩然之气横贯日月，虽死不屈，万古流芳，名垂千世，此乃大悟大彻，有何可惧耶！"方孝孺理直气壮面无惧色。

"满朝文武，皆闻风向顺，你难道说就不怕死么？"朱棣大怒，追问道。

方孝孺冷笑道："老子云，'民不畏死，奈何以死惧之'，我方孝孺为国殉节，恪遵臣道，其死重于泰山，死得其所，又有什么可怕的？可怕的是死后被人唾骂，遗臭万年！"

朱棣气愤地说道："传旨，把练子宁带上来！"

练子宁本是御使大夫，被捉之后，拒不降顺，并大骂朱棣是窃国篡位。

练子宁被带上殿之后，面无惧色，对朱棣正眼也不看上一眼。

朱棣厉声问道："练子宁，你还敢骂朕是篡权窃国么？"

练子宁直言答道："你起兵叛乱，逼宫杀侄，不是篡位窃国是什么？"

朱棣震怒道："一派胡言！我把你的舌头割掉，看你还敢一派胡言？"

练子宁道："朱棣，你别说是割掉我的舌头，你就是把我杀了，你还是篡权窃国！并不因为你杀了我，就改变了你篡权窃国的事实！"

"给我割去他的舌头！"朱棣怒吼道。

武士们残酷地割去了练子宁的舌头。

练子宁口不能言，对朱棣怒目而视，把手伸进嘴里，蘸着口中的血水，在玉柱上写道："燕贼篡位！"

朱棣气极了，大吼道："砍掉他的双手，灭九族！"

练子宁被砍掉双手，推下殿去。

这一切，都是朱棣做给方孝孺看的，他想用鲜血来使方孝孺屈服。

朱棣看着方孝孺，问道："方先生此时不知有何感想？"

"烈士之血，可使更多的人看清你这个逆臣贼子的真面目，烈士的英魂，可以使你这个不肖子孙无颜去见你朱家的列祖列宗，他将要像太阳一样照射出你这个叛臣贼子的肮脏的灵魂！"

方孝孺的一席话直骂得朱棣火冒三丈，大吼道："把这个奸贼立即凌迟处死！"

方孝孺平静地笑道："贼子！你不要这么狂！你越是残忍地杀戮，越说明你上违天理，下背人心，带血的刀剑能堵住忠臣的口么？"方孝孺说罢便向练子宁受刑的地方走去。

朱棣忽然说道："你想得到个杀身成仁的美名么？朕今儿偏偏不让你得到。你要做忠臣，朕偏要你做降臣！来呀！先把他关入大牢，听候处置！"

于是，方孝孺便被关进了大牢。

朱棣又派方孝孺的两个学生廖镛、廖铭到牢中去劝降，当然是不会成功的。

为了让方孝孺起草即位诏书，朱棣只得耐着性子再一次会见方孝孺。

他们在谨身殿又见面了。方孝孺仍然穿着孝服。

朱棣说道："朕将举行登基大典，方卿当换上朝服才是！"

方孝孺说道："我是建文帝的臣，我守我的孝，你登你的基，与我何干？"

方孝孺宁死不脱孝服，锦衣卫的士卒硬是撕碎孝服，强行给方孝孺换上朝服。

"先生不必过哀，我此次入京，只是要铲除奸臣以清君侧，效周公辅成王之故事，别无他意，贤卿实是错怪了朕。"

"你既来辅佐成王，如今成王在哪儿呢？"

"唉，可惜他轻生，自焚于烈火。"

"既然是成王已死，你这位周公为何不立成王之子呢？"

"你想想看，这国家大事，复杂繁纷，交给一个幼小的孩子，他如何处置？我马上就要举行登基大典了，草拟即位诏书，非先生莫属，万望不要推辞！"

朱棣说完，命从人奉上纸笔。

方孝孺从随从手中接过纸笔，立即写了四个大字"燕贼篡位"，然后一字一顿地说道："孝孺自幼读圣贤之书，文墨岂能粉饰窃国大盗！不能持戈杀贼，也要以死从君！"

朱棣指着方孝孺说道："你难道就不怕灭九族么？"

"就是祸灭十族，也改变不了我的志向！"

"好！朕就一定灭你十族！"朱棣于是下令处方孝孺以磔刑，灭十族。

朱棣把方孝孺的父兄等亲人都抓来送到方孝孺的面前。

"方孝孺，你现在回心转意还不晚，你看，这都是你的亲人！不然，他们都要因为你而死！"

"我方孝孺心如铁坚，意如磐石，你就是转动天地，也不会使我回心转意！"

"方孝孺，你好残忍哪，让他们去为你而死，真是不忠不孝，不仁不义！"

"呸！贼子，你杀侄篡权，才是不忠不孝不仁不义，猪狗不如之人，还配谈什么仁义忠孝！"

"来人！"朱棣像疯了一样，说道："先斩他的父亲！"

"是！"

方孝孺的父亲走到方孝孺的面前，说道："孝孺！为父先行一步！"

"父亲，孩儿不孝，连累了父亲！"

"你做得对，为父不怪你！"说罢，便走上了刑场。刽子手举起了大刀。

"慢！"

刽子手停了下来。

朱棣又对方孝孺说道："你写不写诏书？"

"不写！"

"把人头给我砍下！"

"是！"

"你写不写诏书？"

"不写！"

"再把他的妻子给我砍了！"

"是！"

"夫君，为妻先走了！"

"黄泉路上你我夫妻再相会！"

"把人头给砍了！"

"是！"

"方孝孺，你写不写诏书？"

"你就是把十族都砍尽，我还是不写！"

……

朱棣为了震慑群臣和百姓，便把方孝孺和他的弟弟方孝友带到聚宝门外处死。

方孝孺和弟弟方孝友肩并着肩走着。

方孝孺说道："为兄对不起全家，都是兄长连累了全家呀！"

方孝孺临行之时，昂首挺胸，正气凛然，气宇轩昂。此时，朱棣仍未放弃最后的一线希望，说道："你写诏书还是不写？"

方孝孺说道："你答应给我办好一件事，我可以再作考虑！"

朱棣道："你只要答应草写即位诏书，办什么事朕都答应！"

方孝孺道："我一生爱诗，我可诵一首诗，你给我跪着记下，然后给我贴到聚宝门外，我就可以告诉你我考虑的结果！"

朱棣说："好，朕答应你！"

朱棣跪在地上，铺纸提笔，方孝孺朗声而吟道：

天降乱离兮，孰知其由？
奸臣得计兮，谋国用猷。
忠臣发愤兮，血泪交流。
以此殉君兮，抑又何求？
呜呼哀哉兮，庶不我尤。

朱棣记下绝命诗，虽说心中气愤，但为了得到方孝孺的草拟诏书，所以还是

强压怒火，把方孝孺的诗写下。

方孝孺说道："给我贴到聚宝门上去！"

朱棣亲自将绝命词贴在聚宝门上，说道："方孝孺，你考虑好了吗？"

方孝孺说道："考虑好了！"

朱棣道："你写还是不写？"

方孝孺一字一字地说道："宁——死——不——写！"

朱棣被气得跳了起来，大声道："快施磔刑！快施磔刑！"

方孝孺道："乱臣贼子，杀侄篡位，不得善终！"

……

方孝孺演完了一幕悲壮的历史剧，但他当然不会知道，他的两个女儿和他一样，也同样演绎了一幕悲壮的历史剧。

在南京即将破城的时候，方孝孺的两个不满十六岁的女儿，随着她们的母亲住在浙江宁海的老家，但她们很快就被抓回了南京。途中，两姐妹怕进京受刑、累父母伤心，便找机会投河自尽了。

朱棣杀了方孝孺之后，又灭了方家十族。朱棣在杀了方家的外祖父母、姨表兄弟、岳父母、姑表兄弟、外甥、外孙和本家九族之后，又把方孝孺的学生郑公智、林嘉猷等人及其家属加在一起，才凑成十族。

方孝孺一案，屠杀人数达八百七十三人之多。

朱棣的登基大典，隆重地举行了。

午门外，甲士列队两旁，旗杆林立，先是侍仪舍人二人举表案进入，一鼓时刻，文武百官身着朝服，立于午门外。通赞、赞礼、诸侍卫及侍从官进入。

三鼓时，丞相之下官员进了奉天殿，燕王稳步登上宝殿，在宝座上端然而坐。此时，钟鼓齐鸣，鼓吹高奏。

将军卷帘，侍从官将御宝放于宝案。拱卫司鸣鞭，紧接着引班官在乐声中引导百官进入拜位。

赞礼官高呼："万岁登基大典开始，奏乐！"

"跪！"

"拜！"

"跪！"

"二拜！"

"跪！"

"三拜！"

"跪！"

"四拜！"

"起！乐止！"

捧表官捧表，受表官接表，将表放在表案之上，内赞官宣读贺表，宣表官上前，展表官展表，宣表官宣读贺表："恭维皇帝陛下，奉天永昌，承运久泰……"

宣读贺表结束，赞礼官宣布礼毕，鼓乐大奏，文武百官行四拜礼，然后山呼万岁："吾皇万岁万岁万万岁！"

即位大典结束后，朱棣即令发布即位诏书，诏告天下：

奉天承运，皇帝诏曰：太祖高皇帝终生维艰，开创帝业，一统天下，封建诸子，同卫王室。太祖高皇帝寿终弃民。皇孙允炆承位，不料奸臣欺幼，发兵构祸，屠害太祖骨肉，祸患太祖社稷，不得已，北平发兵自救，除奸臣，清君侧，卫社稷，从周公成王之故事。不料幼主不谅，竟自焚殒命，致使天位空虚。诸王及文武百官，四次固请，不敢有应，然终无辞可脱，只得勉从众意，登基以承天命顺民意。始称为皇帝，改年号为永乐，明年为永乐元年，今为洪武三十五年，建文年号废而不用。钦此。

永乐皇帝的登基典礼，标志着建文王朝的结束，永乐王朝的开始。摆在永乐皇帝面前的第一件要事，就是搜捕建文朝在逃的大臣，惩治列入奸臣榜上的未来投降的奸臣。因此，靖难之役的余波正在逐步消失，建文王朝的大臣们仍在演出着为建文王朝尽忠的人生历史剧。

就在燕军攻入南京的时候，翰林修撰王叔英当时正奉诏在外募兵。王叔英听到了京都城破，永乐皇帝已经登基的消息之后，终日不食，号啕大哭。别人劝他时，王叔英说道："为臣者唯忠于国，今国破君亡，臣岂可偷生也！"于是提笔，在其桌案之上写道："生既已矣，未有补于当也；死亦徒然，庶无愧于后世。"

当天夜晚，王叔英来到一棵银杏树下，一轮残月，苍白无力，就像是一个仅存一息的病人的脸，没有一丝生机。周围，是死一般的寂静，静得让人毛骨悚然，静得让人心酸落泪。王叔英跪在地上，默默地磕了三个头，他没有什么祝愿，也没有什么祈祷，只是在地上默默地跪着。这时，从银杏树上传来一声猫头鹰的叫声，那叫声包含着几分凄厉。接着，又传来一阵猫头鹰的笑声，一阵过后，又是一阵猫头鹰的笑声，那声音可使你全身起满鸡皮疙瘩。这时，天上一颗明亮的星星拖着长长的尾巴从王叔英的头顶上划过去，好久才消失，王叔英知道，是到了在他的人生之路上画句号的时候了。

王叔英笑道："万岁！臣随你来了！"

第二天，人们在那棵银杏树下，发现了一具自缢的尸体，那就是翰林修撰王叔英。

三、六、九是上朝之日，永乐皇帝端坐于宝座之上，接受百官朝贺。

“吾皇万岁万岁万万岁！”

“平身！”

“谢万岁！”

永乐皇帝说道：“朕自北平兴义兵以来，身历百战，扫平贼寇，廓清环宇，创立宏业，文臣竭忠尽智，呕心沥血，武将冒矢顶石，万死一生，功大于天，无此大天之功，朕何能及今日也？奖忠罚奸，乃帝王之道驭国之术。凡有功于国者，皆当奖封。宣旨官宣旨！”

于是，宣旨官便朗声宣读圣旨：

奉天承运，皇帝诏曰：朕发靖难之役，而今得廓清环宇，重振帝业，而朕之将士官员，军士黎民，冲锋陷阵，万死一生，功大于天，故此嘉奖赏封。

朱能封为成国公，食禄五千二百石，子孙世袭。丘福封为淇国公，食禄五千二百石，子孙世袭。张玉，东昌阵亡，追封为荣国公，并对其父亲、祖父、曾祖父俱三世赠王。

封侯者房宽等十人，封伯者张辅等十人或袭原职，或承袭同职，其详由吏部奉旨加封。

从征将士四等赏封，一等奇功，二等首功，三等次功，四等大旗下功，其详由兵部奉旨加封！钦此。

“谢主隆恩，吾皇万岁万岁万万岁！”

接着，宣旨官又宣读了一个特旨，这道特旨是专门下给道衍的。永乐皇帝为什么要专给道衍一道特旨呢？

原来道衍在永乐皇帝复国的整个过程中，他的功劳是任何别的文臣武将所不能比的。想当初，促使永乐皇帝靖难发兵的是他，坚定永乐皇帝将靖难之役打到底的是他，给永乐皇帝复国出谋划策的是他，在危难关头为永乐皇帝排忧解难的还是他。可以这样说，如果没有道衍，就不会有长达四年的靖难之役，如果没有道衍，就没有今日君临天下的永乐皇帝，所以永乐皇帝对这位开国元勋要大加封赏了！

宣旨官又朗声宣读特旨：

奉天承运，皇帝诏曰：朕靖难获胜，君临天下，军师道衍大师功劳第一，天地可鉴。立靖难之志，兴靖难之兵，谋靖难之策，排靖难之危，成靖难之果。此天大之功，非他人之可比。故朕特旨特封。朕封道衍为永乐勋国公，皇帝第一师，王师统建大元帅，僧禄司左善事。俸禄十万石，田庄十万顷，建永乐勋国公府宅一座，钦赐宫女二人。复其姚姓，赐名广孝，准其蓄发还俗。文官见其下轿，武官见其下马。皇宫内外，任其出入，面君奏事，任何人不得拦阻。钦此。

永乐皇帝的这道特旨，对道衍来说，可谓是恩宠无以复加了，道衍是一人之下，万人之上。满朝大臣无不投去敬畏、钦佩的目光。

“还不快谢主隆恩啊！”

“大师，快谢主隆恩啊！”

此时，道衍出班，跪下道：“吾皇万岁万岁万万岁！”

永乐皇帝见道衍不谢恩，便问道：“爱卿不谢朕，莫非嫌朕赏封不够么？”

道衍说道：“启奏万岁，万岁封赏，无以复加，皇恩浩荡，臣感激不尽，只是臣乃出家之人，四大皆空，不求富贵。广修善事、济世救民、普度众生，乃贫僧终生之志也。万岁封赏，臣只受僧禄司左善事之封，其他赏封，臣概不享受，请万岁体察贫僧之志，勿再相逼，阿弥陀佛，善哉善哉！”

永乐皇帝说道：“爱卿之志，朕自了解，然爱卿功不可没，爱卿不受赏封，朕心何能得安？还望爱卿勿拒！”

道衍说道：“贫僧之志已明，万岁若硬是逼臣受封，臣自有拒封之策！”

在巨大的荣誉和名利面前，道衍只受了一个僧禄司左善事的小小僧官，其他赏封，一概不受，他仍旧住在寺庙之中，平时身着僧衣，只有上朝时才穿朝服。所赐的宫女，一个多月不与她们言语，无奈，永乐皇帝只得将其招回。他把赏赐的金帛全都分给了他的乡邻，只是在永乐二年时，才做了太子师。直到他死后，永乐皇帝才追封他为“推诚辅国协谋宣力文臣，特进荣禄大夫、上柱国、荣国公，谥恭靖”，并以同官追赠他的父亲和祖父，当然，这一切都是后来之事。

宣旨官又宣读了第三道圣旨：

奉天承运，皇帝诏曰：在靖难之役之中，平民百姓也曾为朕守城助战，凡有功者皆赏。北平、保定、通州之百姓，免除其二年租税。凡妇女每人赏钞一百贯，绢一匹，棉花三斤。

南京渡江之时，舟工周小二亲自为朕操舟，故擢上海县民周小二为巡检，赐彩帛二匹，钞百锭，蠲其徭赋三年。上凡诸事，由地方州县奉旨赏封。

都督徐增寿，靖难中，暗欲助朕，因做事不密而见杀，深为痛惜，追封为武阳侯，其子孙世袭。钦此。

“谢主隆恩，吾皇万岁万岁万万岁！”

永乐皇帝又说道：“凡有功者，朕必予奖赏，如有遗漏者，速呈报于朕，不可使有功者而漏赏！”

"遵旨！"

这时有传事官来报："启奏万岁，奸臣原监察御使尹昌隆就刑之时，大呼冤枉，他言自己有功于陛下，故而暂未行刑，前来请旨！"

永乐皇帝说道："把他带到殿里来，朕要亲自审问！"

"遵旨！"

不一时，尹昌隆被带来金殿，跪地说道："罪臣尹昌隆叩见吾皇万岁万岁万万岁！"

"尹昌隆！"

"罪臣在！"

"朕来问你，刑场喊冤，你有何冤枉？"

"启奏万岁，臣虽有罪，但罪不当诛，臣有功于陛下，陛下不赏我功，反而受诛，岂不冤枉！"

"你对朕有何功劳？"

"万岁靖难之时，臣曾上疏于建文帝，将皇位让于陛下，今奏牍尚存，可复案也！臣为万岁求皇位，不亦有功于万岁乎？"

原来，在燕军南下之时，尹昌隆曾上疏建文帝，上疏奏云：

今事势且去，而北来章奏有周公辅成王之语，不若罢兵息战，许其入朝。彼既欲伸大义于天下，不应便相违戾。设有蹉跌，便须举位让之，犹不失藩王也。若沉吟不断，祸至无日，进退失据，虽欲为丹徒布衣，不可得矣。

"你的上疏现在何处？"

"建文之疏奏表章，档案可查！"

永乐皇帝令人去查，果然查得奏疏。

永乐皇帝看了奏疏，感慨颇深，沉吟一时，说道："当初之时，你能直言上疏，劝其让位，实有浩然之气，朕命你为北平按察使司，速速上任去吧！"

"谢主隆恩，吾皇万岁万岁万万岁！"

永乐皇帝举行登基大典之后，早在进南京城的当日，就发出了缉拿奸臣乱党的命令，并公布了悬赏的方法，所以这样一来，逃命在外的建文忠臣们便很快地被擒获。黄子澄就是最早被擒获的。

南京城破之时，黄子澄"奉旨秘密募兵"，他与苏州知府姚善一起准备到海外借兵，然后再作良图。永乐皇帝发燕王令之时，黄子澄正在太仓，结果被武士汤华所捉，便押上囚车送到南京。永乐皇帝亲自审问。

"黄子澄，朕来问你，知罪否？"

“臣无罪！”

“你惑乱幼主，矫旨发兵，残害太祖骨肉，祸国殃民，岂非大罪？”

“臣奉旨行事，恪守臣道，忠贞不贰，何罪之有？”

“朕刚才所言，岂非罪恶？”

“那些罪名乃殿下强加，绝非臣之罪！”

“朕已称帝，难道不知？不呼陛下而呼殿下，岂不是蔑视天子！”

“臣仅知殿下是以兵力而取富贵，不知殿下即此位，臣只以为，富贵瞬息，不足轻重！殿下向来悖谬，不可为训，恐子孙有效尤而起而无足怪者！”

“你这奸贼！死到临头，还诋毁于朕！不杀你不足以报太祖之仇，不足以平朕心头之怒！”

“殿下就是杀了臣，也不能改变你杀侄篡位的事实！”

永乐皇帝勃然大怒，命将他宗族六十五人、妻族外亲三百八十人全部带至。大人小孩，哭声动天。

黄子澄见状，不禁心中悲怆，向他们说道：“黄某连累了诸位，黄某给诸位磕头谢罪了！”

永乐皇帝说道：“你既知有罪，就把自己的罪恶写出来！”

黄子澄并不言语，挥笔疾书，写毕，将笔掷于地上。

永乐皇帝取来看时，只见纸上写道：

本为先帝文臣，不职谏削藩权，不早以诛此凶残，后嗣慎不足法。

永乐皇帝大怒道：“立即将他的双手砍去！”

只听得黄子澄一声惨叫，双手便被砍了下来，顿时鲜血直流。黄子澄只疼得脸色灰白，豆粒大的汗珠流了下来。

黄子澄骂道：“朱棣，你这乱臣贼子，不得好死！”

永乐皇帝咬牙说道：“再砍去其双脚，让他变成‘人豕’！”

黄子澄的双脚又被残忍地砍掉了！黄子澄成了一个“人豕”。黄子澄已经疼得昏死了过去，永乐皇帝对这位“人豕”仍不放过，还要把这“人豕”处以磔刑。

黄子澄被处死之后，全家人不分老幼，全部被杀，姻亲都被谪戍边疆，只有一个儿子改名田经，逃居湖北咸宁，黄子澄这一家才免于断嗣。

永乐皇帝刚处死了黄子澄，另一个首恶奸臣又被送到了京城，那就是齐泰。同时被送来的还有其从弟齐敬宗，叔父齐时永、齐阳彦等人。永乐皇帝闻奏后，又亲自审问。

原来，在南京破城之前，齐泰也是“奉诏秘密募兵”的。南京破城之后，官军则四处捉拿齐泰，不得已，齐泰只得四处逃命。

因为齐泰骑的是一匹白马，因此多数人都认识，齐泰怕被人认出，便用黑墨将白马染成了黑马，急忙逃命。

齐泰等人来到安徽广德，还未曾进得城门就见城门边贴着通缉的布告，上面还画着图像。齐泰近前一看，那图像画的正是自己。齐泰心中暗自吃了一惊，骑上马便走。

因为心慌害怕，他的行动引起了兵士们的注意。齐泰的马因困累流汗，把黑色冲去，便露出一道一道的白色来，黑马变成了白花马，人们议论道："你们看这匹白花马的花纹多好看，一道儿一道儿的。"兵士们并不认得齐泰，只知要捉拿骑白马的人，齐泰见人们议论着都看他的马，便翻身上马，打马飞奔，其他随从的人见齐泰飞马而去，便也急忙飞马而逃。兵士们心疑，便招集人马追将过去。

齐泰见官兵追来，更是拼命逃命，那马则全身流汗，如同落汤鸡一般，不一时，黑马完全变成了一匹白马，遮掩被识破了，齐泰等人只得束手就擒。

永乐皇帝说道："齐泰，见了朕为何不跪？"

"……"

"齐泰，朕来问你，你可知罪？"

"……"

"大胆奸贼，死到临头，还敢蔑视朕！"

"……"

"齐泰，朕可以杀你全族！你信么？"

"信！窃国大贼，你就是到了千年之后，也逃不了一个'篡'字！你信么？"

齐泰的一句话，好比一把利剑，刺疼了永乐皇帝的心。永乐皇帝大怒道："把他们押出去，全部斩首！"

"是！"

永乐皇帝一声令下，齐泰他们被押到了午门外。

齐泰站在午门外，远眺钟山，又环视了一下南京城，长叹了一声。

齐敬宗说道："兄长为何叹气？"

齐泰道："我曾经为之呕心沥血的南京城，我们就要与之分别了！不能为国尽忠，却死于逆贼刀下，甚为可惜！"

齐敬宗说道："兄长不必叹惜，只要是为国尽忠，就是死得其所，将重于泰山！"

齐时永说道："敬宗说得对，我们为忠义而死，死得值！男儿有泪不轻弹，我等为国而死，其心忠矣，其理直矣，其气壮矣！我等皆君子也，英雄也！君子当杀身成仁，舍生取义，英雄当视死如归！"

齐泰道："如此，我等高歌而就义，从容奔黄泉，五十年后，我等又是一班忠臣！”

时刻已到，刽子手开始行刑了。

“跪下！”一声粗暴的吆喝。

“跪下？我齐泰只跪君、跪父母，岂能跪篡贼的屠刀？我们就站着，看着你把我的头砍掉，你行刑吧！”

一双颤抖的手，握着大刀砍下来了，就在那白光一闪的当儿，人头落地了，身子却是直挺挺地站着！

刽子手吓呆了，双腿一软，竟跪在了齐泰没有头颈的身子前，直到半个时辰之后，那直立的尸体才倒下……

八月十五日，又是早朝之日，永乐皇帝来到金殿，在宝座上坐下，群臣分两班而立，群臣山呼万岁。

“吾皇万岁万岁万万岁！”

“平身！”

“谢万岁！”

“众家爱卿，自朕登基以来，百废待兴，万事待举，需大量官吏，而今却官吏不足，人才空缺，此事如何处之，卿等可畅言之。”

成国公朱能说道：“启奏万岁，官吏奇缺之事，臣以为，我燕军将士久经沙场，屡立战功，其间不乏文武人才，何不从中选拔？”

淇国公丘福说道：“启奏万岁，成国公所言甚是有理，不过，我燕军将士出类拔萃者皆已被朝廷赏封，其余再能在朝中为官者鲜矣！只把目光盯在将士之上，尚不能解眼前之需！”

兵部尚书茹瑺说道：“启奏万岁，自我朝开基以来，太祖为我朝留下大量官吏，只是现今仍有一批官吏，未能深明大义，仍流荡于草野之中，万岁若能广施威德，晓以大义，彼等定会争立于朝堂！”

永乐皇帝道：“诸卿所言均有其理，然实办起来，却非短时可就，而今官吏奇缺，却是燃眉之急！”

姚广孝上前奏道：“太祖之时，曾设翰林院，那翰林院，却是人才之摇篮。而今翰林院虽不如太祖时之鼎盛，然毕竟是一个人才之所呀，万岁何不在翰林院上费点心思呢，说不定还能从翰林院挑出几个人才呢？”

永乐皇帝大喜道：“爱卿所言甚是，朕怎么就没有想到翰林院呢？朕明日就去翰林院走走！退朝！”

“退朝——”

退朝之后，永乐皇帝与群臣们都和平时一样向门外走去。永乐皇帝刚刚走出

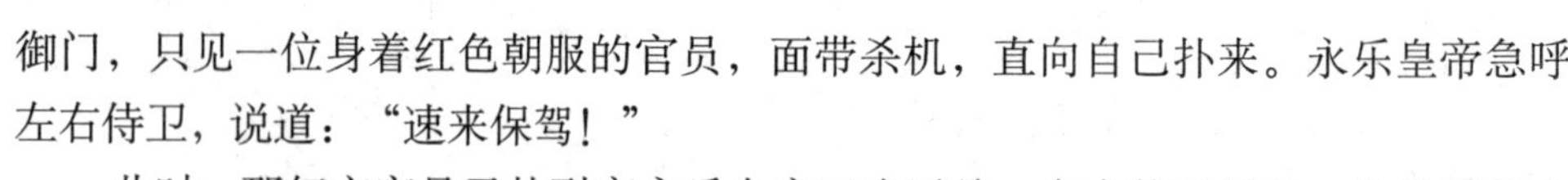

御门，只见一位身着红色朝服的官员，面带杀机，直向自己扑来。永乐皇帝急呼左右侍卫，说道：“速来保驾！”

此时，那红衣官员已扑到离永乐皇帝三步远处，左右侍卫见状，急忙将其拿住，从身上搜出一把利剑。

永乐皇帝道：“景清，你好大的胆子，竟敢来刺杀朕！”

景清，原是左佥都御使，与方孝孺关系甚密。南京城破之前，景清与方孝孺约定，决心以身殉国。燕军攻破南京城后，建文帝的旧臣们宁死不屈，燕王“清宫三日”，将所搜到的建文帝的宫人、女官、内官多数处死，左佥都御使景清却投降了燕王。

燕王登基，改年号为永乐，是为永乐皇帝。永乐皇帝对景清十分优待，让他官复原职。但是，景清的表现却有些怪怪的，平时上朝一言不发，从不奏事，久而久之，人们发现景清的衣襟中好像藏有什么东西，于是人们老是怀疑景清要干出点什么事来。当然，这一切早有人禀报给永乐皇帝。所以，当景清奔向永乐皇帝时，永乐皇帝自然警惕，便急呼左右侍卫护驾。

景清被搜出利剑，知道事已败露，便直立在金殿之中，高声大骂：“朱棣谋逆篡位，杀侄窃国，是天下第一大盗，当天诛地灭！”

永乐皇帝说道：“你来刺杀朕，朕没有惩办你，你倒来辱骂朕，看朕不割了你的嘴！来呀，割开他的嘴，撬了他的牙！”

“是！”

武士们用刀将景清的嘴割开，而后用刀尖把牙齿一个个给撬掉。景清疼得浑身抖动，脸上的肌肉在一阵阵抽搐着。

景清仍大骂道：“朱棣，杀侄篡位，猪狗不如，你杀害忠良，永世不得好死！”

永乐皇帝道：“朕现在就让你不得好死！”冷不防，景清把口中的血水猛地一口喷在永乐皇帝脸上和龙袍上。永乐皇帝大怒，对武士喝道：“把他的皮给剥下来！”

武士们像扒衣服一样把景清的皮给剥了下来，景清开始还能叫出声，后来声音渐渐微弱，最后什么声音也听不见了，大臣们胆大的早吓得面色如土，胆小的只得低着头、闭上眼，连看一眼也不敢看。

一个血肉淋漓的躯体展示在人们面前，从一鼓一瘪的腹部的运动中，大臣们知道景清还活着，极其痛苦地活着，他在用自己最后的生命向人们说明：做一名忠臣，将是要付出何等惨痛的代价！忠臣的惨痛下场，也在鲜明地向人们揭示着事物另一面的本质。

如此残酷的场面并未能消去永乐皇帝的怒气，他咬牙切齿地说道：“把他的皮给贴到城门上去，把他的尸体剁成肉泥！”

永乐皇帝回到后宫，觉得有点儿累，便坐在龙椅上休息。内侍献上一杯茶，他便慢慢地品味着……

“朱棣！”

永乐皇帝一惊，心中想道：“谁？竟敢如此大胆，敢直呼朕的名讳！”

只听得“当”的一声，门被踢开了！

“朱棣！快快还命来！”

“景清！”永乐皇帝抬头一看，大吃一惊，只见景清手持利剑，站在自己面前。

“景清！你不是死了么？”

“我没有死！我是不会死的，不杀了你这个篡位贼子，我是不会死的！”

“你要把朕怎么样？”

“怎么样，我要为建文帝报仇，为被你杀死的忠臣们报仇！”

景清说罢，便拿着利剑，对着永乐皇帝的心口窝儿，用力刺进去！

“啊！”永乐皇帝只觉得心口一阵剧疼，不禁大叫了起来。

“万岁！万岁！”永乐皇帝的耳边传来了内侍轻轻的呼唤。永乐皇帝醒来，原来是一场噩梦。

“万岁！方才万岁是……”

“朕刚才做了一场噩梦，朕梦见景清又手持利剑来刺杀朕，可把朕给吓坏了！难道景清还要来谋害朕么？”

“这个……万岁，景清不会来谋害万岁了，他已经死了。”

“是的，他已经死了，他不会再来谋害朕了！”

景清是死了，但永乐皇帝对景家的杀戮并没有完，残酷的杀戮仍在进行着。

景清的亲族被诛杀了！

被牵连的亲族的亲族又被诛杀了！

屠杀圈在一步一步地扩大，就像顺着瓜藤摸瓜一样，一个连着一个，一个连着又一个！

最后，景清的家乡成了一个方圆数百里的无人区！连鸡犬都不存的废墟区！这就是震惊古今的“瓜蔓抄”！

为了解决官吏奇缺的问题，姚广孝向永乐皇帝提出了到翰林院寻觅人才的建议。永乐皇帝很是乐意。这一日早朝，永乐皇帝又提及此事。

永乐皇帝说道：“为解目前官吏奇缺之需，可从翰林院中挑选一些才识之士，让他们出任官吏，各卿可为朕提供人选，以备选用！”

成国公朱能说道：“启奏万岁，此议最早由姚大人提出，想来姚大人早已是胸有成竹，万岁何不让姚大人细细说来？”

永乐皇帝说道："成国公说得也是，还请姚爱卿细说其详！"

姚广孝说道："启奏万岁，臣已想好了七个人，他们是解缙、黄淮、杨士奇、胡广、杨荣、金幼孜、胡俨七人，还请万岁圣裁！"

永乐皇帝道："请爱卿细说其详！"

姚广孝便将七人详情奏明永乐皇帝。永乐皇帝听后，龙颜大喜，说道："甚合朕意！速宣他们七人进殿！"

姚广孝说道："万岁喜得良才，可喜可贺！"

群臣也一齐说道："恭贺万岁喜得良才！"

永乐皇帝道："朕与诸位爱卿同喜！"

"吾皇万岁万岁万万岁！"

不一时，解缙等七人进得奉天殿来。只见此七人个个气宇轩昂，人人精神昂扬，生气勃勃，使整个奉天殿内充满了一股青春的活力。永乐皇帝见了，也不禁心喜。

"臣叩见吾皇万岁万岁万万岁！"这山呼万岁之声犹如一阵春雷。

"平身！"

"谢万岁！"

"七位爱卿，汝等博学多才，年轻有为，朕委汝等官职，侍奉朕于左右。朕封解缙为侍读，黄淮为中书舍人，杨士奇为编修，胡广为侍讲，杨荣为修撰，金幼孜、胡俨为翰林检讨！各赐五品官服！"

"谢主隆恩，吾皇万岁万岁万万岁！"

按明朝制度，新帝登基后都要为前朝修实录，成一代国史。建文元年正月，建文帝即敕命修《太祖高皇帝实录》，任命礼部左侍郎兼翰林院学士董伦、礼部侍郎兼翰林侍讲王景彰为总裁官。太常少卿廖升、高逊志为副总裁官。翰林院修撰、国子监博士王绅、陕西汉中府县胡子昭、江西崇仁县训导罗恢、云南马龙他郎甸长官司吏目程本立等人为纂修官。另外，知县叶仲惠也参与了《实录》的编纂。

永乐皇帝登基之后，读了《太祖高皇帝实录》之后，很不满意，特别是对于其中指责靖难功臣为奸臣逆党，大为恼怒，便下令将参与编写的人员处死，但对叶仲惠却还客气一点，命其自裁。

永乐皇帝处死了参与编纂《太祖高皇帝实录》的人，但事情并没能了结，于是便决定重修《太祖高皇帝实录》。十月九日早朝，文武大臣齐集。

永乐皇帝说道："先皇祖制，新朝必修国史，朕观过去建文所修实录，遗漏很多，兼有失实之处，今命儒臣，重加修纂，要使圣德昭明，也好重裕万世！不知众卿之意如何？"

群臣说道："吾皇圣明，重修国史，昭彰太祖圣德，功在千秋，德垂万世，实乃明德之举！"

永乐皇帝道："如此，即重修《太祖高皇帝实录》。朕即命太子太师曹国公李景隆为监修、太子少保兼兵部尚书忠诚伯茹为副监修，侍读解缙为总裁官，着手重修《太祖高皇帝实录》！"

"臣遵旨！"

十一月十日，永乐皇帝依照明朝礼制，开始斋戒，并派遣官员去祭告天地、宗庙。十二日，侍仪司在华盖殿御座前设置册宝案。

十三日，正式举行册封皇后的仪式，徐妃正式成为徐皇后。

第二日，百官依例上表朝贺，徐皇后拜谒祖庙，永乐皇帝在谨身殿设宴招待群臣，徐皇后在宫中设宴招待命妇。

永乐皇帝继承了太祖朱元璋生活俭朴的优良传统，生活一贯艰苦朴素，就是当了皇帝之后，也仍然是这样。

一日上朝，内侍见永乐皇帝穿的内衣竟然破烂不堪，侍臣们你看看我，我看看你，都不敢说话，永乐皇帝似乎也看出来了，并不说话，用手把破的衣袖往里塞了塞。待到大臣朝拜之后，永乐皇帝把手一挥，说道："平身！"谁知那又破又烂的长袖子又露了出来。

内侍说道："启奏万岁，请回宫更衣！"

永乐皇帝把内衣袖卷了上去，说道："不必了，内衣虽破，尚还能用，弃之可惜！朕新衣未尝没有，只是想昔日皇妣缝补旧衣，皇考见了大喜说道：'皇后身居如此富贵，尚勤俭如此，正可为子孙所效法。'所以朕常守先训，不敢有忘！"

茹说道："吾皇勤俭如此，诚然是万世之法，臣民之福也！"

永乐皇帝又说道："为君者，当为一国之民造福。为官者，当为一方之民造福。不然，则为君为官又何为？"

众臣都说道："吾皇教诲极是，臣等终生永记！"

永乐皇帝又说道："治国之道，文武兼备，朕登基之初，百废待举，极需大批贤能之士，欲得贤能，唯有兴学；只有兴学，方能育得大批贤能之士。朕观乡学，多有凋敝，故欲重开乡试，大兴办学之风，诸爱卿以为如何？"

诸臣说道："我华夏自古乃礼义之国，文明之邦，众多贤良，无不出于科举，万岁重开乡试，大举办学之风，此乃千古盛事，万代宏业，功在千秋，利在当今！吾皇圣明！"

永乐皇帝说道："既是如此，传下诏去，全国举办乡试，大举办学之风，各州府县衙须全力去办，不得懈怠！"

众臣齐说道："臣遵旨！"

永乐皇帝又说道："朕效历代帝王治国之术，增陪都之制，其目的在于治国也。今我大明江山地域广大，北方蒙古久为边患，为巩固北方边陲，朕欲改北平为北京，以北京为陪都，必将有功于国也！"

朱能等说道："吾皇圣明，北平改北京，为陪都，乃国之喜事，理应贺之！"

永乐皇帝说道："传朕旨意，即改北平为北京，为国之陪都！"

"臣遵旨！"

永乐皇帝说道："今日天气不错，退朝之后，我们君臣同乐，可到外面一游！"

众臣都说道："臣遵旨！"

永乐皇帝在群臣的陪同之下，来到了灵谷寺。这灵谷寺，本来也是南京一座有名的寺庙建筑，规模宏大，殿堂高耸，绿树成荫，香烟弥漫，香客众多，磬钹木鱼之声不绝于耳。

永乐皇帝行走在绿荫之下，心情舒畅。不知何时，一只小虫子竟然掉在了永乐皇帝的衣服之上，众臣及近侍见了，正要把虫子弄下来，这时永乐皇帝也看见了，只是轻轻地把小虫子拂于地上，并不去踩死它。

在太湖边的吴江与长江入海口的吴淞口之间，有一条弯弯曲曲的河，叫作吴淞江。这吴淞江把沿江的几个湖的湖水输送到大海之中。同时，也灌溉着沿江两岸的农田，为沿江两岸的黎民百姓造了不少的福。但是，由于年久失修，河道却淤塞了起来，水流不畅，交通不便，有时遇到洪水暴涨，排流不下，漫堤溢流，会淹没良田。苏州知府苏昆见永乐皇帝日理万机、勤政为民，一心愿斯民小康，便一道奏疏传到京城，请求修浚吴淞江。

永乐皇帝早朝，朱能出班奏本，说道："启奏万岁！现有苏州知府苏昆呈上的奏疏，请万岁过目！"

永乐皇帝说道："呈上来！"

朱能说道："遵旨！"

永乐皇帝接过奏疏，细细看了一遍，问道："苏州府提出要疏通吴淞江，诸爱卿以为如何？"

宋礼说道："臣以为苏州知府之意是好的，目的也是要为百姓造福，我们何乐而不为？"

永乐皇帝又问道："修浚吴淞江，需多少银子！"

宋礼说道："臣以为当需要五十万两银子！"

永乐皇帝听了，不禁心中发愁，说道："竟然需要如此之多？"

宋礼说道："万岁，臣有一法，若能有十万两银子也就够了！"

永乐皇帝听了大喜，问道："你有什么办法，快说与朕听听！"

宋礼说道："可采用以工代赈之法，凡沿吴淞江两岸缺粮之民，可让其出工，官家供其口粮，以人丁为计，多出工者多给，少出工者少给，凡愿得官粮者均可出工。凡沿吴淞江两岸得益之商绅富豪，视其财力大小让其适量捐些银两，多则数千两，少则百十两，再加上朝廷之十万两，治河之资则备矣！"

永乐皇帝听了，大喜，赞道："爱卿好计策，好计策。此事，就交卿总管，让苏州知府苏昆具体备办，行么？"

宋礼说道："臣遵旨！"

宋礼领了圣旨，稍事准备，便来到苏州，见了苏州知府苏昆，传说永乐皇帝旨意。

苏昆说道："既是皇上委派宋大人专管此事，下官理当尽全力效命！"

宋礼说道："有大人鼎力相助，本官也就放心了。既是如此，苏州整个河段工程均由苏大人具体筹办，本官就拜托了！"

苏昆说道："有宋大人支撑掌舵，下官尽力便是！"

宋礼说道："如此甚好！"

苏昆于是便把属官徐昆传来，说道："如今本府奉皇上之旨，修吴淞江，又有宋大人大力相助，具体钱粮、民工、治河监工诸事宜，本府就委你承办！"

苏昆说道："老爷放心，属下一定尽力去办！"

徐昆说罢辞去。

宋礼说道："修浚吴淞江，工程浩大，万岁颁命治办，不可怠慢！更不可掉以轻心，此事乃皇上亲自过问，非同小可！"

苏昆说道："此人乃下官内弟，为人很是精明，办事利索，大人尽管放心！"

其实，那苏昆说得一点也不错，徐昆确实有才能，筹钱粮，调民工，监河道，整日忙得不亦乐乎，整个工程速度快、质量好，不到一年便修浚完毕。宋礼奏明永乐皇帝，永乐皇帝听后高兴，决定亲到苏州看一看，并要对有功人员进行赏赐。

苏州知府苏昆听说永乐皇帝要来苏州视察吴淞江，不由得忙碌起来，一方面让徐昆把河道再查看一遍，一方面晓谕苏州军民，将苏州城打扮得面貌一新，把苏州府官衙打扫得干干净净。做好一切准备，只等永乐皇帝的到来。

永乐皇帝在宋礼、苏昆、徐昆及其他大臣的陪同之下查看了吴淞江的河道。只见吴淞江河口齐正，河道宽阔，河水清清，水中的行船航行自如。永乐皇帝看了之后心中十分欢喜，回到苏州府衙，给苏州府的官员一个特别的赏赐——与他在一起用宴。

宴席排好，宋礼、苏昆、徐昆及其他随驾官员都侍立在旁，专等永乐皇帝的到来。

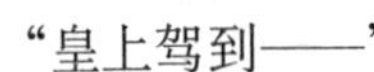

“皇上驾到——”

话音刚落，永乐皇帝便进了府衙厅堂。

“叩见吾皇，万岁万岁万万岁！”

“众卿平身！不必行君臣大礼，各自都入席吧！”

“谢万岁！”

众人都坐定之后，永乐皇帝说道：“朕见吴淞江不到一年的时间，便修浚得如此之好，所以朕心高兴，意欲与众卿共同进宴，以示嘉奖！众卿不必拘君臣之礼，可尽情畅饮！”

“谢万岁！”

永乐皇帝与众人刚饮过三盅酒，就听得有人在外唱道：

吴淞江水清又清，御宴之上乐融融。
贪官宴上把酒饮，不知心中明不明。

这御宴之上君臣们正在饮酒，听了这四句歌声，都放下了酒盅，停下了筷子。大家都互相看着，不敢出声。

这原因其实很简单，“贪官宴上把酒饮，不知心中明不明”不是在告御状么？谁贪了？众人都怕贪官的帽子弄到自己头上，所以都不敢说话。

永乐皇帝听了，觉得这唱歌的人是话中有话，不是分明是说有贪官在这里喝酒，暗自嘲讽自己清贪不明、贤愚不分么？

于是永乐皇帝说道：“来人，把那唱歌人给朕传来！”

侍从官员听永乐皇帝如此一说，不敢怠慢，即刻走了出去，不多时，将唱歌人带到。

永乐皇帝一看，只见唱歌人是一身农夫打扮，可眼神举止却又不似一个寻常的百姓。见了永乐皇帝也不觉得害怕，跪在地上叩头，说道：“草民韩山叩见吾皇万岁万岁万万岁！”

永乐皇帝问道：“方才那歌儿是你唱的么？”

“是！”韩山答道。

“你说朕这御宴之上谁是贪官？”永乐皇帝问道。

“小民不敢说！”韩山说道。

永乐皇帝说道：“有朕在此，你还怕什么？”

韩山说道：“那贪官不是别人，就是徐昆！”

“什么？我是贪官？你胡说！”徐昆听了，不禁暴怒道。

苏昆听了，也不禁害怕，徐昆若真是贪官，自己也不免受连累，因为他毕竟是自己的妻弟。于是说道："韩山，这可不是说着玩的，说话可不能无凭据呀！"

韩山也不示弱，说道："万岁，草民如果没有证据，也不敢乱说！"

永乐皇帝一听徐昆是贪官，心中不悦，说道："你有什么证据，你说！"

韩山说道："徐昆他贪污治河银两一万两！"

徐昆急忙跪下，说道："圣上明察，小人没有贪污银两！"

韩山说道："你说你没贪银两，结账时一万两银子对不上账。你说，那一万两银子哪里去了？"

"这……反正那一万两银我没有贪污！"徐昆说道。

苏州知府苏昆见妻弟说话发软，料定其中必有不是，心中更是害怕，也不知如何是好。于是便向宋礼说道："宋大人，你看这……这如何是好！"

宋礼想了想，便对永乐皇帝说："启奏万岁，以臣之见，此事一时也弄不明白，待查清楚之后，再作定夺，不知圣意如何？"

永乐皇帝说道："如此也好，就依卿意，此事就由卿来处置！"

宋礼说道："臣遵旨！不过，臣只是奉旨查清事实，而后如实上奏，一切均由圣裁！"

永乐皇帝说道："准奏！"

原来，徐昆这人确实有些才干，在修浚吴淞江整个过程之中，起早睡晚，辛辛苦苦，把吴淞江修整得齐齐整整，永乐皇帝看了也很满意。但这人也有个小毛病，那就是十分爱好喝酒，而且酒量也大。所以，也就认为别人也喜欢喝酒。为了鼓励人们出力把吴淞江修浚好，就用喝酒来激励自己的属下及民工。天长日久，一万两银子花光了，账却是对不上来，只能算是贪污。实际上徐昆本人倒没往家里拿银两，这一万两银子硬是从徐昆手中漏走的！这一切也都是事实。

那韩山如何要告徐昆的御状呢？这里还有一段小经历。

原来，韩山本是一个富家子弟，自幼上学，只因没有考取功名，所以也就以农为业。虽说以农为业，韩山本人却并没有干农活，家中农活均由下人去干，而他自己，则是养尊处优、游手好闲。所以，韩山在工地上干活，哪能与整日干活的农夫相比？因此干活时总免不了要滑。

这一日，别人都在干活，韩山独自一人在僻静处睡觉，正好徐昆监工从此经过，徐昆见了，不禁大怒，喝道："你这懒东西，别人都在干活，你为何在此偷懒？"

韩山反说道："你何时见我偷懒？你不就是个芝麻粒子官么？"

徐昆没想到韩山敢与他顶撞，十分愤怒，便顺手从随从手中夺过鞭子，狠狠地抽了他三鞭子。

韩山说道："你抽吧！我早晚要报这他三鞭之仇！我记住你了！"

徐昆说道："你记住我又能将我怎么着！"说罢抽得更凶，直把韩山打得全身是血，方才罢手。

韩山有个哥哥叫韩水，在府衙内当师爷。一日，兄弟俩说起了徐昆之事。

韩水说道："此事也有些怪你，别人都在干活，你为何躲懒？"

韩山说道："哥，我何曾干过那么重的活，你又不是不知道，我那不是太疲倦了么？"

韩水说："不论如何，你也不该顶撞于他！"

韩山说道："你与他都在府中做事，就是我错了，他也该给哥一个面子吧，常言说'打狗还要看主人呢'！"

韩水说道："你且忍着吧！暂且不可胡乱造次！"

韩山说道："如此说来，我只得甘吃这个亏了？"

韩水说道："他是知府大人的妻弟，你又不是不知道，况且他又是浚河有功，你又能将他怎样？等以后再说吧！"

韩山无奈，只得回去。

也是上天安排韩山该出这一口恶气。只因苏昆知府大人是将钱粮大权放给徐昆的，而徐昆最后交接账目时偏偏又有一万两银子对不上号，而徐昆一时又说不出个出处来。苏昆说道："这一万两亏空非同小可！你要想办法作个交代，不然，可不好交代！"

此时韩水自然在场，于是便对韩山说道："你的机会来了！"

韩山忙问道："什么机会？"

韩水便将此事原委说于韩山。说来也巧，还未容苏昆与宋礼二人想出万全之计，永乐皇帝偏偏又来苏州视察，那韩山正好赶上了这个机会，给苏昆和徐昆二人来了个下不来台！

此事查清之后，宋礼便如实向永乐皇帝回奏。

永乐皇帝问道："此事依卿之见，当如何处之？"

宋礼说道："吾皇历来执法如山，赏罚分明，徐昆不负圣恩，将吴淞江治理得如此之好，使陛下十分满意，理应赏。然又过于爱酒，以酒激励下属及民工，致使一万两银子对不上账，只能以贪银而论。而此银虽属贪却又丝毫未占，亦当轻罚。那韩山出于报复，有失官府成仪，亦当轻罚！"

永乐皇帝说道："甚好！传朕口谕，苏州知府治河有功，赏银五千两，黄马褂一件。苏州府吏徐昆治河有功，赏银一千两。以酒激发，万两银子用项不明，实属贪银，念其不自取，从轻处之，罚一月俸银。韩山携仇揭发，心术不正，功过相当，不予追究；韩水不分愚贤，有损官府威仪，罚一月俸银！"

宋礼说道："臣谨遵圣谕！"

永乐皇帝又说道："宋礼听旨！"

宋礼连忙跪下，说道："臣接旨！"

永乐皇帝说道："宋礼治河有功，授工部尚书之职。"

宋礼谢恩道："谢主隆恩，吾皇万岁万岁万万岁！"

在明朝时，朝鲜国称作高丽。早在洪武初年，高丽国因仰慕明朝的强大，便遣使上表祝贺朱元璋登基，并请求敕封，从此两国关系密切，使臣往来不断。洪武二十五年，国王李成桂将国名改为朝鲜。

这一日朝鲜国王李成桂正在王宫中议事，有内侍来报："启奏国王陛下，大明国派使臣送来即位诏书！"

李成桂说道："我朝鲜国与大明国久为友邦，大明国此番遣使，不同寻常，快请！"

大明使臣进了宫殿，施礼道："大明国使臣叩见朝鲜国王陛下！"

李成桂说道："免礼！请坐！"

使臣说道："谢陛下！"

李成桂说道："贵使臣光临小国，不知有何见教？"

使臣道："启奏陛下，吾奉吾皇之命前来贵国颁发即位诏书！"于是将诏书呈上。

李成桂接过诏书，展开观看，只见诏书上写道：

奉天承运，皇帝诏曰：我国朝自太祖高皇帝开基以来，国富民强，四海威服。不料太祖弃国之后，幼主幼弱，奸臣作乱，朕兴义兵，铲除奸臣，重整朝纲。朕上承天命祖宗之愿，下遂臣民百姓之心，登基面南，君临天下。海外友邦，朕处之一如既往，望体察朕心。钦此。

李成桂读罢诏书，说道："贵国皇帝恩及小国，敝王感激不尽！请转告贵国皇帝，我朝鲜国愿与贵国世代通好，敝王即刻派使臣前往贵国朝贡！"

使者道："多谢陛下美意！"

当日，李成桂设宴款待大明使臣，极尽欢愉。第三日，明使臣便回国复命，永乐皇帝闻奏，心中甚喜。

新春刚过，南京城迎来了永乐皇帝登基后的第一位外国使者，那就是朝鲜国派来的使臣。

永乐皇帝刚刚接受过大臣的朝拜，便有传事官来报："启奏万岁，朝鲜国派使臣入朝进贡！"

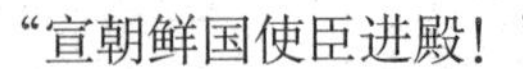

“宣朝鲜国使臣进殿！”

“宣朝鲜国使臣进殿——”

朝鲜国使臣进殿之后，依照大明礼节向永乐皇帝行礼，道：“朝鲜国使臣李贵龄叩见陛下万岁万岁万万岁！”

“平身！”

“谢皇帝陛下！”

朝鲜使臣说道：“臣奉我王之命，前来贵国朝贡，以表永世友好！并进贡宝马百匹、高丽参百支、宝石百颗、珍珠百斤。区区薄贡，不成敬意，略表寸心，恭请陛下笑纳！”

永乐皇帝说道：“贡礼收下，贵国的心意朕领了，朕也请你转告贵国国王陛下，我两国自古友好，两国之好将万世长存！”

朝鲜使臣说道：“臣谨代表我们国王多谢万岁！”

永乐皇帝说道：“礼部设宴，朕要热情款待朝鲜使者！”

“是！”

永乐皇帝在和睦邻邦以求威服天下的同时，又着手于文治方面的建设。永乐元年（1403年）七月一日，即下诏修纂《永乐大典》。八月，又下诏在全国各地举行乡试，第二年举行会试。目的是为了收罗人才，加强文治，以达文武兼举之目的。

一日早朝，永乐皇帝端坐在宝座之上，群臣进殿，山呼万岁。

“吾皇万岁万岁万万岁！”

“平身！”

“谢万岁！”

“有本早奏，无本退朝！”

“臣有本奏！”

永乐皇帝一看，是成国公朱能，便问道：“成国公有何本奏？”

朱能说道：“启奏万岁，自万岁登基以来，百废俱兴，万事兴荣，万岁虽多方招揽人才，然官吏缺乏之事仍不得解决。臣以为，诸藩王前为建文所削，而今仍闲置无所用，万岁若能让其有所为，亦可为万岁分忧！”

永乐皇帝道：“爱卿所言甚是有理，只是朕忙于他事，尚未顾及，对被削诸王，朕当厚遇之！”

淇国公丘福出班奏道：“启奏万岁，洪武三十五年九月，由太原、平阳二府及泽州、潞州、辽州、沁州、汾州等地充实北京的百姓，现已安置妥当，各地官府按户给钞，购置牛具、种子，他们现已各自安家了。北京不少荒田已被开发生产了。移民之事下一步如何办，还由万岁圣裁！”

永乐皇帝说道："北京地方还应再充实移民，此次，可令浙江、江西、福建、四川、广东、广西、陕西、河南及直隶，尤其是苏州、松江、常州、镇江、扬州、淮安、庐州、宁国、安庆、徽州等部分殷实大户充北京富户，依附在顺天府籍上，优免差役五年，还可再从山西太原、平阳、泽州、潞州、辽州、沁州、汾州迁一万户充实北京，屯田垦荒。可快去办理！"

"臣遵旨！"

永乐皇帝登基之后，被建文削爵的几位藩王，除湘王已死之外，都被永乐皇帝安排在京城闲居而厚养之。对于这些藩王，永乐皇帝不是没有考虑，而是牵涉到国家大政，所以永乐皇帝并未轻易处置。

太祖朱元璋分封诸子，给永乐皇帝一个夺得皇位的机会，这一点永乐皇帝比谁都明白，所以削减藩王的势力是永乐皇帝即位后必须解决的大问题。建文因为削藩导致丢了皇位，永乐正是以反对削藩维护藩王利益为由而起兵夺位。所以永乐皇帝必须走自己的削藩道路。反复思考之后，永乐选择了先礼后兵、欲擒故纵的削藩道路。朱能的奏请，正为他开了先路。

周王、齐王、代王、岷王自永乐皇帝登基之后，都被安排在一处闲居，他们四人解脱了建文帝给他们的牢狱之苦，自然是心满意足。这一日，忽听圣旨到，这兄弟四人便急忙前来接旨。

"周王、齐王、代王、岷王接旨！"

"臣接旨！"

奉天承运，皇帝诏曰：太祖开创大业，分封诸子，以卫王室。太祖弃国之后，奸臣矫诏，灭我骨肉，致使诸王削藩免爵，置身于囹圄之中。朕靖难发兵以自救，幸免于难。朕登基以来，诸务繁重，未顾及诸王，诸王亦当见谅。朕今恢复诸王爵位，可就之原藩，另周王加岁禄五千石，谷王加岁禄二千石，以示恩宠。望诸王恪尽职守，为国效力。钦此。

"谢主隆恩，吾皇万岁万岁万万岁！"

周王、齐王、代王、岷王接旨完毕，喜不自禁，一齐说道："有劳公公前来宣旨，请用膳后再回宫去！"

太监说道："某皇命在身，不便久留，这就告辞，王爷能得复爵，实属不易，当好自为之！"

"多谢公公教诲，恕不远送！"

周、齐、代、岷诸王被复爵后，自然过了一段痛快日子，天长日久，便忘乎所以，把太监的话也早忘得无影无踪。当然，他们更不知道，今日的皇上正在等待机会，在抓到把柄之后再合法合情、名正言顺地给他们算总账。

永乐三年八月，齐王朱因骄纵作恶而被贬为庶人。永乐十四年正月谷王朱因擅自杀人、暗聚刀兵、图谋反叛，被蜀王朱椿告发而被废。这都是后话。

其他诸王，只要不对皇位构成威胁的，永乐皇帝并不过问，对其中名声不好的，也只是削减其护卫，对他们作一些限制。这一切，都是在复爵优惠的表象之下完成的，藩位被削，心中仍安然而无怨，这正是永乐皇帝削藩的高明之处。

针对朝廷内外官吏极度缺乏的实际情况，永乐皇帝刚一登基，就以其特有的战略眼光和胆识，决定大办学校，培养有用人才，来弥补官吏的不足。于是在永乐元年就举行乡试，到了第二年即永乐二年，便举行了会试。于是，全国各地的举子都来京城参加会试。整个会试的过程均由礼部负责。永乐皇帝亲自派人到考场巡视，整个考场秩序井然，那些考试的举人都神情肃然，永乐皇帝心中很是满意。

第二日上朝，礼部尚书李至刚出班奏道："启奏万岁，礼部会试考试已毕，取士人数多少，还请圣裁！"

永乐皇帝问道："洪武年间，选士多少？"

李至刚答道："洪武年间，各科选士人数不等，多时达四百七十多人，少时只有三十人。"

永乐皇帝说道："朕初即位，人才缺乏，取士准其多者！"

李至刚说道："臣遵旨！"

礼部尚书李至刚领旨而回。不几日，便选士完毕，并奏明永乐皇帝。这一年，选取进士计四百七十二人。这四百七十二人又经过殿试之后，由永乐皇帝来回点选，一甲三名为翰林修撰、编修，二甲五十一人俱为翰林院庶吉士。

庶吉士，又称庶常，是太祖朱元璋从《尚书·立政》中采撷"庶常吉士"之语而来，其名始于洪武十八年。按朱元璋的本意，是让那些进士们在各衙门观政，在六部、都察院、大理寺等衙门内观政的叫观政进士，在翰林院、六科等近侍机构的叫庶吉士。永乐皇帝即位之后，始命庶吉士专属于翰林院，凡进翰林院的庶吉士，都要进行三年学习。凡成绩优秀者可留在翰林院，进入内阁；成绩不好的，则不能留在翰林院，只能授予州县的地方官。

因为翰林院庶吉士是国家官员的储备人才，所以永乐皇帝对他们十分喜爱，也十分关心。永乐皇帝命解缙从五十一名庶吉士中选才资英敏的二十八人进入文渊阁再培训，以备日后大用，当时号称"二十八宿"。永乐皇帝对这"二十八宿"自然是视如掌上明珠。如新科状元曾棨，就是如此，永乐皇帝对他是恩宠备至，最使他不能忘记的还是在廷试的时候。

那一天，曾棨也同其他的人一样，走进考场。曾棨打开试卷一看，见是策问，都是一些安邦治国之道。那曾棨聪明绝顶，才气过人，平时就有忧国忧民之心，时常关心国家大事，与他人论及国事，总是头头是道，目光远大、高瞻远瞩，常常是令别人赞叹不已。所以，试卷发下之后，不到一个时辰，便交了卷。

永乐皇帝看到曾綮的试卷后，心中欢喜，推崇不已，于是手提紫毫，在试卷上御批道："贯通经史，识达天下，有侍讲之学，有忠爱之诚，擢魁天下，照我文明。"

随后又将其他人的试卷看了一遍，没有一人在曾綮之上的，于是便将曾綮叫到眼前，说道："你的文章写得甚好，不愧是个人才！"

曾綮说道："承蒙吾皇过奖，学生愧不敢当！只不过是仅有一颗报国之心矣！"

永乐皇帝喜道："好一颗报国之心，朕就喜欢你有一颗报国之心！"说罢，将玉带取下，说道："朕就将这条玉带赐予你！"

曾綮跪下将玉带接了过去，高高地举在头顶上，说道："谢主隆恩，吾皇万岁万岁万万岁！"

那曾綮十分爱酒，而且酒量很大，一般的人无法与他相比，有一次喝醉了，竟弄出火灾来，将附近几家房屋全部烧光，永乐皇帝知道后，并不追究治罪。

曾綮如此好酒，虽说不是什么好事，却也使自己有一个为国立功的机会。

有一次，蒙古使臣到来，那蒙古使臣号称善饮，许多人饮酒都是他的手下败将。使臣想要一文一武两人陪其饮酒，永乐皇帝为找不到合适的人而烦恼，这时曾綮便来个毛遂自荐，要三个人对饮一天。其结果，蒙古使臣烂醉如泥，武将也醉得步态不稳，而曾綮却毫无醉意。永乐皇帝知道后，十分高兴，说道："无论文字同酒量，均为大明状元啊！"

永乐皇帝对"二十八宿"不只恩宠无限，而且要求也极为严厉。

有一次，永乐皇帝来到翰林院，"二十八宿"一齐前来迎驾："臣等叩见吾皇万岁万岁万万岁！"

"平身吧！"

"谢万岁！"

永乐皇帝说道："汝等在文渊阁攻读，情况如何？"

王直答道："臣等在文渊阁刻苦攻读，孜孜不倦，学业大进，受益匪浅！"

永乐皇帝说道："甚好！你就把柳宗元的《捕蛇者说》背于朕听听！"

"这个……臣遵旨！"王直应道。

原来，当时的文人学子，多追求浮华文风，轻视古文，不肯下功夫，所以永乐皇帝突然间要听他们背诵，自然紧张。但又不能不背，所以王直只得硬着头皮背道："永州之野产异蛇，黑质而白章，触草木尽死；以啮人，无御之者，然得而……然得而腊之以为饵，则……则可以……以……"

不想王直一时间因一个字拿不准，便停了下来，他见永乐皇帝的脸上没了笑容，心中不禁紧张，越紧张越想不出来，越想不出来，越紧张，终于背不下去了。

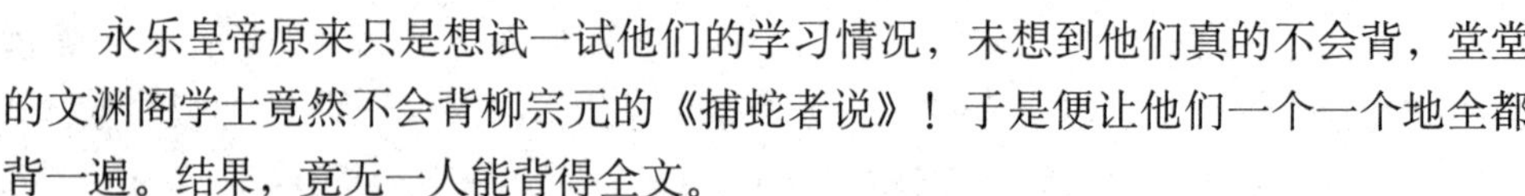

永乐皇帝原来只是想试一试他们的学习情况，未想到他们真的不会背，堂堂的文渊阁学士竟然不会背柳宗元的《捕蛇者说》！于是便让他们一个一个地全都背一遍。结果，竟无一人能背得全文。

永乐皇帝把脸一沉，喝道：“汝等皆是朕所选的最上等人才，竟然背不了一篇《捕蛇者说》，岂非怪事！朕全赖汝等治国家安社稷，不想竟是这样，不重古文，只重浮华之风，这等平庸之才，朕要汝等何用？”

他们见永乐皇帝发怒，便一齐跪地谢罪求饶，说道：“臣等无知，深负皇恩，今后一定苦读！”

永乐皇帝将袍袖一甩，说道：“早知今日，何必当初？朕不杀你们，充军云南边塞！”说罢拂袖而去。

王直、王英、李时勉等大眼看着小眼，小眼看着大眼，都说不出一句话。

王直、王英、李时勉、罗肃、陈敬宗等二十八人被充军到云南。

云南边塞，本是荒凉不毛之地，可称得上是荒山恶水。这里天气炎热，蚊虫遍地，野兽出没于其间。“二十八宿”每日里都挖山土，抬木头，日夜不闲，他们这一般读书之人，哪里忍受得了这种劳苦！只苦得他们喊爹叫娘，呼天号地。

王直说道：“诸位，都是我王直害了你们，当初我若是会背，万岁也就不会如此震怒，现在想来也是后悔莫及！”

李时勉说道：“你也不必过于自责，当初我们也不会背，若是我们都会背，也许你也不至如此！”

王英说道：“但不知吾皇如此做法意义何在？只是这一句话，可苦了我们小书生了！”

李时勉说道：“听说夏原吉夏大人来云南公干，我们何不请他帮帮忙，把我们招回去？不然，我就要累死了！”

王直说道：“是我不会背古文，连累了诸位，这个人情我去求！”

夏原吉回到京中，永乐皇帝说道：“爱卿在云南，见了‘二十八宿’否？”

夏原吉说道：“臣见到了，他们在那里生活甚苦，可以说是苦不堪言，臣以为，他们那班书生，如何受得了那种劳苦，他们学不用功，理应处罚，他们已受处罚，陛下何不早日将他们招回呢？”

永乐皇帝说道：“孟子云：天将降大任于斯人也，必先苦其心志劳其筋骨，然后可成。朕用‘治国平天下’之题选得这二十几人，为的是用以治理国家，他们不下工夫读书、掌握治国策略，将来他们如何去治理国家？今令其劳作是给他们一个反省的机会！”

夏原吉说道：“陛下为求治国之才，真是用心良苦啊！”

又过了一段时间，永乐皇帝又派夏原吉去探望“二十八宿”，见了他们之后，夏原吉与他们闲话。

夏原吉说道："我奉万岁之命来看视诸位，不知诸位在此充军受苦，有何感想？"

王直说道："我等先时只是认为万岁是因我等不会背《捕蛇者说》而怒，故意处罚我们。后来我又重读《孟子》，觉得万岁让我等人文渊阁攻读，是为了求得治国平天下之才，而见我等不肯苦读，故意让我们来云南吃尽苦头，让我们反省，然后发奋成才，此乃孟子'天将降大任于斯人也，必先苦其心志劳其筋骨'之意，万岁用心良苦，从此可见也！"

夏原吉说道："诸位若能认识于此，亦可不负圣上之苦心了！"

夏原吉回京之后，将王直之言如实向永乐皇帝奏明。永乐皇帝见"二十八宿"对过去的行为已经有所觉悟，基本上达到了自己的目的，于是便下诏让他们重新回到翰林院。

这"二十八宿"经过这一场"磨难"之后，都十分自觉地刻苦读书，终成大器，其中王直、王英、李时勉、周忱、罗肃、陈敬宗、李贞等均成为颇有名望的官吏。

永乐二年四月初四，永乐皇帝作出了一个极其重要的决定：为长子朱高炽举行册封大典，立朱高炽为太子。在今人看来，朱高炽既为长子，立为太子是理所当然之事。不论从哪个角度来看，都是名正言顺的。可在永乐年间，却经历了一个曲折的过程——这个让永乐皇帝不得安宁的难题，经历了两年的反复斗争才得以解决。

朱高炽，本是永乐皇帝的长子。因此，自从出生以来，一直得到太祖朱元璋和永乐皇帝的重视。为了培养诸子孙的能力，太祖朱元璋经常把诸子孙召入京中，培养教育，有意地让他们做些实际的事。

有一次，太祖朱元璋让诸子孙去检阅部队，其他人都认为是大事，都火速完成任务，唯独朱高炽慢慢腾腾，最后完成任务。

太祖朱元璋问道："你为何如此迟慢？"

朱高炽答道："孙儿见天气甚寒，让士兵吃过午饭后才出操，故而迟了！"

太祖朱元璋又问道："你为何这样去做？"

朱高炽答道："那士兵是为我们打仗的呀，不让他们吃饱饭，不爱护他们，他们怎么肯去为我们打仗呢？"

朱元璋说道："你有爱人之心，做得对！"

朱元璋对朱高炽非但不责备，还对他的爱人之心很欣赏。

又有一次，太祖朱元璋将一些奏本交给朱高炽，让他分拣，将重要的先呈上来。朱高炽分拣完毕，呈给太祖朱元璋。朱元璋见所拣的都是一些关于天下军民大事的奏本，其间文字上的错误并未处理。

太祖朱元璋说道："这是你疏忽了吧？"

朱高炽却答道："孙儿岂敢疏忽？只是这些小错儿不足以上渎天听！"

太祖朱元璋说道："说得对呀，为君者，当是只管大事，不问小事，这就叫作事知轻重！"

最使太祖朱元璋欢喜的是另一件小事。

一连下了几天雨。一天，太祖朱元璋忽然问道："上古之时，有了水旱荒灾，老百姓的生活靠的是什么呢？"

朱高炽随口答道："靠的是圣人有恤民之政啊！"

朱元璋高兴地说道："孙儿有君人之识啊！"

于是，于洪武二十八年，太祖钦定，册封朱高炽为燕世子，成为燕王朱棣的继承人。永乐皇帝登基后，朱高炽理所当然地要被立为太子。可是，永乐皇帝心中却不喜欢朱高炽。永乐皇帝有三个儿子，长子朱高炽，次子朱高煦，三子朱高燧。这朱高炽生性仁柔，体态肥胖，与自己极不相像。而次子朱高煦则生得身材魁梧，性格刚毅，酷肖自己，因而心中甚是喜欢。特别是在靖难之战中，朱高煦多次在危难之时救驾，屡立战功，更是使永乐皇帝永记不忘。按宗法制度，当立朱高炽为太子，按内心喜好，当立朱高煦为太子，立朱高炽为太子他心中不乐，立朱高煦为太子，不合宗法制度，因此，心中犹豫不定。永乐皇帝的这种态度，却助长了三子之间争夺太子之位的斗争。

早在靖难之役的时候，兄弟之间就暗自争斗，致使方孝孺设离间之计，朱高炽差点儿因此而被杀。

有一次，永乐皇帝命诸子与其一起谒祭孝陵。朱高炽因过于肥胖，又加脚上生点小毛病，便由两个宦官扶着往前走，还不时失足跌倒。朱高煦在后面一语双关地说道："前人蹉跌，后人知警！"

朱高炽的长子朱瞻基跟在后面，也双关地说道："更有后人知警也。"

朱高煦回头一看，见朱瞻基神情严肃，心中不禁大吃一惊。

朱高煦的争夺太子位的斗争，也直接波及大臣之间，致使一些大臣为此而丧命。

早在永乐元年，文武大臣两次上表，请立太子，但永乐皇帝却以"世子正属当进学之时"为借口，不予答复。稍后，周王又亲自上表请立太子。

永乐皇帝尽管是一拖再拖，但他自己清楚地知道，立太子问题非解决不行。他征求群臣意见，但群臣的意见也各不相同。最起决定作用的，还是金忠和解缙。

金忠是受袁珙推荐的，早在靖难时期，他就出谋划策，且多有效验。在立太子这一问题上，金忠极力主张立朱高炽为太子。

有一日，永乐皇帝又与解缙说及立太子之事。

永乐皇帝说道："近来朝中，于立太子之事，所议甚多，且见识又多有不合，扰得朕甚是头疼，解卿以为如何？"

解缙就势说道："君者，必有君子之德，不然，何以为君？古之君者之所以为君，盖有圣德而爱民也，皇长子仁孝，深受臣民所爱戴。"

永乐皇帝听了，只是低头沉思而不语。过了一会儿，解缙又跪下叩头道："万岁，别忘了，你还有一个好皇孙啊！"

听解缙这么一说，永乐皇帝才面露笑容。说到皇孙，永乐心中自然不会忘记过去的一件事。

那是洪武三十一年，永乐皇帝还在当燕王时，有一日，稍觉倦意，便独自一人在宫中休息。只觉得门"吱"的一声响，走过一个人来，燕王抬头一看，却是父皇朱元璋，燕王急忙起身相迎："儿臣叩见父皇，万岁万岁万万岁！"

"免礼！"

"谢父皇！父皇到此，不知有何见教？"

"闲暇无事，随便来看看皇子！"

"儿臣多谢父皇！"

"朕这儿有一个大玉器，朕特授予你，传之子孙，永世其昌！"

"儿臣多谢父皇，万岁万岁万万岁！"

"好自为之吧，朕走了！"

"父皇慢走，让儿臣送送您！"

燕王手持玉器，急忙起身。燕王一个转身，却是一梦，虽说是梦，但梦中之事却记得一清二楚。这时，一内侍来报："启奏王爷，世子妃张氏生下一子，恭贺王爷喜得金孙！"

燕王不禁说道："这孩子应梦而来，他日必当大富大贵！"于是起名为瞻基。

朱瞻基满月之时，燕王前去看望。只见朱瞻基眉目清秀，身子长大，不禁自叹道："这孩子英气勃勃，真是应了我的梦兆。"因此，对瞻基倍加宠爱。这朱瞻基也十分争气，一来是生性果敢机敏，酷似其祖父燕王，二来是酷爱读书，博学广识，智力杰出。所以解缙的话深深地打动了永乐皇帝的心，但他还未下定立朱高炽为太子的决心。

有一日，一位画工向永乐皇帝进献了一幅《虎彪图》，画面上画的是一只大老虎和一群小老虎相互玩耍，十分富有情趣。永乐皇帝看了也很高兴，于是说道："朕观这《虎彪图》甚是有趣，那大虎与小虎之间，似有人伦之乐，各卿家何不为其题诗而达其情！"

众臣都说道："这提笔弄文之事，莫过于侍读解大人，吾皇何不令解大人献献墨宝呢？"永乐皇帝此时也正是高兴之时，便说道："众爱卿说得也是！"转而对解缙说道："解爱卿，既是大家都推荐卿，就请解爱卿献献墨宝吧！"

解缙道："臣遵旨！"

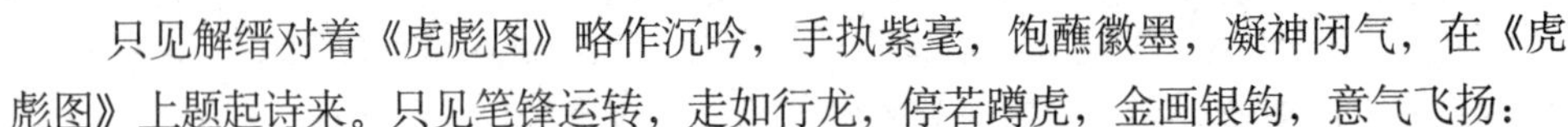

只见解缙对着《虎彪图》略作沉吟，手执紫毫，饱蘸徽墨，凝神闭气，在《虎彪图》上题起诗来。只见笔锋运转，走如行龙，停若蹲虎，金画银钩，意气飞扬：

虎为百兽尊，谁敢触其怒？
唯有父子情，一步一回顾。

永乐皇帝读罢解缙的题诗，不觉又吟咏两遍，不禁说道：“好一个‘唯有父子情，一步一回顾’！这点睛之处就是‘一步一回顾’啊！”

永乐皇帝又对解缙说道：“解爱卿啊，你为朕解除了一个大难题呀！”

解缙说道：“承蒙吾皇夸奖！”

永乐皇帝看着《虎彪图》，又将题诗读了一遍，然后停下，转过身来，说道：“诸爱卿听旨！朕决定册立朱高炽为太子，朱高煦封为汉王，朱高燧封为赵王，四月四日举行册封大典！”

“臣遵旨，吾皇万岁万岁万万岁！”

徐妃自从被永乐皇帝封为皇后之后，对永乐皇帝更是体贴入微。她谨记婆母马皇后的生前教诲，悉心照料永乐皇帝的生活起居。同时，又尽力地发挥自己是将门之女的才能，为永乐皇帝提了许多有益的建议。

永乐初年，永乐皇帝深感官吏缺乏，便举办乡试，大兴儒学，来培养人才。徐皇后便对永乐皇帝说道：“人才难得，古时伊尹辅佐商汤，姜太公辅佐周武王，他们都是杰出的人才。今日的人才，都是太祖选出来的，望陛下在选拔任用时，不要分新旧，要一视同仁，一体擢用。”

永乐皇帝认为她说得对，于是对建文时臣僚，只要是归服的，一律使用。永乐元年十月的一天，永乐皇帝令翰林学士解缙等人把宫中建文帝时官吏们所呈的奏章全部清理出来，并把凡有涉及靖难削藩的奏章分拣出来。建文旧臣不知永乐皇帝要干什么，都不知如何是好。

永乐皇帝将分拣出来的奏章，都投到在院内点燃的火堆之中。见那些奏章化为灰烬，建文旧臣们悬着的心才放下来。那些参加靖难之役的官员们不知甚意，便交头接耳，互相询问。

永乐皇帝说道：“你们叽咕什么！这里面也有你们的奏章吧！”

那些旧臣们一听，都“扑通”一声跪倒在地，面如死灰，不敢言语。

只有一人小声说道：“臣实无！”

永乐皇帝并不看他，只用眼角扫了一下，说道：“众臣不必害怕，都平身吧！”

“谢万岁！吾皇万岁万岁万万岁！”

刚才说话的人是撰修李贯，他自以为没有上过靖难削藩的奏章，便走了出来，希望能得到永乐皇帝的奖赏。

永乐皇帝问道："你说你没有，能算是忠么？"

"这……这这这……"李贯无话可说。

永乐皇帝说道："朕并不是厌恶那些忠于建文的人，只是厌恶那些引建文破坏祖宗成法的人。事建文，忠于建文，事朕，都是一样！"

众臣此时才明白永乐皇帝的心意。此时，不论是新臣还是旧臣，都各自欢喜，一齐说道："吾皇圣明，广纳贤臣，犹如大海之包容百川，社稷幸甚！"

永乐皇帝回宫之后，对徐皇后说道："建文旧臣对朕顾虑甚多。今日，朕将建文旧臣过去所上的关于靖难削藩的奏章全都当众烧了，群臣激奋异常！"

徐皇后对永乐皇帝微微一笑，说道："皇上这样做就对了，治国理民，主要抓住任用贤才这个根本。在自己的费用上可以俭省节约，但培养人才就不要惜钱财，夫妻之间相处容易，君臣之间相处和睦就很难了。天下兴衰安危，关键在于百姓之安乐，民心之所向。这也就是人们常说的天命之所在。所有这些，都是明君治理天下的至理，愿陛下切记！"

永乐皇帝很高兴，用手拍拍徐皇后的肩膀，小声笑着说道："你说得对，朕能不听么？"

徐皇后说道："你要是不听，我可就要扭耳朵了！"

永乐皇帝忙把耳朵伸过去，说道："人常说皇帝是天下第一，位至至尊，你还要扭朕的耳朵，你比皇帝还大哩！耳朵送来了，看你敢扭？"

徐皇后笑道："我这手呀，只能扭猪耳朵，陛下你那是龙耳朵，臣妾可不敢扭呀！"

永乐皇帝处置好了册封皇后和太子两件大事后，便到了永乐三年年底。这一日永乐皇帝坐在宝座之上，大臣们山呼朝拜刚毕，礼部尚书李至刚便出班奏本。

李至刚说道："李景隆家居之时，坐受阉人礼拜，如同行君臣大礼，此乃大逆不道，万岁当治其罪！"

永乐皇帝闻奏后，说道："准奏！朕即下旨，治李景隆之罪！"

群臣闻听永乐皇帝要下诏治李景隆的罪，一齐欢呼道："万岁圣明，吾皇万岁万岁万万岁！"大臣们为什么欢腾雀跃？这里面还有一段原因。

原来永乐皇帝登基之后，因李景隆与谷王在靖难之役中打开金川门有功，所以永乐皇帝封李景隆为"奉天辅运推诚宣力武臣，特进光禄大夫、左柱国"，同兼"太子太师、曹国公，食禄四千石"，官列群臣之首。并还赋予李景隆一项特权：每逢朝廷有要事需众人商议时，李景隆可以"以班首主议"。永乐皇帝下诏重修《太祖高皇帝实录》时，命曹国公李景隆监修。李景隆的这种"过度宠幸"，招致众多文武官员们的不满，于是大家纷纷出来弹劾他。

最先出来弹劾李景隆的是左都御史陈瑛。

说起左都御史陈瑛，我们还得再插入一笔。

永乐皇帝登基之后，他对自己的登基之路、在人们心目中的地位，心中是十分清楚的。有一个数字就很明确地说明了这一点：南京城破之时，建文朝在任而逃遁的大臣为四百六十三人，为国殉职的十余人，迎降者仅二十余人。因此，为了使自己的夺取皇位披上一件正义的外衣，从精神上为自己正名，消除国人对自己的怨恨情绪，便建立了一整套以都察院、锦衣卫和宦官为主体的监察机构。

对于建文王朝的降臣，永乐皇帝虽然予以接受，但心中却仍持有一种怀疑和防范的态度。在这种大气候之下，一批跳梁小丑便适应永乐皇帝惩治建文遗臣、实行恐怖统治的需要，纷纷登上了政治舞台。陈瑛和纪刚就是这样的人物。

陈瑛，原是左副都御使，永乐元年一月，永乐皇帝擢升他为左都御使。陈瑛的飞黄腾达就是从弹劾盛庸和耿炳文开始的。盛庸请降之后，永乐皇帝让他镇守淮安，一切受朝廷节制。

一日盛庸在淮安军营之中，忽听圣旨到，便急忙摆香案接旨。

钦差来到香案前站定，高声说道："盛庸接旨！"

"臣盛庸接旨！"

奉天承运，皇帝诏曰：先前因山东尚未安定，故命卿镇守淮安。如今天下一统，诸郡平安。朕念山东久经战乱，疲于转输运粮，卿当收兵养民，造福一方百姓。朕封卿为历城侯，负责安抚山东之务。钦此。

"谢主隆恩，吾皇万岁万岁万万岁！"

盛庸调到山东，虽说官居历城侯，心中常不自安。特别是一次在小酒馆里，几个喝酒人的谈话，更是让他心中不安。

一日，盛庸穿着便服，为了消遣，带一个贴身侍从在大街上闲遛，不觉进了一个小酒馆，便要了一壶酒，四个小菜，慢慢地品着酒味儿。斜对面桌上，两个人的谈话渐渐地吸引了他。那矮胖子像是一个小富户儿，那高个儿像是一个跑江湖的。一见面，两个人便热乎上了。

"哟哟哟！小老弟，这半年多未见了，你在外面可又发财了！"

"大哥也真会拿兄弟开心，小弟不论在哪里还不是混穷啊！"

"听说你这些时间跑京城啦！"

"不错，是跑京城啦！"

"有没有什么新鲜事，说给哥听听！"

"什么新鲜事，还不是万岁爷登基，惩办奸臣！"

“怎么惩办的，说来给哥听听！”

“有什么可说的！那还不是户灭九族，暴尸街头！哎，你别说，那方孝孺也算是一条铁汉子，被灭十族，临刑砍头时，还作诗呢！”

“唉！可惜了一个大学问家！”

“还有那个景清，他假投降，竟敢去行刺万岁，结果被人剥了皮，骨肉在油锅里炸！”

“哎呀，真吓死人了！”

“这是真的，京城里有的人是亲眼目睹的呀！”

“这些人都是为的啥哟！”

“你不知道哇，黄子澄的老婆、齐泰的两个妹妹，那才惨呢，都被送到教坊去了。”

“哎呀！太可怜了！”

盛庸再也听不下去了，这些事儿，盛庸有的是知道了，当然也有不知道的。盛庸只觉得浑身发冷，吃下肚去的东西直往上涌。

盛庸回到家中，夜间怎么也睡不着，过去的一幕一幕，接二连三地在眼前不断地浮现。

那是太祖在奉天殿内正在下旨：“朕擢升你为都指挥！”

“谢主隆恩，吾皇万岁万岁万万岁！”自己跪在地上，好久才起来……

在军帐中，自己也是一名参将……他记得清清楚楚——建文帝下诏：“盛庸将军，朝廷命你为先锋！”

盛庸说道：“末将遵命！”

是的，这儿是东昌，自己在指挥千军万马，直杀得天昏地暗，燕军被打得落花流水……大获全胜的捷报飞往京城，建文帝紧锁的眉头舒展开来……

永乐皇帝坐在宝座之上，接受大臣们的朝贺，望着包括自己在内的文武大臣，脸上浮现出微微的笑容，而那笑容却使自己内心惊悸，特别是永乐皇帝的那双眼睛，就像芒刺一样直刺得自己心中微微作痛……

方孝孺那颗被砍下来的人头，景清的那一张被剥下来的人皮，被人轮奸的黄子澄的老婆和齐泰的妹妹……

盛庸睡在床上，半闭着眼睛，似睡非睡。忽然，听得一声“圣旨到——”只见一位官员手捧圣旨，后面跟着几名武士。

“盛庸接旨！”

“臣盛庸接旨！”

奉天承运，皇帝诏曰：查奸臣盛庸，助纣为虐，罪大恶极，本该治罪，朕念

其能投诚归降，故不予追究，然而却不知感恩戴德，却恩将仇报，妄图造反，再图不轨，着圣旨到时，就地正法。钦此。

“啊！”盛庸惊叫一声醒来，竟吓得出了一身冷汗。

想着梦中之事，盛庸不禁害怕，他认为说不定什么时候，梦就会变成现实。左思右想，盛庸终于想出了一个办法——弃官为民。

于是，盛庸便铺纸提笔，写起表章来：

臣盛庸本出身行武，太祖时官至都指挥。伪朝建文时，为奸臣所用，屡犯王师，罪不容赦，归降之后，承蒙皇恩浩荡，罪不加诛，反加官晋爵，委以重任。故臣当为陛下肝脑涂地而在所不辞也。然臣近来身体不佳，病缠于身，操持事务，力不从心，臣恐办事不力，有危社稷，而有损于陛下之圣明也，故乞归乡里，落叶归根。叩请恩准！

盛庸这表章上奏永乐皇帝之后，不料竟让陈瑛知道了，这陈瑛探知永乐皇帝的心思之后，便使出了奴才特有的本领，开始凶狠地向盛庸捅刀子。

早朝之时，陈瑛首先弹劾盛庸：“启奏万岁，盛庸自任历城侯以来，不思为万岁尽忠，反而口出怨言，心怀异谋，万岁当严治其罪，以儆效尤！”

永乐皇帝道：“朕即下旨，削夺其爵，打入大牢，由刑部审办！”

陈瑛道：“万岁圣明！”

盛庸自进入大牢之后，便自知必死无疑。为了不连累家人，他作出了自己的选择。

有一日，见四处无人，盛庸跟一个小牢卒子假称脚上长个鸡眼，弄了把小刀片来，割断了血管，血流尽而亡。

盛庸自杀身亡，有人报于永乐皇帝，永乐皇帝只说道：“死即死矣，其罪不究！”

就这样，盛庸成了明王朝特务统治的第一个牺牲品。大家都明白是怎么回事，对陈瑛无不是侧目而看。

陈瑛弹劾盛庸致死之后，下一个目标便是李景隆了。

永乐二年（1404年），陈瑛首先弹劾李景隆图谋不轨，因证据不足，永乐皇帝只是“诏勿问”。不久，周王朱橚向众人揭发李景隆在建文时期曾接受贿赂。

永乐二年七月十五日，刑部尚书郑赐等大臣联名弹劾李景隆，说李景隆包藏亡命之徒蒋阿演等二十八人，有异谋，将构害于万岁。十六日，朱国公朱能、吏部尚书蹇义等联名弹劾李景隆有谋反迹象。六科都给事中张信又进行复劾。

永乐二年八月十三日，又有言官弹劾李景隆图谋不轨。九月二十三日，言官弹劾李景隆图谋不轨。在一片“弹李”的呼声中，李景隆终被籍没家产。

【第十一回】

扬威西洋臣服四域，尊礼圣人教化八荒

永乐皇帝登基之后，一心要做一个“万邦臣服，威震天下”的圣皇明君，但却有几块心病一直放不下。一是南海一带不得安宁，安南国不断地扩张用兵，元朝的遗孽及方国珍、张士诚等残存的反明势力，使大明颇受威胁。北方蒙古也不断南侵滋事。二是建文帝葬身火海，疑窦丛生，仍是悬案。三是百姓军民虽已臣服，但民心却还未顺服。

为了解除心病，达到万邦臣服的目的，永乐皇帝决定扩大与西方诸国的外交关系，炫耀一下大明的国威。而他选定执行这一任务的人，就是郑和。

郑和，本是云南昆阳人，原姓马，名文和，小名叫三保。早在洪武十四年，大将傅友德、蓝玉、沐英攻克了云南，十岁的马三保就被掳进军中。马三保随军被带回内地之后，被送进了燕王府，当一名小宦官。马三保人虽小，却十分聪明伶俐，深受燕王的宠爱。

靖难起兵之时，马三保被派到军中。二十八岁的马三保，此时生得高大威武，仪表堂堂。马三保勤奋好学，有勇有谋，智勇双全，精明能干，既精诗书，又通兵法，善于韬略。在靖难之役中，行营布阵，历经沙场，屡立战功。

永乐皇帝即位之后，晋他为内宫监太监，负责管理宫廷的日常事务，成为永乐皇帝最亲近的宦官。

永乐二年正月初一，百官朝拜之后，永乐皇帝在龙书案上，手执紫毫，亲笔写下一个“郑”字，说道：“宣马三保进殿！”

马三保闻召，急忙进得奉天殿来。

“臣叩见万岁，吾皇万岁万岁万万岁！”

“平身！”

“谢万岁！”

“马三保听旨：朕念你自幼侍朕，屡立大功，忠心可嘉，特赐‘郑’姓，以

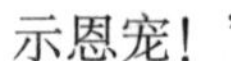

示恩宠！”

“谢主隆恩，吾皇万岁万岁万万岁！”

从此，马文和改名为郑和，人称为三保大太监。

永乐皇帝除了上述原因把出使西洋的任务交给郑和之外，还有一个原因，郑和本是回族人，信仰伊斯兰教。同时，郑和也信仰佛教，受过著名和尚的菩萨戒，又成了正宗的佛门弟子。这对信仰伊斯兰教和佛教的南洋及西洋诸国，更有利于开展外交工作。应当说，永乐皇帝把出使西洋的任务交给郑和，是十分圣明的决策，而郑和也毫不犹豫地接受了这个任务。

次日早朝，文武大臣朝拜已毕，永乐皇帝便下达了让郑和出海的诏书。

永乐皇帝亲自宣布意旨：“群臣接旨！”

“臣接旨！”

奉天承运，皇帝诏曰：朕承继大统以来，风调雨顺，国泰民安，四方臣服，威震天下。但南海一带，尚还不得安宁，扰乱海上贸易。为保我大明利益，振我国威，扩大我国与西洋诸国的友好往来，朕决定即日组织船队，派使节出使东南及西洋诸国。朕即命郑和为出使船队的正使，太监王景弘为副使，即刻准备具体事宜。钦此。

郑和及王景弘一齐说道：“臣遵旨！”

三保太监郑和及王景弘接过圣旨之后，便立即开始了出洋的准备工作。首先是考查、了解西洋诸国的情况，制订出海计划，确定出海路线。其次是选拔出海人员，寻找翻译人才。同时在南京附近设置造船场所，并从福建、浙江、广东调来船工，日夜打造船只。

永乐三年六月十五日清晨，苏州刘家港内停泊着由二百零八艘木船组成的船队。初升的太阳把光辉洒照在林立的桅杆和彩旗上，那船队更显得气势宏大，磅礴壮观。

时近中午，口岸上是人山人海，万头攒动，锣鼓喧天，丝竹高奏。整个口岸欢声雷动。

郑和与王景弘在朝中吏部、礼部、兵部、户部、刑部的尚书及苏州当地官员二十余人及百姓们的簇拥之下，来到正使所乘的宝船边。这艘宝船装有九根桅杆、十二面风帆，为百船之首。

郑和向送行官员施礼道：“诸位大人请留步！下官这就要登船了！”

“郑大人一路顺风！”

“诸位大人请留步！”

郑和与王景弘登上宝船之后，在正使位上坐定，发令道：“拔锚起航！”

“拔锚起航——”

在众人的欢呼声中，船队扬起风帆，浩浩荡荡地驶离了刘家港，开始了我国航海史上的第一次壮举——郑和下西洋。

郑和船队第一站到达占城。到了占城，郑和将船队安置好之后，便到皇宫去拜见占城国王。

占城国国王听说大明国使臣来见，自然也不敢小视，便在皇宫里接见。

郑和进了皇宫之后，便向占城国王施礼道：“大明国使臣拜见占城国国王陛下！”

“平身！”

“谢国王陛下！”

“贵使臣光临敝国，不知有何见教？”

“臣奉大明万岁圣旨，出使南海西洋诸国，为求两国修好，邦交友谊，向诸国宣读我皇诏书，馈赠礼品！”

“谋求两国修好，永世友谊，乃是功在千秋的好事！”

“多谢国王陛下，臣即宣读我大明皇帝诏书：‘皇帝敕谕四方海外诸番王及头目人等，朕奉天命君王天下，一体上帝之心，施恩布德。凡覆载之内，日月所照，霜露所濡之处，其人民老少，皆欲使之遂其生业，不致失所。今遣郑和赍敕普谕朕意。尔等祗顺天道，恪守朕言，循理安分，勿得违越。不可欺寡，不可凌弱，庶几共享太平之福。若有摅诚来朝，咸赐皆赏。故兹敕谕，悉使周知。’另遵吾皇旨意，特赠贵国瓷器十件，丝绸百匹，金银十件，珍宝十件，铁铜器二十件，还望国王陛下笑纳！”

“贵国如此盛情，本王也就恭敬不如从命了！本王将派使臣前往贵国朝贡，以修万世之好！”

“多谢国王陛下美意！”

当日，占城国国王设宴款待了郑和及其随行官员。随后又进行了各种形式的友谊活动。郑和船队稍作停留，便向占城国王告辞，开始了第二站航行。

郑和的船队离开占城，经过爪哇、苏门答腊，到达满剌加。郑和在这里建了一个停泊地，为的是可以在这里存散货物。离开满剌加之后，又到达印度东南的古里国。最后又来到印度尼西亚苏门答腊岛的归港。

在归港，有一个很大的海盗团伙，这海盗团伙的头目叫陈祖义。

陈祖义，本是广东人。早在洪武年间，因在家乡拦路抢人财产，伤人致死。为了逃避官府的捉拿，这陈祖义便只身逃到了海上。当初，他在一家小货船上给人当帮工混口饭吃。那船主一家三口人，两个大人一个小孩。那船主姓张名帆，

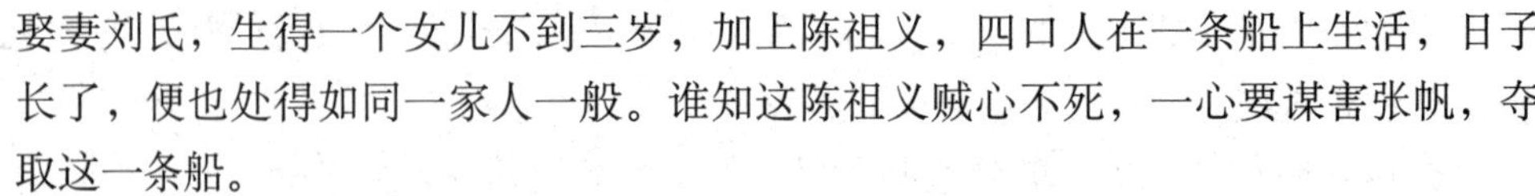

娶妻刘氏，生得一个女儿不到三岁，加上陈祖义，四口人在一条船上生活，日子长了，便也处得如同一家人一般。谁知这陈祖义贼心不死，一心要谋害张帆，夺取这一条船。

一日，张帆运货，得了几个小钱，发了一点小财，便炒了四个小菜，弄上两壶酒，三个人便坐在一起左一盅右一盅地喝起来。那张帆心中高兴，不觉就多喝了两盅。也是有心的算计无心的，那张帆不觉竟喝得大醉，迷迷糊糊地抱着女儿在船板上便睡了起来。刘氏虽说没喝几盅，终因是女人家，便也觉得有点儿头重脚轻，身子飘呀飘地，便在内舱中躺了下来。

陈祖义见是动手的时候了，便拿着尖刀对着张帆肚子就是一刀，然后用手一掀，连同他女儿一起便掀下海去。可怜那张帆一来是酒醉，又被捅了一刀，在大海中自然丧命。

刘氏迷迷糊糊听得女儿哭声，正要起来看动静，只见陈祖义拿着血淋淋的尖刀进了内舱。刘氏给这么一吓，酒全醒了。

“你这是……”

“你丈夫和女儿都让我送到海里喂鲨鱼去了！说痛快点，你要是想活，就跟我过日子；你要是想死，现在就给你一刀，黄泉路上你还能撵上张帆！”

“你快把刀放下，我想活！我早就看上了你……”

“那就好！”

“你快把那血收拾收拾！”

“收拾什么！在这条船上，老子还怕谁？”

说罢，陈祖义拦腰把刘氏抱到床上，一阵猛亲猛搂之后，便一把扯掉了刘氏的裤子，一下子猛扑在刘氏身上……

一个月之后，刘氏把陈祖义灌得醉倒在床上。刘氏拿起那把尖刀，眼中含泪道：“孩子他爹，今个儿我给你爷儿俩报仇了！”

那刘氏虽说对陈祖义有杀夫之仇，恨之入骨，手拿着刀子却不敢刺下去。刘氏把刀对着陈祖义的胸口，闭着眼，猛地刺下去。不料没刺着心窝，反而刺到陈祖义的胳膊上。一阵疼痛，陈祖义的酒也醒了，他骂道：“骚娘们，也想来暗算我！”

刘氏道：“你杀了我丈夫，我要为夫报仇！”

陈祖义说道：“你到阴间去报仇吧！”说着，一刀刺进了刘氏的心窝……

现在，陈祖义已是一个大海盗团伙的头儿了，凡过经过归港的各国商船，不知有多少毁在他的手里。郑和船队的到来，使陈祖义又在打着如何发财的算盘。

“陈大爷，郑和的船队已经到归港了！”

“好！让大爷我先去看看！”

陈祖义驾着小船，转了一圈，见郑和船队兵将甚多，不敢动手。

郑和船队到了归港，依礼拜会了归港总督。一样地宣读永乐皇帝诏书，赠送礼品。

陈祖义与手下的海盗小头目说道："郑和兵将甚多，这个财可不好发呀！"

"不好发，咱就别发，再去找个小财路！"

"你懂得什么？大爷我可从来没有吐过送到口里的肉！"

"咱打不过他们怎么办？"

"怎么办，咱来个假投降，偷袭船队，就势发财！哈哈哈！到时候都给我放精神点，准备抢东西！"

这归港有一个副总督，叫施进卿，此人为官正直，广交朋友，百姓敬服，就是像陈祖义这样的海盗，也隔三差五地要与施进卿来往。这施进卿既保着自己为官清正，又能将方方面面的事都顾及到，这也是一种本领。

有一天，陈祖义找到了施进卿。

"总督大人，小的来求大人给办点小事儿！"

"陈大爷有什么事尽管说，本官自当效命！"

"施大人果然痛快，我就直说了，郑和船队来到咱归港，大人你是知道的，那我也是大明国的人，你说是不是？我老在外面做劫道的活儿，也不是长事，小的愿率众向郑大人投降，归顺大明，还请施大人为小的引荐引荐！事成之后，定不会让大人空忙！"

"陈大爷要归顺投诚，这是好事呀！本官自当效力！"

"那就多谢施大人了！"

"哎！这等好事，岂需言谢！"

施进卿于是来见郑和，宾主坐定，便话入正题。

"施大人来见下官，不知有何见教？"

"此处海盗要向郑大人投诚，特让本官来向大人引见！"

"有劳施大人了！不需引荐，此人已早有耳闻！"

"对于陈祖义的投降，大人心意已明了？"

"施大人难道会认为陈祖义是真投降？"

"郑大人心中既明，本官何须再言！"

"好！那就让他来降，我是会让他陈祖义满意的！"

"如此，本官也就放心了！本官告辞！"

"多谢施大人，恕不远送！"

施进卿走后，郑和便晓谕各船将士，将计就计，务求消灭这群海盗。

施进卿又找到了陈祖义，说道："恭喜陈大爷，本官将陈大爷所请报于郑大人之后，郑大人对陈大爷深明大义极为赞赏，准予归降。其他之事陈大爷自为之，本官就不再过问了！”陈祖义道：“多谢施大人成全！”说罢，命人送上千两白银：“这点银子，不成敬意，还请施大人笑纳！”

施进卿笑道：“本官身为副总督，还能没有银子么？陈大爷的心意我领了！告辞！”

“区区千两，实在不成敬意。也罢！明日事成之后，再重谢大人！”陈祖义笑道。

第二日，陈祖义率海盗分乘几十艘小船向郑和船队袭来，一切都是静悄悄的，没有一点作战的准备。陈祖义心中暗想：“郑和，你可别怪陈大爷我点子多，是你自己蠢！”

几十艘小船到了预定位置，陈祖义下令道：“都给我拿家伙动手！”

海盗们听令后，一个个都操刀拿枪，嗷嗷乱叫。

郑和坐在船上，将手往下一按，火工司将号炮点燃，只听一声炮响，四周大船纷纷靠拢，将海盗船围在中心，一阵炮火猛轰之后，海盗死亡将尽，陈祖义也被生擒。

永乐三年（1405年）十月初三日，南京笪桥上传来沙哑干瘪的声音：“驸马落水啦！”

这声音，如同两道电波，转眼间便传到了奉天殿内，传到了宁国公主的府中。

永乐皇帝在奉天殿内刚刚受过文武大臣的朝拜，只见传事官急急来报：“驸马掉到笪河中被淹死了！”

永乐皇帝吃惊道：“怎会有这等事？可惜了驸马！”

大臣们见永乐皇帝满面悲戚，都劝道：“万岁当保重龙体才是！”

就在这时，只听见殿外传来哭喊声，不一时，只见外面闯进一个人来。

只见这人披头散发，衣服不整，满面泪痕。进得殿来，也不顾上什么君臣礼仪，一直奔上了龙廷宝座，也无人敢阻拦。她一把扯住永乐皇帝的龙袍，高叫道：“驸马在哪里？我的驸马在哪里啊？我的驸马在哪里？”

永乐皇帝说道：“驸马不幸遇难，朕心里也很悲伤呀！皇妹千万要节哀，多多保重自己，朕也正在缉拿凶犯！”

那人说道：“缉拿凶犯？哥哥你就是杀害驸马的凶犯！”

永乐皇帝苦笑道：“哎呀皇妹，你是伤心得疯魔了吧！驸马梅殷虽然有过错，但朕是你的至亲，就是杀人千万，也不会杀害驸马的呀！现在有人说是他投水，又有人说他是掉下桥去的，朕也十分怀疑。驸马他为什么要投水呢？朕又怎么会不关心这件事呢？朕已命都督许成审办此事，一旦查出，朕会给你一个交代的！”

那人仍在殿内哭闹。永乐皇帝好言说道：“皇妹不必过悲，你先回府去吧！朕还要给驸马安排后事！”永乐皇帝又说道：“护送公主回府！”

“遵旨！”

那人无奈，只得在众人护送之下，哭哭啼啼地离了奉天殿。

那人便是永乐皇帝的妹妹——宁国公主。

宁国公主，本是马皇后所生，是永乐皇帝的同父异母的妹妹。她洪武十一年嫁给了汝南侯梅思祖的侄子梅殷。

那梅殷禀性纯朴、处事谨慎，精通骑射、富有谋略，深受太祖朱元璋所喜爱。太祖朱元璋逝世时密令梅殷辅佐太孙朱允，但朱允却并不欣赏梅殷的才干。直到靖难中燕军南下十分危急的时候，才想起祖父的嘱托，把梅殷委以总兵，镇守淮安。

灵璧之战结束之后，永乐皇帝当时曾想以进香为名借道淮安进攻南京。当时梅殷不但未准，而且还割去信使耳鼻，将永乐皇帝斥责一通，永乐皇帝因此怀恨于心。

永乐皇帝登基之后，梅殷仍镇守淮安，也不肯归附。永乐皇帝见梅殷拥兵淮上，自然是放心不下。

一日，永乐皇帝在宫中招见宁国公主，说道：“如今朕已登基。驸马至今扔拥兵淮上，也不肯同朕见上一面，是何道理？你且修书一封，把驸马给我召回朝来！”

宁国公主说道：“你如今是万岁了，你的话谁敢不听？驸马他回不回朝，这国家大事是你们男子汉的事，非要我掺和什么？我久居深宫，外面的事我是从不过问，你就不要为难我了，皇兄还是另请高明吧！”

永乐皇帝见宁国公主不肯写信，便斥责道：“古云‘除父有长兄’，长兄便如同父亲一般，难道父亲的话你也敢不听么？”

宁国公主无奈，只得提笔给梅殷写了一封信。永乐皇帝看后随手扔在地上，说道：“这样写不行！你要用你的血写，写血书，一定要把驸马召回朝来！”

宁国公主见永乐皇帝发怒了，心中想道：如今哥哥已是九五之尊，君临天下，自已怎能不听呢？只得含泪，用血给梅殷写了一封信。

梅殷虽然对永乐皇帝登基不满，但也知道建文帝大势已去，再也无可挽回。知自己无回天之力，所以虽说没有归顺永乐皇帝，但也没做任何反叛之事，只是巡视军事，得过且过。

“圣旨到……”

听说圣旨到，梅殷无法，只得去接旨。

使臣说道："驸马梅殷接旨！"

梅殷双膝跪地，冷冷地说道："驸马梅殷接旨！"

使臣宣读圣旨道：

奉天承运，皇帝诏曰：驸马拥兵淮上，长期镇守，日夜劳顿，朕心甚觉不安。今朕已继承大统，面南称君。天下安定，驸马当归京回朝，以享天伦之乐。钦此。

梅殷并不谢恩，只是说道："有劳钦差传命！"

使臣又说道："现有宁国公主书信一封，请驸马过目！"

梅殷从使臣手中接过，展开一看，只见血迹斑斑，血书中写道：

驸马台鉴：

新君登基，江山一统，天下安定，战事已毕，驸马仍拥兵淮上，还当何为？于国无益，于家无利。既无益无利，何必再为？既是君主见召，当归京回朝，莫使他人翘首悬望。

妾道万福

洪武三十五年七月十日

梅殷读罢血书，眼含热泪，问道："建文帝现在何处？"

使臣答道："已故去矣！"

梅殷无奈，只得跟使臣一起回到南京。

永乐皇帝听说梅殷归顺，心中自然欢喜。

梅殷回京的第二天，正是上朝之日。梅殷自然要上朝朝拜。永乐皇帝亲自迎接。

永乐皇帝微笑道："驸马辛苦了！"

梅殷也是面带微笑，语中含刺，说道："万岁才是辛苦，臣劳而无功，自觉惭愧罢了！"

永乐皇帝十分难堪，说道："哪里哪里，还是驸马辛苦！"

永乐皇帝走上宝座坐下，梅殷只得行君臣大礼。

梅殷道："臣叩见吾皇万岁万岁万万岁！"

永乐皇帝说道："平身！"

梅殷说道："谢万岁！"

永乐皇帝回宫后，一想到梅殷在朝廷上使自己下不来台，便起了杀他之心，只因为觉得还不到下手时机，所以才暂且忍耐着。

永乐皇帝的这种心态早就被陈瑛察觉出来了。永乐二年冬，在一次上朝之日，陈瑛首先出班弹劾梅殷。

“启奏万岁，臣有本奏！”

“陈爱卿，有何本奏？”

“梅殷自从淮安归京之后，于家中多有不平之词，且招纳亡命，私匿外人，与女秀才刘氏等人诅咒圣上，此乃居心不良，大逆不道，万岁当治其不道之罪，以儆效尤！”

“驸马乃皇亲国戚，岂可妄自揣测？朕自当处之，不可造次！”

陈瑛道：“臣遵旨！”

陈瑛认为自己知道永乐皇帝的心意，其实也不尽然。永乐皇帝虽表面上对陈瑛的弹劾不显山不露水，却早已想好了处置梅殷的方法。

一日，驸马王云收到了永乐皇帝的一封密旨。

王云回到家中将密旨打开一看，却是要寻找谋杀驸马都尉梅殷的人选，密旨上许诺：凡能寻找到谋杀梅殷人选者，官升三级。

王云看了这密旨后，大吃一惊，不知所措。既是密旨，不能抗旨，更不能泄密，再者，都是驸马，又无冤无仇，何必要去杀梅殷呢?

驸马王云一来是人品不坏，二来也有些谋略，经过几日思考，王云想了一个万全之策——以“此乃机密大事，臣不才恐伤万岁圣明”为由，密奏永乐皇帝。永乐皇帝也知道，要杀的是自己的妹夫，人选不合适，不如不办，所以也没怪罪王云。

永乐皇帝经过认真思考后，终于物色到了合适人选，那就是前军都督佥事谭深和锦衣卫指挥赵曦。因为谭深和赵曦均与梅殷有私仇，又有永乐皇帝的亲谕，所以一说就成，满口答应。于是永乐皇帝就让谭深和赵曦全面负责杀害梅殷的事。

梅殷在皇亲国戚中的地位，决定了谋杀梅殷的方法绝对不能同于一般的人。因为这是一次奉旨谋杀，所以一定要做得天衣无缝。这一点，倒确实也使谭深和赵曦大伤脑筋。一日下朝，走过笪桥，不知是从哪里飞来一块小石头落在了笪桥之下，发出“咚”的一声。

“哎！有了！”谭深用手抵了抵赵曦的后腰。赵曦转过脸来问道：“什么有了？”

谭深说道：“赵指挥，你看！”谭深把嘴向桥下努了努，“回去到舍下聊聊去！”

赵曦说道：“多承美意！”

十月初三，正是上朝之日，梅殷还如同往常一样，准备妥当，便要开门离府。临行前，宁国公主还是那一句不知重复了多少遍的话：“驸马，出门上朝务要小心，散朝后早些回来！免得我担心！”

梅殷也仍是那一句话：“你就放心地等我回来吧！”

梅殷出了府门，来到皇宫，此时时值四鼓，天色尚黑。

“驸马都尉，今日早啊！”都督佥事谭深说道。

锦衣卫指挥赵曦、都指挥许至也说道：“驸马都尉早！”

梅殷也说道：“诸位大人早！”

谭深说道：“时辰快要到了，咱们去上朝吧！”

梅殷说道：“诸位大人请！”

谭深、赵曦、许至也都说道：“驸马都尉请！”

于是，他们便陪着梅殷一同上朝。行走之时，他们故意走得东倒西歪，前推后撞。

“天太黑了，也看不清道儿，走路直碰腿！”谭深说道。

赵曦也和着说道：“是呀！我刚才就差点儿撞到驸马都尉身上去了！驸马都尉当心点，你别再碰着我呀！”

梅殷也说道：“诸位大人放心，我走慢一点，谁也碰不着的！”

许至说道：“还是驸马都尉走得稳呀！”

眼看着他们走上笪桥了。走到桥中间，谭深和赵曦两人用力向梅殷撞去，梅殷躲闪不及，被挤下桥去。

桥下河中之水并不太深，那梅殷被挤落水中，还能不停地挣扎着。谭深见梅殷虽落入水，还不至于淹死，于是急忙命人驾了一只小船，直向梅殷冲去，硬是把梅殷撞没于水中。这一切，都被路经此处的都督同知许成所目睹。

在奉天殿内，永乐皇帝被宁国公主这么一哭一闹，确实也有些下不来台，所以就说道：“朕让都督同知许成去缉拿凶手！”这本是做个样子给宁国公主看的。不料许成却假戏真做，倒真的动真家伙去缉拿凶犯了。这大概是冤家路窄吧！那许成也用不着再去查案了，直接把谭深等抓捕。

六日早朝，永乐皇帝端坐于宝座之上，群臣朝拜。

“都督同知许成！”

“臣在！”

“朕命你缉捕谋害驸马都尉的凶犯，捕得如何？”

永乐皇帝问及此事，也是给大臣们、给宁国公主看的。为了掩人耳目，永乐皇帝必须摆摆样子，然而许成的回答却使永乐皇帝难堪和暴怒。

“启奏万岁，谋害梅殷的凶犯臣已经抓获！”

“什么？已经抓获！”

"是！"

"朕来问你，只三天时间你便将凶犯抓获？"

"启奏万岁，臣不是三天，而是案发当天便将凶犯抓获！万岁，案发时，臣也行至笪桥之上，亲眼目睹梅殷被害经过。行至笪桥之前，前军都督佥事谭深、锦衣卫指挥赵曦便以天黑为由，有意向梅殷冲撞。行至笪桥之中，他二人合力撞击梅殷，梅殷躲闪不及，被挤落桥下。河水不深，梅殷尚在水中挣扎，谭深又命人驾小船将梅殷撞入水中。参与者还有都指挥许至。他们三人均供认不讳。请万岁圣裁！"

"好！许爱卿干得好！办得好！此事交由刑部审判！"

此时永乐皇帝心中十分恼怒。一是恼怒谭深、赵曦二人办事不力被人察觉；二是恼怒许成不体察其内心，把假戏唱成了真戏。但此话又不能说出口，只得迫不得已，命刑部将他二人定成死罪。不料二人却十分不服，说道："臣冤枉！"

永乐皇帝说道："你二人谋害驸马都尉，人证物证俱在，有何冤枉？"

谭深、赵曦说道："害死梅殷驸马都尉，臣是奉旨而行，为何今日又要杀臣二人？"

永乐皇帝大怒，骂道："大胆贼子，死即死尔，竟反口来咬朕！梅殷乃皇戚，可谓至亲骨肉，朕为何要杀他？退而言之，朕乃一国之君，即便要杀，也不要你二人去谋杀！可恶之极！武士用金瓜打嘴！"

众武士用金瓜将他二人牙齿打落，而后又斩首示众。

宁国公主在驸马府哭哭啼啼，正在为梅殷守灵。忽听圣旨到，便停住啼哭，在灵前接旨。

钦差高喊道："宁国公主接旨——"

"吾皇万岁万岁万万岁！"

奉天承运，皇帝诏曰：驸马都尉梅殷为贼人所谋害，朕心悲伤，深表哀悼，而今凶犯谭深、赵曦等已由都督许成捕获，送交刑部正法，并斩首示众，驸马都尉大仇已报，在天之灵亦应欣慰。朕念国戚手足之情，敕令将驸马都尉厚葬。追封其谥号为'荣定'，命其子梅顺昌为中军都督同知，梅景福为旗手卫指挥使，以示抚恤。钦此。

"谢主隆恩，吾皇万岁万岁万万岁！"

梅殷安葬之时，永乐皇帝亲自焚香祭奠。

以理而言，梅殷能受此礼遇，可谓是恩宠无以复加了。永乐皇帝此举一方面是给世人看的，证明自己与梅殷之死无关，另一方面也许是为了求得一种心理平衡。

宁国公主深知永乐皇帝是杀害梅殷的凶手，却也无可奈何，只得把眼泪往肚里咽。这些掩盖不了的事实，却表现了永乐皇帝人生形象的另一面。

饶州鄱阳县有一位私塾先生，姓朱名季友。这朱季友专攻儒学，广收门徒，在当地也可谓是杏坛高手。不想他却发现儒学中不少舛误之处，于是他便想道：如今新君初登，必将大有所为，我何不奏明万岁，让他主倡正道？想到这里，这位老先生倒真的写了一个“不必尊儒”的奏书投了上去。

永乐二年十月，永乐皇帝批阅奏折，眼光便停在了朱季友的奏折上：

千古帝王，历代圣主明君，无不驭国有术，牧民有方，方求有唯以圣人之教。我泱泱华夏，上下几千年，圣哲贤明，著书立说者多矣。故有三教圣义，诸子诸说，广流于世。臣乃儒生，上考儒家经典，下授孺子之业，孜孜不倦，历经花甲。然臣认为，孔子所制儒学，错误之处甚多，不足以教化万人，故而不可独尊，历来君王，多以尊儒，而罢百家，实乃不智之举也……

永乐看着看着，不禁深思，觉得此议非同小可，于是自语道：“愚民若不治之，将邪说有误后学。”

解缙等人知道此事，便上奏永乐皇帝，说朱季友是毁谤圣贤，必当绳之以法。于是永乐皇帝下诏，将朱季友杖击一百，押回原籍，其所著文字，全部焚毁，永世不得再开馆收徒、讲授儒学。

那朱季友批评儒学，上书皇帝，本想为朝廷效力，不料却得了个“毁谤圣贤”的罪名，砸了自己的饭碗，为什么呢？就是因为这位朱老先生不知道永乐皇帝是一个尊儒派。

历代帝王都尊崇儒教，把孔子捧到“天下文官祖，累代帝王师”的最高地位。明太祖朱元璋在为僧时期就勤奋学习包括儒家经典在内的诸学派的著作。

太祖朱元璋登基之后，在洪武元年就大倡尊儒之风。他说道：“仲尼之道，广大悠久，与天地相并。故后世有天下者，莫不致敬尽礼，修其祀事。朕今为天下主，期在明教化，以行先圣之道。”所以永乐皇帝自幼就受到儒家思想的教育，一贯尊崇儒教。

早在永乐皇帝为燕王时，带兵经过山东曲阜邹县孔孟之乡时，就曾严令三军，不得骚扰圣人之乡。正因如此，永乐皇帝才不能容忍朱季友的“毁谤圣贤”的思想言论，除了严惩朱季友之外，还要大倡尊儒之风。

永乐四年二月初一早朝。

刑部尚书首先出班启奏：“启奏万岁，臣奉旨已将朱季友所著文字全部焚毁，责令其以农为业，永世不得开馆授教！”

永乐皇帝说道：“孔子之道，讲仁义，明廉耻，正人伦，敦教化，安社稷，定乾坤，博大精深，乃天下至道，岂是腐儒庸夫所可非议也。故当尊孔崇儒，大倡崇儒尊儒之风。宣旨官宣旨！”

“臣遵旨！”

奉天承运，皇帝诏曰：孔子乃万世帝王之师，其道之在天下，载于六经，天下不可一日无生民，生民不可一日无孔子之道。朕将临国学，躬礼孔子，以称尊崇之典。所司其差吉日行之。钦此。

内阁与六部大臣接旨，拟定三月一日为祭孔日期。

三月一日之前，孔庙已经修整一新，只见那大殿，红墙黄瓦，富丽堂皇。廊檐绘画，门窗雕刻，色彩鲜艳，栩栩如生。大殿之内，孔子塑像神情宁静慈祥，正气浩然，祭桌之上，祭品齐备。孔庙院内屋舍俨然，树木葱茏，绿影成荫，道路光洁如镜，草坪之内，绿草如茵，香烟缭绕，祭乐融融。

三月一日，东方刚刚泛白，南京城内就打破了往日的宁静，人头攒动，熙熙攘攘。皇城南门大开，永乐皇帝头戴皮帽，身着皮衮服，乘坐龙驾，前面是中军二十人鸣锣开道，接着是四十面龙旗分列两边开道，前边是五百武士，后面是五百武士护卫，刀枪剑戟两两相对，文武大臣紧随其后，三千人的队伍浩浩荡荡来到孔庙。

此时，孔庙内晨雾未尽，香烟缭绕，烛光闪动。

司仪官高喊道：“祭礼大典开始——奏鼓乐——”

一时间，鼓乐高奏，管弦震天，丝竹绕耳。

司仪官高喊道：“跪！”

“拜！”

“再跪！”

“再拜！”

“三跪！”

“三拜！”

“四跪！”

“四拜！”

“礼毕！”

永乐皇帝亲自上香洒酒，对着孔子像又拜了三拜，而后又宣读祭文。

祭祀典礼结束之后，永乐皇帝率领众臣来到太学。君臣坐定之后，永乐皇帝

说道："孔子，帝王之师。帝王为生民之主，孔子立生民之道、三纲五常之理，治天下之大经、大法，皆孔子明之，以教万世。今当躬诣太学，祭奠先师，以示朕崇儒重道之意。"

群臣一齐说道："万岁圣明，崇儒重道，乃一代仁君矣！"

永乐皇帝道："祭酒、司业、博士、助教四臣听旨，朕赐五经于汝等，由汝等讲解五经之义！"

"臣遵旨！"

永乐皇帝又道："上茶！"

"谢万岁！"

于是，祭酒、司业、博士、助教四人分别讲解五经之意。讲罢之后，永乐皇帝还像学生那样提出问题，君臣互答。

七月一日，早朝。

群臣礼拜之后，成国公朱能出班奏道："启奏万岁！安南王蔑视我大明国威，制造兵变。杀害陈天平，抗逆天威，实乃大逆不道。逆贼罪大，天地不容，臣请倚仗天威，一举歼灭之！"

"臣附议！"

"臣附议！"

"臣附议！"

永乐皇帝说道："蕞尔小丑，罪恶滔天，竟然潜藏奸谋，肆虐到这等地步。朕推诚容纳，竟被欺骗，像这样的人还不诛杀，养兵何用？"

永乐皇帝气得骂了一阵之后，便说道："宣旨！"

宣旨官宣道："群臣听旨！"

奉天承运，皇帝诏曰：朕对安南国王推诚容纳，不料此贼子小人，竟暗藏奸谋，蔑视我大明国威，兴兵作乱，杀死陈天平，此等恶行天地所不容，必当出兵以讨之！朕令成国公朱能佩征夷将军印，为总兵官；西平侯沐晟佩征夷副将军印，为左副将军；新成侯张辅为右副将军；丰城侯李彬为左参将；云阳伯陈旭为右参将。诸位统兵八十万南征。兵部尚书刘俊为参赞军务。都指挥同知程宽、指挥佥事朱贵为神机将军。都指挥同知毛八丹、朱广、指挥佥事王恕为游击将军，指挥同知鲁麟、都指挥佥事王玉、指挥使高鹏为横海将军，都督佥事吕毅、都指挥朱英、都指挥同知江浩、都指挥佥事方政为鹰扬郎将军，都督佥事朱英、都指挥同知金铭、都知挥佥事吴旺、指挥同知刘塔为骠骑将军。择日出征，代朕讨伐！

“臣遵旨！”

经过半个月的准备，一切出征事宜准备完善。

七月十六这一天，天气晴朗，风和日丽。

只见战船威武雄壮，一艘艘雄踞于江面之上，桅杆林立，风帆高挂，旌旗遮日，战鼓震天，将士们个个都是精神饱满，虎背熊腰，人人都如下山的猛虎、出海的蛟龙。永乐皇帝亲自祭奠大江之神。而后又宴请所有将士，并且再一次向诸将宣布敕谕，再一次重申自己的心意。

征夷大将军总兵成国公朱能辞别了永乐皇帝，登上战船，便发号施令，一声令下，万船齐发，乘长风，破巨浪，浩浩荡荡，沿江而下，永乐皇帝望着远去的船队，微微地笑了。

永乐皇帝为什么要向安南国宣战呢？还要将时间追溯到三四年之前。

安南国本是中原王朝的一个属郡，五代时独立成国。明朝初年，安南国实行扩张政策，经常滋扰四邻。

永乐元年，安南代理国王胡奎遣使入朝祝贺，实际上是为了讨封。永乐皇帝接受了礼部官员的建议，决定查清事实之后再行封赏。于是于四月十五日派杨渤前往安南查明胡奎即位一事。十一月杨渤回朝复命，安南也派使者呈上国内老臣的奏折，言辞与胡奎所奏相同。于是，永乐皇帝派礼部郎中夏止善带诏书前往安南，正式封胡奎为安南王。

永乐二年八月，一个名叫裴伯耆的安南陈氏旧臣来到南京向永乐皇帝揭露了黎季（胡奎之父，篡位后改其姓名为胡一元）篡位的事实真相。原来裴伯耆母亲为陈氏近族，忠于陈氏王朝，黎季篡位时，裴氏兄弟均遭杀害。裴伯耆本人因在东海征战，闻变后逃往山林才幸免于难。后几经周折，来到明朝边境，到达广西思明府，思明府官员派人护送他来到南京。裴伯耆哭诉之后，并请明朝出兵，帮其复国。

八月底，老挝宣尉使竟将前安南王之孙陈天平护送到南京。陈天平的一番陈情，说得凄凄惨惨，并说了一番安南与占城作战，与大明争夺思明府的事，并晓以利害关系，终于打动了永乐皇帝。

十二月二十三日，安南国王胡奎派使臣来南京朝贺，永乐皇帝得知此事，便对礼部郎中夏止善作了口谕，安排了一个特别的会面。

安南使臣朝贺礼毕，永乐皇帝说道：“安南使臣远道而来，朕要在谨身殿设宴款待！由礼部承办此事！”

万岁口谕，大臣哪敢不遵？很快准备完毕，安南国使臣应邀前来谨身殿赴宴。

谨身殿内，灯火辉煌，朝中诸臣及安南国使臣分宾主位坐定。

“万岁驾到——”

一声呼喊，永乐皇帝在侍臣陪同之下来到谨身殿。

“吾皇万岁万岁万万岁！”

“平身！”

“谢万岁！”

永乐皇帝说道：“诸爱卿就座吧！”

“谢万岁！”

永乐皇帝说道：“朕今日是款待安南国使臣，现在还有一位安南国客人，就一并也来入席吧！”

这时，礼部郎中夏止善陪着陈天平步入殿内。

“这是……”

“皇太孙……”

“皇太孙啊……”

安南国使臣及随从们见到陈天平先是一惊。接着，有人便情不自禁地跪了下来。有的人抱住陈天平痛哭。

永乐皇帝心中全明白了，知道陈天平之言不虚，于是说道：“好了好了，你们都是自家人！就不必感慨了！”

席间，永乐皇帝又说道：“安南胡奎原先还说陈氏已经绝后，他作为外孙暂且代理国事，并请求朕封他为王。朕对此原本就有所怀疑，后派人专门查问此事，得知安南群臣都如此说，朕觉得陈氏本身就是以女婿的身份掌国，如今胡奎以外孙的身份继位，于理来论也是未尝不可。因此才下诏封他为王。不料却是弑主篡位，僭号改元，虐杀国人，攻夺邻境，这都是天地所难容的。可是他的臣民都替他掩饰，欺骗他人，这真是一国都是罪人呀！怎么可以容许呢？”

安南使臣是与监察御使李琦和王枢等一起回国的。永乐皇帝派李琦和王枢出使安南，是让他们给胡奎带去问罪敕谕，让胡奎自陈。

安南国王胡奎得知此事，自然不敢轻慢大明使臣，亲自将李琦和王枢迎到皇宫。

胡奎说道：“小王不知两位尊使大人光临敝国，有失远迎，还请恕罪！”

李琦说道：“吾奉吾皇之旨前来安南传送敕谕，请国王陛下收纳！”说罢将敕谕呈上。

胡奎跪接，说道：“吾皇万岁万岁万万岁！”

胡奎打开敕谕，宣道：

安南王胡奎，尔上表请封，奏言陈氏绝后，汝以外孙身份暂代理国，似于情有理，故朕封尔为王。不料尔竟是弑主篡位之丑类，屠杀国人，掠夺四境，欺世盗名，无视我大明国威，以假情骗朕，其恶行为天地所不容。人人皆可兴兵而诛。朕下敕谕一道，令尔自陈，以伺后处。

胡奎读罢敕谕，心中惶恐。于是对李琦、王枢说道："今日国事，蒙吾皇敕谕见责，本王甚是惭愧。本王当如实详陈吾皇，请两位大人在吾皇之前多予通融，本王当感激不尽！"

李琦说道："如此，即请陛下如实详陈，下官则入朝向吾皇复命！"

胡奎说道："小王即刻详陈！"

六月的一天早朝时，有传事官来报："启奏万岁，现有监察御使李琦、王枢及安南使臣一道在殿外候旨！"

"传监察御使李琦、王枢及安南国使臣进殿！"

李琦、王枢及安南国使臣闻宣，便急忙进殿。

"叩见吾皇万岁万岁万万岁！"

"平身！"

"谢万岁！"

"监察御使李琦！"

"臣在！"

"安南之行如何？"

"启奏万岁，臣到安南国传送敕谕，安南王读敕谕后，表示如实详陈，现派使臣送来安南王的奏表，前来谢罪！"

"将奏表呈上！"

"遵旨！"

永乐皇帝接过奏表，只见胡奎在表中写道：

安南国小王因国事承蒙大明国皇帝赐谕见责，小王不胜惶恐，深感罪恶沉重，故上表细陈，以表谢罪。

安南乃蛮夷小邦，国基不稳，天灾人祸，饥荒战乱，屡屡不绝，致使人民流离，身无安居之所，非但平民百姓如此，即是王侯公卿亦是如此。故而国柄难操，君主更迭频繁。

小王本安南陪臣，父子两代，忠心不二，陈氏衰微，无以持国，小王不忍居无主之国，亦怜百姓无主之痛，故而暂且代理国事。安敢废君而自立也？与陈氏不通音讯，终为乱世所致，此情上天可鉴，愿吾皇圣察。

今闻陈氏后人陈天平复出，此乃陈氏家族之幸也，安南黎民之幸也，小王亦堪欣慰，肩上之重担可卸矣。

小王今即归还所占之四境之土，恭请陈氏天平归国操持国柄，小王甘当其臣。

小王理国，违逆陈氏，作乱四境，欺瞒吾皇陛下，其罪天地不容，特恳请吾皇陛下，恩许小王改过从善，立功谢罪。诚若如此，则小王可洗心革面，脱胎换骨，形同再造。再生之恩，小王将没齿不忘。

叩谢再三。

永乐皇帝读罢胡奎的奏表，沉吟良久，对使臣说道："朕念胡奎言辞中肯，且掌国日久，被陈天平所代，心中亦不忍。汝等归去，可转告胡奎，只要其诚心归顺，朕将宽宏大量以待之。朕将再发敕谕，封胡奎为上公，诚心辅佐陈天平持国！"

安南使臣说道："多谢皇恩，臣定将吾皇旨意转达国王陛下！"

年底，胡奎又派使臣入朝，表明愿迎接陈天平回国做国王。此时永乐皇帝对胡奎的怀疑全消，于是命陈天平做好回国准备，并令广西总兵、征夷将军韩观等人，以及左副将军黄中、右副将军吕毅等率五千兵马，护送陈天平回国。

永乐四年正月初七日，虽说是天气晴朗，但南京城外仍有几分寒意，一个庄重的送行仪式正在这里进行。

陈天平说道："多谢吾皇盛情款待及大力支持，小王将没齿不忘！"

永乐皇帝说道："朕赐汝绫罗纱衣各两袭，钞万贯。汝归国之后，应宽仁待下，悉心防范。朕已册封胡奎为顺化郡公。各方安排齐备，汝尽可放心归国！"

陈天平道："小王谢主隆恩！小王告辞！"

永乐皇帝说道："归国之后，一切安排齐备之后，还可再来访问！"

陈天平说道："小王谨遵教诲！"

于是，陈天平挥泪告别。直看到陈天平身影消失之后，永乐皇帝方才起驾回宫。

三月间，陈天平在黄中等人护送下，进入安南国境，而后到达丘温，胡奎派来使臣黄晦卿等前来迎接。

黄中见胡奎未亲自来迎，心中生疑，甚不放心，便问道："安南王胡奎为何不亲来迎接？"

黄晦卿说道："他怎么敢不亲自迎接呢？只是因为身体偶然得疾，不能亲自来迎，所以，才特派小臣来迎，他将在嘉林亲迎大军的到来。"

黄中道："有吾皇敕谕在此，速命胡奎前来迎接！"

黄晦卿说道："小臣遵命！"

黄中又派哨骑前往侦探，哨骑回报道："沿途只有送茶饭的人来来往往，不见可疑之处！"黄中这才放下心来，护送陈天平继续前进。

大队人马经过隘留、鸡陵，平安无事，于是前往芹站。

芹站，地处崇山峻岭之间，地势险要。只见此处是山山相连，峰峰并立，深谷连着峻岭，悬崖接着陡涧。大军来到芹站之时，正赶上春雨绵绵，山道阴暗不明，黄中的人马早已累得人困马乏，溃不成军。就在这时，雨雾之中，四面伏兵四起，呐喊之声震动山谷，此起彼伏，远近呼应，恰似有千军万马。

黄中大惊，急忙整治军队，可是情急之中，一时哪里整治得起来？不过，让人意外的是：伏兵并不与明军交战，只是突入队伍之中，将陈天平劫持而去。原大理寺卿薛岩、行人聂聪等，均死于伏击之中。

黄中整治好军队，准备出击，只见为首的安南将领隔着山涧向黄中遥拜，说道："我等偏远之国，本不敢抗大国、犯王师。只因陈天平实在是一个被疏远的下人，并不是陈氏的什么亲属，却竟然胆敢迷惑天下，致使大军劳累，正是死有余辜！今日天助，得杀此人，以谢天子。吾王即当上表谢罪。天兵远道而来，甚是辛苦，只是我们国小民穷，确实没有什么东西可以用来招待贵军！"

黄中无奈，眼见着陈天平被劫杀，只得引兵回国，急忙写表，上奏永乐皇帝。

永乐皇帝闻讯后，深有上当受骗之感。他认为这是对他这个要万邦臣服的皇帝的一个绝妙的讽刺，甚至是一种耻辱。

不要说永乐皇帝，就是那些大臣也纷纷要求出兵征讨。所以永乐皇帝延缓了北征的计划，决定出兵南征安南。

于是，在永乐四年（1406年）七月十六日，成国公朱能亲率大军，征讨安南。

征讨安南国的大军出发之后，不觉已到了闰七月。一日早朝，永乐皇帝端坐于宝座之上，接受群臣朝拜。

"有本早奏，无本退朝！"

"臣有本奏！"

"怎么，今日文武大臣都有本奏？不知众爱卿所奏何事？"

淇国公丘福出班奏道："历代帝王，对其王兴之地，皆有崇加，臣等以为，北京乃吾皇龙兴之地，遵太祖训制，当对北京进行营建，以示崇加！"

永乐皇帝说道："淇国公所奏，甚合朕意，朕即准奏！"

营建北京，本是一件大事，为什么永乐皇帝当即就准奏了呢？

原来，营建北京，这也是永乐皇帝的一大心愿。在永乐元年正月，永乐皇帝在南郊祭拜天地之后回到奉天殿，群臣朝贺。

"吾皇万岁万岁万万岁！"

"平身！"

"谢万岁！"

礼部尚书李至刚出班上奏："启奏万岁！自古以来，历代帝王或起于布衣，平定天下，或来于外藩，入承大统，而于其龙兴发迹之地，无不予以升

崇。臣自以为，北平布政司，实万岁承运龙兴之地，宜遵太祖高皇帝之中都之制，立为京都！”

永乐皇帝听后，沉思一时，说道：“爱卿所言甚有道理，颇合朕意！”

于是，永乐皇帝便下诏，将北平改称为北京，升为陪都，称为行部。

二月，永乐皇帝又在北京设置了北京留守行后军都督府、北京行部、北京国子监等机构，改北平府为顺天府，任命郭资等人为北京行部尚书。后来，又移民来充实北京。这一切，都是为他日后迁都北京而准备的。

存于永乐皇帝心中的多年心愿今日被丘福提出来了，所以永乐皇帝心中也很高兴，当即准奏，并降下一道圣旨：

奉天承运，皇帝诏曰：自古帝王，对其龙兴发迹之地，皆有崇升。北京，乃朕龙兴之地，故遵太祖高皇帝中都之制，对北京特作营建。特命泰宁侯陈主持北京之营建工程，各州府地方官员当鼎力协助，不得推诿。朕初举义北京，军民供给甚为劳苦，近年赋税虽曾皆免，然民之劳困尚未得复，而今国家尚不得已，仍需借助民力，汝当体察朕心，加意抚恤百姓，役之有节，使百姓衣食充足而无饥寒之苦，不可过劳民力。钦此。

泰宁侯陈珪接到圣旨后，即遵旨从全国各地征调能工巧匠，搜集各种工料，开始了工程浩大的北京营建工作。

成国公朱能率领大军来到龙州，军队稍作休整，便决定全军进发，攻入安南境内。

成国公朱能把诸事安排已毕，便在军帐中歇息。鸡叫时分，成国公朱能一觉醒来，便觉心中难受，口不能言，不时之间，便气绝身亡。

天明之时，侍卫见总兵官仍不起床，便在帐外呼叫道：“天色已明，大人该起床了！”连呼几声，不见回声，众人奇怪，便相约前去看望，到得床前，见总兵官已经归天。一时间，大帐内乱作一团。

“诸位将官！不要慌乱！再有慌乱不安职守者，斩！”

众人寻着呵斥声看去，说话的却是一位年轻将领，此人姓张名辅。只见他一手按着征夷主将、总兵官的印，一手握着宝剑，站在一个高台之上道：“诸将官，我只是一名副将官，然我们奉吾皇之命南征安南，此国之大政。成国公突然归天，军不可一时无帅。张某不才，斗胆自荐，暂代掌征夷主将、总兵官之印，代行将令：一、严守现场，待查明主将死因之后，再作处置。二、各守其职，安定军心。三、即刻写表奏明万岁。四、出兵之期不得更改。五、各方协同作战，听我指挥！违令者斩！”

众将官听了，一齐说道：“谨遵总兵官之命！”

此时，正是永乐四年十月初二日。

十月二十日，永乐皇帝接到了张辅的奏章。只见奏章上写道：

征夷右副将军、臣张辅沉痛启奏吾皇：征夷主将、总兵官、成国公朱能于永乐四年十月初二日突然病卒于龙州。经诸将官细心查验，成国公确系暴病身亡，时军中慌乱异常，臣斗胆自荐，代掌征夷主将、总兵官之印，代理其职，稳定军心，处置成国公后事，率军按原计划攻赴安南国境，不敢有负圣命，以实上奏，请吾皇降旨圣裁。

永乐皇帝读罢张辅之奏书，不禁失声痛哭。

原来，朱能是继张玉之后永乐皇帝的得力膀臂。在靖难之役中屡立战功，而今是出师未捷身先死，三十六岁，正是有为之时，失去了这样的得力膀臂，永乐皇帝如何能不伤心！此时永乐皇帝也顾不得天子尊严了，坐在宝座之上，痛哭道：“上天啊！你为何要砍去朕的膀臂啊！为什么？这是为什么啊？”

此时，群臣一齐跪下，说道：“吾皇当节哀顺变，保重龙体才是！”

过了一时，永乐皇帝心情平静下来之后，说道：“众爱卿平身！”

“谢万岁！”

淇国公拟旨：

奉天承运，皇帝诏曰：朕惊闻成国公疾卒，悲痛欲绝，情不能抑，朕心甚哀。然征夷右副将张辅于情急之时敢于自荐，代理主将总兵官之职，稳定军心，料理后事，如期出兵，不误战机，朕心甚慰。朕命张辅为征夷主将、总兵官之职，仿效太祖高皇帝命大将军开平王常遇春、偏将军岐阳王李文忠率诸将扫荡残胡，建立功勋，著名青史。尔等宜立志自强，取法前人。钦此。

永乐皇帝的这道圣旨传到张辅手中时，张辅已经率军攻克关隘，深入到安南境内。

在安南国隘关附近的河流两岸，近几天突然热闹起来，两岸站了许多的人，他们都指指点点，互相耳语。

“看！又是一个！”

“快！快捞上来看看！”

“都说胡奎是我们的国王，原来他是乱臣贼子呀！”

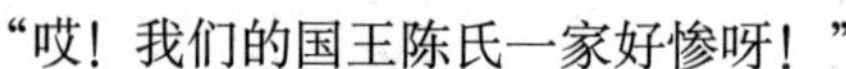

“哎！我们的国王陈氏一家好惨呀！”

“怪不得大明国要出兵讨伐，这等弑君篡位的贼子确实留他不得！”

“唉！看来咱们也不要再为他胡家卖命了！他胡氏是非灭亡不可！”

“走！咱去给明军透个信去！早除掉贼子咱们早得安生！”

原来张辅攻克隘关之后，便传檄安南军民，把胡奎父子二十大罪状写在木板上，顺着河水漂流。同时又广贴告示，揭露胡奎罪行：

檄谕告示

征夷主将、总兵官檄谕安南国官兵吏民：安南王黎氏父子，本安南王李氏之陪臣。本应忠君爱民，勤政事国。不意黎氏父子都不遵臣道，心怀逆志，弑君篡位，僭立为王。乱杀国人，掠夺四境，欺天骗世，阴谋讨封。陈氏后人陈天平辗转至京，向吾皇泣陈大冤，吾皇敕谕胡奎，令其自陈，胡奎自许恭迎陈天平归国承继王位，吾皇念胡奎之诚，不责其罪，敕封胡奎为上公。然胡奎却阳奉阴违，暗藏伏兵，将陈天平劫杀，并杀我大明将士，灭我大明国威，其罪伤天理，背人情，天地所不容。故吾皇为正天理，除邪恶，而兵发安南，讨伐黎氏父子逆贼，以正安南之君位，以安安南之百姓。

本总兵官率兵入境，务在除恶，于百姓秋毫无犯。故檄谕军民，通晓大义，不可助纣为恶，应远离战区，以免误伤，切切勿误。

永乐四年十一月五日

安南国官吏军民明白了黎氏父子（即胡奎父子。建文二年，黎季犛杀安南国王，自立为王，改其姓名为胡一元，改其子名为胡奎，并传位于胡奎，自称太上皇）大罪之后，纷纷来向明军透信带路，所以明军很快攻克隘留、鸡陵、芹站，直抵新福。

此时，沐晟所率明军从云南攻入安南境内，于白鹤与张辅军会师。十二月张辅与沐晟联合攻克多邦，而后又攻克东西二都，安南百姓及官兵纷纷降附大明。

永乐四年（1406年）十二月二十四日，南京城的百姓们又听到了一个喜讯，哈立麻大师来到了京城。

人们很少见过西藏人，所以一听说西藏的哈立麻大师要进京参拜万岁，都想看一看这位西藏大师的尊容。

一大早，人们就走到大街上。十字路口上更是人流如潮，车水马龙，熙熙攘攘。午时时分，哈立麻及其随行的人来到了这里。只见哈立麻身着僧衣，颈带佛珠，身体矮胖，笑容满面，颇与弥勒相似。

随从人员除了僧人之外，还有一些官员，只见他们身着藏衣，脚穿藏靴，腰挎藏刀，手持哈达，列队而行，虽说言语不通却也都笑容满面，喜气洋洋。奉永乐皇帝之命前来迎接的驸马都尉沐昕和先抵京师的哈思巴罗葛罗思即灌顶圆通善大国师此时来到。双方站定，哈立麻大师从随从手中接过哈达，献给沐昕。

沐昕说道："大师，清！"

哈立麻大师也说道："驸马都尉，请！"

哈思巴罗葛罗思也说道："师父，请！"

于是双方一起向皇宫走去。

早在永乐元年二月，永乐皇帝登基不久，便下诏命司礼少监刘显和僧人智光前往西藏迎请乌思藏尚师哈立麻，由于路途遥远，三年之后，直到永乐四年十二月，刘显方派人驰送奏书，禀报永乐皇帝说哈立麻要亲自到京师朝拜。所以哈立麻于二十多天后到京。

二十五日，华盖殿内欢聚一堂，这是永乐皇帝为欢迎哈立麻一行举行的宴会。

"万岁驾到——"

随着一声呼喊，永乐皇帝稳步走进大殿，于中间坐定，接受群臣拜见。

"叩见吾皇万岁万岁万万岁！"

哈立麻等人也都学着大臣之样，前来拜见："叩见吾皇万岁万岁万万岁！"

"平身！"

"谢万岁！"

永乐皇帝说道："乌思藏自古以来均与内地和好，为我华夏之一族，今哈立麻大师进京朝拜，乃江山社稷之喜，朕今特设宴，以示迎贺，不必拘君臣之礼，当开怀畅饮。"

哈立麻也说道："乌思藏自古与内地唇齿相依，今能够进京朝圣，实为三生有幸，也是我亿万藏民之福，承蒙吾皇赐安款待，感激不尽！"

永乐皇帝龙颜大喜，在座诸臣也都心情欢愉，推杯换盏，猜拳行令，热闹非凡。直饮得畅快淋漓，方才歇息。

最后，永乐皇帝又赐哈立麻黄金百两、白银千两，钞二万贯，彩币四十五表里及法器、拜褥、鞍子、香果、米茶等，其他随从也各有赏赐。哈立麻等叩头谢恩道："谢主隆恩，吾皇万岁万岁万万岁！"

永乐五年（1407年）正月初一，是传统的节日，一年伊始，春月首日。京城的百姓们都沉浸在欢乐之中，人人欢欢乐乐，个个喜气洋洋，家家户户都贴上了春联，鞭炮声时断时续，此起彼伏，整个南京城都充满着喜庆的节日气氛。

哈立麻在众人陪同之下，走在大街上，观看城内的热闹景象，驸马都尉沐昕与他并行。

哈立麻见人们在相互拜年，便问道："这些人今天为何都喜欢串门呢？"

沐昕说道："这不是串门，这是在拜年！"

哈立麻说道："什么拜年？怎么拜？"

沐昕说道："拜年就是在每一年的正月初一这一天，人们互相拜望、相互问候，小孩子给大人磕头，大人给小孩子压岁钱，这就是内地的风俗！"

"原来如此！"哈立麻说道。

就在此时，来了三四个小孩子，见了哈立麻，便一齐说道："大师新年好！"

哈立麻笑着对沐昕说道："他们这是在给我拜年哩！"

沐昕说道："是的！"

哈立麻笑道："我也要给他们压岁钱了！可以么？"

沐昕说道："作为一个长辈，当然可以！"

于是，哈立麻给了每人十个纸钞。

小孩子们一齐致谢："谢谢大师！"

哈立麻等人又继续往前走，走不多远，就被一阵欢快的锣鼓声吸引了过去，原来是人们在耍龙舞、踩高跷、玩旱船，十分热闹。只见二十几个身强力壮的小伙子，把两条龙舞得上下腾飞，左旋右转，其中一个人举着一个大绣球，两条龙对着大绣球翩翩起舞，这叫作"二龙戏珠"。

哈立麻看了，不禁拍手叫好。哈立麻对沐昕说道："好！舞得好！"

沐昕说道："那好看的还在后面呢！大师你看，那不是来了么？"

哈立麻看着那些人物，看得入了迷，更让他着迷的是，那些人脚踩在一根木棍子上走路，为什么不倒？

"都尉，那些人脚踩在一根木棍子上，为何不倒呢？"

"大师，各有各的学问，各有各的门道，他们是练就的功夫！"沐昕说道。

"那可真绝了！"

二人正说着，哈立麻突然惊叫起来："哎呀！倒了！全倒了！"

沐昕说道："那不是倒的，那是大撇腿！大师你看他们的腿，可全都是一前一后，还有分向两边的呢！这是他们的绝活儿！"

正说着，忽地一声，撇腿的人又全都站了起来。

哈立麻不禁叹道："真是世上奇艺！"

他们又看了玩旱船的，哈立麻大师自然是赞不绝口，一直到尽兴时才回去。

哈立麻在京城又游玩了几日，心中十分高兴。正月十九日，永乐皇帝又下诏，赐哈立麻仪仗，计有牙仗二、银仗二、骨朵二、幡幢二十四对、香合儿指子二、手炉三对，红纱灯笼二、魫灯二、伞一、银交椅一、银脚踏一、银水罐一、银盆一、诞马四、鞍马二、银兀一、青圆扇一、红圆扇、帐房一、红柠丝拜褥一。哈立麻急忙谢恩。

宣旨官又宣读道："奉天承运，皇帝诏曰：朕恭请哈立麻大师在西郊灵谷寺建'普度大斋'，以荐福太祖高皇帝、孝慈高皇后。届时，朕将在京城寺中行香拜佛。钦此。"

哈立麻说道："臣遵旨，吾皇万岁万岁万万岁！"

普度大斋共举办七天，永乐皇帝果然每日都亲到寺中行香拜佛。普度大斋事结，永乐皇帝又赐给哈立麻黄金百两、银千两、钞二千、彩币一百二十表里、马九匹，其余随从也各有赏赐。

三月三日，永乐皇帝又下诏书：

奉天承运，皇帝诏曰：哈立麻大师一行自藏东来，阐释佛教，开化我民，强加风化，树我文明，功德无量，故朕封哈立麻大师为万行具足十方最胜圆觉妙智慧善普应佑演教如来大宝法王西王大善自在佛，领天下释教。其徒勃隆甫瓦桑儿加领真为灌顶圆修净慧大国师，离日瓦禅伯为灌顶通悟济大国师，果栾葛罗临藏巴里藏卜为灌顶智净成大国师。特赐哈立麻大师金珠袈裟一件。尔师徒可前往五台山建大斋，为太祖高皇帝及孝慈高皇后荐福。钦此。

哈立麻的到来，永乐皇帝心中很高兴。事过不久，却又有一件事使永乐皇帝很恼火，但又是狗咬刺猬无法下手，而这事还得要从靖难之役说起。

当初，为了取得一个巩固的大后方，加强自己的军事力量，永乐皇帝曾带兵抵达大宁，利用权术，强借了宁王的兵马，让宁王一起南下。当时，永乐皇帝曾向宁王许诺，将来一定完璧归赵，还宁王一个完完整整的大宁。

兵进金川门之后，宁王也与其他诸将一样，催永乐皇帝早日登基安民。不想，永乐皇帝登基之后，便忙于治理国事，对宁王既没赏赐，也未加封，宁王也只是在宫内住着，不知不觉已有五年。这五年中，宁王自然无所事事，生活虽说不错，却也闲得无聊，天长日久，便对永乐皇帝生起埋怨之心来，你当了皇帝，自然心满意足，当年若不是借了我的兵马，岂能有今日？整日的把我困在宫中，犹如笼中的鸟儿一般，这算是哪一档子事儿？宁王越想心中越生气，越想越觉得永乐皇帝对不住自己，言而无信，不仁不义。于是，便写了一个奏疏，向永乐皇帝讨个说法，要求永乐皇帝归还他的大宁。这一下可把永乐皇帝气坏了，但又不好发作，明明是自己理亏，可是又咽不下这一口气，退朝后回到后宫，气得往床上一坐，只是一口一口地叹长气。

徐皇后见了，说道："万岁今日为何如此？有什么事儿不顺心？"

永乐皇帝仍不言语，徐皇后笑了笑，递过茶来，说道："万岁，你我夫妻多

年，这一辈子无话不说，怎么今日就不能与臣妾说了呢？”

永乐皇帝说道：“气死朕了，给你看看吧！”说着把宁王的奏章递给了徐皇后。

徐皇后接过一看，只见奏章上写得明明白白：

圣人有云，言必信，行必果，言而无信，不知其可也，吾皇登基称孤，不觉五年，可谓志满意遂，然吾皇知小弟境况否？小弟久居深宫，无所事事，宛如笼中之鸟，尽失我大宁之乐。

初，吾兄强借弟大宁兵马，曾言他日之后定当完璧归赵，还我一个完完整整的大宁，今日还记昔日之言否？今兄为天子，弟为臣民，岂有天子欠臣民之债而不还乎！若无借地之举，岂有今日之贵？

兄贵为天子，弟岂敢与兄分庭抗礼，然求兄实践诺言，还我大宁。弟若冒犯皇威，还请恕罪！

徐皇后看罢，微微一笑，说道：“臣妾以为是什么大事，却是自家兄弟咬舌头闹着玩，这有什么好气的呀！”

永乐皇帝说道：“他分明是在向朕讨债来了！”

徐皇后说道：“讨债又怎么啦？杀人偿命，欠债还钱，古今百姓都明白的道理，难道万岁就不明白？”

永乐皇帝说道：“依你说来，朕还真要还他大宁？”

“那当初谁让你去向人家借的呢？”徐皇后笑了笑，说道。

“这……”永乐皇帝没了词儿。

徐皇后说道：“别这儿那儿的了，你说怎么办吧？”

永乐皇帝说道：“朕今日就是不还他，难道他还能兴兵造反不成？”

徐皇后说道：“万岁是想当赖账户呀？不行！布衣百姓之交尚不赖账，况一国之君乎？”

“那朕就还他一个大宁！”永乐皇帝说道。

徐皇后将手一摆，说道：“不行！不行！一个堂堂的天子竟然向自己的臣子还债，太掉价！有损于皇家尊严！”

永乐皇帝将两手一摊，说道：“朕还也不行，不还也不行，难道还要朕去上吊自杀不成！”

徐皇后抱着永乐皇帝的头，说道：“谁敢让皇帝上吊自杀呀？就是有人敢臣妾也不让！臣妾有一法，能消万岁胸中之气，又不伤你兄弟二人和气，怎么样，万岁是不是愿意听呀，若是不愿意臣妾就不说了！”

“哎呀我的梓童呀，你就快别卖关子了！快说与朕听听！朕心烦死了！”永乐皇帝说道。

徐皇后说道："臣妾之法就需要心平气和，万岁若是心烦哪，臣妾就不说了！"

永乐皇帝说道："别别别，快说，朕不心烦！"

徐皇后将嘴对着永乐皇帝的耳边小声说着，过一时，永乐皇帝脸上终于露出了笑容，说道："好好好！就按你说的办！"

宁王自把奏书呈给永乐皇帝之后，虽说发了一通火，出了一口闷气，但心中仍是不乐，整日在院中溜达。忽有使臣来宣皇帝口谕，让宁王在后宫见驾。

宁王来到后宫，徐皇后早让人备下了一桌御宴。宁王见了永乐皇帝，说道："臣叩见吾皇万岁万岁万万岁！叩见皇后千岁千岁千千岁！"

永乐皇帝亲自把宁王搀起，说道："此是后宫，都是自家兄弟，不必行君臣大礼！"

徐皇后也说道："都是自家兄弟，不必行君臣之礼，快坐！"

永乐皇帝说道："朕自登基以来，不觉五年，整日忙于国事，很想与御弟欢聚欢聚，只是没有空闲，幸好今日有闲，特请御弟来欢聚一番！"

宁王说道："你今已是贵为天子，国事繁忙，小弟还以为你把小弟给忘了呢。"

徐皇后说道："都是自家兄弟，怎能忘记？只是事儿一多，相见甚少而已！"

永乐皇帝说道："手足之情，朕何尝敢忘，别人不说，特别是你，当年在朕最困难的时候，是你借大宁兵马于朕，没有当初，哪里会有今日？此段情缘朕一直未曾有忘！朕登基之后，便让弟在宫中享福，不想日子久了，弟倒闲得不安生了！若不是小弟奏明，朕哪知小弟此种心情？这是朕让你皇嫂亲自做的菜，咱们就开心地吃点！"

徐皇后也说道："你兄说的是实话，你看，这是你兄三年前写好的诏书，让你回大宁，但又不忍让你再受北国风霜之苦，故而迟迟未宣！"

宁王见了诏书，只得说道："是小弟错怪兄长了！"

永乐皇帝见宁王的气已给消得差不多了，便说道："既是小弟闲不住，朕有几件事可由你挑拣，之藩大宁，此其一。做一个巡游察访使，可到各地巡游、察访官吏民风，此其二。朕此时太累，想轻闲几年，代朕摄行国事，此其三。就是因为我们是自家兄弟，朕才如此安排，任你选择！"

常言说，人怕敬，这也是徐皇后的主张，她就知道宁王不会去代摄国事的，但此时宁王也不是小年龄了，哪有那么多精力去治理藩国？只有第二条路，四处走走看看，既轻闲自在，又不寂寞。这三条路一提出来，宁王自己也不会去走第三条路，只有一二两条路，但一时也拿不定主意。

徐皇后说道："御弟呀，你如今也不是个小年龄了，你就干个巡游察访使吧，先到大宁看看，来个故地重游，住上个一年半载，再到江南各处走走，看个山水，考察个风土民情什么的，能够自得其乐就行，你说对么？”

宁王说道：“如此甚好！”

就这样，一场皇权之争的萌芽就在徐皇后的酒宴说笑之中消失了。

永乐五年（1407年）正月，我国北方还是冰天雪地的时候，安南国木丸江一带，却是天气温暖、树木葱茏、百花盛开的时候。这里的人们却无心赏景，明军和安南军队双方正在进行一场水上的大决战。

安南水师在陆战中屡屡失败的时候，决心与明军决一死战。

张辅道：“安南水师决心与我决一死战，气焰甚烈，我当以智取胜，不可硬拼！”

沐晟说道：“总兵官所言极是，但不知如何智胜！”

张辅说道：“我观安南水师战船高大坚固，吃水颇深，此处下游五里之处，河道狭窄，河水甚浅，正是我们歼敌之处！”

张辅在沐晟耳边耳语一阵，沐晟连连说道：“此计甚妙！此计甚妙！”

安南水师严阵以待，沐晟带领水师迎了过来，早有兵士报告给水师总兵胡朗。

“报告总兵！明军水师来了！”

胡朗闻报，急忙观看，只见明军几十艘战船又小又破，船上的明军将士也是稀稀拉拉。胡朗一看心中就乐了，不禁笑道：“上天助我！上天助我！明军啊明军，陆战我们打不过你，水战你们可不是我胡朗的对手！”

“嗵！嗵！嗵！”

明军首先向安南军水师开炮，一阵炮过后，胡朗竟高兴得拍手击掌，说道：“这也叫水师！这也叫水师！”

原来，明军的炮弹大部分都落到了水里，只有少数几发炮弹落在了战船上。

明军的炮火又是一阵猛轰，可这一次比上一次更糟，只有三发打中了船帮，其余的全落在了水里。

胡朗一阵大笑之后，根本不再把明军的水师放在眼里，说道：“击败这样的水师，如吹灰一般！各船听令：明军水师不堪一击，给我狠狠地打，抗明作战的奇迹就要在这里出现了！预备——放！”

胡朗一声令下，安南水师火炮齐发。沐晟组织船队一边还击，一边顺水而退。

胡朗不知是计，急忙下令道：“快追！快追！”

安南水师闻令后，紧追不放，明军水师则越逃越快，五里的路程不觉之间已经逃过，安南水师仍是乘胜追赶。

突然，一艘战船搁浅走不动了，后面的战船乘着顺流，一时间如何停得下来，便一下子拥挤在一起。胡朗见状，急忙令船只掉头返回。

忽听得一阵锣响，一时间，木丸江两岸大炮齐发，沐晟率水师掉过头来，张辅又令一支水师在上流截断安南水师的退路。两岸是陆军的大炮，水上是水师的大炮，四面的大炮把安南水师围在中间。一阵炮火之后，安南水师连一块船板也没有剩下，全部消失在木丸江上。

此时，黎氏父子已是丧家之犬。五月，明军追到日南州奇罗海口。大军把黎氏父子所带的残兵围在了中心。此时的安南将士已经无心再战，仗刚一打起来便纷纷投降，黎氏父子眼看着兵败如山倒。

同时，又有安南的百姓胡正义带领十几个人来到张辅面前。

"哪位是总兵官张大人？"

"本官便是，你们有何事？"

"回禀张大人，黎氏父子现藏身在溪水村内，特此相告！"

"本官有谢，请你们带路如何？"

"小民愿往！"

"赏纹银二十两！"

"多谢大人！"

不一时，明军来到溪水村，黎氏父子藏在一农户家的草屋内。明军在胡正义等指引下，一并将父子二人擒获。

张辅即刻具表上奏，明军大获全胜。

永乐五年五月二十九日，早朝行礼刚罢，传事官入奏："启奏万岁，征夷主将、总兵官张辅派信使入京，现在殿外候旨！"

"速宣信使进殿！"

"宣信使进殿——"

信使进殿，叩拜道："吾皇万岁万岁万万岁！"

"平身！"

"谢万岁！"

"安南战事如何！"

"回禀万岁，黎氏父子全部擒获，我军大获全胜，现有奏章在此！"

永乐皇帝看罢奏章，大喜道："张辅果不负朕望！"

群臣一齐贺道："黎贼父子违天逆命，今悉数擒获，皆由圣德合天，神人助顺，此乃万岁功德所致，可喜可贺！"

永乐皇帝说道："此乃天地祖宗之灵，将士用命效力所致。"

淇国公丘福奏道："启奏万岁，安南自古为我属国，今黎氏贼父子已擒，而陈氏亦无人可以承位，国不可一日无君，家不可一日无主，为安定民心，可在安南开设三司及郡县，以牧其民，还请万岁圣裁！"

永乐皇帝道："淇国公所言极是，朕准奏！"

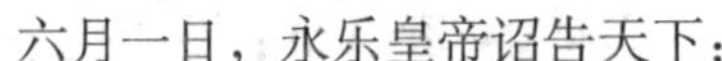

六月一日，永乐皇帝诏告天下：

奉天承运，皇帝诏曰：安南国，自古皆为我华夏之属国，历行臣服之礼。黎氏父子弑君篡位，今皆伏法，以谢国人。陈氏家族尚无人可以承位，国不可无君，家不可无主，为安天下苍生黎民，特诏告天下，朕在安南设置三司及郡县，以牧其民，改安南为交趾布政使司，以吕毅为都指挥使，黄中为副使，黄福为布政使兼按察使，分设官吏，改置州县，安置生灵，司牧其民。交趾布政使司立政之日，征夷主将、总兵官张辅等即可率兵返回，来京复命。钦此。

从此之后，安南国正式变成了大明国的一个省。

当整个南京城祝贺南征安南全胜的喜悦气氛还未消尽的时候，一种巨大的哀痛又悄悄地降临了南京城。

在养心殿中那昏暗的宫灯照射下，徐皇后躺在床上，只觉得心慌意乱，眼前的一切都是朦朦胧胧的，她隐隐约约地感觉到，自己归天的日子大概是为时不远了。她的思维好像已经终止了，此时，她心中所念叨的，就是她的丈夫和儿子们。

“万岁驾到——”

永乐皇帝来到徐皇后的床前，看见徐皇后重病垂危的惨状，不禁鼻子一酸，竟落下泪来。是啊，这一阵子繁忙的国事，使得他没有时间来看视徐皇后，只说是有病，没想到徐皇后竟病得这样厉害。

“你还好么？”

“万岁！臣妾怕是不能再陪伴在万岁左右了！”

“别说那丧气的话，朕让御医再给你开几副药吃吃就会好的！”

“万岁，不要再为臣妾劳心了，臣妾只想再和万岁说几句话！”

“你说吧！朕听着！”

“万岁，今后臣妾不在了，你要多保重龙体，不要太累，不要暴怒，不要滥杀，不要任人唯亲，不要偏私，不要忘掉历史教训，心中有民，做一个名传千古的有道明君……”

徐皇后累得说不下去了，永乐皇帝说道：“你且歇息一时，不可太累了！”

徐皇后喘息了一会儿，又说道：“臣妾想看看咱们的皇子！”

“快传三位皇子！”永乐皇帝命道。

不一时，朱高炽、朱高煦、朱高燧来到徐皇后床前。

“儿臣叩见父皇、母后！”

徐后拉着朱高炽的手说道：“皇儿，你是太子，你知道你肩上担子的重量么？今日的太子，就是明天的皇帝，这个皇帝可是不好当的啊！你要勤政爱民，仁义治国，要多向你父皇学着一点！啊？”

“儿臣永记母后教诲！”

徐皇后又对朱高煦、朱高燧说道：“日后你二人要听你父皇的话，要听你兄长的话，不要以为太子是什么轻松的角色，其实，你父皇是把最重的担子交给了他。唉！酸甜苦辣，难着呢，你们日后都要帮着他，什么太子呀，皇位呀，不要把它看得那么重……”

“母后别说了，儿臣谨记母后教诲便是！”

“你们都能听我的话，我就可以放心地去了！”

也许，徐皇后是太累了，她慢慢地入睡了。

永乐皇帝半坐半卧地陪伴在徐皇后的身旁，看着徐皇后那熟睡的身影，不禁又想起过去的往事……

那是在永乐皇帝登基不久的一天晚上，由于忙于制定各项政策，永乐皇帝感到很疲倦，说道：“为了制定法度，朕真有些累了！”

徐皇后说道：“万岁，如今南北之间，连年征战，兵民疲惫不堪，为政当宽俭，务必要使百姓得以休养生息。如今万岁制定法度，心中可不能没有这根弦哪！”

永乐皇帝说道：“梓童所言极是，所言极是呀！朕可要谢谢你呀！”

徐皇后眼中闪出一道秋波，说道：“我的真龙天子呀，你不把臣妾给扔弃了，就谢主隆恩了，谁敢让你谢哟！”

“朕一定要谢，朕一定要谢！”说着给了她一个亲吻。

永乐皇帝又看了一眼睡在身边的徐皇后，心中想道：“这瘦小的身躯，仿佛不是一个肉体，而是一个勇武和才智的结晶。”

在永乐皇帝的眼前，又浮现了北平城墙上的战旗和炮火，在烈火之中，闪动着一个身着红披风的身影，是她！就是她，今日的皇后，当年的燕王妃！在她的带领下，一支由家属组成的娘子军，持刀拿剑，混战在敌人中间。

永乐皇帝的耳边，又似乎响起了喜庆的乐声。又看见了当初那热烈喜庆的场面。当年的她，是那样的美丽，在那女性特有的柔美的躯体里，又透出了大将所特有的阳刚之美。太祖高皇帝的脸上，眉宇舒展，马皇后的脸上，笑成了一朵花。在人们的簇拥之下，他二人双双进入了燕王府。在自己的寝宫里，二人互相看着，天作之合的一双，郎才女貌的一对，一种无名的烈火烧得他们周身的血都要沸腾了，他们紧紧地抱在了一起……

在朦胧之中，永乐皇帝伸出的手却握到了一只冰凉的手。

永乐皇帝全醒了，在宫灯的照耀之下，永乐皇帝看见徐皇后甜蜜地睡去了，永远地睡去了。

皇宫外，一声又一声的雷鸣，一道又一道的闪电，使群山颤抖，使鬼神惊恐。

皇宫外，那急骤的暴雨，似千军万马，奔腾驰骋……

自从徐皇后于永乐五年病故后，永乐皇帝便钟情于徐皇后的妹妹徐妙锦，只是徐妙锦誓死不从，竟剪了头发，出家当了尼姑，所以永乐皇帝从此也就不再立后，只是将情移之于妃嫔。

永乐皇帝很喜欢朝鲜女子，所以曾多次派人去到朝鲜选美，当时朝鲜是明朝的属国，所以也不会拒绝。当时后宫之中的妃嫔，朝鲜人为数不少。

一日，永乐皇帝闲暇无事，便在御花园中走动，一阵优雅婉转的洞箫之声传来，永乐皇帝便寻声而去。

永乐皇帝来到一个亭子前，亭子下面是一个水塘，时值黄昏，夕阳西下，彩霞满天，山光水色，浑然一体，恰似一幅优美的图画。只见有一女子坐于亭下，红衫绿裤，体态轻盈苗条，美若天仙，正在聚精会神地吹箫。永乐皇帝完全沉浸在这诗情画意之中。永乐皇帝听着那箫声，如痴如醉，待到那箫声停了下来，永乐皇帝才急步走到亭子中去。

那女子见是永乐皇帝，急忙施礼道："奴婢叩见万岁！"

永乐皇帝用手将那女子搀起，说道："坐下吧！不必多礼！"

"是，谢万岁！"那女子说道。

永乐皇帝仔细打量着那女子，只见那女子不过二十岁，美妙可人，心中早已就喜欢上了她。

"你是什么地方人？姓什么？"

"奴婢本是朝鲜人，姓权！"

"你的玉箫吹得真好！美妙极了！"

"谢万岁过奖，奴婢只是粗知七音，不堪入耳！"

"休要过谦，朕爱听，可为朕再吹一曲么？"

"奴婢遵旨就是了！"

权氏又吹了一支古曲《梅花三弄》，永乐皇帝不禁鼓起掌来。

"懂诗么？"

"略知一二！"

"给朕对上一联行么？"

"请出上联！"

"黄昏吹箫二仙子。"

"夕阳听曲一条龙。"

"好一个'夕阳听曲一条龙'，你知上联为何用'二'么？"

"亭中日照一仙子，池中水映一仙子，故万岁用'二'！"

“好一个智慧女子。”永乐皇帝不禁用手抚抱过去。

权氏轻轻闪过，用手止住永乐皇帝的手，轻声说道：“万岁，若他人见了，不雅，有损圣尊！”

永乐皇帝有些意外，他不敢相信这个女子敢拒绝他的亲幸，于是忙改口说道：“你会歌舞么？你们朝鲜人都会歌舞的！”

“奴婢也略通一二，不敢有损圣听！”

“你就给朕唱一支！”

“奴婢遵旨！”

于是权氏就放开歌喉，移动舞步，边唱边舞。权氏所唱的，就是她的家乡的歌《红色的金达莱》。就在他们二人兴致最浓的时候，内侍走上前来，说道：“万岁，天色已晚，该回宫了。”

权氏便也说道：“奴婢告辞！”说着便要走。

永乐皇帝说道：“且慢！朕封你为才人，今晚就随君伴驾！”

内侍见了，忙对权氏说道：“万岁让你随君伴驾，还不快快谢恩？”

权氏忙跪下道：“谢主隆恩，吾皇万岁万岁万万岁！”

于是权氏天天陪伴着永乐皇帝，深为永乐皇帝所宠爱。

一日退朝之后，永乐皇帝又来到权氏之处，权氏迎驾后，亲自递上香茶，永乐皇帝接过香茶，说道：“你再为朕跳一支《红色的金达莱》舞吧！”

权氏说道：“只要万岁喜欢，奴婢敢不奉献！”

权氏边歌边舞，永乐皇帝在一旁观看，只见权氏体态轻盈，舞步活泼而欢快，左旋右转，时而如流水，时而如行云，时而似轻风，时而如雷霆，正当永乐皇帝看得眼花缭乱之际，舞蹈戛然而止。永乐皇帝半天才醒过神来，连忙鼓掌，说道：“美！美妙极了！”

权氏说道：“万岁，奴婢听说徐妙锦很漂亮，是么？”

永乐皇帝说道：“是的，她很漂亮！”

权氏又问道：“她人好么？”

永乐皇帝叹一口气，说道：“她人很好，可她不爱我，宁愿出家当尼姑，也不嫁给我！”

权氏说道：“想不到，万岁贵为天子，也会有得不到的爱情！”

“是呀！万事不可强求，爱情不为权势所动，正说明爱情是尊贵的！”永乐皇帝说道。

权氏又说道：“万岁很痛苦么？”

永乐皇帝慢慢地说道：“自从徐后归天之后，朕就一直很痛苦。徐妙锦，朕很尊重她，她给朕留下来的一缕头发，朕至今还保存着。而今朕得到了你的爱

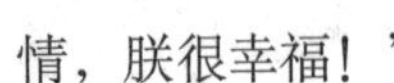

情，朕很幸福！”

权氏紧紧地依偎在永乐皇帝身旁，说道：“奴婢真怕万岁哪一天又会爱上了别的女人！”

永乐皇帝用手抚摸着权氏的下巴，又拍了拍她的肩膀，说道：“不会的，朕就是遇到了别的女人，也永远不会丢掉你！”

权氏眼中流出激动的泪水，说道：“有万岁这句话，奴婢知足了！”

永乐皇帝看见权氏那娇美的脸，春心一动，便将权氏轻轻抱起，一步一步地走向了自己的龙床。

第二日早朝之后，宫中大太监禀报：“启奏万岁，又有一批朝鲜美女选来，请万岁过目！”

永乐皇帝说道：“朕知道了。”

几个月之后，永乐皇帝从中挑选了一个他最喜欢的女子吕氏。其后不久，又从江南选中了一个女子，也是姓吕。从此以后，永乐皇帝身边，就有了较为可意的三个美人陪伴。他随即将她们封为嫔。这三位美人，从此给永乐皇帝带来了欢愉。自然，也给永乐皇帝带来了烦恼。

九月的天气，秋高气爽，秋风飒飒，郑和的船队沐浴着秋霞的光辉，乘长风，破万里巨浪，胜利返航了。同郑和的船队一齐来的，还有许多一同来访的外国使臣。南京城又开始沸腾了，它的沸腾不仅仅是因郑和船队的返回，还使长期生活在一个封闭自守的国度里的中国人开始呼吸到一股异域他乡的新鲜空气，同时也使一些西方人目睹了东方文明古国的风采。这喜讯又似一阵清风，吹散了永乐皇帝因娶不到徐妙锦而笼罩在心头的乌云。

永乐皇帝心情愉悦地坐在宝座之上，接受文武大臣朝拜。

“吾皇万岁万岁万万岁！”

“平身！”

“谢万岁！”

“宣郑和进殿！”

郑和闻宣，急忙进殿，向永乐皇帝朝拜。

“臣叩见吾皇万岁万岁万万岁！”

“郑爱卿平身！”

“谢万岁！”

“爱卿率船队西渡，情况如何？”

“启奏万岁，臣奉旨西渡，经历占城、暹罗、苏门答腊、旧港、满剌加、锡兰、古里七国。所到之处，均宣读了万岁的敕谕，赠赐礼品，宣讲了大明国威，受到七国国王的热情款待。在归港，生擒了海盗头子陈祖义，且已将其带至京城，听候万岁发落。臣返回之时，各国皆派使者与臣同来朝拜，他们表示臣服，并送来大量贡品，现在殿外候旨！”

“爱卿西洋之行，功不可没！宣外国使者进殿！”

外国使者闻宣，急忙进殿，拜见永乐皇帝。

“拜见大明国皇帝陛下！”

“免礼！”

“谢大明国皇帝陛下！”

“诸位使者不畏风浪，漂洋过海来我大明，朕心甚快！”

“我等乃蛮夷小国，不识礼仪，仰望大明国之文明，故而前来贵国朝拜，以示臣服，又贡奇珍异宝、珍禽异兽，还乞陛下笑纳！”

说罢，使臣们将所贡之物运进大殿之内。众文武大臣第一次看到异域的奇珍异宝、珍禽异兽，只看得眼花缭乱，拍手称奇！特别是那一只玉麒麟，更使满朝文武大臣欢欣鼓舞，以为是一种难得的吉祥瑞兆。永乐皇帝也是龙颜大喜，情绪高昂。

沈度当场提笔作画，画了一幅麒麟图。且又在上面自题了一首《瑞应麒麟颂》献给永乐皇帝，把欢庆的狂喜又推向了一个高潮。杨荣也吟咏道：

于唯圣皇，受命自天。
仁及庶类，恩周八埏。
天锡多福，集于圣躬。
唯皇万寿，百禄是崇。
雨顺风调，民安国泰。
海晏河清，万世永赖。
臣拜稽首，宝祚绵绵。
圣子神孙，传序万年。

永乐皇帝见群臣如此欣喜，也不禁诗兴大发，说道：“朕今日也吟一首！”说罢则吟道：

异邦入朝贡麒麟，京城处处尽祥云。
鹿马牛羊皆不是，天下奇宝有精神。

喜讯！又是一个喜讯！再一次使永乐皇帝享受了成功的快慰。

十一月的一日早朝，永乐皇帝刚刚接受了群臣的朝拜，传事官奏道：“启奏万岁！太子少师、编纂总裁姚广孝在殿外候旨！”

“宣太子少师、编纂总裁姚广孝进殿！”

姚广孝闻宣，进了殿来。

“吾皇万岁万岁万万岁！”

“平身！”

“谢万岁！”

“少师见朕所言何事？”

“启奏万岁，臣奉旨编修的《永乐大典》完工，书稿现在殿外，臣特来请旨！”

“把书稿抬进殿来！”

不一时，书稿便抬进殿内，永乐皇帝见了书稿，心中十分喜悦，说道：“甚好！甚合朕意！”

姚广孝道：“启奏万岁，此书工程浩繁博大，广采经、史、子、集百家之书，乃至天文、地理、阴阳、医卜、僧、道、技艺之言，不厌浩繁，务必网罗无遗。此书共计二万二千九百三十七卷，装成一万一千零九十五册，总字数为三亿七千万余字，述三千人、历时五年，得以完成，请万岁御览，然后圣裁！”

永乐皇帝翻阅目录，心中十分满意，说道：“朕要为它作序，刊行天下！”

群臣一齐贺道：“吾皇诏修《永乐大典》，鸿篇巨制，流传后世，功德无量！”

永乐皇帝道：“朕还要嘉奖所有编修人员！”

“谢主隆恩！”

永乐皇帝回宫后，当即铺纸提笔，洋洋洒洒，为其作序。

《永乐大典》由永乐皇帝审定之后，于是开始清抄，直到第二年冬天，才最后完成。

永乐六年（1408年）八月，安南在张辅撤军后一年，开始叛乱扰明，战报传到京城，永乐皇帝急忙上朝与群臣议事。

永乐皇帝说道：“朕闻讯奏，交趾有简定、邓悉、阮帅等出兵攻盘滩、威子关，扰三江府往来之路，慈廉、威蛮、上洪、大堂、应平、石室诸州县皆起响应，明军弹压不力，诸爱卿对此有何见解？”

淇国公丘福说道：“交趾乃我大明属地，岂容反叛！以臣之意，万岁当快速出兵平叛。以保南方百姓之安宁！”

永乐皇帝说道：“淇国公所言甚合朕意。传旨，朕即命沐晟统率云南、贵州、四川都指挥使司及成都三护卫军四万，挂征夷将军印出征，平定交趾之乱！”

群臣都说道：“吾皇圣明！”

沐晟率领大军，浩浩荡荡，几经辗转，来到生厥江，与交趾叛军展开激战。

明军此次出征，与上次出兵形势不同。上次出兵是铲除黎氏父子弑君篡位之恶行，因而深得民心。设置交趾布政使司之后，安南国实际上亡国，所以反明排外的说法在安南的军民之中很有号召力，民心的相背，给明军的此次出征带来了极大的不利。

生厥江一带本是深山峻岭，明军与安南军交了几次小战，安南军便钻入了深山老林。地形不熟，是明军的一个致命弱点。

一日沐晟行军，正愁探不着路径，忽见那边有两个安南妇女，沐晟便令士兵将其带到跟前，说道："你们不用怕！"

那妇女说道："我们不怕，我们知道你们是来攻打简定、邓悉的！"

"你愿意给我们带路么？"

"愿意，我男人就是让简定给杀害的，她是我妹妹！"

"那好吧！"

兵部尚书刘俊说道："将军，我们是不是再派兵侦探一下，这……"

沐晟说："不必过虑，她们是两手空空的妇女！"

那妇女对刘俊说道："这位大人不必担心，我们就是这山沟里的人，一定能把你们带到地方！"

沐晟说道："既如此，我们就走吧！"

"遵令！"那女人回答说。

那女人边带路，边与沐晟讲述她男人被杀的经过，说到伤心处，竟是泣不成声。

沐晟说道："你不必伤心，我们捉到了简定，一定为你报仇！"此时，沐晟已经完全沉浸在那女人所编的故事之中。

大军又往前走了三四里路，来到一片空旷地带。沐晟抬头一看，只见此处四周是山，山上树木遮天蔽日，不由打了一个寒战，一个不祥的预感突然而生，此处若有伏兵，我军岂不是已蹈于死地？

沐晟急令撤军，可是已经晚了。

只见两名妇女把手指弯在口里，吹出了尖锐而又响亮的口哨。

很快四处伏兵齐发，无数的箭如同飞蝗一般射将过来。一批箭射过来，明军便倒下一片，不一时，明军的尸体便堆积如山。四处伏兵一齐杀将过来，将明军围在中间，交趾都司吕毅、刘昱均死于乱箭之下，兵部尚书刘俊突围不成，自杀身亡，沐晟虽得突围，但所带兵将却死伤过半。

永乐皇帝得到沐晟败讯之后，于永乐七年二月，再度起用张辅，令张辅率军再往交趾平叛。

张辅率领大军到达交趾之后，利用他特有的威慑力，吸取了沐晟兵败的经验教训，很快扭转了战局，与沐晟互相配合，协同作战，终于在永乐七年（1409年）十一月平定了叛乱，将简定擒获，然后便班师回京。

【第十二回】

上元佳节君臣同乐，中秋月夜母子连心

永乐皇帝的感情生活，就好比是一株经历了寒冬之后而到了阳春三月的桃树，不觉间已经是满树的桃花争相怒放了。钟情于徐妙锦，不想徐妙锦却是冷若冰霜，永乐皇帝好似生活在一个冰冷的世界里。自从宫中来了权氏、两位吕氏之后，永乐皇帝却又是忙得顾得了西顾不了东，顾得了南顾不了北，欢愉的感情生活渐渐地变成了一种劳神。权氏进宫最早，感情最深；对朝鲜吕氏心中也十分喜爱，就是汉人吕氏也是自己中意的。权氏是不能丢，也舍不得丢；朝鲜吕氏自然也要分神御幸；汉人吕氏，当然也要去。三个美人都眼睁睁地盼着他去幸顾，往哪里去好呢？总不能三个人同时都去吧？这倒如何是好呢？这四个人之间的感情生活却又成了永乐皇帝的一个烦恼。

算着日子，在朝鲜吕氏那儿已经过了三个晚上，到权氏那里再也不能拖了。第四天，永乐皇帝进了权氏的房门。

"奴婢叩见吾皇万岁万岁万万岁！"

"起来吧！"永乐皇帝笑着说道。

权氏起来，看了看永乐皇帝，上前将永乐皇帝紧紧抱住，拼命地亲吻永乐皇帝的脸。

"万岁！你再不来，奴婢想你可就要疯了！"权氏说罢不禁泪花闪烁。

永乐皇帝亲自用手把权氏脸上的泪水擦干，说道："哭什么呀！你看，朕这不是好好的又回到你身边来了么？"

权氏笑道："万岁来了，奴婢当然不哭了，万岁今日来，又不知下次何时能来。奴婢一天不见万岁，就像掉了魂儿似的！"说罢又落下泪来。

永乐皇帝十分动情，说道："朕心里也是丢不下你呀，朕若是平常百姓，一定会与你食同锅睡同床、白头偕老的，朕视你就如同皇后一般！"

权氏说道："奴婢连妃子都不是，何敢谈皇后？万岁心中能不忘奴婢，奴婢

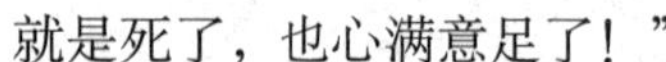

就是死了，也心满意足了！”

永乐皇帝说：“说什么死呀活呀的，你要好好地过，朕还要让你享富贵呢！”

权氏说道：“奴婢谢万岁！”说罢，伸手搂住永乐皇帝的脖子，永乐皇帝就势也就睡在了权氏的身旁。这一夜，权氏的心里是甜蜜蜜的。

这一日，永乐皇帝到了汉人吕氏那里。

汉人吕氏将永乐皇帝迎了进来，亲自把香茶递给永乐皇帝，然后跪地谢恩，说道：“万岁今日垂幸于奴婢，奴婢得以亲自侍奉万岁，就是明日死了，也死无遗憾了！”说罢竟激动得抽泣不止。

永乐皇帝说道：“你不必如此，朕日后多来些就是！朕今日累了，早些安息！”

“奴婢遵旨！”

汉人吕氏将永乐皇帝扶上龙床，然后自己也就宽衣解带陪伴君王。永乐皇帝此时虽说是五十岁的人了，却也是精力旺盛，威风不减当年。汉人吕氏呢，正是二八年华，二人正是干柴烈火。二人在龙床之上行云布雨、翻江倒海，直到淋漓尽致，方才住手。

对于永乐皇帝来说，这种走马灯似的生活绝对是一种不会永久平静的生活。因为一权二吕是永乐皇帝最宠爱的女人，又都被封为嫔，自然不同于寻常的宫女了，衣食供给、佣人分配都与众不同。因为各自都有永乐皇帝做靠山，所以她们三人之间谁也不让谁，谁也不怕谁，都以为自己是不好欺负的。这样一来，后宫中就不安定了。

一日，宫中大太监对永乐皇帝说道：“启奏万岁，奴才纵观后宫，事端滋生，风波迭起，管理失禁，万岁当整治后宫，有章可循才好！不然，必生恶果！”

永乐皇帝说道：“依你之见将怎么办？”

大太监说道：“立后！”

永乐皇帝说道：“不可！”

大太监说道：“万岁，奴才知道陛下心中放不下徐皇后之情义，然人死不可复生，平常百姓尚可续弦再娶，万岁为何不可再立后？国不可一日无君，后宫之中也不可一日无主呀！”

永乐皇帝说道：“公公所言固然不错，然朕痴情于皇后，决意不再立后，后宫之中，朕再想办法！”

想办法，想什么办法？让谁去想办法呢？永乐皇帝心中思虑着，却始终没有想出一个两全其美的办法来。永乐皇帝忽然灵机一动，想出一个人来，此人是谁？那就是姚广孝。

姚广孝，是永乐皇帝的谋臣，法号道衍，他是靖难之役的鼓动者和指挥者，是他一步一步把永乐皇帝扶上宝座的，所有重大事件，都离不开他的谋划，这后宫之事本不是什么大事，只是因为不好摆布，所以，永乐皇帝还是想到了姚广孝。

姚广孝正在寺中主持佛事，忽然传来圣谕，让姚广孝后宫见驾，姚广孝遵旨来到后宫见驾。

“拜见吾皇万岁万岁万万岁！”

“平身！”

“谢万岁！”

姚广孝坐定之后，便问道：“不知万岁召臣前来见驾为的何事？”

永乐皇帝说道：“本无什么大事。一是多日不见，朕想与国师聊一聊；二是关于后宫之事，尚须在一起聊上一聊！”

姚广孝问道：“后宫之事怎么样了？”

永乐皇帝说道：“自皇后驾崩之后，后宫一直无人过问，近来后宫之中诸事混乱，风波不停，现在有人提出让朕再封后，又是朕情所不欲。若谈封后，权吕三美人均不堪母仪天下，此事如何是好？”

姚广孝说道：“既然万岁立誓不再封后，即从君意而不封后，但三美人必须使其各安其本，彼此也要立个上下秩序来。只有如此，后宫方可安宁！”

永乐皇帝说：“此事还请爱卿明示！”

姚广孝说道：“万岁立誓不封后，三美人可封为妃，然后由万岁于中选其最贤能者代皇后之职，统领后宫之事，万岁亲口所封，谁敢不服？天长日久，后宫自然平安无事。”

“爱卿之言不差！”永乐皇帝心中欢喜。

几日之后，永乐皇帝便依姚广孝之言，发出御书，封权氏为贤妃，并统摄后宫事务；朝鲜吕氏封为康妃；汉人吕氏封为庄妃。当时宫内人为了将康妃与庄妃区分开来，称康妃为大吕，庄妃为小吕。

永乐七年（1409年）正月十一日，又一个喜讯使得南京城内的百姓们心里热乎乎的。

“万岁要与百姓们同乐啦！”

“万岁要与百姓们同乐啦！”

“谁说万岁要与百姓们同乐啦？”

“那皇榜上说的呀！”

“真的么？”

“那还能假！你看，那儿的人正在看着呢！”

“走！咱也瞧瞧去！”

人们都是这样在议论着，传说着。

不错，确实就是这样，午门外就贴着这样的皇榜：

奉天承运，皇帝诏曰：太祖开基创业，平定天下四十余年，礼乐政令，都已具备。朕即位以来，务遵成法。如今风调雨顺，军民乐业。今年上元节正月十一日至二十日，这几日官人们都与节假，著他闲暇休息不奏事。有要紧的事，明日写了封进来。民间放灯，任他饮酒作乐快活。兵马司都不禁夜巡，着不要搅扰生事，承为定例。恁官人每更要用心守着太祖皇帝法度，爱恤军民，永保富贵，共享太平。钦此。

"哎呀，这上面哪里说万岁要与民同乐了呀！"

"哎对！是没说！"

"是没说，你怎么说万岁要与民同乐了呢？"

"哎呀呀！你看看，不论是干啥的，都放假，'民间放灯，任他饮酒作乐快活'，还说是'永保富贵，共享太平'，这不是万岁要与咱百姓同乐了么？"

原来，中国古代节日很少，特别是让人游玩快乐的节几乎没有。永乐皇帝登基之后，很仰慕圣明君王唐太宗李世民的风采，并在孜孜不倦地追求着。

古代评价帝王是不是明君，有三个标准，一曰"大一统"，二曰"四夷宾服"，三曰"百姓和乐"。所以说永乐皇帝南征北战、武力卫边、派郑和下西洋、祭孔庙、修《永乐大典》都是为了实现"大一统""四夷宾服""百姓和乐"这三大目标，如今又规定上元节十日为例假，让国人们任意饮酒欢乐，当然也是为着实现"百姓和乐"而采取的一个具体行动，元宵节打灯笼的习俗从那时开始一直流传至今。

正月十五这一天，是欢乐的高潮，整个南京城里变成了一个灯的海洋。树上、楼上、门上、廊上、天上、地上，到处都是灯笼。大人、小孩手里都提着灯笼。整个皇宫里，也到处都是灯笼。午门外设鳌山灯火，更是别具一番情趣。永乐皇帝赐宴群臣，而后，在群臣陪同之下与百姓们一齐到午门外观灯，欢声笑语，接连不断。

永乐皇帝说道："朕今日与百姓一齐观灯，算是乐事吧？"

杨士奇答道："百姓乐为乐，吾皇乐为乐，而吾皇与百姓同乐，则真乐也！"

杨荣说道："万岁，元宵佳节，臣献一绝，以助吾皇之兴！"

永乐皇帝说道："好好，快吟来听听！"

杨荣说声遵旨，便朗声吟道：

火树银花不夜天，红灯映着月儿圆。
不是与民同一乐，哪有此时尽欢颜？

杨士奇便步着杨荣的诗韵，也吟了一首：

欢声笑语震九天，鳌山之上灯笼圆。
君臣百姓共同观，钟山龙城换新颜。

杨荣、杨士奇又说道："臣奏请吾皇也吟诗一首，让臣等也好聆听一下教诲。"

此时永乐皇帝玩得也很开心，也不拘君臣大礼了，于是说道："好，朕也就吟一首，为全城的百姓们助助兴！"永乐皇帝于是也吟道：

千里皓月千里灯，万里江山万里明。
开天辟地第一节，世世代代灯笼红。

杨荣、杨士奇说道："有气势，诗中的龙虎之气非常人所能有！"

永乐皇帝微微一笑，说道："雕虫小技，博世人一乐罢了！"

永乐皇帝一心要与民同乐，其用心也可谓良苦，而他手下的一些官员却很不能了解他的苦心，甚至贪赃枉法，危害百姓，毁坏朝廷的名声。所以，永乐皇帝对此深恶痛绝，一经发现，严惩不贷。这不，一纸奏折，又把永乐皇帝气得大发雷霆。

一日，永乐皇帝在宫中批阅奏折，只见一份奏折上写道：

隆平侯张信，贪婪成性，目无王法，胆大妄为，强行霸占练湖八十余里为己之私产，又强占了江阴县官田七十余顷，地方黎民百姓怨声载道，敢怒而不敢言。下官以为，为官者不戒贪，上负圣恩，下违民意，此风万不可长。

永乐皇帝阅罢，拍案而起道："此等贪官毁我朝政，害我百姓，真乃无法无天，不依法严惩，朕将何以为国！"于是，当即下诏，让吏部尚书与监察御使二人前往江阴查问。

十日之后，吏部尚书与监察御使回京复命，经查实罪证确凿，永乐皇帝说道："两位卿家功劳不小，朕赐御宴款待！"

次日早朝，永乐皇帝端坐在金殿之上，面容不悦，群臣见了，均心中恐惧，都静声肃立，不敢言语。

过了一时，永乐皇帝说道："朕自登基以来，一直警告尔等，应各恭其职，勿朋比为奸，勿贪财黩货，勿恣情纵欲，干犯国典常刑。毕恭毕敬，慎勿以身试法，而今，仍有人胆大妄为，置朕言国法于不顾，贪得无厌，为害百姓。隆平侯张信！"

"臣在！"

永乐皇帝将奏折抛于其面前，说道："你将这奏折当着百官的面，念一遍！"

"臣遵旨！"

"念！"

"是！隆平侯张信，贪婪成性，目无王法，胆……胆大妄妄……为，强行霸……霸占……练湖八十余里为……为……私产，又强强占……占了江阴阴……官田七……七十……余……余顷，地方黎民百姓怨声载……载道，敢……敢怒而不敢言……"

"张信！你可知罪！"

"这……万岁……臣冤……冤枉……"

"大胆张信！朕已派人查得实实在在，还敢抵赖！"

"臣……有罪……"

永乐皇帝对宣旨官说："宣旨！"

"是！"

"张信接旨！"

"罪臣张信接旨。吾皇万岁万岁万万岁！"

奉天承运，皇帝诏曰：隆平侯张信，贪婪成性，目无王法，肆意聚财，胆大妄为，竟强行霸占练湖八十余里为私产，又霸占江阴县官田七十余顷。张信身为朝廷命官，不思报效朝廷，而有负皇恩，上逆王命，下违民心，不惩不足以正朝纲，不惩不足以安民心，故削其侯爵，抄没家产，退还强占之财，交给刑部，依法论处，不得宽宥。钦此。

"谢万岁！吾皇万岁万岁万万岁！"

永乐皇帝又说道："古云除恶务尽！贪官不除，民无宁日，民无宁日，则社稷危，若使社稷倾危，则民无有宁日，若民得有宁日，贪官则必除。眼前之鉴，尔等不可再重蹈覆辙！"

"谨遵吾皇教诲！"

永乐皇帝除贪务尽，心不慈手不软，就是自己的弟弟，也不宽容。早在永乐元年，代王朱桂非法敛财，侵扰百姓，永乐皇帝则削其爵，治其罪。

永乐三年，驸马李谦的家人贩卖私盐，牟取暴利，被检举告发，永乐皇帝便派锦衣卫去捉拿审讯。

被派去的锦衣卫四人，为首的叫金龙，其余的三个叫金虎、金狗、金豹。他们不费力气，便把贩卖私盐的李旦抓获。

金龙说道："你贩卖私盐，牟取暴利，该当何罪？"

那李旦说道："小的知罪！小的本想换几个钱养家糊口，并不敢牟取暴利！"

金龙说道："你小子赚了白花花的银子，还说为了糊口，我们连糊口的银子还没有呢，正想向你借几两呢。说，你是愿打还是愿罚！"

那李旦本是个小机灵，见金龙的话里有话，便马上说道："小人愿罚！小人愿罚！诸位只要不打小人，让小人平安无事，小人情愿每位五千两孝敬诸位，另外罚多罚少，由大人的便！"

金龙道："你小子也是明白人，蛮爽快的，好，今儿就冲着你这爽快劲，我们就从轻发落了！"

李旦说道："如此就多谢各位恩典！"

金龙四人受了李旦的两万两银子，便说道："李旦这人也怪识相的，我们四人既受了人家的银子，就要为人家消灾，你们看这个灾怎么消法？"

金虎说道："那还不好办，咱就说查无实据，纯是诬告！反正万岁也不会亲自来查的！"四人计议一定，便上奏永乐皇帝，说是诬告。

永乐皇帝听了金龙的面奏之后，老觉得不对劲儿，李谦乃是皇亲国戚，谁个有这么大的胆子来诬告他？难道说锦衣卫故意压制了告发者？不行，这个事儿一定要弄个水落石出。于是命六科给事中孙琳去查清此案，孙琳便领旨而去。

李旦用银子贿赂了金龙、金虎、金狗、金豹，非但没有受罪，而且还宣布无罪，所以更是放下胆子去贩卖私盐，牟取暴利。

一日李旦做好一笔买卖，成交后，便兴致勃勃往回走，刚走到家门口，便被一个人喊住。

李旦回头一看，见是一个算命的先生，并不认识，便继续往前走。算命人又喊，李旦才停下答话："你我素昧平生，为何喊我？"

算命人说道："虽说你我是素昧平生，但在下精通阴阳八卦之术，给人预卜吉凶，指点迷津，济世救人，乃在下本分，我见你生意兴隆，却将有灾星临头，我救人出于危难，此等好事，又何乐而不为呢？"

李旦说道："先生说得也是！"

算命人说道："我观你五官，天庭饱满，地阁方圆，狮鼻海口，眉浓目明，你虽是经商，却也是富贵之相，绝非寻常商贾，但不知老兄府上何处？"

李旦说道："说来先生莫要见笑，李某就在驸马府做些杂事，闲暇之时便抽空做些小买卖！"

算命人说道："我说可不是嘛，老兄果然是出入豪门之人，不过，我见你印堂发暗，暗中有红，红中有暗，且面带阴晦之气，我说这话呀，信不信由你，既然咱们俩有一面之缘，那我可不能不说。你前番有一场血光之灾，虽说有贵人相助，保得一时平安，不久，还将有大难临头！"

李旦说道："先生真乃神人也！实不相瞒，先前买卖了一点盐，谁知走漏了风声，惊动了朝廷，四名锦衣卫把我拿下了。"

算命先生说道："哎呀呀！那锦衣卫可不是好惹的呀！"

李旦不屑一顾地说道："什么锦衣卫？那是'紧你喂'！这年头还有不吃鱼的猫么？那些人是不好惹，可他们还嫩了点，我一人五千两银子，就打发过去了，不过先生说得也对，那锦衣卫要是不贪点儿小财，我这膀子上的二斤半还真差点叫他们拎去献给万岁了！"

"那些人是如何向万岁复命的呢？"算命先生问道。

李旦说道："他们说了，向万岁报个'纯属诬告，查无实据'，就万事大吉了！"

算命先生说道："经你这么一说，那可就不属诬告，查有实据了？"

李旦顺口说道："说得也是！"

只见算命先生对左右一摆手，说道："给我拿下！"几名公差不容分说，将李旦拿下。

李旦此时也傻了眼，说道："你这算命先生……"

孙琳冷笑道："我是算命先生，可我也是万岁派下来的钦差呀！"

孙琳将李旦带到官衙，李旦只有招供画押，再无话可说。

永乐皇帝上朝，孙琳则上殿复命。

孙琳奏道："启奏万岁，臣奉旨重查李旦贩卖私盐一案，现已查明。驸马府家人李旦贩卖私盐，不是诬告，查有实据。锦衣卫金龙、金虎、金豹、金狗，每人受贿五千两，以'纯属诬告，查无实据'上奏朝廷。以上事实，人犯李旦供认不讳，有画押口供在，人犯在押，金龙、金虎、金豹、金狗另案处理，请万岁圣裁！"

永乐皇帝道："孙爱卿此案办得好！朕给你官升一级！"

孙琳说道："谢主隆恩，吾皇万岁万岁万万岁！"

驸马李谦见状，急忙跪地说道："李旦贩卖私盐，为臣管束不严，臣有罪，任凭万岁发落。只是锦衣卫乃万岁治安之主力，他四人有罪、法当严惩，念其有功于国，还请吾皇宽恕！"

永乐皇帝说道："驸马好生糊涂，家人累及多人犯罪，不思教训，反来求免，是何道理？法度，是天下之法度，治国之根基，自当与天下共守，王子犯法，与庶民同罪，就是你们犯了法也不赦免，更何况是家人呢？"

李谦无奈，只得认罪。

永乐皇帝说道："众臣听旨：李旦贩卖私盐，扰乱朝廷法度，且又为逃脱罪责，贿赂他人，伤我官吏，打入大牢，终身监禁；四名锦衣卫，执法犯法，贪图贿赂，坏我朝纲，罪不容赦，斩首示众，由刑部执行！"

"臣遵命！"

永乐皇帝又对群臣说道："宽大之政，宥罪之举，可以施之于疏贱，而贵戚、近臣不可以幸免，行法必先行于贵近，则疏贱可以知警。开平王、永诚侯、德庆侯诸家，生事坏法，皆自取灭亡。前鉴不远，汝等若奢傲放纵，凌虐人民，法必不恕，宜慎戒之。"

历史事实证明，永乐皇帝在惩治贪官污吏方面是那样说的，也是那样做的，心不慈，手不软，为后世之人树立了一个楷模。

北京的三月，虽说不像南方的三月那样山清水秀，却也是满山的青翠、漫野的碧绿，路边、山石间的小草也都跃跃欲试地挺身昂首，要向春天奉献一份翠绿，那些不知名的野花儿也都抖擞精神，来迎接最尊贵的客人们的到来。

永乐七年（1409年）四月十七日，本是永乐皇帝五十寿辰，群臣自然前来祝贺。酒宴之后，趁着酒兴，永乐皇帝来到北京西北郊区的黄土山。面对着黄土山，永乐皇帝想到群臣庆寿的情景，便说道："朕想，这黄土山地名不雅，且有贫瘠之意，朕就给它赐名叫'天寿山'吧！"

礼部尚书赵羾说道："万岁这名赐得好，可是一个大吉大利之瑞呀！"

江西著名术士廖均卿说道："万岁所赐，甚合地名之学，天寿，添寿也，寝陵添寿，祥瑞之兆也！"

北京，原本是永乐皇帝封藩之地，也可以说是永乐皇帝的龙兴之地。早在永乐元年，永乐皇帝就大量移民来充实北京，也可以说，迁都北京也是永乐皇帝久存于心的意愿，所以永乐四年，便下诏营建北京。永乐五年，徐皇后去世，永乐皇帝没有把她安葬在南京，他要她百年之后在北京的陵地上与自己合葬。所以，便急忙派礼部尚书赵羾和江西著名术士廖均卿到北京去选陵址。

赵羾和廖均卿奉旨在北京选了四个地方，而后绘出详图呈报永乐皇帝钦定。第一处是口外的屠家营，永乐皇帝觉得不好，国姓为"朱"，"朱""猪"同音，"猪"进了屠场岂不是要被屠杀？犯地讳，不能用。第二处是昌平西南的羊山，可山后有个村子叫"狼儿峪"，那"猪"身边站着一条狼，自然也是危险的。第三处是京西的"燕家台"，但"燕家"与"晏驾"又谐音，不吉利。第四处是京西的潭柘寺，景色不错，山间却地方狭窄，没有子孙发展的余地，均不合永乐皇帝心意，于是他决定亲自到北京察看。

永乐七年三月九日，永乐皇帝到达北京，经过亲自考察，最后选中了北京西北郊的地方。这里是燕山余脉，自西向东，迤逦而来，东、西、北三面有山，形成了一个山环，群峰耸立，如拱如屏，气势磅礴，雄伟壮观，中间是一片小盆地，确是一块好地方。

廖均卿说道："吾皇好眼力，正是慧眼识天然，此处燕山之脉，宛若行龙，

这黄土山，形似蹲虎，果然是一派龙虎之气！”

所以永乐皇帝再次来到黄土山，乘着酒宴之乐，将黄土山赐名为天寿山。

天寿山果然是一处风景名胜。只见东、西、北三面群山环抱，中间平坦宽阔。南面开阔无阻，是直通北京的一片平原，其南端又有两座小山左右相对，左边者叫蟒山，右边者叫虎山，如果说整个平坦地区是一个天井院，那么这两座山就是给庭院把守大门的一龙一虎。于是永乐皇帝便下诏，圈地八十里，在天寿山下兴建陵墓。五月八日，永乐皇帝令武安侯郑亨亲去祭告天寿山山川之神，令武仪伯王通掌管营建具体事务，破土动工。经过四年，方才完工。

长陵规模宏大，一切依照南京孝陵规制建造。

长陵有三个院落，第一进院落，首先是陵门，陵门有三个门洞，黄色琉璃瓦盖顶，气势高大，呈飞天之势，两边连着墙垣，一望无际，壮观气派。里面是神库、神橱、碑亭。第二进院落，进了殿门，便是享殿。这享殿坐落在三米高的三层石阶的台基之上，石基、阶陛、栏杆均用汉白玉石雕琢而成。大殿里排立着三十二根巨柱，其中最大的四根巨柱直径达一点一七米，两个人都合抱不过来。大殿为双层屋顶，重檐四出，红墙黄瓦，威严壮丽，共九间，总面积为一千九百五十六平方米。其次还有西庑配殿和神帛炉。第三进院落有宝城和明楼。那宝城和明楼是连在一起的。明楼前面，有石刻的香炉一个、烛台两个、花瓶两个，称作五供。楼下面城墙突出，呈方形，因此也称方城。城内围着一个大坟头，叫宝顶。那坟头如小山一般，直径为一百零一丈八尺。宝顶之下是地宫，永乐皇帝和徐皇后就安葬在地宫里面。这当然是后来之事。从宝城下的甬道可以直登上明楼。明楼是一座方形的建筑，四面开门，中立石碑，碑上刻着“大明太宗文皇帝之陵”九个大字。长陵这座宏大的建筑，规模宏伟，气势辉煌，至今犹存。

永乐皇帝来到北京，除了安排修建陵墓之外，还有一个重要的目的，那就是安排北方的防务，加强对蒙古人的防御。

元灭亡之后，元顺帝的孙子被部将也速迭儿杀死，蒙古分为鞑靼、瓦剌、兀良哈三个大部。其中兀良哈部在洪武时就内附于明朝。三部中，鞑靼部势力最强，仍保留蒙古汗位。瓦剌部在靖难起兵之时，便与当时的燕王通好。瓦剌部首领猛可帖木儿死后，分裂为三部，分别由马哈木、太平、把秃孛罗统领。

鞑靼部落在永乐四年五月发生内乱，大臣阿鲁台杀掉可汗鬼力赤，立元皇室后裔本雅失里登可汗位。永乐六年五月，永乐皇帝担心瓦剌各部与鞑靼本雅失里联合，便派使臣前往招抚，马哈木等不愿意与本雅失里联合，愿意归附明朝，并派使臣暖答失与明朝使臣一同前来朝贡，并请求明廷封赏，永乐皇帝在南京接见了暖答失。

在永乐七年二月，永乐皇帝让皇太子监国，命吏部尚书蹇义、兵部尚书金忠、右春坊大学士黄淮、左春坊大学士杨士奇留下辅佐太子。令户部尚书夏原吉、右谕德金幼孜、翰林学士胡广、右庶子杨荣扈随自己北上。永乐皇帝到北京后，任命夏原吉兼管行在礼部、兵部和都监院的事务，礼部尚书赵羾兼管行在刑部事务，方宾升为本部（兵部）尚书兼管行在吏部事务。五月永乐皇帝发布诏令，封瓦剌部蒙古首领马哈木为顺宁王、太平为贤义王、把秃孛罗为安乐王，爵位为特进金紫光禄大夫，赐印信和诰命。永乐皇帝对蒙古实行怀柔政策，确实使北方边境得到一段时间的安宁。这种怀柔政策对安定北方边疆起到了良好的作用。

怀柔政策并不是万能的，有些问题还要付诸武力来解决。

自从永乐皇帝下诏，分别将权氏、朝鲜吕氏、汉人吕氏册封为贤妃、康妃、庄妃，并让贤妃统摄六宫事务之后，整个后宫平静多了，但好景不长，风波又起。

原来这三个妃子之中，永乐皇帝与贤妃权氏感情最深。大吕康妃本是朝鲜人，只因永乐皇帝特别喜欢朝鲜女子，自然对大吕康妃也不薄。小吕庄妃虽说也是永乐皇帝相中的女子，但相比之下，便自觉或不自觉地就冷落了一点。又因为贤妃权氏与康妃都是朝鲜人，二人自然走得亲近一些。

小吕庄妃见永乐皇帝特别喜欢贤妃和康妃，对自己十分冷落，就想办法亲近永乐皇帝，使永乐皇帝对自己亲近一些，但谁最能办这个事儿呢？于是她自然地想到了康妃。但庄妃小吕并不知道康妃看不起她。因为康妃出生在朝鲜一个官宦之家，自小读书识礼，举止文雅而有风度，而庄妃小吕则出生于一个商人家庭，虽说年轻貌美，大家闺秀的气质却没有，所以康妃从心里看不起庄妃。

这一日，庄妃来到了康妃宫中，两人相见，小吕先施礼："拜见康妃娘娘！给康妃娘娘请安！"

康妃说道："不必了，我岂能承受得了庄妃娘娘如此之大礼！不知庄妃娘娘到此，有何见教？"

小吕庄妃说道："唉，我是来看望看望康妃娘娘的，我们同姓一个'吕'字，说起来你还是大姐哩，小妹来看看大姐还不是应当的么？"

康妃笑道："如此说来，我倒要谢谢小妹了！"

庄妃说道："都是自家姐妹，谢个啥呀！"

康妃说道："庄妃娘娘今日此来，怕是有什么事吧？"

庄妃笑着说道："是有个事想求你！"

康妃说道："什么事儿，你就说！"

庄妃说道："你我虽说都是妃，可我却连万岁的边儿也沾不上，我想咱们看在姐妹的情分上，你能不能向万岁帮我引荐引荐，你想想，你们三天两日地侍候万岁，我一个月两个月也碰不上一回，我多寂寞呀！就如吃饭的一样，你们俩少

吃一口，我不就多吃一口了么？”

庄妃这话，前一段儿说得别人还爱听，这后一半儿，听起来可就不是个味儿了。那康妃本来就看不起庄妃，再加上庄妃的没有水平的话，康妃早就生气了。所以话一出来，自然也就不好听了。

康妃说道：“我当是什么大事儿来，原来是嫌万岁到你那儿去少了。唉！我们俩呀，越是不让万岁来，可万岁却偏偏要上我这儿来。我早就说过啦，我说：‘万岁呀，我们三个妃子哩，你也该到别处去走走！’你猜万岁他怎么说？万岁说：‘朕就喜欢你，朕就偏要来！’唉！这也是没法子的事儿，一个女人要是没有男人爱，那是多么可怜！不过呀，话又说回来了，一个女人呀，要是能勾住男人的爱，那也是一种本事，一个女人如果连勾男人爱的本领都没有，她就不配当一个女人，活在世上也是白活！”

小吕庄妃被康妃这一番话说得怒也不是气也不是，那脸皮儿一阵红，一阵白，只得说道：“那就谢谢了！告辞！”

康妃说道：“恕不远送了啊！不过，你也不要难过，等万岁来了，我给万岁说说，让他多往你那儿去！”

庄妃眼中含着泪，高一脚，低一脚，也不知自己是如何回到宫中的，往床上一倒，蒙头便睡。宫女问安，也不搭理，心里只觉得冤屈、羞辱、不平、仇恨。

一日，康妃见到了贤妃，便说起了庄妃求情的事。

康妃说道：“我本来就没有看得起她，自己没教养，反说万岁不到她那里去，她说万岁都让我们两个给迷住了，她自己过得寂寞，我也没给她好言语！”

贤妃权氏说道：“那小蹄子说的话是有些可恶，不过争宠邀幸这也是女人们的本性，你不帮她也就算了，也不必再去伤她，大家彼此都是女人嘛，该饶人处且饶人！”

康妃说道：“我可没有你这个修养，她要不是先用那些言语来伤我，我也不会骂她！”

贤妃说道：“好啦好啦！以后呀，不要再为这些烂谷子碎黄豆的事闹气了，伤了彼此的和气。”

在皇宫里面，有一条小河弯弯曲曲地流过。清清的溪水哗哗地流着，河两边都砌上了石头，正是洗衣服的好地方。每天都有许多的宫女在这里洗衣服。其中有两位宫女，一位叫兰香，是康妃大吕宫中的，一位叫灰梅，是庄妃小吕宫中的。兰香是先来的，便在河边儿洗衣服，灰梅是后来的，按道理后来的就应该在下游去洗衣服。那灰梅知道兰香是康妃宫中的，所以便故意地气她，不在下游洗，反而跑到上游去洗，兰香自然不愿意。

“你才刚来的，怎么跑在我上头去洗了？”兰香随口说道。

灰梅说道：“这河那么长，谁想在哪里洗，就在哪里洗！”

兰香说道：“你这人怎么这样子？”

“我什么样子？”灰梅没好气地说。

“我说你来晚了，就该在下游洗，你怎么不讲道理？”兰香说道。

“我就是不讲道理，你能怎么着我！”灰梅大声说，“我就在这里洗，我看哪一个敢不让我洗！”

兰香再也忍不住了，说道：“你不讲理还先骂人，你这不是欺负人吗？”

灰梅说道：“欺负人？谁敢欺负你？你家康妃可是万岁的大红人，有男人给撑着腰，谁敢欺负你？”

这种侮辱性的话语兰香本来也就受不了，再加上灰梅是连康妃一齐说，兰香再也忍受不了，收起衣服，一巴掌打在灰梅的脸上，两个人便扭打在了一起。其他洗衣服的宫女好不容易才把她二人拉开。

这时早有人各自报信去了，庄妃年轻力壮，首先来到，不问三七二十一，抓起兰香便打，直打得她满脸是血，衣服也撕烂了。康妃来到，见兰香被打成如此模样，自然不愿意。

“两个宫女打架，你身为主人，不该动手打人！”康妃怒斥道。

“什么该不该，反正没有万岁撑着腰，谁欺负我，我就要和谁拼！”庄妃说道。

“你跟我拼，难道说我还怕你不成？”康妃也大声说道。

庄妃拍着手说：“你怕谁？你有万岁撑着腰，你怕谁？”

康妃说道：“我不与你吵，咱们找贤妃评理去！”

“走就走，到哪里我也不怕！”

康妃和庄妃各带着宫女来找贤妃评理。

贤妃在宫内听外面吵闹的女人声，便走了出来。只见康妃与庄妃边走边吵，又见两个宫女如此模样，心中已明白了七分，十分生气，于是大声呵斥道：“都给我住口！吵吵嚷嚷，成何体统？到底是怎么回事？”大家都不再出声。

贤妃指着满脸是血的兰香说道：“你先说是怎么回事？”

兰香说道：“贤妃娘娘容禀，我是康妃娘娘宫中的，她是庄妃娘娘宫中的，我先到河边洗衣服，她后到河边洗衣服，她来得晚，本应在下水流洗衣服，她偏跑到上水流洗衣服。我说她不讲道理，她先恶语相加，后来又先出口骂人，并说我和康妃娘娘有万岁撑腰，我气愤不过，才打了她一耳光。其他宫女把我俩拉开后，庄妃娘娘闻信赶来，不论青红皂白，抓起我就打，等到康妃娘娘赶到时，我已被打成这样。康妃娘娘不与庄妃娘娘争吵，特来找贤妃娘娘讲理！”

贤妃向灰梅说道：“她说的是不是这样的？”

灰梅说道：“是这样的。”接着说道：“欺负她又怎么着？我们又没有万岁

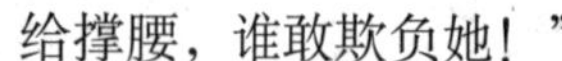

给撑腰，谁敢欺负她！”

贤妃见灰梅这样说话，不觉发怒，说道：“大胆的东西，竟敢如此放肆！给我掌嘴！”贤妃手下的宫女打了灰梅嘴之后，贤妃又问庄妃，说道：“你还有何话可说？”

庄妃见贤妃发怒，也不敢再说什么，只是说道：“我还有什么说的，打也打了，骂也骂了，任凭处置！”

贤妃又问康妃道：“你还有什么话说？”

康妃说道：“打是她打的，骂也是她骂的，我们打没有还手，骂没有还言，还要我们怎样？”

贤妃说道：“身为妃子不识进退，吵吵闹闹，也不怕失了身份，从此都不许再无事生非，谁要再挑起事端，严惩不贷。你们二人都要对宫女多管教，庄妃闭门思过三日！”

康妃和庄妃只得各自回去。

庄妃原来只是与康妃有些不融洽，这一次找贤妃评理，贤妃并没有向着她说话，所以对贤妃也有些小意见。

说来也巧，有一件事又让庄妃碰上了，使这三位妃子之间的矛盾更加激化。

贤妃宫中有一位宫女叫翠红，这翠红与一个小太监是同乡，说起来还有一点沾亲关系，所以平时二人相见，比别人要亲近一些，这些贤妃自然也都知道。有一日贤妃让翠红到花园里去摘花，巧了那小太监也没事，二人又碰上了。

“翠红，你干什么去？”小太监问道。

“贤妃娘娘让我到花园里摘花去！”翠红回答道。

“那我也陪你去！”小太监说道。

翠红也不推辞，说道：“要去你就去！”

于是二人到了花园去摘花，小太监手疾眼快，首先摘了枝给翠红，翠红也摘了一枝，于是二人便离开了花园。也该是冤家路窄，这一切却又被灰梅看了去，回去便说与庄妃听，庄妃听了，马上就说道：“那两个人一定有私通，你怎么不管他们呢？”

这灰梅也不是什么好东西，顺着庄妃的话茬就往下扯，结果越扯越多，传得宫里风风雨雨。

贤妃知道风声后，便问翠红，翠红气得大哭一场。贤妃又问是否有送花之事，翠红想了想，便将奉命摘花的事说了一遍。

贤妃又问道：“你们摘花时可有人看见？”

翠红说道：“有兰香和灰梅二人看见！”

贤妃说道：“我明白了！你不用怕！”

于是这事也就自然压了下去。大概也该着永乐皇帝碰着麻烦事，他是很少到庄妃那里去。这一次，永乐皇帝却偏去了庄妃那里。

庄妃接了驾，自然是把永乐皇帝侍奉得舒舒服服。

“朕多日未来，爱妃还好吧！”永乐皇帝问道。

庄妃听了这话，忙说道：“只要万岁心中还不忘奴婢，奴婢就是再受点屈辱也心甘情愿！”

永乐皇帝听了，便说道：“爱妃受什么屈辱了？”

庄妃跪地哭道：“奴婢受人欺负，宫女被打，奴婢活得实在可怜，求万岁怜悯！”

“谁敢欺负爱妃？”

“奴婢不敢说。”

“有朕在此，还怕何人！”

“万岁一定要恕我无罪，奴婢才敢说。”

“朕赦你无罪，说吧！”

“贤妃宫中的宫女与小太监私通，奴婢手下宫女撞见了，贤妃不管教手下宫女，反而借我宫中的宫女与人吵嘴之故毒打我宫中的宫女，常言说打狗看主人，打奴婢的宫女，岂不如打奴婢一样！”

“真有宫女私通之事？”

“我的宫女亲眼所见！”

永乐皇帝气得把茶往桌上一放，走出门来，直奔贤妃处而来。

时日已晚，贤妃早已安歇，听得永乐皇帝驾到，只得急忙略整服饰，前来迎驾。

“奴婢不知万岁此时驾临，有失远迎，还请恕罪！”

永乐皇帝正在气头之上，冷冷说道：“你让朕如何恕罪？”

贤妃听听话音不对，惊慌问道：“万岁，此话何意？”

永乐皇帝说道：“朕视你若明珠，让你统摄六宫之事，你宫中的宫女却与太监私通，你还如何与朕说话？”

贤妃一听，说道：“此事冤枉，并无宫女私通之事！还请陛下明察！”

永乐皇帝说道：“庄妃说得明明白白，朕还要查么？唉！上梁不正下梁歪呀！”

贤妃也是冤屈所至，不禁撒起泼来：“万岁言下之意奴婢就是坏女人了，既然奴婢是个坏妇人，万岁也不要受坏女人所污，请万岁快离开此地！”

永乐皇帝也没想到贤妃竟这样撒泼，一拂袖，便出了门。此时已到半夜，永乐皇帝还想到康妃那儿去，近侍说道：“万岁，现在已是将近半夜，不如……不如万岁自己安寝吧！不然……不然我们今夜谁都不要睡觉了！”

永乐皇帝因一时之气，也失去了兴致，便说道：“好吧！朕今夜哪里也不去了！”于是永乐皇帝自己气呼呼地睡了。

次日天明，永乐皇帝正常上朝，退朝之后，便传谕让康妃晚上迎驾。

永乐皇帝走后，贤妃哪里能够入睡？又把翠红弄起来，又审了一遍。翠红还是如当初一样，贤妃就知道是庄妃在暗中捣鬼。第二天用完早膳，便来到康妃之处。

二人相见之后，贤妃又问兰香当时摘花之事。兰香说道："我们都看见着来，光天化日之下，谁个能去做那种没廉耻之事！这都是灰梅与庄妃翻弄的！"

康妃说道："怕什么，身正不怕影子歪！"

贤妃说道："昨日万岁说我是上梁不正下梁歪，我一气，把万岁也给轰走了！我主今日该上你这儿来了！"

康妃说道："万岁来了，我也要把他哄到你那里去！"

贤妃说道："万岁去我也不迎驾，让他再凉一夜！"

果然，下午康妃收到了永乐皇帝的口谕。

康妃迎了驾，将茶递到永乐皇帝手中，说道："万岁这两日生活可安好？"

永乐皇帝说道："唉！别提了！昨日庄妃向朕叫屈，说有宫女与太监私通之事。朕一气，便去找贤妃，朕刚说说她，她反而冤屈得比窦娥还冤，竟撒起泼来，把朕也给轰了出来！"

康妃说道："庄妃说她受屈，万岁就那样心疼，奴婢要是受了委屈，万岁也那样心疼么？"

永乐皇帝笑道："爱妃你要是受了委屈，朕更心疼！"

康妃说道："万岁真的心疼我？"

永乐皇帝说道："朕岂有戏言？"

"那好，奴婢现在就说！"康妃停了一下说道，"欺负我的人就是庄妃！"

永乐皇帝说道："哎呀，她就说你们欺负她，你又说她欺负你，她怎么欺你？"

康妃说："她打了我宫中的宫女，常言说打狗还要看主人，她打我的宫女，不就是打我么？"

永乐皇帝想当个和事老，于是说道："原来是为了两个宫女，你们三人何必闹得大伤和气。"

康妃说道："岂止是为了两个宫女？主要还是为了万岁您呀！"

永乐皇帝说道："你们三人的事儿，怎么扯到朕的头上来了？"

康妃说道："为了万岁处事不公平！庄妃口口声声说我们有万岁您给撑腰，恩宠都让我们得了，不是说万岁不公么？"

永乐皇帝当然不愿意承认自己处事不公，于是说道："朕乃天子，岂有处事不公之理？庄妃差矣！"

康妃说道："庄妃差的还多着呢。"

永乐皇帝问道："还有什么差处？"

“诬陷贤妃，蒙蔽圣上！”康妃说道。

永乐皇帝问道：“她何时诬陷贤妃，蒙蔽了朕？”

康妃说道：“就在昨天晚上！她不是对万岁说贤妃的宫女与太监私通，贤妃不加管教么？其实贤妃的宫女并无私通之事，哪有光天化日之下在花园里私通的，分明是别有用心的诬陷！还请圣上明察！”

“如此说来，朕昨日是错怪贤妃了！”永乐皇帝半信半疑。

“所以万岁，今儿不是奴婢大胆不侍奉万岁，你必须到贤妃那里去，给她个面子！”康妃说道。

永乐皇帝说道：“朕既明此事，不再怪罪她了便是，何须再去使脸儿！”

康妃说道：“贤妃一直对万岁是忠心耿耿，万岁难道就忍心让她再含冤负屈而伤心落泪？”永乐皇帝经康妃这么一说，便也动了心，但还有些犹豫。康妃看出了永乐皇帝的心思，便说道：“奴婢陪万岁去贤妃那儿，一定不会让万岁为难！”

永乐皇帝与康妃来到贤妃住处，有人大声喊道：“万岁驾到——”

贤妃见永乐皇帝来了，并不接驾，只是传出话去：“奴婢罪过在身，有污圣德，不敢接驾，请万岁恕罪！”

永乐皇帝碰了一个不软不硬的钉子，走也不是，不走也不是，对康妃说道：“看，火气还不小呢！”

康妃说道：“万岁，不是贤妃火气大，你不赦免其罪，她怎么敢接驾？快下口谕，奴婢好往里传呀！”

永乐皇帝说道：“那好，你就传朕口谕，朕心中已明，赦其无罪，快来迎驾！”

康妃走上前去，向贤妃传永乐皇帝的口谕道：“万岁口谕：朕心中已明，赦其无罪，快来迎驾！”康妃拉着贤妃说道：“万岁已经给足你面子了，劲儿不能再拿了，迎驾去吧！”

贤妃在康妃陪同下，到永乐皇帝面前跪倒，说道：“奴婢迎驾来迟，还请恕罪！”

永乐皇帝说道：“爱妃平身！”

康妃对着永乐皇帝笑了笑，说道：“奴婢告辞！”

永乐皇帝坐定之后，贤妃禁不住哭了起来，永乐皇帝说道：“朕知道你是冤屈了，是朕错怪了你，好了好了，别哭啦！”永乐皇帝亲自将贤妃脸上的泪擦掉，说道：“爱妃此时正是雨后的芙蓉，更加姣美！”说罢将贤妃拉在怀中，贤妃轻柔柔地小声喊道：“万岁……”

在北京，永乐皇帝正在上朝理政，有传事官来报：“启奏万岁，百户李咬住有要事相禀。特在殿外候旨！”

“快宣！”

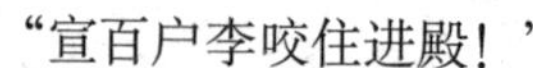
“宣百户李咬住进殿！”

李咬住闻宣，急忙进殿，口中说道：“臣叩见吾皇万岁万岁万万岁！”

“平身！”

“谢万岁！”

“李爱卿有何要事要奏？”

百户李咬住说道：“启奏万岁，容臣细细禀奏……”

原来，早在永乐四年（1406年）五月，本雅失里登上可汗之位之后，便对明朝大为不恭，经常到大明边界侵扰。部下有二十二人被明军擒获。但是，为了北方边境的安定，以祝贺本雅失里登上可汗之位为由，永乐皇帝便派都指挥金塔卜歹、给事中郭骥带书信及礼物前往鞑靼，传送书信及给本雅失里、阿鲁台的礼品。

郭骥与金塔卜歹到了鞑靼可汗宫，见了本雅失里，行礼道：“大明使臣郭骥叩见可汗陛下！”

本雅失里冷冷地问道：“你来我蒙古十什么来了？”

郭骥说道：“我皇为保边境之安宁，特遣我等带来吾皇赐赠的礼品及书信，以求两国和好，从此永享太平！”说罢，将书信呈上去。

本雅失里把信打开，只是瞟了几眼，但见信上写道：

鞑靼蒙古可汗陛下台鉴：

我大明国与鞑靼蒙古自古以来是地域相连，百姓们相依为命，和睦相处，安居乐业。

我大明建国以来，元朝灭亡，蒙古人退归本土，此乃天道使然，百姓们当谨遵天道，各守其土，永享太平。但贵国却屡屡兵犯我大明疆土，使我边民不得安宁，实乃憾事。朕愿陛下以天下生灵为重，息兵罢战，相与修好，彼此永远相安无事。诚能息兵罢战，则于天下功德无量也，愿陛下三思而熟虑之。顿首。

永乐七年四月二十三月

本雅失里看罢书信，冷冷地笑道：“互相友好，永享太平？说得倒好！那朱棣小儿难道不知我与他大明有不共戴天之仇么？”

郭骥说道：“可汗，吾皇可是要以两国生灵为重的呀！”

本雅失里说道：“大明为什么捉我二十名将士不放归？”

郭骥说道：“捉你二十名将士，那是可汗屡屡兴兵南犯我境所致，只要可汗答应友好，我朝定将二十名将士放回！”

本雅失里说道：“我要是不友好呢？那朱棣小儿又当如何？”

郭骥道：“可汗，古云指子骂其父，不仁也，指臣骂其君，不义也，可汗当臣之面，屡骂吾皇，不仁不义也！”

本雅失里怒道：“南蛮小儿，竟敢辱骂于我！推出去斩了！”

郭骥大喊道：“本雅失里，你滥杀使节，藐视我朝，我皇必发大兵讨伐！”

本雅失里说道：“我就是要斩你，给朱棣小儿一点颜色看看，我看他能奈我何？”

武士一拥而上，将郭骥斩于宫门外。

“臣等听说郭骥被杀，当即逃离，在一位蒙古人的帮助下，才得以逃回……”

永乐皇帝听了百户李咬住的禀奏之后，不禁大怒：“可恨可恼！可恨可恼！是可忍，孰不可忍！不讨伐不足以振我大明国威！不讨伐，不足以平朕心头之气！淇国公丘福！”

“臣在！”

“朕命你为征虏大将军，率兵十万，出塞北征！”

“臣遵旨！”

“王聪、火真！”

“臣在！”

“朕命你们为左右副将，随军出征！”

“臣遵旨！”

“王忠、李远！”

“臣在！”

“朕命你们为左右参将，随军出征！”

“臣遵旨！”

丘福领旨之后，随即征调军马，准备出征。

永乐皇帝亲自赐酒为之壮行。

丘福说道：“臣奉旨出征，只不过是去擒拿几个残兵败将，教训一下那个什么本雅失里，何劳万岁亲自壮行？”

永乐皇帝见丘福有轻敌之意，便说道：“淇国公呀！用兵作战，务必要谨慎，万不可轻敌。部队到达开平以北，即使见不到敌人，也要格外小心，以防不测。与敌作战更要依据实情相机而动，不可固执一端，若一战不利，可寻机再战，万不可冒险行动！”

丘福拜谢道：“谨遵圣谕！”

永乐皇帝又叮嘱道：“古今历史上，只凭着血气之勇、疏忽大意导致失败的事例很多，你此次领兵远行，切不可贸然行动，一定要牢记在心！”

丘福仍是点头称是，但心中却想，万岁对这几个元朝的残兵败将也太多虑了！我一定能打个胜仗回来给您看看！

永乐皇帝似乎还不放心，又警告诸将说：“对于那些可以轻易取胜的话，千万不要相信，打仗，就是捉一只野兔，也要像捉一只老虎那样用力对待，才可百战百胜，万无一失！”

诸将说道：“谨遵圣谕！”

丘福率领大军，浩浩荡荡向北进发，早有探马飞报本雅失里。

“禀报可汗，大明派淇国公丘福率大军十万，向我杀来！”

“知道了！再探！”

“是！”

阿鲁台对本雅失里说道：“可汗，那丘福可是一个能征善战的勇将呀！可汗不可不防！”

本雅失里笑道：“越是勇将越好，那丘福越是能征善战，我越是要杀他个片甲不留！”

阿鲁台说道：“可汗此言差矣！那丘福岂是那么好对付的？可汗万不可轻敌！”

本雅失里说道：“我说的一点儿都不错，永乐登基七年，这七年间就从来没打过仗，那些老将，事过七年，早已不比当年，那丘福自视勇猛善战，又岂能把我们看在眼里？因此，必然是骄兵轻敌！我便利用他这个骄兵轻敌的弱点，稍施巧计，定会将他打个片甲不留，你就等着看好戏吧！”

阿鲁台笑道：“可汗高明！”

丘福怀着出师必胜的信心，决心要打一个胜仗，送给永乐皇帝一个惊喜，于是马不停蹄，一路疾进，很快到达塞北。一路之上，大军浩浩荡荡，畅行无阻。

丘福对左副将王聪说道：“我军畅行千里，竟无一兵一卒抵挡，看来鞑靼兵定是不堪一击！”

王聪说道：“万岁既是让我们出征，是一定要碰上敌人的！要不还让我们出征干什么？”

火真也说道：“万岁一再告诫我们不要轻敌，不见敌人，想轻敌也没有敌人可轻视！”

丘福说道：“万岁也是有些过虑了！快！再加一鞭！”

参将李远说道：“我们还是要谨遵圣谕，稳妥些才是！”

可是，丘福他们的马已经向前跑了老远，李远也只得加鞭赶了上去。

就这样，丘福率着千余轻骑，不觉竟把大军远远地甩在了身后。

“鞑靼兵！鞑靼兵！”在胪朐河南岸，他们发现了蒙古哨兵。

“打败他们！”丘福一声令下，二百名骑兵追了上去。还未容交战，蒙古哨兵便跑得无影无踪，骑兵们捡回了他们抛下的几片甲衣。

丘福指着甲衣片片，说道：“这样的人儿也能算得上是军人！让他们在草原上去打野兔子还差不多！快过河！乘胜追击！”

在丘福的指挥下，明军轻骑渡过了胪朐河，乘胜追击，竟俘获了敌人的一位尚书。喜讯传来，丘福更是高兴得不得了，于是开怀畅饮，庆贺胜利。

酒席之上，丘福说道：“我大军北征，旗开得胜，全是诸将士之功！”

诸将说道：“全赖淇国公指挥有方！”

丘福说道：“等我们得胜回朝之日，我定为诸将向朝廷请功！来呀！把那贼尚书带上来！”

鞑靼尚书被带到，鞑靼尚书施礼道：“下官拜见大将军，我本蛮夷之人，不知礼义，有冒犯大将军之处，还请大将军恕罪！”

丘福说道：“只要你把那边情况如实供来，愿归降我大明，便可赦你无罪！”

鞑靼尚书说道：“下官愿归降！”

丘福说道：“既愿归降，那我们便是一家人了，松绑！”

鞑靼尚书道：“多谢大将军不杀之恩！”

丘福问道：“本雅失里逃到哪里去了，快如实招来！”

鞑靼尚书说道：“回禀大将军，本雅失里听说大军前来征讨，便吓得连夜向北逃窜，估计现在不过是三十里的路程，按常规而言，现在他们当正在埋锅造饭。”

丘福说道：“你说的如有半句虚言，定斩不饶！”

鞑靼尚书说道：“下官愿以颈上头颅担保！我愿亲做向导，带大军前往追击。”

丘福闻言，立即下令：“赶快上马，随我前去捉拿本雅失里那个狂贼！”

鞑靼尚书说道：“下官遵命！”

李远见丘福现在就要去追歼本雅失里，觉得主将如此轻率行动，颇觉不妥，便连忙说道：“将军不可操之过急，待大军到达之后再纵兵追赶也不迟！”

只是丘福此时已被胜利冲昏了头脑，李远的话哪里还能听得进去。令鞑靼尚书前头领路，便纵马扬鞭，向北追驰而去。到了蒙古军营，丘福只遇到小股蒙军抵抗，明军稍加攻击，蒙军便连连后退。就这样，又追了两天两夜。明军大部队早被丘福抛得远远的。

参将李远感到敌人是在施计，便对丘福说道：“将军轻信鞑靼尚书之言，孤军深入，现已陷入进退两难之境，若继续追赶，则正中敌人奸计；若后退，敌军会乘胜追赶，唯一的办法是坚守此地，白日可大张旗鼓，摇旗呐喊，晚上可广设火把，鸣炮助威，虚张声势，迷惑敌人。使敌人不知虚实，不敢妄动。等待数日，待大军到达时，再合军攻击，方可改变形势，即使不能取胜，也可保障全师回京！”

此时，丘福一心只想生擒本雅失里，听了李远的话，不禁大怒，呵斥道：“身为大将，当准备马革裹尸而还，汝不思如何歼敌制胜，却想着班师回朝，此

等懦夫之言，岂不丢尽了我大明将士颜面！”

李远说道：“将军不必动怒，我只是提醒将军，不要忘记圣上告诫，至于如何对敌，我李远一切听从将军指挥！”

副将王聪也趁机劝说道：“望将军能够谨遵圣谕，万不可疏忽大意！”

丘福此时火气正盛，哪里能听得这些话？他声色俱厉地说道：“你等依令行事，违令者斩首勿论！”说罢，翻身上马，向蒙古军追去。众将无奈，只得上马前行。

丘福率军又追了一程，忽见敌军掉转马头前来迎战，方才知道中计，急忙下令停止追赶，但为时已晚。

只听得一声号角吹响，蒙古军从四面八方杀了上来，将明军围在正中，明军奋力厮杀，怎奈千余轻骑被围在大军之中，犹如孤羊投入群狼之中，如何逃脱得了。副将王聪奋力拼杀、死于乱军之中，李远因马失前蹄而被俘，英勇不屈，大骂敌军，被当场杀死。丘福、火真、王忠等也先后被俘，丘福叹道：“悔我不听李远之言！”而后三人被杀。

后面大队人马见主将战死，群龙无首，完全丧失了战斗力，只有少数人逃回，其余均被斩杀。就这样，丘福的十万大军全军覆没。

丘福北征全军覆没的消息传到北京后，永乐皇帝十分震怒，同时，也为自己用人不当而后悔，于是下令削夺了丘福的官爵，将其全家徙往海南。李远因曾含泪向丘福劝谏，死得冤枉，追封李远为莒国公，谥号“忠壮”。于是，永乐皇帝决定亲自率军北征。

在北征之前，永乐皇帝对内对外都做好了充分的准备。对外，为了牵制鞑靼，同时又怕鞑靼乘胜进攻瓦剌，永乐皇帝于永乐七年九月遣使赴瓦剌，谕马哈木说，丘福战败，要防止本雅失里用明军旗号来进攻瓦剌。并告诉马哈木他要亲自率军征讨本雅失里。

永乐皇帝又将户部尚书夏原吉找来，说道：“朕打算亲率五十万大军征讨本雅失里，爱卿可将计策说与朕听！”

夏原吉说道：“臣以为，可用三万辆武刚车运粮二十万担，随大军前行，每十天的路程筑一小城，斟酌储粮。既可供军队休整，又可供用兵守地之用！”

永乐皇帝道：“此计甚好，此事就由卿主办！”

夏原吉说道：“臣遵旨！”

永乐皇帝决定北征本雅失里，全军上下都正处于积极备战之中。当然，永乐皇帝心爱的三个妃子，也都处于积极的准备之中，因为她们也要随永乐皇帝北征。

远征的大战还没开始，这些妃子之间的舌战却首先爆发，这自然还要从她们之间上一次的争斗说起。

只因为都想争宠，由二吕之间的矛盾引发了贤妃与庄妃小吕之间的矛盾。

出征就在眼前，三个妃子的车子都整治好了，她们各自都在往车上搬东西。三个妃子宫内的宫女太监来来往往，忙个不停。依照顺序，贤妃的车在前，康妃的车在中，庄妃的车在后，所以来来往往的人都要从庄妃的车边过。

贤妃宫中的宫女翠红搬着东西从庄妃的车边过，正好庄妃宫中的两个太监看见了，便咬起了舌头来。

那个叫安子的太监对那个叫顺子的太监说道："顺子，顺子你看，就是那个宫女，大白天在花园里就与人私通！"

顺子看了一眼说道："长得怪水灵的嘿！我说安子，这些事你怎么知道的呢？"

安子说道："听庄妃娘娘说的呗，你不知道么？前些时日为这事贤妃与庄妃还吵了一架呢！"

顺子又问道："那宫女跟谁私通呢？"

"不就是康子么。"安子说道。

顺子突然说道："安子哥你看！康子来了！"

康子来了，正好与回来的翠红碰了面，翠红走过去之后，顺子对康子说道："康子哥，来我问问你，那味儿怎么样？"

"什么怎么样？"康子不知情由，便问道。

顺子指着远去的翠红，用手比划着："你们两个不是那个了么？你还行不？"

康子并不知以前所发生的事，听顺子这么一说，觉得人格受到很大的侮辱，心中的无名之火一个劲地往上冲。康子也不说话，走上前去，照顺子的脸就是两个耳光，骂道："猪狗一样的东西，不要拿那样的混话来辱我！"

"你怎么打人呀你？"顺子虽觉自己理亏，但嘴上还是不服。

康子说道："为什么打呢？我就打你这个无赖兔孙子！"说着又是两拳打过去。顺子还手，两人打起来，安子从中又拉偏架，三个人拧在了一起。

听说打起来了，康妃和庄妃先后来到了。

"都给我住手！都给我跪下！"康妃喝道。

"万岁说要出征，一个仗没打，你们便先打起仗来了！你们都不想活了是不是？说！"

安子、顺子因理亏，便一言不发，康子说道："我正忙着走路，他们俩在那里嚼舌头，是把粪盆子往我头上掼，所以我才揍他。"

康妃指着安子和顺子喝道："你们也像妇人一样咬舌根！你们都是找死！我要让万岁来砍你们的头！"

"哟！谁那么厉害，敢借万岁的手来杀人？"庄妃接着说道。

"你？庄妃，你身为妃子，太不自爱，有损于国威，你的宫中男女，屡次作

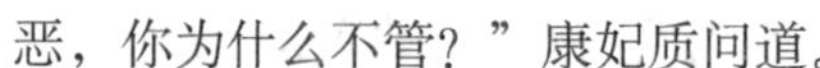

恶，你为什么不管？”康妃质问道。

庄妃说道：“我为什么要管束他们？我整日的受别人欺负，我不能再让我宫中的人再受别人的欺侮！”

康妃说道：“你太放肆了！”

庄妃又顶撞道：“我就放肆了，你看着办！你不就仗着万岁给你撑着腰么？”

康妃愤怒了，一巴掌打在庄妃的脸上。

“你打我！你打我！反正我也不活了，我与你拼了！”庄妃说着就要往上冲。

“都给我住手！”

贤妃来到了，一声呵斥，庄妃才停了下来。贤妃说道：“你们看看，这成何体统！若是让万岁碰上，不扒你的皮才怪！”

康妃和庄妃只得各自回宫。

庄妃回到宫中，把一只碗狠狠地摔在地上，说道：“大吕呀大吕，你就等着吧！总有我报仇的一天。”

永乐八年（1410年）正月，永乐皇帝让皇太子留守北京，令张辅、学士胡广、杨荣和金幼孜随同出征。

二月十日这一天，天气晴朗，风和日丽。永乐皇帝亲率五十万大军，浩浩荡荡地出了德胜门，踏上了北征的路途。只见永乐皇帝头戴金盔，身着甲衣，骑一匹枣红马，威风凛凛，正气浩然。只见旌旗招展，戈矛林立，兵强马壮，车声辘辘，战马嘶鸣，将士们一个个精神饱满，斗志昂扬，威武雄壮。永乐皇帝对此次亲征，抱着必胜的信心，更显得气宇轩昂，威武豪放。

永乐皇帝对左右说道：“我们此次出征，定然大胜而回，道理有五条——以大击小，以顺伐逆，以治攻乱，以逸待劳，以悦吊怨。有这五条，怎么能不扫荡罪恶，扫清沙漠！我们剿抚并用，宽猛相济，将疆埸安抚，使百姓没有生计之苦，将士没有战斗之忧，便可以解甲而高枕无忧了！”

将士们都说道：“吾皇圣明，天威所至，定当所向披靡！”

大军行至居庸关，竟纷纷扬扬地下起大雪来。只见那雪花儿团团蛋蛋，随风飘转，好似那漫天飞飘的梨花，一时之间，万山皆白，冰雕玉砌。不一时，雪过天晴，红日高升，天宇澄净，云霞五彩，山谷灿然。山岩积雪如玉柱银台，红装素裹，分外妖娆。永乐皇帝极目四望，见雪景奇丽，心中顿生浩然之气，说道：“雪后看山，此景最佳，虽有善画者，莫能图其仿佛啊！”

次日，帐房边积雪盈门，天气虽寒，永乐皇帝却情趣盎然，一边前行，一边狩猎。永乐皇帝追赶一只兔子，对金幼孜说道：“到此处青山，又是一种奇特景象！”

三月，永乐皇帝率大军来到塞外。永乐皇帝登上凌霄峰绝顶，向北极目而望，只见茫茫漠北，万里萧条，不闻鸡鸣犬吠，不见袅袅炊烟，顿生凄凉苦楚之感。第二日，在清水原西北二里处发现一处泉水，清澈见底，人马痛饮之后，倦乏顿失，精神百倍。永乐皇帝亲口尝过，只觉得清冽甘甜，永乐皇帝说道：“此泉水清甘甜，于我军干渴之时出现，就叫它为‘神应泉’吧！”

四月，大军到达广武镇，将当地一泉赐名为“清流”，永乐皇帝亲制铭文，令人刻于石上。到达长清塞时，又将当地一泉赐名为“玉华”。

五月一日，永乐皇帝率大军由顺安镇出发。此时营外四山云气洁白，永乐皇帝一时高兴，将山赐名为“白云山”。大军到达胪朐河，永乐皇帝令军队稍歇，兵士将马赶到河边饮水。永乐皇帝一看，只见无数马匹在河边饮水，远处斜阳普照，山光景物倒映水中，如同诗画一般，永乐皇帝不禁叹道：“斜阳普照，万马齐饮，远处山光倒映水中，如诗如画，好景致也，此河就改名为‘饮马河’吧！让它永记朕漠北之行！”

诸将说道：“吾皇御驾亲征，威德播于四海，山山水水无不沐浴浩荡皇恩，致使黄土王化，山泽有名，吾皇之功德必将传留万世！”

永乐皇帝说道：“冲锋陷阵、赴汤蹈火、攻战之功全依仗于诸将士，卿等齐心协力，同仇敌忾，则攻必克，战必胜。”

本雅失里大败丘福回师之后，自然是庆贺一番，但本雅失里也知道，大明是不会善罢甘休的。

本雅失里说道：“我等大败丘福，使明军十万人马全军覆没，永乐皇帝绝不会善罢甘休，因此，我们万不可掉以轻心！”

此时忽有探马来报，“禀报可汗，大明永乐皇帝亲率五十万大军杀将过来，现在大军已过胪朐河！”

“啊！再探！”

“是！”

本雅失里料到明军必来征伐，但却没想到明军会来得如此之快，心中不禁惊恐万分。

本雅失里对阿鲁台说道：“明五十万大军征伐，皇帝御驾亲征，其来势汹涌，势不可当！我们若与明军对垒，必然是寡不敌众，弱不胜强，你我还是一同西撤！”

阿鲁台说道：“可汗欲西进避兵，但西部多年战乱，民生艰难，如何养得起大批军民胥吏！再者我部兵士皆当地人，不愿离乡西行，望可汗恕臣违命不遵之罪！”

本雅失里又说道：“阿鲁台，莫非你真要与我兵分两路了？”

阿鲁台说道：“是的！我意已决！”

“那我们该不会是仇敌吧？”本雅失里说道。

“可汗，你我永是君臣，兵分两路，也可互相照应啊！一只狼追一只兔子很容易，要同时追两只兔子，可就不那么容易了！”阿鲁台打着手势说道。

本雅失里无奈，只得说道：“你说得也有道理！那我们就各带本部兵马，各奔东西吧！”

于是，阿鲁台带兵向东逃去，本雅失里带兵向西逃去。

五月，指挥官在玉华峰擒获了一个鞑靼的翻译，得知本雅失里逃往兀古凡札河。

永乐皇帝率军渡过饮马河，让王友驻兵河上，留金幼孜于王友大营之中，让方宾和胡广随驾，亲率轻骑进行追击。追至兀古凡札河时，本雅失里已经逃走，永乐皇帝马不停蹄，连夜追击，终于在斡难河与本雅失里相遇。

本雅失里本来就是畏惧明军才西逃的，加上阿鲁台又与他分道扬镳，兵力分散，更觉得势单力薄，所以早已是未战而胆先寒，见明军士气高昂如猛虎一般，双腿不觉就先软了三分。明军将士在皇帝的率领之下，哪一个不想争战功？见了蒙古军，一个个如同饿虎见了野兔一样，未等令下便扑了上去。蒙古军如何能够抵挡得住？明军一次冲杀，一鼓作气，竟把蒙古军打了个落花流水，溃不成军。又是一阵掩杀，蒙古军几乎被杀个精光。本雅失里抵挡不住，只得丢下辎重，带领七骑仓皇逃去。

永乐皇帝率军回到饮马河，稍事休整，便下诏班师。诏书中写道：

朕承大统，抚治寰宇，四海臣服，独此残胡逞凶梗化，屡使抚问，辄见拘杀。为安边陲生民，遂率大军征讨之。用拯颠连，绥守降附，五月十三日，师至斡难河，遇胡寇本雅失里来战，即摧败之。追奔逐北，电扫霆驱，本雅失里奔命不暇，以七骑潜遁，获马驼牛羊无算，其余款附者相继而至，威抚安之，给粟、羊、马，令复生业，而后乃封其山川，即日班师。呜呼！包举元外，用施一视之仁，抚辑有分，茂衍万年之治。

大军回到定边镇，永乐皇帝对上次随丘福北征溃散的未归军士善加抚恤，并亲自召见他们。永乐皇帝说道：“你等上次随丘福北征，兵败如山倒，此皆丘福不听劝告、孤军深入之故，亦朕用人不明之过，然尔等散遗异邦，历受艰苦，尚还忠君爱国，忠心可嘉，忠勇可嘉，朕将各赏银百两，免尔家二年赋税，回乡留军，任凭自愿！”

众军士急忙跪倒，说道：“谢吾皇隆恩，我等皆愿从吾皇随军出征，杀敌立功，以报吾皇之隆恩！”

永乐皇帝亲自安抚归来兵士之后，又命都督梁福在定边镇祭奠上年阵亡之将士。永乐皇帝亲自书写祭文，祭文如下：

自朕承继大统，孜孜勤政，武功文治鉴于天地，故而国运亨通，人民和乐，环宇澄清，四海宾服，而独漠北残胡，违逆天命，屡屡作乱，致使我大军奉天命而北征，不料主将丘福，急躁冒进，不听劝阻深入敌阵，陷身于残胡奸计之中，致使全军覆没，我大明十万将士，战死于沙场之上。呜呼！我将士舍生忘死，置个人生死而不顾，抛妻别子，身首异处而无憾，我之将士忠矣！我之将士勇矣！我之将士虽死犹生，万世流芳，朕将立庙祭祀尔之忠魂，设赏厚待尔之妻小爷娘，汝之忠魂可安息矣！呜呼哀哉！尚飨。

祭罢阵亡将士之后，永乐皇帝率大军返回，一路上军纪严明，对百姓们秋毫无犯。六月八日，大军来到飞云壑。第二日黎明，有探马来报：阿鲁台就在山谷之中。永乐皇帝亲率十余骑去察看山川地形，只见阿鲁台的军士出没于山谷之中，且战且退。

阿鲁台闻知明军到达飞云壑，自知难以抵挡，于是便派人前来请降，然而这种缓兵之计又岂能瞒过永乐皇帝？永乐皇帝便写出一道敕谕让使者带回。阿鲁台拆书观看，只见敕谕中写道：

上天弃元久矣！纵尔有志，天之所废，岂能违天，尔亦非寻常之辈，应深明时势，当此时诚能顺天所兴，天必福之而富贵，可保功矣。望尔熟思之。朕今驻师于此，尔能来朝，则各爵之荣不替有加，且俾尔子孙承袭世世，所部之众仍归尔统领，所辖之地仍归尔辖。望尔细审朕言。好自为之，不可自寻其悔。

阿鲁台见敕书之后，有归降之意，便对左右众将说道：“今有敕书在此，天威难犯，天命难违，我欲归之，不知诸位之意如何？”

阿鲁台此言一出，左右便议论纷纷，意见不一。

“太师所言极是，古云相时而动，趋吉避凶，为君子也。上天弃元，大明既兴，自当顺天命随民意，我等唯太师之言是从！”

“不可！不可！难道说你们忘掉了我们曾杀了天朝的使臣了么？天朝皇帝会宽恕你么？你既然背叛了他，现在又归顺他，即使是天朝皇帝有天地般的大量宽容了你，又有何面目立在他的朝廷之中呢？”

双方僵持不下，阿鲁台只得说道：“此事暂且免议，让我再思虑一下！”

阿鲁台对于是战是降，自己也拿不定主意。他认为各方所说的都有道理，于是，只有让他外甥朵儿只来向永乐皇帝表达一下自己的诚意。永乐皇帝厚待了朵儿只，并派使者随朵儿只一起去见阿鲁台，但此时阿鲁台的部下主战者与主降者各半，谁也说服不了谁。使者见阿鲁台仍犹疑不定，只得打马而回。永乐皇帝令

部下严阵以待，阿鲁台也未敢进攻。过了三天，永乐皇帝决定派兵去试探一下。

次日天明，永乐皇帝派数百骑兵去试探，阿鲁台的部下当即迎战，于是双方便展开了激战。阿鲁台亲率数千骑充当中坚。永乐皇帝见状，将令旗一挥，首先冲入敌阵，明军骑兵见皇帝飞马在前，哪一个不拼命向前？明军呐喊着、咆哮着，铺天盖地杀将而来，所向披靡，势如破竹，锐不可当。那飞矢如同蝗虫一般飞入敌阵，一阵箭雨，阿鲁台的军队便倒下一片。阿鲁台见状，大惊失色，竟然掉下马来。阿鲁台对那些反对投降的人骂道："不听吾言至此，今无及矣！"于是上马逃去，永乐皇帝率军乘胜追击，又追了百余里，阿鲁台部下大都溃散。

此时，天气炎热，军士饥渴难忍。永乐皇帝于是下令收兵。

一听说下令收兵，将士们都唰的一下睡在地上，再也起不来了。原来，几十天的行军打仗，将士们实在是太疲倦了，加之天气炎热，军中缺水，哪里还能行走得动。

永乐皇帝心中着急，说道："快快起来，虽说收兵，岂可倒地如此，如若突然遇敌，岂不误事？"

众将说道："万岁所言极是，只是我等实在是饥渴难忍，我等三天都未进一滴水了！"

永乐皇帝说道："尔等快起，你们看！你们旁边低洼处，不就是水么？"

其实，永乐皇帝只是随口说说，想来一个曹操的望梅止渴，想不到此时老天竟下起雨来！天空中仅一小片乌云，突然"咔嚓"一个响雷，那雨竟铺天盖地泼将下来。

"下雨了！下雨了！"

"快来喝水！快来喝水呀！"

不少兵士索性脱掉了衣服，在雨水中尽情地搓洗。看着将士们的欢乐劲儿，永乐皇帝的脸上露出了笑容。他好像觉得：他这个真龙天子果然是金口玉言，处处都得天神相助。

此时，雨过天晴，将士们不用永乐皇帝下令，已自动整好队伍。永乐皇帝翻身上马，大队军马随后，浩浩荡荡地向开平奔去。

七月十五日，大军进入居庸关，两天之后回到北京。

永乐皇帝回到北京之后，对北征的胜利自然要热烈地庆贺一番。

永乐皇帝于永乐九年二月回到京城南京。三、六、九日朝拜之日，永乐皇帝端坐在宝座之上，神采焕然，大臣们山呼万岁。

"叩见吾皇万岁万岁万万岁！"

"平身！"

“谢万岁！”

永乐皇帝说道：“朕北征凯旋，其间由太子监国，朕今临朝，有本尽可奏来！”

众臣听永乐皇帝这么一说，都面带喜色，跃跃欲试，太子少师姚广孝首先出班奏本。

“启奏万岁，臣有本奏！”

“姚爱卿快快奏来！”

“谢万岁！启奏万岁，左都御史陈瑛九年来横行无忌，目无王法，滥用职权，污蔑构陷，制造冤案，权势煊赫，诛灭我朝忠臣数十族，亲属株连者数万人被杀，致使多人蒙冤，民怨沸腾，官吏臣民敢怒而不敢言，国基不稳，有损于万岁圣明，万岁当严治其罪！”

“臣附议！”

“臣附议！”

……

永乐皇帝见群臣如此激动，心中自然明白，知道陈瑛已到了非杀不行的时候了，于是便说道：“准奏！打入刑部大牢，由刑部审理论罪！”

“吾皇圣明！”

“吾皇圣明！”

“吾皇万岁万岁万万岁！”

大臣们为什么对陈瑛如此愤恨？其中自有其根源。

陈瑛，本是安徽滁州人。洪武时官拜御史，建文元年任北平佥事。因参与靖难之事，被贬到广西。永乐皇帝即位后，升为都察院左副都御史，后又升为都察院左都御史。

陈瑛本是一个卑鄙小人，永乐皇帝为了监视群臣，控制舆论，在全国实行了特务统治，并设立了专门的特务机构，如锦衣卫、东厂等。陈瑛迎合了永乐皇帝特务统治的需要，从打击建文旧臣入手，很快成为了永乐皇帝的心腹重臣。陈瑛就如同一条疯狗一样，到处乱咬。大理寺少卿胡闰、历城侯盛庸、曹国公李景隆、驸马都尉胡观、长兴侯耿炳文、宁远侯何福等，均因陈瑛的弹劾而被杀。最为震惊人心的是雒佥、张信两案。

雒佥，本是永乐初年的刑部尚书，此人奉公守法，忠于职守。他最大的优点也就是他最大的缺点，就是敢于直谏，而且直到毫无顾忌、不讲策略的地步，致使自己身首异处。

早在永乐元年，永乐皇帝为了显示自己是一个深明大义、宽宏大量的开明圣君，便鼓励群臣们直言进谏。永乐皇帝说道：“何利当兴，何弊当革，都不要相隐，要敢于直言相谏。如若当言不言，就要论其罪！”所以在永乐三年二月，雒

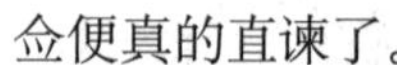

佥便真的直谏了。

一日早朝，山呼跪拜礼毕，雒佥出班启奏。

雒佥启奏道：“吾皇登基以来，用人甚多。朝廷用人，当新人旧人一并任用，如今陛下所亲信任用的，多是藩邸旧臣，臣以为陛下如此用人，是不公平的。再如侍卫的给馔，以公而论，侍卫的给馔应由光禄寺负责，而陛下却私自厚遇他们，这也是不应当的！”

雒佥的话虽说揭了永乐皇帝的心病，刺得他心痛，但他仍显示出自己的大度能容，并不降罪，将雒佥的奏章示以群臣，说道：“众位爱卿对雒爱卿之言有何看法，可如实讲来！”

群臣都知道永乐皇帝最忌别人说他的藩邸经历，所以尽管都知道雒佥所言有理，但也不肯附和雒佥而去触犯永乐皇帝，所以都说道：“当今朝廷中的大臣，仅金忠是藩邸旧臣，至于机密事务，是否相任，据臣等所知，就是金忠本人有时也不知道，哪里谈得上信任不信任，公正不公正呢？况且光禄寺供给侍卫衣食，本是沿袭洪武旧制，并非从现在开始，雒佥所言纯属子虚乌有，应予究治问罪才是！”

永乐皇帝虽心中想治雒佥之罪，但又深知雒佥所言确实指出了时弊，如因此而治罪，岂不有损于自己的形象？于是显得很大度的样子，说道：“朕为天下理政，每日都想听到一些直言劝谏，以图有所裨益，没有想到也还有说坏话的人。为人臣者，说话进谏必须认真考察核实，怎么可以诬直为枉呢？朕待雒卿不薄，想不到你也会有怨谤之行为，这难道是正直臣子之所为么？朕若现在治你的罪，别人会说朕不善纳谏，阻塞言路，朕今日便饶恕了你！”

雒佥也只得说道：“谢万岁不责之恩！”

这一切秘情，自然瞒不过善于察言观色、揣测主人心意的陈瑛，所以在二月三日，陈瑛便首先出来弹劾雒佥。

“启奏万岁，臣有本奏！”

“有何本奏？呈将上来！”

“刑部尚书雒佥，居官贪虐，专横弄权，作威作福，虐杀人命，纵妻鞭笞守令，胁货强市，逼索财物，天怒人怨，吾皇当将其下狱论死！”

“爱卿所奏，事关大事，朕自当派人查证，方可定罪！”

“吾皇圣明！”

五日之后，永乐皇帝派人查证，自然是“查实无误”。十日之后，雒佥夫妻二人被诛杀。

再说张信，张信曾因当年入北平燕王府告变并策动起兵而成为燕王心腹亲信，并特呼之为“恩张”。永乐皇帝登基后，封为隆平侯，并纳张信之女为妃。就是这样一个功勋显赫、位极人臣、地位非同寻常的人，也仍然逃脱不了被陈瑛

弹劾的命运。

永乐八年十二月二十日，陈瑛上疏永乐皇帝，弹劾张信“无汗马功劳，忝冒侯爵、恣肆贪墨、强占丹阳练湖八十余里、江阴县官田七十余顷，请下狱治罪”。其结果是永乐皇帝准奏，他说：“陈瑛言之有理。过去中山王有一块地是沙州，农民灌溉时的水道皆由此而过，他的家仆想阻水道以擅利，中山王得知之后，尚且当即将其仆交付官府究治。现在张信竟敢如此放肆，实在是太不像话，现由刑部以法究其罪！”后因张信功勋太大而得免。后来，陈瑛又再次弹劾张信阴谋不轨。张信虽然没有被永乐皇帝“下狱论罪”，却也是徨徨不可终日，不得不夹起尾巴做人。

陈瑛权势之大，就连太子朱高炽也拿他没有办法。有一次，一名官员被陈瑛贬为厨子，太子朱高炽认为不妥当，便命吏部另行安排这位被贬的官员的差使，但陈瑛却从中作梗，拒不办理。因此，太子朱高炽指斥陈瑛说道：“陈瑛用心刻薄，不明政体，不守人臣之道。”

因为陈瑛作恶多端，再加上永乐皇帝的政治反对派已经除得差不多了，陈瑛的作用已经用完，留着他也已经没有什么利用价值了，所以永乐皇帝下令让李瑛入狱论死。

十天后，陈瑛被推上了断头台。临行刑之时，刽子手问道：“陈大人上路之前还有何话说？”

陈瑛叹道：“陈某为官十年，因我而被诛杀者近万人，今日被诛，也是报应，罪有应得！”就这样，陈瑛走完了自己的特务生涯。

山东省有一个地方叫济宁州，济宁州有一个地方官叫藩叔正。此人虽说官儿不大，却不是一个寻常之人。这藩叔正为官清正，聪明过人，天文、地理、阴阳、历法无不精晓，也是一个多德多才之士，因此，被永乐皇帝任命为济宁州同知。

这一日，济宁州同知藩大人经过深思熟虑，以他自已特有的才智和眼光，决定向永乐皇帝上一份疏通会通河的上疏。这藩大人铺纸提笔，不日之间便写好上疏，派人送往京城。永乐皇帝在批阅奏折时，看到了藩叔正的《开通会通河疏》，便认真批阅，只见上疏中写道：

大运河自元初开通以来，一直是南北交通要道。尔后因黄河入侵，致使会通河河道淤塞，舟船不畅。故南北粮道，不得不水陆并用。如此一来，百姓们车推驴驮，饱受运粮之苦，河中行船，樯倾楫摧，船毁人亡，悲剧不断。此乃朝廷之大患难也。

臣观会通河四百五十里，河道淤塞者不过三分之一，仅仅是一百五十里，若将此一百五十里开通，则大运河南北畅通矣。粮道畅通，百姓无运输之苦，朝廷获交通之利。吾皇乃一代明君，治国安邦，百业兴旺，此等利国利民之事，又何

乐而不为也？

吾皇若兴工开河，臣则尽全力以赴之。

永乐皇帝读罢奏疏，不禁说道：“藩叔正乃经世之才，朕多年所未言者今为朕言之，朕多年所未做者今为朕做之啊！”

原来在明朝时，江南乃富庶之地，故而定都南京，永乐皇帝即位之后，蒙古不断南侵，为了增强北方的边防力量，便不断扩充军需装备，增设了京仓和通州仓，还设置了天津、通州、北京等地的卫所粮仓。这大量的粮食一方面来自当地税收，一方面则由江南运来。

开通会通河虽然耗资巨大，但永乐皇帝认真地阅读了藩叔正的上书，权衡了一下利弊，最后还是采纳了藩叔正的建议。于是在后宫召见宋礼。

宋礼听说永乐皇帝召见，急忙来到后宫见驾。

“叩见吾皇万岁万岁万万岁！”

“免礼平身！”

“谢万岁！”

永乐皇帝把藩叔正的奏疏递给宋礼，说道：“爱卿，你把这奏折看一看！”

宋礼接过奏折，看了一遍，永乐皇帝问道：“藩叔正说得如何？”

宋礼答道：“以臣看来，藩大人所言，可谓是有利之论，于国于民都是有利无害呀！不知陛下之意如何？”

永乐皇帝说道：“朕也觉得藩叔正所言不错，只是这开河……”永乐皇帝说着看了看宋礼。

宋礼见了忙说道：“修路开河乃臣分内之事，陛下若不弃臣，臣愿担此重任！”

永乐皇帝笑道：“朕就等着你这句话呢！好！宋礼听旨：朕命你为开河总监，藩叔正为副总监，全权负责开河事务！”

“臣遵旨！”

宋礼，字大木，贵州永宁人，洪武、建文时，先后任山西按察司佥事、户部主事、刑部员外郎等职。永乐二年，拜为工部尚书。宋礼生性耿直、为官清正，所以永乐皇帝把开通会通河的重任交给了他。

宋礼遵旨来到济宁州，济宁州同知藩叔正前来迎接。

“下官藩叔正叩见宋大人！”

“藩大人不必多礼！”

“宋大人请！”

“藩大人请！”

二人进了大厅，分宾主坐定。

“本官奉万岁之命，前来开通会通河，其间诸多事宜，还请藩大人多多赐教！”

“宋大人不必过谦，所需之事，宋大人尽管吩咐，下官一定尽力而为，一切悉听尊便就是！”

于是，宋礼、藩叔正二人便带着一些下属认真察看河道、制订开河方案。

原来在元代，由济宁到张秋一段叫济州河，张秋到临清一段叫会通河，后来又把济宁到临清整段的运河都叫会通河。这段河的水量由附近的汶水、沂水、泗水等水供给，只是由于当时开凿时地势选择不当，致使冬春水少之时，漕运无法通行。

宋礼来到南旺地段考察。当地人听说朝廷派人来开通会通河，都前来献计献策。

宋礼说道：“疏通淤塞河道并非难事，难的是南旺段地势太高，冬春水少，漕运不畅。”

“此事也并非难事！”

宋礼看去，说话的是一位白发老者，虽是古稀之年，却也是精神焕发，红光满面，谈吐间话虽不多，却也是非凡之人。

宋礼忙施礼道：“敢问老人家尊姓大名，还请详言，多多赐教！”

那老者忙回礼道：“草民姓白名英，本汶上人氏！”

宋礼说道：“老人家，还请赐教！”

白英说道：“会通河水源主要来自于汶水和泗水，只需在南旺将汶水分为两处，一处入卫河，一处入徐水、沛水注入淮河，控制汶水、多设水闸，自动调解会通河水位，如此，漕运之难即可解除！”

宋礼说道：“多谢老人家赐教！”

宋礼与藩叔正回到济宁，根据白英老人的建议，具体制订修河计划。

宋礼说道：“我意是首先将淤塞的一百五十里的河道疏通，并对全河道拓宽一丈，对原河床加深三尺。另外，封闭城坝的斗门，切断汶水的通路，在东平州的戴村修一条五里长的堤坝，使汶水沿新开的九十里的新河进入会通河。水到南旺后，在地势最高处分为两道，十分之六的水量向北经临清流入卫河，下余之水向南经徐水、沛水进入淮河。由南往北到临清地势下降九十尺，修闸十七处，由南向北到沽头，地势下降一百一十六尺，修闸二十一处。在运河两岸洼地处，又修四个大水柜，水柜设有闸门和堤坝，夏秋水大时，将运河水泄入水柜储存，冬春水少时，将水柜之水放入运河，如此，漕运长年可畅通矣！”

藩叔正举起拇指赞道：“宋大人不愧是禹王再世！此计巧妙绝伦！”

宋礼说道：“藩大人既无异议，我即奏明圣上，即可开工！”

藩叔正说道：“一切全仰仗宋大人安排了！”

永乐皇帝收到了宋礼的上疏之后，便立即拨出银两，并征调了山东、徐州、应天、镇江等地的民工三十万人，于永乐九年二月开工。历时半年，工程于永乐

九年八月竣工。宋礼因治河有功，亲受永乐皇帝赏封，藩叔正也同样领赏受封。

永乐十年八月的一天，永乐皇帝在宫中休息，一阵冷风吹来，门也随风而开，从门外走进一位年轻的妇人。

那妇人说道："你现在是一国之君了，你还认得我么？"

永乐皇帝问道："你是何人？朕怎么会认识你呢？"

那妇人说道："你认识不认识并不重要！你自己总是千方百计地向天下人显示你是嫡出，马皇后是你的生母，只有这样向天下人说，你才能继承皇位，你这样做我也不怪你，你自己也明白你不是马皇后所生。你已登基坐殿，总不该把自己的生母忘个一干二净吧！你总该还会记得你父皇身边还有一个硕妃李氏吧！"

永乐皇帝说道："既是生母到此，儿皇又岂能忘记？儿皇今虽为天子，又岂能再行更改？"

那妇人说道："我儿说哪里话来，只要你能贵为天子，娘也不在乎那点名分，娘为了你，在当年连命都搭上了，如今还怕受这一点委屈么？只要你不把娘给忘了，娘也就满足了！"

永乐皇帝说道："儿皇不敢有忘母后，定会报答母后生身之恩！"

那妇人说道："如此就好！如此就好！我走了！"

永乐皇帝连忙追上去，喊道："母后！母后！"

"万岁！醒醒！万岁醒醒！"

听到内侍的呼唤，永乐皇帝睁开眼，才知道原来是南柯一梦。

"朕做了一个怪梦！"永乐皇帝说道。

次日早朝，永乐皇帝对群臣说道："朕昨日得一梦，梦得太祖高皇后来后宫访朕，朕与母后相见之后，甚感悲戚。朕想人之为人，何情最深？父母养育之情最深。何憾为最大？难报父母之恩为憾最大！朕虽贵为天子，然此情与庶民百姓相同也。平民百姓尚知树碑墓设灵位以祭其父母，况朕贵为天子呢？故朕意决，重建天禧寺以祭奠太祖高皇帝及太祖高皇后。不知臣下之意如何？"

群臣说道："吾皇仁厚至极，恪遵孝道，实为天下人之楷模！重修天禧寺，也是正经之事、忠孝之举，无可非议！"于是，永乐皇帝便下令，让工部派要员监督修建。

天禧寺南朝时又称阿育王寺，宋时改称为天禧寺。永乐皇帝下令重建天禧寺，名为纪念太祖朱元璋和马皇后，实为纪念自己的生母硕妃李氏，所以新寺赐名为"报恩寺"。

报恩寺周长九里零十三步，寺内共有殿阁二十余座，画廊一百一十八处，经房三十八间。整个建筑殿阁重重，气势雄伟，其中天王殿和大雄宝殿是寺内两座最大的宫殿。天王殿内所供神像栩栩如生，大雄宝殿之内太祖朱元璋和皇后马娘娘面南而坐。太祖朱元璋面容庄严，皇后马娘娘则是慈眉善目、笑容满面。淑妃李氏等坐东向南，唯硕妃李氏坐西向南。明人以左为上，如此安排，说明硕妃位高于其他妃嫔。永乐皇帝把硕妃置于最显著的位置当然跟硕妃是他生母有关，这事还需从永乐皇帝出生时说起。

元至正二十年（1360年）三月的一天，永乐皇帝出生了。当时，太祖朱元璋正在忙于和陈友谅打仗，并不在家中，一切都是马娘娘照管的。硕妃李氏见生出的是一个儿子，自然高兴。马娘娘听说硕妃产了儿子，心中也自然高兴，忙令丫环将孩子抱来。马娘娘接过孩子一看，只见这孩子生得身体壮大，大鼻子大眼，哭声洪亮有力，心中十分喜欢。硕妃很想让儿子生活在自己身边，而马娘娘因为十分喜爱这孩子，就把孩子留在自己的身边。又因为马娘娘是太祖朱元璋的原配夫人，所以硕妃只能处处让着马娘娘。太祖朱元璋登基之后，封马娘娘为皇后，李氏被封为硕妃，从此硕妃与儿子相见的机会更少，直到孩子一岁的时候，太祖朱元璋给孩子起名叫棣。

有一日，太祖朱元璋退朝之后，马皇后说道："臣妾看棣儿这孩子十分聪明可爱，我视他如同己出，从小就在我身边，这孩子眼见长大，也该请师教读了，就让他留在东宫吧。由臣妾负责调教他，不知万岁圣意下如何？"

太祖朱元璋说道："那是自然！你就将他留在身边便是！"

有一日，太祖朱元璋来到硕妃宫中，对硕妃说道："多日不见，爱妃如何这般瘦削？"

硕妃说道："臣妾有病。"

"什么病？"

"心病！"

"心病？什么心病？"

"想我的儿子朱棣！"

"他在皇后那里不是很好么？"

"臣妾也知道皇后待他如同己出，可他毕竟是我的亲生儿子啊！十年来，孩子在我身边不到一年，臣妾又有半年多未见儿子了！臣妾一人守空房，孤独难忍！"

"朕正让皇后教他，你就不要再见他了！"

太祖朱元璋的话无疑是一种宣判，硕妃只是轻轻地说："万岁，臣妾想念儿子啊！"

从此，硕妃李氏就一直没有见到朱棣。

有一次，一个偶然的机会，朱棣在花园中碰上了硕妃。

"殿下，你还认识我么？"

"认识，你是硕妃！"

“孩子，不！殿下，我是硕妃，可我也是你的生身母亲啊！”

“我知道，你是我的生身母亲！”

“儿啊！你能知道我是你的生身母亲就好！”

“母亲，儿子读书去了！”

“去吧！去吧！好好读书啊！儿子！”看着走远的小朱棣，硕妃哭着跑回了自己的宫里。

硕妃李氏回到宫中，哭了一会，想道：“我这算什么呀，自己的儿子却不能养在自己的身边，自己的儿子都不能喊自己一声‘娘’，我这不是白生了这么一个儿子么？”

硕妃越想越生气，越想越觉得委屈，越想越觉得苦闷。不料天长日久，竟神情恍恍惚惚的，一会儿说话有板有眼，一会儿说话颠三倒四。

又过了几天，人们经常可以听到凄厉哀婉的呼喊：

“朱棣——你在哪儿！”

“朱棣，我的儿啊——”

“万岁，你还我的儿子！”

硕妃疯了。

一个令人哀伤的消息在人们中间传播着。

一日，朱棣问太祖朱元璋：“父皇，我母亲疯了？”

太祖朱元璋说道：“是的，硕妃疯了！”

朱棣又说道：“父皇，我想去看看硕妃！”

太祖朱元璋说道：“过几天，朕会让你去的！”

一日，马皇后向太祖朱元璋说道：“万岁，硕妃的病真的治不好了么？”

太祖朱元璋说道：“朕已经让太医给她治了，却是怎么也治不好，她有时像好人一样，有时又胡言乱语，太医也拿她没有办法！”

“这样下去，又如何是好？”马娘娘说道。

“朕也没有什么好办法！”

“她想儿子，现在就让朱棣回到她身边去吧！”

“不行！她那疯疯癫癫的，岂不是把他给吓坏了！”太祖朱元璋说道。

马皇后又说道：“那怎么办呢？”

太祖朱元璋说道：“让朕再想想办法！”

一天，马皇后在宫中无事，便拿起一本《三字经》，对朱棣说道：“来把这《三字经》背给我听听！”

朱棣说道：“是！人之初，性本善，性相近，习相远，苟不教，性乃迁，昔孟母……”

“棣儿，我的孩子！”

随着一声呼喊，一个人走了进来，马皇后一见是硕妃李氏，便说着：“等一等，他正在背书哩！”

“他是我的儿子，谁让你要他背？我的儿子，你为什么不把他还给我！”硕妃说道。

马皇后说道：“等一等，让他背完再走！”

“不行！现在就走，他是我的儿子！”硕妃大声说着，拉着朱棣就往外走。马皇后伸手去拦，硕妃一口咬在马皇后的手臂上。

“哎呀呀！疼死我了！”

“你醒醒！你醒醒！你怎么了？”太祖朱元璋一边推动马皇后，一边说话。

“吓死我了！”马皇后说道。

太祖朱元璋问道：“你怎么了？”

“吓死我了，我做了一个噩梦！”马皇后说道。

“做了什么梦，把你吓成那样？”太祖朱元璋问道。

马皇后说道：“我做梦，我正让朱棣背《三字经》。硕妃来了拉着朱棣就要走，还问我为什么不把孩子还给她？我说让他把《三字经》背完也不行。拉着朱棣就往外走，我伸手去拉，她对着我的手臂张口就咬，疼得我直叫，一叫便叫醒了，才发现是在做梦！”

太祖朱元璋说道：“不是你自己叫醒了，是朕把你叫醒了！快睡觉吧！”

马皇后说道：“不睡了，反正也睡不着了，就说说话吧！”

太祖朱元璋说道：“说什么呢？”

“就说硕妃！”

“说硕妃？怎么说？”

“硕妃疯了，再说，她也为你生了龙子，老这样疯着也不是办法。”

“朕也是没有办法，朕见她那疯模样，觉得她那样疯活着，真比死了还难受！”

“那怎么办呢？”

“朕再想想办法，让太医再做一次治疗！”

“但愿硕妃的病能好起来！”

“但愿如此吧！”

硕妃疯疯癫癫地过了很长一段时间，这几日头脑又忽然清醒起来。她看到自己憔悴的容颜和那身脏乱不整的衣服，心中想道：“我这是怎么啦？我只觉得自己是在梦中一样。明白了，我是想儿子想疯了！我是个疯子！我是个疯女人！朱棣，我的儿啊，娘想你都想疯了，你知道么？”想到这里，不禁流下眼泪来。

“圣旨到——”

硕妃抬头一看，却是老太监向自己走来，便急忙跪下来接旨。

“硕妃接旨！”

“臣妾接旨！”

奉天承运，皇帝诏曰：硕妃李氏，随朕多年，朕甚爱之，不料身得疯疾，太医久治无效，无奈何也，朕见其疯状，心甚痛之，人死乃天下大痛，硕妃生之患，甚于死之痛，朕不忍观其痛，为使其超脱剧痛，无奈赐死，以解脱其痛，若硕妃不能自尽，当由殿前武士佐之。钦此。

“臣妾谢万岁，吾皇万岁万岁万万岁！”

硕妃对太监说道：“有劳公公回禀万岁，就说臣妾尚能自裁，不劳殿前武士相助！”

太监说道：“如此，奴才告辞！”

硕妃说道：“公公走好，恕不远送！”

太监走后，硕妃自思自叹，我自万岁起兵之初就跟随他，到今日不过落得了一个赐死！除此之外还有什么呢？早知当初不如不跟随他。连自己的儿子都不能在一起，不能得一点人生的天伦之乐，我连一个普通百姓也不如！疯疯癫癫的几个月，丢尽颜面，活着还不如死了的好！也罢，死就死了吧，只是放心不下儿子！细细想来有什么不放心的？他跟定了正宫娘娘，不比跟着你这个妃子强么？唉！人活百岁都是死，既是万岁赐死，不死也不行，死就死吧！硕妃最后又哭道：“朱棣，我的儿，这一辈子，你是再也见不到你的娘了！”

硕妃把自己的衣服整治好，洗了脸，又擦上宫粉，头上戴好首饰。然后，把白绫系在梁上，将头伸进绳套之内。

硕妃死了，小朱棣也与其他人一样，见了硕妃最后一面。他跪在硕妃面前，没有放出哭声，只是让眼泪尽情地往外流。那一滴滴的眼泪，流在了朱棣的脸上，更流在朱棣的心里。

这伤心的一幕一直存留在永乐皇帝的心里。靖难之役前后，永乐皇帝一直是以马皇后为生母，自己以嫡出而自居，而对于他真正的生母硕妃李氏，只是自己牢记在心中而不去公之于众。修建报恩寺名义上是祭奠太祖朱元璋和皇后马娘娘，实际上是为了祭奠自己的生母硕妃李氏。所以，在塑像的位置安排上，只能这样，明眼人一眼便可看出永乐皇帝的本意。明人有诗写道：

成祖重所生，嫔德莫敢齐。

一见异于闻，《实录》安可错？

大雄宝殿后面有九级琉璃宝塔。塔高三十二丈九尺四寸九分，有八个楞面，全用白石和五色琉璃砖砌成，砖瓦上都有图案和花纹。正所谓是“文石雕瓦，千奇万丽，金轮耸云，光华跃月，为南都巨观”。

永乐二十二年三月，寺将落成，永乐皇帝赐名为“大报恩寺”，并亲制碑文，其中有云：

（高皇帝和高皇后）德合天地，功在生民，至盛极大，无以复加也。朕以匪德，统承大宝，负荷不易，夙夜唯勤，惕党竞毫，恒循成宪。重唯大恩罔极，未由极称，故重建浮屠，高壮雄丽，度越前代，更名曰大报恩寺。所以祗迎灵光，上资福于皇考、皇妣，祈普佑安宁生灵，及九幽夹滞，咸沾济利。因仰承我皇考皇妣之圣志，而表朕之孝诚。呜呼！我皇考、皇妣之功德，配天才之广大，同日月之光明，而相为永久于万万年！

此碑文为太祖和马皇后歌功颂德，并表明自己继承太祖基业的名正言顺。尽管如此，永乐皇帝的内心思想还是瞒不了世人的。清朝前期诗人陈文述在他的《登报恩寺浮屠》诗中则写道：

靖难师来孰闭门，孝陵云树黯销魂。
忠臣已尽神孙死，却建浮屠说报恩。
儿女英雄各有人，旧都遗事说纷纭。
六朝只在斜阳里，半是青山半白云。

陈文述的诗中，隐约地透露出永乐皇帝修建大报恩寺的另一层用意。当然，这一切都是后话，是永乐皇帝不知道，而且是永远不可能知道的后事。

永乐皇帝自从登基之后，南征安南，北征鞑靼，治运河、建陵墓、修寺庙，对外四方臣服，对内肃整吏治。文治武功，各显其效，自然是称心如意，却也有一件小事令永乐皇帝心中烦恼。那就是有一些皇亲国戚对永乐皇帝靖难起兵夺权心有不满，便以信奉道教为名，祈祷真武大帝来惩罚永乐皇帝。

永乐皇帝对此自然心里明白。他心中想道：“彼等既然能以信奉道教为名来反对朕，朕为何就不能以信奉道教为名来对待彼等呢？”于是他就来了个以其人之道还治其人之身，宣称自己是靠了真武大帝的神助才能取得靖难之战的胜利而登基的，自己的登基自然是受命于天，正符合君权神授的传统说法。

永乐十一年六月的一天，群臣山呼跪拜已毕。永乐皇帝说道：“朕继承大宝，全依仗于祖宗神明，故重建天禧寺，以报皇考、皇妣之恩。朕靖难之中，深受真武大帝庇护，故而朕也要重修武当真武道观，以报神明庇佑之恩。”

群臣都说道：“吾皇乃忠孝仁德之君，行为感动天地神明，修道观以敬神，仁德之举啊！”

隆平侯张信出班奏道：“启奏万岁，武当山大顶之上出现五色彩云，景观奇丽，此乃吉祥之兆也，臣已命人将其景绘成彩图，请万岁亲过龙目！”

张信说罢，将彩图呈上，永乐皇帝展开彩图，只见山峰险峻耸立、铜殿隐现于雾霭之中，五色彩云，飘浮其上，使人观之有飘然欲仙之感。永乐皇帝心中大喜，于是出示百官，让他们相互传看。众臣看罢，礼部尚书吕震率群臣致贺：“武当山云成五彩，实乃吉祥之兆，主我大明江山大吉大利，祝陛下心想事成、万事顺心如意，实乃可喜可贺！”

永乐皇帝说道：“武当创建宫观，上资皇考、皇妣之福，下祈福天下生灵，如岁丰人康灾祸不作，此朕素愿。今兹祯应，盖皇考、皇妣之福，而山川效灵所致。隆平侯张信、驸马都尉沐昕、吏部侍郎郭淮，听旨”。

“臣在！”

“朕命你三人全权着手，兴建武当山宫观！”

“臣遵旨！”

张信等领旨之后，征调军匠和民工三十万人，耗费白银一百多万两，历时六年，于永乐十六年十二月竣工。

武当山，又名太和山，位于湖北省均县境内，周围四百公里，素有“八百里武当”之称。主峰天柱峰海拔一千六百一十二米。山势险峻，直插云天，群峰屹立，山猿难攀，飞鹰难渡，苍松翠柏，耸立其间，宫、观、庵、堂掩映于苍松翠柏之间，耸立于悬崖绝壁之上。

武当山有七十二峰、三十六岩、二十四涧、十一洞、十石、九泉等名胜。本是道教的发源地，是道教之神“真武帝君”的道场。

据道家传说，在神农氏末年，古净乐国王的太子越东海来游，天神授给他降魔宝剑，在武当山修炼四十二年后成功，能白日飞升，威震四方，名为“玄武君”。唐代在武当山修建了第一座道观，其后多有兴建。宋代为了避讳，改称为“真武帝君”。真武帝君从此在武当山留下了许多灵迹。

武当山大顶上原来有元朝时铸造的铜殿，永乐皇帝把它拆迁至小莲峰，又重新铸造了三间镏金铜殿，称为“金殿”。在殿中供奉着真武帝君的镏金铜像，披发跣足，形态逼真，惟妙惟肖，栩栩如生。从永乐十一年到永乐十六年，在武当山修建了净乐宫、玉虚宫、紫宵宫、南岩宫、五龙宫、遇真宫、太和宫、复真观、元和观等八宫、二观、三十六庵堂、七十二岩庙，这些地方都供奉着真武大帝的塑像。

为了这些真武大帝的塑像，雕像大师们吃尽了苦头，挖空了心思，绞尽了脑汁。

为了雕塑真武神像，永乐皇帝亲自下诏，天下能工巧匠云集到了京城。永乐皇帝对众工匠们说道："真武本是天神，长相自然英俊，你们一定要塑得逼真才行！"

众工匠一齐说道："陛下放心，我等一定把真武帝君的神像塑好！"

工匠们话虽是如此说，但他们却并没有体察到永乐皇帝的内心用意。再者，他们谁也没见过真武帝君是什么长相，所以只能是凭着自己的主观臆想，把真武帝君塑成一个美男子。有的高大，有的雄壮，有的庄严，有的慈祥，有的正襟而坐，有的仗剑直立，没有一个不是神采奕奕、仪表堂堂的。然而，他们的一切努力都付诸东流，甚至因而获罪。永乐皇帝一个也没有看中，大声呵斥道："真武乃上天神君，岂能塑成这等模样？尔等不动脑子，闭着眼睛胡折腾，岂不是亵渎了神灵？"

永乐皇帝此话一出，那些工匠们可就惨了，有的坐牢，有的充军，有的甚至杀头。这样一来，那些未杀头的也都胆战心惊，不敢妄动，真武帝君神像当然也塑不出，永乐皇帝只得再次下诏书。

有一个姓姬的雕塑大师技艺精湛，名声在外。这一日姬师傅正在家，刚吃过早饭，忽听说圣旨到，全家惊恐万分，乱作一团，万般无奈，只得接旨。

钦差说道："姬神雕接旨！"

姬神雕跪地道："草民接旨，吾皇万岁万岁万万岁！"

钦差宣读道：

奉天承运，皇帝诏曰：朕闻姬神雕技艺非凡，名声在外，旨到之日，速来京塑真武之神像，不得有误。钦此。

姬神雕说道："吾皇万岁万岁万万岁！"

钦差说道："皇帝严命，姬师傅请吧！"

姬神雕说道："钦差大人宽容，让草民把家中安顿一下！"

姬神雕妻子儿女哭作一团，像是一场生离死别。

姬神雕对家人说道："你们不要再啼哭了，是福求不来，是难躲不过，既是皇帝下诏，自然也由不得我，是吉是凶，全凭天意了！"

一家人哭哭啼啼，送姬神雕上了路。时日不久，便到了京城。

听说姬神雕到京，永乐皇帝也费一番神思，前番工匠手艺不高，如何处置都行，而对姬神雕则不可再杀，思考再三，计意已定，便令姬神雕在浴堂中见驾。

永乐皇帝洗好澡，从浴堂中出来，姬神雕跪在浴堂地下，不敢抬头，只是用眼瞟着永乐皇帝的一举一动，思量着永乐皇帝的用意。

"吾皇在上，草民叩见万岁，天下的真武神草民从未见过，让草民塑像，实在太难！"姬神雕满脸愁云地说道。

永乐皇帝有点生气，趿着赤脚说道："太难，有多难？要不难还请你何用？你就不会动动脑子想想？嗯！"

姬神雕看到了永乐皇帝的赤脚，心中一亮，想道："莫非是要照他自己的样子塑像？"于是试探着说道："草民塑像要有个样子，要熟悉他的身材、相貌才行！"

永乐皇帝一听，心中乐了，显出不在意的样子，说道："那就抬起头来！"

姬神雕心中全明白了，胆子也大了，于是抬起头来，把永乐皇帝仔仔细细地看了够，只见永乐皇帝原也是一个长得很标致的人，高高的个儿，圆圆的脸，大大的鼻子，眼睛有些鼓，再加上刚从浴堂内出来，披头散发，打着赤脚，却也别有一番风采。姬神雕将永乐皇帝此时的形象熟记在心，然后又问道："万岁，这真武帝君的像到底如何塑好呢？"永乐皇帝此时并不言语，只是用手轻轻地拍了两下自己的脑袋。

姬神雕忙叩首，说道："草民遵旨！"

永乐皇帝摆手道："快去塑像去吧！"

姬神雕心中有了主意，便依照永乐皇帝的样子，塑造了一座重达两万斤的鎏金铜像。只见真武帝君的雕像高大魁梧，身着便装，打着赤脚，头发披散，高高的鼻子，圆圆的脸膛，神色端庄而慈祥，微鼓的双眼疑神远视，眉宇之间洋溢着一种帝王之气。永乐皇帝一看塑像，心里明白自己的心愿实现了，于是十分满意地说道："甚好！甚合朕意！赏姬神雕白银千两！"

姬神雕连忙跪下谢恩，说道："谢主隆恩！"

永乐皇帝首次北征的胜利使鞑靼的势力削弱了，而瓦剌的势力却增强了，成为明朝在北方的主要威胁。

阿鲁台在永乐八年六月被击败之后，当年十二月便遣使来朝，向明朝进贡马匹。瓦剌见永乐皇帝接受了阿鲁台的纳贡，瓦剌顺宁王马哈木也于永乐九年二月遣使来朝进贡方物。阿鲁台和马哈木都想借助于明朝的力量来制约对方，但永乐皇帝没有进入他们的圈套。永乐皇帝根据阿鲁台势弱，马哈木势强的特点，确立了对阿鲁台友好的政策。

本雅失里在被永乐皇帝击败之后，投奔了瓦剌。永乐十一年，马哈木杀了本雅失里，立同族人答里巴为可汗，大权全部都掌握在马哈木手中。永乐十年五月，马哈木派使者海答儿来朝，说自己的部下多人为自己效力有功，请求赏封，又说瓦剌兵马肃整，请求军器。永乐皇帝对此颇有反感，虽不与之计较，但内心对他已有了警惕。

永乐十一年正月，马哈木又遣使贡马，说归附到甘肃、宁夏的鞑靼人多是他的近人，要求归给他为部属。更使永乐皇帝不能容忍的是，明廷派往的使臣舍里撒答等被马哈木拘留不还。永乐皇帝派宫中海童与使者一同前往，赍敕历数马哈木过错，并说"能悔过谢罪，待尔如初，不然，必兴兵讨罪"，言语之中已露杀机。

与此同时，阿鲁台的使臣把秃等人辞归，永乐皇帝派指挥徐晟与他们同行，并敕谕阿鲁台说道：

把秃来贡马，礼意之勤可嘉。然察尔心，尚未释然，岂非有歉于丘福之事乎？人各为其主，朕于尔何责？尔所处去京师甚迩，如能自来，或遣子来，庶见朕诚意。昔呼韩邪入朝，汉与之高官，突厥阿史那杜尔归唐，亦授显爵。二人皆福及子孙，名光史册。尔聪明特达，岂下古人哉？朕待尔，盖将有过于汉唐之君者。今遣指挥徐晟等谕意，并赐尔及尔母彩币，至可领也。

永乐皇帝的用意是用阿鲁台来对瓦剌进行牵制，以便于全力对付瓦剌。

永乐十一年（1413年）七月，永乐皇帝为了使阿鲁台解除疑虑、更好地牵制瓦剌，决定册封阿鲁台为宁王，让他统率本处军民，并赐了金银等大量物品，同时还封其母为和宁王太夫人，其妻为和宁王夫人，对阿鲁台手下将领也分别授予都督、都指挥、千百户、镇抚等职。马哈木见阿鲁台如此受宠，心怀怨恨，从此不再向明廷朝贡。

十一月间，开平的守将成安侯郭亮遣使来报，说抓到一个瓦剌的间谍，间谍交代“马哈木等兵至饮马河，扬言来袭击阿鲁台”。

如果马哈木打败了阿鲁台，统一了漠北，对明王朝的威胁更大。鉴于如此情况，永乐皇帝决意兴兵讨伐。

永乐十一年底，永乐皇帝已令各地做好了北征的准备。永乐皇帝还下了诏谕，诏谕中说道：

瓦剌残虏既弑其主，又拘杀朝使，侵掠边境，违天虐人，义所当伐，尔等需厉兵秣马，以俟大举，作尔志，奋尔勇，共成大功。

永乐十二年（1414年）三月十三日，永乐皇帝命留守南方的太子祭天地、宗庙、社稷。

十四日早朝，永乐皇帝端坐于宝座之上，群臣朝拜。

“叩见吾皇万岁万岁万万岁！”

“平身！”

“谢万岁！”

永乐皇帝说道：“尔来瓦剌残虏弑主篡位，拘杀朝使，侵犯边境，罪恶多端，朕从天命，作仁除恶，将亲率大军以讨之！”

群臣一齐说道：“吾皇圣明，上从天命，下遂人意，替天罚罪，定能成功！”

永乐皇帝说道：“群臣听旨！”

大臣们一起说道：“吾皇万岁万岁万万岁！”

“安远侯柳升、武安侯郑亨！”

“臣在！”

“朕命你二人率领中军随朕亲征！”

“遵旨！”

“宁阳侯陈懋、丰城侯李彬！”

“臣在！”

“朕命你二人率领左右哨随朕亲征！”

“遵旨！”

“成山侯王通、都督谭清！”

“臣在！”

“朕令你二人率领左右掖军随朕亲征！”

“遵旨！”

“都督刘江、朱荣！”

“臣在！”

“朕命你二人为前锋随朕出征！”

“遵旨！”

“朕之长孙瞻基，聪明英俊，胆略过人，而今要肃清沙漠，朕令其同行，让他亲眼看一看将士的征战之苦！胡广、杨荣、金幼孜！”

“臣在！”

“你们每天在行军打仗之余要对长孙多讲授些经史，不能因作战而偏废了他的学业！”

“臣遵旨！”

永乐皇帝又说道：“尔等应各司其职，各尽其力，各自作准备去吧！退朝！”

“恭送万岁！”

三月十七日，天气晴朗，万里无云，北京城内连响三十六声巨炮，只震得天摇地动，神鬼皆惊。在霞光之中，刘江、朱荣立马持枪率领前锋，在前开路，永乐皇帝及太孙朱瞻基的车驾在中，其后是中军、左掖军、右掖军，依次出城。只见旌旗遮天蔽日，人马无数。五十万大军，浩浩荡荡，踏着荒凉的古道，一路向西北进发。

五月初，大军来到擒胡山，永乐皇帝不禁想到第一次亲征路过此处的情景，于是命礼部尚书吕震去祭这里的山川之神，并对前锋刘江说道：“如遇到敌寇东走，那便是瓦剌的人往阿鲁台那里去的，如遇敌寇向西走，那就是阿鲁台的人到瓦剌那里去的！都不要放过，须全部擒获！”

刘江道："臣谨记万岁敕谕！"

五月七日，刘江遵永乐皇帝之命，渡过饮马河侦察敌人动静。

永乐皇帝率大军于五月二十二日来到通泉泊。这时都督朱荣来报，说发现数千人由西向东进发。

永乐皇帝说道："这数千人一定是瓦剌的人，你可进一步侦察敌人的进军路线！"

朱荣说道："臣遵旨！"

二十七日，都督刘江来报："启奏万岁，臣已查得敌人东行的确切路线！"

永乐皇帝说道："如此甚好，汝可率千余骑急追，朕即率大军赶上，汝与朱荣在前方要相机行事！"

刘江说道："臣遵旨！"

永乐皇帝一贯治军严明，他知道大战在即，于是再一次向将士重申纪律，他在敕谕中说道：

> 今深入虏地，一二日必破虏。临阵之际齐力奋勇，所诛者唯首虏，毋夺财物，毋掠妇女，毋虐老稚，毋杀降俘。违者斩！

前锋刘江遵永乐皇帝之命，率千余骑追赶敌兵，在三峡口与敌兵相遇。刘江一声令下，千余骑兵便向敌军冲去，交战之中，斩敌数十人。

永乐皇帝闻报后，说道："朕估计大股敌兵将很快赶来，你们一定要严加警戒！各营也不可大意，须防胡贼夜间劫营！"

第二日，又俘获了一个瓦剌的间谍，间谍说马哈木离此处仅百余里。于是，永乐皇帝命诸营厉兵秣马，做好充分的准备。

六月七日，明军在忽送忽失温与瓦剌主力相遇，答里巴、马哈木率三万大军来战。他们见明军行阵整齐，旌旗鲜明，未敢贸然进攻。

永乐皇帝令骑兵前去挑战，瓦剌兵便奋勇来战，只听得杀声震天，刀枪叮当，人马翻动，厮杀得十分激烈，双方死伤惨重，明军难占上风。

安远侯柳升见状，忙下令用神机铳轰击敌人。一声令下，百铳齐发，响声震天，火光闪闪，硝烟弥漫，一阵神机铳轰过去，敌阵上便留下一大片尸体。

永乐皇帝率骑兵发起攻击，杀声震天，万箭齐发，刀枪并进。在此强攻之下，敌人才稍稍退却。武安侯郑亨率众追击，郑亨一马当先，正追之下，敌人的一颗流矢正巧射中左肩，险些跌下马来，无奈只得退回。

宁阳侯陈懋等见郑亨中箭，急忙率众攻击敌人右翼，敌人奋起反抗，陈懋只得无功而返。都督朱荣率领神机营上前，用神机铳向敌人发起攻击。在神机铳的猛烈轰击之下，敌人死伤惨重。

丰城侯李彬等攻击敌人左翼，敌人拼死反抗，反而把明军围在了中间，明军左冲右突，始终不得脱身，只得拼死格斗，都督谭清身受重伤，都指挥满都力身伤四处，最后被敌将一刀劈下马来。永乐皇帝见明军损失如此惨重，大呼一声道："冲杀上去！"便拍马向前。

永乐皇帝本来就身材魁梧，正可谓身高马大，再加上现在情绪激昂、怒发冲冠，如同天将一般。将士们见永乐皇帝如此舍命而前，哪一个还不拼死向前？将士们如同猛虎下山一般，所向披靡，锐不可当。呐喊声如同隆隆雷声，震撼着山谷，敌军完全被这巨大的声势震慑住了，马哈木抵挡不住，败下阵来，全军溃散。明军斩王子十多人，斩敌数千众。大军乘胜追击，翻过两座山，马哈木又组织大军迎战，又被击败，明军又追到土剌河，生擒数十人。此时天色已晚，夜幕即将降临，永乐皇帝遂下令收兵。

晚上二鼓时分，永乐皇帝回到帐中，皇太孙入见。

永乐皇帝说道："此番争战，双方伤亡相当，最终还是大明获胜，其因由有三：其一，士气高昂。大战，全凭勇气也，若无生龙活虎之勇气，定不能胜。其二，神机铳大显神威。其三，我军是上承天意，下顺民心，代天伐罪。如今敌人此去不远，夜间尤须提防袭营。明日再追，定可将敌人全歼！"

朱瞻基却说道："天威所加，虏众破胆矣。今既败走，假息无所，宁敢反顾？请不要穷追，宜及时班师。"

永乐皇帝想不到朱瞻基会说出这一番话来，仔细想来，也觉得颇有道理，于是夸道："太孙知兵啊！"

第二日，诸将请战，永乐皇帝说道："敌虏已经是末路贼寇了，何必再远追呢？"于是下令班师。同时，又遣使赴鞑靼，将击败马哈木一事告知阿鲁台。

六月七日，大军发黑山峪。永乐皇帝派人敕谕皇太子，要他以班师诏告天地、宗庙之社稷。"班师诏"写道：

（瓦剌）辜德负恩，背违信义，擅杀其主，执我使臣，侵扰边境，罪恶多端，朕不得已，躬率六师以讨之。贼首答里巴、马哈木夜郎自大，大度智能，压境而来。兵刀才交，如摧枯拉朽。追奔逐北，兽死禽戮，杀其侯王以下数千人，余虏夜遁。出征告捷，用靖边陲，伩我黎庶。故兹昭示，咸使闻知。

永乐皇帝第二次北征击败马哈木，大胜而归。大军于七月二十八日入居庸关，八月一日，安定门外人群浮动，旌旗蔽日，鼓乐喧天，文武百官跪列道旁迎驾，永乐皇帝率大军由安定门进入北京城。次日，永乐皇帝升殿，群臣称贺，殿内外都沉浸在欢庆胜利的热烈气氛之中。

【第十三回】

触逆鳞忠臣反被杀，催圣旨反王再入京

永乐十三年（1415年）春天，在淮安城西的管家湖和淮河鸭陈口一带的老百姓都看到了许多相同的布告，只见布告上写着：

布告

漕运总兵官陈瑄晓谕军民百姓：运河南北漕运，乃国家交通命脉，治国之大政也！朝廷南北漕运，皆因漕运南北不畅，致使每年朝廷耗费巨资，百姓转运饱尝疾苦，而今经实地察看，奏明圣上，决计从淮安西管家湖至淮河鸭陈口，开凿清江浦工程，将管家湖之水导入淮河而后充实运河，使漕运得以顺利进行。故采用以劳代赈之法，凡出工挖河者，均可得粮饷，既利于国，又利于家，愿从速参与，勿失良机。

永乐十三年一月十六日

“这下就好了，国家既开了河，百姓又解了难，这样的好事，何乐而不为！”

“对对对！这样的事，谁都愿意干！”

“走走！回家准备家伙工具，清江浦一开工，咱们就去干！”

百姓们说着、传着，都像遇见了什么喜事儿似的。

从淮安城西的管家湖到淮河上的鸭陈口的二十里之间，形成了一条弯弯曲曲的队伍，百姓们肩挑手提，抬的抬，担的担，凿石的凿石，挖土的挖土，来来往往，络绎不绝。无数的彩旗在风中飘扬，“嘿唷！嘿唷！”的号子声从早晨响到黄昏，从黄昏响到黎明。

陈瑄带着一行人来到工地，民工牛大力与几个民工一齐向陈暄说道：“拜见陈大人，陈大人辛苦！”

陈瑄说道：“百姓们辛苦！”

牛大力说道："为国为百姓造福的事，就是再辛苦也不辛苦！"

原来，宋礼开通会通河和卫河之后，虽然使运河的漕运状况大有改善，但因黄河的改道和淤塞，仍给漕运带来很大威胁，一旦黄河再度改道泛滥，会通河的治理成就就要毁于一旦，所以，宋礼又对黄河河道也进行了治理。就是这样，大运河的漕运仍未畅通，淮南的运河河道仍存在着不少问题。

永乐初年，陈瑄就开始掌管漕运，对整个运河河道十分熟悉。陈瑄通过访问得知，淮安城西管家湖西北，距淮河鸭陈口仅二十里，本是宋乔维岳所开沙河旧渠，与清江口相接，宜凿为河，引湖水通漕。陈瑄经过实地考察之后，便奏明永乐皇帝，开始开凿清江浦。由管家湖导水，到鸭陈口入淮，整个工程于同年五月竣工。

另外，陈瑄在西边又凿一渠，建闸两处，蓄水通漕。又在沛县的干阳湖和济宁的南旺湖筑长堤，在泰州开白塔河通大江，在高邮筑湖堤，在堤内凿渠四十里，用来避风涛之险。从淮安到临清，又依据水势建闸四十七处。经过宋礼和陈瑄的配合，终于解决了运河漕运的问题，整个运河畅通无阻了。

为此，他们还举办了一个隆重的通航仪式。

一支由一千艘运粮船组成的船队在运河中浩浩荡荡地行进着，陈瑄等官员乘坐的巨大的楼船前导引路。楼船上披红挂彩，旌旗招展，鼓乐喧天。每一条船上都是如此，每到一处，两岸都是震天的锣鼓和攒动的人群。看到这些，陈瑄的脸上露出了微微的笑容。

一轮弯弯的月亮斜挂在古老的杭州城的上空，此时已是深夜，人们大都已经进入了梦乡，整个杭州城都是静悄悄的。然而，就在杭州臬台衙门内的一间书房里，却还亮着灯光。灯光下一个人正在看着一张张状纸。虽然已是深夜，此人却睡意全无。最后，从这个人的嘴里迸出一句话："许应先！我要不把你捉拿治罪，还要我这堂堂的按察使有何用？"

此人姓周名新，是明朝著名的廉吏。周新早在洪武年间，以诸生资格被送到太学读书，不久授大理评事走上宦途。他不畏权贵，执法如山，素有"铁面寒心"之称。周新原在云南为官，任按察使，现移官杭州，百姓们都说道："周按察使来到，我们百姓便可得见天日了。"所以上任不久，便收到了许多状纸，而且都是状告京师派往浙江缉事的锦衣卫千户许应先的。

一张状纸上写道：

许应先以寻找"祖母绿"宝石为由，在杭州挖坟破墓，扒屋拆房，肆意搜索，敲诈勒索，逼得商富们倾家荡产……

一张来自余杭县的状纸上写道：

许应先的手下爪牙在乡间大逞淫威，光天化日之下强抢民女，恣意凌辱之后，有的被杀，有的被卖为官妓，整个余杭县百姓白天关门闭户，不敢出门，弄得神鬼皆惊……

西湖边一家富商的状纸上哭诉道：

小女美娘，年方二八，只生得端庄秀丽，许应先见了便要强行提亲，小民不允，许应先便派人将美娘抢入私宅，欲行强暴，只是美娘生性刚烈，手持剪刀反抗，拼死挣扎，被许应先活活掐死。美娘惨死后，许应先令军士剥去她的衣服，赤身裸体抛在钱塘江边，抛尸三天，不许家人收尸……

这些状纸张张泣血，字字含悲，按察使周新只看得烈火中烧、怒发冲冠。周新明知道锦衣卫这班贼子不好对付，但一位清官廉吏的良心和责任感又使得周新要坚决惩治这一恶贼。

恰好前几日许应先送来一个深夜潜入官邸偷盗的人令周新审理，周新决定将计就计，将许应先之流收入法网。

原来，锦衣卫千户许应先，本是锦衣卫指挥使纪刚的亲信爪牙。

纪刚，山东临邑人，此人虽是品行不端，却聪明机智、善解人意，深得永乐皇帝喜欢。永乐皇帝为了推行他的特务统治，恢复了在洪武末年废掉的锦衣卫狱，升任纪刚为都指挥佥事，纪刚因侦探有功，后又升为指挥使。锦衣卫仗着朝廷势力，大搞特务活动，弄得朝野上下人人对锦衣卫惊恐惧怕。

许应先为了到浙江来捞一把钱财，所以才向锦衣卫指挥使讨了一个差来到了浙江。他到了浙江以刺探消息为名，到处为非作歹、横行无忌，浙江的地方官为了保全身家性命，又惧怕锦衣卫，所以都争相贿赂，唯有一人不到，这人便是周新。

许应先认为周新对自己不敬，于是就来一个借刀杀人，诬陷一个人，说他是夜入官邸偷宝，送到臬台衙门，试探一下周新的态度。谁知周新竟恭恭敬敬地收下了犯人，而且第二天就有了审理的消息，周新并邀他到臬台衙门商议定罪事宜。许应先派一名军士到臬台衙门内送信，说一个时辰后到臬台衙门会审，并让周新做好准备。

其时，周新早做好了准备。周新心里明白，这帮恶贼必须一网打尽，若有一个漏网跑掉，自己就有被诬陷下狱的可能。所以，他便在衙门内布好了天罗地网，就等着许应先上门了。

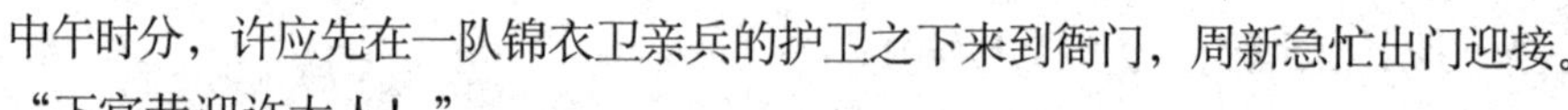
中午时分，许应先在一队锦衣卫亲兵的护卫之下来到衙门，周新急忙出门迎接。

“下官恭迎许大人！”

“岂敢岂敢！本官为了公事，有劳周大人！”

“许大人请！”

“周大人请！”

周新与许应先携手进入臬台府衙大堂。

周新说道：“现在请锦衣卫的亲兵弟兄们先到花厅休息去吧！”

许应先说道：“都是自家弟兄，不必客气，随便他们吧！”

周新见锦衣卫亲兵不离许应先左右，无奈，只得对臬台衙役们说道：“你们且退下吧！”

周新说道：“许大人所送案犯，下官已审问清楚，所以特请许大人来共商如何定罪。”

许应先点头说道：“周臬台果然办事爽快，你依情定罪即可，本官岂能不放心？”

周新应声道：“大人放心，下官定依王法秉公办事！”

“那是当然！那是当然！谁不知道周大人历来是执法如山呀！”许应先也笑着说。

“许大人也是富贵之家出身吧？”

“哪里哪里！许某本是行伍出身，家境并不富裕，仅凭一点武功，才混个千户职位！”

“不知许大人为官多少年了？”

“不多不多，十年而已！”许应先随口答道。

“锦衣卫千户年俸该是不少吧？”周新用仰慕的口气问道。

“哪有什么不少，年俸仅仅就八十石！”

周新慢声说道：“年俸八十石的六品京官，仅居官十年，又非富豪出身，只在浙江一下就失去千金，这许多钱财是从何而来？定是假公济私、强索民财而来！”

周新怒气冲天，大声喝道：“升堂！”

周新话未落音，只听大堂两侧齐声威吓，三班捕头、六房校尉、掌刑军丁、操刀刽子手及站堂护卫，一个个冲将上来，把那二十几个锦衣卫亲兵团团围住。周新疾步走到公案前太师椅上坐下，把一根火签往地下一掷，喝道：“把这些狂徒全都拿下！”众校尉闻令，如饿虎扑食一般将锦衣卫亲兵押了下去！

这一切都那么突然，许应先确实是不曾想到的。虽不曾被吓倒，却也战战兢兢，说道：“周臬台，我，你可是不能拿的！”

“你为何拿不得？”周新厉声问道。

许应先从怀中掏出一道黄缎子写的圣谕来，说道：“我离京之前，纪指挥使亲授我一道万岁的圣谕，各省官员，不经万岁御批不得对我缉拿惩处！”

“这……”

周新做梦也未想到许应先有这一手。周新心中十分清楚，万岁的圣谕是无法违抗的，但若放了许应先，就等于放虎归山。周新心中一静，马上计从心来，于是慢慢说道：“圣谕本是保你秉公行事，不保你行凶作恶，本司当上疏夺了你的圣谕，再行论罪。且将许应先以外的凶徒全部拿下，许应先押回衙门听参，圣旨一到，夺去特恩，再缉拿归案！”周新挥手，便退了堂。

第二天一早，周新接到禀报：“许应先昨夜逃脱！”周新一听，说声“不好”，急忙下令道：“全力缉捕许应先，一定要捉拿归案！”同时急忙进京，状告许应先的诸多罪恶。

周新行到涿州地界，得到禀报，说许应先已被抓获，并押至涿州县衙，周新那颗悬到嗓子眼的心才算放下。

这天，周新一行来到卢沟桥，忽见有十几个旗牌校尉跑过来。为首的一人手持一“令”字蓝旗，与周新走个正对面，见周新身着四品官服，便问道：“哪位是浙江按察使周新？”

周新心中想道，在这荒野古桥，谁会来找我周新呢，于是说道：“下官便是周新！”

那旗校听罢，大声吼道：“周新接旨！”

周新一听说有圣旨下，急忙跪地接旨，那旗校吼道：“奉万岁圣谕，将罪臣周新拿下！”说罢一摆手，后面旗校一拥而上，摘去了周新的纱帽和官衣。

周新说道：“我乃堂堂四品按察使，你们休得无礼！”

那旗校狞笑道：“别说你一个小小的四品按察使，就是内阁辅臣我也拿得！不过我也让你死个明白，锦衣卫指挥使纪大人在万岁面前已经把你参下来了，你胆子不小，竟敢缉捕万岁派出的锦衣卫缉事官千户许应先大人，你强抢万岁圣谕，分明是阴谋不轨，幸亏许大人在涿州被典狱官放出，已在你前头进了京，而今人证俱在，你还有何话说？”

原来锦衣卫爪牙遍布各地，那涿州典狱官见许应先被押进县衙，便使了个眼色，当夜将许应先放出，许应先连夜逃进北京，将情况向纪刚说了一遍。纪刚当即向永乐皇帝奏道：“启奏万岁，臣派往浙江的千户许应先，刚刚查到朱允炆的线索，正待深追，不料浙江按察使周新，却无端将许应先羁押，致使朱允炆逃走。许应先为禀报朱允炆的消息，从杭州逃出，周新又追至涿州二次将许应先缉捕，幸涿州典狱官将许应先放出，不然，许应先必然遇害。锦衣卫查得周新乃洪武旧臣，对朱允炆素有依恋之情，此次周新强夺圣谕，私逮许应先，实为庇护朱允炆，图谋不轨！”

永乐皇帝听纪刚如此一说，不禁大怒，于是立即传旨捉拿罪臣周新。

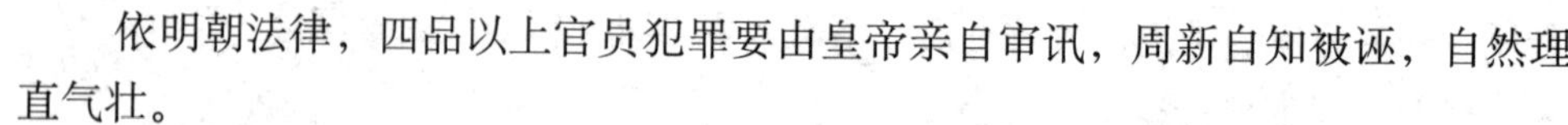

依明朝法律，四品以上官员犯罪要由皇帝亲自审讯，周新自知被诬，自然理直气壮。

兴圣宫内，永乐皇帝未等周新拜毕，便劈头问道：“周新，你强夺圣旨，私自缉拿朕旨派出的锦衣卫缉事官员，坏了朕的大事，朕该不该缉拿你？”

周新忙叩头说道：“锦衣卫千户许应先，矫旨在杭州敲诈勒索，强抢民女，荼毒百姓，民怨沸腾，状纸云集，臣为按察使，为何不能严惩恶吏，解救百姓？”

永乐皇帝怒气冲冲，说道：“锦衣卫缉查要案，自然要搜索，怎能说是敲诈勒索？分明是你妄加其罪！”

周新据理力争，说道：“臣惩办许应先，是以无数百姓的状纸行事，臣与他素无冤仇，为何要加罪于他？”

“这……”永乐皇帝一时无话可答，便大声斥道：“即是许应先有扰民之处，岂是你地方官吏随意缉拿的，为何不上奏朝廷，而是突然捕拿朕亲派的使臣？”

周新仍不让步，说道：“臣记得陛下曾有明论，按察使行事与御察院同，臣奉旨缉拿奸恶，有何不可？”

永乐皇帝见周新如此顶撞，十分恼怒，大声斥道：“放肆！一个小小的四品按察使，如此无法无天，若各省都像你这样，朕的政令如何得行？仅此一条，朕也要治你个反叛之罪！”

周新也是得理不让人，说道：“锦衣卫官员假借万岁名义，行凶作恶，早为天下臣民指斥，若不绳之以法，要大明律何用？恶迹若不及时荡除，锦衣卫使者出京必将变本加厉、肆行无忌，若激起民变，恐怕天下要大乱了！”

句句忠言，落地有声，永乐皇帝的内心也被震动了，但又拉不下脸来，只得低声斥道：“周新，你如此顶撞朕，罪不容诛，但朕念你素有不畏权贵之美名，不加罪于你，你回去细想想，如知罪便上一道谢罪的本章，朕当从轻发落，不然，定要重处！下殿去吧！”

永乐皇帝回宫后，想到周新的忠贞刚正之处，只要周新谢罪，还要他官复原职，不料周新的本章里无一句谢罪的话，反而历数锦衣卫的罪恶，并要求永乐皇帝削减锦衣卫的职权，分明要断皇帝的耳目，永乐皇帝大怒，批下了处斩周新的上谕。

五天后，也就是永乐十四年（1416年）七月十五日，北京城西的牌楼刑场上，人山人海，周新从囚车上下来，整了整衣冠，然后向西北皇城方向恭恭敬敬地叩了三个头，又向南方叩了三个头，说道：“老母在上，儿臣在此尽忠了！”拜罢，仰天长叹道：“天哪！苍天！你回答我，为什么做直臣是这样的难？这是为什么呀！为什么？”然后周新厉声高呼：“周新生为直臣，死为直鬼！”

周新冤死于锦衣卫指挥使纪刚手中，满朝文武都痛恨于心，但屈于锦衣卫的淫威，敢怒而不敢言。多年来，纪刚肆行无忌，作威作福，胆子越来越大，竟多蓄亡命，造刀甲弓弩万计。常言道，多行不义必自毙，也是该纪刚垮台，锦衣卫不知怎的与宦官们闹了矛盾，被宦官福海知道了。一日，福海向永乐皇帝奏道："启奏万岁，锦衣卫指挥使纪刚多年来，多行不义，以不实之词诬陷忠良。靖难功臣薛禄因买一女道士为妾与纪刚顶撞，被纪刚用铁锤打裂头骨而死；都指挥哑失铁木儿因与纪刚不和，路上相遇没有让路，被他寻个借口除掉；廉吏周新因缉捕了纪刚爪牙许应先，而被诬陷致死；万岁下诏选妃，纪刚把最美的女子留为己用。更为甚者，纪刚竟私养亡命，多造刀甲弓弩无数，欲谋不轨。此人罪大恶极，不杀不足以平民愤，不杀不足以正国法，请陛下明察！"

永乐皇帝鉴于对手已除，纪刚与天下结怨甚深，决定治纪刚的罪，下令将纪刚逮捕入狱。永乐皇帝下的诏书是这样写的：

奉天承运，皇帝诏曰：朕遵太祖之制，设锦衣卫以缉捕罪恶，保天下平安。锦衣卫指挥使纪刚却违背圣义，有负皇恩，不遵王法，作威作福，虚词构罪，诬陷忠良，骚扰百姓，作恶多端，私养亡命，多造刀甲弓弩，阴谋不轨。为正朝纲，为树正义，将纪刚等奸恶缉拿归案，以正王法。钦此。

永乐十四年（1416年）七月，纪刚这条作恶多端的恶犬终于被送上了断头台，其党羽庄敬、袁江、王谦、李春、庞英等也都被杀或流放，广大臣民总算出了一口恶气。

三、六、九日早朝，永乐皇帝端坐于宝座之上。大臣朝拜之后，姚广孝出班奏道："启奏万岁，奸恶纪刚作恶多端，造罪天下，陛下圣明，顺从民意，将纪刚正法以谢天下，万众颂扬。臣以为，周新乃一代良吏，难得的直臣，对陛下忠心耿耿，不幸遭纪刚诬陷而死，如今一切大白于天下，周新的沉冤也该昭雪，以显吾皇之圣明！"

永乐皇帝当时本是一时之怒，杀了周新后也觉心中不安，经姚广孝这么一奏本，永乐皇帝也便找到了一个台阶，于是说道："所言极是，朕准奏。"

群臣一齐说道："吾皇圣明，吾皇万岁万岁万万岁！"

永乐皇帝又说道："众卿家听旨，周新为官忠诚清廉，一代直臣。今纪刚伏诛，周新沉冤当雪，着礼部以礼厚葬，善待其遗孤，并立庙塑像，封忠正刚烈侯，四时享祭香火！"

群臣一齐说道："吾皇圣明，吾皇万岁万岁万万岁！"

一个月后，一座忠正刚烈祠建成了。忠正刚烈祠为一个四合小院，正前是一个门楼，门楼上是永乐皇帝亲书"忠正刚烈祠"五字。正后为五间大殿，大殿红墙黄瓦，歇山重檐，雕梁画栋，大殿内供奉着周新的画像，画像为周新坐于公案

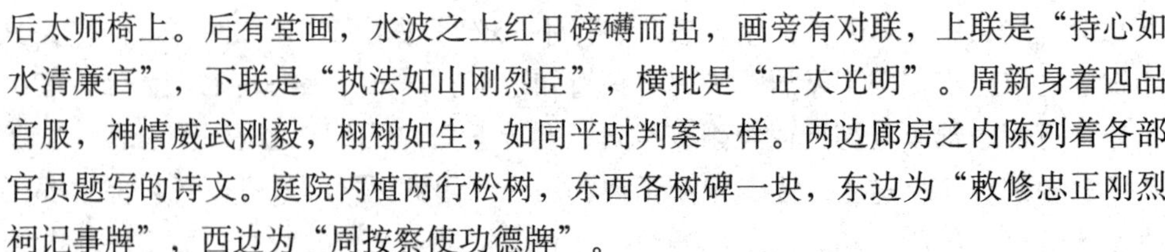

后太师椅上。后有堂画，水波之上红日磅礴而出，画旁有对联，上联是“持心如水清廉官”，下联是“执法如山刚烈臣”，横批是“正大光明”。周新身着四品官服，神情威武刚毅，栩栩如生，如同平时判案一样。两边廊房之内陈列着各部官员题写的诗文。庭院内植两行松树，东西各树碑一块，东边为“敕修忠正刚烈祠记事牌”，西边为“周按察使功德牌”。

忠正刚烈祠建成那天，永乐皇帝亲率百官来祭奠周新。

忠正刚烈祠内红毡铺地，香烟缭绕，在乐声之中，永乐皇帝走进祠堂大门，进入正殿，永乐皇帝焚香祭酒之后，高声朗读祭文：

地之为禾，本有良莠，天之为臣，亦分忠奸。臣之忠也，其心也直，其性也烈，其行也正。心直者，对君言而不讳也；性烈者，遇权强而不屈也；行正者，于利欲而不改其志也。忠正刚烈侯周新，直臣也。

昔者为逆恶纪刚所诬，身陷囹圄，终为直臣，其临刑也，三拜君主，三拜老母，高呼“生为直臣，死为直鬼！”其忠烈惊天地也。朕失此直臣，痛心疾首也。

今恶逆尽除，沉冤昭雪，直臣当含笑于九泉也。而今建祠塑身，四时享祭，已极人臣之荣也，直臣当知之矣！呜呼哀哉，尚飨。

永乐皇帝读罢祭文之后，又拜了三拜，方与群臣一起离开。

周新刚正不阿，执法如山，虽被纪刚诬陷至死，但皇帝亲自致祭，已得殊荣，到此为止，也不算枉做了一场直臣。

在长沙，住着一位深得永乐皇帝恩宠的藩王，他就是谷王朱橞。就是这位谷王朱橞，在当年的靖难之役中与李景隆一起打开了金川门，放燕军进入了南京城，为永乐皇帝的登基助了一臂之力，当然功不可没。

永乐皇帝登基之后，便把谷王改封到长沙，并格外开恩，将长沙城内的商税拨归谷王朱橞使用，同时又赠送了丰厚的物资，其中有乐七奏、卫士三百、黄金三百两、白银三千两、彩帛三百匹、马四匹、金笼鞍辔两副、钞十万锭。不仅如此，永乐皇帝对谷王的要求也是尽量满足，兵部尚书、太子少保茹瑺一案就是其中一例。

兵部尚书、太子少保茹瑺在洪武时代任官十多年，为官清正廉洁，太祖朱元璋称之为“贤人君子”。永乐皇帝登基之后，封他为“忠诚伯”，官拜兵部尚书。后来只因年事已高，永乐皇帝便恩准他还乡养老。茹瑺在返乡途中经过长沙，不知是什么原因，没有去拜见谷王，谷王朱橞便大怒，上奏永乐皇帝，要求治其罪。此事本来就是一件小事，永乐皇帝只要出面处理一下，完全是可以解决的。但是永乐皇帝却对谷王百般迁就，下令将茹瑺下狱治罪。最后，茹瑺在狱中服毒自杀。仅此一点小事，枉杀了一位忠臣。

正因为永乐皇帝的迁就，谷王朱橞便飘飘然了。他居功自傲，目空一切，不再甘心居于封藩之王，他要当皇帝，也要品尝一下坐金銮殿的滋味。于是在长沙，就出现了奇异的现象。

长沙有一个不太大的演兵场，四周被高墙大院包围着，是一个外人所不易知道的地方。不论是白天还是黑夜，这里的兵士们都在操演阵法。

这一日，天才刚刚亮，这演兵场里已是战鼓咚咚，旌旗招展。兵士们在令旗的指挥下，时而东，时而西，时而南，时而北，一会儿是四周旋走，一会儿是四面齐奔中心，转眼间又四面出击，好不热闹。

忽然间，一切静止，兵士们原地跪拜，演兵场上传来一阵雷鸣般的喊声："王爷千岁千千岁！"原来是谷王朱橞在下属们的陪同之下来到了演兵场。朱橞见演兵场操练严整，兵士们个个凶悍强健，心中高兴，于是面带微笑，说道："平身！"

又是一阵雷动："谢千岁！王爷千岁千千岁！"

谷王朱橞又说道："将士们辛苦！"

兵士们又齐说道："王爷辛苦！"

"继续操练！"

"谨遵王命！"

这里，还只是谷王武装力量的一部分。在浏阳河的一个隐蔽的河湾里，又是一番景象。在这里，战舰无数，整整齐齐地排列在水面上，无数的水兵也都在进行着严格的操练。

在一座又一座的库房里，堆满无数的粮草。在兵库房里，盔甲铁衣齐齐整整，堆积如山，刀枪剑戟寒光闪闪，摆放齐整，强弓硬弩、毒矢巨炮无所不有。这一切都在说明，谷王，就是当年的燕王；长沙，便是当年的北平。

几乎是在演兵场上操兵演武的同时，谷王府内也正在进行着一种欺世蒙天的游戏。

在一间静僻的厅堂内，正中放着一张香案。香案上，香烟缭绕，烛光闪闪，香案后面是一个小小的神坛，谷王朱橞在前，都指挥张成、宦官吴智、刘信、都佥张兴及其他重要属员都依次毕恭毕敬地跪着。

神坛之上，一位法师，披头散发，赤脚仗剑，口中念念有词。过了一会，又是一番狂舞猛跳，在人不注意时，从空中甩出一张纸来，众人看时，只见纸上是一幅画，画的是奇峰巍巍，涧水弯弯，五彩云气笼罩峰峦之上，云气山峦之间书"位次十八"四字。

谷王说道："这画上是何意，请大师指点迷津！"

那法师哼哼唧唧，似唱非唱，似说非说，一边打着哈哈，一边说道："山峦之间，涧水弯，谷者谷王也，谷在深山，即言千岁王爷是龙藏深渊，未显功于世人也；云呈五彩，乃龙虎之气也。位次十八，十者，八者，皆一也，十者减一为九，八者加一为九，皆多一少一也。九者，九五也，谶语言千岁少一则不为君多一则为君也！小神恭喜千岁王爷了！”说罢便走下神坛。

谷王说道：“法师有劳了，本王爷设宴款待！”

那法师说道：“多谢王爷千岁！”

酒宴之后，谷王朱橞便与众人商议起兵之事。

谷王朱橞说道：“既然上天昭示，本王乃是真命天子，本王便理当登基面南，而今我们兵甲已足，只是如何起兵取胜，诸位还要为本王出谋献策，本王一旦登基，你等皆是开国功臣！”

众人都说道：“那是当然，那是当然！一切仰仗王爷！”

都指挥说道：“改朝换代，历来是刀兵相见，只要王爷下令，领兵打仗，我张成打前锋！”

吴智说道：“依我看，还不能硬拼，如今朱棣他是一统天下，我们这点兵力，如何能与之硬拼？还须智取！”

“智取？怎么智取？”张成问道。

吴智说道：“用什么智？我还没想出来，我只觉得硬拼是不行！”

宦官刘信说道：“在下倒有个主意，不知王爷以为如何？”

谷王朱橞说道：“什么主意，快快讲来！”

刘信说道：“眼见上元节快到了，每年上元节，朱棣都要观看灯火，那几日守卫也松，何不借上元节之机，图之！”

吴智说道：“对呀，我怎么就没想到。刘公公所说甚好，以在下之见，还要另选武士，让他们练习丝竹管笛之物，到时，以献乐为名图之！”

“妙哉妙哉！吴公公真乃智多星！”谷王朱橞说道，“就这么办，就定在明年上元节观灯之机动手！都指挥张成继续操练兵士，两位公公借向朝廷献灯及帮内府架设花灯之机察看动静，都佥事速去招选武士，令习丝竹之乐！”

众人都说道：“谨遵王命！”

成都蜀王府内，蜀王朱椿在府内闲暇无事，忽有门军来报：“启禀王爷，长沙谷王爷前来拜见！”

蜀王朱椿听说是谷王朱橞来访，自然高兴，于是急忙出门迎接。

“十一皇兄别来无恙！”

“十九皇弟别来无恙！”

“十九皇弟请！”

"十一皇兄请！"

蜀王与谷王携手进了客厅，二人分宾主坐定，此时，蜀王的儿子朱悦爀也来到了客厅，与谷王见了礼。

蜀王说道："十九弟可安好？"

谷王说道："有劳十一皇兄垂念，小弟倒也安好！"

蜀王说道："十九弟远道而来，不知为了何事？"

谷王说道："小弟此来，是与十一皇兄商议大事的！"

"噢？什么大事？"蜀王朱椿问道。

谷王慢慢说道："十一皇兄，说来你别见笑，小弟不久前梦见父皇，父皇对我说道，小弟也是真龙天子，四皇兄在位，不出四重十六之年……"

朱椿说道："什么？十九弟也是天子？天底下难道有两个天子不成？"

朱橞说道："是不能有两个天子，可这是父皇说的呀！他说四皇兄在位不得超过十六年！"

朱椿说道："这么说，你也想去登基面南了？"

"是呀！所以我来请十一皇兄帮忙，助我一臂之力！"朱橞高兴地说道。

蜀王朱椿冷冷地说道："这个忙，我是断然不能帮的，我劝你就别做这个皇帝梦了！"

谷王朱橞又说道："十一皇兄，我是不会亏待你的！"

蜀王生气地说道："休要再提！"

谷王见朱椿不肯帮忙，只得自嘲地说道："十一皇兄，只怪小弟没面子，请不动你，日后皇兄可不要后悔呀！"

朱椿说道："我是从不会后悔的！"

朱橞未达目的，第二日便告辞回了长沙。

在支持与不支持谷王当皇帝的问题上，想不到蜀王朱椿却与他的儿子朱悦爀发生了意见分歧，朱悦爀就要支持朱橞造反，蜀王朱椿就不让朱悦爀支持，结果是蜀王朱椿气得动了家法，要治朱悦爀的罪。想不到朱悦爀凭一时之气，竟跑到长沙谷王府中躲起难来。朱悦爀的到来，又为谷王府那本来就要燃烧的干柴上又加了一把火。

谷王朱橞对府中人说道："你们知此人是谁么？"

张成、吴智、刘信等人都说道："我们不知道。"

谷王朱橞说道："这个人不是别人，他就是我当年打开金川门时放走的建文帝朱允炆，这建文帝一直就藏在我的谷王府中，如今，我们要帮助建文帝恢复帝位！"

都指挥张成说道："原来如此！怪不得，我见此人有一副帝王之相！"

从此之后，谷王府内就如同开了的滚水锅一般，反叛朝廷已经成了公开的秘密，谁也不隐瞒，谷王府内浓浓的战争气氛使得人们神情紧张、惶恐不安。这一场推翻朝廷的战争后果何如？若胜了，也就万事皆休了；若不胜，那永乐皇帝岂能善罢甘休？人们的眼前甚至浮现出自己被开刀问斩、剥皮抽筋的情景。想到这里，有的人沉不住气了，为了保全自己的身家性命，与谷王的反叛活动划清了界限——都佥事张兴就是其中的一个。

也是谷王该着事败，谷王因有一件藩国中的小事要向永乐皇帝禀报，于是派都佥事张兴去到北京面圣。这样正中了张兴的下怀，所以张兴便利用此机会上了北京。

在北京的宫殿里，都佥事张兴拜见了永乐皇帝。

“叩见吾皇万岁万岁万万岁！”

“平身！”

“谢万岁！”

“你从长沙来北京见朕，为何？”

“启奏万岁！臣奉谷王之命来京奏事！”

“所奏何事？”

“这个……臣奏事关谷王的事！”

“关于谷王的什么事？”

“臣素来忠于圣上，不想他日身首异处、连累家人，臣只有叛谷王而奏明圣上了！”

“你奏谷王何事？”

“臣奏谷王谋反叛逆！”

“什么，谋反叛逆？你说谁呢？”

“臣说的就是谷王谋反叛逆！”

“谷王会谋反叛逆？这不会吧？”

“启奏万岁，谋反叛逆的事臣岂敢乱说？那谷王广招兵马、日夜操练。库中粮草无数，刀枪剑戟、毒矢火炮无所不有。浏阳河中私藏战舰无数，招选武士习练丝竹，阴谋借上元节观灯献乐为名图谋圣上！”

“朕对谷王比其他诸王都特别优厚，难道真会有这种事么？”

“臣愿陛下明察，臣所言，如有不实，甘当死罪！”

“你对朕忠心耿耿，朕也不怪罪于你，朕只是觉得朕向来待谷王不薄，他还不至于恩将仇报吧！”

“万岁，臣拿自家几十口人性命担保，臣所言皆为实情，愿圣上明察！”

“好了！朕已经知道了，你就不必说了！下去吧！”

“是！”

张兴见永乐皇帝半信半疑，想到这是关系到自己身家性命的事，不敢怠慢，急忙回南京又将情况报告给太子朱高炽，朱高炽闻奏不敢怠慢，急忙派人密奏永乐皇帝，永乐皇帝仍是认为不可能。

蜀王朱椿发现自己的儿子不见了，一打听，说是跑到长沙谷王那儿去了。蜀王朱椿反复思考，觉得此事应当奏明朝廷，不然，连自己的儿子也会赔了进去！于是铺纸提笔，给永乐皇帝写了一个奏章。朱椿在奏章中写道：

蜀王臣朱椿启奏吾皇，天生天子以统天下，地生群臣以事天子。为君者，当守君道，为臣者，当遵臣节，古今一理也。然十九弟谷王朱橞，却不守臣节、违逆天理，图谋不轨、阴谋反叛。为谋篡之事曾来成都找余策反，被余严厉拒绝，不料犬子朱悦燫却弃家跑入长沙谷王府中。为救十九弟谷王于不义，故将其情密奏，望吾皇圣察其情，早作圣裁！

第二日，蜀王将蜀王府仪宾顾瞻叫到跟前，说道："我这里有一封密奏须呈报朝廷，特烦你到北京走一趟，一定要亲自呈交圣上，不得有误，越快越好！"

顾瞻说道："小人遵命！"

蜀王说道："此事事关国家大事，非同小可，绝对不能误事！"

顾瞻说道："王爷放心！小人绝不误事！"

顾瞻别了蜀王，出了蜀王府，便日夜兼程向北京飞马而来。

永乐皇帝见了蜀王朱椿的密奏，方才相信，并感到了事情的严重，于是便派人以传谕为名到谷王府去观察动静。

谷王正当为起兵之事忙里忙外、操心劳神之时，忽听说是"圣旨到"，不敢有怠，只得前去接旨。

钦差说道："谷王接旨！"

谷王跪在地上说道："臣朱橞接旨！"

奉天承运，皇帝诏曰：朕闻蜀王父子小有不睦，朱悦燫现在谷王府存身，有碍于蜀王父子之睦。父子之间，乃蜀王家事，理应蜀王处之，为叔者不宜参与，谷王应派人将朱悦燫护送归家。钦此。

谷王说道："吾皇万岁万岁万万岁！"

接过圣旨后，谷王对钦差说道："钦差大人难得到长沙一游，可否小息一日，本王一尽地主之谊！"

钦差也顺水推舟，说道："多谢谷王美意，如此，本钦差就打扰谷王了！"

谷王笑道："钦差大人说哪里话！平时，本王请还请不来哩！"

说罢，二人哈哈大笑。

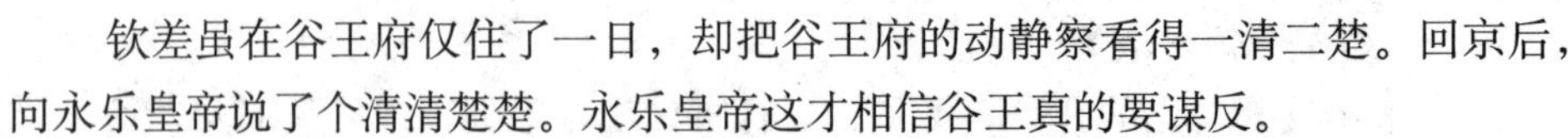

钦差虽在谷王府仅住了一日，却把谷王府的动静察看得一清二楚。回京后，向永乐皇帝说了个清清楚楚。永乐皇帝这才相信谷王真的要谋反。

谷王虽说把朱悦熑送回蜀王府，却并未停止谋反活动。不过五日，又一道圣旨降到了谷王府。

谷王听说圣旨到，还未及出门接旨，钦差已进入谷王府。就在庭院之内，钦差便急忙宣旨。

“谷王朱橞接旨！”

“臣谷王朱橞接旨！吾皇万岁万岁万万岁！”

“奉天承运，皇帝诏曰：朕闻谷王近日贵体有恙，难处藩邦事务，特请谷王火速来京医疾，接旨后即随钦差返京！钦此。”

“谢主隆恩，吾皇万岁万岁万万岁！”

“王命在身，不便久留。谷王千岁，请吧！”

谷王朱橞无奈，只得硬着头皮跟着钦差进了京。谷王府内见阴谋败露，也都无心起兵，各保其身。

在北京的宫殿内，这兄弟二人终于又相见了，自然是谷王先跪了。

“臣谷王朱橞叩见吾皇万岁万岁万万岁！”

“免礼平身！赐座！”

“谢万岁！”

永乐皇帝首先把话扯入了正题。

“朕自登基以来，一直未敢忘十九弟金川门助阵之功，故而对十九弟待遇殊厚，你知道吗？”

“万岁厚遇之恩，臣弟未曾敢忘！”

听谷王如此说话，永乐皇帝把脸一沉，说道：“既未忘朕之厚遇，为何要广招武士、多造刀枪阴谋，反叛于朕？”

谷王朱橞忙跪下说道：“此定乃小人作舌，请万岁圣察！”

永乐皇帝斥道：“朕已查得明明白白，反说小人作舌，难道还要朕把你的刀枪战舰搬来给你看不成？从实招来！”

谷王自知抵赖不掉，只得认罪，说道：“臣弟死罪，臣弟死罪！”

永乐皇帝说道：“既帮朕，为何还要反朕？你的罪行朕待与诸弟议好之后，再作论处，你先闭门思过去吧！”

“谢万岁！”

谷王退出后，永乐皇帝马上写了一道敕谕传给各藩王，永乐皇帝的敕谕写道：

朕自登基以来，风调雨顺，四方和乐，此乃赖天地保佑、祖宗庇护，诸藩王全力拱护之也。朕感激而不曾忘也。然有十九弟谷王朱橞，却不从臣节，暗蓄武士、广招兵马，多造兵甲战舰，阴谋于十五年上元节观灯之际，以献乐为名加害于朕，实令朕心惊胆寒，不想兄弟之间竟仇恨如此。

乱臣贼子，依罪当诛。然谷王，手足也，何以处之，朕将传谕诸藩王兄弟，倾听诸王之见，而后决之。望诸藩王手足骨肉，上表而陈情，切切勿误！

诸藩王自然也明白永乐皇帝的意思，无非是要试探一下他们的态度，或者给他们敲敲警钟而已。

永乐十五年（1417年）正月，周王朱橚、楚王朱桢、蜀王朱椿等上奏，一致斥责谷王朱橞，他们在表中说道：

谷王朱橞，私养兵勇，多造弩箭，广积粮草，违弃祖制，阴接恶党，若为不斩实为天地之所不容，祖宗之所不佑，国法之所不恕！陛下当以罪论之。

到了二月，永乐皇帝经过反复思考，下诏削去谷王王爵，废为庶人，革去他的护卫亲军及长史司等衙门，并不赐其死罪。

永乐皇帝在给谷王的敕谕中，说道：

尔顽狠凶悖，弃灭天伦，造反为逆。赖天地眷佑，宗社之灵，蜀王忠孝，发尔阴谋。罪状显著，诸王群臣诚请各正国法。尚念至亲，曲加宽贷，今削尔王爵，降为庶人，以全余生。朝廷于尔恩甚厚矣，其深省之。

谷王朱橞被废为庶人之后，思前想后，觉得功名利禄皆为物欲，几乎丧了全家性命，人还是无欲无为、幽静自然为好，于是决然出家入寺，落发为僧，取法号为“悟觉”，取大彻大悟、洞悉世尘之意。这悟觉大师从此孤影青灯，诵经念佛，九十寿终。

南京的三月，桃红柳绿，鸟语花香，风景宜人，秦淮河两岸更是热闹繁华。那古老的秦淮河，曲曲弯弯地从南京城中走过，而后缓缓地步入长江。秦淮河里，碧水滔滔，各种各样的大小船只来来往往；白日里桨声吱呀，纤声阵阵；夜晚是灯红酒绿，渔火闪烁；两岸是房舍俨然，楼阁林立，丝竹盈耳，鼓板清脆，歌女的曲儿婉转悠扬，到处是一片繁华热闹景象。然而，就在热闹繁华的帝都之乡，却也不乏几分悲哀。

在这秦淮河里众多的各式船只当中，有一只从乡下来的小板船，这船上一家

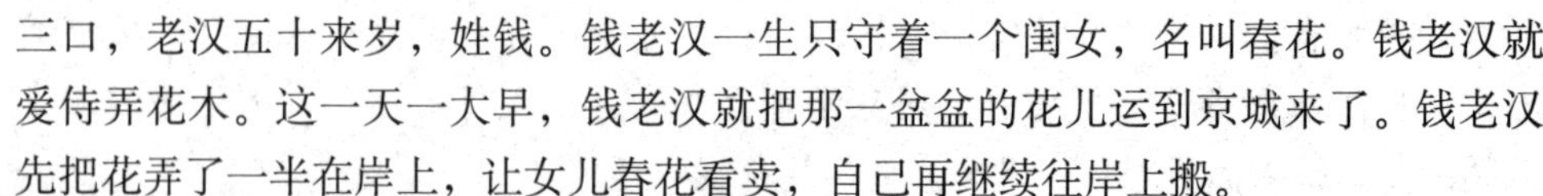

三口，老汉五十来岁，姓钱。钱老汉一生只守着一个闺女，名叫春花。钱老汉就爱侍弄花木。这一天一大早，钱老汉就把那一盆盆的花儿运到京城来了。钱老汉先把花弄了一半在岸上，让女儿春花看卖，自己再继续往岸上搬。

那各色各样的花儿在地上摆了一小片，在清晨霞光的映衬下，正是五彩缤纷，花香扑鼻，再加上钱春花这么一个如花似玉的大姑娘站着卖花，更是格外招人耳目。不一时，就围了一圈儿的人，有买花的，也有看花的，也有讲价的。

“闪开！闪开！让爷也来看看！”

人们回头一看，不禁都让开了路，有的人甚至悄悄地溜走了。

这来的人，便是汉王朱高煦兵营中的几个小军官，整日里在南京城里转，人们都知道，他们是当今皇帝二儿子汉王朱高煦的亲身护卫，谁也惹不起。这为首的姓侯，长得又瘦，人称“猴太岁”。剩下的几个是侯七、侯八，朱虎、朱龙、胡东、胡席。他们一见钱春花长得如花似玉，站在花丛旁边，便一窝蜂地围了上去。

“这花怎么卖的？”侯七先搭茬问道。

“一文钱一盆儿！”钱春花说道。

“不贵不贵！”朱虎用手拍着钱春花的肩膀说道，“不贵不贵！他们不识货，你这花，就是十两银子也值！”说着又用手摸钱春花的脸。

钱春花只羞得脸儿通红，说道：“这里是皇城国都，手脚放干净儿点！”

“皇城国都？啊哈哈……这都是咱们爷儿们的，你们说是不是啊？”胡东对着他们的同伙说道。

“别闹了，这花我侯爷要了！”猴太岁说话了。

“我们是跟她闹着玩的，有你太岁在此，我们就是再馋，可也不敢动这个腥呀！”朱虎说道。

他们将钱春花围在圈儿中间，就像推球一般，只把钱春花推得个头昏脑涨，站立不住，一下子倒在猴太岁怀里，猴太岁便把钱春花抱在怀里，一边亲嘴，一边用手撕她的衣服。那钱春花就如老鹰爪下的小鸡儿一般，再也无力挣扎了，只有任猴太岁随意玩弄。

这时，钱老汉上得岸来，见此情景，满腔悲愤，大声喊道：“天啊！这是造哪辈子的孽呀！”说罢，便向猴太岁扑去，还未到猴太岁身边，早被朱龙飞起一脚，把钱老汉踢得仰面朝天，倒在地上。

钱老汉倒在地上哭道：“我的春花儿……”

猴太岁从春花身上爬起来，说道：“老杂毛，好大的胆子，竟敢来扰老爷的兴致，给我打！”侯七、侯八，朱龙、朱虎、胡东、胡席一阵拳脚，钱老汉早已是魂断气绝、一命呜呼了。

“给我拆了扔到江里喂王八去！”猴太岁狠狠地说道。

这六个恶奴如同杀猪宰羊一样，硬是把钱老汉尸体解成八大块，扔进了秦淮河。

猴太岁指着睡在地上的钱春花说道："赏给你们玩玩吧！"

这六个恶奴喜笑颜开，抖擞精神，排着队儿，依个向着地上的钱春花扑去。其实钱春花也早已带着人间的屈辱，归入渺渺的黄泉。这恶奴们，扒在钱春花的尸体上，仍然尽情地挤压发泄着……

无权的、弱小的、善良的人们围上来了，看着这一家仅剩下的钱老太太那无限的悲伤，只能是陪着流眼泪。

"这是作哪辈子的孽哟！"

"这帮子人早晚不得好死！"

"小老百姓，谁能管得了他们？"

"想不到，天子脚下，竟有如此恶行！"

人们议论着，叹息着……

人们叹息着，议论着……

就在人们叹息议论的时候，从那边又来了一队人马，为首的是一员武将，只见他戴盔披甲，手提宝剑，骑在马上，人高马大，却也威风。此人就是兵马指挥徐野驴。此人虽说名字粗俗，倒却是一个正直好人，一贯抑强扶弱、爱护百姓，见到眼前情景，自然要管。

"闪开！闪开！这是为何？"徐指挥问道。

"徐指挥，可怜哪，这一家三口惨哪！"一个商人模样的人说道。

"到底是怎么回事？快说！"徐指挥说道。

那人慢慢说道："这是乡下来京城卖花的一家花农，那死在地上的女孩子在此卖花，被汉王的几个小军官撞见了，竟对这姑娘动手调戏。那为头儿的叫猴太岁，先奸了那姑娘，他的父亲见状，前去扑救，被这帮恶奴活活打死，后来又解尸八块，扔入秦淮河中。这姑娘被这六个恶奴轮奸而死，还又死后奸尸！指挥可要为百姓做主呀！"那商人模样的人说到伤心处，竟掩面而泣，其他的人也都跟着流泪。

徐野驴听到之后，只气得烈火万丈、怒发冲冠，大声喊道："反了！反了！真是没有王法了！"说来也是冤家路窄，正在徐野驴怒不可遏的时候，猴太岁带着侯七、侯八、朱龙、朱虎、胡东、胡席，也不知是为了什么，还想再回来看看，人们纷纷说道："徐指挥，就是这七个恶贼，指挥大人一定要为民报仇啊！"

这兵马指挥徐野驴本也是南征北战的一员猛将，在战场上杀人如麻，从来不眨一下眼的，对这七个恶贼根本不放在眼里，便向所带领的兵士说道："把这几个贼子给我拿了！"一声令下，众军士一齐上前，将七人捉住，押了过来。

徐野驴骂道："好大的胆子，京都皇城，天子脚下，也竟敢如此作恶多端！"

猴太岁说道："你是何人，竟敢管爷们的闲事？"

徐野驴说道："本人就是兵马指挥徐野驴！怎么样？还不服诛？"

猴太岁说道："徐野驴？快把我们放了，你要敢动我们爷们的一根毫毛，我叫你死无葬身之地！"

徐野驴大怒道："龟儿子，休要嘴硬，我就看现在是谁死无葬身之地！来呀，把这七个狗头都给我砍了！"

军士们对这帮子恶奴早已恨之入骨，听得兵马指挥命令一下，几刀便把七个人头割下。

见徐指挥杀了这七个恶奴，在场的百姓们都拍手叫好、鼓掌称绝。

汉王朱高煦听说此事之后，大怒道："这个野驴大概也是活得腻烦了！"说罢带着几个人，直向秦淮河边而来。

此时，兵马指挥徐野驴并未离开秦淮河，正在让人打捞钱老汉的尸体。徐指挥心中也暗自盘算，自己本是一个兵马指挥，猴太岁那班恶贼虽说作恶多端，但理应由官府审判治罪。自己凭一时之怒杀了七人，若不将证据找出，怎好向朝廷交代？所以在当时，这徐野驴并未走，而是打捞尸体，收集人证、物证。

"徐野驴！你过来！"

兵马指挥徐野驴一见是汉王来了，自要前来拜见。

"下官拜见汉王千岁！"

"你为何要打杀我的护卫军官？"

"回汉王，那几位军官在此奸淫民女、残酷杀人，滋扰百姓，作恶多端，理应惩处！"

"本王若要是不惩处呢？"

"自有王法公论！"

"徐野驴！你知道你是做谁的官么？"

"我是做当今圣上的官，理应为朝廷尽忠！"

汉王笑道："说得好，说得好！为朝廷尽忠！朝廷就是我家的，你知道么？你杀了我的人，我就要你为我的人尽忠！"说罢，用铁挝将徐野驴的头颅打裂，兵马指挥徐野驴当即身亡。这样，一代廉吏竟死于皇家的强权之下。在场百姓敢怒不敢言。从此之后，莫说平头百姓，就是朝中大臣也不敢过问朱高煦的事儿。从此，朱高煦更是为所欲为，肆行无忌。

永乐皇帝在立太子的问题上，思想一直是矛盾的。虽说立了朱高炽为太子，但心中却喜欢朱高煦，早在靖难之役时期，永乐皇帝的这种思想就早有表露，再者朱高煦又多有战功，所以他居功自傲，一直也没有停止夺取太子位的行动。

永乐皇帝即位之后，封朱高煦为汉王，封地在云南。朱高煦心中多有怨气，所以，老是寻找各种借口，不肯就藩，就是赖在南京不走，并且还向永乐皇帝要增加两个护卫的军队。

朱高煦的任性和妄为，让永乐皇帝心中已有不满，而朱高煦本人却不以为然。后来，永乐皇帝又将朱高煦改封为青州，但朱高煦仍以种种借口为由，赖在京师不走。永乐皇帝斥道："既然受封藩国，岂能长居于京师？先前因云南封地路远，不肯前往，现在改封青州，又借故留在京城，前后推辞就藩的理由并非是你的本意。这次受命，不得推辞！"

朱高煦虽口头答应，却并不行动，仍留在京都。这还不算，而且又私选兵勇，广募兵马，竟达七千余人，这支军队不属于兵部，完全成了他个人的护卫。他的这支军队依仗着他的权势，在南京城中胡作非为，尽干一些违法犯科、骚扰百姓的罪恶勾当，其罪行令人发指，一言难尽，上述打死兵马指挥徐野驴的事，就是其中之一。

永乐皇帝从北京回到南京，三、六、九日又是上朝的日子，永乐皇帝端坐在宝座之上，群臣拜见。

"叩见吾皇万岁万岁万万岁！"

"平身！"

"谢万岁！"

"朕亲征漠北，久不在京，现有本尽可奏来！"

兵部尚书方宾出班奏道："启奏万岁，臣有本奏！"

"有本奏来！"

"京城乃天子所居之地，军民安危甚为重要，今兵马指挥尚缺，该由何人顶缺，臣请万岁定夺！"

"京城不是有兵马指挥徐野驴么？怎么缺员了？"

"这个……臣不敢说！"

"怎么不敢说，快快奏来！"

"万岁赦免臣之罪后，臣方敢说！"

"好！朕就免你无罪！"

"那徐野驴是被汉王打死的！"

"被汉王打死的，那是为何？"

"汉王不去藩地，在京城私募军队七千人，又不属兵部管辖，整日在京城东遛西窜，无事生非，其手下士兵在秦淮河强奸民女，打死人命，兵马指挥徐野驴严惩了肇事者，汉王知道后，用铁挝将徐野驴打死！"

永乐皇帝怒道："这还得了！真是无法无天，宣汉王朱高煦进殿！"

汉王朱高煦闻听永乐皇帝召见，不敢怠慢，只得急忙进殿。

"儿臣叩见父皇万岁万岁万万岁！"

"哼！朕来问你，你为何要打死徐野驴？你打死朝廷命官，该当何罪！你私募军队，无事生非、骚扰百姓，又该当何罪？"

"儿臣知罪！"

"来人，将他囚禁在西华门内，废为庶人！"

"遵旨！"

太子朱高炽闻听此事，便向永乐皇帝求情说道："汉王实有过错，然皆其手下所为，还请父皇宽恕！"

永乐皇帝说道："汉王屡作奸犯科，危及社稷，你为什么为他求情？"

太子哭泣道："我们乃同胞弟兄，吾岂敢自处富贵而让其受贫困之苦？猛虎尚且爱子，况父亲呢！"

永乐皇帝想了一下，说道："那就改封他到乐安州去吧！旨到后即日出发，不得延缓！"

这一次朱高煦不敢怠慢，接旨后当日启程，前往乐安州去了。

朱高煦到了乐安州之后，虽然行动上多受限制，但谋取太子位的活动就从来没有停止过。

永乐皇帝驾崩，朱高煦便准备下手，只因条件不成熟而作罢。朱高炽登基仅十个月而驾崩，朱高煦便阴谋乘太子朱瞻基奔丧的途中除掉朱瞻基，再次因为准备不充分而罢手。

朱瞻基登基之后，朱高煦又打着"清君侧"的旗号，要发动争夺皇位的战争。

宣德元年，朱高煦派人到张辅那儿策反，吴国公不但未听从，反而将使臣扣押起来。对于朱高煦的叛乱，朱瞻基认真地听取了大臣们的意见，最后决定亲自率兵征讨。朱瞻基说道："汉王反叛朝廷，是欺朕年少新立，众心未附，认为朕不敢亲征。以朕看来，派遣将领讨伐，只要厚利诱惑，便能瓦解他的属下，现在听说朕率军亲征，早就吓破胆了，还敢再战么？"

朱瞻基亲率大军抵达乐安州城下，朱高煦果然未敢迎战，率众出降。朱瞻基命中官将朱高煦父子押往京师，废为庶人，囚在西安门内。

后来朱高煦惹恼了宣宗朱瞻基，被朱瞻基用铜缸炙死。当然，这一切都是后话，只不过略做一个交代而已。

永乐皇帝在宫中，忽有内侍来报："姚广孝庆寿寺病危！"

永乐皇帝这时也才觉得自己有好长时间未见到姚广孝了，便说道："朕这些时日一直忙于远征，没有去看望于他，朕这便到庆寿寺去看望他！"

姚广孝自与永乐皇帝相见之日起，便鼓励永乐皇帝兴义师、除奸恶。他协助永乐皇帝运筹于帷幄之中，决策于千里之外，胸中自有百万雄兵，败宋忠，战炳文，胜铁铉，大战于齐眉山，决战于灵璧城，跨淮河，屯兵于长江，一举占领南京城，开创了永乐一朝，其功不亚于诸葛、子牙，可谓靖难第一功臣。永乐皇帝奖封靖难功臣，而姚广孝却拒不受封，一不要官，二不要财，三不要色，永乐皇帝无奈，好不容易才让他受了一个僧官之职，加封太子少师。姚广孝栖身于庆寿寺，除上朝之外，终日是佛影青灯，不问外事。无奈年老体弱，偶遇风寒，便一病不起，尽管有众僧照料，却仍是一日不如一日。

"万岁驾到——"

随着一声吆喝，永乐皇帝已经走进了庆寿寺，姚广孝便要起身去迎，永乐皇帝已来到病榻之前。

"臣叩见万岁！"

"少师免礼！"

"朕近时忙于远征，久久未来看望，不想爱卿竟病成这样！"

"多谢万岁垂怜！"

永乐皇帝说道："少师乃朕终身之师，今日于国家大事，还有何教诲？"

姚广孝用手指在永乐皇帝手心上写了"兴利除弊"四个大字。

永乐皇帝说道："朕恭心承教了！"

姚广孝说道："吾皇乃一代圣君，臣略报知遇之恩也！"

永乐皇帝说道："朕有金唾壶一把，就送于少师使用！"

姚广孝摇摇头说道："臣已用不着了！"

永乐皇帝说道："少师还有什么话，尽可说！"

姚广孝说道："僧人溥洽久受枷械之苦，请万岁放了他！"

永乐皇帝说道："朕现就传旨，释放于他，少师多保重，朕即回宫！"

"谢万岁！恕臣不远送！"

说起僧人溥洽，这还要从当初建文帝出逃说起。

当初建文帝从宫中逃出，天黑时来到神乐观，第二日一早，便在杨应能、叶希贤、程济等人护卫之下，在晨雾之中离开神乐观，踏上了南行的旅途。他们君臣四人身着僧装，夜行昼伏，不走大道，专挑荒径，辗转奔波，不觉来到广东珠海，在永定寺，性品大师收留了他们。

一日，性品大师见寺外来了四个和尚，见他们举止有些不似僧人，便出寺门迎了上来。

"大师请了！"

"阿弥陀佛，请问大师从何而来，又往何处去？"

"回大师话，贫僧从北方来，性爱山水，四海为家，贫僧见此处山水甚佳，故而相扰，不知大师肯收留否？"

“阿弥陀佛，都是出家人，老衲能与大师一见，自然也是一种缘分，大师若不嫌弃，但住无妨！”

“阿弥陀佛，如此就多谢了！”

“大师请！”

就这样，他们四人便在永定寺住了下来。

住持性品大师与道衍大师（即姚广孝）本是道友，关系很好。建文帝君臣四人来时，性品大师见他们言行举止多不似僧人，便常常暗中留意察看。一日夜间，性品大师正巡察僧舍，见他们住的僧舍还亮着灯光，便来到窗下，只听室内传出吟咏之声：

春花秋月何时了，往事知多少？
小楼昨夜又东风，故国不堪回首月明中。
雕栏玉砌应犹在，只是朱颜改。
问君能有几多愁？恰似一江春水向东流。

性品只听得屋内又说道：“师兄，人应该凭天知命，随遇而安，我们既已出家，便是常僧，就不要再怀念那皇宫故国了，如若被人听了去，又要惹出许多麻烦！”

“只不过略吐胸中块垒而已！”

性品想道：“出家人四大皆空，为何吟出这亡国之君的伤感之词？”再听他们说话语气，推定此人定是建文帝无疑。

性品大师从《邸抄》上得知道衍大师在北京任太子少师，栖身于庆寿寺，便派一心腹之人北上寻找道衍大师，将建文君臣的事在信中相告。

一日，姚广孝正在庆寿寺内主持佛事，一小和尚说道：“大师，外面有一个远方来的和尚要拜见你！”

“让他进来吧！”

小和尚见了道衍，施礼道：“小僧拜见大师！”

“小师父此来有何贵干？”

“小僧遵性品大师之命前来拜见大师，师父有书信在此！”

“是性品师弟，多日不见了，先用茶！”姚广孝说罢，便展信观看：

道衍大师兄台鉴：

别来无恙，云游一别，无时得会晤，心窃思之。从《邸抄》得知，师兄为太子少师，栖于庆寿寺，心甚慰焉。

今遣徒持书以告，旧主君臣四人近宿我寺，起居亦安，四处流浪，情非所宜，特此实告，谨求示教。

即颂

大安！

性品上永乐三年五月十日

姚广孝观罢书信，并不言语，安排小和尚歇息，说道："小师父明日便可返回！"

小和尚回到永定寺，把道衍大师的信交给了性品大师，性品大师把信展开，只见道衍在信上写道：

性品师弟台鉴：

令徒来京，得见惠书，知汝平安无恙，于心甚慰。

从惠书得知，旧主平安，汝倾意照料，于心甚安，而今京中，朝廷四处查访，三保太监奉旨出洋，取道珠海，其势必危矣，烦师弟妥善处之，一切拜托。

即颂

大安！

道衍拜永乐三年五月十一日

性品大师看罢道衍来书，并不言语，径直来到建文帝君臣住房之内，对建文帝说道："大师，请明告，你可是建文帝？"

建文帝心中一惊，忙掩饰道："大师，此事关系重大，切勿轻言妄语！"

性品说道："陛下不必隐瞒，也不要害怕，贫僧早就知道，不过未点破而已，这是道衍大师给贫僧的信，请陛下过目！"

待建文帝看完了信之后，性品大师说道："贫僧已将陛下在永定寺之事密告道衍，道衍说朝廷正派郑和下西洋去寻找陛下，此地正是他们必经之路，贫僧受道衍大师兄所托，欲把陛下转到隐蔽之所，情势甚急，陛下若信得贫僧，即刻就动身，如若不信，就请自便！"

建文帝心想，他若要害我，早在给道衍报信时就该动手了，何须等到今日，于是哭道："落难人正是逊位的建文，请方丈庇护！"

性品说道："郑和明为出洋，实为查访陛下，若不是道衍早来通信，陛下危险得很！"

建文帝说道："方丈要把朕送到哪里去？"

性品说道："云南十万大山之中，有一个永嘉寺，那里的住持是贫僧的师弟。永嘉寺在群山之中的荒凉之地，外人踪迹不至，陛下若在那里埋名隐居，实

为安全之地。”

建文帝说道：“那就全依靠方丈了！”

于是性品就带了建文君臣四人去了永嘉寺，所以永乐皇帝一直寻查不着，也就不了了之。

因道衍与溥洽也是师兄弟，所以溥洽也略有所闻。

有人从贵州抄来两首诗，其中一首是：

阅罢楞严磬难敲，笑看黄屋寄团瓢。
南来嶂岭千层回，北望天门万里遥。
款段久忘飞凤辇，袈裟新换衮龙袍。
百官此日知何处？唯有群鸦早晚朝。

永乐皇帝细品此诗，又让人拓了真迹，断定是朱允炆所写，又听说和尚溥洽详知此事，永乐皇帝大怒，便把溥洽投进大牢，几番严审也未审出个头绪，便不了了之。溥洽就一直关押在大牢里。

姚广孝此时已是弥留之际，忽从外面走进一名和尚，来到姚广孝床前跪下，大声说道：“师兄，我是溥洽呀！”

姚广孝睁眼看了溥洽一眼，口中说道：“师弟！”便将头一歪，闭上双眼，飘然归仙。

永乐皇帝展开姚广孝生前写的最后一个奏章，只见奏章中写道：

禾有良莠，臣有忠奸。夫忠臣者，盖为江山社稷尽其力竭其智者也。臣自幼从医，以救济天下为己任。后为邪恶所不容，出家为僧，志以佛道化天下，后有幸得遇明主，遂全力以尽犬马也。

臣胸有百万雄兵，运筹于帷幄之中，决策于千里之外，事主举义旗，兴义师，开永乐一朝之宏基也。

臣今危矣，欲再尽犬马而不得，心何痛矣！陛下乃一代明君，臣仅一言相赠，欲我大明昌盛，唯“兴利除弊”耳。

生离死别在即，愿吾皇永康。

永乐皇帝读罢，不禁泪如雨下，辍朝二日，命礼部治丧，并追封姚广孝荣禄大夫、上柱国、荣国公，谥恭靖。赐葬房山县东北，亲制神道碑志其功。

在辽东沿海有一个地方叫望海埚，望海埚有一个小渔村叫滨海屯。滨海屯不大，仅五十户人家。他们祖祖辈辈生活在这里，日出下海，日落而归。每到黄昏，夕阳西下，晚霞满天，炊烟缕缕，点点白帆在霞光中归来。也就在这时，有一艘远方的渔船也来到海边。

这船中有五十余人，为首的叫山本四郎，他们趁村中安静下来的时候，手持日本倭刀，冲进村子，逢人便砍，见东西就抢，见房子便烧。一时间，滨海屯哭声四起，烟火冲天，手无寸铁的善良人们被这场突如其来的灾难惊呆了。

村中有一位江老汉，有三个儿子，分别叫江龙、江虎、江豹，见这帮倭寇如此烧杀抢掠，便要冲出去，江老汉不让他们出去。

“咱们手无寸铁，拿什么跟他们斗？”

“拿命！眼看着乡亲们受难，不能挺身而出，还算什么男子汉！”

“还是先躲一躲吧！”

“对待狼一样的恶人，就要敢于同他们拼，拼死他一个够本，拼死他两个赚一个，怕什么？”

门“嘭”的一声被踢开了，山本四郎带着五六个倭寇冲进了院子。

“财物的，统统拿走！”山本四郎说道。

“给我放下！”一个倭寇见笼子里的小鸟怪好玩，便伸手去拿。这是江老汉最心爱的小东西，所以他便去争夺。

山本四郎一刀砍过去，江老汉倒在血泊中。

江龙、江虎、江豹就像三只受了伤的狮子，大吼一声，向他们扑了过去。

江虎、江豹先后都倒了下去，江龙一脚踢倒一个倭寇，夺了一把刀，对着山本四郎头上便砍，山本四郎一躲，脸被刀尖割了一条长长的口子，逃跑了。

山本四郎一手捂着脸，吼叫道：“杀，统统地杀！”

滨海屯的人一个又一个地倒在血泊中，房子一间又一间地燃烧着。大概是天怒人怨吧，竟落下了一场暴雨来，倭寇们离开了滨海屯，屯中的血水遍地流。

原来，早在元代时，日本倭寇就经常在沿海骚扰。明太祖朱元璋曾一度与日本政府通好，日本政府经常把本国倭寇交给明政府处理。

永乐皇帝即位后，曾派使臣赵居任、随从杨红及僧人道成出访日本。未及出发，日本已派贡使到达宁波，于永乐元年十月到达南京。永乐二年（1404年），日本又派使臣来祝贺朱高炽被册封为太子。永乐趁机敕谕日本国王惩办在沿海骚扰的倭寇。日本政府把三十多个倭寇头目交给明政府惩罚，永乐皇帝把他们又交给了日本使臣。日本使臣在回国途中，在宁波将他们用缸蒸杀。

永乐八年（1410年），由于日本内部中央与地方各诸侯的纷争，对倭寇的约束放松，所以倭寇在沿海的骚乱又猖獗起来。

永乐皇帝接到大臣的奏报之后，大怒，决定要驱除倭寇，于是派刘江任左都

督镇守辽东。刘江镇守辽东具有双重任务，一是抵御北方蒙古势力，一是剿灭来犯的日本倭寇。

一日，刘江带领随员视察地形，来到望海埚，见地势险要，易守难攻，乃是一个战略要地，便与当地百姓询问道："这是什么地方？"

那老者说道："回大人话，此地叫望海埚，当初洪武时，都督耿忠领兵抵御倭寇，就是在这里修筑城堡的！"

刘江经反复考虑之后，便决定在望海埚修建城堡及烽火台，然后上奏永乐皇帝，永乐皇帝准奏。

刘江率领军士，依靠当地百姓，仅几个月的功夫，便将城堡和烽火台建成了。

一日，天气晴朗，万里无云，刘江及当地的军民们都在恭候着一个神圣时刻的到来。辰时，当永乐皇帝的龙辇出现在人们视野中时，人们欢腾了。

"叩见吾皇万岁万岁万万岁！"

"平身！"

"谢万岁！"

在刘江的陪同下，永乐皇帝登上了城堡。永乐皇帝见城堡建造得坚固，很高兴地说道："有了这个城堡，就再不用怕倭寇来了！"

刘江说道："这些都是以工代赈修建的，既建了城堡，又解决了百姓的困难！"

永乐皇帝说道："这个法子好啊！"

永乐皇帝摸着架在城堡上的大炮，问道："这炮能打多远？"

刘江答道："可一直打到海边船只！"永乐皇帝很高兴，拍拍站在大炮旁边的兵士说道："就用这大炮给朕打倭寇！"

"是！万岁！"

永乐皇帝又登上了烽火台，问道："这烽火台的狼烟能看到多远？"

刘江答道："回万岁，可看三十里！"

"你们就准备着打一个大胜仗吧！"

"臣遵旨！"

永乐十七年（1419年）六月的一天，刘江正在府内料理公事。

"禀都督，东南方远处海面上发现位置不动的火光！"

"再继续观察！"

"是！"

刘江想道："此时海船必在航行，怎么会有位置不动的火光呢？既然是火光位置不动，那就说明船是停泊不动的。难道又是海中有倭寇藏匿？"想到这里，刘江觉得很可能是倭寇来犯，便马上将都指挥徐刚、百户江龙找来议事。

刘江说道："哨兵报告，说东南远处海面上有火光，我想可能是倭寇又要来犯！"

徐刚说道："都督所言极是！"

刘江又说道："倭寇此来，必然要夺望海埚，我意现在就要调拨骑兵和步兵去增援望海埚！"

徐刚说道："我现在就去调拨兵马！"

刘江说道："稍等！我们再议一议作战方案！"

徐刚说道："都督不是早就定好了口袋阵么？那就让他们去钻口袋好了！"

江龙说道："那咱们就关起门来打狗！"

这时，屋内传出了他们的笑声。

那火光处，的确是倭寇，两千多名倭寇分乘三十艘大船，为首的头目就是十年前江龙一刀没有砍死的山本四郎。

"明日，三十艘战船先在马雄岛停泊，然后再抢占望海埚的制高点！"

"明白！"

在望海埚城堡上，刘江正监视着海面，努力地想从那薄薄的晨雾中发现出什么。

"海船！倭寇！"百户江龙惊叫道。

"沉住气！"刘江轻声说道。

三十艘海船渐渐由远而近了，一直向马雄岛驶来。

两千多名倭寇一登上岸，便急忙向望海埚奔去。

"徐指挥，伏兵若见军旗竖起，就令将士起兵迎敌，若听炮响，则让将士追击！"刘江说道。

徐刚说道："遵命！"

刘江又说道："江龙！你带兵截断敌人退路，不许放走一人！"

江龙说道："遵命！"

两千名倭寇在山本四郎的指挥下，迅速地向望海埚逼近。山本四郎见望海埚上不见一兵一卒，还以为明军没有防备呢，不由心中高兴。他的眼前，仿佛又浮现出了中国人的金银珠宝、衣物、粮食等。突然，四处的呐喊声打破了山本四郎的幻想，望着四面杀来的明军，山本四郎急忙下令倭寇应战。

江龙伏在一块大石背后，望着一个个正向望海埚山上爬的倭寇，心中不禁又燃起了仇恨的烈火，他的眼前，不禁又浮现出十年前的一幕：滨海屯的上空，烟尘弥漫，火光冲天，一间间房子都在着火，一间间房子在烈火中倒塌。血在流，到处是鲜红的血水，一个个人倒在血泊中，有的人死去了，有的人在血泊中呻吟，有的人在血泊中痛哭。此时，江龙好像又看见了血泊中的父亲，弟弟……

江龙两眼冒火，只把牙咬得嘣嘣响！他往城堡上一看，一面军旗正在树起，

他犹如一只猛虎一般，抡起大刀，向倭寇杀去。

刘江在城堡之上，泰然自若，胸有成竹，见时机已到，便下令：“树旗放炮！”

兵士们听到将令，一齐用力，一声齐吼，便把军旗“呼啦”一声树将起来，就见火光一闪，“嗵！嗵！嗵！”三声炮响，把个山石震得乱动。四处伏兵一起向倭寇杀来。向山下望去，在阳光照射之下，到处是闪动的白光，兵器撞击之声，叮叮当当，当当叮叮，便如同年三十放鞭炮一般，不分点的响。

这一场激战，从早晨一直杀到黄昏，明军越战越勇，越战越强，倭寇节节败退，在明军的层层包围之中，倭寇被杀得死伤无数，尸横遍野。倭寇抵敌不住，山本四郎便指挥倭寇向近处樱桃园的一个荒废的城堡中逃窜。明军紧追不舍，把樱桃园的废城堡围得水泄不通。都指挥徐刚令军士有意在两侧留下一条通道，引诱倭寇出来。

倭寇不知是计，认为有机可乘，便拼死突围。就在倭寇败逃之时，明军又从两面包抄过来，前后夹击，终于把倭寇全部歼灭，斩首千余人，活捉一百多人。

山本四郎带着几个残兵败将逃到了海边，妄图乘船逃走。百户江龙乘机截住，最后只剩下山本四郎。

“你还认识我么？”江龙厉声喝道。

山本四郎这个穷凶极恶的家伙嚎叫一声，举起了手中的大刀。

江龙下令道：“弓箭手！放箭！”

一阵箭雨之后，山本四郎中箭无数，就如同一个大刺猬一样。

大战结束，两千名倭寇无一人漏网。

刘江立即将战况上奏永乐皇帝。

永乐皇帝看罢了刘江的奏章，心中大喜，觉得刘江消灭了倭寇，保障了沿海百姓们的生命安全，使沿海边境得到了安定。再者，大显了大明朝的神威，使日本倭寇再也不敢虎视中国沿海，于是决定对刘江进行嘉奖，降下圣旨：

奉天承运，皇帝诏曰：朕闻望海埚一战，大获全胜，两千名倭寇全部被歼，大长我华夏志气，大灭日本倭寇之威风，保我沿海边境之安宁。功不可没！

此次一战，我军将士，不避刀矢，勇猛杀敌，大显神威，忠勇可嘉。故封刘江为广宁伯，子孙世袭爵位。都指挥徐刚、百户江龙各加官一级，参战将士各赏钱钞锦帛。钦此。

刘江等接到圣旨之后，各自欢喜，急忙叩头谢恩。

广宁伯刘江又杀猪宰羊，奖赏有功军士。所有参战兵士也都各自欢喜。刘江对众将士说道：“万岁皇恩浩荡，我等皆多受皇恩，自当用心尽忠，保我海疆才是！”

众将士一齐说道："我等一定要奋勇杀敌，保我海疆，造福于子孙。"

永乐皇帝降旨嘉奖刘江之后，心中自是欢愉舒畅。一个月后的一天，因徐州沛县的一个偷盗案，又使永乐皇帝十分恼怒，大发龙威。这事还要从徐州的一场大雨说起。

永乐十七年（1419年）六月，一场大雨连续下了两天一夜。雨还未停，大地上早已是一片汪洋，百姓们房舍被水泡塌，庄稼被水淹没，粮食被水冲走，一时间，百姓的身上少衣服，口中少饭食。洪水还未退下，病疫又开始盛行。徐州知府怕饥民因饥饿而暴乱，影响自己的前程，所以不敢隐瞒，只得如实上奏朝廷。

永乐皇帝观罢徐州知府的奏章，心中不安，于是派黄玉清前往徐州灾区察看灾情，赈济百姓。

黄玉清本户部侍郎，此人甚是爱财，只是未得机会，未曾大贪。因此，官声还算不错。黄玉清来到徐州灾荒之地，便按朝廷规定，每户赈银十两。到了灾荒稍轻的地方，黄玉清突发奇想道："这里水灾尚轻，我何不少赈济一些银两？"于是便每户扣了二两。后来又想，扣二两是扣，扣五两也是扣，反正都是扣，再多扣一些，于是每户便扣了七两银子，总共扣了十万零六百三十两银子。就这样，鬼神不知，黄玉清便发了一笔大横财。

沛县城西有一个李家寨，寨中有一人唤作刘三毛子，此人游手好闲，生来爱赌，手脚也不十分干净。这一日，刘三毛子手中无钱，不得赌博，又急得手中发痒，便溜到一家农户之中，看看能否捞几个小钱花花。本来就是灾荒之年，谁家又有闲钱散银？刘三毛子在屋内转了几圈，也未偷得银子，心中想道："我既干了这次活计，岂能空手而回？"刘三毛子见鸡窝中有一只下蛋的母鸡，便自语道："没得银子得只母鸡也不算白来一趟。"刘三毛子刚把母鸡捉到手，不料户主从外回来，正碰了顶面。

"快来抓贼呀！快来抓贼呀！"户主一呼喊，一时便围满了人。

刘三毛子见走不开，便不走了，说道："荒年灾月的，日子没法过了，不就是一只老母鸡么，大不了再给你嗨！又喊叫个什么？"

"这家伙偷人东西，他还有理了，把他送官！"几个年轻后生嚷道。

"见官就见官，反正为了一只老母鸡我也不该死罪！"想不到那刘三毛子比棍儿还要硬，于是拉拉扯扯被推到了沛县县衙。

监察御史周学新奉旨巡察民情吏治，正来到沛县，此时正与沛县县令夏祥谈论民情。这监察御史也是一位清官，执法如山，铁面无私，因十分敬重周新，便更名为周学新。这周学新见门外乱嚷嚷，有人击鼓，便升堂问案。

"下跪何人？"

"小民郑海。"

“小民刘三毛子。”

“所为何事见官？”

“回大老爷，他偷小民的老母鸡，被小民抓获，人赃俱在，他却还强辩！”

“刘三毛子，为何做这种偷盗之事？”

“回大人，小民本也是安分之人，只是这徐州大水灾，荒年灾月的，日子实在过不下去，才不得不出此下策，请大人见谅！”

“大胆刁民，一派胡言，朝廷每户赈银济穷，别人为何不做偷盗之事？”

“大人呀！朝廷的三两赈银该能顶多少事？杯水车薪……”

“什么？你说朝廷赈银是多少？”

“三两！”

“胡说！明明是十两，你为何说三两？”

“大人，这可不是小人胡说！朝廷每户赈银三两是千人万眼见的，大人如若不信，你还可问问他们！”

“各乡邻，朝廷赈银你们说是多少？”

“回大人，每户三两！”

“你们敢具状画押么？”

“小民敢！”

各人具状画押后，周学新又问夏祥，说道：“夏大人，这事到底是为何？”

沛县县令夏祥说道：“此次发放赈银是由朝廷派人发放，下官并不曾参与，看来，百姓们所说的三两是实！”

周学新说道：“此事看来大有文章了！本监察不能不问！”

周学新又四处察访，各县所发赈银数各不同，赈发四两、五两、八两、十两者均有，并令各县具状画押，便写表奏明永乐皇帝。

永乐皇帝闻奏大怒，下令将黄玉清捉拿，投入大牢，令都察院审理定罪。

礼部尚书李至刚见岳父入狱，急忙与夫人黄氏来到黄玉清家，见了岳母，问道：“泰山所占银两何在？”

岳母张氏说道：“仍在府中，未曾动用！”

李至刚想了一想说道：“既是银两未动，速将银两奉还，借探监之机，让岳父说扣下此银为的是留作最吃紧时使用，百姓一时用完，无法度过饥荒！”

都察院审理之时，黄玉清依李至刚之计，如实招认，对所贪十万零六百三十两银子供认不讳，并一再申明，所扣银两只是留作日后急用，本人丝毫未取。不过，都察院依然认定贪占赈灾银两，定成死罪。

都察院右副都御史黄信与李至刚关系密切。一日，他二人在一起闲话，又谈及黄玉清贪占赈灾银两一案。

李至刚说道："黄大人，我泰山一案不知结案没有？"

黄信说道："令泰山一案结案是结案了，以贪占赈灾银两罪论处死刑！"

李至刚说道："关于银两之事，泰山之处置似有不妥，而且所扣银两已如数归还，都察院论罪之时亦当酌情呀！"

黄信说道："看在我与令泰山同宗的分上，我就说了吧！都察院量刑偏重了，依律而论，贪占银两如此之多，当以死罪，而所占银两如数归还，仍论死罪，则失于不当矣！汝可向吾皇求之！"

李至刚说道："多谢黄大人指教！"

黄信说道："指教不敢当！指教不敢当！"

二人相揖而别，李至刚回到府中，与夫人黄氏谈论再三，决定要向永乐皇帝求情，请求从轻发落。

一日，李至刚到宫中求见永乐皇帝。

永乐皇帝说道："爱卿见朕，不知为了何事？"

李至刚说道："臣为黄玉清一案而来！"

永乐皇帝说道："朕知道，为泰山求情？"

李至刚跪下求道："臣知吾皇有好生之德，故而敢来求情。泰山黄玉清对赈灾银两处理不当，实为罪过，依律罪当论死。泰山有言，扣下银两，为备灾民他日急时所用，对此论臣不敢有辩，然所扣银两十万零六百三十两丝毫未动，如数归还，确也是实情，都察院仍论死罪，实是偏重失中，故而臣斗胆求吾皇开恩，从轻发落。"

永乐皇帝说道："都察院以律论罪，偏轻偏重，你作为局外之人，怎么会知道？"

李至刚说道："此右副都御史黄信所言！"

永乐皇帝听后，不觉怒道："卿以为黄信之言是也？非也？"

李至刚说道："是也，非也，臣不敢有论。"

永乐皇帝说道："是非不知，何以为官！下去吧！"

"是！臣告退！"

第二日早朝，群臣山呼万岁之后，永乐皇帝问道："黄玉清贪占赈灾银两一案审理得如何了？"

都察院监察御史周学新出班奏道："启奏万岁，犯臣黄玉清到徐州赈灾之时，克扣赈灾银两十万零六百三十两，人证、物证俱在，其本人亦供认不讳。故而依律论死！"

"朕听说黄家又将所扣银两归还出来，有此事么？"

"启奏万岁，确有此事。"

"为何仍要定为死罪？"

"犯臣私扣银两，当初并未向百姓讲明，也未上奏朝廷，赈灾后直至被告之

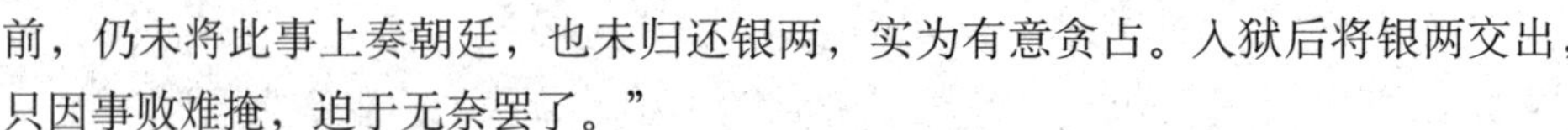

前，仍未将此事上奏朝廷，也未归还银两，实为有意贪占。入狱后将银两交出，只因事败难掩，迫于无奈罢了。”

“以此论罪当否？”

“臣以为论罪恰当，诛其人而不株连其家，则示其献银之功！”

“爱卿所言，朕心甚悦！”

永乐皇帝说罢，又说道：“右副都御史黄信！”

黄信见永乐皇帝如此之说，心中自知不妙。见永乐皇帝又呼喊自己，便连忙跪下道：“臣在！”

“朕来问你，你对李至刚说都察院论罪偏严偏重，又是何道理？”

“这……”黄信害怕，不敢再说话。

“黄信！你将内部机密外泄他人，干扰都察院执法，乱我法度！你知罪么？”

“臣罪该万死！”

永乐皇帝便对群臣说道：“朕面南称孤，君临天下，素以唐太宗为楷模，渴望大明江山重迎贞观之盛事。治国者，必事之以法，有法则国立，无法则国败；执法者，必以严，必以公，不然，则国危也。必以吏治，则必以官吏之执法，不为外人所牵制也。若为外人所牵，执法必不公，不公则不严，不严则法败，法败则国亡。黄信身为执法之吏，泄露执法之机密，诋毁都察院之执法，是毁我吏治，败我法也，罪不能容，处斩。李至刚身为官吏，不辨是非，为罪犯开脱，官降一品，夺俸禄一年。黄玉清，身为赈灾官员，竟贪占赈灾银两，败我法度，致使万千百姓身受饥饿之苦，罪不容赦，依律处斩。诸卿当以此为鉴，谨慎供职，私居不言公事，虽至亲厚不得闻，以此共戒共勉之！”

群臣说道：“臣等谨遵敕谕！”

当日，黄玉清、黄信二人被押赴刑场处斩。当下朝野震惊，官吏无不谨慎供职，致使一时吏治清明，无敢渎职者。

永乐皇帝处置了黄玉清、黄信之后，对徐州灾区的百姓仍放心不下，又派专人下去了解民情，并要求各地方官吏要如实上奏，不要报喜不报忧。对一心浮夸巧取宠幸者，一旦查出，将严惩不贷，并向天下发布诏书，让各级官吏执行。永乐皇帝在诏书中说道：

自古贤君，莫不爱民，君以民为主，民以食为天，丰年如此，灾年犹然，赈济灾民，乃当务之急，万不可使百姓再受饥饿之苦。对无家可归者，地方官府要尽力安置，使其衣食起居有着，凡因灾外流之民，应悉力招揽，使归其家，官府要提供种粮、耕牛，使其恢复生产，不得对流浪之民进行刁难，不得追收其所欠租税、徭役。

使农力于稼穑，勿征赋税；工专于技艺，勿作淫巧；勤于生理，勿为游荡。贫富相睦，邻里相帮，彼此相安相乐，有无穷之福，如得斯民小康，朕之愿也。钦此。

永乐皇帝此诏书一发，天下之臣谁敢不遵？受灾之民拍手相庆。灾区的百姓们再次得到赈济，衣食有着，所以纷纷修房整地，尽力耕种。流浪于外地之民，纷纷返归田园。

有一日，永乐皇帝让徐州知府回报百姓情况，徐州知府许家纯不敢怠慢，急忙写表上奏。许家纯在表中奏道：

天公震怒，苍龙行雨，两天一夜，遍地汪洋。我徐州百姓，身陷洪灾之中，幸吾皇爱民如子，皇恩浩荡，两次赈济，致使我徐州百姓衣食有着，免受饥饿之苦，而今修房整地，尽力耕种，流浪之民纷纷归田，各安其所。百姓众口一词，称颂吾皇之圣德也。

这徐州知府所奏确实是实话实说，一方面是颂扬皇帝之德，一方面也是确实如此。然而，他却忽视了百姓中还存在的实际困难，一个小小的纠纷又差一点使徐州知府许家纯脑袋搬家。

沛县刘家寨有一个老汉刘家璧，不幸中年丧妻，又后续一房李氏。刘老汉前妻留下一女，名唤响莲，李氏待响莲也很疼爱，视同己出。响莲三岁时李氏又生一女，起名为红莲。因有了亲生，李氏待响莲便不如往日。响莲长到十五岁时，红莲也长到十二岁，红莲仗着李氏偏护，便行为骄横，所以这小姐妹俩经常斗气咬嘴，吃苦的只能是响莲。李氏口中不说，心中却老想着除掉响莲。刘老汉心中明知响莲受屈，却又无法说服李氏，也只能将苦水往肚里咽。

这一日，小姐妹俩为着穿鞋子，又闹了起来。小姐妹俩都坐在床边上说话，把鞋放在床下。红莲闹着玩，把响莲的鞋给藏起来了。她们玩了一时，响莲急着要小解，却一时找不到鞋子，便穿着红莲的鞋子出去了。回来时，红莲见自己刚做的花鞋给踩上了鸡屎，便哭闹着要响莲赔。李氏见红莲又哭又闹，便对响莲骂道："这般大的人了，还不知羞，也不知愁，这荒年贱月的，我们弄着给你吃，弄着给你喝，你还作践我们，要你有什么用？早晚我要卖了你！"响莲心中受屈，偷偷地到她娘坟上大哭了一场。

刘老汉从外面回来，李氏便说道："如今这大荒年，家中实在是吃了上顿没有下顿，与其让响莲、红莲跟着咱饿死，还不如卖出去让她们逃个活命去。你看怎样？"

刘老汉明知是要卖响莲，哪里是红莲？只是泪往肚里流，"唉"了一声。

响莲说道："爹！娘！红莲还小，就把我卖了吧！"

刘老汉心中也知道响莲平日的苦处，想到若不是前妻早死，怎会卖亲生女儿？不禁落下泪来。

李氏便将响莲拉上大街，插上草标。

李氏一心想着钱，只顾卖高价。李氏先将响莲卖给一位姓杨的老板，五两银子。价已讲好，杨老板便让伙计回家取银，他自与别人谈生意。一会儿又来了位赵绅士，出十两银子，李氏便接了赵绅士的十两银子。

赵绅士要领人，杨老板说道："这是我买的丫头，你怎么带走？"

赵绅士说道："岂有此理，我十两银子买的，如何说是你买的？"

李氏无法，只得向杨老板退银，杨老板哪里肯要银子！李氏又退赵绅士银子，赵绅士也不要银子，两家各不相让。刘氏也束手无策，最后便吵吵闹闹上了公堂。县府审判，杨、赵两家各有言辞、互不相让，竟一直闹到了刑部，不想此案又不知怎的让永乐皇帝知道了。

永乐皇帝怒道："岂有此理！徐州知府说徐州百姓已安居乐业，为何还有卖女之事？传徐州知府许家纯进京！"

许家纯进京，永乐皇帝斥道："朕诏令汝等要关心百姓疾苦，如实上奏实情，不要只报喜不报忧。你为何只报百姓乐业，不报卖女救穷？你敢抗旨行事？难道就不怕朕砍你的头？"

许家纯叩头道："臣如实上奏，并不敢违旨！"

永乐皇帝说道："卖女救穷，这官司从沛县都打到刑部大堂了，你还强辩？斩！"

刑部尚书蹇义说道："万岁息怒，徐州知府虽上奏欠实，有违圣意，臣另有下情奏明！"

永乐皇帝说道："有何下情相奏？"

蹇义说道："李氏是继母，忌恨前妻之女，卖女救穷是借口，非为灾荒而卖女，实为泄愤而卖女。许知府所奏实多虚少，未敢欺君。望圣上明察！"

经蹇义这样一说，永乐皇帝才消了气，说道："既如此，朕就且免汝过，把此案带回去处置了吧！让李氏善待此女，不得虐待！"

许家纯谢恩道："多谢不杀之罪，吾皇万岁万岁万万岁！"

永乐皇帝一心要"愿斯民小康"，而老天却不帮忙，老是降下灾难。

在靖难之时，山东是主战场之一，历经刀兵之苦，南征北战，人力物力可谓是枯竭净尽。永乐皇帝登基后，大搞工程建设，修北京、造陵墓、治运河，山东又是重要的出资之地，所以百姓的生活一直是艰苦的。人祸且不说，天灾更是接连不断。

这可不是，阳春三月，桃红柳绿，遍地腾翠，老天竟然闹起蝗灾来。

那无数的蝗虫铺天盖地飞来，只见天空昏暗无光，无数的黑点在昏黑的天幕上乱飞，天上、树上、人们的房顶上、门窗上、锅台上、院外的田野里、大路上，到处是蝗虫，根本看不见地面，一个巴掌随便在哪里一拍，都要打死十几只蝗虫！蝗虫所到之处，别说是庄稼，就是所有的野草、树叶儿，全部是一扫而光，细嫩的小树枝儿全都变成了没有绿皮的白条条儿。

百姓们绝望了，他们坐在家里面哭，他们坐在田地边儿上哭，他们的泪早已哭干了。

两个月后，土面下的根根儿又冒出了小叶儿，树枝上又长出了小芽芽儿，田里的庄稼又在人们的心里长出一片绿色的希望……

五、六月里的天，热得人们直往树荫底下钻。可这一天，却又突然冷了下来，天空变得灰黄黄的，一阵一阵的黑云翻卷着，一阵冷风吹来，一阵豆粒大的雨点落过之后，竟下起冰雹儿来。那冰雹小的如蚕豆粒儿，大的像小鸡蛋黄儿，时间不长不短，整整地下了半个时辰，地面上落了厚厚的一层。早晨吃罢早饭时下的，直到吃过午饭后，还没有化完，百姓们一个个都守在田边儿哭。

三个月后，时间已到七月里，竟然在这时候又发大水，大船小船在豆田里、高粱地里来来回回，水中的小鱼儿都围在高粱杆边上吃高粱秆儿。太阳一出，五天不到，满湖里到处是臭气，苍蝇、蚊子到处都是。不到一个月，病倒的老人、儿童、妇女，一个又一个……

蒲台附近有一个小村子叫五里林家，因为全村林姓居多，离蒲台五里，所以叫五里林家，又叫做五里林。这五里林家有一个叫林三的，为人忠厚老实，一心向善，信奉明教。这明教本由摩尼教发展演变而成，吸收佛道教说，自成一家，崇尚光明，认为光明定要战胜邪恶。林三娶妻唐氏，名叫唐赛儿。这唐赛儿自小信佛，天资聪明，自十八岁嫁到林家之后，小两口儿自然也是恩恩爱爱的。可是好景不长，一场人祸又降到她的头上。

只因连年灾荒，天灾人祸接连不断，林三家也同其他百姓们一样度日艰难，缴不起租税。一日，乡间小吏又来逼取租税，林三说道："我家空有四壁，实在难以上交租税！"

小吏说道："我只管收租收税，你家有粮没粮我不管！"

林三道："我家死活你可以不管，可你也不能绝了百姓的生路，办事总要有个中庸之道！"

小吏怒道："你是什么东西，竟来教训我？"

林三见小吏出口不逊，也不由火起，说道："你不就是一个乡间小吏么，不必像虎狼那样凶狠！"

小吏听林三这样说话，大怒道："反了！反了！竟敢辱骂官差！我岂能饶

你！”说罢便拳脚相加，百姓们敢怒不敢言。林三被打得头破血流，遍体鳞伤，小吏才扬长而去。

林三竟从此一病不起，一月之后，便一口气上不来，一命呜呼了。

临终前林三拉着唐赛儿手说道：“这世上恶人当道，百姓难活，你日后要为我报仇啊！”

唐赛儿发誓道：“我不报此仇，誓不为人！”

从此，唐赛儿便自称是“佛母”，开始传授白莲教教义，广收信徒。不久，信徒便遍及蒲台、诸城、安州、莒州、即墨、寿光等州县，达万人之多。

一日，唐赛儿又在讲授白莲教教义，众徒都在静静地听唐赛儿传教。

唐赛儿说道：“我白莲教笃信佛道，崇尚光明，正义定能战胜邪恶。而今世间，邪恶当道，祸害百姓，我白莲教素有为善为仁之心，关心百姓疾苦，力主惩除邪恶。使百姓得以安居乐业，也是我白莲教教徒之天职。故而我广大教徒当行善行仁，凡邪恶作奸者，皆非我白莲教之徒！”

永乐十八年（1420年）二月二十一日，天气晴朗，一大早，在五里林东边的一片空地上就已经聚了上千人，他们都聚集在一个高高的祭台前边。

这座祭台是二十日夜间一夜搭起来的，长五丈，宽四丈，高二丈，祭台后正中央悬挂着一面白莲教的教旗。教旗前面，摆放着香案，香案正中，摆放着岑同的人头，岑同人头的两边摆放着一个猪头和一个羊头，再前两边各点燃十二根蜡烛，中间是一个大香炉，香炉上点燃着香，香炉前面是三大碗酒。香案两边各有四名壮汉持枪而立。祭台前两边各树红白教旗十面，每旗下有二人持枪分立两侧。祭台下面，一百名壮汉持枪环卫而立，祭台两侧悬挂巨幅对联，上联是“崇尚光明”，下联是“除恶安民”。

卯时整，唐赛儿带领明教大小头领登上祭台。唐赛儿在前，对着红白教旗上香、祭酒、拜了三拜。

唐赛儿说道：“圣主在上，弟子唐赛儿率众徒祭拜，只因天下邪恶当道，百姓受难，弟子承遵我明教圣义，决意起事，铲除天下邪恶，为百姓造福，愿天地神灵，圣主庇佑，祝我成功！”说罢又是三拜。

唐赛儿转过脸来，其他小头领分列两旁。

唐赛儿大声说道：“天下白莲教众徒听知，佛母有谕：我白莲教，崇尚光明，坚信光明定能战胜邪恶。而今邪恶当道，百姓遭殃，邪恶不除，百姓永无宁日。当朝皇子汉王，为恶多端，强抢民女，残杀无辜，此等邪恶，天下多矣，远在天边，近在眼前，诸徒皆有亲闻，皆有目睹，不必详述。此等邪恶存世，百姓必受其害。我教宏义，铲除邪恶，安定百姓。我唐赛儿遵承教义，决计举义旗，发义兵，除邪恶安黎民，此心上天可鉴。今日用邪恶岑同之头祭旗，我宣布：兴兵讨恶，圣战开始！”

“兴兵讨恶，圣战开始！”台下是一片欢腾。

过了一会儿，唐赛儿又大声说道：“现在，饮酒盟誓！”

一兵勇一刀将一只公鸡头砍下，将鸡血滴入酒中，众人一齐将酒碗端起。

“明教教徒，遵承教义。”

“铲除邪恶，安定百姓！”

“举兵除恶，一马当先。”

“严守教义，死不背叛！”

“如存二心，天诛地灭。”

众人一饮而尽，把酒碗都摔个粉碎。

唐赛儿说道：“董彦升、宾鸿、刘峻！”

“在！”

“你们带兵先攻下益都卸石棚寨！”

“遵命！”

“出发！”

两千多起义的农民在董彦升、宾鸿、刘峻三人带领下，迅速向益都卸石棚寨奔去。

自永乐皇帝登基已来，十八年之间天下太平，几无战事，各处虽然都有守卫之兵，但如同虚设，谁也没想到会有战事。当起义的农民涌到卸石棚寨，官军还未及列阵，便被义军三下五除二地给拿下了。起义军几乎未伤一卒，便占领了益都卸石棚寨。

唐赛儿的起义军攻占了卸石棚寨之后，声威大震，前来投奔起义军的农民接连不断，接待了一批，又来一批，一批一批地接连而来，农民起义军数量猛增，短短时间之内便达三万余人。

唐赛儿急忙招集董彦升、宾鸿、刘峻等大小头领议论道：“如今义军人数大增，本是好事，却也有几件事必须马上办好。第一，是吃饭之事。卸石棚寨本是山村小寨，这几万人的吃饭所需粮食岂能供给得足？所以，你们三人要各自想办法，打开官仓，向当地富商老财征集粮食，除保证自己需用之外，还要救济灾民，按户配粮，不得偏私。第二，我们四人不能再守在一起了，而今人数大增，我们可以卸石棚寨为大本营，设立四个营地，我在卸石棚寨大本营，你们三个另择营地，须各自操练人马，用老兵带新兵，及时安排新兵，演练阵法。第三，随着当前我义军声威大震，官军未及行事之际，要快速地扩大地盘范围，不然，义军将无食、不战而自败。你等要多动脑子，想办法，要互相联络，协同作战！你们明白么？”

董彦升等人一齐说道：“谨遵佛母之命！”

唐赛儿坐镇卸石棚寨，指挥四路大军四处进攻。起义军所到之处，老百姓无不闻风而动，积极响应，所以时间不长，起义军便攻占了益都、诸城、即墨、莒州、寿光、蒲台等地，声势浩大，一时间声威大震。

唐赛儿军威大震，对此，青州兵马指挥使高凤担心事情闹大，自己受到朝廷责备，于是没有上报，自己带着大批人马前去，意图剿灭唐赛儿。高凤自恃兵强马壮，根本没把义军放在眼里，谁知道却被打得落花流水，几乎全军覆没，他自己也命殒黄泉。

官军益都战败，青州兵马指挥使高凤被杀，这消息如同一门巨型火炮，只轰得山东诸地的大小官员及豪门乡绅们惊恐不已。纸里是包不住火的，山东的地方官对于唐赛儿起义造反的事再也瞒不住，所以纷纷写表上奏朝廷，对于唐赛儿的神兵鬼将更是渲染得神乎其神。

永乐十八年（1420年）三月，三、六、九正是上朝之日，永乐皇帝端坐于宝座之上。

"叩见吾皇万岁万岁万万岁！"

"平身！"

"谢万岁！"

"有事早奏，无事退朝！"

只见兵部尚书方宾出班奏道："启奏万岁，臣有本奏！"

永乐皇帝说道："方爱卿，你有何本奏？"

"启奏万岁！山东沂州卫呈上表章，说青蒲台有农民暴乱，匪首为一女子，名叫唐赛儿，此伙暴民攻城掠县，已攻占益都、诸城、即墨、莒城、寿光等州县，青州兵马指挥高凤率两万官军剿灭，全军覆没，高凤本人也战败身亡！"

永乐皇帝听了，半晌不语，然后问道："唐赛儿所率暴民有多少？"

方宾说道："表章上说有一千多人。"

永乐皇帝心中不悦，反问道："堂堂两万官兵竟然战不过一千多个暴民，还叫什么官军？岂非笑话！"

方宾小声说道："万岁有所不知，那唐赛儿乃是一名妖妇，精通法术，能剪纸成兵，高凤的官兵就是被她的纸人儿打败的！"

永乐皇帝说道："竟有此事？"

方宾说道："臣手中除沂州卫的表章外，还有青州、益都及当地的富豪乡绅们的表章，均言此事，所说也是大同小异，以臣看来，此言不虚！"

永乐皇帝又过了半晌，方才说道："此事非同小可，一则是朕未能尽得人心，一则是山东乃心腹之地，国之资用多出于此，山东不平，朕寝食岂能得安！”

方宾说道：“看来只得由圣上遣人安抚了！”

永乐皇帝又想了一时，而后说道：“安远侯柳升、都指挥佥事刘忠！”

“臣在！”

“朕命你二人为总兵官、副总兵官亲率守卫北京的京营，日夜兼程，奔赴山东，平息此乱！”

“臣遵旨！”

“两位爱卿，山东暴民虽少，但不可疏忽大意，要务必全胜，前高凤轻进致败，不可不戒！”

“臣谨遵圣谕！”

永乐皇帝又说道：“那唐赛儿既会妖术，定要先破了她的妖术，而后方可交战！”

“臣遵旨！”

安远侯、总兵官柳升率领大军向山东赶来。其实，这柳升本是个只知饮酒作乐的武夫，对于平息唐赛儿的叛乱并不是很热心，所以他一路上逢山观山、遇水玩水，每天一日三顿酒，行军并不急迫。总兵官尚且如此，下边将士谁个又想急着行军呢？所以半个多月，方才来到山东。一到山东，柳升便上奏永乐皇帝，说谨遵圣谕，已破了妖法，且首战告捷。永乐皇帝闻奏很高兴，又传旨嘉奖，所以柳升更不把战事放在心上，只是日夜饮酒作乐。

山东左参政段民见柳升迟迟不肯用兵，心想：民乱不除，这烂疮还是长在自家身上，还是借着朝廷之力早日除去的好，于是与其他地方官一商议，决定带着礼物来请柳升出兵。

段民一到军中大营，便说道：“下官知总兵官路途辛苦，因公务缠身，未及拜见，还望恕罪！”

柳升说道：“段大人何必多礼！本官奉旨平乱，本分内之责，何劳段大人破费！”

段民趁机说道：“见笑见笑！实在不成敬意！只因当地百姓饱受战乱之苦，因而都期盼柳总兵大人能早来解乡民于倒悬，故委托下官备薄礼前来拜见总兵官大人，略表百姓之心意！”

柳升说道：“段大人过谦了，大人之心柳某领了，柳某近即发兵，平定民乱，使百姓早得乐业！”

段民说道：“如此，就多谢总兵官大人！”

柳升终于决定向卸石棚寨进军了。在未向卸石棚寨发起进攻之前，柳升首先派兵包围了两个村子。

村里的百姓们问道：“朝廷不是让你们来平定唐赛儿的吗？为什么包围了我

们的村子？”

柳升说道：“你们村子也有人参加了唐赛儿的叛军，万岁不降罪于你们，给你们一个戴罪立功的机会，这也是朝廷给你村的恩典！”

“如何戴罪立功？”

柳升说道：“那唐赛儿本是一个妖妇，要平定叛乱，必先破了她的妖法！这破妖法的方法，就是用猪、狗、羊血及孕妇的胎血泼洒过去。”

村民们一听，纷纷嚷道：“这不是拿百姓的命摆弄着玩么？唐赛儿作乱也没有乱杀百姓，你们还不如叛乱的唐赛儿！”

柳升听了大怒道：“大胆！这破妖术之法乃是万岁当面口谕于臣，让你们戴罪立功，乃是朝廷的旨意，你们敢抗旨么？抗旨者格杀勿论！”

一时间，猪、狗、羊被赶了一大片，更可怜的是那些怀孕妇女，兵士们见着就绑，逢着就抓。一时间哭爹喊娘、呼妻唤夫，村中一片混乱。手无寸铁的百姓们只有眼睁睁地看着亲人被抓走。被抓走的孕妇们个个哭得死去活来。

“动手取血！”柳升阴险残忍地下达了命令。一时间，宁静和平的村庄成了屠宰场。

猪叫、羊叫、狗叫……

老人哭、孩子哭、妇女哭……

丈夫哭、妻子哭、儿女哭……

妇女一个一个地倒下了……

孕妇的肚子一个一个地切开了……

未出世的婴儿一个一个地从娘肚子里给掏了出来……

猪尸体、羊尸体、狗尸体、人尸体，堆积在一片……

柳升做下的暴行，让人神震怒！

柳升在百姓心中点燃的怒火，直冲云天！

四月二十五日，柳升用五个京营包围了卸石棚寨，又把猪、狗、羊、人的血污将卸石棚寨给围了一周。而后又派指挥吴亮进入寨中去诱降。

吴亮进了卸石棚寨，见了唐赛儿，首先说道：“本官早闻唐将军大名，只是无缘相见，今日一见，唐将军真不愧是巾帼英雄。来，且受下官一拜！”

唐赛儿忙说道：“民妇不敢！自古以来都是民拜官，哪有官拜民的道理！”

吴亮说道：“话虽是这么说，可你林夫人就不是这样了，像你这样的巾帼英雄，连当今万岁都要高看一眼，下官岂能对林夫人不敬？”

唐赛儿平静地说道：“这样说来，吴大人此来当是有使命了？”

吴亮伸出大拇指赞道：“林夫人真是聪明非常！不错，本官是奉万岁之命，来与林夫人商讨招降之事的！”

唐赛儿说道：“不知吴大人带多少官军来招降？”

吴亮说道：“既来招降，带官军来何用？本官是不带一兵一卒！”

唐赛儿问道：“我要是不同意归降呢？”

吴亮说道：“我劝林夫人还是归降了吧！要不然，你那一点人马如何能经得起官军的平踏！”

唐赛儿说道：“吴大人方才说未带一兵一卒，怎么又有官兵要平踏我的人马呢？”

“这个……”吴亮忙改口，“我是说林夫人不同意招降，朝廷必然要派官军来剿！”

唐赛儿心中想道：“狐狸尾巴到底露了出来！你就是不说，我也知道官兵已临城下！”想到这里，说道：“吴大人说得对，我的人马是不是官军的对手，那就要请吴大人多多关照了！”

吴亮以为劝降有门，高兴地说道：“既然林夫人有归降之意，一切都好说，一切都好说！待我回报总兵官之后，再商议下一步办法。本官告辞！”

唐赛儿说道：“恭送吴大人！”

吴亮刚走出卸石棚寨，刘峻便大叫道：“佛母，那盟誓是怎么说的？刚见官军的面，就要投降？”

唐赛儿微微一笑，说道：“投降？我不会！你就等着看好戏吧！”

“耿童儿将军！”

“在！”

唐赛儿把耿童儿叫到跟前，说道：“前来听计！”于是就对耿童儿细声而谈，直说得耿童儿眉开眼笑，连连说道：“好计好计！佛母果真不愧智勇双全！”

唐赛儿说道：“快去行事去吧！”

耿童儿说道：“遵命！”

在总兵官柳升的大帐里，站着十来个义军兵士，为首的便是耿童儿。

“尔等无知小民，随那唐赛儿妖妇聚众造反，自蹈死地，本当严办，念你等尚能自觉归降，本总兵官也就不再治你们叛乱之罪，可将寨内情景从实说来！”柳升训令道。

耿童儿说道：“大人息怒，小的几个闻知官军来讨，自知那妖妇必败，为保全身家性命，故而弃暗投明，感谢大人不罪之恩！”说罢又跪下叩头。

柳升说道：“这都别说，先说寨内情形！”

耿童儿说道：“大人，实不相瞒，寨内如今是缺粮缺水，所以寨内人心不稳，为了团结人心，那唐赛儿决定由东门突围寻水，以求生路！”

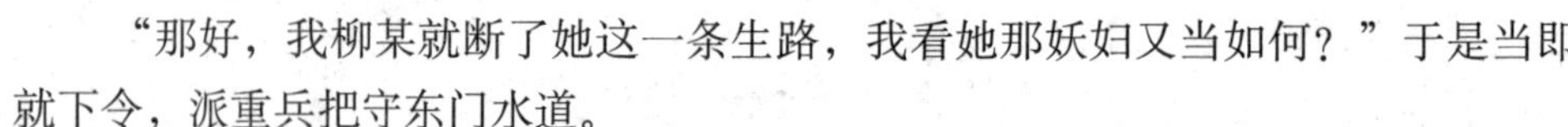

“那好，我柳某就断了她这一条生路，我看她那妖妇又当如何？”于是当即就下令，派重兵把守东门水道。

耿童儿又说道：“大人，卸石棚寨我们是回不去了，还请大人收留！”

“不！你等还要再回卸石棚寨！”

“小的们不敢！”

“尔等既已归降，就是官兵了，就要听我将令！我每人赏你们银子一两，你们回寨内要做内应，里应外合，踏平山寨，凡能献唐赛儿人头者，赏银万两！”

“多谢总兵官大人，我们都回去做内应！”耿童儿说罢，带领十多个兵士又回到了营寨。

唐赛儿说道：“我不是让你们留在官兵营内的么？怎么又回来了？”

“柳升每人赏了一两银子，让我们回寨做内应，我们不得不回来！”

唐赛儿说道：“你们如今倒是挺吃香呀！你们可是两头做内应啊！就不知你们的心长在哪里？”

耿童笑道：“佛母，再告诉你一个好消息！”

“什么好消息？”

“你的头价值一万两银子！”

“什么意思？”

“柳升跟我们说的，谁要能献上你的首级，赏银一万两！”

“噢，那你们就把我的头献给他吧！”

“我们要把柳升的头献给你！”

“你把柳升的头献给我，我只赏你一两银子！”说罢笑了起来。

耿童儿止住了笑，说道：“佛母！下一步怎么办？”

“怎么办？就这么办！”唐赛儿用手做了一个冲的动作，在场的人都笑了。

半夜时分，卸石棚寨火把齐明，喊杀声伴随着不时向外射出的箭，不时间还夹杂着震耳的炮声。

柳升对众将说道：“叛贼要突围求水了，快快封锁，一个也不要让他们跑掉！”

官兵将士们一听，更加没命地去封锁道路，寨中的义军便也借故不往外冲，只是在寨内虚张声势，摇旗呐喊，擂鼓助阵。双方一直相持到天亮。

就在东门呐喊鼓噪之时，唐赛儿命人打开官军守卫薄弱的北门，趁机突围了出来。

天明时，柳升发现中计，十分恼怒，马上下令追击。就在这时，都指挥刘忠也带领一支官军赶来，前后夹击，把唐赛儿的这支义军围在中间，展开了一场激战。唐赛儿与刘峻被柳升和刘忠围在中心。唐赛儿手使双剑，柳升手使一把长柄大刀，两人战在一起。柳升力大无穷，那一把大刀刀刀带劲，专砍要害之处。

唐赛儿两把宝剑，轻捷如飞燕，寒光闪闪，剑剑都要置柳升于死地。两人越战越勇，直战到五十个回合，也不分高低胜负。

刘峻和刘忠两个人也杀到了一起。刘忠使枪，刘峻使斧。那一杆枪足有八十斤重，被刘忠抡得如同风车儿一般，呼呼生风。刘峻那把长斧，如同小磨盘子一般大小，一斧砍去，鬼神皆惊。他二人战在一起，可谓是棋逢对手，将遇良才。他二人战了四十余个回合，突然远处飞来一支冷箭，正射中刘峻的那匹战马的鼻梁之上，那马疼得一个直立。刘峻一个冷不防，被摔下马来，刘忠一枪刺将过来，正中刘峻前胸。

刘忠刺死刘峻，便与柳升合在了一处。他二人各持一把刀一杆枪把唐赛儿围在中心。虽说唐赛儿是巾帼英雄，勇猛异常，但力敌二将也就难了，再加上整日厮杀，便渐渐地败下阵来，被柳升和刘忠一把大刀和一把大斧压在了地下，动弹不得。

柳升厉声喝道："唐赛儿！现在还不束手就擒，还要等到何时？"

唐赛儿冷冷地说道："我唐赛儿大事不成，本是天数所定，岂是你二人之功？不过，两兵交战，我既已败在你手下，我也就给你一个面子，把我捆上到京城领赏去吧！"

柳升说道："唐赛儿，还算你聪明，那就束手就擒吧！"

唐赛儿说道："那就请吧！"

柳升、刘忠生擒唐赛儿，平叛大获全胜，奏表飞报朝廷。永乐皇帝闻奏，做出了一个出乎群臣意料之外的决定。群臣们认为，平叛大胜，万岁应当是龙颜大喜，可是永乐皇帝心中并不高兴，而是思虑重重。对于叛乱之事，永乐皇帝一定要从严处置，来一个斩草除根，可是永乐皇帝并没有大开杀戒，而是下了一个大家料想不到的诏书：

奉天承运，皇帝诏曰：山东青州之民在妖妇唐赛儿带领下，啸聚山林，暴乱为叛，罪不容赦。但朕生性仁义，爱民如子，朕念斯民久经贫困，事出有因，虽犯死罪，但朕之好生之心，不忍斯民受刑法而身首异处。故除将唐赛儿等十四名首犯就地正法之外，其余从叛之民均不杀害，让其编入戍守安南之军中，令其戴罪立功。钦此！

永乐皇帝此诏书一下，大出于群臣所料，但他们很快也就领会了永乐皇帝的用意。于是，一齐说道："吾皇乃仁义之君，爱民如子，宽容大度，非平俗之人所能为！"

山东左参政奉旨在青州设下了刑场。那刑场就设在了青州北校场，刑场四

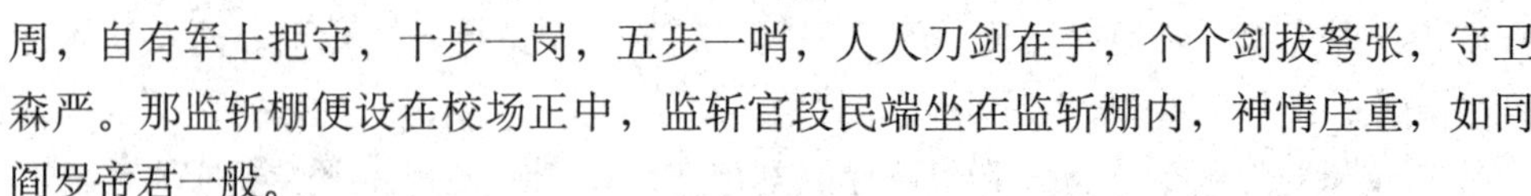

周，自有军士把守，十步一岗，五步一哨，人人刀剑在手，个个剑拔弩张，守卫森严。那监斩棚便设在校场正中，监斩官段民端坐在监斩棚内，神情庄重，如同阎罗帝君一般。

时辰一到，段民一声令下，人犯带到，各自跪下，独有唐赛儿不跪，四个武士用力也按她不下。段民见状，问道："唐赛儿，这本是王法所定。你既犯死罪，为何不跪？"

唐赛儿说道："我今虽死，是死而无罪！我还有两件事未了，故而不跪！"

段民问道："有哪两件事未了？"

唐赛儿说道："这十四位义军首领为白莲教而死，我身为佛母，当为他们做一次祈祷佛事，我还要到我夫林三坟上看一看，最后再祭一祭我那被乡吏逼死的亡夫！"

段民无奈，只得将唐赛儿又关入牢中，派人飞报朝廷。

永乐皇帝闻报，又传下密旨，用火将唐赛儿烧死，如火烧不死，便放在油锅里将她炸死。

在青州大牢院内，一个特殊的刑场正在布置着。东边，是堆积如山的木柴，点燃的火把天空都映得通红，西边，是一个大油锅，油被烧得翻滚。

段民一声令下："带人犯唐赛儿！"

"是！"狱卒们齐声答应。

不一时，又是一个令段民震惊的消息：唐赛儿不见了！

段民急忙到牢房中一看，只见门窗锁管未动，枷锁脚镣自行脱落，人竟遁去。

五日之后，早朝，群臣山呼跪拜已毕。兵部尚书方宾出班启奏。

"启奏万岁！臣有本奏！"

"不知方爱卿所奏何事？"

"山东左参政段民有表章送达，请万岁过目！"

"呈上来！"

"是！"

永乐皇帝将段民的奏章展开，只见表中写道：

臣尊圣谕，已将乱民首领等十四人就地正法，唯唐赛儿未得正法。臣开始行刑之前，唐赛儿立而不跪，臣问为何不跪，彼言要办两件未了之事，一是为其被逮之首领祈祷佛事，二是要到亡夫坟前祭夫。臣怒令掌嘴，武士打她不着，臣却嘴部疼痛难忍，随后唐赛儿转眼间不见。约半个时辰之后，又自绑立于刑场之上。行刑之时，刽子手刃卷刀裂，唐头颈竟丝毫无损，更换十个刽子手亦然。

唐赛儿在狱中监禁，枷锁自行脱落，门窗未开，人竟遁去，妖法厉害无比，非人力所能制服。故而上达天听，恭候圣断。

永乐皇帝读罢了段民的奏章，过了半晌，慢慢说道："唐赛儿，异神吧，朕不曾识之，于今无奈何！"

后来，又听说唐赛儿落发出了家，永乐皇帝又两次下诏，把山东、北京等地出家的尼姑全部捉到北京严加拷问，并杀害了许多无辜的尼姑，也没有查到唐赛儿的下落。最后，永乐皇帝也只得不了了之。

永乐皇帝要修建北京城，任命泰宁侯陈珪全面主持整个北京城的营建工程。整个北京城宫殿的格局完全依据南京宫殿的格局，永乐皇帝不敢有违太祖朱元璋制定的格局。实际上，北京的宫殿要比南京的宫殿华丽气派得多。整个北京城的建设分成两步。第一步是准备建筑材料。早在永乐六年，便派出大臣四处采运木料。永乐皇帝派工部尚书宋礼前往四川、吏部右侍郎师逵前往湖广、户部左侍郎古朴前往江西、右副都御使刘观前往浙江，又命北京刑部侍郎张思泰督使军民烧制砖瓦，又派人采办颜料桐油、金箔铅锡等建筑物资。所派诸大臣在采办材料过程中，耗用了大量的人力、物力，百姓们苦不堪言，甚至在湖广地区激起了民变。永乐皇帝后来下诏要这些大臣们爱惜民力，不得骚扰百姓。永乐皇帝在给陈珪的敕谕中说道：

朕初举义北京，军民供给非常劳苦，虽然几年来一切赋役都免去了，但民之劳困尚未完全恢复。现在国家不得已，仍须借助民力，你要体察朕之心情，加意抚恤百姓，做到役之有节，一定要使百姓衣食充足而无饥寒之忧，然后再命赴工，不要过劳民力。

第二步便是动工兴建，整个北京城的兴建实际上是从永乐十五年（1417年）六月开始，到永乐十八年十二月完工。

北京，是在元大都的基础上扩建的，整座北京城是以皇宫所在的宫城为中心，宫城的外面围着皇城，皇城之外围着内城，形成了内外三重城圈。其中，紫禁城是北京城中的重中之重，所以永乐皇帝对此十分关注。有一天，永乐皇帝突发奇想：一定要建一个九梁十八柱的奇特美观的建筑物。这一下，可难坏了那些工匠们，就是连陈珪也没有办法，世上哪有那种九梁十八柱的房舍呢？不建出来又不行，因为皇命难违呀！

陈珪便与工匠们商议道："这九梁十八柱的建筑可是万岁指名要建造的，违旨可是要杀头的呀！大家可都要动动脑子，想想办法，谁要能想得出来建造之

法，本官赏你们白银千两；如不然，本官丢官，你们也活不成！”

工匠们一齐说道：“大人放心，天下没有翻不过的山、跨不过的河，别说大人赏银子，就是不赏银子，我等为了活命，也要造出这九梁十八柱的房舍来！”

话虽这么说，可动手建造，那就难了。谁也没有见过，谁也不知道这九梁十八柱的房子怎么建，工匠们比划了三天，也没比划出个房舍影儿来。

这一天，有一个叫阿孙的年轻工匠趁着天热，便偷偷地来到街上散心。

“卖蝈蝈笼儿啦——”

“卖蝈蝈笼儿啦——”

阿孙回过头一看，见一位老者挑着一担子蝈蝈儿笼子，边走边卖。阿孙一看，见那蝈蝈笼儿编得甚是好看，便问道：“多少钱一个？”

“一文钱两个。”

“好，我就要两个。再多给我一个蝈蝈儿行不行？”

“不行！小哥哥，不是老汉小气不舍得，那一只笼里只能装两只，多一只它们就要互相咬架！”

“既如此，我就不让你给了，我就要两个笼儿吧。”

阿孙拎着两个蝈蝈笼儿回去了，众工匠都说：“我们都愁死了，你还有心玩儿这个！真是要饭花子牵猴，玩儿心大！”

“我看这笼儿怪好看的，买一个来让大家听蝈蝈儿叫，都开开心！”

“这蝈蝈笼儿编得是不错！”一位老工匠看着笼儿说道。

老工匠看着、数着，数着、看着，忽然说道：“这下子可好了，阿孙立了大功咯！”老工匠高兴得一拍大腿儿。

“什么大功？”

“阿孙立了什么大功啦？”

大伙儿都惊奇地问道。

老工匠说道：“你们看，这笼儿正好是九梁十八柱！”

“你难道要给万岁盖上个蝈蝈笼儿？”阿孙笑着说道。

老工匠道：“当然不是要盖个蝈蝈儿笼子！我们盖出来之后，保证万岁会满意的！”

几天之后，这位老工匠把九梁十八柱的建筑物的模型弄出来了，外形美观异常。陈珪见了，也很高兴，便令人将模型画成图，上呈永乐皇帝。

永乐皇帝见了图，不禁大喜道：“甚合朕意！”并下令赏阿孙和老工匠白银各一千两。

后来，这九梁十八柱的建筑物终于问世了，就是紫禁城城墙上四个拐角上的角楼。这角楼结构奇特，外形美观，至今，仍为世人们所赞赏。

【第十四回】

情外情假凤配虚凰，案中案新恨引旧仇

前前后后，历时十四、五年，永乐皇帝终于完成了北京城的营建工程。

永乐十八年（1420年）十一月四日，永乐皇帝发了迁都诏书。诏书全文如下：

开基创业，兴王之本为先；继体守制，经国之宜尤重。昔朕皇考太祖高皇帝，受天明命。君主华夷，退都江左，以肇邦基。朕缵成大统，恢弘鸿业，唯怀承图。眷兹北京，实为都会。唯天意之所属，实卜筮之攸同。乃份古制，徇与情，立两京，置郊社、宗庙，创建宫室，以上绍皇考太祖高皇帝之先制，下以贻子孙万世之弘规。爰自营建以来，天下军民乐于趋事，天人协赞，景贶骈臻，今已告成。选永乐十九年正月朔旦，御奉天殿，朝百官诞新治理，用致雍熙。于戏！天地清宁，衍宗社万年之福。华夷绥靖，隆古今全盛之基。故此昭示，咸使闻知。

为了使永乐十九年（1421年）正月初一迁都大典能够如期举行，早在永乐十八年（1420年）九月，永乐皇帝就发布诏书，让太子和皇太孙一定要在十二月之前赶到北京。果然，太子朱高炽与太孙朱瞻基于十二月二十五日赶到了北京。

永乐十九年（1421年）正月初一日，景阳钟响过，文武大臣群集北京新殿。太极殿内焕然一新，永乐皇帝满面春风，端坐在宝座之上。

“吾皇万岁万岁万万岁！”

“众爱卿平身！”

“谢万岁！”

“恭贺吾皇驾御北京新殿！”

“朕致谢众卿恭贺！”

“谢万岁，吾皇万岁万岁万万岁！”

永乐皇帝说道：“朕承继大统，而今迁都北京，是上承皇考太祖高皇帝之先

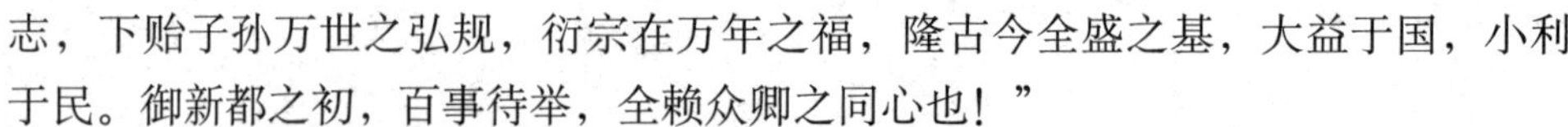

志，下贻子孙万世之弘规，衍宗在万年之福，隆古今全盛之基，大益于国，小利于民。御新都之初，百事待举，全赖众卿之同心也！”

群臣齐声道：“吾皇乃一代圣主明君，臣等岂敢不尽力效命！”

永乐皇帝驾御北京新殿之前，亲自到太庙奉安五庙神主。又命皇太子朱高炽前往郊坛奉安天地神主，命皇太孙朱瞻基往社稷坛奉安社稷神主，命黔国公沐晟往山川坛奉安山川诸神主。典礼完毕后，永乐皇帝移驾太极殿，接受百官朝贺之后，大宴群臣。

时隔不久，下了一场春雨。这春雨没有雷没有闪电，伴随着东风，丝丝绵绵，不紧不慢地下着，那雨水一滴一滴、一点一点，润湿了土壤，润平了干枯的裂巴，润绿了青草，润翠了山峦，润红了鲜花，润青了弯弯曲曲的小河，润甜了百姓们干枯的心田，人们那久久紧锁的双眉舒展了开来。

永乐十九年（1421年）四月八日，北京城的上空乌云密布，到处是昏暗暗黑沉沉的一片，直压得人们喘不过气来。处处憋闷，处处烦躁，雨雾茫茫，大白天也如同黑夜一般。那景象使得人们不禁产生了几分惊恐和不安。

人们凭着自己的经验，都知道：大雨快要降临了。

突然，一道闪电，如同一条火蛇，在人们的头上一闪，就听得“咔嚓”一声巨响，只见一股浓烟夹裹着通红的火舌从奉天殿中窜了出来！

“金銮殿失火啦——！”

“金銮殿失火啦——！”

在人们的惊叫声中，只见浓烟一个劲地往上冒，大殿中的火带着呼呼的风声，像一条巨龙，尽情地吞噬着彩绘、雕栏、梁柱及殿内的华丽的设施。

人们渴望着大雨尽快地降落下来，可是，老天也好像专门要与人作对似的，就是不往下掉一滴雨，风却一阵比一阵大，一阵比一阵猛。火借风势，风助火威，那琉璃瓦被烧得一个劲地炸，一块块碎瓦片四处乱飞。

阁臣杨荣亲自指挥卫士冒火抢救。

“不要怕火！用水将衣服泼湿，抢救贵重的东西！”杨荣令道。

卫士们不敢怠慢，冒死钻入烟火中……

可惜，除了抢救出部分重要的图籍之外，奉天、华盖、谨身三座大殿被烧得片纸不存，全部化为灰烬。

这场意外的灾难使得永乐皇帝苦心经营的紫禁城几乎损失近半。大量的经济损失且不说，由此引起的政治上的轩然大波，更是使永乐皇帝头疼。

这场轩然大波的根子还在于迁都之争。

北京本是永乐皇帝的兴龙之地，且地理位置又有利于对付蒙古的外族入侵、保障北方边疆的安宁。而明朝的官吏多为江南名流富豪，所以要让他们远离故土，奔赴塞外，不是他们内心所情愿的。永乐十八年迁都诏书发出之后，有人表示反对迁都。河南布政使周文褒、王文振及参议陈祚联名上书，说“建都北京非便”，反对迁都。永乐皇帝已经决议迁都，便对反对迁都者严加惩处，把他们贬到均州太和山去当匠工、佃户，这样人们就不敢再反对迁都了。

三大殿失火之后，反对迁都的大臣们又找到了充足的理由，说“上天不许迁都，故降灾于皇帝”。

三大殿因雷击而起火，对这场灾难，永乐皇帝自己也觉得很是蹊跷，于是下诏，令群臣直言阙失。诏书写道：

奉天承运，皇帝诏曰：朕上承天命，下从民心，倾费国力，营建新都，新都既成，则下诏迁都。然迁都未久，上天却横降祸灾，以示警戒。朕扪心自思，欲求缺失，故文武百官，当直言陈述阙失，以利我国事。钦此。

那些反对迁都的大臣们，纷纷上书，重弹“迁都北京非便”的老调。特别是主事萧仪，言辞甚为激烈，萧仪在上书中写道：

国都者，天子所居之所也。大凡国都，必定是藏龙卧虎，占尽山川之灵秀而成天子之气。昔太祖高皇帝之有天下，选金陵为都。金陵乃先朝古都，北依长江，钟山虎踞，石城龙盘，物华天宝，人杰地灵，先皇太祖高皇帝，可谓龙目慧眼也。而陛下口遵太祖高皇帝之祖制，却迁国都于北平，实为不便也。

北京，地处近塞荒野，偏离繁华，新建城郭，大耗民力，生民不堪劳苦，于情不当也。太祖高皇帝驾崩，魂安栖于金陵，而今弃之而之北，使太祖享祭不周，于礼不当也。众人皆知，燕地乃陛下当年之藩邦也，陛下今为一国之君，仍情系燕地，实有偏私之心，于义不当也。由是观之，陛下迁都之举，于情、于礼、于义，皆为不当之举也，故而天怨神怒。三殿遭雷火而毁于一旦，以示惩戒也。

臣心窃谓，陛下当多思其疚，顺从天意，以免再受天惩也。

永乐皇帝看了萧仪的上书，只气得火冒三丈，骂道：“萧仪匹夫，竟恶语伤朕，行同叛臣逆贼一般！朕岂能轻饶于他！”

于是，下令将萧仪投进大牢，恶气仍不得出，又下令将萧仪以在北京营建不力而致三殿火焚为由下令处死。

午门外，临时设置的一个刑场，四周有兵士护卫着，中间设一个监斩棚，监斩官是礼部尚书吕震。

一辆囚车在兵士的护卫之下，进了刑场。

“他就是萧仪，先前被朝廷下了大狱，现在又要开刀问斩了！”

“那又为的啥呀！”

“为的啥？听说跟皇帝闹别扭，反对迁都。”

“这萧仪也真是！他迁都迁就迁呗！你一个大臣能管得了？真不该多管这闲事！”

“可不是，连自己的小命也搭上去了！”

看热闹的人们在议论着，“嗵！嗵！嗵”三声催魂炮打断了他们的议论。

吕震走到萧仪跟前，说道：“萧大人，下官来给你送行了，请吧！”

萧仪并不看他，只是说道：“你不是也表示反对迁都的么？为何又改变了主意？无廉耻没骨气的东西……”

“这……我……下官……”

吕震只被萧仪问得说不出话来。

“万岁驾到——”

随着吆喝声，永乐皇帝走进了刑场，吕震等跪地迎接：“叩见吾皇万岁万岁万万岁！”

永乐皇帝说声免礼，便来到萧仪面前。

“你还有何话说？”

“臣当然有话说，三大殿失火，是陛下诏令群臣直言阙失，臣只是实话直说了，为何又要杀臣？”

“朕让群臣直言阙失，并非要让你谩骂朕！朕杀你非为直言，而为你主持三大殿建造，为何不考虑雷火之事？”

“主持建造非臣一人，为何独杀臣一个？”

“这个……你死到临头还敢与朕狡辩！”

“你无理强辩，言而无信，岂能治国！”

“你这该杀的逆臣！到了死期还用话来刺朕的心！”永乐皇帝只气得说不出话来，便对吕震挥手道：“快行刑吧！”

吕震唯唯而诺，说道：“臣遵旨！”

永乐皇帝说声：“起驾回宫！”便离开了刑场。

永乐皇帝走后，吕震回到监斩棚，端坐于桌案之上，把令签往地上一抛，说道：“行刑！”

只见一道弧光在萧仪的头上一闪，便身首异处，一腔热血流淌在地。可怜萧仪这一铮铮直臣，只为迁都，竟落得如此下场。

反对迁都的那些大臣并不因为萧仪被处死便罢休，仍继续反对迁都。他们不敢再像萧仪那样直接触动永乐皇帝的肝火，而改变手法去攻击参与密议迁都的大臣。

永乐皇帝没有办法，只得令他们跪在午门外质辩。户部尚书夏元吉见事情无法收场，便主动出来承担责任，承认“彼等应诏无罪，唯臣等各员大臣不能赞许大计，罪在臣等”，方才使矛盾得到缓和，迁都之争也才渐渐平息。

国都皇城，天子所居，国家各种法令政策的运行，都是从这里发出指令，所以北京皇城就如同一台机器，在一刻不停地运转着，这是大明国臣民的一种正常生活。与此同时，另一种生活也正在进行着。

紫禁城内，大小宫殿九千多间，在这九千多间殿阁之中，在一些不太显眼的房舍里，别有一番洞天——它们的主宰者便是皇宫中的下层人物，那就是嫔妃、宫女和太监。

有一天，在一处很别致的小院的门前，站着一位妇人，此人四十岁左右，虽说没有沉鱼落雁之貌，却也粉面桃腮，眉目清秀，自有一番风韵，一般的男子见了总想多看上她两眼。此人就是庄妃小吕。她也曾得到永乐皇帝的宠幸，但好景不长，就失去永乐皇帝的宠幸。她不甘寂寞，忍受不了空房之苦，便干起了“对食”的勾当。

“对食”本是一种隐语，指在皇宫中宫女与太监自愿结合组成一个家庭，过着一种像夫妻一样的家庭生活，这种生活方式历代皇宫中都有，到永乐年间也是如此。

对于皇帝来说，这种对食是有伤大雅的，但也是没有办法禁绝的事情，只能是睁一只眼闭一只眼，因为宫女和太监们的这种对食也只能是在生活上互相关照一下，并不能生儿育女。

这一日，庄妃小吕站在自家小院门前，正好见太监李阿豆从门前经过。这太监李阿豆本是宫女春红的“菜户”，也就是春红的对食。

“哟，这不是李公公么？看你怎么忙得这样狠！”

“啊！庄妃娘娘，大安！”

“来，进院里用茶！”

“这个……改日，改日吧！”

“李公公，你面子大，只有春红才能请动你！”

“庄妃娘娘真会说笑话！春红哪能与娘娘相比，她是一个宫女，你庄妃娘娘的一根汗毛也比春红的腰粗呀！”

“李公公既然知道这个，那就给我个面子进来坐坐吧！”

“既是庄妃娘娘有命，我怎敢不遵？那就打扰了！”

那李阿豆进了庄妃的屋内坐下，庄妃小吕便亲自端了一盏茶递过去，李阿豆急忙起身去接，二人正好碰了个照面。

李阿豆这才仔细地看清了庄妃的容貌：细细弯弯的眉，直直的高鼻梁，恰到好处的双唇内微露出一排洁白的细米牙，微微凹下的酒窝儿藏着一种诱人的魅力。虽说年龄比春红大几岁，却更具有一种春红所没有的华丽富贵的气质。

庄妃此时也看清了站在自己面前的这个小太监的面容：小圆脸儿长得白白净净的，淡淡的唇边绒毛，更增加了他男性的美，那眉宇间包含着几分英雄之气，一股说不出的燥热从心底烧起。

“多谢庄妃娘娘！”

“客气个啥呀！什么庄妃娘娘，不就是比你大几岁么？当个大姐姐还差不多！”

“庄妃娘娘如此说话，我可担当不起！”

“你没听人家说么，四海之内皆兄弟也，男女之间，不就是姐弟么？”

“庄妃娘娘所说也是！”

庄妃小吕用眼睛看着李阿豆，那眼光里分明带着一种说不出来的东西，笑道：“我老了，比不上春红那年龄的人了，你摸摸，我这脸上的皱纹都多深了。”

说着，庄妃小吕就去拉李阿豆的手。那李阿豆虽说是太监，毕竟是血气方刚的血肉之躯，此时也不觉怦然心动，顺着势儿，不觉也就到了庄妃的面前。也不知是什么时候，两个抖动的身躯竟靠到了一起。

忽然，李阿豆抽开身子，急忙跪下，说道：“奴才冲犯庄妃娘娘，死罪死罪！请庄妃娘娘恕罪！”

庄妃说道：“哪一个舍得让你死哟！快起来！”说着便对李阿豆连拉带抱，将自己的双唇紧紧地压在李阿豆的双唇上。此时，李阿豆就像一头酥了骨的雄狮，顺从地压到了庄妃小吕的身上。

从此之后，李阿豆便成了庄妃小吕的菜户。

宫女春红一连几日不见了李阿豆，一打听，才知道李阿豆又成了庄妃小吕的菜户，心中十分恼怒，却不动声色，思考着如何报复这一对狗男女。

庄妃小吕与鱼妃关系比较好，二人都是常来常往的。一日，庄妃与李阿豆正在室内调情，恰巧鱼妃来串门，碰个正着。

“鱼妃娘娘来了！”

“你们这是……”

“你们闲聊吧，我出去了！”李阿豆说着便出了门。

“你怎么也干上这对食的勾当？若让万岁知道了岂能饶你！”

“他皇帝知道了又怎么样？这宫中结对食的多着呢！他皇帝妃嫔成群，谁个又能碰上他几回面儿！就是碰上了，皇帝他那物件儿也老得不行了！让我们守活寡！哎，我说鱼妃娘娘，你也别太死心眼儿了，咱都这年龄了，还为他守个什么节？”

“你这是瞎说些什么？”

庄妃说道：“反正你也不是贞节烈女，就另找一个菜户吧！”

鱼妃说："找不找都行，这如今哪个男子不都有个三房两房的，咱就让李阿豆凑合着吧！"

那春红本是一个很有心计的宫女，虽说她的菜户李阿豆从她怀里飞跑了，面子上却并不生气，仍然是哼哼哈哈、乐乐和和的。

一个偶然的机会，春红又碰上了李阿豆。

"哟！这走门口连进门坐坐都不行了，我春红可没招惹你呀！"

"我……唉！不好意思啦！"

"那倒算个什么事呀！买卖不成仁义在嘛！再说，咱俩好了这么一场，你总不能忘个干净吧！"

"就是！那怎么能忘呢？可是人家是庄妃娘娘，我可惹不起呀！"

"你给庄妃娘娘当菜户当然比给我当菜户强，只要心中还想着我就行，我不会怪你的！"

"你真不会怪我？"

"真不怪你！"

"还是我们俩有感情！"

春红搂着李阿豆的腰，说："哎，我问你，你跟着庄妃，痛快么？"

"痛快啥，两个女人缠着我，我都快要累死了！"

"两个女人？还有谁？"

"鱼妃哪！都是庄妃撮合的！"

"那还不把你给累死呀！"

"那是以前，现在好了，鱼妃也找着菜户了！"

"菜户是谁呀！"

"阿更！"

"阿更？"

"对！"

"那阿更当鱼妃的菜户，也是福气！"春红又推着李阿豆说，"快走吧！别让庄妃等急了！"

"那我走啦！"

"你走吧，只要心里不忘我春红就行！"

"我一定忘不了你！"

李阿豆走后，春红得意地笑了一笑，恨恨地骂道："小吕，你这个骚货，哼哼，我叫你乐个够！"

这一日，庄妃小吕正在室内无事，忽然她的贴身宫女贾氏从外面风风火火地

走进门来，一进门便大声说道："不好了！出祸事了！"

庄妃见贾氏那魂不附体的样子，便问道："什么祸事，看把你吓成这个样子？"

贾氏说道："春红把娘娘和鱼妃娘娘你们对食的事上报给万岁了！"

"什么？"庄妃小吕听了也不禁吃了一惊，"你说清楚！"

贾氏说道："出大事了，宫女春红把你们两位娘娘对食的事上报给万岁了！你们快想个法儿吧！"

"你怎么知道的？"

"我是在外面见都督正在抽调人马，说要捉拿两位娘娘，我一打听，才从一个老兵口中得知内情！"

"事已至此，怕也没有用，你快去把鱼妃找来！"庄妃说道。

"是！我这就去！"贾氏说罢转身便去了。

不一时，鱼妃来到，两人见了面，抱头就哭。哭了一阵子，贾氏便说道："事已至此，两位娘娘老是哭也不是个办法，你们还是快想个法儿吧！"

庄妃说道："我们还能有什么法子想？早晚都是一死，与其被皇帝折磨而死，倒不如我们先行自裁了吧！也好落一个全尸！"

鱼氏又哭道："早知道还是不干这对食的好！我们姐妹一场，我也不怪你，我们就死在一块儿吧，来世再做一场好姐妹！"

庄妃小吕对贾氏说道："这室中细软珠宝，你全拿去逃命去吧！我二人欠你的人情就让我们来世再报吧！"

贾氏说道："两位娘娘尚且性命不保，我又如何逃得脱干系！"说罢转身进入自己房中。

庄妃说道："看来时候不早了，咱们就此上路吧！"

鱼妃说道："好！就此上路！"

庄妃又骂道："朱棣朱棣，你这老混蛋，你管得了阳间，管不了阴间！我二人死后也要变成厉鬼，不让你好好活着！"

说罢二人把自身的丝绦悬在了梁上，各人站在一个小方凳之上，踢倒了脚下的方凳……

永乐皇帝听得宫女春红的报告，勃然大怒，骂道："这等淫贱泼妇！竟敢如此伤风败俗！"于是急令都督快去把两个人抓来。

都督奉旨而去，不一时空手回来。

"启奏万岁！庄妃和鱼妃均畏罪自杀，共同吊死在庄妃室内的梁头上！"

"真乃可恶至极！去，把庄妃和鱼妃的宫人全都捉了来，不许放走一人，朕要亲自看看谁个如此大胆，敢去通风报信！"

"臣遵旨！"

不一时，都督便把庄妃、鱼妃的宫人全都押了上来。永乐皇帝亲自审讯。

“把庄妃的贴身宫女贾氏给朕带上来！”

“奴才叩见吾皇万岁万岁万万岁！”

“朕来问你，是谁给庄妃通风报信的！”

“奴才不知道！”

“你是她的贴身宫女，你不报信，谁报的信？”

“回禀万岁，奴才实在不知。”

“给我打四十棍！”

武士们听令后，四十棍打下去，直打得贾氏皮开肉绽。

“还不快快招认！”

永乐皇帝见贾氏不招，又喊道：“给她往鼻子里灌辣椒水！”

又用烧红的匕首划破她的脸，贾氏受刑不过，只得说道：“奴才愿招！”

“说！你是如何传信的？”

“奴才当时见都督在抽调人马，便上前打听，听说要捉拿庄妃和鱼妃，听得实了，便急忙回去通风报信，庄妃听说后，又让奴才去找鱼妃，鱼妃来到后，她二人自觉有罪，便畏罪自杀了，奴才所言句句是实！”

永乐皇帝一挥手，说道：“推出去斩了！”

内侍拖起贾氏就要走，贾氏突然大声喊道：“万岁，奴才冤枉，奴才要为吕康妃辩冤！”

永乐皇帝听贾氏这么一说，忙说道：“慢动手！”他走到贾氏身边，“你有何冤枉，为何要为吕康妃辩冤？”

贾氏说道：“奴才死不冤枉，只是吕康妃之死，是小吕娘娘诬害的！”

永乐皇帝说道：“你再说一遍，把你知道的都说出来！”

贾氏跪在地上，有气无力地说道：“十一年前，吕康妃是被小吕娘娘诬告而死的，这件事藏在心中十多年，总觉得对不起吕康妃，如今奴才就要死了，也应该将此事说清楚，还吕康妃一个清白！”

因事关权妃之死，所以永乐皇帝愿意听，便开始细细道来、便说道：“朕免你死罪，你且慢慢讲来！”

贾氏说道：“谢万岁！”便开始细细道来。

第一次北征漠北之时，永乐皇帝让当时最宠幸的权氏、大小吕氏三个妃子随驾亲征。

就在永乐皇帝率师凯旋途中，权氏却突然病死在临城。永乐皇帝三日不思茶饭，痛不欲生，并在峄县为权氏举行了隆重的葬礼。

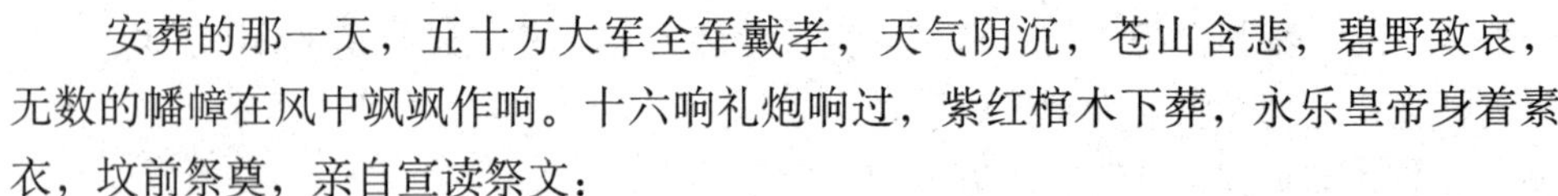

安葬的那一天，五十万大军全军戴孝，天气阴沉，苍山含悲，碧野致哀，无数的幡幛在风中飒飒作响。十六响礼炮响过，紫红棺木下葬，永乐皇帝身着素衣，坟前祭奠，亲自宣读祭文：

夫人生之痛，莫过于失其所爱，朕之所爱者，权妃也。权氏，朝鲜之丽质也，生性温柔，工于诗文琴棋，尤善歌舞，自入宫以来，常厮守于朕之左右，早晚晨夕，形影不离，事朕倾心尽力、竭忠尽智，情意笃厚，非常人可比。如此之佳人，猝死暴疾，令朕肝肠寸断，痛不欲生焉！

佛讲轮回，道谈鬼神，朕本知其为无，又愿其为有，盖使朕可与权妃重相守焉。若权妃能再生，朕可弃江山，可损阳寿，唯愿权妃泉下有知也。

朕有一愿，于坟前达于魂灵，爱妃不入阳界，可进梦境，朕愿苍天久夜不明，使朕时时入梦，得见爱妃也，咸使卿体朕怀，呜呼哀哉。尚飨。

大军到达徐州附近时，永乐皇帝因思念权妃，辗转反侧，夜不能眠。永乐皇帝便走出帐篷，在军营中四处闲逛。

整个军营，都隐没在夜幕之中，灯火尽熄，万籁俱寂。永乐皇帝在漫无目的地走着，忽见远处一个帐篷中闪着亮光，便走了过去。

只见帐篷内三个宫女正在收拾东西，一个宫女放下枕头，说道：“你们知道么？权妃娘娘是被人给毒死的！”

“什么？被人给毒死的？不可能吧！”

“你们不信？我可不骗你们，我是听小吕娘娘说的！”

“那是谁毒死的呢？”

“她也没有给我说，我也不知道，反正不是咱们毒的，天不早了，赶快睡觉吧！我都快要困死了！”那宫女就打着哈欠不再说了。

永乐皇帝此时正心里思念着权妃，一听说是被人毒死的，那仇恨的烈火冲天而起。永乐皇帝一脚把门踹开，那三个宫女吓得魂飞魄散，半晌说不出话来。永乐皇帝令内侍把三个宫女捆上，带出帐篷，又令人急传小吕入见。

永乐皇帝怒气冲冲地坐在大帐之内，小吕入帐后，行了礼，说道：“臣妾叩见吾皇万岁万岁万万岁！”

永乐皇帝用手一指那宫女，喝道：“快说！你怎知权妃是被人毒害的？”

“我是听小吕娘娘说的！”

“吕氏！你说权妃是被人给毒死的，你说那人是谁？”

庄妃小吕刚才进得帐来，见永乐皇帝满脸怒气，不知是为了何事，所以也是胆战心惊的，听永乐皇帝这么一问，心中有了底，所以也不再害怕，便十分镇定地说道："启奏万岁，权妃娘娘确实是被人毒死的！"

"谁？"永乐皇帝问道。

"吕——康——妃！"小吕一字一顿地说。

"是她？吕康妃为什么要毒死权妃？"

"只因万岁宠幸权妃，所以吕康妃平常就诅咒万岁，对权妃娘娘更是恨之入骨，那一日，她串通了权妃宫中的太监和银匠，在茶里下了砒霜，趁万岁在权妃帐中时进献，致使权妃卒归仙居，臣妾也是听权妃宫中的宫女亲口说的。"

永乐皇帝想了一想，也觉得好像有这么一回事，当时是大吕献了胡椒茶，正要喝时，忽有紧急军情相报，自己就回帐去了。次日清晨，权氏便身亡了。

想到此，永乐皇帝又大声问道："依你之言，大吕还要谋害朕了？"

庄妃小吕说道："臣妾不敢说谎，与她同谋的还有王氏、张氏、朴氏，她们都蓄谋弑逆，臣妾早想奏明，只是未得时机！"

此时，永乐皇帝愤怒已极，一心想要为权氏报仇，再也无心听小吕的口供，大喊一声道："来人！"

"臣到！"一个都督回答道。

"立即调兵两千，把大吕、王氏、张氏、朴氏及她们所带的宫女、太监，还有权妃所带的宫人，全都抓起来，全都杀掉！"永乐皇帝说道。

那都督一听说杀那么多宫女、太监和妃嫔，不禁愣住了。永乐皇帝把脚一跺，喝道："还不赶快去，难道要抗旨不成？"

那都督忙说道："臣遵旨！"便急忙而去。

一时间，军营内哭声震天，惨不忍睹，好多人还没回过神来，便做了刀下之鬼。天明后，永乐皇帝看着遍地的尸体，对着小吕，伸了一个懒腰，恶狠狠地说道："把他们就地掩埋，地上的血迹、衣物务必要清除干净！"

从此，在回军的路上，小吕每晚都得到御幸。可是回到京师之后，永乐皇帝便不再御幸小吕了。所以小吕也干起了对食的勾当，因而又引出一个与权氏相连的一段公案。

永乐皇帝听了贾氏的供词之后，又问道："两个人之间有什么深仇大恨呢？庄妃小吕为何要诬害康妃大吕呢？"

贾氏又说道："臣妾不说万岁也该知道，那小吕本是商家之女，外貌又不甚美，与康妃大吕相比，自有天壤之别。那大吕又深得万岁宠幸。有一日，小吕以同姓之故，请大吕将自己引荐给陛下，不料大吕非但不予引荐，反而还将小吕奚落了一顿。万岁北征时，两人因各自宫中的太监又发生了一次吵闹，结果大吕又打了小吕一个耳光。因此，小吕便怀恨在心，伺机要报复。那一日，小吕知道大吕曾给权妃献了一碗胡椒茶，恰巧第二日早晨权妃娘娘又暴病身亡，因此小吕就趁机诬陷，让宫女四下散布谣言，说是康妃大吕毒死了权妃娘娘，结果造成了一个三百多人死亡的冤案！”

永乐皇帝听后，大吃一惊，万万没想到庄妃小吕会有这样大的胆子，敢诬陷康妃大吕和三百多名宫人，便问道：“贾氏，你说的都是真话么？”

贾氏说道：“奴才都是该死的人了，我说假话又有何用？奴才所言，句句是实，自那次亲征之后，小吕再未得到御幸，心怀仇恨，终日与太监们鬼混对食，并与朝鲜的任氏、郑氏、黄氏、李氏等图谋弑君。”

贾氏还供出了一些侍婢、宫女图谋杀害皇帝的事儿。

永乐皇帝听了贾氏的供词，不禁倒吸一口凉气，说道：“贾氏，朕念你供词有功，便不再治你之罪了，朕赐你白银千两，佛衣一套，你就青灯佛影，一心向善，了此一生吧！”

贾氏叩头谢道：“谢主隆恩，吾皇万岁万岁万万岁！”说罢，起身而别，奔向佛门，自然也避开了宫中三千人的一场大血灾。

永乐皇帝立即传令，把涉及的人全部抓来。

一时之间，北京皇宫中是鸡飞狗跳，刀兵血光，朝鲜的任氏、郑氏、黄氏、李氏，太监李阿豆、阿更，及大量的侍婢、宦官等均被抓获。永乐皇帝下令用酷刑，严刑逼供，一定要把同党挖尽。

永乐皇帝还亲自审讯，亲临刑场，不少人在酷刑之下，不但承认了自己的罪行，还供出了同党的罪行。其结果是涉及的人如同滚雪球一般，越滚越大，前后共有三千多宫人卷入由争宠而引起的两桩大案之中。面对如此之多的在册名单，永乐皇帝只从口中挤出一个字来：“杀！”

因为宫中吕氏、鱼氏淫乱后宫一事引起的风波，永乐皇帝不觉竟忙乎了几个月，原来准备要办的事都压了下去，现在吕氏、鱼氏后宫淫乱一案处理完结了，压在永乐皇帝心底的事，又像沉在水下的皮球一样浮了上来。

原来，永乐皇帝第二次征讨漠北之后，瓦剌和鞑靼力量相当，北方暂时安宁。后来，瓦剌马哈木已死，永乐皇帝命马哈木之子脱欢承袭了顺宁王。不过，鞑靼阿鲁台却又逐渐强大了起来，便对大明朝不恭了。

永乐十七年（1419年）十一月，阿鲁台的使臣竟然在京城强抢财物。事后兵马司擒获一人，永乐皇帝只是遣送回境，让阿鲁台自行处置，并要求他要严管部下。十九年正月，阿鲁台遣使来贡，竟然在边境上抢劫行旅，永乐皇帝遣使敕谕阿鲁台要他严管部下，但是阿鲁台骄横逞强，不再来京朝贡。对此，永乐皇帝自然不能容忍，于是决定第三次亲征，讨伐阿鲁台。

为了总结前两次北征的经验教训，为第三次北征做好准备，永乐十九年

（1421年）十一月十七日，永乐皇帝命户部尚书夏元吉、礼部尚书吕震，兵部尚书方宾、刑部尚书吴中等共议北征之事。他们四人在朝房内认真地讨论开来。

方宾说道："近年来阿鲁台对我大明不恭，竟然有来朝使者在边境强抢行旅之事，不征讨，他的胆子就更大，我大明之尊严将何存？"

吕震说道："阿鲁台之所为虽是可恼，但只是不恭而已，尚未对我大明造成祸害，边防上严加防卫即可，目前出征尚不是当务之急。"

吴中说道："目前是否出征，应当认真衡量一下利弊，鞑靼对我大明未造成祸害而征之，必是劳民伤财，弊大于利。若是外敌来犯，上下同心，杀敌卫国，定然是利大于弊！"

夏元吉说道："我们连连南北用兵，再加建新都、修陵墓，国力大减，兵备大损，至今未得恢复，民力疲惫，物资粮饷不足，因而不宜兴动六师！"

吴中说道："还是夏大人分析精辟，依据国力而言，目前确实不宜用兵！"

方宾说道："依阿鲁台之所为，吾皇决计北征，也是为了我大明朝子民着想，属于名正言顺之举！"

吕震说道："吾皇决计出征，只是咽不下那一口恶气！"

夏元吉说道："国家大计，岂可凭村妇之勇、意气用事？大局而定，当征则征，不当征则不征，皆宜通盘而虑之也！"

吴中说道："看来我等之见，现在是国家实力未增，财力有限，兵民皆需休养生息。这样，就由夏大人、吕大人和本官，共同上奏万岁吧！"

这时永乐皇帝便召见方宾，方宾进了殿内。

"叩见吾皇万岁万岁万万岁！"

"免礼！"

"谢万岁！"

"方爱卿，朕来问你，此次北征的军需物资准备得怎么样了？"

"启奏万岁！以微臣看来，我们是军粮不足、储备有限，故而我大军此次出师之粮饷无法保证！"

永乐皇帝满以为自己让大臣议商，会得到赞赏和支持，不料方宾的回答竟是使自己那样丧气。他心中不乐，压抑着怒气，用低沉的声音说道："依卿之言，粮饷尚且不能保证，我们还如何去北征？"

听永乐皇帝这么一说，方宾也就不再说话了。永乐皇帝也没有再说什么，静想了一会，说道："传夏元吉上殿！"

"传夏元吉进殿!

户部尚书夏元吉闻传，便急忙进殿："臣叩见吾皇万岁万岁万万岁！"

"平身！"

"谢万岁！"

"夏爱卿，朕来问你，边防的粮饷储备情况如何？"

"启奏万岁，我边防粮饷储备不算富足，只能勉强凑合而已！"

"爱卿对此次北征有何见解？"

"启奏万岁，微臣以为，前两次大军出征，军马储蓄已丧失了十之八九，再加上多次灾难，国内外诸多之事都废弃了，且万岁身体欠佳，尚须护理调养，有大将征讨即可，不必由万岁亲劳了！"

"这是你们诸臣之意还是爱卿个人之意？"

"这是我四臣之意！"

"那爱卿个人之意如何？"

"微臣个人之意也以为暂不可兴师！"

永乐皇帝听了夏元吉的话后，心中更不平静。

永乐皇帝心中想道："既然夏元吉反对北征，那看来大军粮饷问题可能真的是无法解决。此事不解决，还谈什么北征？"

永乐皇帝想到这里，对夏元吉说道："爱卿可认真地计算一下此次出征所需粮食，再速到开平去清理粮储，一定要解决大军粮饷问题！"

夏元吉说道："臣遵命！"

夏元吉去了开平之后，永乐皇帝又召见了工部尚书吴中。

"叩见吾皇万岁万岁万万岁！"

"平身！"

"谢万岁！"

"朕来问你，朕决意明年北征，卿之意如何？"

"启奏万岁，微臣以为，此次是否出征，当观大局：该征则征，不该征则不征。"

"那什么是该征，什么是不该征呢？"

"该与不该，全在于利弊二字。臣以为阿鲁台对我大明不恭，偶有侵扰，只属个别，并未对我大明造成祸患，这样若去北征则兴师动众、劳民伤财，则弊大利小；反之，则弊小利大。故而边境严防即可，不必兴动六师！"

"夏元吉、方宾、吕震等之意又是如何？"

"夏元吉等人认为，目前我国力未增，加之连年灾害，粮饷不足，上两次北征，兵备失去十之八九，军民当休养生息，方利再战。再者，陛下龙体欠安，亦须护理调养！"

"如此说来，你们之意相同了？"永乐皇帝有些恼怒了。

一日，夏元吉正在开平清查粮储，忽有锦衣卫指挥奉圣旨到，夏元吉连忙接旨。

"夏元吉接旨！"

“臣夏元吉接旨，吾皇万岁万岁万万岁！”

奉天承运，皇帝诏曰：为议北征事，着令夏元吉立即回京，不得有误。钦此。

“吾皇万岁万岁万万岁！”

“夏大人，请上路吧！”

夏元吉十分沉着，不慌不忙，对锦衣卫指挥说道：“臣奉旨来开平清查粮储，若不查清而回，如何向圣上复命？稍等片刻，待我查清，这样也可避免别人趁机侵盗。臣回去就是死了，也可安心，没有因此而连累公事！”

夏元吉这话说得有板有眼，合情合理，锦衣卫指挥无法，只得让夏元吉将粮储清查完毕。

夏元吉见驾复旨，说道：“叩见吾皇万岁万岁万万岁！”

“此番去开平清查粮储，情况如何？”

“启奏陛下，粮储已查清，总的看来，仍是数量不足，确实是无法供给此次大军北征的粮饷！”

“现在而论，你意北征如何？”

“依微臣之见，国力不增，粮饷不足，不宜兴动六师！”

永乐皇帝大怒道：“哼！你们合起伙来反对朕！一说出征，你便说粮饷不足。朕一定要北征，待朕北征凯旋之后，我看你还有何话说！来呀！将夏元吉和吴中打入大牢，省得他们坏我北征大事！”

夏元吉大喊道：“陛下，你就是杀了臣，粮储还是不足哇！望陛下三思！”

夏元吉和吴中被押走了，永乐皇帝气得脸变了色，大臣们谁也不敢再说话。

就在这时，忽有人来报：“启奏万岁，兵部尚书方宾因惧怕万岁责怪，自缢身亡！”永乐皇帝闻报，勃然大怒，破口骂道：“竖子匹夫，朕本不要惩处于他，他倒自缢先死，威胁于朕！可恼可恼！朕要亲戮其尸！”

吕震从旁劝道：“吾皇息怒，想那方宾是畏惧天颜震怒，一时想不开，自寻短见，他既已死，吾皇何必再与之计较动怒呢，还是要保住龙体，全心共议北征之事，岂可因此而乱大谋！”经吕震如此一说，永乐皇帝的怒火才渐渐平息了下去。

永乐皇帝说道：“吕震听旨：朕命令你兼领户部、兵部事，认真筹议此次大军北征之事，要找出可行之策！”

吕震说道：“微臣接旨！”

吕震原本也是不同意北征的，见永乐皇帝震怒，便见风使舵，改变了初衷。永乐皇帝见吕震同意自己的观点，所以便让他兼领户部、兵部事。

永乐皇帝虽做了如此安排，心中仍不平静，他怕吕震也自杀，便令十人日夜

跟随吕震左右，并对他们说道：“如若吕震自杀了，你等十人一个也活不了！”永乐皇帝又怀疑夏元吉贪污了官粮，不然，粮储怎么就不够了呢？永乐皇帝又想到大理寺丞邹师颜曾在户部任职，便下令将邹师颜逮捕入狱，又下令籍没夏元吉家产。

锦衣卫指挥奉旨带领兵将将夏元吉的家围个水泄不通。

夏夫人闻报，便走到大门口，正与锦衣卫指挥走了顶面。

“指挥大人，忽将我府围住，不知为何？”

“夏元吉侵盗官银，本指挥奉旨前来查抄家产！”

“我家老爷为官清正，不怕你查。”夏夫人对家院说道：“家院，传下去，把所有的门锁都打开，全家老小全都站到天井院中，让指挥清查！指挥大人，请吧！”

“夏夫人真是爽快，那我们就打扰了！”指挥一挥手，下令道：“给我搜！”

兵士们一个个进房入室，翻箱倒柜，上上下下，里里外外，折腾了半日，并未翻出个什么来，只得空手而回。

锦衣卫指挥向永乐皇帝复命道：“那夏元吉在户部任职多年，家中除了有限的一点赐钞之外，仅有几件布衣瓦器，别无他物！”

永乐皇帝说道：“怪哉！难道真是朕猜错了！你查看清楚了没有？”

锦衣卫指挥道：“万岁，凭着微臣这一身功夫，别说是夏元吉的那个小院，就是再大的庭院，我也能给它翻个底朝天！夏元吉家确实是一无所有！”

永乐皇帝对自己的判断也有些将信将疑，正好阁臣杨荣此时也在，永乐皇帝便问杨荣道：“夏元吉平时作为如何？”

杨荣说道：“万岁，我是说实话呢还是说假话呢？”

永乐皇帝说道：“当然要说实话！”

杨荣说道：“夏元吉身为罪臣，关在狱中，谁也不便为之开脱，若说假话，臣就说他如何之有罪，若说实话，臣便实话实说，万岁不要怪罪。那夏元吉日常为人正直，生活俭朴，家中缺金少银，对万岁忠心不二，臣只是以实相告！”

永乐皇帝沉默良久，多时不语，从此，再未加害夏元吉。

此时，大臣们再也不敢公开反对北征了。于是永乐皇帝便令侍郎张本、都御使王新等前往山西、山东、河南、应天、镇江、泸州、淮安、顺天、保定、顺德、广平、真定、大名、永平、河间十三府、滁州、和州、徐州，督造粮车，征集丁壮，定于明年二月在宣府集中。酝酿数月的北征，终于开始了第一步。

永乐皇帝确定的北征计划开始实施了，但大臣们的反对，却也使永乐皇帝的心情久久不能平静。

永乐二十年（1422年）三月十八日，阿鲁台率兵南下，攻打兴和，并杀死守将王唤。闻此消息，北京城内人心沸腾。

三月二十一日，天气晴朗，艳阳高照，万里无云，永乐皇帝亲率大军出了奉天门。只见五十万大军浩浩荡荡，旌旗招展，后有上万名步骑护送，再后是由驴马三十四万匹、车十二万辆、民夫二十三万五千多人组成的庞大的运粮队，运送着三十七万石北征的粮饷。

这支庞大的北征队伍长达几十里，一眼望不见尽头。永乐皇帝精神振奋，雄心勃勃，不禁又吟起了曹操的诗篇：

神龟虽寿，犹有竟时。
腾蛇乘雾，终为土灰。
老骥伏枥，志在千里。
烈士暮年，壮心不已。
盈缩之期，不但在天。
养怡之福，可得永年。
幸甚至哉，歌以咏志。

大军出了居庸关，便有探马来报："启奏万岁，阿鲁台部已向北逃去！"

"知道了！再探！"

"是！"

张辅说道："万岁，让臣带领人马前去追赶！"

永乐皇帝说道："等到草青马肥之时，取道开平，越过应昌，出其不意，直达其巢，破敌不晚！"

张辅说道："万岁圣明！"

大军继续前进，四月初，到达龙门时，哨兵报告说阿鲁台在洗马岭一带留下两千多匹马，永乐皇帝命宣府指挥王礼将马匹收入城内，继续前进。

五月，大军到达独石。

五月五日端午节，永乐皇帝赐宴随征的文武大臣。宴席之间，永乐皇帝与众臣同饮，尽兴之时，不禁吟道："大风起兮云飞扬，安得猛士兮守四方……"

杨荣说道："而今胡夷畏我天威，闻风远遁，无事可做……"

张辅怕杨荣失言，忙接道："眼下不是无事可做，只是敌寇一时远遁，出征之旨终当须记！"

永乐皇帝说道："英国公所言极是，此战之间，可讲演兵法，狩猎习武，为之再战！"

群臣均说道："吾皇教诲极是！"

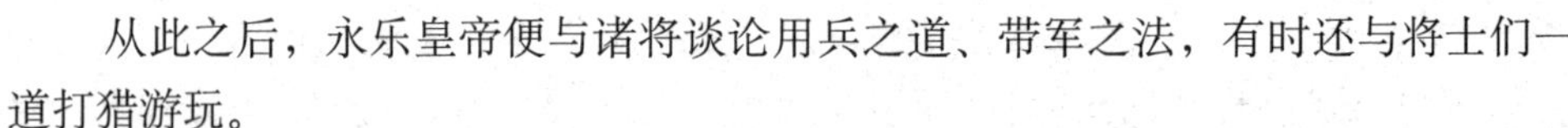

从此之后，永乐皇帝便与诸将谈论用兵之道、带军之法，有时还与将士们一道打猎游玩。

一日，永乐皇帝在一空旷地检阅军队，观看士卒骑马射箭。骑马的分为四拨，第一拨是一色的白马，那一匹匹马如同雪蛋儿一般，连一根杂毛也没有；第二拨是一色的枣红马，一匹匹马如同一团团跳动的火焰，甚是好看；第三拨全是花马，有白底带黑花的，有白底带红花的，有黑底带白花的，有枣红底带白花的，一匹匹马从永乐皇帝眼前飞驰而过，好像一幅向前流动的彩绢；第四拨是杂色马，各色各式，马上的骑士一个个精神抖擞、威武有力。

永乐皇帝正看得高兴，从那边又走来了一队队弓箭手，他们用各种姿势进行射箭比赛。其中有一士卒，连发十箭，箭箭中的，永乐皇帝连声说好。

永乐皇帝看得高兴，便赏羊五只，给钞五百。永乐皇帝还亲自制作《平戎曲》，令工卒演唱。那《平戎曲》写道：

旭日初照练兵忙，好儿郎，技高扬。
为报皇家抵外仇，显身手，射天狼。
从军远征踏荒凉，志高昂，意刚强。
愿得沙场杀敌寇，夺首功，锦还乡。

从此，在各个兵营之中，都可以听到永乐皇帝亲制的《平戎曲》的歌声。

五月十五日，大军到达隰宁的西凉亭。

这西凉亭本是元代君主往来巡游的地方。不用说，当年这里定是一个高墙碧瓦、风景秀丽的游乐之处，而现在，繁华的过往都已经不复存在，展现在人们面前的，只是一片荒野之中的废墟，废墟上仅残留着几垛矮墙断壁。沙层之中还可见一些断砖烂瓦，只有断墙旁边的几棵树还依然枝叶茂盛、郁郁葱葱。

永乐皇帝看后，慨叹不止，便向杨荣、张辅、吕震等说道：“元代创建这些，是要为子孙留下不朽的基业，又怎么会想到有今日这个样子呢？”

永乐皇帝说罢，继而又说道：“传下去，禁止军士砍伐这里的树木！”

阿鲁台闻听永乐皇帝又亲率五十万大军前来征讨，便率众向北逃跑。虽说是逃跑，阿鲁台心中想道：“这老是跑也不是个办法呀！”于是便找脱脱木儿来商量。

阿鲁台说道：“大明皇帝率军五十万来讨伐我们，我觉得我们只是往北跑也不是一个法儿，我们还要想想办法才行！”

脱脱木儿叹了口气，说道：“如今是敌强我弱，我们又能想个什么法子呢？”

阿鲁台说道：“是呀！敌强我弱，硬碰硬是不行的。”

“对呀，我们必须避开明军的主力，想个好办法，不让明军追着咱屁股跑！”脱脱木儿说道。

阿鲁台一拍掌，说道：“有了，咱就给他来个釜底抽薪的迂回战！”

脱脱木儿问道：“怎么个釜底抽薪的迂回战？”

阿鲁台说道：“明军现在是远离本土、孤军深入，开平是明军的粮储基地，今我派人去攻打万全，明军必派兵增援开平，主力势必分散。等他们主力一分散，我们也好乘他回救万全之际，再作良图。”

脱脱木儿说道：“好计好计，就这么办！”二人议商已定，便分派人马去攻打万全。

永乐皇帝率领大军来到威远川，时为六月天，天气炎热。大军未及扎寨，开平守将便遣人来报，说阿鲁台派一支人马去攻打万全，为保开平粮储基地，请求派兵支援。

永乐皇帝对左右说：“阿鲁台这小儿全是诈术，他是怕我大军直捣其巢穴，故作佯攻万全，牵制我军主力。这等小儿伎俩岂能瞒哄于我？先分一支人马去给开平助助威也好！”

明军主力仍是马不停蹄，向前追赶。

阿鲁台派一支人马去攻打万全，听说永乐皇帝只派千余人马前去增援开平，那五十万大军仍继续前行，便知道永乐皇帝不会上他的当。于是将人马招回，急忙向北逃窜。

阿鲁台一天天向北败逃，这一日来到阔海湾。阿鲁台正在营中吃午饭，忽一侍卫来报。

侍卫说道：“禀报可汗，今晨又有五十个士卒私逃，被我们抓回来了十个，现押在营门内！”

“全部杀掉！”阿鲁台说道。

“是！”侍卫转身就走。

“慢！你给我回来！”随着一声断喝，阿鲁台和侍卫都惊住了。

说这话的不是别人，正是阿鲁台的母亲。

老太太指着阿鲁台骂道：“你这不知进退的东西，就知道杀！杀！杀！你不想想他们为什么要私逃？他们都是蒙古人，都是你的父老兄弟！自己的父老兄弟都私逃了，你不是众叛亲离了么？”

阿鲁台的妻子也责怪道：“不是母亲来说你，大明皇帝哪一点对你不好？封王加爵，赠赐衣物珠宝，你却恩将仇报，自取其辱，如今大军压境，我族一旦灭亡，你有何颜面去面对先皇祖宗？”

老太太又说道：“快去向大明皇帝请罪！或许还能保全身家性命！”

阿鲁台说道："现在说什么都是没有用的了，先逃命要紧！"

老太太说道："你不去向大明皇帝请罪，我们就死在这里，让你家破人亡！"

阿鲁台说道："这可由不得你们！"阿鲁台对侍从说道："快把她们请上车，继续北行！"

侍从连拉带请，硬是把她婆媳二人及子女弄上了车，便向北而行。

阿鲁台又下令道："将一切笨重物资全部抛下！快速北逃！"

阿鲁台一声令下，全部人马又继续向北逃窜。

永乐皇帝此次出征与前两次大不相同。前两次出征打的是大仗、恶仗，打得过瘾。这一次倒好，大军出师三个多月，连敌人的一个影子也没见到。一路上，永乐皇帝经常带领人马打打猎，游览古迹什么的，再不然，就与众将们谈论用兵之道。

这一日，永乐皇帝又向诸将问驱虏之道。

永乐皇帝说道："我们三次北征，意在驱虏，诸将以为驱虏之策当如何？"

诸将你看看我，我看看你，都没有说话，最后还是英国公张辅说道："我等智术短浅，岂敢与万岁对论呢！"

永乐皇帝说道："兵法云：'多算胜，少算不胜。'盖用兵之际，智在勇先，不可忽也。驱众之道，固须部武整肃，进退以律。然必将帅抚士卒，如父兄于子弟，则士卒附将帅，亦如手足之捍头目。上下一心，乃克有济。至于同列，尤须和谐。一队当敌，则各队策应，左右前后莫不皆然。譬如舟行遇风，同舟之人齐力以奋，波涛虽险，靡不获济。"

张辅说道："吾皇谈兵论阵，精辟入理，臣等所不能及也，而今茅塞顿开，可谓'听君一席话，胜读十年书'！"

永乐皇帝又说道："朕亦别无他处，唯经战多而已！"

又一将领说道："今若遇敌，臣必以吾皇圣谕而验之！"

不想此言又触到了永乐皇帝的一点心思，永乐皇帝看了他一眼，说道："朕今既出征，大敌定当相遇，仗是定要打的，行战之机，卿可细心体味！"

夜深之后，永乐皇帝在大帐之内仍然是睡意全无，心里老想着那将领的话，出征不见敌人，无仗可打，这算是什么出征啊！难道这次出征真的会无功而返么？

想到这里，永乐皇帝不禁又想到了夏元吉及那些反对北征的大臣们，难道真是朕决策错了么？朕不听大臣们的劝阻，动用了那么多的人力、物力，结果若真的是一无所获，又如何向天下自圆其说呢？

想到这里，永乐皇帝翻了一个身，叹了一口气，如今打架找不着对手，如何是好？进，粮饷将不济；退，不遇敌而返，不已说明群臣反对北征反对对了么？

真是进亦难退亦难。进退都难，现在又有谁能帮助自己摆脱这个处境呢？

或许夏元吉行，可夏元吉还在大牢里呀！吕震，更不行！因为他现在是连大气也不敢喘一口呀！也不知过了多长时间，他终于迷迷糊糊地入睡了。

永乐皇帝就好比骑在老虎背上一样，骑虎难下。

等啊等啊，永乐皇帝在等待着，焦急地等待着，他终于等来了走下虎背的阶梯。

七月间，前锋都督杨荣带领人马正在前行。

“蒙古兵！”突然一个士兵惊叫了起来。

“老天爷，出师三个月来，可算见到蒙古兵了！”杨荣嘴里说着，顺着士兵手指的方向一看，果然有五六个蒙古兵。

“快去捉住他们！”杨荣一边下令，一边拍马而前，近百名骑兵也跟着追了上去。

那几个蒙古兵见杨荣带人马追了过来，眼看着也走不脱，便立在那里不走了，顺从地当了俘虏。

原来这几个蒙古兵本是阿鲁台的附属，一来是不满于阿鲁台的作为，二来也都是年老体衰，所以没有跟上大队人马，掉了队。

杨荣把他们押回来，献给了永乐皇帝。

永乐皇帝亲自审问道：“你等几人是干什么的？你们知道阿鲁台的去向么？”

其中一个年龄最大的答道：“回陛下，我们几个都是阿鲁台的属下。阿鲁台听说大军来讨，便心中恐惧，部下也都无心应战，有不少人私自逃离。阿鲁台的母亲和妻子都责骂阿鲁台，说‘大明皇帝有哪一点对不起你，你却恩将仇报，自讨其辱，弄得个众叛亲离！’在阔海湾，阿鲁台将所有牛羊驼马、器物辎重全部抛下，带着全家人向北逃走了！”

永乐皇帝说道：“朕不杀你们，各自回家吧！今后不要再与我大明为敌就行了！”

那几个蒙古兵走后，部将问道：“万岁为何将他们放了？”

永乐皇帝说道：“杀了他几个老弱之卒又有何用？他们是不是阿鲁台派来引诱我们的奸细也未可知，朕要再观其变！”

又过了三日，前哨又捉来了几个蒙古兵，他们所说的与前番几人所说的大体不差，永乐皇帝才信阿鲁台确已远逃。于是尽收阿鲁台所抛下的驼马牛羊，焚烧了全部辎重，对众将说道：“胡寇远遁，患不及我，可班师了！”

回师路上，永乐皇帝心中很不是滋味，难道我五十万大军出征，就只捉了十来个蒙古兵而回么？

永乐皇帝越想越不安，他灵机一动，想到了兀良哈。对！朕要顺手牵羊，围剿兀良哈，打一次胜仗给夏元吉、吴中他们一帮大臣们看看。

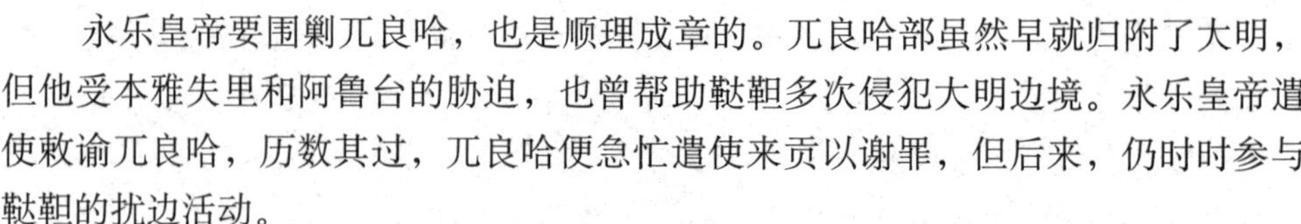

永乐皇帝要围剿兀良哈，也是顺理成章的。兀良哈部虽然早就归附了大明，但他受本雅失里和阿鲁台的胁迫，也曾帮助鞑靼多次侵犯大明边境。永乐皇帝遣使敕谕兀良哈，历数其过，兀良哈便急忙遣使来贡以谢罪，但后来，仍时时参与鞑靼的扰边活动。

永乐皇帝对众将说道："阿鲁台畏我大军神威，远远逃遁，对我不再侵扰，故而暂舍之。兀良哈却依附鞑靼，经常来边境滋扰，朕欲乘大军回师之机以剿之！"

众将都点头称是。

于是永乐皇帝选派骑兵和步兵六万，分五路大军前往。永乐皇帝亲自率郑亨、薛禄等从西边夹击。大军到达屈裂儿河时，与兀良哈西逃的两万人相遇。

兀良哈只知道永乐皇帝率五十万大军北征阿鲁台，做梦也不会想到永乐皇帝会因遇敌不着而顺手牵羊地来围剿他，毫无作战准备，所以只有率众西逃。双方在屈裂儿河相遇。

屈裂儿河一带本是一大片沼泽地，有泥有水，野草长在荒泥之上。那沼泽也深浅不一，有的大腿深，有的齐腰深，有的人头深，还有的人掉到里面露不出头。平时，人们过这沼泽地都要小心翼翼。如今兀良哈这两万人仓皇出逃，慌不择路，不少人陷于沼泽之中。

永乐皇帝见状，喊道："冲啊！"便带领骑兵冲了过去，那些陷入沼泽的士兵早已失去了战斗力，一个来回冲击，斩首三百多，而他们又自相践踏，死伤无数。

永乐皇帝立于一高坡之上，见近处有一小丛林，便令郑亨带人持神机铳，隐伏在丛林之中。

等到兀良哈的人马又聚集在一起时，郑亨便下令："放！"

郑亨一声令下，数百支神机铳一齐发射，只见火光熊熊，烟雾弥漫，硝烟中不时传来一阵阵哀叫声，地面上留下了一具又一具的尸体。永乐皇帝又率军追击三十余里，斩杀头目几十人。

永乐皇帝又下令搜索余寇，各将纷纷前来报捷。此时，兀良哈主力大都已经逃脱。只搜到一批丧失了战斗力的老弱之兵，永乐皇帝将其全部放归。

围剿兀良哈以大获全胜而告终。

"恭贺吾皇围剿兀良哈大获全胜！"

"恭贺吾皇出师大捷！"

"恭贺吾皇出师凯旋！"

对于群臣的祝贺，永乐皇帝只是淡淡地说道："如此小胜何足道哉！"

九月十七日，永乐皇帝率领大军回到了北京。永乐皇帝依例大宴群臣，接受群臣的祝贺，说道：“此次北征，略得小胜，北边安宁，朕心足矣，朕伐罪致讨，不得已而攘夷罢了！”

群臣一齐说道：“吾皇仁德神威，致使北夷威服，边境安宁，诚为可贺！”

大臣们越是恭维称贺，永乐皇帝心中越是不安，越觉得此次出征，自己是做了一个折本的大买卖空手而回的，总觉得心里不舒坦，老是觉得自己对夏元吉等一班大臣们该表示一点什么。表示什么呢？

向夏元吉他们认个错儿？不行，那样脸面儿放不下。赦免他们无罪？也不妥。既然人家无罪，你把人下狱干什么？你这个皇帝不是昏了头了么？恩免？对，恩免其罪，更能显示朕的开明和大度！

永乐皇帝终于想出了一个法子，不伤弓，也不损箭。计策是想好了，必须找个梯子，才好下楼。

于是，永乐皇帝急忙召见吕震。

“叩见吾皇万岁万岁万万岁！”

“免礼！赐座！”

“谢万岁！”

永乐皇帝说道：“北征这半年来，爱卿身兼三职，甚是劳累！”

吕震不知永乐皇帝说此话是何意，只得说道：“臣能为吾皇尽职分忧，虽苦犹乐！”

永乐皇帝又说道：“而今北征结束，一切回归正序，夏元吉、吴中还都闲着，朕不想让卿再过度劳累，该让卿松口气儿！”

吕震本来是见风转舵之人，听永乐皇帝如此一说，便马上明白了，便说道：“多谢吾皇垂怜，臣也常常因身兼多职，恐有负皇恩，诚惶诚恐！”

永乐皇帝说道：“明日早朝，你就呈个本上来吧！”

“臣遵旨！”吕震说道。

永乐皇帝说道：“那你就且回去吧！”

吕震道：“谢万岁！臣告辞！”

第二日早朝，永乐皇帝对大臣们说道：“朕此次北征，近日凯旋，众爱卿如有本章，尽可奏来！”

吕震出班说道：“臣有本奏！”

永乐皇帝道：“尽可奏来！”

吕震说道：“启奏万岁，为北征计，吾皇让臣兼领户部、兵部事，臣自受命以来，常常以德才疏薄，恐有负于皇恩而诚惶诚恐。今北征事毕，万事归序，臣请免除所兼之职，以倾力尽一职也！”

永乐皇帝说道：“爱卿所言也是。前为北征计，夏元吉、吴中等虽有过，

但念其对朕一向忠心耿耿，乘凯旋之时，朕就恩免其过，官复原职。杨荣，代朕拟旨！”

杨荣本来就同情夏元吉，见要他们官复原职，自然乐意，于是说道：“遵旨！”不一时，圣旨拟好。

永乐皇帝说道：“宣夏元吉、吴中、邹师颜进殿！”

夏元吉、吴中、邹师颜在狱中听说万岁有旨，急忙更衣，随着传旨的人一起进了金殿，一齐跪下。

“罪臣夏元吉叩见吾皇万岁万岁万万岁！”

“罪臣吴中叩见吾皇万岁万岁万万岁！”

“罪臣邹师颜叩见吾皇万岁万岁万万岁！”

永乐皇帝对宣旨官说道：“宣旨！”

奉天承运，皇帝诏曰：朕率军北征，获胜凯旋，大事已毕，一切归序，依礼部尚书吕震所请，请去兼职，朕思夏元吉、吴中、邹师颜为北征计，固然有过，然念其一向对朕忠心耿耿，恪尽职守，故恩免其过，官复原职，所扣俸禄，加倍退还。钦此。

“谢主隆恩，吾皇万岁万岁万万岁！”

永乐皇帝北征凯旋，赦免了夏原吉、吴忠、邹师颜三人的罪过，并让其官复原职，也算是为大臣们办了一件好事，大臣们自然大颂仁德，永乐皇帝心中也很高兴。杨士奇和杨荣二人一嘀咕，便决定二人同向永乐皇帝奏本，这一本奏下来，使有情人终成眷属，使永乐皇帝又成全了一桩美事。

早在永乐三年，文渊阁内出了一桩大喜事，那就是文渊阁内的解缙、胡广两家的夫人同日都生下了小孩，解夫人生了一个女儿，胡夫人生了一个儿子。

小孩子满月之后，文渊阁的五位阁臣都前往庆贺，大家都在胡广家欢聚一堂。年龄最长的胡俨，自然是主角儿。

胡俨首先说道：“今日解、胡两家龙凤之喜，咱们文渊阁阁臣特来祝贺！就请解夫人和胡夫人将孩子抱上来，与大家相见！”

解夫人、胡夫人闻言，将孩子抱出，说道：“感谢各位垂爱！”

胡俨说道：“来，我带个头儿，大家都见见面儿！”说罢，给了每个小孩十两银子。其余杨士奇、杨荣、金幼孜、黄淮也都学着胡俨的样儿，依次给每个小孩十两银子。

解夫人和胡夫人一齐致谢，解缙和胡广一齐施礼道：“承蒙各位厚爱，又让各位破费了！”

胡俨说道：“十两银子，不成敬意，只是聊表心意。我们大家就多饮几杯酒吧！”

杨荣、杨士奇一齐说道：“对对，咱们大家就多饮他几杯！”

解缙、胡广说道：“既然大家都在，就请给孩子们赐个名儿吧！”

黄淮说道：“哎，文渊阁的大学士还能连娃娃的名字都不会起么？”

杨士奇说道：“哎，话可不能这么说，赐人以名，也是一件善事，这事我可就当仁不让了！”

杨荣说道：“你给他们赐个什么名儿？”

杨士奇说道：“男孩子叫原，胡原，取古月荒原之意；女孩子叫倩。解倩，取淑女倩关之意。”

大家一齐叫好，回头再看那两个小孩子，并排放在床上，他两个你看着我，我看着你，不哭不闹，小手小脚自在地抓动着。

胡俨说道：“这两个孩子一龙一凤，同日而生，可谓是天缘地合的一对儿，我提议，解胡两人同朝共事，又是同乡，你们不妨就做个儿女亲家如何？”

大家一齐说道：“好主意！好主意！”

胡俨又向解缙、胡广二人说道：“你二位意下如何？”

解缙、胡广说道：“自然是件喜事儿！”

解缙、胡广二人打躬说道：“如此就高攀了！”说罢，大家都哈哈大笑。

胡俨又说道：“来来来！大家饮酒，大家饮酒，大家来个一醉方休！”于是推杯换盏，热热闹闹，一直到尽兴方休。

后来，解倩、胡原两个小孩子渐渐长大。两个孩子都长得俊俏活泼、天真可爱，杨荣、杨士奇二人见了十分喜欢，争着要认两个孩子为义子、义女。于是，杨士奇认胡原为义子，杨荣认解倩为义女，于是二杨他们又成了儿女亲家了。

后来解缙因太子的缘故而被贬官，离开了京城，其后不久，胡广也被贬为地方官。后来，直到解缙被害之后，胡广便将解夫人母女接到一起生活，并供两个孩子上学。这些经历，当然也都是人们很少知道的了。

这一年乃大比之年，天下的举子都来京赶考，正好杨士奇任正主考，杨荣任副主考。考试结束，杨荣便开始批阅试卷。

一日晚上，只有杨荣、杨士奇二人留在批阅房内，杨荣拿出两张试卷，说道：“大人，你看看这两张试卷！”

杨士奇接过试卷看了，杨荣问道：“文章写得如何？”

杨士奇说道：“文章写得不错，文笔灵活、才华横溢！”

杨荣说道：“大人再细看一遍！”

杨士奇又看了一遍，杨荣问道：“这一遍看出了味道没有？”

“味道？什么味道？”杨士奇问道。

杨荣笑了笑，说道："故人之气味！"

"故人之气味？此话是何意？"杨士奇问道。

杨荣说道："大人再看看考生的名字！"

"解倩、胡原！你说是……"

杨荣说道："我已查过二人的籍贯，与解缙、胡广同乡！"

"你说是解缙、胡广的一双儿女？"杨士奇十分吃惊地说道。

杨荣说道："我想正是他们两个，你看那文章，特别是解倩的文章，文笔很像解缙。算起来，这两个孩子也该是进京赶考的年龄了！"

杨士奇叹道："十五年没见了，也不知他们都长成什么样子了！"

杨荣说道："我看万岁常流露出思念旧臣之意，特别是对解缙、胡广更为明显，似对当年对解缙的处置有后悔之意，我们就将他二人点了再说！"

杨士奇说道："是他们的孩子，可也是我们的孩子啊！到底是不是呢？还须问明才是！"

杨荣说道："这个好办，我们先把他们点了，待他们来行拜师礼的时候，我们再细加询问！"

杨士奇说道："好！就这么办！"

解倩与胡原，尽管他们的父辈都曾受到了不公正的待遇、身处逆境，但他们在胡广和两位夫人的教诲下，发奋苦读，决心像他们的父辈一样有所作为。

特别是解倩，更是做事不让须眉。他们两人顺从了父辈的意愿，和睦相处，青梅竹马，但又不沉湎于儿女感情之中，整日里是攻书司文。解倩决心要当一个女状元，所以这次大比，她便女扮男装进京赶考。她与胡原在公共场合也就只得以兄弟相称。到了出榜那日，他二人果然榜上有名。

依当时之礼，学生考中之后，都要去拜主考官，去行拜师礼。他们二人自然不能例外，自然也要到杨士奇府上去行拜师礼。所以，杨荣也早就来到杨士奇府中等候。

解倩、胡原二人来到杨府，杨士奇、杨荣并排坐在客堂正中。自古拜师只是一人，而今是两人，所以解倩、胡原一见此种情景，一递眼神，便施礼说道："学生解倩、胡原拜见两位恩师！"

杨士奇说道："贤侄请坐！"

解倩、胡原说道："谢恩师！"

杨士奇问道："两贤侄都是什么地方人？"

胡原答道："我二人同乡，都是江西吉水人！"

杨士奇说道："那个地方可是物华天宝，人杰地灵，是个好地方啊！"

解倩说道："是一个好地方！"

杨士奇说道：“江西吉水可是个人才辈出的地方，据老夫所知，本朝的大才子解缙和胡广都是吉水人，不知你们二位知道其人么？”

“这个……”解倩迟疑了一下，“学生听说过！”

杨荣说道：“是应当听说过，你们后人若不知他们二位名人，就对不住两位先贤了！”

杨士奇又问道：“两位贤侄，不知解缙、胡广他们的后人都怎么样了？”

胡原问道：“恩师对他们的后人这么关心？”

杨士奇说道：“当初老夫与他们同在文渊阁，他们两个孩子的名字还是老夫给起的哪！”

解倩说道：“有这事儿？”

胡原说道：“有……不！我们不知道！”

杨士奇说道：“你们当然知道。你，就是解缙的女儿；你，就是胡广的儿子。岂能瞒得过老夫？”

解倩与胡原一齐说道：“你是……”

“杨士奇！”

“杨荣！”

解倩与胡原连忙下跪，说道：“孩儿有眼无珠，不识两位仁叔尊容，还望恕罪，且受孩儿一拜！”

杨士奇、杨荣一齐笑道：“你们错了，该叫义父！”

“义父？”

“是呀，当年我认你为义子！”

“我认你为义女！”

“孩儿拜见义父！”

杨荣对解倩说道：“孩子，你好大的胆子！女扮男装，竟考进了翰林院，这欺君之罪，可不是闹着玩的呀！”

杨士奇说道：“你父现在如何？”

胡原说道：“我父自为庶民之后，一直在家赋闲，教导我二人读书，将来为国效力！”

杨士奇说道：“你父的忠心仍是如当年一样！”

杨士奇对杨荣说道：“此次先让他们在翰林院待着，等到有机会时再奏明圣上，让其完婚！”

杨荣说道：“可要大动一番脑筋呀！”

杨士奇说道：“这事你就交给我吧！你给我帮个忙儿就行了！”

这事要如何收场呢？杨士奇心中已经盘算好了一个万全之策……

【第十五回】

明仁宗驾登九五位，永乐帝永眠长陵中

永乐皇帝坐于宝座之上，群臣舞拜已毕，永乐皇帝说道："有本早奏，无本退朝！"

杨士奇出班奏道："臣有本奏！"

永乐皇帝说道："杨爱卿有何本奏，呈上来！"

杨士奇说道："启奏万岁，吾皇圣明，北征获胜而归，又赦免夏元吉、吴忠、邹师颜之罪，令其官复原职，朝野上下盛赞吾皇仁德。今天见金殿之上有关雎乐象、秦晋喜迹，故臣上奏！"

永乐皇帝心中高兴，忙问道："有何喜，快奏上来！"

杨士奇说道："臣近来找到了失散十五年的义子，而今父子重逢！"

永乐皇帝说道："是一件喜事！"

杨荣也说道："启奏万岁，臣也有一喜！"

永乐皇帝乐了，说道："你也有一喜？何事，快快奏来！"

杨荣说道："启奏万岁！臣也找到了失散十五年的义女，如今父女重逢，不是一喜么？"

永乐皇帝笑了，说道："今日那么多的喜事都让你们二位得到了！"

杨士奇说道："启奏万岁！臣二人的这一双义子、义女本是同日所生，所以在朋友之子、之女满月祝贺时，见两小儿可爱，分别认为义子、义女，并当即结为娃娃亲。只因失散多年，二人未曾完婚。今日重逢，臣二人决定让其完婚，特奏明圣上，与臣同喜！"

永乐皇帝更乐了，说道："这可是一件大喜事儿，是不是让朕去讨杯喜酒喝？"

杨士奇说道："若是万岁驾临，臣感激不尽！"

永乐皇帝说道："这样的好事，朕乐意！这杯喜酒朕讨定了！令郎、令爱现

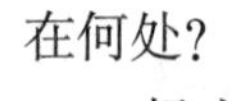

在何处？”

杨士奇、杨荣一起跪倒，说道：“臣等有罪，万岁若不赦臣之罪，臣不敢启奏！”

永乐皇帝说道：“好好，快起来，朕赦免你们。”

杨士奇说道：“这一双儿女现在就在京城！”

永乐皇帝说道：“既在京城，那就择日让他们完婚！”

杨士奇说道：“万岁知道这一双儿女的生父是谁么？”

永乐皇帝问道：“生父是谁？快说呀！”

杨士奇说道：“万岁赦臣无罪，臣方敢奏明！”

永乐皇帝说道：“快说！朕赦你无罪！”

杨士奇说道：“他们的生父就是解缙、胡广！”

永乐皇帝惊问：“解缙、胡广？”

杨士奇说道：“正是！”

永乐皇帝慢慢地说道：“解缙、胡广，朕对他们二位是过分了些，悔之已晚，既是他们的儿女，朕一定要善待于他们！”

杨士奇说道：“启奏万岁，他二人流落于民间之后，胡广与两位夫人精心教诲子女，均是满腹经纶。解缙之女女扮男装进京赶考，二人均中了进士，并进了翰林院，臣也是在发榜完后才与他们相逢的，不妥之处，还请恕罪！”

永乐皇帝说道：“既进了翰林院，也就罢了，宣他们进殿来见朕！”

杨士奇说道：“万岁，那解倩乃一女子，岂能进殿面君？”

永乐皇帝说道：“依卿之见该如何？”

杨士奇说道：“万岁一向对解缙恩宠有加，就是他获罪之后，万岁也常常念念于怀，万岁如若将解倩收为义女，既还了万岁要善待他们的心愿，又可使解倩上殿面君，其不两全其美？”

永乐皇帝说道：“如此甚好！快传朕的口谕，让他们两个进殿！”

那解倩本来就是一个才女，既然当今万岁传出口谕，收自己为义女，自然一切都明白了。于是，便还了女儿装，两人一同进了殿来。

胡原在前，施礼道：“叩见吾皇万岁万岁万万岁！”

解倩也施了一礼，说道：“义女叩见父皇万岁万岁万万岁！”

永乐皇帝一看，那胡原长得是一表人才。那解倩，也生得文雅端庄，有大家闺秀风范，不禁朗声笑道：“想不到朕到了晚年又多了一双儿女！”

永乐皇帝又对杨士奇、杨荣说道：“朕是他们的义父，你两个也是他们的义父，又让你二人捡了个大便宜！”

杨士奇、杨荣说道：“臣收他们为义女、义子在前，万岁收他们为义女、义子在后，臣不敢高攀万岁呀！”

永乐皇帝对解倩、胡原说道：“还不去拜见你们早前的义父！”

解倩、胡原说声遵旨，便又向杨士奇、杨荣拜了一拜。

杨士奇说道：“万岁，他二人完婚的事可就拜托给万岁了！”

永乐皇帝说道：“那是自然！那是自然！礼部、工部听旨，再建一处驸马府，建成之后，择吉日朕亲自主婚！”

“臣遵旨！”

工部领了圣旨，日夜建造，不到三个月，一座驸马府便建好了。礼部择了吉日，由永乐皇帝亲自主婚。

吉期到时，解缙的夫人、胡广夫妇也都赶来到京城，杨士奇、杨荣两家更是不用提了，大家都欢聚一堂。

整个驸马府内，飘红挂彩，鼓乐高奏，喜气洋洋，满朝文武都来贺喜。

吉时已到，礼赞官高声说道：“天官赐福、神明保佑，新郎、新娘奉旨完婚，鼓乐速作准备！”

“万岁驾到！”

永乐皇帝此时出现在人们的面前，所有的人一齐跪地朝拜：“叩见吾皇万岁万岁万万岁！”

永乐皇帝说道：“众爱卿平身！今日是解倩、胡原新婚大喜之日，不必行君臣大礼！吉日已到，快拜天地吧！”

礼仪官说道：“圣驾主婚，遍地吉祥，天作地合，并结连理，吉日吉时吉刻，鼓乐高奏，敬拜天地！”

“一拜天——”

“二拜地——”

“三拜高堂——”

“四拜万岁——”

“夫妻对拜——”

“送入洞房——”

解家夫人和胡家夫人望着两个儿女进了洞房，眼中流下了激动的泪花。

时光飞逝，不觉已是东风送暖，到了永乐二十一年的春天。

北京的春天，虽说不如江南的春天那样风景如画，却也是春意浓浓，花红柳绿，鸟鸣啾啾。游春的人们来来往往、络绎不绝。在这游春的人流中，夹着一老一少。那老者五十来岁，那少者七八岁。

那老者姓崔，人称崔老汉，那七八岁的孩子叫崔玉锁，是他心爱的孙子。

这一天，崔老汉心中高兴，说道："大头孙子哎，爷爷今儿带你去皇城边上玩儿去，让你看看那奉天门和五凤楼！"小孙子说道："爷爷，我这奉天门是看定了！"崔玉锁只高兴得一蹦多高。

这祖孙二人在北京城逛了半天，不觉天已近午。

"爷爷，我饿了。"

"你饿了？那好办，咱就买点儿吃的。"

"那好，咱们就到小摊儿上去买。"

"行！咱就到小摊儿上去买！你想吃什么？"

"我要吃糖火儿。"

"好！咱就买糖火儿。"

崔老汉带着小孙儿来到小摊上。

"老爷子，你想给小孙子买什么？"

"买两个糖火儿，多少钱一个？"

"一文钱两个。"

谁知崔老汉把外面的口袋儿翻遍了，也没找着一文钱，说不买吧，锁儿已经吃完了一个，买吧，又没有零银，只好从腰间把钱取出。共有四两银子，崔老汉从中取了一两，说道："可对不住了，没有零钱，就找吧！"

那卖糖火儿的也是个厚道人，说道："两个糖火儿也算不了什么，既没散银子，也就免了吧。权当是我送给小兄弟吃吧！"

"那哪儿行呢？"

"没有什么，你老汉就别客气了！"崔老汉千谢万谢，这才领着小玉锁往回走。

就在崔老汉拿银子买糖火儿的时候，却有一双闪着光的贼眼睛盯上了崔老汉手中的银子。当时，谁也没有发现这双盯上了崔老汉这银子的眼睛。

崔老汉带着小孙子玉锁正走在一个僻静处，这是一处无人居住的破房子。

"爷爷，我要拉屎。"

"拉屎你就在路边拉去。"

"这路边上有人。"

"有人你就到那破屋框子里拉去。"

"我怕。"

"你怕什么，我就在这儿等着你。"

崔老汉看着小孙子去拉屎，自己便掏出烟袋。才刚对着火，还没把烟袋送到嘴里，一个高大的身影站在了崔老汉的面前。

崔老汉抬头一看，只见此人人高马大，一脸的横肉，凶狠有力，二十八九岁光景，手里拿着一把匕首。

“拿来！”

“什么？”

“银子！”

“我没有。”

“你有！四两银子。你买糖火儿我看见了。”

“我不认识你，为什么要给你银子？”

“不给？不给我就不客气了！”

那人一把把崔老汉摁在地上，伸手从怀中掏出了四两银子。

崔老汉虽说五十多岁，也是个犟脾气，哪里容得他抢银子，便扯着他的褂子就拽，只听得“刺啦”一声，褂子给拽下一半。

“有人抢银子啦！有人抢银子啦！”

那人听崔老汉大声喊叫，一时性急，回手一刺，说声：“我让你喊！”一匕首正刺中崔老汉心窝。

崔玉锁在屋框内拉屎，听见叫声，便提上裤子出来，那人已向正南跑去，崔老汉见玉锁来到跟前，只说了一声“去报官”便死去了。

崔玉锁一边哭，一边喊。有几个人走了过来，一见崔老汉死在血泊中，自有知事，便前去报官。

说来也巧，有一顶官轿在此经过，众人忙去禀报。

这官员是监察御史王愈。王御史下了轿，看了一下崔老汉尸体，问道：“这是怎么回事？”

崔玉锁虽说是八九岁的孩子，却也会说话。他说道：“我在屋框内拉屎，爷爷在外边等我。我听爷爷喊‘有人抢银子’，我就提着裤子出来了。只见一个人向南跑去，我到爷爷身边，爷爷只说‘快报官’便咽气了。”

“你爷爷有银子么？”

“有。”

“有多少？”

“有四两。”

“你怎知有四两？”

“爷爷给我买糖火儿时看见的。”

“买糖火儿后还有四两么？”

“没有钱找，那卖糖火儿的没要钱。”

“你还能找着那卖糖火儿的吗？”

“能！”

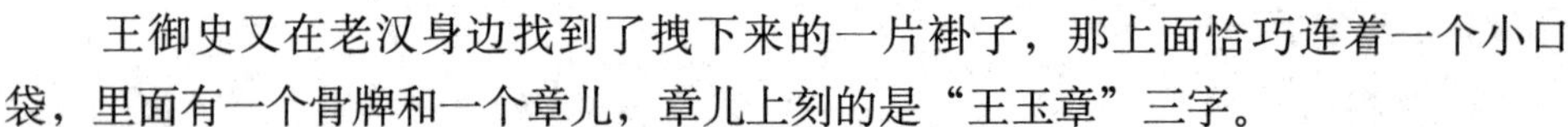

王御史又在老汉身边找到了拽下来的一片褂子，那上面恰巧连着一个小口袋，里面有一个骨牌和一个章儿，章儿上刻的是“王玉章”三字。

王御史一方面安排人通知崔老汉家人，一方面将匕首、衣物带走，又带崔玉锁找到那卖糖火儿的，证实崔老汉确有四两银子，又让崔家写了状纸。

王御史发下缉捕文书，很快查到确有王玉章此人。王御史立即升堂审讯。

“你是王玉章么？”

“是，不是。”

“到底是不是？”

“是。”

“你知道这是谁的褂子么？”

“知道。”

“这把匕首你认识么？”

“认识。”

“你为何要杀人？”

“杀人？我杀人？”

“是你杀人！还抢了人家的银子。”

“不是我！”

“不是你？崔玉锁，你看是不是他？”

“是他，就是那么高的个儿！”

“王玉章，人证、物证俱在，还有何话说？”

“我是王玉长呀！”

“我知道你是王玉章。”

原来那王玉长口齿不清，“章”“长”相混。

王玉长心中纳闷，我什么时候杀的人哪？王御史心想，你王玉章外表老实，内里狡诈。不用刑你是不肯招。

王御史喝声用刑，那王玉长哪里受得住，便糊里糊涂地说道：“我招！我招！我是王玉章，人是我杀的！”说罢便画了押。

王御史定了案，便将王玉长打入死牢。

王御史刚刚审好崔老汉被杀一案，又有一件杀人奸尸案摆在了面前。这事还须从五天前说起。

在北京一处普通的小屋里，住着一户普通的人家。家主姓李，名叫李四岗，李四岗两口儿只有一个女儿叫李小兰，这李小兰年方十九，长得俊俏。

这李小兰心中爱上了邻家的一个后生，叫刘三豹。他们二人情投意合，就是没找媒婆说合。只因李小兰自个儿单住一屋，所以约会也方便，说一声就行。这一天，又是他们约好的日子。

王玉章抢了崔老汉四两银子，没过一个晚上，便又赌个精光。几个赌友逼他还赌债逼得紧，王玉章没法儿，只得带了把匕首到外面溜达。

已是夜深人静，王玉章见一间屋子虚掩着门儿，里面还亮着昏暗的灯光。王玉章本想进去弄点什么值钱的东西，便轻手轻脚地走了进去。

一进门，想不到屋里面竟是一个如花似玉的大姑娘，只见她半裸上身睡在床上。灯光下，那细嫩的双臂就像两截刚出水的细藕。

这王玉章长了二十八九岁，从没有见过这一切，异性强烈的吸引力，使王玉章一步跨到床前，一下子掀开了被子，一下子把李小兰压在了身下。

这一切都是在很短的时间内完成的。

李小兰看清了来的人不是刘三豹，想叫喊，可是已经晚了，因为一只有力的手卡住了她的脖子，一个沉重的身子压在她的身上，焦急与羞怕、后悔与恼怒使她的大脑一片空白，很快她便什么也不知道了。

王玉章一阵火山爆发般的冲动之后，便开始搜寻值钱的东西。此时，外面不远处传来了脚步声，李小兰哼了一声，刚要喊叫，王玉章一刀扎下去，李小兰只是微弱地哼了一声就一命呜呼了。

听到外面有人来，王玉章一口吹灭灯，蹲在了门后。就在刘三豹进屋的当儿，王玉章快速地窜了出去。

刘三豹愣了一下，没有多想。

“小兰，刚才不是亮着灯么？怎么又吹灭了！”刘三豹轻声地说着，同时向床上摸去。刘三豹摸到了黏黏的东西，放在鼻子上一闻，腥乎乎的。刘三豹又摸到了插在小兰心窝上的那把刀。

“啊！杀人啦！”刘三豹吓得直着嗓子叫了起来。

这一喊可不要紧，李四岗两口儿起来了，左右邻居起来了。大家一看，只见李小兰赤裸着身体，胸口插着一把匕首，刘三豹手上、身上都是血。不用说，这是强奸杀人案。

众人不由分说，把刘三豹押上了公堂。

王御史见刘三豹手上、身上都是血，立即升堂问案。

李四岗先哭诉了一番，认定是刘三豹杀了她女儿。

“刘三豹！”

“小民在！”

“李小兰是不是你杀的？”

“是！”

“你为何要杀她！”

“我……我奸她，她叫喊！”

“签供画押！”

“是！”

刘三豹为何要承认杀人？只因刘三豹与李小兰情深意厚，深夜约会，谁也说不明白，为了不污损小兰的清白，就是死了，也情愿，所以刘三豹全部招认。

王御史又亲自看了现场尸身，情况与众人供词相符。于是定案，将刘三豹打入死牢。刘家虽知三豹不会杀人，但夜入民宅，刘家自己也很难辩白，所以刘家也无人喊冤。

王御史将王玉长、刘三豹处斩之后，没过十天，又一桩公案使王御史大吃一惊。

王玉章在奸杀了李小兰之后，虽过了一会儿神仙般的快活日子，却无法还赌债。这一日，几个赌友又碰到了王玉章，便拦着他要赌债。

“王玉章，这几日过得好快活呀！”

“你别跟我穷开心了，一天连三顿饭都吃不上。”

“兄弟我一天连两顿饭都吃不上，你还比我多一顿呢！怎么样，还几个钱给兄弟买杯茶喝吧！”

“你那说什么话，我王玉章是赖人不赖账！”

“不赖账，那好，拿来还吧！”

“今儿个没有。”

“没有？那可不行！”

“不行你能怎么着？”

“怎么着？我要扒你的小褂子！”

“王秃子，你可真不是个玩意儿！”

“王玉章你个狗日的，赖账不给还骂人，看我不揍你才怪呢！”

“我王玉章要怕你也不是英雄好汉！”

说着二人就在大街上打了起来，正好被巡城的小吏撞着了，便扭送到了监察院。

王御史便升堂问案。

“你叫什么名字？”

“回大人话，小人叫王秃子。”

“你叫什么名字？”

“回大人话，小人叫王玉章。”

“什么？你叫王玉章？”

王御史心想，怎么又来一个王玉章？于是又问道：“王玉章，你为什么要打架？”

“回大人，他欠我债不还，还打人。”王秃子抢先说道。

“欠你什么债？”

“赌债！”王秃子说道。

“王玉章，你少他的是什么债？”

“赌债。”

“你是什么地方人？”

“三里河人。”

“三里河有几个王玉章？”

“就我一个王玉章。”

听了王玉章的话，王御史心里一惊：“我斩的那一个王玉章又是谁？”看来，我还需要认真问个清楚才是。王御史便让公差退下。

王御史又说道：“王玉章，你可知道，这儿是公堂，说话可是要顶真格的，那王法可是无情的呀！”

王玉章说道：“我王玉章生来是天不怕，地不怕，无父无母，无姐无妹，不就是少他王秃子几个赌钱么，有什么不敢担当的！”

王御史说道：“少几个赌钱是算不了什么大事，本御史就是喜欢你这个敢做敢当的胆量！”

王玉章说道：“就是嘛！白刀子进红刀子出的事我都没皱过眉头，何况王秃子那几个银钱！”

王御史说道：“你杀过人？”

王玉章说道：“杀过……不，杀过猪羊。”

王御史又说道：“是男是女？”

王玉章说道：“一男一女，哎，猪羊哪有什么男女？”

王御史笑道：“说句笑话。说来也巧，我们三个都同写一个王字，都是槐树堂的子孙。你们之间的那几个小债，本官给你还了。常言说得好，上阵还须亲兄弟，打仗还是父子兵，我这个为官的也不容易。咱们既是自家人，还请二位帮帮忙，事成之后，各赏白银千两，行么？”

二人一听，便说道：“什么事？”

“本地有一个老头，被人抢了银子丧了性命，一个女子被人奸后杀害，至今凶手未能归案，你们二位在地面上人缘儿熟，给本官访访如何？”

“行行行！”王秃子满口答应，“只要老爷肯给银子，全包在我身上！”

“怎么，你不愿意帮这个忙？”王御史问王玉章。

“这个……”

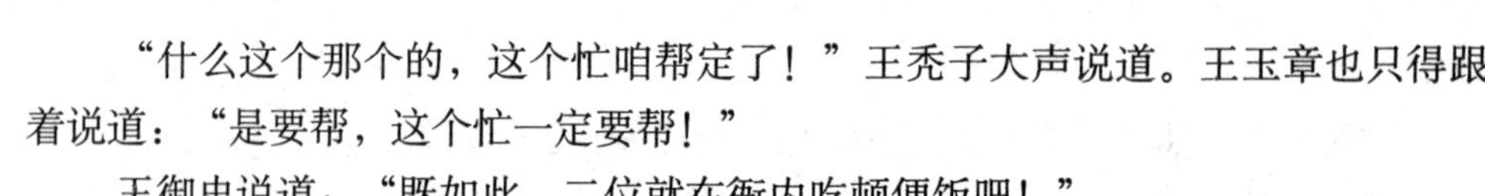

“什么这个那个的，这个忙咱帮定了！”王秃子大声说道。王玉章也只得跟着说道：“是要帮，这个忙一定要帮！”

王御史说道：“既如此，二位就在衙内吃顿便饭吧！”

二人说道：“那就打扰了！”

便宴之后，二人便走出了官衙。王御史又将捕头招来，细细嘱咐了一番。捕头便换上便衣，暗自尾随而去。

眼见得天也快黑了，王秃子拿着王御史给的五两银子，笑着对王玉章说道：“咱俩的赌债清了，咱俩还是好兄弟！”

王玉章说道：“好兄弟个屁！你这下可把我给害苦了！”

王秃子说道：“你说什么混账话？我怎么又害苦你啦？”

王玉章小声说道：“你不该贪他那一千两银子，给他帮忙查案子！”

王秃子叫道：“你别没有良心了你！别说人家给一千两银子，就是冲人家给你还赌债、吃官饭这一点，也该给人家帮忙。”

“你说是咱兄弟们亲还是那当官的亲？”王玉章扒着王秃子肩膀小声说道。

“当然是咱弟兄们亲了！哎，你说这是啥意思嘛？”王秃子问道。

“既是这样，你就不要查了，你要想要那一千两银子，就把我绑上送去便了！”

“你说啥？把你绑去？”王秃子睁大眼，“这是怎么一回事？”

王玉章说道：“他说的那一男一女都是我杀的！”

“你？你干啥要杀他们？”

“杀那老头子是抢了他四两银子。”

“杀那女的呢？”

“还不是想弄俩钱还你债？见了那女子我就开了荤，事后，她醒过来了，我就给了她一刀！”

王秃子叹了口气，说道：“唉，怎么是你干的，这一千两银子我不要了。”

“这一千两银子我给你！”捕头话音未落，早有四只有力的大手卡住了他们的脖子。

王秃子和王玉章又被带上了公堂。

王御使将惊堂木一拍，喝道：“王玉章！你是如何杀害崔老汉和李小兰的，从实招来！”

王玉章说道：“小人冤枉！”

王御史说道：“你亲口说连杀两人，有何冤枉？大刑侍候！”

王玉章知道瞒不下去，便说道：“小人愿招！”

于是王玉章便将作案经过原原本本地供出，然后画押。

王御史将王秃子训示一番，责令其从善做人，而后释放，将王玉章打入死牢。

王愈判案为何会出错呢？

原来，王玉章本是一个五毒俱全的人，父母双亡，无姐无妹，只孪生兄弟二人，兄为王玉章，弟为王玉长。两人长相如同一人，差异极小，一般邻舍都难以分辨。王玉长为人厚道，不善于说话，口齿“长”“章”不分，又惧怕刑讯，致使把两人误为一人，导致王玉长屈死。李小兰一案，刘三豹深夜私约，难于辩白，自愿殉情而死。

王愈决案，三案误杀两人，自知罪不可恕。因为永乐皇帝执法极严，对官吏执法犯法者严惩不贷。王愈思量再三，决定写表上奏，而后自缚请死。

正是三、六、九上朝之日，永乐皇帝正在议事，传事官来报：“启奏万岁，监察御史王愈断三案误杀两条人命，现自缚在殿外候旨！”

永乐皇帝闻奏，说道：“朕以法治国，对执法犯法者严惩不贷，这王御史乃断案高手，如何也误杀人命，宣他进来！”

“宣监察御史王愈进殿！”

王愈进得殿内，自缚请罪。

“罪臣王愈叩见吾皇万岁万岁万万岁！”

“平身吧！”

“罪臣不敢！臣断三案误杀两命，臣自知吾皇严整法度，以法治国，对执法犯法者严惩不贷，故而自缚请死，将奏表呈上，自缚请死。”

“朕知尔精于法度，办案谨慎，为何误杀两命？将本章呈上！”

永乐皇帝展开奏章，只见表中写道：

凶犯王玉章抢劫、强奸、斗殴，连作三案，连杀二命。王犯玉章父母双亡，独身度日，生不安分，吃、喝、嫖、赌、偷、抢、夺、拿，无所不为，乃素行不良之人。

王犯玉章于三里河静僻处，抢劫崔老汉银子四两，用匕首杀人，留下半片小褂，口袋中有骨牌一个、一个上刻“王玉章”三字的私章及匕首之物，崔老汉之孙崔玉锁眼见凶犯南逃。臣查访果有王玉章其人，令差役捕人。不料凶犯乃孪生兄弟二人，长相绝似，如同一人，邻里尚难辨认，兄为王玉章，弟为王玉长。只因那王玉长生性老实，惧怕官威，口齿不清，说话“章”、“长”不分，大堂上不善言语，识认赃物，招供杀人，致使凶犯漏网，王玉长误杀而亡。

三里河李四岗之女李小兰，与其邻刘三豹自幼相好，青梅竹马，常深夜约会。王犯玉章本欲行窃取财，见李小兰貌美心动，淫性大发，卡其喉，奸其身，事毕欲走，李小兰亦醒，刘三豹约会来至门前，王犯匕首杀人，灭灯趁机而逃。

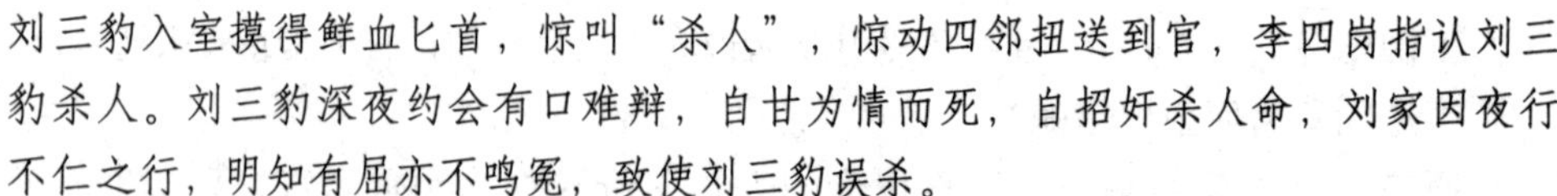
刘三豹入室摸得鲜血匕首，惊叫“杀人”，惊动四邻扭送到官，李四岗指认刘三豹杀人。刘三豹深夜约会有口难辩，自甘为情而死，自招奸杀人命，刘家因夜行不仁之行，明知有屈亦不鸣冤，致使刘三豹误杀。

王犯玉章因欠赌债与王秃子在大街上斗殴，被巡城小吏扭送于官，臣经审讯，知其中有诈，以计查之，明之真相，王犯供出连杀两案之情，而供认不讳。

臣办案不力，执法犯法，误杀两命，自当死罪，自请赐死。故还天庭。

永乐皇帝看后，叹道：“王爱卿呀王爱卿，朕想不到你也会误伤人命，朕三番五次告诫尔等，用法当以宽不以猛。对死刑宁缓勿急，人头一旦落地，岂能复合？故而对死囚罪行要实，万一不实，必致蒙冤而死。有人伶牙俐齿，能说会道，则可能隐瞒真相，有人口齿不灵，说不明白，则可能含冤。今以王氏而观之，朕所言非错，今尔之失，令朕痛心！”

王愈说道：“吾皇圣谕极是，臣甘愿受死！”

永乐皇帝说道：“朕念你过去办案有功，此次尚能知罪自缚、缉拿真凶，朕将厚葬于汝，让你子世袭尔禄，学成而立之时则袭尔职。一切可免，唯有法度在而死罪不能免！朕赐尔御酒一杯，爱卿就安心上路吧！”

王愈将御酒一饮而尽，再跪谢恩道：“谢主隆恩，吾皇万岁万岁万万岁！”

武士推着王愈便走。

“慢！”永乐皇帝说道，“让他再回家与妻子、儿女们团聚三日，再赴刑场！”

王愈走到殿门口，又回转身来，说道：“万岁，请多保重龙体！臣先去了！”

王愈出殿之后，永乐皇帝神色凄惨，良久不语。

群臣道：“吾皇不必为王愈过伤！”

永乐皇帝说道：“朕并非为王愈而悲，而是为朕经营多年，法不能立而悲！”

永乐二十一年（1423年）七月二十六日，天气阴沉沉的，雄伟的万里长城，在茫茫的烟雨之中，更显得雄伟、壮观。

在土木堡的长城之上，六十四岁的永乐皇帝，在阁臣杨荣、陈懋等文臣武将的陪同之下，正神采奕奕地检阅着各路人马。此时，一侍卫来报：“万岁，从漠北归来的人说阿鲁台率部集于饮马河一带，正要进攻我大同、宁夏！”

永乐皇帝说道：“快传朕的敕谕，让大同、宁夏守将严加防范，准备迎敌，远征之大军快速出发！”

永乐皇帝一声令下，三十万大军便从土木堡出长城直向塞北进发，这就是永乐皇帝的第四次北征漠北。

永乐皇帝的第四次北征，仍然是仓促而无目的的一次远征。原来，在永乐二十一年四月，阿鲁台被瓦剌顺宁王脱欢打个大败，极端穷蹙，部属四散，一些人见大势已去，纷纷降明。为了表示对大明的忠诚，一些人便乱造谣言，说阿鲁台正收拾残部，准备卷土重来。

永乐皇帝好大喜功，一心要效仿古代名君做一个天下臣服的君主，再加上上次亲征不遇敌还心中不快，所以闻讯便马上决定亲征。

永乐皇帝说道："阿鲁台一定是认为朕出征得胜，志得意满，不会追击他，所以才又产生南下的念头，此次朕亲率大军驻军在塞外等着他，蒙古军想不到我早已到而轻举妄动，朕以逸待劳、乘其疲惫而攻之，一定能获胜。"所以此次远征行动迅速，大军二十四日从北京出发，两天后便到达土木堡。十五日，探马来报，说道："启奏万岁，鞑靼部知院阿失帖木儿、古纳台等人率领妻子儿女来降！"

永乐皇帝说道："让他们来见朕！"

"是！"

阿失帖木儿与古纳台等来到永乐皇帝面前，行礼道："阿失帖木儿、古纳台拜见大明天子陛下。"

"不必多礼，尔等能审时度势，前来归顺，朕心甚喜！"

"多谢陛下不弃之恩！"

"阿鲁台情况如何？"

"回陛下，阿鲁台被瓦剌战败之后，驼马牛羊损失已尽，现自身难保，他们如果知道天兵复出，躲避还来不及，怎么敢再带兵南下？现已逃之夭夭！"

"朕授你二人为正千户之职。"

"谢吾皇陛下！"

永乐皇帝安置了阿失帖木儿、古纳台之后，心中又是沉沉的，看来此次远征又是无仗可打了。

先锋宁阳侯陈懋领兵出关，得知阿鲁台望风而逃，是进还是退，陈懋不能决策，派人向永乐皇帝请求定夺。

永乐皇帝心中甚是烦恼，说道："朕既令尔为先锋，军中大小事情，就应自己审时度势、自作主张，何须件件都要朕为尔做主？"

正在永乐皇帝犹豫不定的时候，前方传来了一个令永乐皇帝欣喜的消息——鞑靼王子也先土千率部来归！

也先土千来归，满足了永乐皇帝做天下圣主的心愿，这是此次北征的最大的、也是唯一的收获，也是永乐皇帝回京后给全国臣民的一个最好的交代。永乐皇帝紧锁的双眉舒展开来了，当即传令，令军队到天城迎接也先土千。

十月二十二日这一天，天城到处呈现出一片欢愉祥和的气氛。入见大礼正在这里举行。永乐皇帝端坐在天城官衙大堂之上。鞑靼王子也先土干在宁阳侯陈懋陪同下，进入大堂。

也先土干向永乐皇帝行礼，说道："拜见大明天子陛下，吾皇万岁万岁万万岁！"

"平身！"

"谢万岁！"

永乐皇帝说道："过去唐时，突厥颉利入朝时，太宗说胡越一家，有矜大自得的意思，朕则不采取那样的态度，只是天下的人都要求其生存，边境平安无事，和睦相处、不动刀兵，这才是我的志向！"

也先土干说道："我早就盼望着有归附的这一天，但一直被阿鲁台牵制着，所以直到今日才有机会拜见天颜。"

永乐皇帝笑道："汝既来归附，即朕之臣民，与他们同一，不必过虑！少时朕为汝设宴接风！"

也先土干说道："多谢吾皇厚爱，仆能于吾皇陛下为臣，三生有幸。"

永乐皇帝心中高兴，说道："难得尔对朕有如此忠心，朕就封尔为忠勇王吧，赐汉名为金忠！"

也先土干立即谢恩道："臣金忠谢主隆恩，吾皇万岁万岁万万岁！"

金忠又将其外甥把台罕介绍给永乐皇帝："此次来归多系外甥把台罕之功，无他，臣亦不得而至！"

永乐皇帝说道："把台罕之功不可没，朕即授都督佥事之职！"

把台罕当即谢恩。宴席之上，永乐皇帝还把一只御用金壶赐给了金忠。金忠归降的第二天，永乐皇帝便下了"班师诏"。

十一月四日，大军回到居庸关。

在艳阳的照耀之下，蓝天下那蜿蜒不尽的长城更显得高大雄伟，起伏不断的高山，更显得苍茫巍峨。居庸关城楼，耸立在崇山峻岭之间，显得格外挺拔、壮丽。居庸关内，人声鼎沸，人流如潮，彩旗摇动，旌旗招展，鼓乐震天。永乐皇帝身着衮龙金绣袍，头戴天子冠，乘坐玉花龙马，进得居庸关来。这时金鼓齐鸣，旌旗辉映，连亘数十里，中外文武官员及百姓百余万人夹道两旁，见了永乐皇帝齐呼万岁，声震天地，响遏行云。金忠跟在永乐皇帝后面见到如此壮观景象，激动万分。

永乐皇帝在人们的簇拥下，如同群星拱月，面容神色泰然，威严镇定，内心里充满着无限的喜悦。这盛大的凯旋仪式，正在向各国贡使及归降的蒙古人显示：这就是大明国的强盛国力，大明国在天下将是永远无敌的！

北京的臣民百姓用欢快的锣鼓迎接了凯旋的永乐皇帝后，时隔两月，到了永乐二十二年（1424年）正月初七，北京的臣民又迎来了一个欢快的时刻，那就是永乐皇帝举办的庆功宴会。永乐皇帝端起酒杯，频频地向对他祝贺的大臣们致意，永乐皇帝威严的面容中也不乏几分满足的欢愉。

一个内侍来到永乐旁边，轻声说道："启奏万岁，大同、开平守将飞书来报，两城受到阿鲁台部的袭击！"

"什么？你再说一遍！"

"太同、开平守将飞书来报，大同、开平受到了阿鲁台的袭击！"

"朕知道了！"

永乐皇帝端着酒杯，沉吟了片刻，然后一饮而尽，把酒杯摔在了地上，人们都惊呆了，不知道又发生了什么事，都静静地望着永乐皇帝。

永乐皇帝平静了一下，说道："朕北征回来才两个月，这庆功宴会还没有完，阿鲁台这个竖子匹夫，竟来袭击我大同、开平，是可忍孰不可忍！"

众大臣一听是阿鲁台犯边，提起来的心才稍微放下去。永乐皇帝说道："我泱泱大国，岂能容外夷侵犯！"

永乐皇帝又说道："前些天，忠勇王金忠向朕说道：'阿鲁台违天逆命，数为边患，请兵讨之！'朕说道：'兵怎么能经得起再动，朕固厌之，况他人乎？且待后来，师出有名方可！'而今竖子数犯于我，无礼之极！朕入主华夏，当四方臣服，不平定北夷，安定边境，誓不甘休！"

张辅说道："金忠的话不可拒绝，逆叛之贼也不可放纵，边境之患也不可坐视，用兵之名也不可避也，望吾皇决断！"

永乐皇帝说道："朕决计五征漠北，不平虏患，誓不返回！"

众人都一致说道："臣等誓死随吾皇左右。"

"杨荣、金幼孜！"

"臣在！"

"朕命汝二人随朕亲征！"

"臣遵旨！"

"英国公张辅、安远侯柳升、都指挥刘忠！"

"臣在！"

"朕命汝三人各领一支兵马随朕亲征！"

"臣遵旨！"

"宁阳侯陈懋、忠勇王金忠！"

"臣在！"

"朕命汝二人为前锋！"

“臣遵旨！”

“朕并非好战喜功，盖志在安境保民，实乃不得已而为之！”

就这样，永乐皇帝把庆功宴会变成了第五次北征的动员会。四月三日，永乐皇帝命太子祭告天地、宗庙、社稷。第二天，便亲率大军踏上了北征之路。

四月十七日，本是永乐皇帝的生日，这一天大军来到赤城。礼部尚书吕震说道：“启奏万岁，今日本是圣上生日，百官要行礼，为陛下庆贺万寿圣节！”

永乐皇帝说道：“现在我们是顺天伐罪北征漠北，日日夜夜都在为军务操心，没有一刻安宁，哪里还有闲心去庆贺生日呢！算了吧！不要庆贺！”

吕震又道：“圣上终日为国操劳，四次生日都是在军中度过的呀！”

永乐皇帝叹道：“朕以太祖高皇帝之言为训，终日勤政为国，不敢懈怠，大政尚处置不尽，何况生日呢。待朕平了胡患，统一北方之后再庆不迟！”

大军到达隰宁，正是四月二十五日，前锋金忠将俘获的一个阿鲁台的间谍送了来，永乐皇帝便亲自审问。

“阿鲁台近况如何？现在何处？”

“回陛下，去年，阿鲁台闻天国大军征讨，自知不能对敌，便率部北逃，不巧正赶上一场大雪，牲畜大多冻死，不少部下逃散。近日听说大军又来征讨，慌忙而逃，现已渡过兰纳木儿河向北逃去！”

永乐皇帝对诸将说道：“朕以为胡寇所逃未必甚远，应火速追赶！”

众将说道：“谨遵圣命！”

五月五日是端午节，在南方早已是烈日炎炎了，可远在塞北的开平却下起了大雨。那雨如同瓢泼的一般，铺天盖地地下起来，地上积水没膝，冰冷的雨水落在将士们的身上，寒冷彻骨，大家一个个都冻得浑身颤抖、缩成一团。永乐皇帝见了，急令停止行军，让将士避雨。

五月十日，大军不觉又前进了半个月，仍不见蒙古兵一个人影，永乐皇帝心中不免焦急，夜间便做了一个梦，甚觉怪异，所以第二天一大早便把杨荣和金幼孜召来。

永乐皇帝说道：“朕昨夜做了一梦，只见从空中飘飘悠悠地落下一个人来，来到朕的面前，说‘我，神人也，上帝好生’，且连说三遍‘上帝好生’，不知是何征兆？”

杨荣与金幼孜答道：“那是因为吾皇好生恶杀，真情感动了上天。我们此次北征本意在于除暴安民，但是仍要火炎昆冈，玉石俱焚，只是要陛下留点意罢了。岂有他哉！”

永乐皇帝对杨荣说道：“卿可为朕拟敕，派中官伯力奇与所俘之鞑靼人往鞑靼部中传谕，历数阿鲁台忘恩负义之过，王师之来，罪止阿鲁台一人，凡真诚来附者，皆予安置，并授任官职，所择善地，使之安居乐业！”

杨荣说道：“臣遵旨！”

永乐皇帝率领大军，五月十三日到达开平后继续前进。行军之中，永乐皇帝与诸将谈用兵之道：“谓武有七德，禁暴诛乱为首。故而自今凡有归降者，均应全心全意地予以安抚，不要使他们流离失所，只要不是拿着兵器直向我冲杀的人，都要放了他们，不要杀害！”

柳升说道：“吾皇仁爱之心可撼动天地！”

永乐皇帝正行走间，忽然下令，让大军停下。众人不知其意，只见永乐皇帝凝视着眼前的荒野一动不动。

众人顺着目光瞧去，只见眼前是一些横七竖八的白骨，这是过去征战留下来的。诸将看了，也不禁有些凄然。

“就让他们长眠在这里吧！”张辅叹道。

“不，这都是朕的臣民将士，他们都是为国捐躯，朕不能让他们白骨暴于野。把白骨都收起来重新安葬！”

“遵旨！”

不一会儿，百余具白骨都收拾好了，永乐皇帝把他们都葬在一个大坑之内，而后树上一块墓碑，上书“大明阵亡将士之墓”八个大字。永乐皇帝亲自洒酒致祭，亲致祭文：

我大明开国以来，北方胡夷为患，屡屡南下，犯我边境，杀我臣民，掠物劫货。朕为保境安民，数发义师，代天伐罪，故戍将士，随师北之，顶风雪，冒寒暑，蹴敌阵，斩凶顽，重节义，轻生死，堪一代之英烈也。

尔等将士，抛妻别子，离乡背井，身之漠朔，舍生忘死，何其雄也，虽魂归乡里，而身弃荒原，血肉消尽，白骨累累，朕心何忍，故命收尔遗骨，合葬一穴，集体安寝，树碑以记，其文曰“大明阵亡将士之墓”。谨致祭文，彰尔节行，寒食年节，于京遥祭尔等，灵魂亦当欣慰矣！呜呼哀哉，尚飨。

永乐皇帝声情并茂，在场将士无不感激涕零。永乐皇帝在前，大军又急速前进。大军于二十二日到达清平镇，又是一个阴雨天气，永乐皇帝有感于大军劳苦，于第二日宴劳随征之大臣，犒赏士卒。

宴席之上，永乐皇帝让内侍歌唱太祖高皇帝留下的御制词五章。只所得内侍演唱道：

南朝天子爱风流，尽守江山不到头。

总为战争收拾得，却因歌舞破除休。

尧将道德终无敌，秦把金汤可自由？
试问繁华何处在？雨苔烟草石城秋。

那边内侍演唱着，永乐皇帝与众臣说道："此本唐朝李山甫之《上元怀古诗》，太祖尝大字书于屏风之上，用以自警也。"

杨荣亦叹道："千古之至言也！"

内侍在那边又继续唱道：

马渡沙头苜蓿香，片云片雨渡潇湘。
东风吹醒英雄梦，不是咸阳是洛阳。

腊前三百旷无涯，知是天宫降六花。
九曲河深凝底冻，张骞无处再乘槎。

片云风驾雨飞来，顷刻凭看遍九陔。
楹外近聆新水声，遥空一碧见天开。
……

听到太祖高皇帝御制之诗，永乐皇帝不禁动情，他用深情、沉稳的声调对大臣们说道："此先帝垂谕创业征战之难，而示戒荒淫酗酒之失。朕嗣先帝鸿业大志焉，唯恐失坠。虽今军旅之中，君臣杯酒之欢，不敢忘怀。尚相与共勉。"

金忠说道："吾皇承先帝鸿业，勤政孜孜不倦，南征北战，四海臣服，恢弘先帝之基业，可谓一代圣主，值此欢宴之际，何不制词以言志？"

永乐皇帝此时也正在高兴处，便说道："朕也仿先祖之制，制五章吧！"于是便信笔而来，不时便成章。五章如下：

燕山巍巍气势昂，风雷起动兴龙皇。
承继鸿业大一统，先帝王气永弘扬。

南征北战动刀枪，四方胡夷来勤王。
文治武功勤尽业，百个辛酸愁忧长。

晨起不闲夜匆忙，四时无暇饮琼浆。
为伊斯人独憔悴，国运繁昌眉飞扬。

九鼎法度渊源长，流传千载各短长，
开创守成紧相连，心思千载白云上。

君临天下圣贤王，万邦来朝驭四方。
平生耿耿鸿鹄志，并驾汉宋与秦唐。

永乐皇帝五章制毕，内侍即时演唱，众臣听了，便称颂道："吾皇奉天法祖、勤政恤民、深思远虑，前古帝王所不及！"

永乐皇帝说道："今朕心甚悦，与诸臣痛饮！"

欢宴推杯换盏，热闹非常，直到酒醉方罢。

六月十七日，北征大军来到答兰纳木儿河。

站在河上向北一望，只见是一望无际的荒原，那半人深的野草，在北风吹动下，掀起一轮一轮的波浪。在没有草的地方，则是一片荒漠，荒漠之中别说没有草，连一点水也没有，一阵风吹来，则沙尘遮天，转眼之间，蓝天便变成了一片昏黄。人们不禁问道："蒙古兵到底在哪儿呢？"

确实没有一个蒙古兵，连半个影儿也找不着，因为阿鲁台早就跑得无影无踪了。地面上连一个羊屎蛋儿、一个马蹄印儿、一寸长的车辙沟也没有。

身经百战、善于深谋远虑的永乐皇帝此时也有些迷惘了，此次远征是对也？错也？功也？过也？永乐皇帝自己也说不清。

英国公张辅奏道："万岁，请给臣等一月的粮草，率骑深入，罪人必得！"

永乐皇帝说道："我军出塞已久，人困马乏，胡地早寒，一旦有风雪之变，归途尚远，不能不虑呀！"

当夜，英国公张辅又派兵四处搜索，人影儿丝毫不见。

永乐皇帝说道："古代的帝王抵御外夷的目的，不过是把他们赶跑了就算了，便不再穷追。且而今胡虏也是所剩无几，茫茫广漠之中就如同大海之中寻一颗米粒一样，追赶未必一定能捉到他。朕宁愿失掉我所要逮的罪人，也不愿意再重劳朕之将士。朕不能因小而失大，班师回朝！"

在一望无际的蒙古大沙漠上，一支浩浩荡荡的大军正在行进之中。只见这支队伍仪仗威严，阵容整齐，这就是永乐皇帝第五次北征之师正在班师回京的途中。

永乐皇帝坐在自己的车驾之中，微闭着双眼，身子一动也不动，任凭着车子在荒野上颠簸。是过度的劳累？还是心情不好？永乐皇帝自己也说不清。他也无心去看那外面的山野和绿水，心中老是在盘算：这第五次北征就是这个样子的么？这次远征的战果又是什么呢？一个念头在他心中一闪：老了不中用了，自己已经糊涂了！这两次亲征都是错误的！真的是朕自己错了么？带着这个问题，永乐皇帝不觉睡着了。

七月十四日，大军到达翠微岗，永乐皇帝在临时搭起的帐篷内坐着。大概是由于长途的颠簸吧，永乐皇帝似乎觉得很累，整个身子沉甸甸的，手脚行动起来总是不那么灵活。永乐皇帝这时才觉得，自己已经是一位老人了，口中情不自禁地说道："朕今年六十有五，看来，朕真的是老了！"

"万岁人老心可未老，雄心不减当年嘛！那曹孟德不是说过'老骥伏枥，志在千里，烈士暮年，壮心不已'么？"内侍海寿接着说道。

"还有几天可以到达北京？"永乐皇帝问道。

海寿答道："大概要到八月初吧！"

永乐皇帝没有说话，过了一阵，又说道："朕今日有些累了，朕要睡上一觉！"

不一时，永乐皇帝睡着了。海寿把被子给掖了掖。看着永乐皇帝那十分疲倦的面容，海寿不禁心中酸酸的。万岁也是人啊！六十五岁高龄的老人了，莫说皇帝，就是寻常百姓人家的老人，此时也早就该安度晚年、坐享其福了呀！可这位戎马一生的老人，现在还是行进在远征的路途上。

永乐皇帝睡在床上，也不知是什么时候，只见帐篷外走进一个人来，永乐皇帝一看，竟是徐皇后，永乐皇帝心中一喜，不禁迎了上去。

"皇后！"

"万岁！"

"我的好皇后！朕想你想得好苦！"

"万岁！臣妾也很想你呀！"

徐皇后端详着永乐皇帝的脸，说道："万岁瘦多了，你这都是累的呀！"

永乐皇帝说道："这还不都是为了江山社稷么？"

徐皇后说道："人都没有了，江山社稷还有何用？"

永乐皇帝说道："皇后，你都到哪里去了？"

徐皇后说道："别说这个，你看！那是谁来看你了！"

"臣妾叩见吾皇万岁万岁万万岁！"

永乐皇帝一看，原来是权氏、吕康妃，还有张氏、王氏、朴氏。

"权妃，我的爱妃呀！让朕看看，你是怎样被人毒死的？"

“启禀万岁，臣妾是心病发作，一时还不过气来而亡的。吕康妃是冤枉的呀！”

“对对！康妃，你是冤枉的，贾氏已经给你昭雪了！”

“臣妾多谢万岁垂怜！”

“朕都明白了，你们都不必啼哭了，你们还都是好姐妹！”

“吾皇吉祥，侄儿给叔叔行礼了！”一个和尚跪在了永乐皇帝面前。

“你是允炆！”

“叔叔，我是允炆！”

“侄儿，当年宫中火起，朕到处找你……你不会怨恨朕吧！朕可是为了先帝的江山啊！”

“叔叔，你夺皇位，我不怨恨，你坐我坐，都是朱家的江山，可你不该酷杀了我那么多的大臣啊！他们都是忠臣，都是治国的栋梁啊！”

“允炆说得对！”

“父皇！”

“棣儿！你当效周公，不该兵逼允炆！你虽把江山治理得很好，却永远逃不出一个‘篡’字啊！”

“父皇！你也不能理解皇儿，皇儿可都是为了弘扬父皇的鸿业呀！”

“是功是过，后人将会自有评说，这将不再是我们父子的事了！”

太祖朱元璋说罢，拂袖而去。

“父皇！父皇，你听皇儿说呀！”

永乐皇帝回过头来，只见朱允炆边走边说：“你还去当你的皇帝去吧，你记着，千万不要让你的皇子、皇孙再走你的路，我跟我的皇祖去了。”

永乐皇帝似乎还想对朱允炆说点什么，朱允炆已经走远了。永乐皇帝目送着朱允炆走远了，回过头来不禁大吃一惊，在他面前跪着黑压压的一片，有老人、妇女，还有儿童，他们是奇形怪状的，有没有头的，有断腿断胳膊的，有身腰两断的，有没有皮的，有被火烧的，还有脖子上缠着长绳的，有肚子被切开的，一片凄凄惨惨的鬼哭狐鸣。“我们冤枉，朱棣还吾命来！”就在这时，从里面走出一个人来，只见他满身是血，两眼冒火。永乐皇帝一看，却是方孝孺站在他面前。

“方孝孺！是你！”

“是我！我是方孝孺！你不守臣道，谋反篡位，杀戮忠良，血债累累，血恶滔天，有何面目重见祖宗！”

“方先生，这个禽兽一般的乱臣贼子，还与他谈什么仁义道德，看我不一刀宰了他！”

“景清，好大的胆子，尔敢刺杀朕？”

“有什么不敢？在阳间我怕你，在阴间我可不怕你。朱棣，还命来！”

景清说罢，一剑刺来，永乐皇帝一偏身，正好刺在左胸上，霎时，血如泉涌，永乐皇帝不禁大叫起来。

“万岁！醒醒！万岁，醒醒！”海寿在一旁轻声呼道。

永乐皇帝醒来，方知是一场噩梦。他已被冷汗所湿透，前胸间隐隐作痛。

“万岁！又做梦了？”海寿问道。

“唉！”永乐皇帝叹道，“近来老是做噩梦，心神迷顿，看来朕真是老了，不中用了！”

“万岁说哪里话，您是路途颠簸，龙体亏虚，进京后，稍加调养，便可康复！”

“速叫杨荣、金幼孜、张辅三人来见驾！”

“遵旨！”

杨荣、金幼孜、张辅来到永乐皇帝面前，永乐皇帝说道：“朕近来觉得太累了。这几年来，太子政务越来越熟悉了，回去之后，朕要把军国大事一切都交给他，朕也该享享晚年的清福了！汝等可为朕拟一个退位诏书！”

杨荣说道：“这些，回京后再办不迟，陛下还要保养龙体，赶快回京师才是！”

说罢，即安排大军起营。

七月十八日，大军回到榆木川。永乐皇帝见红日西坠，天色将晚，便令大军安营扎寨。

天黑之后，海寿侍候永乐皇帝安寝之后，便睡下了。

海寿躺下不久，正在似睡非睡、似梦非梦之时，就觉得他此时不是睡在帐篷里，而是睡在一座高大的厅堂之中，只听得“咔嚓”一声巨响，大梁从中折断，砖瓦土石一起向自己砸落下来，海寿大声叫道：“不好！”便翻身坐起，却是南柯一梦。

杨荣与金幼孜同帐而眠，两人同时也都坐了起来，口中都嘟囔着：“怪哉！怪哉！”

杨荣说道：“什么怪哉怪哉？”

金幼孜也问道：“你怎么也说怪哉怪哉？”

杨荣说道：“我做了一个奇怪的梦，我梦见我与你一同游泰山……”

金幼孜也惊道：“这便奇了，我也做梦与你一同游泰山……”

杨荣说道：“这也就怪了，我梦见与你同游泰山，就听得一声巨响，泰山巨大的山峰倒塌了！”

金幼孜说道：“一点儿也不错，我在梦中对你说，‘泰山倒塌了！’”

杨荣说道："不错，我在梦中你便是这样对我说的！"

金幼孜说道："二人同梦，这又是为何？"

杨荣与金幼孜正在说话，只见海寿急匆匆走进帐来，低声说道："万岁驾崩！"

杨荣与金幼孜不觉惊叫，海寿说道："非同小可！噤声！噤声！"三人急忙出帐，正与张辅撞个满怀。

张辅问道："为何如此惊慌？"

杨荣、金幼孜一言不发，海寿说道："这里不是说话处，快走！"

四人走进永乐皇帝的大帐之中，海寿说道："万岁驾崩！"

英国公张辅说道："怪不得我做了一个梦，梦见大树之上遍蒙雪霜。原来是万岁驾崩，不知万岁何时驾崩？"

海寿说道："晚饭之后，我似睡非睡、似梦非梦，就觉得厅堂大梁折断，砖瓦崩落，我惊起一看，万岁已经驾崩！"

杨荣说道："而今大军在外，万岁骤然而崩，眼下该当如何？"

英国公张辅说道："诸位莫急！诸位莫急！此事非同小可，当谨慎从事才行！"

太监马云说道："如今万岁半道而崩，六师在外，朝中又不明就里，汉王、赵王又各怀异志，当务之急，是稳定大局，保证社稷安定！"

英国公张辅说道："现在是当断则断。当断不断，其患无穷。我意现在就由我等五人临时来负责这支军马，处理万岁一切后事。"

众人一齐说道："行，一切就请英国公安排！"

张辅说道："既然如此，我就当仁不让了。现在万全之策，首先是要封锁万岁驾崩的消息，不能走漏半点风声。再者，就是要马上通知太子，速来迎驾发丧！"

海寿说道："如何封锁消息呢？"

杨荣说道："我从前读书之时，知有用锡棺密藏尸体之例，而今依样铸造便了！"

张辅说道："如此甚好，但绝不能走漏风声。依我之意，杨荣与海寿现在便去飞报太子，金幼孜与马云负责御前照应，每日依旧行礼进膳。"

大家一齐说道："就这样办！"

第二天一大早，张辅在永乐皇帝大帐中传出命令："万岁有旨，大军休整两日，各安营寨，不得妄动，违者斩首，凡军中有藏锡器者，一律上缴！"

张辅让永乐皇帝的一支禁卫密布大帐左右，三步一岗，五步一哨，张辅说道："圣谕任何人不得入内，违者斩！"

张辅招集锡匠将收集的锡器熔化，铸成一具锡棺，把永乐皇帝的尸体装入锡棺，然后由永乐皇帝的禁卫军抬上龙舆，严密地遮盖起来。

一切安排停当，张辅把锡匠和禁卫军们全都招集起来，说道："你们近日辛苦万分，本官宴请于你等！"众人不知是计，只管尽情吃喝。张辅先在酒中加入大量的蒙汗药，他们饮酒之后，不多时便醉倒在地，动弹不得。

张辅说道："诸位！而今万岁驾崩，事关江山社稷之安危，因此必须对万岁驾崩一事严密封锁消息，不得走漏半点风声，因此也留不得一个活口，本官也是为江山社稷，只得如此。尔等死后，本官将奏明新皇，厚待尔等之家小。"

张辅说罢，一支军士进来，将他们全部杀光。将尸体掩埋之后，方才传出命令：三军将士，四更造饭，五更启程。

在莽莽荒野之上，飞奔着二十匹战马，十匹马载人，十匹马空行。骑马人是三十里一换乘。

这二十匹战马奔跑如飞，它们翻山岭，越沙漠，涉溪流，顺着官道，不分昼夜、奔驰不停，在路上扬起一阵尘灰。那领头的两个人仍在不停地用马鞭子抽打着马屁股。这领头的两人便是杨荣和海寿。

永乐皇帝驾崩当夜，张辅分派停当之后，杨荣与海寿便找了八个贴身干练之人，把他们从梦中推醒，只说有急事要办，使一人拉了两匹马，火速出了大营，一路向京城急进。经过十多日的奔驰，终于在八月初二日到达北京。

杨荣、海寿来到宫中，见了太子朱高炽。当时正是晚上，太子听说杨荣、海寿从军中归来紧急求见，便急忙起身更衣，于宫中相见。

朱高炽问道："未见父皇敕谕，有何急事？"

杨荣与海寿急忙跪下，呈上永乐皇帝的遗诏，放声哭道："万岁于七月十八日在榆木川驾崩！"

"父皇驾崩？"朱高炽不禁泪如雨下，"父皇啊！"

海寿劝道："新主当节哀才是！当务之急，是要安置吾皇后事，早日登基，国不可一日无主！"

太子朱高炽说道："海公公所言极是！"

杨荣说道："当务之急还要先把万岁遗体迎回来！"

朱高炽说道："我明日即去迎接父皇！"

海寿说道："不可，太子万万不可离京。汉王、赵王早怀异志，虎视眈眈。太子离京，只怕要发生事变。现在要稳定京师，各部、各地官员要各守其职，不得擅离职守！"

杨荣说道："可令皇太孙前去迎丧。"

太子说道："如此也好！"

于是立即招来皇太孙，一切安排妥当，朱瞻基自去准备，杨荣与海寿便留在北京，辅佐太子处理军国大事。

大军回到雕鹗谷，皇太孙也赶到军中，正好是八月初七日。

朱瞻基来到军中，见了英国公张辅。皇太孙说道："英国公力挽狂澜，护驾而回，多有辛劳，请受一拜！"

张辅说道："不必如此！不必如此！安置万岁后事乃是当务之急！不知太子如何安排？"

朱瞻基说道："我父之意可在军中发丧，让军民迎皇祖回京！"

于是，由朱瞻基公布了永乐皇帝驾崩的消息，开始在军中发丧。

随征军士知道永乐皇帝驾崩，一时间，哭声震天，哀容遍野，军士身换丧服，永乐皇帝的灵柩由军士护卫着，缓缓而行。

八月十日，永乐皇帝的灵柩到达北京，运到了仁智殿内。

八月十五日，是太子朱高炽登基的日子。一大早，群臣们就集中于奉天殿门前，太子朱高炽遣礼部官员祭告天地宗庙，祭告仪式结束之后，群臣便进入奉天殿内。只见奉天殿内宝座之前设置了香案，香案之上白烛点燃，三杯酒摆于香案之上，太子朱高炽身着孝服，左边是杨荣、金幼孜，右边是英国公张辅、太监海寿，缓步进入大殿，顺着丹陛，到宝座前的香案之前，行四拜礼，祭奠永乐皇帝的灵座。太子亲手上香，祭上三杯酒之后，又行呼拜礼。祭奠永乐皇帝灵座礼毕，退下。而后更衣，换上九龙套袍，再行登基仪式。

杨荣、张铺、海寿三人安排停当之后，太监海寿宣读永乐皇帝遗诏：

奉天承运，皇帝诏曰：朕承继太祖高皇帝之鸿基，在位凡二十有二年，今太子朱高炽政事纯熟，生性仁厚，监国多年，颇得声望，朕今年老，不堪勤政，故传位于太子朱高炽，当体察朕心，勤政爱民，钦此。

太子朱高炽跪接遗诏。

朱高炽在人们的簇拥下，缓步登上丹陛，而后端坐在宝座之上。

杨荣宣读继位诏书：

奉天承运，皇帝昭曰：先皇承继太祖高皇帝之鸿业，守江山，创鸿业，南征安南，北征漠北，盖为恢弘太祖之鸿业也！五征漠北，积劳成疾，骤崩于榆木川。朕谨遵先皇遗诏，承继大统，君临天下，改明年为洪熙元年，大赦天下。钦此。

群臣齐声道："吾皇万岁万岁万万岁！"

"众爱卿平身！"

"谢万岁！"

洪熙皇帝说道："内阁学士杨荣、杨士奇、尚书蹇义、英国公张辅、内宫海寿！"

"臣在！"

"朕命汝等处理军国事务，制定先皇之葬礼，共商国政！"

"臣遵旨！"

九月十日，永乐皇帝被谥为"文帝"，庙号为"太宗"。一百年后，嘉靖十七年（1538年）九月，又改庙号为"成祖"。

永乐二十二年（1424年）十二月十九日，是出国殡的日子。洪熙皇帝在斋戒、祭告之后，在宫中又举行了启奠、祖奠仪式。洪熙皇帝站在永乐皇帝的棺椁之前，面西而立，皇太子朱瞻基和其他亲王们依次侍立。

内侍奏道："先皇英烈，终生勤政，积劳成疾，骤然驾崩，祭奠礼仪，如数奉毕，吉日良辰已到，奏请灵驾进发！"

洪熙皇帝道："即请先皇灵驾归陵！"

一时，千幡浮动，哀乐大起，永乐皇帝的仪仗在前，而后是神亭、神帛舆、谥册宝舆，铭旌。再后是永乐皇帝棺椁被抬出宫门，洪熙皇帝前行领丧。行至午门，洪熙皇帝止步，目送灵棺出了午门，而后由太子朱瞻基领丧而至皇陵。永乐皇帝的灵棺出了午门，午门之外人山人海，满城百姓身着孝服跪列两旁，哭声震天，燕山含悲，大河呜咽，长城挥泪，整个北京城都沉浸在一片悲哀的气氛之中。整个送殡队伍浩浩荡荡，一杆领魂大幡在寒风中飘飘扬扬地前导而行，后面是永乐皇帝的御用仪仗，再后是神亭，神亭高大鲜艳，如同真亭一般高大，再后是神帛舆、谥册宝舆，再后，童男童女各五十，男女两两相对、列队而进。又有纸马、纸牛各一百，一百匹马组成方队在前，一百头牛也组成方队在后，个个都是牛强马壮、栩栩如生。再后是刀枪剑戟、战车火炮，虽是纸做，却也是银光闪闪，浮光耀金。再后是五百兵士前行，四路纵队，各列方阵，依次而进。

永乐皇帝的棺椁放在巨大的灵车之上，棺椁两旁各有十名军士持戟守护，灵车由五百名军士用白绫牵引而行，五百名军士之前是二百名乐手组成的哀乐队。五百名兵士之后，便是送葬的宫妃、亲王，其后便是文武大臣，后面，便是自愿送葬的北京的臣民百姓。约三千人的送殡队伍浩浩荡荡，长达十里之遥，缓缓地向北京昌平天寿山的长陵而去……